'대방광불화엄경' 염송 … 얻은 바가 있어, 장안사 지장암에 … 행공동체 운동을 전개하며 회중수 … 을 시작했다. 조국 독립을 기도하고, '대방광불화엄경'을 염송하면서 7년여 동안 500여 명의 제자를 지도했다. 1938년(41세) 4월, 지장암 수도 중에 불령선인不逞鮮人으로 지목되어 경남 의령경찰서로 연행, 50여 일간 취조받다가 석방되었으나, 일제의 압력으로 하산하게 되었다.

이후 서울 돈암동과 치악산 상원사 동굴에서 정진 수도하다가, 1945년 해방이 되자 애국단체인 중앙공작대를 조직하고 민중 계몽운동을 시작했다. 상해임시정부 시절 인연이 있던 이승만 박사를 중심으로 한 건국운동에 참여했으며, 1950년(53세) 제4대 내무부장관, 1951년 한국광업진흥주식회사 사장에 취임했다. 1953년 7월, 부산 피난 중 동국대학교 제2대 총장에 취임했으며, 이후 5·16 군사정변으로 동국대학교에서 물러나게 된 1961년 7월까지 중구 필동에 대학교 교사를 건립하고 시설·학사·교수 등 다방면에 걸쳐 동국대 중흥의 기틀을 마련했다. 《금강삼매경론》《화엄경》'인류 문화사' 등을 강의했으며, 《고려대장경》 영인 작업에 착수, 총 48권의 현대식 영인본을 출간하기도 했다.

1962년, 65세에 경기도 부천군 소사읍 소사리의 야트막한 산을 개간, '백성목장白性牧場'을 경영하면서 《금강경》을 쉽게 강의하고, 인연 있는 후학을 지도했다. 1981년 8월 19일(음력), 출생일과 같은 날, 84세를 일기로 입적했다. 후학들이 금강경독송회, 청우불교원 금강경독송회, 바른법연구원, 백성욱 박사 교육문화재단, 백성욱연구원, 여시관如是觀 등을 세워 가르침을 잇고 있다.

금강산 호랑이

내가 만난 백성욱 박사

백성욱 박사 전집 5

금강산 호랑이

내가 만난 백성욱 박사

정종 · 김재웅 · 김원수 외 19인

김영사

일러두기

1. 이 책은 백성욱 박사와 인연이 있는 22인의 글을 엮은 것이다. 더러 반복되는 내용도 있으나, 발표 시점의 맥락과 각 글의 완결성을 해치지 않고자 가능한 한 원문을 살려 수록하였다. 각 저자의 문체 역시 다소 어법에 맞지 않더라도 고유한 느낌을 살리기 위해 되도록 고치지 않았다. 단, 내용 이해를 돕기 위해 필요한 경우 윤문하거나 재정리하였다. 덧붙여 3·1운동, 한국전쟁 등의 사건은 널리 통용되는 용어로 정리하였으나, 한국사에 대한 입장과 해석이 다른 일부 사건은 각 저자가 사용한 표현을 그대로 두었다.
2. 1993년《백성욱 선생님 송덕문집》간행위원회가 조직되어, 백성욱 박사와 인연 있는 이들의 글을 모아 출판하기 위한 계획이 추진되었다. 그러던 중 위원장을 맡은 김지견 박사가 타계하여 완성하지 못하고 있다가, 이번《백성욱 박사 전집》의 출간을 계기로 새로 원고를 추가하여 이 책을 발행하게 되었다. 정종, 장한기, 김삼룡, 민영규, 김도경, 임덕규, 노재철, 서정주, 박병배 등 명사들의 원고는《백성욱 선생님 송덕문집》간행을 위해 보관하고 있던 것이고, 백낙준과 백성욱박사송수기념사업위원회의 원고는《불교학 논문집: 백성욱 박사 송수기념》(백성욱박사송수기념사업위원회, 동국대학교, 1959)에서 발췌한 것이며, 송재운, 강경애, 이동현의 원고는 저작권자의 허락을 받아 추가하였다. 여기에 김동규, 김재웅, 김원수, 이광옥, 진진묘, 정천구, 이선우, 김강유 등 백성욱 박사의 가르침 아래 정진했던 문도들의 수행기도 덧붙여 수록하였다.
3. 22인의 글은 발표 연도가 다르며, 발표 연도는 각 저자의 글 말미에 밝혔다.
4. 각 저자마다 백성욱 박사와의 경험과 기억, 백성욱 박사의 말에 대한 이해와 해석이 다를 수 있다. 백성욱 박사의 혼인 여부, 동국대학교 건립 과정에서 벌어진 에피소드, 부모님의 사망 시점 등 사실과 다른 부분은 주를 달아 바로 잡거나 원문을 그대로 두었다.
5. 저자 주, 편집자 주를 따로 표기하지 않았다. 편집 과정에서 원문에 있는 문장을 각주로 옮기기도 하였다. 또한 본문 안의 괄호 중 일부는 독자의 이해를 돕고 추가 정보를 제공하기 위한 것으로 편집자가 추가하였다.
6. 백성욱 박사가 쓴 시, 수필, 수상, 서간 등은《백성욱 박사 문집》(백성욱, 김영사, 2021)에 기초하여 정리하였음을 밝힌다.
7. 경전, 책, 신문, 잡지는《 》로, 문서, 논문, 장章 등은 〈 〉로 묶어 표기하였다.

《백성욱 선생님 송덕문집》 원고 청탁

봄소식이 소리 없이 스며드는 요즘, 나날이 반가운 일 맞이하시기를 엎드려 빕니다.

드릴 말씀은, 이번에 저희들이 《백성욱 선생님 송덕문집》을 간행할 사업계획을 세우고, 백 선생님의 은덕으로 오늘이 있게 된 반연후학攀緣後學들이 손잡아 그 간행위원회를 아래와 같이 구성하여, 널리 유연송덕문有緣頌德文을 집성하기로 뜻을 모아보았습니다.

그리하여 백 선생님과의 숙연이 깊으신 귀하의 추모와 감동의 글월을 빠뜨릴 수 없기에, 이에 안내를 겸하여 부탁드리는 바입니다. 두루 아시다시피 백 선생님께서는 조국 광복기를 전후하여, 불교를 통하여 널리 학계, 관계, 교육계에서 중생 제도와 사회 재건에 헌신하신 불후의 공덕을 남기셨습니다. (생몰 연월일 1897년 음력 8월 19일~1981년 음력 8월 19일)

이제 늦게나마 그 유덕遺德을 기리기 위하여 저희들이 이렇게 한자리에 모인 이 마당에, 누구보다 먼저 귀하의 추모옥고追慕玉稿를 설레는 마음으로 기다리고 싶습니다. 아무쪼록 다음 요령에 따라 그리움의 일단을 집필하시어 수희동참隨喜同參을 베풀어주기를 삼가 바랍니다.

집필 요령

내용 : 실화, 일화, 교훈, 학덕, 처세, 사생활 등
기타 인생 전반에 걸친 필자와의 유연실기有緣實記
분량 : 200자 원고지 100장 기준(사정에 따라 초과 또는 미만도 무방)
마감 : 3월 31일(책자 간행 예정일은 5월 28일: 음력 4월 초8일, 부처님 오신 날)

이상

1993년 2월 10일

《백성욱 선생님 송덕문집》 간행위원회

고문 김갑수 (전 대법관)
고문 김삼룡 (원광대 총장)
고문 서정주 (전 동국대 교수, 문학박사)
고문 민영규 (연세대 명예교수, 철학박사)
고문 김홍수 (대한변호사협회 회장)
고문 정종 (전 동국대 교수, 문학박사)
위원 신국주 (전 동국대 총장서리, 정치학박사)
위원 한현 (전 동국대 교수)
위원 이근삼 (서강대 사회과학대학장)
위원 박동기 (동국대 총무부처장)
위원 김도경 (동덕대 사회과학대학장)
위원 임덕규 (영문 월간 외교사 회장)
위원 장한기 (동국대 예술대학장)
위원 김원수 (홍익대 교수)
위원 노재철 (서강대 이과대학)
위원장 김지견 (한국정신문화연구원 교수, 문학박사)

선생님 귀하

" 白性郁선생님 頌德文集" 원고 청탁

봄 소식이 소리 없이 스며드는 요즘, 나날이 반가운 일을 마지하시기를 엎들여 빕니다.

드릴 말씀은, 이번에 저희들이 " 白性郁선생님 頌德文集" 을 간행할 사업계획을 세우고, 白선생님의 은덕으로 오늘이 있게 된 攀緣後學들이 손잡아 그 刊行委員會를 아래와 같이 구성하여, 널리 有緣頌德文을 集成하기로 뜻을 모아 보았습니다.

그리하여 白선생님과의 宿緣이 깊으신 귀하의 추모와 감동의 글월을 빠뜨릴 수 없기에, 이에 안내를 겸하여 부탁드리는 바입니다. 두루 아시다시피 白선생님께서는 조국 光復期를 전후하여, 佛敎를 통하여 널리 學界, 官界, 敎育界에서 중생 제도와 사회 재건에 헌신하신 불후의 功德을 남기셨습니다. (생몰 연월일 1 8 9 7 . 음 8 . 1 9 - 1 9 8 1 . 음 8 . 1 9)

이제 늦게나마 그 遺德을 기리기 위하여 저희들이 이렇게 한 자리에 모인 이 마당에, 누구보다 먼저 귀하의 追慕玉稿를 설레는 마음으로 기다리고 싶습니다. 아무쪼록 다음 요령에 따라 그리움의 일단을 집필하시어 隨喜同參을 베풀어 주기를 삼가 바랍니다.

집필 요령

내용 : 실화, 일화, 교훈, 학덕, 처세, 사생활 등
기타 인생 전반에 걸친 필자와의 有緣實記

본량 : 200자 원고지 100장 기준 (사정에 따라
초과 또는 미만도 무방)

마감 : 3월 31일 (책자 간행예정일은 5월 28일:
음 4월 초8일, 부처님 오신날)

以上

1993.2.10

" 白性郁선생님 頌德文集" 刊行委員會

고문 金甲洙 (前 大法官)
✓고문 金三龍 (圓光大 총장)
✓고문 徐廷柱 (前 東國大 교수, 文博)
✓고문 閔泳珪 (延世大 명예교수, 哲博)
고문 金洪洙 (대한변호사협회장)
✓고문 鄭 종 (前 東國大 교수, 文博)
위원 申國柱 (前 東國大 총장, 政博)
위원 韓 炫 (前 東國大 교수)
위원 李根三 (西江大 사회과학대학장)
위원 朴東琪 (東國大 총무부처장)
위원 金禱經 (同德大 사회과학대학장)
위원 林德圭 (英文月刊 外交社 회장)
위원 張漢基 (東國大 예술대학장, 哲博)
✓위원 金元洙 (弘益大 교수)
위원장 金知見 (한국정신문화연구원 교수, 文博)

✓盧載喆 (서강대 理科大學)

✓노트는 혜화동 할머님 것입니다

차례

2부. 학인들의 수행기

명사들의 이야기

1부

지장암 백성욱 선생님과 나

1

정종 전 동국대학교 교수

1915년 전라남도 영광에서 태어났다. 중앙불교전문학교(현 동국대학교)와 일본 도요 대학교 문학부 철학과를 졸업했다. 광주의과대학 예과, 전남대학교, 동국대학교, 원광대학교 철학과 교수를 역임했고, 한국공자학회장 등을 지냈다. 저서로 《전환기의 철학》《공자사상의 인간학적 연구》《논어와 공자》《철학과 문학의 심포지엄》《내가 사랑한 나의 삶》 등이 있다. 2016년 타계했다.

금강산 지장암을 향해 떠나는 두 선재동자•

독실한 크리스천이신 아버지는 제중濟衆(중생 구제)과 봉사를 위해, 내가 의사가 아니면 목사가 되기를 바랐다. 그런 마음에서 나를 종립학교宗立學校(사립학교의 일종으로 종교계가 세운 학교)인 배재고보로 보냈다. 불효자는 교과서를 팽개치다시피 하고 자유로운 독서 생활을 하며 점차 철학의 길을 모색했다. 그러던 중 서양사를 전공하신 은사 화암 신봉조(1900~1992) 선생님에게 지대한 영향과 많은 사랑을 받았다.

부모님께 미안스럽게도 나는 미션스쿨을 나와 중앙불교전문학교를 택했다. 거기에는 나름대로 이유가 있었다. 대학을 졸업하고 모교에서 교수직을 얻겠다는 표면적인 이유는 부모님 설득용이요, 이면의 이유는 평생을 바쳐 공부할 수 있는 무대를 마련하고자 함이었다.

아무튼 젊은 날의 작은 꿈과 야심을 억지로나마 실현한 셈이건만, 아버지께서는 아들이 꿈을 실현한 것을 미처 못 보시고 떠나셨다. 이게 내 평생의 한으로 남아 있다. 당시 경성京城 안의 3대 사립전문학교 중 다른 대학들에는 내가 연구하고자 하는 학과가 없으므로, 누가 뭐라 하든 부모님만 이해하신다면 소신대로 인생을 개척하겠다고 다짐했다. 결코 과

• 《화엄경》〈입법계품入法界品〉에 나오는 젊은 구도자의 이름. 깨달음을 얻기 위하여 53명의 선지식을 차례로 찾아가는데, 마지막으로 만난 보현보살의 인도로 진리의 세계에 들어갔다.

욕의 한계를 넘지 않고 최소한의 생존권을 지키는 범주에서 걷는 인생행로는 무리가 아니라서 순리대로 운영될 수밖에 없다고 믿었다.

나는 모교에서 3년간 착실히 수학修學했다. 대학교수 생활을 전제로 한 것이었다. 결과적으로 흡사 반가운 임처럼 종종걸음으로 찾아온 해방 이후, 우리 철학을 정립하고 기초학으로서의 한국학적 교양을 쌓기 위한 준비 과정으로 내게 유용했다고 생각한다. 모교 중앙불교전문학교는 당시 세간의 관심 밖이었던 불교학, 국문학, 철학을 중심으로 한 한국학이 주종을 이뤘기 때문이다. 누가 험악한 자기 포기의 시절에 한국인으로 살면서 어찌 자기 겨레와 역사와 문화에 대한 관심을 가질 수 있었겠는가! 어디 그뿐인가. 백성욱 선생님을 찾아뵐 수 있는 기틀을 마련해준 모교의 존재 이유는 나에게 더욱 뚜렷하고 충분했다.

1937년 10월 어느 날의 '염송'• 강의가 끝나자, 석전 박한영(1870~1948) 선생님 앞으로 다가가 대뜸 "지장암地藏庵에 계시는 백성욱 박사님을 찾아뵙고자 하오니, 소개장을 써주십시오!"라고 했다. '그깟 사람 만나서 뭘 하려고?' 하며 거절하시면 어쩌나 했더니, 그 인품답게 응답도 명경지수明鏡止水였다. 약간 허스키한 목소리에 전라도 사투리가 섞인 억양으

• 《선문염송禪門拈頌》, 고려 승려 혜심(1178~1234)이 편찬한 총 30권의 선문공안집.

로 "응, 그래? 써주지!"라고 하시면서, 내가 내민 종이쪽지에 몇 자를 끄적거려주셨다. '옳다! 되었다. 한번 만나보는 것도 좋지!'라는 뜻을 속으로 생각하니, 지장암행 기차표를 이미 사 든 기분이었다. 내 마음은 그 순간 미지의 땅, 미지의 얼굴 앞에 가 있는 것처럼 느껴졌다.

나는 중앙불교전문학교에 입학하고 나서, 백 선생님께서 남독일 뷔르츠부르크 대학교 대학원에서 학위 논문 〈불교순전철학佛教純全哲學, Buddhistische Metaphysik〉으로 철학 박사학위를 인준받고, 모교에서 잠깐 동안 강의하시다가 대오일번大悪一番(크게 깨달아), 강의를 그만두시고 곧바로 금강산 장안사長安寺 안양암安養庵에 입산하여 1929년 단독 수도하시다가, 날로 불어난 회중會中들과 더불어 1930년 장안사 지장암으로 거처를 옮기셨다는 소문을 적잖은 충격으로 받아들였다.* 참으로 다행스런 노릇이다. '한번 찾아가 봬야지!' 금강산도 장안사도 좋거니와 독일에서 공부하고 돌아와 승려가 된 그이, 빛나는 교수직을 폐리敝履(헌 신)처럼 버리고 산중으로 들어간 그 인물도 매력이었다. 이 꿍꿍이셈은 내 좁은 가슴속에서 조용히 자라나고 있었다. 그러다 더는 미룰 수 없는 막바지까지 다다랐다. 내년이면 졸업이고 이내 도쿄로 건너가야 할 판이니, 어떻게든 졸업 전에 단행할 수 있도록 계획을 구체화해

---

* 백성욱 박사가 1929년 수행을 시작한 곳은 금강산 장안사 보덕암普德庵이다. 장안사 안양암에 들어간 것은 1930년 봄이다. 96쪽, 131쪽의 사실도 이와 같이 바로 잡고자 한다.

야 했다. 여기서 고안된 것이 신경쇠약 치료를 위한 1개월간의 유고결석有故缺席이었고, 거기에 첨부할 진단서 한 통이 필요해서 진작부터 나의 주치의 격인 세브란스 의전 교수 이중철(1904~1945) 선생님을 찾아가 이실직고했다.

그이 곁에서 가능하다면 최소한 한 달을 보내며 수도에 참가하고, 이제까지의 나를 정리하고 싶었다. 소년 시절 이후 영광 불갑사佛甲寺 해불암海佛庵에서의 산사 생활을 되돌아보며, 대학 입학 준비도 틈틈이 해야겠다는 생각이 내 마음속에서 맴돌았다. 이제까지의 산사 생활에서 체험하고 중앙불교전문학교에서 글자로 배운 것들을 한 분의 비범한 구도자와의 만남을 통하여 재체험·재확인 해보고도 싶었다.

드디어 젊은이다운 구도적 발심에서 나온 결단의 날이 다가왔다. 오랜 친구이며 세교世交(대대로 맺어온 친분) 집안의 불자佛子 무문 정근모(1918~?) 님이 고독한 여행의 길동무로 선뜻 나서주었다. 배재고보 시절에도 하숙방에서 같이 지냈고 뒤이어 혜화전문학교의 노학생이 된 그에게도 흥미 있는 일이었기 때문이다. 동반자란 자질구레한 조건들이 전제되어야 한다. 그래서 여간 어려운 게 아니다. 그는 보통학교 때부터 한솥밥을 먹던 친구였고, 동지적 결연조차 있었으므로 그것이 가능했다. 나에겐 그가 있고 그에겐 내가 있어, 각자의 인생행로가 행운으로 가득 찼고, 서로 인간적 성장을 위한 생산적인 도움을 주고받을 수 있었다. 앞으로도 계속 그러리라 믿어 의심치 않는다. 진정한 길동무를 갖는다는 것은 이렇게 어렵기도 하거니와 절대적 조건이 되기도 한다. 두세 살의 시차를 사이에 두고 우주 공간에서 만남을 이룰 수 있다는 건 말이다.

금강산이 아닌 금강인과의 만남을 위하여

1937년도 다 저물어가고 내금강內金剛의 오지가 초동初冬과 함께 풍악(가을의 금강산)에서 개골(겨울의 금강산)로 변신해갈 무렵, 우리는 경성역을 떠났다. 처음이자 마지막이 되어버린 경원선*에 몸을 싣고, 마의태자麻衣太子(신라 경순왕의 태자)의 망국의 슬픔이 어린** 단발령 고개를 텅텅 빈 고산용 전동차로 힘겹게 넘었다. 처음 타보는 스릴 만점의 차, 창밖으로 펼쳐지는 그윽한 경관, 가을과 겨울이 포옹하고 풍악과 개골이 교대 근무하는 시간, 인적이 끊어진 장관에 매료되어 두 선재동자는 마냥 즐거웠고 가슴 설렜다. 온정리역***에서 장안사까지 들길과 산길은 걸어갈 만도 했으나, 관광객과 등산객도

* 서울과 북한의 원산 사이에 부설된 철도. 현재는 국토 분단으로 끊겨 있다.

** 935년 10월 신라는 후백제 견훤과 고려 태조 왕건의 신흥세력에 대항할 길이 없자 군신 회의를 열고 고려에 항복할 것을 논의하였다. 태자는 천년 사직을 하루아침에 버릴 수 없다고 반대하였으나, 결국 고려에 귀부歸附를 청하는 국서가 전달되었다. 태자는 통곡하며 개골산에 들어가 베옷을 입고 초근목피로 여생을 보냈다고 한다.

자취를 감춘 지 오래였기에 우리만이 대양大洋의 고도에 남아 있는 듯했다. 그러나 우리에겐 장안사가 있고, 지장암이 있고, 소개장이 있고, 미지의 스승인 백성욱 박사님이 있다. 오라는 사람은 없지만 갈 데가 뚜렷해서인지, 우리를 기다리는 사람이 있는 것처럼 느껴졌다. 뭇 새들도 제각기 둥지를 찾아간 듯, 가지도 숲도 덤불도 모두 다 잠들어가는 듯싶었다. 그러나 우리는 땅거미가 더 깔리기 전에 장안사를 향해 달리듯 걷고 또 걸어야 했다. 장안사 스님을 만날 때까지 마음이 놓이지 않았기 때문이다. 그런데 사위四圍는 너무나 고요했다.

우리의 마음과는 너무나 대조적으로, 괴테는 서른한 살이 되어 바이마르 소공국의 일메나우Ilmenau 근처의 산(키켈한Kickelhahn, 860미터 높이의 산)에 올랐을 때 거기 산 장벽에 즉흥시(〈방랑자의 밤노래Wanderers Nachtlied〉)를 낙서해놓았다. 그가 죽기 2년 전에 다시 올라와보니, 그 벽에 즉흥시가 그대로 남아 있더란다. 우리로선 도저히 믿기지 않는 유명한 구절이 문득 스쳐가는 심연과 같은 고요에 싸여, 우리는 이를 반추하며 위로 위로 걸었다.

산봉우리마다에
쉬임이 깃들었도다

••• 북한에 있는 금강산청년선의 철도역으로, 금강산청년역 혹은 금강산역으로 불린다.

나뭇가지 끝에는
하느적거리는
바람마저 자고
새소리도 숲속에 잠들었도다

기다리라, 조금만
이윽고 그대에게도 쉬임이 찾아오리니
_〈방랑자의 밤노래〉 전문

괴테는 젊어서 키켈한을 뒤덮은 황혼의 정적 속에서 〈방랑자의 밤노래〉를 읊었다. 그가 우리가 있던 자리에 서 있었다면, 과연 어떤 노래를 또 불렀을까! 금강산의 정적을 어떻게 키켈한의 그것에다 비길 수 있겠는가! 더구나 우리 두 구도적 방랑자는 그때의 그보다 비록 미숙하나 더욱 젊지 않은가! 그러나 시공을 뛰어넘은 여기 이 시간에 그의 밤노래의 시 세계에 흠뻑 젖어 있는 두 젊은 구도의 방랑자가 있음을 그는 아는가 모르는가!

이윽고 우리는 주지 스님께 박한영 선생님의 소개장을 내밀며 지장암을 안내해달라고 말했다. 이미 날이 저물었고 거긴 잘 데도 없으니 여기서 쉬고 내일 아침에 찾아뵈라고 주지 스님이 일러주었다. 금강 제1의 가람伽藍(승려가 살면서 불도를 닦는 곳)이자 조선 제1이 될 법한 대가람 장안사의 크나큰 방은 우리의 지친 몸을 녹이기에 충분했다. 그러나 여기가 몽매에도 그리던 천하의 금강이자, 동해안 쪽으로 처음 밟아 본 최북단이라 생각하니, 머나먼 이국땅에라도 온 듯싶어 잠을 제대로 이룰 수 없었다.

길고 긴 초겨울 밤, 칠흑의 금강 산사는 더욱 깊고 고요했다. 큰 산 큰 가람이니, 밤마저도 큰 밤인 양 태고의 정적과 태초의 신비만이 흐르고 있는 듯 느껴졌다. 새벽의 독경 소리가 정적과 신비의 장막을 깨뜨리지 않았다면, 우리는 언제까지라도 세상모르게 잠들어 있을 뻔했다. 아침 6시 공양은 너무 빨랐다. 속가俗家(승려가 되기 전에 태어난 집)에서 제사 끝에 주는 밤참 같아서, 고보 시절 하숙집이 생각났다. 눈을 비비며 밤참을 먹어야 하는 이 생활이 한 달쯤 이어지면 차차 아침 식사처럼 여겨지겠지!

잠깐 장안사 주변을 살펴보자. 그날의 내 기록에는 "장안사(1,400여 년 전 창건)의 웅장한 건물들은 황천강黃泉江을 끼고 앉아, 가까운 거리에 정양사正陽寺, 표훈사表訓寺(1,350여 년 전 창건), 마하연암摩訶衍菴과 영원암靈源庵을 두었으며 계곡을 거슬러 올라가노라면 만폭팔담萬瀑八潭이 있고, 바로 눈앞엔 명경대明鏡臺, 저 멀리엔 왼쪽으로부터 능허봉凌虛峰, 수미봉須彌峰, 영랑봉永郎峰 그리고 비로봉毘盧峰, 월출봉月出峰, 내무재령內霧在嶺, 천화봉天華峰, 차일봉遮日峰, 백마봉白馬峰 및 외무재령外霧在嶺 등의 태산 고악들의 연봉이 반원을 그리며, 흡사 병풍처럼 톱날처럼 우뚝우뚝 솟아 있다"라고 묘사되어 있다.

"나의 처음이자 마지막 탐승探勝(경치가 좋은 곳을 찾아다니는 것)은 금강산이 아니고 금강인이었다"라고 하면서 끝내 산을 못 본 아쉬운 여운을 남겼다. 이자택일二者擇一한 심정인즉, "산은 영원하나 스승은 반드시 그렇지가 못한 것이어서였다"라고 합리화하고 있으나, 38선이 그어질 줄을 어린 내가 어찌 알았으랴. 두 마리 토끼의 교훈에 따랐을 뿐이거늘, 내 어찌하랴.

명경대가 멀지 않은 산사의 아침은 늦잠꾸러기처럼 더디기만 했다. 계곡이라고 해서 실개천을 연상해서는 안 된다. 우렁찬 계곡을 따라가니 한참 만에 회중이 조용히 움직이고 있는 암자가 나타났다. 또 한 번 소개장을 내밀었더니 법당으로 인도해주었다. 한데 순간 우리는 보았다. 미간 한복판에 백호白毫가 자리한 부처님의 십호十號•를 똑똑히 보았다. 반가좌의 모습으로 단정히 앉아 계시는 살아 있는 부처님이 거기에 있었다. 우리는 큰절로 인사를 드리고 자기소개를 했다. 그날 첫 만남에서 본 그의 인상은 그이가 열반하실 때까지 내게서 잊혀지지 않았다. 실로 40년이나 되는 햇수가 흘렀건만, 그날 그의 노성老成한(많은 경험을 쌓아 세상일에 익숙한) 모습은 그대로 이어졌다. 이제 와 생각해보면, 그이는 그때 40대

• 부처님의 공덕功德을 기리는 열 가지 이름. 여래如來, 응공應供, 정변지正遍知, 명행족明行足, 선서善逝, 세간해世間解, 무상사無上士, 조어장부調御丈夫, 천인사天人師, 불세존佛世尊.

중년이었고 우리는 20대 초반 애송이들이었다.

지장암 스님

우리는 참선하는 자세로 정좌하고 그이를 따라 합장한 채로, 소리 높여 《대방광불화엄경大方廣佛華嚴經》*을 몇십 번이고 되풀이하며 제창했다. 언제나 맨 처음 템포를 유지하면서 한결같은 목소리로 낭랑하게 외쳤다. 처음 시작할 땐 절로 터져나오는 웃음과 싸우느라 고통이었지만, 감히 삼매三昧** 지경까지는 아니더라도 차차 웃음기도 사라지고 목소리도 가라앉는 것처럼 느껴졌다. 일본에서는 제창 불교라 한다지만 일련종日蓮宗***의 《남묘호렌게쿄南無妙法蓮華經》****와 무엇이 다른가 싶었다. 그 후 언젠가 제창 불교의 실효성에 대하여 그이에

* 《화엄경》의 정식 이름. 부처님이 광대무변하게 모든 중생과 사물을 포함하고 있어, 마치 향기 진한 꽃으로 장식한 것과 같다는 뜻으로 이렇게 이른다.

** 잡념을 떠나서 오직 하나의 대상에만 정신을 집중하는 경지. 이 경지에서 바른 지혜를 얻고 대상을 올바르게 파악하게 된다.

*** 일본의 불교 종파 중 하나다. 천태종의 법화사상法華思想을 배우고 우주의 통일적 진리, 그것의 인격화, 현실에서의 구현을 강조하였다. 특히 개인 구제뿐 아니라 사회·국가의 전체 구제를 주장하여 독자적인 사상 체계를 수립하였다.

**** 《나무묘법연화경》의 일본식 발음. '나무'는 범어梵語의 가차로 '나는 귀의한다'란 뜻이고, '묘법연화경'은 《법화경》의 정식 명칭이다. 즉 '남묘호렌게쿄'는 '나는 법화경의 가르침에 귀의한다'라는 의미다.

게 물은 적이 있다. 대大, 방方, 광廣, 불佛, 화華, 엄嚴, 경經의 글자가 지닌 뜻을 설명하시면서 이렇게 말씀하신 것 같다.

"처음엔 이 뜻을 염두에 두다가 점점 무아지경에 이르게 되노라면, 이제까지의 문門에서 뛰쳐나와 새로운 문으로 들어가는 구실을 다할 것인즉, 사고를 꺼리는 대신에 오로지 일곱 글자에만 골몰하고, 그 소리에만 정신을 쏟으라. 이것도 방편의 하나이니 견지망월見指忘月• 격이 되어선 아니 됨은 물론이다."

아무튼 첫 만남에서 입문의 입문을 한 셈으로 한참을 외치고 있노라니 "이제 그만!" 하시곤 "마음이 후련하지?"라고 말씀하셨다. 후련인지 시원인지, 그런 것도 아닌 것도 같았다. 어떠한 방법으로든 탈문脫門하고 새로 입문할 수만 있다면 되는 것이 아닌가. 정좌하자마자 대뜸 참선으로 들어가기보다는 먼저 그것에 이르는 방편으로 무한 제창이 필요한 것인지도 모른다. 초보자가 선정禪定을 하면 졸음이 몰려오거나 잡념에 시달리기 쉽기 때문이다.

선생님께서는 서양철학사의 주요 인물들에 대하여 단적으로 논평하고, 쇼펜하우어와 니체에 대해 무척 흥미롭게 설명을 하며 정곡을 찌르셨다. 불법의 본론적인 이야기에서 연기와 윤회 등에 대한 믿음의 설법으로 번져나갔다. 대야 속의

• '달을 보라고 손을 들어 가리켰더니 손가락만 본다'란 뜻으로, '본질을 외면한 채 지엽적인 것에 집착한다'란 뜻이다.

물의 물리적 현상과 맞아떨어지는, 아욕我慾과 보시布施의 역작용에 관한 설명*은 처음 듣는 자에게 설득력이 있었거니와, 지금에 와서도 그 진리성엔 변함이 없다고 생각한다.

그이는 처음 대면한 자리에서 동향의 정근모를 찬찬히 바라보시더니 "근모! 너는 눈이 나쁘지도 않은데, 작은 눈을 크게 보이기 위해 안경을 썼구나!"라고 하셨다. 실덕失德의 독설이 분명하여 우리는 서로 놀랐다.

회중은 하루에 한 끼니씩 먹는다고 했다. 감자나 고구마가 주종을 이룬다고 했다. 징한 노릇이다. 사람은 어느 경우에나 최저 생활이 가능해야 하고, 또 그런 데에 능한 사람만이 최상·최선의 삶을 살 수 있다고 생각한다. 사치와 소비병이 만연한 요즘, 수도나 고행(곧 최저 생활) 그 자체는 현대인에게 (정신적) 영양소가 되고도 남을 것이다. 할 수만 있다면 나도 이런 데 와서 젊은 한때를 보냈으면 하는 생각이 치밀었다.

한데 나는 진작부터 품고 있던 젊은이다운 의문 하나를 그에게 털어놓았다. 그것은 공자에게 물은 자로子路(B.C. 543~B.C. 480)**의 질문 같은, 평범하면서도 급소를 찌르는 것일 수도 있었다. 자로는 자주 엉뚱한 질문으로 일상에서 겉으로

* 물이 찬 대야를 상대방 쪽으로 기울이면 거기 담긴 물이 내 쪽으로 밀려오는 것처럼 보시의 공덕이 결국 베푼 자에게로 되돌아온다는 가르침.

** 중국 춘추시대 노나라의 유학자다. 공자의 제자로 십철十哲의 한 사람이자 정사政事에 뛰어났으며 공자를 잘 섬겼다고 한다.

드러나 보이지 않는 사상의 심층부를 드러내기도 했는데, 경우에 따라서 이는 대단히 집요한 질문이 될 수도 있었다.* 그 질문이 아니었다면 스승의 그것이 나올 수가 없었을 것이기 때문이다.

"왜 교수직을 팽개치시고 여기서 수도 고행하며 계십니까? 경성 같은 데서 좀 더 많은 회중을 상대로 하지 않으시고 말입니다"라는 약간은 건방진 질문이다. 독일에서 신칸트학파의 여진이 일어났던 1920년대 무렵, 선생님께서는 애써 노력하여 신지식과 신불교사상을 공부하셨고, 이 나라의 초창기 철학적 불교와 불교적 철학의 발전에 도움을 주셨지만, 일본의 강제 합방으로 외부 세계와 차단된 암흑기에 신지식과 신불교에 목마르고 굶주림에 허덕이는 우리 젊은이들을 버리시고, 피인避人·피세避世의 은자가 되어 상구보리上求菩提(보리의 지혜를 구하여 도를 닦는 일)에만 주력하는 것이 부적당하지 않냐는 질문이었다. '더욱 시급하고 으뜸인 것은 하화중생下化衆生(중생을 제도하는 일)의 계몽 단계가 아니겠느냐?'라는 나의 천견이다.

선생님의 대답은 어처구니가 없을 정도로 간단했으나 명쾌했다. "산곡간 아무리 깊은 계곡이라도 먹이가 있으면 물

* "어느 날 자로가 귀신을 섬기는 일에 대해 묻자 공자가 대답하였다. 사람도 섬기지 못하거늘 어찌 귀신을 섬길 수 있겠는가. 자로가 말하였다. 감히 죽음에 대해 여쭙겠습니다. 공자가 대답하였다. 삶도 모르는데 어찌 죽음을 알겠느냐[季路問事鬼神 子曰 未能事人 焉能事鬼 敢問死 曰 未知生 焉知死]."

고기는 불원천리不遠千里(아무리 먼 길이라도 기쁘게 여겨 달려간다)하고 거슬러 올라오는 법, 너희도 이렇게 오지 않았느냐?" 라면서 싱긋 웃으셨다. 오만에 가까운 엄숙과 냉엄 그리고 근엄과 엄격의 굳은 얼굴에 '싱긋 웃음'이란, 결코 파안대소破顔大笑가 아니었다. 그러나 이제까지의 표정에 적잖은 국면 전환을 가져오는 것이었다. 그저 자비롭다기보다 너무나 인간적이고 무사기한, 청정심이 그대로 드러난 미소였다. 이 웃음은 아까의 엄숙하기만 했던 법당과 지장암 전체의 분위기를 일시에 바꿔놓는 데 지대한 공헌을 했다.

이제 와 생각해보건대, 본래부터 간직하고 있는 그의 독특한 '싱긋 웃음'은 박한영 선생님의 웃음과 영락없이 하나인 것 같다. 이러한 맥락에서 더듬어보면, 세존世尊과 가섭존자迦葉尊者(석가모니의 10대 제자 중 한 사람)의 사이에서 오고 간 염화미소拈華微笑•와도 통하는 대목이 아닐까 하는 생각이다. 영산회상靈山會相에서의 가섭의 미소도 그런 것이 아니었을까. 불심을 체득한 진정한 불자라면 누구에게나 있을 법한 본래심本來心에서 흘러나오는 순수무구한 웃음 말이다. 웃음의 청정도에 따라 불심의 심도深度를 헤아릴 수 있다는 말인지도 모른다. 그 뒤로도 나는 가끔 '싱긋 웃음'을 접했다. 만남의 분위기와 평상적인 인간관계가 친근하고 원만하게 이뤄지고

• 석가모니가 영산회靈山會에서 연꽃 한 송이를 대중에게 보이자 가섭존자만이 그 뜻을 알고 미소를 지은 것에서 유래하는 말로, 말을 하지 않아도 마음에서 마음으로 전하는 일을 의미한다.

있다는 뜻이겠다.

선생님께서는 "얼마 전에도 춘원 이광수(1892~1950)* 가 허영숙(1897~1975)** 과 또 싸우고 울며 다녀갔는데, 속이 상하는 일이 생기면 으레 집을 뛰쳐나와 여기로 온단 말이야! 그가 오는 날은 부부 싸움을 한 날이거든!"이라고 덧붙였다.

춘원은 지장암 스님보다 손위이지만, 본시 친불교적인 데다가, 맹렬 여성인 여의사와의 재혼 생활에서 받은 심적 타격이 자못 커, 지장암을 찾았던 것 같다. 설상가상으로 친일과 반일 사이에서 사상적 갈등이 있었고 병약한 체질이어서, 실로 안팎으로 위안받을 데라곤 없던 춘원을 생각해본다. 장 자크 루소Jean Jacques Rousseau(1712~1778) 식의 표현으론 '몸이 약하니 마음도 약한 것'이다. 이것저것 중첩적으로 육박해오는 압력을 버티기 위해서는 체력이 강해야 하는데, 춘원은 원체가 포류질浦柳質(갯버들 같은 체질)이어서, 무서운 아내와도 싸울 기력이 없었는지 모른다. 이런 분은 지장암 스님과 같이 생활하는 게 제격인데, 사회와 가정이 그를 가만 놔두지 않았다. 더구나 정감 통제력이 퇴화한 그는 아호 그대로 시인이다. 나는 춘원을 두고 가끔 헤르만 헤세Hermann Hesse(1877~1962)를 연상하는데, 춘원에겐 민족적 중하重荷까지 있었다. 시인

* 일제강점기에 〈무정〉〈소년의 비애〉〈방황〉 등을 저술한 소설가이자 시인.

** 조선 최초의 여성 개업의이자 춘원 이광수의 아내.

이기에 불행했지만, 그 시대 자체가 더욱 불행했던 것이다.

선생님께서는 말씀하셨다. "너는 전생에 중이었다. 그래서 지금도 그 언저리에서 맴돌다가 여기까지 날 찾아온 것이다!" 나는 전생과 후생을 믿지 않기에, 결국 부모님이 그렇게 원했던 크리스천이 못 되었지만, 전생에 중이었는지도 모른다고 여겼다. '그렇게 타고났다면'이나 '선천적으로'나 또는 아리스토텔레스(B.C. 384~B.C. 322)가 《형이상학Metaphysica》의 개권 첫 줄 "사람은 '나면서부터(본성적으로, 원래Naturally, von Natur)' 지식을 추구하는 욕망을 가진다"의 경우와 같다는 전제하에서라면 말이다. 저분의 문수사리文殊師利(여래의 왼편에서 지혜를 맡은 문수보살의 존칭)와 같은 지혜 때문인지는 모르나 "욕지전생우자시 욕지내생신자시欲知前生憂者是 欲知來生信者是(전생을 알고자 하는 이는 근심하는 사람이고, 내생을 알고자 하는 이는 믿음 있는 사람이다)"라는 법구에서처럼 현재의 우자憂者와 신자信者가 전후생前後生을 규정하는 척도가 되는 것으로 알기 때문이다. 여기에 신앙의 문제와 철학의 문제의 분기점이 있을 성싶다.

한데 '선생님께서는 춘원에게도 똑같은 말씀을 하신 게 아닐까' 하는 생각도 든다. 현생의 중이 전생의 중의 눈물을 닦아줌으로써, 선후배의 격차를 뛰어넘어 이렇게 다정한 친구가 될 수 있었는지도 모른다. 전생의 중과 현생의 중이신 두 분이 합장하고 앉아 《대방광불화엄경》을 연창하던 모습을 상상해보았다. 나는 고보 시절에 정동 교회에서 매주 월요일마다 열리던 명사 초청 강연 때의 춘원과 중앙불교전문학교 시절의 강의 중이던 춘원의 한복 차림을 떠올리며, 불우한 천재의 가정이나마 행복할 수 있기를 빌었다.

이리하여 우리의 첫 만남은 열반과 사바의 경계, 성과 속의 접경지대, 희로애락과 삼독三毒을 여윈 무우수無憂樹(보리수) 밑 도량에서 성공적으로 이뤄진 셈이다. 1937년 11월 4일은 우리의 원년으로 셈이 되어야 한다.

다음 해 대학에 가서 헤르만 헤세의 전집을 독파하던 중 나는 헤세 필생의 역작《싯다르타Siddhartha》(1922)를 두고두고 몇 번이고 읽었다. 그때부터 헤세가 현대적 감각으로 묘사한 인간 싯다르타의 신모델이 다름 아닌 지장암 스님이라는 생각이 들기 시작했고, 그분을 뵐 때까지 소설 속의 주인공 모습을 오버랩하곤 했다. 그 행동거지, 재기발랄한 위트와 날카로운 비판, 인자로움와 매서움, 오만스런 당당함이 너무나 닮았다는 생각이 지워지지 않았다. 파란 눈동자의 천재 시인은 본래적인 인도적·동양적 성향, 날카로운 심미안, 철학적 통찰력, 일시一時에 전시全時를 동시同視하는 보편적인 안목 그리고 예술가적 시각을 통하여 불타佛陀(석가모니의 다른 이름)의 근본 사상을 꿰뚫어보았다. 그 끝에 인간 불타, 즉 작품 속의 싯다르타를 이룩했다. 싯다르타는 불도 수행을 전생에서부터 시작하여 지금까지 정진 중이다. 열반의 그날까지 정진을 이어가고 또 내생에 이르러서도 수행하고 삼천대천세계三千大千世界를 윤회하며 정진을 지속할 것이기에, 그이와 조금도 먼 거리에 있을 수 없을 것이라고 생각한다.

불상 제작자 김영중(1926~2005) 님이 현재의 동국대학교 분수대가 있는 교정 한복판에 흔한 좌상이 아닌 입상을 세우기 위해 구상하며 골머리를 앓고 있을 때, 선생님께서 "헤세의 《싯다르타》를 한번 읽어보오!"라고 했더니 나중에 "감이 잡혔습니다"라고 말했다는 독후담을 접한 바가 있다. 이래저래 제작된 것인즉, 그와 같은 시각에서 그 입체상을 다시 한번 곰곰이 살펴볼 필요가 있다. 얼굴이 닮았다기보다 그것이 풍기는 불성 체현자로서의 인간의 모습을 읽을 수만 있다면 다행한 노릇이 아니겠는가.

불상을 에워싸고 있는 네 개의 흰 기둥이 너무 커서 조금 어울리지 않는 것처럼 보이거니와, 우연스럽게도 그것은 총장 시절에 선생님께서 세우신 사연 많은 건조물이기도 하다. 4·19혁명 때 반총장파 세력에 의해 끌어내려지고 파괴된 어떤 분의 동상을 대신하여 새 불상이 문기둥 속에 들어서게 되니, 우연치고는 필연이나 인연에 가까운 우연이라고 할 만하다.

지장암 스님께 작별 인사를 나누고 경성으로 돌아온 후, 우리는 그때만 해도 귀한 두터운 면양말 두 타(물건 열두 개를 한 단위로 세는 말)를 지장암으로 우송했다. 그랬더니 이윽고 친필로 쓴 회신이 날아왔다. 이 서신이 어디엔가 착실히 보관

되어 있을 법도 한데, 찾아낼 도리가 없어 유감이다.

영원한 작별과 마지막 만남

다음 해 나는 도쿄로 건너갔다. 좀 거창한 표현 같지만, 소년 시절 입지立志하고 장래 생활을 설계하고 실현하기 위해서였다. 그 후 나는 선생님께서 의령경찰서•에 출두했다가 회중을 해산시키고 경성으로 가셨다는 풍문을 들었다. 인적이 드문 심산유곡深山幽谷에 커다란 먹이가 하나 있어, 서울과 시골 각지에서 많은 붕어가 꼭대기까지 거슬러 올라온 것은 결과적으로 '집회 행위'로 여겨졌다. 일경日警에게는 성가신 일이었다. 다시 말해 불어나는 회중의 집단생활이 대중국전쟁을 도발하고 있는 마당에 좌시할 수만은 없다는, 이른바 정부의 지시였다. 이 사실을 선생님을 만나 뵙고 확인도 했다. 불도 정진의 자유도 없던 일제의 탄압과 횡포가 그들의 대륙 침략의 강도와 정비례로 격화되어가고 있던 시절이었다. 의식이 깨어 있는 사람 대다수에게 견딜 수 없는 박해가 가해진 암울한 세월이었다.

더구나 선생님과 같은 세대들은 언제 찾아올지 모를 조국

• 1938년 4월 금강산 지장암에서 수행 중, 불령선인不逞鮮人으로 지목되어 손혜정 보살(1882~1959) 등 다섯 명과 함께 경상남도 의령경찰서로 연행되어 취조를 받았다.

광복에 대한 기대와 믿음을 가지고 보신명保身命(위태함을 피하여 목숨을 보전함)에 최선을 다할 수밖에 없었다. 아니, 그분들은 군국 일본의 광적인 확전이 결국 자신의 묘혈을 파는 꼴이 된다는 것을 예감하고 이에 대처, 은인자중隱忍自重하고들 있었으리라. 이런 때에는 끌려가지 않고, 매국 행각을 모면하는 것만이 최상책이 된다는 것을 잘 알고 있었을 것이다. 선생님처럼 과거에 독립운동의 경력을 가지고 있는 경우야 더 말해 무엇하리. 한 시대를 지배하는 체제가 반민족·반민주적이었을 때에도 전후 사정은 마찬가지다. 일본의 군국침략주의가 이성을 잃었을 때에도, 온건한 원로 철학자 니시다 기타로西田幾太郎(1870~1945)는 근대 일본을 대표하는 독자적인 그 철학에서 "밖으로 작용할 수 없는 자는 안으로 작용하는 법이니라"라는 표현을 통하여 자신의 대국가적·대시대적 입장을 드러낸 바 있다.

이런저런 사정으로, 입산수도入山修道한 지 10년이 되는 해에 타의에 의해 지장암을 떠나 돈암동 친척 집에 우거寓居(남의 집이나 타향에서 임시로 몸을 부쳐 삶)하는 선생님을 자주 찾아뵈었다. 1942년 4월에 경성보육학교의 첫 교단에 서면서부터다. 선생님께서는 나를 맞이하며 합장 염불로 축원해주시고, 예전처럼 《대방광불화엄경》을 같이 외치셨다. 비록 회중을 잃어버리긴 했으나 지장암에서 계실 때와 다름없이 정진생활을 계속하셨다. 한편 스승을 잃은 회중은 소수가 그대로 남거나, 다시 모여들어 수도를 계속하고 있다는 소식도 접했다. 요는 스승 백성욱 선생님 한 사람이 문제인 것이다. 그와 그들을 격리시키면 춘원도 나 같은 젊은이들도 찾아가지 않는다. 먹이가 없기 때문이다.

언제나 혼자 계시는 선방을 찾아가면 호호인好好人(인품이 훌륭한 사람)처럼 나를 반기셨다. '싱긋 웃음'도 나를 즐겁게 했지만, 세상 이야기나 유머러스한 속사에도 무소부지無所不知이며 그야말로 종횡무진하였다. "하학이상달下學而上達"격으로 온갖 사물에 정통하고 통달한 모습이 사리무애事理無礙의 법계를 오가는 듯했다. 조용한 어조로 "이 전쟁이 어떻게 될까요?"라고 여쭈어보면 "은인자중하고 기다릴 줄 알아야 해!"라는 것 외에는 언제나 이심전심이었다.

태평양전쟁이 가열되자 선생님께서는 선방으로 통하는 방 공호실에서 기거하시는 것 같았다. 광복 후, 지극히 막연하지만 희망적 관측도가 지극한 독립국가에서 꿈을 실현하고 경륜과 포부를 펴보고자 하는 큰 뜻을 가진 자라면, 누구나 나에 대한 선생님의 은근한 당부처럼 "어떻게든 살아남아야 하는 것"인지도 몰랐다. 아무튼 전쟁은 날로 격화일로를 걸었다. 종전 혹은 카타스트로프catastrophe(예기치 못한 비극)를 향해 치닫고 있었으므로, 이기든 지든 끝장이 날 것만은 확실했다. 당시에 적국인 미국 유학생 출신 인사들은 너나없이 투옥·감금되었다. 그중에는 고보 시절부터 내가 가까이 모셨고, 일본 도요 대학교 재학 중에는 나와 같이 여행도 하고, 활화산인 미하라산[三原山]에도 동행한 한치진(1901~?) 선생님도 계신다. 남가주 대학교(서던캘리포니아 대학교) 출신으로 당시 이화여자전문학교 교수로서 심리학, 사회학, 철학에서 한국 최초의 저술서*를 내놓은 철학자다. 한데 이와는 달리, 백 선생님은 일본의 우방인 독일 뷔르츠부르크 대학교 대학원 출신이고, 수도승이라는 점에서 연금 상태로 놔두고 있는지도 몰랐다. 당시 나는 상급반이었으니까, 1933년이나 1934년경 어느 날 배재고보 대운동장 끝머리 한 모퉁이에서 충격적인 장면을 보았다. 해남 출신인 작은 몸집의 최우등생 김해선 군이 손위의 나를 믿었는지, 졸업 후에 조언을 구하는 단 두 사람만 있는 조용하고도 비밀스런 자리에서, 불쑥 땅 위에 이승만을 아느냐고 썼다. 그러고는 이내 발바닥으로 쓱싹 문질러버렸다. 우리 또래의 고보생 대부분이 이승만의 이름조차 모를 정도로 보안 조치가 철저한 그야말로 문맹 시대였다. 하지만 선생님의 뇌리에는 그 이름 석 자가 새겨져 있지 않을 리 만무하다. 모르면 모를 일이로되, 이승만 박사가 연합군의 승리와 더불어 정치 지도자로 등장할 날이 반드시 오고야 만다는 것과 또 지도자가 있다면 그분밖에 없다고, 그 세대들은 굳게 믿고 있었을 것이 뻔하다.

1944년 7월 마지막 졸업생을 내놓고 '교육에 관한 전시비상조치령'**으로 폐교되자 나는 솔가(온 집안 식구를 거느림)를

---

* 대표 저서로《신심리학개론》(선 인쇄, 1930),《사회학개론》(철학연구사, 1933),《최신철학개론》(복활사출판부, 1936) 등이 있다.

해서 낙향했다. 두 해는커녕 불과 한 달 뒤의 앞날도 점칠 수 없는 문맹 시대였다. 선생님과의 영원한 이별이 될지도 모른다는 비참한 생각에, 작별 인사차 선생님을 찾아뵈었으나 아무런 암시도 주시지 않았다. 나는 암시를 받지도 느끼지도 못한 채 떠났다. 그저 추측에 지나지 않지만, 선생님께서는 간절하고도 강렬한 희망과 기대감으로 극비리에 단파 라디오 청취를 통해 전황을 대략 짐작하고 계셨는지도 모른다. 그러한 사건이 터져 투옥되고 문죄를 당한 일이 더러 있었다. (한치진 박사와 당시 조선방송국 근무인인 나의 친지 양미림 님도 그런 경우다.)

조국을 되찾은 기쁨과 재회

조국 광복은 스승과 제자의 만남에 새로운 장을 열어주었다. 광복은 한 해 남짓 만에 어김없이 찾아왔지만, 나는 물론 대다수가 상상할 수도 없던 일이었다. 시골구석에서는 훗날을 기약할 수도 없었을 것이다. 그때 선생님의 춘추는 48세

•• 일제강점기 말기인 1943년 사립학교에 대한 탄압이 거세졌다. 문과 계열의 사립전문학교는 이과 계열의 학교로 바꾸고, 이공 계열의 비중을 늘리도록 조치하였다. 문과 계통의 여자전문학교는 여자지도자양성소, 여자농업지도원양성소로 전환시켰다. 1944년에는 학도지원병제와 노무동원제를 전문학교까지 적용하여 학생들을 전시근로동원으로 내몰았다.

였다. 너무나 광복이 늦었으나 이승만 박사보다 젊은 나이에 찾아와준 것만으로도 감사해야 할 판세였다. 포부와 경륜 그리고 유럽 유학 시절에 키운 꿈을 실현할 수 있는 새 천지가 이렇게나마 열린 것이 천만 번 다행이라고 생각했다.

고향에서는 해방의 기쁨을 교육 재건에다 두었다. 숙원이었던 중학교 창설에 13만 전 군민이 떨치고 일어났다. 나는 고등교육을 받은 유일한 경력자로서 이에 참여하느라 서울행이 늦어졌고, 누구보다도 먼저 선생님을 뵙고 싶었고, 안부와 동정이 궁금했다. 철저한 민족주의자이셨기에 정상배政商輩(정치가와 결탁하거나 정권을 이용하여 사사로운 이익을 꾀하는 무리)들과는 손잡지 않으리라는 것쯤은 짐작이 갔다. 그러면 어떤 노선이 선생님을 기다리고 있을지, 선생님께서 정치권과 관계를 어떻게 형성할 것인지 관심이 쏠렸다.

직업 정치인으로서의 관심이나 참여 의욕의 범주를 떠난 독립국가의 지도층에 속하는 사람이라면, 굳건한 정치의식의 소유자라야 한다는 생각이 들기도 했다. 정치참여와 정치의식은 절대 다르거니와, 인간의식의 소유자라면 누구든 종교의식이나 도덕의식과 예술의식의 소유자라야 하듯이, 풍성한 정치의식을 지녀야 할 것이다. 망국인은 물론이고 독립국가 국민이라면 누구나 정치적 면에서도 깨어 있어야 한다는 것이다. 그렇지 못할 때는 조선왕조 말처럼 제 밥그릇도 챙기지 못하는 꼴이 된다. 건국이란 곧 정치적 건국의 뜻이 될 것인즉, 선생님께서 어떠한 구상을 하고 계신지 궁금할 따름이었다. 이제야 이신전심한다거나 묵시하는 것이 아닌 당당한 입장에서, 나의 나라요 우리나라인 조국의 현재와 앞날을 위해 사심을 떠나 이야기할 수 있는 정치적 자유가 십분 허락된 시대가 왔다고 생각하니 하루가 급했다. 그분은 정치를 잘해주시고, 나는 먼저 교육과 공부에 힘쓸 생각이었다. 나의 이 뜻을 이룩하기 위해선 그분과 동지들이 기반을 잘 다져야 했다. (나중에 정치권을 떠난 그가 교육권에서 활동하며 동국대학교의 부흥과 재건에 앞장섰으니, 내 뜻의 일부가 실현되기도 한 셈이다.)

나의 서울행은 마음과는 달리, 해방 다음 해 정초에 실현되었다. 1929년 초 이래로 1944년 7월까지 경성이었던 도시가 서울로 바뀐 새 모습을 보았다. 식민지의 중앙도시가 독립국가의 수도로 변모된 서울의 풍경이 서울역에서부터 황홀감 속에서 펼쳐졌다. '아! 눈앞에 신천지가 전개되도다'라는 말 그대로다. 세상이 뒤바뀐 이 장면의 환희는 그 당시 각계각층의 일선에서 일할 수 있는 세대(20대 후반 이상)가 아니고는 알지 못하리라. 우리 세대도 그날의 기쁨과 해방감 하나로, 그 이상의 기쁨일랑은 바라지도 않았다. 새 원년이 시작되는 여생을 더 바랄 것 없는 만족감 하나로 살아온 셈인데, 40대 후반의 선생님과 그 또래들의 경우는 어떠했으리오. 백 선생님처럼 은인자중하며 학수고대하던 광복인데, 고하 송진우(1890~1945), 몽양 여운형(1886~1947), 설산 장덕수

(1894~1947), 백범 김구(1876~1949) 등과 같은 민족의 지도자나 마하트마 간디Mahatma Gandhi(1869~1948)의 경우처럼 광복의 기쁨이 채 가시기도 전에 비명非命(제 명대로 다 살지 못하고 죽음)으로 간다고 할 때야 더 말해서 뭣하랴.

선생님께서는 예전과는 달리 '싱긋 웃음'이 아닌 만면희색滿面喜色을 띠며, 돈암동 댁을 찾아간 나를 반갑게 맞이해주셨다. 우리는 정말로 승리한 것이다. 길다면 길고 짧다면 짧았던 세월이었다. 암흑이 광명으로, 지옥이 인간 세상으로 뒤바뀐 순간과 같았다. 천지개벽의 원년이었기에 이 재회는 여느 때와는 다를 수밖에 없었다. 선생님께서는 구사일생으로 사지에서 생환한 분이나 다름없기 때문이다.

우리는 시간의 거리를 뛰어넘어 바로 어제 만난 것처럼 격의 없는 대화를 나누었다. 진작에 건국준비위원회*의 발족으로 여운형이 진행하는 정치 프로그램이 전국적 대세요, 더욱이런 추세에 앞장서는 고향의 분위기를 익히 알고 있음이라, "이승만 박사 가지고는 안 되겠던데요!"라고 하니, "너 여운형파로구나!"라고 하시며 그를 위시한 민족진영 지도자 모두의 불가론을 전개하셨다. 당시 선생님께서는 정치 무대에 등단하지 않았지만, 그들을 제외하면 대안이 없다고 할 정도로 당대의 유력한 유망주들을 폄하하셨다. 자공子貢의 질문, "금

* 8·15광복 이후 최초로 여운형, 안재홍 등을 중심으로 조직된 정치 단체. 미군정 시대 이후 해체되었다.

지종정자하여今之從政者何如(요즘 정치에 종사하는 사람들은 어떻습니까)?"에 대한 공자의 답, "희! 두소지인 하족산야噫! 斗筲之人何足算也(아! 그릇이 작은 자들이다, 거론할 것도 없다)"처럼, 싸잡아 "두소지재斗筲之材(변변하지 못한 재주를 가진 사람)"라고 하셨다. 물론 당신 자신을 표준으로 삼아서 아니라, 이승만에 견주어 볼 때 그렇다는 것이다. 당시는 냉전의 서막인 38선이 그어지고, 소비에트가 김 아무개를 절대자로 내세우는 마당이며, 막강한 미국이 후견자로 남아 있는 판국이었다. 어쩔 수 없이 극단적 대립 정국을 헤쳐나갈 수 있는 인물은 이승만밖에 없고, 또 우리 겨레의 뜻을 묻기 전에 미국의 아시아 정략을 캐내야 한다는 뜻으로 나는 받아들였다.

선생님께서는 "이 박사가 아니고는 안 되게 돼 있어. 그분이 아니면 이 판국에 나라를 내맡길 사람이 없단 말야! 두고 보란 말야! 너와 내가 한번 내기해볼까?"라고 하셨다. 그의 정치 노선이 중간 좌우를 떠나 철저한 이승만 지지에 있음을 처음 알게 되었다. 나는 그가 지난 고행 시대에 일관된 신념을 가지고 있었고, 그 신념 덕분에 일제가 패망할 것을 믿고 버틸 수가 있었음을 확인했다. 또한 독립의 환희 속에서 이제까지 철통같이 단단했던 공감대에 금이 가고 있음을 깨달았다. 내가 정치가 지망생이었다면, 아마 이런 경우에 곧잘 '동지 결별의 지각 변동이 일어나는 것이겠구나'라는 생각이 들었을 것이다.

기록을 통해 알았다. 선생님께서는 조국 광복과 동시에 애국단체인 중앙공작대中央工作隊를 이끌며 민중계몽운동에 나섰다. 한편으로는 조속히 정권을 이승만 박사에게 이양할 것을 촉구하는 5만 명의 연판장連判狀을 결집하여, 미군정의 더글러스 맥아더Douglas MacArthur(1880~1964) 사령관과 주한 미군사령부에 전달함으로써 정부 수립에 큰 영향을 끼쳤다. 선생님께서는 그다음 해부터 줄곧 이 박사 중심의 건국운동에 발벗고 나섰고, 한국전쟁의 발발로 내무부장관직을 불과 5개월로 마감한 뒤에도 전후 두 차례(1952년과 1956년)나 정당의 배경도 없이 부통령에 단독 출마한 것 등을 이러한 맥락에서 고려해야 할 것이다.

그에게 예언자적 일면이 뚜렷한 이상(당시 정적들은 그를 점쟁이라고 폄하하기도 하고, 한국전쟁 발발의 예언이 적중했다는 소문도 나돌았다) 그리고 예의 냉전체제가 첨예화한 상황에선, 그의 혜안으로도 그 길밖에 없다는 결론이었는지 모른다. 어차피 그렇게 될 바에야, 또 그렇게 되도록 되어 있는 이상, 독립도 쟁취가 아닌 선물로 주어진 처지에 만부득이한 노릇이라 할 수 있고, 이 박사의 보필자가 절대적으로 필요한 판이었다. 이제까지 등장한 인물 가운데 진정으로 나라와 겨레의 앞날을 위한 동량지재棟梁之材(중대한 일을 맡을 만한 인재)가 없음을 간파하고 스스로 나설 수밖에 없었다는 이야기가 된다.

그는 등장한 인물들을 일괄 두소지재, 공자의 이른바 구신具臣(아무 구실도 하지 못하고 단지 수효만 채우는 신하), 반식지신伴食之臣(관직에 가만히 앉아서 자리만 지키고 있는 신하)으로 단정한 듯하다. 이 박사의 정치적 실패의 일단이 거기에서 기인한다는 견해도 성립될 여지가 있다. 한국전쟁 직전에 북에서 이승만과 백성욱을 포함한 7~8명을 거론하며 이들만 견제·제거하면 무조건 협상에 나서겠다고 제안한 것은 결코 그러한 의사가 전연 없음을 분명히 한 것이다. 그 뒤로 어언 40년이 흘렀다. 냉전체제의 갖가지 상징적 유물들이 바람직하게 변화하기는커녕, 근자에 이르러 핵 사찰 여부의 문제로 해서 냉각의 농후는 더욱 짙어졌다. 사태가 갈 데까지 가고 있다는 느낌을 줄 정도다.

정치 노선의 차이를 일단 괄호 속에 묻어두고 생각한다면, 선생님께서는 사심·사욕이 없다. 당리당략적 차원의 이해관계도 없는 데다가(이 점이 정치가적 입지의 한계점이지만) 진실한 불자로서 오랜 수도 생활이 몸에 배어 있는 분이다. 그뿐만 아니라 독립운동의 최전선 대신 장기적인 안목을 가지고 망명했고, 굳이 신분을 숨기기 위해(일경의 감시권 밖에 있기 위해) 필명*을 사용하면서 프랑스와 독일에서의 극난克難한 학구 생활을 택했으며, 선진국의 근대적 발전상에 젊음의 정열과 패기로 맞부딪치는 등(이 점에 관해서는 독일 유학 당시의 퇴경

* 무호산방無號山房, 백준白峻, 무호無號 등.

권상로 선생님께 보낸 다섯 통의 서간에서 일목요연하게 드러난다) 국제 감각을 갖추는 데도 최선을 다했다.

선생님께서는 망명과 유학의 길을 걸으면서 나라 없는 슬픔을 남달리 절감했을 것이다. 청정무구淸淨無垢한 통찰력, 판단력 그리고 추진력까지 갖추었다. 좌우 극한 대립으로 극도의 카오스적 상황 속에서 예각을 다소 무디게 하거나 첨예화된 상황을 부드럽게 바꿀 수 있는 정치적 역량과 묘미를 터득한 선생님께서 그 자리를 좀 더 지탱할 수 있도록 정세가 허락되었더라면, 하는 아쉬움이 남는다. 그러나 그 대신 무無에서 동국대학교가 되살아났다. 이것이 가능하게 된 절대적 배경이 이승만 노선을 지지한 기반에서 나왔음을 잊어서는 안 된다. 따라서 선생님의 행동은 하나부터 열까지가 영원무궁한 불자들의 보금자리와 도량 구축을 위한 일거수일투족으로 봐야 마땅할 것이다. 그이의 시종일관한 정치적 입장은 궁극적으로 필경 동국대학교 재건과 발전을 위한 수단적 의미가 컸기 때문이다.

선생님에 대한 인식을 전환하기 위해 이 문제에 대한 해명을 간추려볼 필요가 있다. 한 나라를 이상적으로 다스리는 '일과 그 꿈'이 한국전쟁으로 오유화烏有化하자(폐허가 되자), 그 큰 뜻을 작은 그릇에나마 차곡차곡 담아 크게 만들어, 하나의 '작은 나라'로 가꾸어보려고 혼신의 노력을 경주했다고 본다. 동국학원은 선생님에게 통일된 한국의 축소판이었고, 다가올 통일 국가를 위한 계획과 실천과 같았다.

그러나 그것마저도 끝내 수포로 돌아가고 말았다. 4·19혁명의 강타 때문이다. 한국전쟁으로 정치 생활이 불과 5개월로 폐막되더니, 이번엔 또 불과 8년(1953~1961)여 만에 모교 재건 사업을 중단하게 된다. 그 아쉬움 때문에 '그 어마어마한 빙산이 2~3년 뒤에 나타나든지, 2~3년을 앞당겨 대가람 건설의 대역사가 시작되었더라면' 하고 사람들은 흔히 역사를 역전해서 생각해본다.

선생님께서는 단시일 내에 옛 고승대덕高僧大德이 대가람을 창건하듯, 목멱산(남산의 옛 이름) 기슭에 대담하게 대학교를 세웠다. 또 당당하게 해방 후 첫 석조 건물인 자랑스런 명진관과 중앙도서관, 80여 개나 되는 개인 교수실 건물과 과학관 건물을 세웠다. 지형이 고르지 못한 결점을 역이용한 건물들은 층수가 다르면서도 전체적으로 균형미가 잘 잡혀 있다. 1955년경 그중 하나인 석조전 건물을 처음 보았을 때 나는 걸작이라는 인상을 받았다. 1958년 초 봉직 때, 모교 중앙불교전문학교의 동문이자 현재 예술원 회원인 백경 최금동(1916~1995) 님과 석조전 건물을 사진 작품화한 앨범을 만들어, 선생님을 뵙고 선물한 적이 있다. 언젠가 전기 고보 시절의 은사 신봉조 선생님을 뵈었더니, 서대문에 이화여고 교사를 지을 때 불리한 지리적 조건을 잘 이용해낸 석조전 건물을 여러 번 찾아가 보고 찍고 그려왔노라고 말씀하셨다. 백 선생님의 머릿속에서 설계된 석조전 건물은 건축학계뿐만 아니라 조형학계, 미술학계에서도 소문난 작품이었던 모양이다.

선생님께서는 신라호텔이 들어서서 크게 경관을 해친, 당시의 박문사博文寺* 및 그 주변 부지를 사들여 교지화하고, 지금의 혜화관 자리 터와 아치형 대육교를 연결하는 계획을 검토·추진하고 있었다. 그것이 완성되었더라면 장안의 명물 하나가 생길 만도 했다. 아무튼 선생님은 한다면 하고야 마는 배짱이 있었다. 그때는 통치자가 '절대 불가'라고 못 박지 않는 한 못할 것도 없는 그러한 시대였고, 처음부터 동국대학교의 부지 전체 7~8만 평은 그러한 형태로 조성되었기에 하는 말이다. 광복의 기쁨과 독립 정부의 출현으로 교육 사업에 적잖이 관대한 실정도 있었다.

아무튼 선생님의 청정한 제세구민濟世求民의 정치적 포부도, 한국 불교의 중흥과 근대화·대중화를 위한 대동국 건설에 대한 집념도, 선생님 뜻의 몇 분의 일밖에 실현되지 않아서 아쉽다. '만약 그가 아니었던들 오늘의 동국대학교와 한국 불교가 있었을까' 하는 푸념을 꺼내놓는다. 이렇게 모아보면 동국대학교는 운수가 되게 좋지 않았다. 한국 불교 탓이지만, 그 뒤를 이은 범산 김법린(1899~1964) 선생이 동국대학교 총장을 맡고 도약의 기회가 또 한 번 있었을 텐데 단명하여, 개인도 학교도 답보 상태에서 별로 벗어나지 못해 심히 애석할 뿐이다. 그분이 취임한 뒤에 재미 교수인 박성배(1933~) 선

---

* 일제강점기에 서울 중구 장충단공원 동쪽 신라호텔 자리에 있던 사찰. '박문사博文寺'라는 이름은 '이토'의 이름 '이등박문伊藤博文'에서 따왔다.

생은 "내가 이 자리에 앉고 보니 백 박사가 불과 7~8년 동안 많은 일을 해냈다는 게 놀랍고, 나로선 족탈불급足脫不及(재질 따위가 두드러져 도저히 다른 사람이 따라가지 못할 정도)이라는 생각이 앞선다. 밖에서 보기와는 전연 다르다는 것을 알았노라"라고 말했다.

인간 백성욱

1950년 5월 선생님께서 내무부장관이셨을 때, 정근모와 나는 고향인 영광민립중학교 교육에 해방의 기쁨을 쏟고 정열을 바치고 있었다. 내무부장관에 취임하자마자 선생님께서 경찰서와 경찰지서를 둘러싼 바리케이드를 철거하여 삼엄한 분위기를 제거하고, 민경民警의 친근성 조성에 크게 이바지하였다. 그 비범한 인물이 행정 일선에 나서서 어떠한 변화를 가져올 것인가에 대해 국민들이 눈초리를 번득이고 있을 때, 우리는 시골에 앉아 가만히 지켜보고만 있을 수가 없었다.

내무부장관 취임을 축하할 겸 상경을 결정했다. 옛날엔 얼씬 못하던 조선총독부, 지금은 광복 조국의 중앙청사 안에 있는 장관실로 찾아갔다. 낙도落島(외딴섬)에 사는 어린이들의 서울 구경 같았다. 가서 보니, 많은 방문객이 밖에서 차례를 기다리고 있었다. 이런 노릇도 처음이었고 언제 내 차례가 올지도 막연했는데, 이게 웬일인가! 갑자기 처음 보는 신사 정복을 차려입은 거구의 장관님이 나오시다가 우리를 발견했다. 몹시 운이 좋았다. "여! 이게 누구야? 선생님이시구먼. 잠깐 기다려!"라고 말씀하셨다. 화장실 가는 길에 우리를 알아보신 것이다. 차례도 무시한 채 우리의 손을 붙잡고 장관실로 들어가시며 "감투 쓴 사람 만나기가 이렇게 힘든 거란 말야!" 우스갯소리를 하셨다.

그 옛날 지장암에서나, 돈암동 선방에서나, 장관실에서나 한결같은 인간 백성욱이었다. 어려울 때 친분이나 구정을 저버리지 않는 사람은 '진인간眞人間'이요, 장관 개업으로 인간 폐업하는 식의 '가인간假人間'은 아니었다. 소인배와 대인배의 다른 점은 거기에 있으리라. 어디 염량세태炎凉世態(권세가 있으면 아첨하고 사라지면 냉대하는 세상의 인심)는 그러한가. 지장암 스님 백성욱 선생님께서는 건재했다. 좀 한가해지면 다시 만나자는 말씀을 덧붙이시며 장관실 밖에까지 손 잡고 나와 배웅해주셨다. '저 두 젊은이가 누구길래?' 대기실에 있는 사람들의 휘둥그레졌을 눈을 의식하며 '그러면 그렇지! 다음에 부통령이 되신다 해도 그런 식으로 우리를 반겨주실 거야!'라는 생각을 나는 멋대로 했다.

선생님께서 동국대학교 총장 취임하기 이전에 한국광업진흥주식회사 사장으로 재직하고 있을 때도 나는 한두 번 찾아가보았다. 내무부장관 때와는 달리 기다리는 손님도 없었고, 한가한 이야기를 예나 지금이나 다름없이 주고받았다. 지위가 높아지든 낮아지든, 우리는 스승과 제자 사이고 하나였다.

한국전쟁 휴전 후 하루가 다르게 대학이 활기를 띠게 될 무렵, 선생님께서는 동국대학교 총장에 취임하셨다.

그 뒤로 얼마쯤 지나서, 전남대학교의 이동훈(1908~?) 선생님과 나에게 백 선생님의 친서가 날아왔다. "모교 재건을 위해 긴급 참여해달라"라는 사연이었다. 우리는 합의 끝에 참여 의사를 전달하기로 했고, 나는 상경했다. 중앙불교전문학교 시절의 은사이기도 한 이동훈 선생님은 여순사건* 때 순천여고 교장으로 계시다가 곡경曲境을 치르셨다. 전남대학교가 발족 직후 인재난을 겪었을 때, 내가 이동훈 선생님을 추천하여 초창기 대학의 교무행정 임자가 되셨다. 그런데 당장 모교 재건을 위해 서울에서 살 수는 없었다. 그래서 백 선생님께 자초지종을 말했다. 이동훈 선생님은 도저히 빠져나올 수가 없고, 나는 전남대학교 철학과를 발족시킨 주임교수로서 이제 겨우 틀을 잡았을 뿐만 아니라 모교 출신 정익섭, 김기동, 홍순탁 등 국문학과 교수와 이창배, 김승규 등 영문학과 교수를 초빙해와, 각자가 초창기의 터 닦이에 최선을 다하고 있은즉, 모교 밖에서도 우리는 모교를 위해 진력하고 있으며, 더욱이 나는 철학과 졸업생이라도 배출시키고 떠나야만 보람도 있고 유종의 미를 거둘 수도 있겠으므로 한 3년

* 1948년 10월 19일부터 10월 27일까지 당시 전라남도 여수시에 주둔하고 있던 국방경비대 제14연대 소속 군인들이 중심이 되어, 제주 4·3사건 진압 명령을 거부하고 무장 반란을 일으켰다. 이를 진압하는 과정에서 전라남도 동부 지역의 많은 민간인이 희생되었다.

쯤 기다려주십사 하고 간청했다. 백 선생님을 비롯한 조명기(1905~1988)* 박사의 양해를 얻고 귀향했다.

지금 생각해도 잘한 노릇이다. 졸업생을 내지 않으면 시작이 허사가 될 뿐 아니라, 장래에 학맥을 이어갈 제자도 나오지 않는다. 신생아의 탄생도 중요하지만, 양육은 더 중요하다. 제자 없는 사도는 무의미하기 때문이다. 현재 있는 데보다 좋은 조건으로 나를 불러준다고 해서 자기 이익만 앞세워 덥석 달려드는 식의 철새 행각은 해서는 안 될 짓이다. 또 앞으로도 안 할 것이다. 좋은 직장만 찾아다니다가, 만년에는 빈 껍질만 안게 될 것이 뻔하다. 해방 직후 영광민립중학교 재직 시에도 은사 김두헌 선생님으로부터 서울의 우수 대학 초빙 제안을 받았는데 현직의 중요성을 들어 죄송스런 사양을 한 적이 있다. 어찌된 일인지, 서울에서의 23년 교직 생활 못지않게 광주에서의 11년간 교직 생활이 나를 감싸주고 있음이다. 그게 단순히 고향이라는 조건 때문일까? 아마도 그것은 아닐 것이다.

전남대학교를 떠나 모교로 옮겨가기로 약속한 해가 부지런히 다가오고 있을 무렵, 동국대학교로부터 원고 청탁서가 날

---

* 1931년 중앙불교전문학교를, 1937년 일본 도요 대학교를 졸업했다. 1945년 혜화전문학교 교수가 되어 불교학과장이 되었다. 1954년 동국대학교 불교대학장으로 취임하여 1960년까지 재임하였다. 논문으로 〈원측圓測의 저서와 사상〉 등이 있고, 저서로 《신라불교의 이념과 역사》 등이 있다.

아왔다. 1959년 7월 발간 예정인 《불교학 논문집: 백성욱 박사 송수기념》(백성욱박사송수기념사업위원회, 동국대학교, 1959)• 출간을 위한 것이었다. 여기에 내가 참여하지 않는다는 건, 정말 말도 안 된다는 생각에 나를 다그쳤다. 다행히 진작부터 준비해오던 일을 서둘러 마무리 지을 수 있었다. 선생님의 환갑연에 한 송이 꽃이라도 바쳐야겠다는 절실한 생각이 아니었다면, 논문을 완성하지 못했을 것이다.

사람에겐 이처럼 고역을 치를 계기나 무대가 주어져야 하는 법이다. 예컨대 충무공에게 국란이 찾아와주었듯 말이다. 이 화려한 무대 덕분에 나는 350여 장의 〈한국철학자의 철학 연구의 동기에 대한 고구〉를 완성할 수 있었다. 이 논문은 나의 철학관과 철학적 입장을 정립하기 위한 중요한 이정표다. 그리하여 그때 그 기회가 나에게 주어졌음에 더욱 감사하거니와, 돌이켜 생각해보면 이는 선생님께서 나에게 주신 보시며 불은佛恩이라고 할 수 있겠다.

나 이상으로 선생님의 불은을 받은 사람이 있다. 현암 이을호(1910~1998) 님은 《불교학 논문집: 백성욱 박사 송수기념》에 처녀작 〈유불상교儒佛相交의 면에서 본 정다산丁茶山〉을 발표하였다. 한의학도인 그는 당시 학계에 알려지지 않았는데, 후배의 알선으로 논문을 쓰고 싣게 되었다. 이 논문은 조명

• 1959년 7월 발간된 이 논문집은 한국 학계에서 화갑華甲 기념 논문집의 효시를 이룬다. 김영수, 김잉석, 김병규, 권상로, 고병익, 안계현, 우정상, 조명기, 황수영 등이 상고한 총 마흔네 편의 논문을 싣고 있다.

기 박사에게 호평을 받았다. 또한 그는 백낙준(1895~1985) 선생의 눈에 띄어 연구비의 협조를 받았으며, 학계 입문의 기틀을 마련하게 되었다. 이로써 이 나라에서 다산학 연구의 본산이 될 수 있었다. 참으로 경하스러운 일이다. 이 역시 선생님께서 베푸신 불은이자 불가에서 말하는 불연佛緣이다.

1,220쪽에 달하는 초대형 논문집인《불교학 논문집: 백성욱 박사 송수기념》에는 각계 학자들이 쓴 총 마흔네 편의 논문이 실려 있다. 광복 후 10년이 지난 시점이자, 혼란기 속에서 이룬 커다란 성과다. 또한 이 논문은 초창기 한국 학계에 대한 선생님의 직간접적 기여라고 할 수 있다. 생각건대 환갑기념 논문집 자체가 한국에서 처음 출간되지 않았나 싶다.

그 후 30년여 년 동안 대량 출간된 여러 환갑 기념 논문집과 견주어보아도 손색이 없다. 이런 대작이 동국대학교에서 나올 수 있던 것은, 오로지 선생님께 위임된 우리 대학의 오랜 전통에 밑받침된 저력 덕분이라고 할 수밖에 없을 것이다. 아무튼 동국인의 한 사람으로 이 책 한 권을 바라보노라면 흐뭇한 심정을 금할 길이 없다. 다시 말해, 지난날에 영광으로 빛나던 동국대학교의 자존심을 되살릴 중흥조中興祖• 백성욱 박사의 치적을 이 한 권의 대저가 대변해주는 듯해서 더욱 자랑스럽다.

• 쇠하던 종파나 사찰을 다시 일으킨 사람을 높여 일컫는 말.

동국대학교 총장 백성욱

1

선생님께서는 취임하자마자 수복 직후라는 악조건 속에서도 1차적으로, 판잣집에 지나지 않지만 개인 교수실 마련 사업에 착수하셨다. (현재의 동국대학교 중앙도서관 건물에 연결된 대형 교수실이 아니다.) 대학이란 궁극적으로 교수 양성 기관이기도 하므로, 강의실보다 교수실을 우선 마련해야 한다는 선진국의 실례에 따른 지론이었다. (옛 성현들에겐 보리수 그늘이나 곡부曲阜의 수수洙水와 사수泗水*, 산 위도 설법의 도량으로 지장이 없었던 것처럼 말이다.) 강의실 하나면 대학이 된다는 장삿속을 채우는 대학들과 일부 족벌 대학 운영자들에게 가하는 정문일침頂門一針(따끔한 충고와 교훈)으로 충분했다.

선생님께서는 나에게 학교 자랑을 하셨다. 현재의 총장실에서 앞으로의 포부와 계획에 대해 피력하실 때는 끝날 줄을 몰랐다. 석조전(명진관) 서편의 학생 측간(변소) 건물은 당시 자랑거리였다. 잦은 오물 수거 작업의 번거로움과 부담 문제를 어떻게 해결할 것인가가 골칫거리였고, 선생님 자신이 학생 측간 건물을 고안해냈다. 그것이 현재의 그것이다. 수세식이 불가능한 당시 상황에 비추어볼 때 그것과 비슷한 구실을

* 수수와 사수는 공자가 살았던 노나라 곡부 지역의 두 강을 지칭하는데, 공자는 두 강변 사이에 있는 광야에다 학당을 열고 제자를 가르쳤다.

하고도 남을 구조를 갖춘 건축의 성공을 거둔 건 자랑이다. 선생님께서는 "대학 측간은 저렇게 크고 깨끗해야지. 서울의 하숙집에서 반가워할 리가 없는 오물을 버리기 위해 학생들이 학교로 급행하지 않겠니. 일거양득이 아니냐. 절로 등교도 빨라지고 결석도 줄어들 게 아니냐" 하면서 싱긋 웃음이 아닌, 만면에 웃음을 짓곤 했다. 선생님께서는 노상 해학이 풍부했고, 인간적인 유연성과 자연스러움이 있었다. 어투도 뽐내거나 가다듬는 웅변조나 연설조가 아니었고, 옛 성현들의 설법 또는 대화나 좌담식이었다. 그래서 문어체가 아닌 구어체의 속삭임 같았다. 강의나 강연도 의식儀式적이라기보다 담화식으로 한결같았다. 내가 보기엔 이런 식이 더욱 인간적인 친근함을 느끼게 하는 것 같았다.

선생님께서는 바다를 파먹고 살아야 할 우리네 처지를 자각하여 남해에 해양연구소를 만들 생각이며, 연극학과를 두어 언어, 동작, 행동거지, 표정, 얼굴 가짐 등 사람다운 매너를 연극에서 배우고 가르쳐야 한다고 했다. 이를 위해 그이는 유치진(1905~1974)* 교수를 초빙했다. 아마 서울에서 연극학과 창설도 동국대학교가 가장 빨랐을 것이다. 일상생활

* 연극인, 극작가, 소설가. 경상남도 통영에서 태어나 일본 릿쿄 대학교 영문학과를 졸업했다. 1931년 극예술연구회를 조직하고, 《문예월간》에 〈토막土幕〉을 연재해 농촌을 무대로 한 사실주의 작품을 발표하며 극작가로 활동했다. 1958년에는 서울예술대학의 전신이 되는 한국연극연구소를 설립하였고, 1960년대 이후로는 희곡 창작보다 드라마센터 건립 등 연극 교육에 몰두했다. 국립극장 극장장, 한국연극협회 회장, 동국대학교 교수를 역임했다.

과도 거리가 멀 뿐 아니라 신문이나 사람과 접촉도 빈번하지 않은 듯이 보이는데, 어떻게 연극의 생활화·행동화까지 생각이 미치고, 인정기예人情技藝(인간의 마음과 기술과 예술)를 속속들이 파헤칠 수 있는 건지 놀라지 않을 수 없었다. 사물을 꿰뚫어볼 줄 아는 통찰력 덕분일 것이다. 불자다운 투시력과 천리안만 갖출 수 있다면, 흔히 세욕世欲으로 흐려져 있는 속물안俗物眼이 간과하기 쉬운 미래·현재·과거의 삼세와 삼천대천세계(우주)를, 하나를 보며 전체를 그리고 전체를 보며 낱낱을 동시에 볼 수 있는 것인지도 모른다.

이러한 분이 약학과나 의학과 설치의 필요성과 긴급성에 대한 나의 제안에 긍정적이 아니었다는 사실은 지금 생각해도 납득이 가지 않는다. 완급과 선후 관계 탓인지, 인문·사회과학 방면에만 주력하려는 초지初志에서였는지, 또는 그분 세계의 한계성에서 유래된 것인지 분별이 가지 않는 대목이다. 나는 대학의 선전·홍보 면에서도 힘써야 한다는 의견인 반면, 그이는 지장암의 논리대로 산곡간 깊은 물에 먹이만 있으면 된다는 식으로 알맹이가 차면 언제든 세상이 알아줄 때가 있다는, 출세간出世間(세속을 떠나 깨달음의 경지에 이름)적 사고방식을 가졌다. 그 경험과 현실의 구체적인 사례를 존중할 줄 모르는 독일식 체계와 논리 존중의 사고가 갖는 맹점이 뛰어넘기 어려운 그분의 한계점이었는지도 모른다. 무소부지無所不知의 지혜와 무소불능無所不能의 기개로 학원 왕국 건설에 자신만만했던 그에게, 세간적·세속적·시류적인 '속안

俗眼'이 야누스처럼 갖추어져 있었더라면, 독선과 독단의 한계를 뛰어넘을 수 있는 또 하나의 측면이 있었더라면, 인생유전人生流轉(세상을 살아가는 동안 이런저런 변화가 있는) 중에 인생고·세계고의 한복판에서 한 계단씩 학습한 법상인의 경험지經驗知의 효용성에 대해서도 높이 평가할 수 있는 일견이 있었더라면, 하고 아쉬워해본다. 관념론적 독단론의 독일 철학적 한계가 바로 그것인 바, '다원주의적·민주적 사고방식의 비하와 과소평가가 낳은 비극도 아울러 통찰했어야 할 것이 아니었을까' 하는 생각도 든다.

2

이리하여, 나는 3년 전에 약속한 대로 1958년 새 학기부터 동국대학교 철학과로 옮겨왔다. 지장암 스님과 한 캠퍼스에서 보낼 수 있게 되었다. 왕년의 지장암 생활과 같은 것이 된 셈이다. 한데 전남대학교의 사표 수리가 되지 않았다. 그래서 기차밖에 없던 시대에 1년 동안 광주와 서울을 오가며 양교 근무를 동시에 할 수밖에 없었다. 덕분에 졸업생을 한 회 더 내게 되었으니, 고생한 보람은 있었다. 이렇게 해서 전남대학교를 떠날 의사 표시가 분명해지자, 할 수 없다는 듯이 전남대학교에서 사표를 수리해주었다. 또 이렇게 되자 동국대학교 조명기 차장으로부터, 교무과장의 보직을 맡아달라는 선생님의 분부가 있었다는 말을 전해 들었다. 조 차장은 "간부 양성의 필요에서"라고 덧붙였다. 이른바 사학재단의 주인 만들기며 후계자 양성을 위한 보직 독점 체제의 구축 단계인 것이다.

하지만 나는 사양했다. 보직 감투 같은 것을 은근히 좋아하다간, 시간도 빼앗기고 공부도 뒷전으로 밀려나기 쉬우며, 여기에 슬그머니 재미를 붙이기 시작하면 이른바 '보직 교수'로 전락하기 일쑤라고 예측했다. 일본에서 배운 바대로 서로가 이를 기피하는 풍조였고, 교사 일변도一邊倒로 나갈 작정이었다. 그러나 표면의 이유는 부임한 지 얼마 안 되는 처지에 실정 파악도 미흡한 데다, 선임 교수들도 많은 터, 순서가 아니라는 생각 때문이었다. 전남대학교처럼 인재가 부족하면 몰라도, 수도 서울에 다사제제多士濟濟(쟁쟁한 인재가 많음)한 터에 구태여 내가 내 생활과 자유와 공부 시간을 죽여서까지 나설 필요가 없다는 다소 이기적인 생각에서였다. 그전에도 이런 제안이 많았다. 전북대학교 총장, 숙명여자대학교 총장, 문교부 고등교육 국장, 서울대학교 교수까지. 일제강점기 때(혜화전문학교의 전시 휴교로)의 대동상업학교 교장 시절의 은사 예동 김두헌 선생의 초청 또한 최근까지 물리치느라, 진땀을 뺀 나다. 대학교수가 만부득이한 경우 외에 보직을 맡아 자기희생을 하는 것은 부당하다. 연구와 업적으로 자기봉사를 해야 한다는 생각만 있을 뿐이다.

아무튼 이것으로, 나는 나를 위한 선생님의 배려를 전후 두 차례나 거역한 셈이 되었다. '정군이 결과는 달리 제 고집대로 살겠다는 녀석이로구나!'라고 속으로 생각하시리라고 미루어 짐작해본다. 그럼에도 나는 그이에게 단 한 번 인사 청탁을 한 적이 있다. 서정주(1915~2000) 시인은 모교 중앙불교전문학교 때 한 학년을 동문수학한 학우인데, 그를 만난 자리에서 그의 소청을 들었다. 나는 쾌락했고 뒤이어 선생님을 뵙고, "그를 데려오자!"고 했다. 그분도 나의 청을 승낙하시면서 데려오라고 했다. 총장실로 동행하자, "내일부터 절차 밟고 강의하라!"라고 말씀하셨다. 그 시절은 인사행정도 빨랐고 살맛 나는 세상이었다. 사람이 필요했고 총장이 인준만 하면 성사가 되는 그러한 시대였다. 선생님께서 4·19혁명과 5·16군사정변으로 물러나 소사素砂 영주지永住地로 가시기 전에 우거하신 효자동 한옥 댁에 서정주 시인과 동행하여 선생님을 뵈었다. 서정주 시인은 자기에게 교수직을 허락해주신 것에 감사를 표했다. 선생님께서는 내색하지 않으셨지만, 인지상정으로 앙앙불락怏怏不樂(마음에 차지 않아 불쾌해함)의 나날일 것이 뻔하다. 우리를 불러준 그이는 졸지에 학교를 떠나시고 우리는 남아, 23년간을 한 캠퍼스에서 보내다 정년퇴임했으니, 모두가 그이의 공덕이요, 부처님의 가호가 있어서라고 생각한다.

그 무렵에 교내 사택으로 이사 온 처를 대동하고, 인사를 드릴 겸 총장실을 찾아갔다. 선생님께서는 그 자리에서 동편의 교수실과 중앙도서관 건물을 자랑하셨다. 교수실에는 교수들이 24시간 생활할 수 있도록 만반의 시설을 갖추겠노라며 침대를 겸한 책상의 모델을 이제 만들었고 싱크대와 새

장 등을 갖추어놓겠다고 하셨다. 어쩌면 이분이 절 방을 생각하고 계시는지도 모르겠다고 여겨졌다. 내가 불쑥 "그러면 교수들이 밤에 이상한 사람을 끌어들이면 어떻게 하죠?"라고 했더니, "대학교수가 그런 것쯤 어때?"라고 했고, 나는 "그럼 안 되지요!"라고 대꾸했다. 세 사람이 나름대로의 의사 표시를 한 셈인데, 총장실 분위기는 그날따라 더욱 화기애애했다. 젊은 날 프랑스와 독일에서 수학한 분이라서, 대학교수의 위상을 선진국 수준으로 끌어올리려는 뜻일 것이다. 철저한 교수 중심제를 안중에 두고, 교수 절대 권위를 가진 대학을 건설함으로써, 한국 대학의 전향적·선진적 모델을 동국대학교가 창출해낼 뻔했던 것이다. 절대권을 행사했던 총장이지만 교수의 권위에 간섭하거나 도전하는 일이 없었으므로, 당시에 동국대학교는 일급 교수들이 운집했고, 대학 분위기가 높이 평가되기도 했다. 한국전쟁 수복 후에 유명 교수 대다수를 잃어버린 모 국립대학에선 이를 보충하기 위해 연쇄적으로 동국대학교에서 많은 사람을 뽑아갈 수밖에 없었던 것은 누구나 다 알고 있는 사실이다. 그 어려운 초창기에 대학이 비용을 부담하여 미국에 연구 교수까지 파견했건만, 귀국한 뒤에는 약속을 어기고 모 대학으로 슬쩍 옮겨간 비양심적인 세칭 유명 교수 사건도 있었다고 들었다.

3

선생님께서는 지난날 자신의 독일 유학 시절의 곤궁과 고통을 되돌아보고, 또 대학다운 대학의 앞날을 위해 연구교수를 해외로 파견했다. 이것은 그의 큰 꿈이었다. 그러나 몰지각한 한 교수의 배신으로 그 꿈이 산산조각이 나서 총장 이하 대학 운영자들이 받은 상처가 컸다고 한다. 한 간부 교수의 귀띔으로 나까지 알게 된 사건이다.

대학은 건물이나 시설 위주가 아니라, 도서관, 교수, 연구실 중심이어야 한다는 것은 선생님의 지론이자 대학관大學觀이었다. 이러한 차원에서 선생님의 대담무쌍한 결단으로 당대 최고 클래스에 속하는, 그래서 자타가 공인하는 영문학자 최재서(1908~1964) 교수를 파격적으로 대우·초빙한 사건은 상처받은 앞의 사건과도 무관하지 않은 것 같다. 한 교수에 대한 특별 대우는 과課 내의 시기심을 불러일으킬 뿐 아니라, 형평의 원칙에도 위반됨으로써 물의를 일으킨 것도 사실이다. 그러나 그만큼 선생님은 학문 애호가요, 대학의 본질에 대한 인식이 투철했다. 그 사건은 그 깊은 뜻을 입증하고도 남는다. 그 경위는 이렇다.

최 교수는 일제강점기하에서도 교수 생활을 해온 분이나 광복 후 연세대학교 영문학과에서 거의 은거 생활을 해오다시피 했다. 선생님께서는 여기에 착안, 이분을 모셔와 단 한 분을 위한 학위 수여식을 중강당에서 성대히 거행하고 그에게 대학원장직을 맡겼다. 옛 현군賢君처럼 독단에 의한, 아니 전적으로 총장이 책임을 지는 결행이겠지만, 아무리 현명하고 유익한 인사 발령이라고 하더라도, 독재는 독재다. '그때만 해도'가 아니라, '그 무렵에는' 그것이 통했고 또 예사였을 뿐 아니라, (내 경우도 예외가 아니었다. 과의 일을 총장 이하 간부가 대신하는 식이었으니까) 인재 부족 탓으로 (쟁탈전이 치열했으므로) 그럴 수밖에 없었다. (따라서 과의 합의와 과 제일주의와 같은 민주주의적 합리적인 방식이 지배하려면, 먼 훗날을 기약해야 했던 것이다.) 그러나 그러한 것들이 쌓여 4·19혁명 촉발의 계기가 되었다. 학내의 대이변이 그야말로 혁명적 양상으로까지 번져간 것이다.

아무튼 그와 같은 독선적 체제 때문에, 영문학과 일각에서 반대 여론이 비등했다. 그러나 그 조치에 반대하는 주먹질 시위는 총장실 문턱 밖에서만 맴돌았다. 그이에 필적할 만한 실력과 업적도 없으면서 공연히 개인적인 투기 때문에 그런다고 오해받을 소지가 다분했고, 또 문턱을 넘어 들어가 따지다가는 본전도 챙기지 못하고 나올 것이 뻔해서였다. 그래서 내가 총장실에 들어가, 문밖의 소란을 전해드렸다. 영문학과 대표 교수와의 친분도 있고 해서 상황을 말씀드리니 선생님께서는 말씀하셨다. "내가 어찌 그것을 모르고 한 짓이겠느냐? 나도 너만큼은 친일파를 미워할 줄도 안다. 그럼에도 그를 모신 건 동대 교수들에게 평생을 두고 시종일관, 열심히 '공부하는 교수'의 산 모델을 실물로 보여주기 위해서란다." 할 말이 없었다. 나부터라도 당장 배워야 할 판이니까. 동국대학교를 떠나서는 안 될 모 국문학의 원로 교수*가 연세대학교로 떠났다가 되돌아온 이해 못 할 해프닝도 벌어졌다. 그이의 경우처럼 공부하기 어려운 일제강점기에 닦아놓은 업적과 명성으로 버티며, 과거의 자기 기록에 안주해서 주저앉아버린 정신적 연금 생활자가 더러 있게 마련이다. 해방이 되어 좋은 조직의 혜택이 오자, 오히려 연구를 계속하지 않는 교수들이 있었다. 선생님께서는 이를 질타·경계함으로써 이상적인 교수상을 정립하고 그 귀감이 될 만한 본보기를 만들고자 저이를 모셔온 것은 아닌지, 독선 속에는 그런 의도가 포함되어 있다고 본다.

과거의 친일 문제는 과거·현재의 인격적 도덕성 문제와는 다르다. 그 대목은 잠깐 접어두고, 단지 오늘의 학자적인 진실성은 비싼 값을 치르고서라도 사오자는 심산이다. 그래서 그이는 나에게 앞서 말했고, 말끝에 "그 점 하나만 높이 사면 되는 것 아냐?"라고 덧붙인 것이다. 동국대학교의 트레이드마크였던 한 분은 떠나고 없고, 대학원장다운 이를 모셔와야 할 긴급 사태에 직면한 상황에서 취해진 비상조치라 할 수 있었다. 그러나 이런 '과거는 묻지 말자!'는 식의 긴급 조치는 친일파를 묵인해주는 경향으로 흐르게 되었고, 급기야 이승만 정권은 건국 초기에 '반민특위'••를 불법으로 해체하기까지 하였다. 이는 이승만 정권의 최대의 오점이며 실권과

• 양주동 교수를 일컫는 것으로 보인다. 양주동 교수는 1947년 동국대학교 문학부장으로 취임하여, 1958년부터 1961년까지 연세대학교 교수로 옮겨갔다가 1962년 3월 다시 동국대학교 국문과로 복귀하였다.

•• 반민족행위특별조사위원회의 약칭. 일제강점기 34년 11개월간 자행된 친일파의 반민족행위를 처벌하기 위하여 제헌국회에 설치했던 특별기구다.

실패의 큰 원인이 되었다는 것이 일반적인 관점이다. 그렇다면 이런 맥락에서 볼 때, 동국대학교의 경우는 어떤가 하는 문제를 생각해볼 수 있겠다.

춘원 이광수나 시인 김용제(1909~1994) 등과 같은 아까운 인재들을 흡사 일망타진一網打盡으로 척결할 것인가? 이러한 문제는 민족정기의 문제와 맞물려, 우리가 기필코 풀어야 할 과제로 남는다.

총장실을 찾아간 어느 날 그분은 나에게 언제나처럼 재미있는 이야기를 들려주셨다. 언젠가 이 대통령이 퇴근 후에 코리아 하우스Korea House•에 왔다가, "(남산을 깎아 먹고 있다는 비난이 조야에 빗발치고 있는) 백성욱이 하는 대학이 어디냐? 들러서 가자" 하는 바람에 갑자기 핸들을 돌려 동국대학교 캠퍼스를 한 바퀴 돌고 갔다고 한다. 다음 날 아침에야 이 소식을 듣고 당황한 선생님께서는 부랴부랴 경무대••로 직행, "부재중이어서 죄송합니다"라고 했더니 "남산을 깎아 먹는다기에 계획도 없던 걸음을 한 것이지!"라고 해서 "이제 그만 깎아 먹겠습니다"라고 말씀 대접을 하고 왔다는 것이다. 가끔 나에게만 피력하시는 무용담이다. 이럴 때면 총장실이 흡사 20대와 40대의 다정한 사제가 무릎을 맞대고 앉아 주고받던

• 1957년 공보실에서 개관, '한국의 집'으로 명명.

•• 현 청와대로, 1948년 7월 24일부터 1960년 4월 26일까지 이승만 대통령의 관저로 사용되었고, 당시 경무대라 불렸다.

지난날의 지장암처럼 느껴지곤 했다. '그가 아니면 이처럼 어떻게 경무대와 직선거리인 목멱산 중턱의 국유지에 대학 건물이 설 수 있었겠는가?'에 대한 해명용 에피소드 한 토막이다.

이 대통령과의 개인적 · 정치(노선)적인 관계도 관계지만, '그 대통령에 그 총장'이라는 느낌을 주는 대목이기도 하다. 이 박사도 그를 따르고 믿는 백 박사도 무던하지만, 그 배짱이 아니었더라면 이것도 저것도 성사되지 않았을 것이 뻔하다. 불교 없는 동국대학교도, 동국대학교 없는 한국 불교계도 생각할 수 없기에, 지장암 스님 백성욱 박사의 위치는 일호一毫의 가감도 없이 한국 불교의 중흥조로서 원효(617~686)와 보조普照에 필적하는 존재라고 나는 생각해마지않는다. '만약에 그가 아니었더라면… 우리 동대는 대체 어떻게 되었겠는가?'라고 자성해볼 때, 절로 아찔해진다. 이게 지금 나의 솔직한 심정이다. 일제강점기 때 서울에는 3대 사립전문학교* 인 혜화전문학교(중앙불교전문학교의 후신), 연희전문학교(경신학교의 후신), 보성전문학교(고려대학교의 전신) 등이 정립鼎立해 있었다. 성균관대학교의 전신인 명륜전문학교는 아주 늦게 출발하여 미처 졸업생도 못 내고 해방을 맞았다. 광복 후 연희대학교의 후신인 연세대학교엔《불교학 논문집: 백성욱 박

* 고보 5년 졸업 후에 밟는 3년제로 오늘의 그것과는 다르다. 대학 연한도 3년이었으므로 오늘의 전문대와 대학교의 중간에 자리하는 셈이다.

사 송수기념》의 〈하서賀書〉를 쓰신 백낙준 총장이, 보성전문학교의 후신인 고려대학교엔 유진오(1906~1987) 총장이 있었는데, 어느 날 총장 회의가 끝나고 퇴장하면서 선생님께서는 유 총장의 어깨를 두드리며 "당신의 학교, 잘된다지요?"라고 건넸다는 이야기는 유명하다. '좀 더 많은 시간이 그이에게 허락되었다면 비범한 인물과 거물다운 인품에 걸맞은 거대한 대학의 출현을 볼 수 있었을 테고, 또 그것이 목전에 와 있었는데' 하는 아쉬운 마음은 오늘의 사정을 살펴볼 때 한결 더해만 가는 느낌이다. 그 시대는 시대가 시대인 만큼 비범한 존재를 에워싸고 떠받드는 비범 집단을 가져야만 하는 비(정)상한 시대였건만, 동국대학교나 불교계 안팎의 사정이 까마득하게도 그에 미치지 못했다는 설움을 갖는다.

선생님 개인에게도, 욱일승천旭日昇天(아침 해가 하늘에 떠오르는 기세)의 기운을 탄 동국대학교에도 불운의 날이 된 1960년 4월 19일은 마침내 오고야 말았다. 2교시가 끝나자마자 학생들은 여덟 명씩 어깨동무로 데모대를 형성하여 황건문皇建門(지금의 후문 쪽) 밖으로 질서 정연하게 쏟아져 나갔다. 나는 강의를 중단하고 10시 반경 본관 건물 옥상에 올라가, 잘 하는 일이라는 속셈과 긴장 속에서 시위 행렬을 굽어보고 있었다. 그런데 인기척 소리가 나서 돌아보니, 나 혼자만의 이 비밀 장소에 선생님께서 혼자 건강한 모습으로 올라오셨다. 너무나 우연한 만남이었다. 대열은 퇴계로 사거리를 거쳐 을지로4가에서 좌회전하여, 시청 앞까지 직행하여 국회의사당으로 약간 우회전하고 있었다. 동국대학교 시위대는 거리가 가까워서 일찍 도착했지만, 먼저 와 자리를 점령하고 있던(4·18 고려대학생 피습 사건* 때문에) 고대생들이 앉아 있는 자리를 비켜 가야 했다. (그 광장은 좁아서, 두 번째로 도착한 동대의 자리가 없던 관계로) "경무대로 가자!"라는 구호가 동대 시위대 속에서 느닷없이 터져 나오자, 데모대의 향방은 국회의사당 앞에서 경무대로 돌변했다. 이 순간부터 4·19혁명의 새 장이 열리게 되거니와, 동대 시위대는 우리가 굽어보는 눈앞에서 끊이지 않고 계속 앞으로 나아가고 있었다.

서로 다른 사념에서인지는 몰라도, 선생님과 나의 어떤 공통분모를 가진 심정이 이렇게 우연한 만남을 꾸며낸 것이 분명했다. 아무튼 우리 둘뿐이다. 그가 오늘이라고 어찌 다르랴! 늘 하시던 대로, 재치가 넘치면서도 단적인, 그리고 익살스러운 어투로 오늘도 한마디하셨다. "우리 백성들 데모 하나 질서 있게 잘한단 말이야!" 그 혼잣말 뒤엔 "작년 1년 동안 전 국민이 데모 훈련을 아주 잘해두었거든!" 하는 후속어가 뒤따를 법도 했으나, 들렸는지 이심전심으로 끝났는지는 분명치 않다. 아무튼 그럴싸한 표현이라 여겨졌다. 정곡을 찔

* 1960년 4월 18일 고려대학교 학생들이 정오에 총궐기 선언문을 발표한 후, 세종로-태평로 일대로 진출해 시위를 벌였다. 하지만 유진오 고려대학교 총장 등의 만류로 하오 4시쯤 데모를 중단하고 평화 행진을 하면서 귀가하던 도중, 대한반공청년단 종로구 단장 임화수 등 폭력배들로부터 취재기자들 일부와 함께 학생 수십 명이 피습을 당하면서 4·19혁명의 도화선이 되었다.

렀기 때문이다. 1959년 2월에 일본 정부가 재일교포 북송을 최종 결정함에 따라• 이 정권이 1년 동안 전 국민의 반대 데모를 주도했고, 또 이로써 정부는 일석이조의 정치적 수확을 거둘 수 있었기에 이르는 말이다. 결과적으로 거국적인 데모 훈련이 국민운동화·일상생활화된 셈이고, 그 조직적 훈련 덕분에 이 정권이 다음 해 곧 1960년 4월 19일에는 전국 대학생 주도의 데모로 등에 업힌 채로 내동댕이쳐진 꼴이 되고 말았다. 또 이게 이렇게까지 진전되리라곤 누구도 몰랐으며, 선생님께서도 자신의 신변과 대학 주변에 어떠한 소용돌이가 반대급부로 되돌아올지는 미처 예측조차 못했으리라 믿는다.

4·19혁명 뒤 지장암 스님과의 새로운 만남

휘몰아쳐온 4·19혁명의 태풍이 선생님의 집무실을 강타하며 난동은 커졌고 정신은 혼미했다. 나로서는 차마 목불인견

• 일본 정부가 북한과의 협정에 의해 재일본조선인총연합회(조총련)계 재일교포를 북한으로 송환한 사건. 당시 남한을 지지하는 재일본대한민국거류민단이 북송선 앞에서 집단적으로 북송반대 시위를 벌였다. 그러나 1965년 남한을 한반도의 유일 정부로 인정하는 한일국교 정상화가 이루어지고 북송교포의 비참한 생활상이 일본에 전해지면서 1967년 북한적십자사(북적)와 일본적십자사(일적) 간의 협정시한 연장회담이 사실상 결렬되었고, 이후 북송교포 수는 감소하였다.

目不忍見(차마 눈으로 볼 수 없는)의 참상이었다. 평화롭게 진행되었으면 좋겠는데, 그게 전연 불가능했다. 가위 혁명적인 단죄를 주장하는 격동 앞에서 나는 속수무책이었고 그래서 더욱 가슴 아팠다. 선생님의 춘추 63세, 앞으로 20여 년을 더 살 수 있고 한창 일할 수 있는 나이이며 건강도 좋으셨다. 내가 지금 그 나이가 돼가고 있어서 미루어 짐작해본다. '하시던 대역사를 중도이폐中道而廢하자니(중도에 그만두자니) 얼마나 억울하고 원망스러웠을까.' 이제 와서 새삼 추체험追體驗(다른 사람의 체험을 자기의 체험처럼 느낌)하게 되면서 그의 혼령 앞에 합장하고픈 심정이다.

4·19혁명의 강타가 이른바 앙시앵 레짐Ancien Régime•에 대한 반항으로 나타나자, 옥석혼효玉石混淆(좋은 것과 나쁜 것이 한데 섞여 있음)의 상태에서 '눈 감았다, 시비 마라!'라는 식으로 단죄가 자행되었다. 그 바람에 나의 은사 두 분이 억울한 퇴진을 강요받았다. 그중의 한 분은 숙명여자대학교의 총장 예동 김두헌 선생이었다. 그러나 그분의 경우는 내가 봉직한 대학이 아니라서 퇴진의 이유에 대해 아는 바가 없다. 하지만 동국대학교 은사의 경우는 지금 돌이켜보아도 그 퇴진의 이유를 이해하기 어렵다. 어떤 사감私感(보직 좌천설)을 품은 몰지각한 교수의 배후 조종이라는 설도 있고, 그동안 버티어

• 구제도舊制度. 18세기 후반 프랑스에서 부르봉Bourbon 왕조의 절대주의의 위기가 자각되어 계몽사상이 형성되어 변혁이 시작될 때 신제도新制度에 대하여 그때까지의 사회나 제도를 앙시앵 레짐이라 불렀다.

오시다가 5·16군사정변의 급작스런 정년 조정(65세를 51세로 낮추는 일) 때문이라는 이야기도 있다. 군사정부가 내린 긴급 조치로 은사 화암 신봉조 선생도 교장에서 이화재단 이사장으로 옮겨 앉게 되었다. 군정은 얼마 안 가 전비戰費(전쟁하는 데 드는 비용)를 개정, 원상으로 연장 조치하는 등 시행착오가 도처에서 되풀이되었다. 아무튼 4·19혁명과 5·16군사정변은 서로 다른 정서를 유발했다.

나는 상처 입은 마음을 걷잡을 수 없었고, 이 곤혹스러운 심정을 푸는 도피처를 산과 자연 속에서 찾는 길을 모색했다. 그리하여 대학 사회에서의 보직욕이 교수 자신과 대학 전체를 위해 얼마나 역기능적인가를 재확인하게 되었다. 대학교수라면 가급적 연구와 강의 그리고 이를 밑받침하기 위한 심신의 건강 유지책 외에는 시간을 낭비하는 일 없이, 논문 한 편이나 저서 한 권이라도 더 쓰는 데 전력투구해야 한다는 스스로의 다짐을 갖게 된 셈이다. 시대는 바야흐로 난세였다. 일촌광음一寸光陰이 불가경不可輕(짧은 시간이라고 가벼이 여기지 말라)이다. 40대 현직에서나 80대가 경각에 달린 지금에 와서나, 이 생각만은 젊은이와 같지 않고 늙은이답게 강경 보수파적이라니 웬말이냐!

총장실 문턱은 높았지만, 선생님 퇴임 후 효자동 우거지엔 위로 겸 인사차 서정주 님과 한번 찾아가 뵈온 적이 있고, 그 뒤의 정착지인 소사로 옮겨가신 뒤로는 자주 찾아뵐 수 있어 좋았다. 지장암과 돈암동 이모님(송씨) 댁의 선방과 소사의 그것은 시대와 장소만 다를 뿐, 주인공이나 절방 같은 그윽한 분위기도 예나 지금이나 한결같아, 언제나 서먹서먹unheimlich(독일어로, 친밀한 대상에게서 느끼는 낯설고 두려운 감정)하지 않은 안온함과 마음 편함heimlich(독일어로, 은밀한, 비밀의, 내밀한)이 거기엔 자리 잡고 있었다. 독일어로 가정Heim 같고, 고향Heimat 같아서 그런가 보다. 마음의 고향인 것이다. 이제 와 생각해보면, 나에겐 '향부성向父性' '귀부歸父' 본능 같은 것이 잠재해 있었는지도 모른다. 아들에게 철학의 길과 불교전문학교를 가도록 허락해주시고 요절하신, 독실한 기독교인이었던 선친은 나에게 선조 숭배적 신앙의 대상이 되어왔기 때문이다. 정말로 그럴지도 모른다. 그래서 군사부일체의 기본 윤리강령이 우리네 전통사회에서 뿌리내렸는지도 모르겠다.

아무튼 세월이 그렇게도 변했건만, 내 마음의 편안함이 이처럼 변함 없음은 대체 어디서 온 것일까에 대한 답이 저렇다. 위엄스러운 그 옛날의 상호相好(부처의 몸에 갖추어진 훌륭한 용모와 형상)에 '싱긋 웃음' 아닌 조용하고도 청정무구한 만면의 웃음을 더러 볼 수 있었다. 선생님께서는 동국대학교를 세계의 대학으로, 아니 독일의 전통에 빛나는 정도程度의 대학으로 가꾸고자 했다. 하지만 한국 불교의 자존심을 되찾아보자던 큰 꿈과 치밀한 진전을 하루아침에 중단·포기하고 말았다. 그런 그이의 얼굴에서 나는 실의와 좌절에 빠진 원망과 분노가 아니라, 그 자리에서 자주 원만구족圓滿具足 같은 걸 읽을 수 있었다. 그것은 방문자의 기분을 맑게 했고, 또 다음의 방문을 부담스럽게 하지 않았다. 필동이 소사로, 넓은 총장실이 좁은 온돌방으로 바뀐 것과, 어느새 서로가 연치年齒(나이)를 더 했을 뿐이라는 차이가 거기에 있을 뿐이었다. 그런데 언제부터인가, 《대방광불화엄경》의 제창 소리는 안 들리게 되고• 염불을 외우시며 축원해주시는 절차로 만남의 문이 열렸다. 염불이 끝나고 나면 부드러운 미소로 으레 "요즘 어때? 잘되어가는 거야?"라고 하셨다. 내 단순한 삶에 무어가 잘되어갈까마는 그렇게 나의 인사에 답하셨다. 들판의 외딴집에 겨울이 가까워지면 온 창문을 밖에서부터 비닐로 뒤덮곤 했으나, 난방 장치 같은 건 보이지 않았다. 지장암과 돈암동과 필동의 차이가 여기에 있으며, 이미 지장암 시절의 젊음의 패기와 미소가 사라졌음을 발견했다.

1970년대 이래로 내가 백내장과 망막박리로 두 차례나 두 눈의 수술을 받는 곤욕을 치르고 있는 와중에, 처가 비명으로 타계하였다. 나는 선생님께 투병 중이라는 근황을 알리는 연하장을 드렸다. 그동안의 적조積阻(오래 소식이 막힘)가 그 때문인 것을 아시고, 선생님께서 나의 고독한 병상을 찾아주셨다. 70대 중반의 노구였으나 여전히 건강하시다고 느껴졌다. 거꾸로 젊은 제자가 병문안을 받은 것이다. 일찍이 공자가 문도 백우伯牛를 문병한 장면이 연상되었다. "망지 명의부 사인야이유사질야 사인야이유사질야亡之 命矣夫 斯人也而有斯疾也 斯人

• 금강산 시절 이후,《대방광불화엄경》제창 대신 '미륵존여래불'로 바뀌었다.

也而有斯疾也(있을 수 없는 일이다. 운명이라는 것이냐! 이만한 사람이 이런 병에 걸리다니! 이만한 사람이 이런 병에 걸리다니)!"라고 외쳤듯이, 비록 백우와 같은 천형의 병은 아니지만 어둠과 빛의 갈림길에서 1남 6녀를 앞에 둔 채 처마저 잃고 헤매는 오랜 제자에게 부처님의 가호가 있길 빌고자, 그이도 정말 어려운 걸음으로 예고도 없이 찾아오셨다. 두 분께 감사하고 감격한 나머지 그날의 일지를 구술로 적어두었다. 힘이 되어주심으로써 용기백배하여 어떻게든 광명을 되찾아야 하겠다는 생명의 격려사가 된 것이다.

선생님께서는 환자에게 극동아시아의 정세에서 불교의 보리계菩提戒에 이르기까지 종횡무진으로 설파하시며 그 옛날 지장암에서와 다름없이 혈기가 방장方壯하셨다. 불법의 깨달음을 통하여 인생고를 극복해야지 않겠느냐는 임상 설법을 하셨다.《금강반야바라밀경金剛般若波羅蜜經》을 외우고 또 외우라고 당부하시고, 이렇게 만나니 걱정이 덜어진다는 말씀을 남기고 떠나셨다. "흡사 내가 젊은 날에 동지와 함께 지장암 주인과 작별하고 섭섭해하며 떠났듯이"라고 적고 나서 환자의 심정을 토로했다.

"어떻게 하든지 애꾸눈으로나마 박명薄明(해가 뜨기 전이나 해가 진 후 얼마 동안 주위가 희미하게 밝은 상태)과 같은 빛을 되찾아 그분께서 사바세계(인간세계)를 하직하시기 전에 기필코 찾아가 뵈어야겠다고 다짐했다. 희미한 불빛만을 볼 수 있는 시력으로 어렵사리《금강경》을 찾아내 먼지를 털었다. 누군가 나에게《금강경》을 읽어줄 사람은 없을까? 지식보다는 지혜를, 문자보다는 체험을, 지知보다는 행行을, 사고보다는 실천을 깨우쳐주는 불법의 보리계를 여기서 끌어내야 한다는 것이 스승의 가르침이 된 것이다.《금강경》을 읽기만 하면 두 눈이 훤해질 것이란 것. 그러나 그것은 육안肉眼이기 전에 영안靈眼일 것이 뻔하다. 육안이 아닐 바엔 심안心眼이나마, 아니 영안이라도 있어야겠지! 영안이라야 '고뇌를 뚫고 넘어선 환희Durch Leiden Freude'의 피안彼岸으로 편안하고 안전한 큰 배로 건너갈 수 있으리라는 말씀이 되겠지(바라밀)! 번뇌와는 구별되어야 마땅한 창조적인 고뇌의 차안此岸에서 환희의 저 언덕으로 건네줄 수 있는 건 오로지 육안 아닌 심안이며, 심안도 아닌 영안이며, 영안도 아닌 신안神眼이라는 거겠지(반야)! 신안이란 과거와 현재뿐 아니라, 유구한 미래까지도 일목요연하게 밝히는 눈! 삼천대천세계를 동시에 굽어살필 수 있는 눈일 거다.

그렇지만 지금 당장 나에게 간절한 것은 삼천대천세계가 아니어도 좋으니 현재와 이승, 태양과 달과 별 그리고 그리운 지상의 아름다운 천자만홍千紫萬紅(울긋불긋한 여러 가지 꽃의 빛깔)을 환하게 볼 수 있는 밝고 맑은 육안뿐이다. 눈에 익은 글자들과 그리운 얼굴들이 보고 싶다. 언제 세상을 뜨실지 모르는, 내가 그녀를 사뭇 닮았다는 홀어머니의 주름진 얼굴, 시골로 떠나시며 '내가 보이느냐?'라고 하시던 그 얼굴이 보고 싶다."

위 모두가 선생님께서 다녀가신 덕분에 용솟음친 의지의 재긍정이자 삶에 대한 재분발이요, 암흑에 대한 도전이자 불퇴전不退轉하는 정진의 자세요, 칠전팔기와 구사일생을 신념하는 불자의 사자분신獅子奮迅(사자가 성낸 듯 맹렬한 기세로 정진함)이요, 젊은 날에 지장암을 찾던 선재동자의 백절불굴百折不屈(어떠한 난관에도 결코 굽히지 않음)의 구도심이자 불광토佛光土에서의 초발심이 아닐 수 없다. 그 뒤에 나는, 〈신동아〉의 논픽션 작품 응모작 〈나의 투병기〉의 구술과 학위 논문(선생님께 헌사를 쓴 전기의 책)의 구술을 정리하여 각각 소기의 목표에 도달했다. 도와준 고마운 조교의 인도로 소사를 찾아가 뵙고, 선생님의 근영近影을 촬영도 하고, 《금강경》을 통해 나오는 선생님의 육성을 들어가며 주마등처럼 스쳐 지나가는 젊은 날의 나 자신을 되돌아보면, 어제인 듯 눈에 선하다. 눈을 감아도 훤히 보이기만 하는 건 무엇일까? 선생님과 나와의 오랜 만남과 숱한 사연과 대화의 성찬이 파노라마처럼 육안 없이도 보인다. 그것이 심안일까? 영안일까? 아니면 신안일까?

음력 1981년 8월 19일

1

선생님께서는 차차 연로해지시며 건강을 잃으셨고 소사에서 겨울을 이겨내시기가 어려워졌다. 총장실에서 선방까지 건강과 젊음의 후퇴로 소사의 긴 독거 생활이 막을 내리게 된다. 그래서 아현동과 한강변의 몇 군데 아파트로 옮겨 다니셨다. 이 점이 출가승과 재가승의 차이라고 할 수 있겠다. 승속을 넘나들며 이것도 아니고 저것도 아닌 게 아니라, 이것이고 저것이고 간에 값어치가 있는 것만을 거침없이 골라 함께 갖는 유화적宥和的 경지가 창출된다면, 이 또한 바람직한 세계가 아닐 수 없다. 원효 대사의 경우가 그러한 승속일여僧俗一如적 경지의 신라적인 형태가 될 수 있다고 생각한다. 물론 철저한 성聖의 세계도 있을 수 있고 있어야 한다. 석전(1870~1948) 선사의 경우가 그 모델이다. 그러한 모델은 속俗(세속)에 대한 구심점이 되어 온갖 속을 빨아들이는 무서운 흡수력으로 작용한다. 그 덕분의 '속의 성화'가 가능하게 된다. 그 반대의 경우도 논리적으로는 생각할 수 있으나, 윤리적·가치론적 측면에서는 고려되지 않는다.

따라서 석전 선사의 순수성 모델의 극단화 방향에서는, 사명(1544~1610) 대사나 서산(1520~1604) 대사의 애국적 활동이나 백성욱 박사의 정치 활동이나 대학 건립 활동도 허용되지 않는 외도가 될 것이다. 그러나 신앙인도 국민의 일원일 뿐이다. 그러니 나라가 없으면 사찰도 교회도 법당도 없다. 또한 모든 사람은 그가 소속된 전문인, 전속인, 특수직업인이기 이전에 인간이다. 인간이나 국민으로서 인간의 존립 자체를 침해받거나 인권 존재를 부정 또는 무시당할 때, 그리고 국가가 존망지추存亡之秋(존속과 멸망이 결정되는 아주 절박한 경우나 시기)에 처할 때 어디 승속이 따로 있겠는가. 상위개념과 하위개념의 차이가 있을 뿐이다. 어느 경우에나 한 인간의 존재는 철저한 '개個'인 동시에 절대적인 '전全'이기 때문이다. 선생님께서는 이제 한 인간으로 돌아와 온갖 애국적인 정열과 불국토 건설을 위해 젊은이다운 정열과 패기를 다 버리고 긴 항해 끝에서 열반을 준비하는 기항자寄航者가 되셨고, 그 덕분에 천수를 다 누릴 수 있었다.

르네상스 시대 서양에서는 천동설에 대한 지동설의 도전으로 사상적·종교적·정치적 극한 대립이 연출되면서 역사가 많은 비극으로 얼룩졌다. 철학자 조르다노 브루노Giordano Bruno(1548~1600)는 지동설에 대한 굳은 신념을 생명과 맞바꾸는 젊은이다운 정열과 패기와 혈기를 보였으나, 과학자 갈릴레오 갈릴레이Galileo Galilei(1564~1642)는 70대 퇴령에 건강 상실로 그 이상의 싸움을 포기하고 천동설에 대한 굴복을 선서한 것으로 보아도, 저간의 소식을 짐작할 수 있다. 선생님께서는 노후의 보금자리가 필요했고, 또 이를 찾아 여러 곳으로 거처를 옮기셨다. 그에게 나라와 대학이 일자리를 마련해주었더라면 천수를 다하실 때까지 젊은 시절의 혈기방장血氣方壯으로 건강도 유지되고, 군계일학群鷄一鶴의 비범한 인간 가능성이 한층 보람 있고 바람직한 방향으로 발휘도 되고 크나큰 결실을 맺었을 것이다. 이 점이 아쉽다. 어느 자리든 그 자리를 본의건 아니건 일단 떠난 뒤 대응 방법을 강구·준비해두었어야 할 판이다. 그런데 아뿔싸! 그이도 천려

일실千慮一失(천 번 생각에 한 번 실수)했던 것으로 여겨진다. 종단宗團 형성이나 불교 학술 진흥에 진력하거나, 일거리를 미리 마련했어야 했다. 일 있는 곳에 젊음도 있고, 젊음이 있는 곳에 건강도 있는 법이니까. 그러나 나의 의견은 군맹상평群盲象評(여러 맹인이 코끼리를 더듬는다는 뜻으로, 자기의 좁은 소견과 주관으로 사물을 그릇 판단함) 격인 오류를 범하고 있을 것이 뻔하다. 건강하실 때, 이러한 방향으로 한 번도 의견을 제시하지 못했기 때문이다.

1981년 5월, 나는 23년간 근속한 동국대학교를 정년퇴임하고, 원광대학교로 옮겨가 5년간 일할 수 있는 행복을 누렸다. 대학 동기인 숭산 박길진(1915~1986) 총장 덕분이었다. 70세까지 전임 연장은 우리나라 대학계에서 처음 있는 일이었다. 그동안 나는 내 학구 생활의 총결산 격으로 나와 대학을 내실화하려고 노력했다. 그리고 나를 불러준 박길진 총장의 입장을 위해서 최선을 다했다. 덕분에 나름대로 성과를 거두기도 했다. 그만큼 감사할 수밖에 없다. 더구나 5년 동안 박길진 총장과 함께 교수 생활을 즐겁게 할 수 있어서 더욱 가치 있는 인생의 마무리라고 생각한다.

1981년 9월 16일 일지에는 이렇게 적혀 있다. "어제 백성욱 선생님의 서거 소식이 박길진 총장 댁을 통하여 전달되다. 오호라, 드디어 가셨구나! 곧 윤리학과(철학과의 전신) 3학년생을 위한 원전 강독 수업이다. 마르틴 하이데거Martin Heidegger(1889~1976)의 《형이상학이란 무엇인가?Einführung in die Metaphysik》를 강의하는데 책장을 아예 덮어놓은 채 '지장암 백성욱 박사와의 만남'에 대한 긴긴 이야기를 전함으로써 추도사를 대신해야겠다." 그 뒤로 10여 년 뒤 오늘의 이 장문의 추모문에 대한 대략적인 틀을 잡아본 셈이 되었다. 1937년 11월과 1981년 9월 사이 엄청난 시간의 격차가 있지만 이 추도사 속에서는 한 치의 틈새도 없이 맞닿아 있었다. 과거가 바로 현재요, 현재는 현재가 아니고 과거였다. 시간의 구별은 사람이 사고의 편의와 사유 경제적 입장에서 헛되이 나누어놓은 것뿐임을 깨닫게 된다. 미래 또한 마찬가지다. 일체가 동시적일 뿐이다. 다만 주체적인 상황의 차이에 의해서 임의로 나뉠 따름이다. 나는 그날의 강의 시간 속에서, 요술할머니가 건네준 마약을 마시자마자 80대 객이 20대의 자기 자신으로 순간 복귀된 파우스트Faust처럼, 나도 나의 젊음 속으로 들어가 있었고 그 젊은 자신의 늙음 속에 이미 나와 있었다. 소년과 노년이 자리를 같이하고 있었다. 서로가 서로를 버리고 나아가면서 동시적인 존재가 되고, 노소가 하나로 된 나 자신이 되어 있었다. 그로부터 10여 년, 나는 이 글 속에 그때의 그 체험, 그 경지를 한번 길고 깊게 그리고 샅샅이 펼쳐 보였을 뿐이다.

2

나의 일지에는 "이튿날도 소정의 강의를 마치고 나서 상경했고 상가喪家로 직행, 15시에 도착했다. 밤샘하고 18일에 거행되는 동국대학교 교정의 영결식에 참석하고 송재운 교수와 화장터로 가다"라고 적혀 있다. 그 뒤에 들은 이야기이다. 4·19혁명 때 반反총장 세력의 돌격대였던 당시의 최 아무개 교수는 진작 대학을 떠났고 고혈압으로 시달리는 몸을 이끌고 올라와, 영결식을 주관하는 학교 당국에 항의하다가 중과부적衆寡不敵(적은 수효로 많은 수효를 대적하지 못함)으로 뜻하는 바를 성취하지 못했다는 것이다. 세상에는 이런 집념을 가진 열성쟁이가 따로 있다. 다양하고 다채롭기도 해 정말 흥미진진하다. 알맹이야 별도로 접어두더라도, 그처럼 초지일관으로 일편단심으로 열심히 인생을 살려고 하는 사람이 있다는 것, 그 사실 하나만이라도 알아주어야 하는 것인지도 모른다. 제발 한번 만나보고 시종이 여일한 그 초지, 그 초발심이 무엇인가를 물어보고 싶다. 한데 그는 혈압으로 끝내 타계하고 만나볼 길이 없다고 전해온다. 모두 다 한결같이 또 너나없이 한곳으로만 가는 것을! 남이 조금 먼저 떠나는 길마저 가로막으려고 무리한 운신을 하더니! 인생사는 그렇게 단순치 않고 논리도 썩 정연하지 않아서, 차라리 재미있다.

1981년 1월 1일의 일지를 펴보면 이렇다. "설날에 세배드릴 분이 안 계신다는 건 결코 행복에 속하는 일이 되지는 않을 텐데…. 백 선생님과 김두헌 선생님께서 떠나신다면 어느 분께 세배를 드리는 행복을 누릴 수 있을까? 세배를 받기만 하는 행복보다 세배를 드리기만 하는 불행이 차라리 나에게는 더없는 행복일 것만 같은데, 대체 이 행복을 언제까지 독

차지할 수 있을 것인가?" 그 행복이 이젠 완전히 깨지고만 셈이다. 김두헌 선생님은 그다음 해인 1982년에 떠나시고, 신봉조 선생님은 금년 정초에 가셨으니, 이젠 은사님들을 찾아뵐 기쁨이 사라지고 없다.

파우스트는 한밤중에 "그 대신에 나에게로부터 모든 기쁨Alle Freunde이 사라졌노라"라고 달과 대화 아닌 독백을 했다. 내 경우는 학문 때문이 아니라 인간관계의 단절로 공자의 이른바 "노자안지老者安之(늙은 사람들이 편안하게 느끼게 하다)" 할 대상 어른이 없기에 그런 거다. 학문보다 더 중요한 건 인간이요, 인간에게 중요한 건 끈끈한 정에 얽힌 서로의 관계이다. 이것을 떠나면 아무것도 남는 게 없다. 동양의 사고는 여기서 시작해 여기로 되돌아온다. 그렇다면 나에게 "소자회지少者懷之(젊은이들이 나를 따르게 하다)"라도 남아 있다는 말인가? 여기에 적절한 답은 부덕의 소치로, 과연 나에게 '회지懷之(본받음이 되는 사람)'가 있을 것인가? 이래저래 노경老境에 남는 것은 고독일 뿐이다. 앙앙불락怏怏不樂(마음에 매우 차지 아니하여 즐거워하지 아니함) 속의 백 선생님의 노경의 고독을 새삼 되새겨본다. 여기서 전기前記한 바대로 노경의 고독을 극복하기 위한 일이 불가결하다는 결론이 나온다. 그래서 괴테가 임종하기 1년 전, 정력적인 작업으로 《파우스트》 제2부의 대단원을 장장 60년 만에 완성한 사정을 이해할 수 있다.

괴테는 72세 때 17세의 소녀 레베초우Ulrike von Levetzow(1804~1899)에 대한 사랑을 그 어머니에게 고백하고, 이게 거절되자 전 생애에 걸친 사랑의 편력에 종지부를 찍었다. 그로부터 임종까지 11년간 몸과 정신을 송두리째 바쳐, 필생畢生의 몇 가지 작업에 일사불란하게 전력투구하여 도미掉尾(끝판에 더욱 활약하다)를 장식하는 인간 승리의 기록을 남긴다.

괴테론을 이처럼 장황하게 밝힐 필요가 있다고 생각한다. 애석하게도 이 나라 이 땅의 거목巨木은 도미의 화려함이 없다. 황혼 잔광의 찬란함이 구름에 가려졌다. 자랑스러운 한 인물의 자기 방치, 행동반경의 자기 제한 그리고 자기 연금 상태는 개인은 물론이고 나라와 겨레와 우리나라 불광토의 손실이다.

우리나라의 한 정치적 지도자는 일찍이 '행동하는 양심'이라고 외쳤는데, 그이는 아깝게도 보살행이 결여된 보살심에 머물렀고, 하화중생 없는 상구보리만이 있었다. 당시의 반공자파인 은자隱者들이 공자의 폭넓은 보살행을 헛수고라고 비난할 때, 공자는 떨치고 일어나 누구도 "오비사인지도여 이수여吳非斯人之徒與 而誰與(새와 짐승과 더불어 살 수 없을 텐데, 내가 도탄에서 헤매는 이 백성들과 더불어 살지 않으면 대체 누구와 더불어 살겠는가)"라고 외쳤거니와, 선생님께서는 공자처럼 버림받은 '사인지도'와 함께 살기를 소망하지 않았음이 영원한 유감지사遺憾之士로 남는다.

아무튼 선생님께서 1961년 동국대학교 총장에서 퇴진한 뒤 1981년 입적하시기까지, 장장 20년의 세월이 흘렀다. 제2의 지장암 생활로 이어질 것이 아니라, 정치와 대학 건설의 선상에서 제2의 전연 새로운 인생과 일터가 곧바로 열렸어야 했다. 급작스러운 일(퇴진)이었기에 미처 제2라운드로서의 인생을 설계하기 위한 준비를 하지 못했을 것이다. 또 그런 만큼 대학 건설에 심혈을 기울인 나머지, 일체 타他에 여념이 없었을 것은 당연하다. 그러나 총장직에서 물러나 다소 준비기간을 가진 뒤에라도 뜻만 있었다면 불가능하지 않았을 것이 뻔하다. 선생님 앞엔 불가능이란 단어가 없음을 잘 알고 있기 때문이다. 뜻이 있는 곳에 길이 있는 법이니까 말이다.

이에 조언이라도 할 사람이 있다면 나뿐일지도 모르겠다. 내 생각이 미처 거기에 미치지 못한 것과 그 책임을 통감해 마지않음을 전술했거니와, 바꿔 생각하면 전후 사정을 전혀 모르고 발설한 의견일지도 모른다. 또 그게 아니라면 그이의 한계가 역시 거기에 있는즉, 어쩌면 불교적인 것의 어느 한 구석에 깔려 있는 소극성이나 정체성 등, 비본질적인 것에서 유래된 것일 수도 있다. 나는 앞에서도 그와 같은 몇 가지 사례를 지적한 바 있다.

제아무리 그렇다고 하지만, 독일 유학 중에 그이가 그들의 자존심에 속하는 괴테를 배우지 않았을 리 없다. 독일 민족의 뿌리 깊은 정신이 괴테적인 것임을 전제로 할 때, 더 말할 나위도 없다.

선생님께서는 서정적·정감적인 일면이 농후하여 문학적 성향 또한 다분히 가지고 있다. 또 그에 못지않게 학구열이나 지적 충동 면에서도 놀라울 정도다. 물론 그이는 동국대학교 총장 시절에 우수한 교수 확보와 양성 사업에 치중했고, 이른바 교수 중심의 대학 체계 정립에 진력했다. 이것은 충분히 입증된 사실이다. 선생님 자신이 처음부터 얼마나 학자적인 입신立身을 위해 노력을 경주했는가 하는 점은 장을 달리해서 조명해볼 필요가 있다.

괴테의 세계 속에 다름 아닌 바로 그것이 깊이 깃들어 있다고 볼 때, 선생님께서 독일에서 학구적·서정적·예술적인 분위기를 외면할 리가 만무하다. 아무튼 괴테의 정신과 세계는 바로 독일 민족의 기본 정신과 그 세계의 얼굴이었다. 그이는 젊은 날 빈곤을 겪고 역경을 이겨나가며 정신적 침잠과 고뇌의 늪 속에서 그것을 경험하고 학습했을 거라는 것이 지금의 내 생각이다.

백성욱 선생님께서는 나로 인해 행복하시노라

만남과 떠남의 사이가 길기도 한 탓도 있지만, 마음 놓고 쓰다보니 자꾸 불어나는 사연들로 예정된 장수가 사뭇 늘어나는 바람에 춘삼월 한 달을 꼬박 여기에 바치다시피 했다. 담양의 성암연구실과 서울 집을 오가면서 들고 다닌 초고와 정서고淨書稿(정서한 원고) 뭉치가 날로 무거워져도, 작업이 끝날 기미가 보이지 않았다. 하루 열 시간 정도 연일 글쓰기를 계속하면서 인명재천人命在天(사람의 목숨은 하늘에 달려 있다)이라고 했다. 그러니 이것만은 기어이 끝내놓고 떠난 후 다른 작업을 하든지 해야 한다고 다짐하던 나날이었다.

그러던 어느 날, 울어도 시원치 않고 슬퍼해도 끝이 없을 청천벽력青天霹靂 같은 소식이 날아왔다. 난데없는 부음 한 장이 나를 강타했다. 지난 19일(금요일)에도 원고 보따리를 들고 통일호 경로석을 탔고, 집에 도착한 그날 밤과 그다음 날(토요일) 오전까지도 두문불출하며 여기에 매달렸다. 한데 이게 웬일이더냐? 전남대학교 철학과 이만 최재근(1930~1993) 교수가 전후 다섯 번째의 심장 수술을 겨우 마친 지 얼마 되지 않아 심장 박동이 멈추어버렸다는 것이다. 마침내 이 연약한 헤겔 학도는 한마디 말도 없이 영영 떠나고야 말았다. 그다지 크지 않은 네 번째 수술까지는 그렇게 낙관적으로 버틴 그이다. 아무렇지 않게 아무래도 겪어야 할 운명처럼, 사랑으로 견디어낸 의지의 사나이가 드디어 그렇게 가고 말았구나! 영 가버린 것이 아니고 어디엔가 숨어버린 것처럼 말이다.

나는 '그이와 만남으로써 행복하였네라'라고 명하였지만, 사랑하는 한 제자의 죽음을 놓고 이를 잊어보려는 몸부림의 한복판에서 생각을 가다듬어보노라니, '그래도 백성욱 선생님은 나로 인해 행복하시노라'라고 외치고 싶어졌다. 정말로 새삼스럽게 말이다. 그이에게는 이렇게 추모의 글발을 졸문으로나마 써올릴 제자가 모진 목숨을 지탱하고 있기 때문이다.

나에겐 거의 유일한 제자로서 나를 증언해줄 이, 지난날의 내가 모르는 감춰진 측면을 이야기해줄 이가 없기 때문이다. 그의 불행이 동시에 나의 불행이 되게끔 만들고 떠났기 때문이다. 지금은 여기에 없기 때문이다. 나는 내 생애의 산증인을 단명으로 잃었기에 불행하다고 할 수밖에 없다는 터이다.

인간의 행복은 나를 알아주는 이가 있다는 데 있음을 안다. 하늘이 알아주는 건 위안이 되지 않는다. 내가 아는 것만으로는 고독하다. 세상이 다 알아준다는 것은 아무도 알아주는 이가 없음과 다름없다. 이 경우도 고독의 범주에 속하긴 마찬가지다. 따라서 '나' 말고, 누가 되든 '또 하나의 나'가 알아주는 경우에 한해서만, 사람은 비로소 외로움을 모면할 수 있는 법이다. '또 하나의 나로서의 나', 그건 어디까지나 '너'가 아닌 '나'이기에 행복한 것이다. 메피스토펠레스 Mephistopheles•는 그러한 의미에서 또 하나의 파우스트가 아니겠는가. 그래서 비극 속에서도 파우스트는 행복하지 않았는가. 플라톤의 비통은 그 누구보다도 자기를 잘 알아준 소크라테스의 진리에 대한 순교에 있었다. 공자의 비탄은 자신을 어느 제자보다도 잘 알고 있고 또 누구보다도 스승의 정신을 잘 전해줄 플라톤과 같은 제자 곧 안연을 잃어버린 데서 오고 있음이다. 그래서 내 오늘의 비탄은 공자의 그것과

• 《파우스트》에 나오는 악마. 파우스트가 부와 권력의 대가로 그에게 혼을 팔았으나 결국 신과의 대결에서 패하여 파우스트를 타락시키지 못하였다.

같다. 소크라테스의 비극은 그 비극에 울어주는 플라톤이 있었기에 오히려 환희로 뛰어넘어갈 수도 있었음이다. 인간 백성욱 또한 그럴 수 있는 가능성이 있다고 결론지을 수 있음이다. '그래도'가 아니고, '그래서' 선생님께서는 나와 더불어 그 뒤를 잇는 수많은 이로 인해 더욱 행복해지신 것이라고 나는 믿는다. 그 모두가 그이의 불공에 대한 작은 불은일 것이니라.

나의 정신세계가 인간 백성욱을 축으로 전개된 것만은 어김없는 사실이다. '대방광불화엄경! 대방광불화엄경!' 나는 지금 젊은 날로 되돌아가 금강인의 다정한 음성을 듣는다. 그이의 육성이 고막을 때린다. '옴' 소리까지는 내 귀가 둔탁해서 들리는 것 같지 않지만, 몇 가지 비극의 고비를 뛰어넘은 나에게 들려주신 《금강경》 전문의 낭송 소리가 귓전을 때린다. 그 경건한 모습이 지금 이 순간에도 혼탁한 눈앞에서 나마 불광佛光처럼 빛난다. 합장.

병풍산 기슭 성암의 깊은 밤

(1993)

그 어른 백성욱
–선생님을 기리며

2

장한기 동국대학교 명예교수

1931년 경상북도 울진에서 태어났다. 동국대학교 국문과를 졸업하고 동 대학교 대학원에서 문학 박사학위를 받았다. 한국연극학회장, 동국대학교 문화예술대학원장을 역임하였다. 저서로 《세계연극사》《연극학입문》《민속극과 동양연극》《한국연극사》 등이 있다. 국민훈장 모란장을 수훈했다.

어린 날의 방황과 선생님의 어록

중요한 행사나 학교 졸업생을 보내는 환송연 같은 데서, 나는 으레 선생님 말씀을 인용할 때가 많다.

"사람은 감자 농사를 지어서 남에게는 주는 사람이 되어야 한다."

이는 선생님께서 어떤 모임 어느 장소에서든 항상 후학들에게 일러주시고 당부하던 말씀으로, 참 평범하기 이를 데 없지만, 곰곰이 생각하면 그 뜻이 무궁무진하기도 하다.

그리고 선생님께서는 부연하셨다.

"주는 자는 항상 주게 되고, 받는 자는 항상 받게 된다. 주는 자는 승자가 되고, 받는 자는 항상 패자가 되며 그 추종자의 신분을 면치 못한다."

그때는 이 말씀을 그렇게까지 실감하지 못했다. 오늘날까지 살아가면서 이렇게 많은 뜻을 함축하고 있는 말씀인지는 미처 몰랐었다.

내가 처음 선생님을 뵈온 것은 한국전쟁 직후인 1954년 서울 환도 다음 해인 1월 중순경이었다. 그곳은 선생님께서 한국광업진흥주식회사 사장으로 계시던 서울 중구 저동에 있는 그의 사무실이었다. 당시 선생님께서는 내무부장관직을 그만두시고, 1951년 2월부터 한국광업진흥주식회사 사장으로 취임하셨고, 동국대학교 동창회장을 역임하시고, 1953년 7월부터 동국대학교 총장직을 겸직하셨다. 당시 나는 동국대학교 학생으로서 학도호국단學徒護國團•의 문예부장으로 활동했으며 졸업을 얼마 남겨놓고 있지 않을 때였다. 선생님을 뵈러 같이 동행했던 친구는 총학생위원장 홍사필 군이었다. 용건은, 지난 연말 전국남녀대학극경연대회에서 나의 창작 희곡 〈산골〉을 공연한 우리 학교 연극부가 특상을 받았다는 보고 겸 신년 인사차였다.

2층 비서실에서 우리를 사장실로 안내해주었다. 일반 복도와는 다른 협소한 통로를 거쳐 사장실에 도착했다. 선생님께서는 테이블 위에 하나 가득 신문지를 깔고 그 위에 영어 단어를 가득히 쓰셨다. 온통 푸른 잉크로 물든 신문지가 무엇보다 인상적이었다.

그는 노력하시는 분, 절약하시는 분으로 첫눈에 무섭게 느껴졌다. 선생님께서는 아래위를 몇 번 훑어보시고, 근엄하기보다 예의 갈라진 음성으로 몇 마디 물으셨다.

후일 남들은 내가 그 어른에게 많은 은총을 입었다고 말했고, 그래서인지 선생님께서 내 선친과 아주 가까운 사이라는 얘기가 나돌았다. 하지만 사실 내 선친은 그 어른보다 10여 년 연하이고, 중앙불교전문학교 재학 중 선생님의 강의를 들은 적은 있다고 하셨다.

그래서 내가 2대에 걸친 제자임이 알려졌지만, 어쨌든 그

• 사상을 통일하고 단체 훈련을 강화하기 위한 목적으로 조직되었던 학생자치훈련단체.

날 선생님께서는 총학생위원장인 홍사필 군보다 나에게 많은 관심을 보여주셨다. 또 내게 많은 질문과 시선을 주신 것을 지금도 기억한다. 그리고 선생님께서는 나에게만 특별한 인연을 말씀하시고, 궁금하고 답답하고 풀리지 않는 일이 있을 때마다 찾아오라고 말씀하셨다.

그날 이후 나는 무슨 인연인지 밤마다 선생님의 꿈을 꾸었다. 어떤 때는 단둘이 깊은 산속을 걸어가는 꿈이었고, 어떤 때는 독대하여 무엇을 묻는 꿈도 꾸었다. 또 내가 선생님을 존경한 나머지 항상 그를 찾아 대화하고 따르는 그런 꿈도 있었다.

졸업하기 전 나는 한 번 더 한국광업진흥주식회사 사장실을 찾아간 적이 있었다. 선생님께서는 여러 시간 동안 나를 앞 의자에 앉혀놓고, 묻고 대답하는 중에 수없이 "착하다, 착하다"라고 칭찬하셨다. 선생님께서는 내가 일찍 어머니를 여읜 일, 내 어린 시절 행적에 대해서도 소상히 알고 계셨다. 선생님과의 독대는 이때가 처음이었는데도 말이다. 그리고 선생님도 나와 마찬가지로 어려서 어머니를 여의었고, 전생에 우리 집에서 밥 공양을 한 적도 있었다고 말씀하셨다. 그래서 3대의 인연이라며, 당신의 어린 과거사를 재미있게 들려주셨다.

1906년 아홉 살 때 선생님께서는 어머니를 여의셨다. 그래서 홀아버지 곁에서 자랐다.* 아버지는 평범한 서생이요, 아무것도 가진 것 없는 생원으로 학동들의 글방을 찾아다니는 이름 없는 훈장이셨다. 그러나 외가는 서울에서 이름이 알려진 부잣집으로, 성씨는 송宋이고 불심 또한 대단한 집안이었다. 그러나 선생님께서는 홀아버지의 글방을 따라다니며, 동가숙서가식東家宿西家食하며 외롭게 지냈고, 호동壺洞학교(서울 원남동에 설립된 신식사립학교)를 수료한 뒤로는 아버지를 따라 서숙(한문을 사사로이 가르치던 글방)에서 한문 수학에 열중하였다. 이때 그는 벌써 사서삼경四書三經**을 떼고, 1909년 열세 살 때 정릉에 있는 봉국사奉國寺에서 최하옹(?~1941) 대선사를 은사로 출가하게 된다. 불연佛緣을 갖게 된 데는 무엇보다 외가의 힘이 컸다.

외가에서는 어떻게든 홀아버지가 된 사위에게서 귀한 손자를 떼어놓으려 애썼다. 그러지 않고는 출중한 외손을 버릴 것만 같았다. 선생님의 아버지는 글에 능하고 똑똑한 아들을 못내 귀여워했고 자랑스러워했다. 그래서 두 사람을 한시도 떼놓을 수 없었다. 이를 감지한 외가에서 어느 날 하인을 시켜 거의 납치하다시피 선생님을 몰래 외가로 데리고 왔으며, 이 사실을 홀아버지에게는 극비에 부쳤다. 그래도 안심이 되지 않았는지 문경聞慶 어느 절에서 온 고승을 딸려 선

* 이 대목은 장한기의 기억에 의존하고 있다. 사실을 밝히자면, 백성욱 박사는 1900년 세 살 때 아버지를 여의고, 1906년 아홉 살 때 어머니를 여의었다.

** 《논어》《맹자》《중용》《대학》의 네 경전과 《시경》《서경》《주역》의 세 경서를 이른다.

생님을 먼 절간으로 피신시켰다. 그것은 우선 아버지 곁에서 영영 떠나게 하기 위해서였고, 인품이 출중하니 고승을 따라 큰 인물이 되라는 가르침이었다. 선생님께서는 그곳에서 6개월을 머무셨다. 아무래도 그곳에서는 더 배울 것이 없었다.

한겨울을 지낸 어느 봄, 산천에는 새 움이 돋고 새 생명이 활개를 칠 때였다. 선생님께서는 산중에 더 있어야 할 이유를 찾지 못했으며, 그길로 이곳을 떠나셨다. 그때가 선생님의 나이 열넷, 출가와 방랑이 시작된 것이다.

그러나 그를 잡아줄 만한 안식처가 어디 한 곳 없었고, 마음을 잡고 교시를 따를 만한 선생과 고승 한 분도 없었다. 그뿐만이 아니었다. 당시는 한일합병 전후였고, 시대는 무척이나 혼돈 상태였다. 선생님께서는 모든 것이 불만스러웠고 짜증도 났다. 그러나 모든 것을 안으로 삭이며 전국 사찰 순회길에 오르셨다. 어느 때는 불교전문강원佛教專門講院•을 찾아 고승들의 경전 강의를 듣고, 어느 때는 깊은 산속 암자에 들어가 참선과 수도의 길이 어떤 것인지 몸소 체험하셨다.

세월이 흘러 1917년 다시 서울로 올라오신 선생님께서는 이제까지 보고 확인한 행자 생활로 인해 보다 체계적인 학문 세계를 동경하게 되었다. 당시 서울에는 불교종립학교로 불교중앙학림이 있었다. 우리 동국대학교의 전신이었다. 선생님께서는 1917년 이곳에 입학하셨다. 1919년 기미년 독립만

• 경經과 논論을 연구하고 학습하는 곳. 재래식 불교 학교를 이른다.

세운동이 전국으로 메아리치던 해, 상하이 임시정부에서 많은 애국지사들과 조우하셨다. 그리고 독립운동에도 참여하셨다. 하나 그곳에서도 선생의 욕구와 이상은 충족되지 않았다. 어떤 이유에서인지 그곳은 더 있을 곳도 못 되었다.

그 후 선생님께서는 생애에서 제2의 목표였던 선진문화의 물결을 따라, 이듬해인 1921년 프랑스 파리로 들어가셨다. 프랑스 북부 보베에 있는 고등학교에서 수학하며 독일어와 라틴어를 섭렵하고, 독일 남중부 지방인 뷔르츠부르크로 들어가셨다. 1922년 뷔르츠부르크 대학교 대학원 철학과에 입학한 선생님께서는 고대 희랍어, 독일 역사, 인류 문명사 등을 연구하고, 1924년 〈불교순전철학〉이란 논문으로 그 대학에서 철학 박사학위를 인준받고, 다음 해인 1925년 9월 한국으로 귀국하셨다.

그곳에서 오랫동안 동학한 동문으로는 연세대학교에 오래 몸담으셨던 고 정석해 선생과 또 한 분으로는 동국대학교 경영학과에서 정년퇴임한 한현 교수의 선친이셨다고 늘 말씀하셨다.

동국대학교의 건설과 약진 그리고 선생님의 은혜

귀국 후인 1926년 선생님께서는 모교인 동국대학교 전신인 중앙불교전문학교에 잠시 머물며 많은 논문들을 발표하셨다. 그러나 일제강점기에서의 교수 생활도 그를 안주시킬 수 는 없었다.* 2년 후인 1928년 다시 그는 구도의 길을 택했으며, 1929년 그가 닿은 곳은 금강산 안양암安養庵이었다고 전해진다. 안양암에서 다시 지장암으로 옮기며 선생의 수도 생활은 다시 시작되었고, 속세와는 절연하시고 금강산에서만 10년 세월을 회중수도會衆修道로 일관하셨다. 그간에 있었던 일화는 아직도 신화처럼 남는다.

다시 돌아가 나는 한국광업진흥주식회사 사장실에서 그를 독대한 후, 마음속으로 더욱 선생님을 존경하며 사모하였다. 대학 졸업식을 파한 후 많은 내빈이 그의 방에 오셨는데도, 나는 총장실에 들어가 선생님께 졸업 기념사진을 함께 찍자고 권했다. 이 정도로 우리는 친숙했다. 그럴 때마다 선생님께서는 선뜻 응해주셨다.

그 후 선생님께서는 일제 잔재가 남아 있는 낡은 절간 건물과 임시 목조 가건물들을 헐어내고, 남산 국유지 위에 본관 석조 건물과 지금의 도서관 및 사무처 건물을 짓느라 바쁘셨다. 그리고 나는 대학원 졸업 때까지 한 번도 그의 사무실을 찾지 못했다. 그러다가 석사학위 논문을 들고 총장실을 찾아

---

* 1922년, 일제의 강압으로 30개 교구본산이 폐지되었고 불교중앙학림(불교전수학교의 전신)도 폐교되었다. 백성욱 박사는 1924년 뷔르츠부르크 대학교 대학원 철학과를 졸업하고, 1925년 귀국 후 불교중앙학림에서 강의를 맡고 싶었으나 학교가 사라지자 한동안 집필에 몰두하였다. 그러다 1928년 4월, 박한영이 불교중앙학림 터에 다시 불교전수학교를 개교한 뒤 이곳 강사로 임용되었고 같은 해 9월 사직하였다.

갔는데, 선생님께서는 나를 껴안듯이 반기며 맞이해주셨다. 그 후에도 복도에서 혹 만날 적이면, 벌써 눈에 띄는 순간부터 손을 번쩍 들어 반기셨다. 남들은 그를 독재자라고도 말했다. 왜냐하면 그는 여러 직무를 겸직했기 때문이다. 한국광업진흥주식회사 사장 자리를 내어놓았지만, 동국대학교 총장, 동창회장 그리고 재단 이사장직까지도 함께하고 계셨기 때문이다. 이뿐만 아니라 한국전쟁 통에 학교 기강이 해이해지고 학적부조차 잘 정비되어 있지 않은 때라, 학사 행정이 엉망인 데다가 부정과 비리 또한 없지 않아서인지, 선생님께서는 도무지 직원과 일부 보직 교수들을 믿지 못하시는 듯했다. 그래서 일벌백계一罰百戒식으로 조그마한 부정과 비리가 엿보여도 직원과 교수들을 마구 잘라내셨다. 또한 학교 신축 건설 현장을 직접 다니며 독려하고, 느리거나 못마땅한 구석이 있으면 담당자를 불러 현장에서 혼을 내시곤 하셨다. 그래서 가까이에서 모셨던 사람 중 선생님에게서 주먹질을 아니 당하신 분도 드물다는 소문이 퍼져 있었다.

어쨌거나 선생님께서는 허름한 상의 반코트에 낡은 캡을 눌러 쓰시고 여기저기 다니시며 아니 나타나는 곳이 없으셨다. 그는 당시 고급 외제 승용차를 가지고 있었다. 한데 해 질 녘 종로 사거리나 광화문 한복판에서 캡을 쓰고 반코트를 입고 걸어가시는 선생님을 여러 번 봤다는 사람도 있었다. 때로는 변장 차림으로 이른 새벽 학교 교문으로 들어와, 학교 신축 공사 현장을 살피고 돌아가시는 예도 종종 있었다. 그리고 교직원들의 사무실을 복도에서도 훤히 들여다볼 수 있도록 투명 유리로 채우셨다. 총장께서 때로 아침 일찍 출근하여 복도를 한 바퀴 돌아보니, 일하는 직원들은 긴장할 수밖에 없었다. 그래서 총장께서는 아침에 출근하자마자 누가 담배를 피우고, 신문을 보고, 커피를 마시는지까지 훤하게 알고 계셨다.

이만큼 철저하셨기에 지금의 동국대학교에 낡아 허물어진 절간 대신 오늘의 석조 건물이 들어섰고, 도서관이 지어지고 사무처가 생겼다. 그러나 선생님께서는 교수들을 극진히 위하셨다. 어느 날 모 교수가 강의를 마치고 교수실에 들어와 백묵 가루가 묻은 손을 씻으려고 수도꼭지를 틀었다. 모 교수는 물이 안 나오자 불만 섞인 목소리로 학교 욕을 마구 해댔다.

이때 마침 복도를 지나가다 이를 목격하신 선생님께서, 우선 그 교수에게 사과하고 즉시 서무과장과 처장을 불러 호통치고 물을 대령하게 하여 그 교수의 노여움을 풀어준 적도 있었다. 방학을 앞두고 12월 봉급과 12월 보너스 그리고 1월, 2월, 3월 봉급 및 3월 보너스를 합하여, 즉, 4개월 치 봉급과 보너스를 한꺼번에 주시며 교수들에겐 다음과 같은 말씀을 하셨다.

"아직 강의실밖에 짓지 못해 교수 연구실을 드리지 못한 것을 부끄럽게 여기니, 그리 양해하시라. 추운 겨울 방학 때 월급 타러 나오시라고 할 수도 없으니, 한꺼번에 받아 가서 여행도 하고 연구 시간도 절약하시라."

당시 시중 이자가 높아서, 4개월 치 봉급과 보너스면 보통 이자를 월 10퍼센트에서 20퍼센트까지 받았다. 4개월 치 연봉과 보너스를 믿을 만한 곳에 주면 그 이자만으로도 단출한 생활은 가능했다.

그러니 총장께서는 모름지기 학교 안에서는 왕이요, 교수와 학생들을 그 이상 아끼고 사랑하셨다. 그러므로 당시 동국대학교 교수들의 자부심과, 학생들의 하늘을 찌를 듯한 자존심은 총장 덕분이었으며, 교수와 학생들 모두가 총장의 능력을 믿고 따랐다. 선생님께서는 동국대학교 총장, 재단 이사장 그리고 동창회장 등 삼권을 쥔 그야말로 대단한 실력자이셨다. 그만큼 권위도 아량도 넓은 분이셨다.

나는 그를 자주 찾아뵐 수 없었고 또 망설여졌다. 대학원 졸업 후, 한 1년 내내 들르지 못하다가 결혼식 날이 결정되고 청첩장이 나와서 모처럼 총장실을 찾아갔다.

그 후에도 흔히 그러셨지만, 이날은 두 시간 이상 나를 잡아두고 선생님에 관한 이야기를 들려주셨다. 나에 관한 이야기도 묻고 들으며 마치 친손자를 대하듯 아껴주셨다. 나 또한 모르는 새에 친숙해지고 친할아버지처럼 격이 없이 느껴졌다. 돌이켜 생각해보면, 불경스럽고 어리광 같은 이야기도 불경스러운지 어리광인지도 모른 채 이런저런 이야기가 끝없이 오가곤 하였다. 선생님께서는 마냥 귀여운 손자를 놀려주듯 말씀하셨다.

"첫날밤에 어떻게 자는 줄이나 알고 장가가니?"

"선생님께서는 독신으로 계시면서 어떻게 아세요?"

내가 대꾸하니, 선생님께서는 "허! 허!" 하고 웃으셨다. 그러고 나서 일어설 틈을 주지 아니하고 다음 얘기를 이어가셨다. 그러다가 나 때문에 학장이나 처장들이 밖에서 기다린다고 비서가 들어와 귀띔하면, 내가 이때다 싶어 얼른 나가려고 일어섰고 선생님께서는 또 제지하셨다. 선생님께서는 저쪽 소파를 가리키시며 잠시 거기서 기다리라고 하셨다. 그러고 나서 밖에서 기다리는 사람들에게 빨리 들어오라고 하며 결재를 하셨다. 나로선 난감할 수밖에 없었다. 그 처장이나 학장들은 모두 나의 은사였다. 은사들의 직무에 방해가 되면 안 된다는 것을 모르는 나도 아니었다. 그렇다고 총장님의 분부를 마다하고 뛰쳐나오기도 어려웠다.

선생님께서는 또 나를 당신 테이블 앞으로 불러 못다 하신 말씀을 이으셨다. 주로 동서양의 철학과 입신 처세에 관한 이야기를 하셨다. 상하이 임시정부 때의 이야기, 해방 후 이승만 대통령과의 관계, 내무부장관 재직 시 일화 등 많은 이야기를 들려주곤 하셨다. 간단한 물음에 나름대로 대답하면 그저 "기특하다" "착하다, 착하다"라며 나에게 많은 칭찬을 아끼지 않으셨다.

세속적인 이야기 가운데 아직도 기억에 남는 것이 있다. 지금 생각하면 버릇없는 질문 같기도 했지만, 나는 선생님께 다음과 같은 질문을 한 적도 있었다.

"선생님은 어찌해서 결혼도 하지 않으셨습니까?"라고 물으면, 선생님께서는 "실은 독일에서 돌아와 본교에 잠시 있는 동안 여러 곳에서 중매가 들어왔었지. 그런데 내가 갈 만한 곳을 찾으면 상대가 모두 할머니 같았고, 남들이 좋다는 곳은 모두 아기 같았지. 그러니 어찌 장가들 수 있었겠느냐" 하며 웃으셨다.

총장실에서 물러날 때 나는 으레 총장님만 사용하던 뒷문으로 나가곤 하였다. 선생님께서는 그 문을 직접 따주셨다. 그 후 며칠 뒤 나는 경북 의성 조그마한 절간에서 결혼식을 올렸다. 그래서 이쪽에서는 아버님과 주례 대신, 내가 평소에 좋아했던 극작가 고 이광래 선생과 친구 한 사람을 데리고 결혼식 하루 전에 처가에 당도했다. 예정에는 없는 일이었지만 처가에 당도하고 보니, 이미 동국대학교 총장 백성욱 박사님, 동국대학교 부총장 전규홍 선생님, 재단 상무이사 오택은 선생님 등 세 분의 화환과 축전이 와 있지 않은가. 나는 한편 감격하고 의아했다. 선생님께서는 그렇다 하더라도, 그 외 두 분에게는 결혼한다는 청첩장도 드리지 않았다. 또 익히 알고 있는 사이가 아니기 때문이었다. 어쨌든 시골 조그마한 절에서 정말 영광스러운 결혼식을 치렀다.

그 후 나는 처가에서 마련해준 꿀 한 병을 들고 사택에 전해드렸고, 곧 학교로 올라가 총장실을 찾았다. 선생님께서는 예의 농담과 함께 나를 극진히 맞아주고, 다시 한 번 축하해 주셨다. 화환과 축전에 관한 고마움을 사뢰자,

"내가 아니 보내면 그 누가 보내주겠느냐. 그래서 내가 축하의 뜻으로 보내게 한 것이었는데, 그래, 기분이 어떻더냐?" 라고 기뻐하셨다. 그래서 부총장님과 상무이사님이 보낸 축전 얘기를 꺼내자 껄껄 웃으시며,

"그래, 내가 모두 보내라고 하였다" 하셨다.

내 평생 누구에게서도 입어보지 못한 큰 은혜였다.

이때가 1958년 정초였다. 그해 2월 말경에 문리대 학장으로부터 급히 한번 만나자는 전갈이 왔다. 당시 나는 대학 졸업 후 선린상고에서 3년 근무하고 있는 앳된 교사였고, 서라벌예술대학교의 새파란 강사에 불과했다. 그때 나를 익히 알고 있는 분이신 최봉수 학장께서 국문과 강의 시간표를 펴놓고 "새 학기에는 우리 대학의 강의를 맡아주어야겠다" 하며 맡을 수 있는 강좌를 고르라고 하셨다. 의외의 주문에 나는 어리둥절했다.

당시만 하더라도 동국대학교 국문과 강의 한 과목을 맡는다는 것은 하늘의 별 따기였다. 기라성 같은 선배들이 진을 치고 외부에서도 많은 선배 동학들이 그 자리를 넘보고 있는 터였다. 그런데 졸업한 지 불과 3년밖에 안 된 애송이인 일개 고교 교사에게 두 강좌를 맡아달라니, 나 또한 어이없는 일이었다.

그래서 도저히 내키지도 않을뿐더러, 누구를 빼고 내가 강좌를 맡는지도 모르니, 함부로 뜻을 밝힐 수 없었다.

"제가 맡을 만한 강좌는 하나도 없습니다. 선배들이 계시는

데…"라고 극구 사양하였다.

그러나 어떤 이유에서건 막무가내였고 반강제적이었다. 결국 기존 강좌는 그대로 다 두는 조건에서, 내가 할 수 있는 〈한국연극사〉와 〈한국민속문학〉이란 새 강좌를 신설했다. 선배 교수들께 지장이 없도록 하였다. 두 강좌를 처음 맡게 되었고, 이러한 강좌가 대학 커리큘럼에 오르게 된 것은 우리나라에서 처음 있는 일이었다. 그리고 이 모든 행운은 선생님의 배려에 의한 소치였음은 말할 것도 없다. 선생님께서는 나를 복도나 운동장에서 만날 때마다, 주위에 누가 있으면 의식적으로 나를 '장 교수'라고 불러주셨다.

이 무렵 아버지께서 갑자기 중풍으로 쓰러지셨다. 대학병원으로 가셨지만, 병세는 거의 절망적이었다. 며칠 후 이 소식을 전해 들은 선생님께서, 당시 운현궁 옆에 계시던 구한말 시대의 조정 어의이며 명의였던 방주혁 옹을 소개해주시어, 위급한 생명을 구할 수가 있었다. 그 후 방 옹께서는 80세 고령이신데도 직접 우리 집에 오셔서 아버님의 간호를 해주셨다. 이 모두가 선생님의 보이지 않은 은혜였다.

여름방학을 지나 2학기가 시작되었다. 내가 2학기 첫 주차 강의를 하러 출석부를 가지고 교수실에서 강의실로 가던 길에, 우연히 교정에서 선생님을 마주쳤다. 그때도 학생들이 많았다. 선생님께서는 예외 없이 "오, 장 교수" 하며 손을 잡아주고, 옆 사람들에게는 들리지 않는 얕은 목소리로 "강의 끝난 후 잠시 들르거라" 하셨다.

오전 강의가 끝난 후, 나는 총장실에 들렀다. 선생님께서는 들어오는 나를 보고 예의 농담 삼아 "이마에 해가 떴구나" 하셨다. 이 말씀이 그리 기분 나쁜 뜻으로는 들리지 않았다. 우선 기분은 좋았다. 선생님께서 곧이어 "네 몸과 마음을 쉬게 하라. 그리고 생각을 없애라"라고 말씀하셨다.

"지금처럼 바쁘게 다니고 많은 생각을 떨치지 않으면 너도 아버지처럼 쓰러질지도 모른다" 하시며, 다른 곳 다 그만두고 여기 와서 지내라고 하셨다. 나는 처음엔 무슨 뜻인지 몰랐고, 그저 몸조심하라는 뜻으로 받아들였다. 당시 나는 선린상고, 서라벌예술대학 그리고 동국대학교 강사로 세 곳을 뛰고 있었다. 그리고 선생님께서는 그날따라 다른 말씀이 없으셨다.

그런데 그다음 날 아침 서무처장으로부터 전갈이 왔다. 빨리 나와 총장님을 뵈라는 것이었다. 학교에 가는데 때마침 총장실이 있는 현관 입구에서 교무처장과 서무처장을 동시에 만났다. 모두가 나의 은사다. 당시 학교의 최고 행정직은 두 처장밖에 없었고, 조명기 처장은 학생 및 교무 일을 겸임하고 계셨다.

두 분은 나를 재단 상무이사실로 데리고 갔다. 그러고는 장원규 서무처장께서 미리 준비해두었던 사령장 하나를 내놓으시며 이를 받아달라고 했다. 그리고 잘 부탁한다는 당부를 하셨다. 나는 이를 받기 전에 그것이 무엇이냐고 물었다. 교무과장 임명장이라고 했다. 나는 의외의 일에 놀랐고, 이를 극구 사양했다. 또 앉을 자리가 아닌 것 같았다. 당시 과장직은 서무과장, 도서과장, 교무과장 총 세 석이었고, 그중 주무과장이 교무과장이었다. 그리고 교무과장은 입학과 졸업 등 제반 학사 업무와 수업 및 특강 성적 산출까지도 모두 관장해야 하는 막중한 직책이었다.

과장직은 모두가 10여 년 경력 이상 되는 40대 후반의 고령자가 맡았으며, 부교수급에 해당하는 자리였다. 그뿐만 아니라 3년 전까지 나는 현직 주임이나 일반 직원들을 존경하는 뜻에서 선생님이라고 호칭했고, 그들은 마치 내가 자기 제자나 되는 것처럼 으스댔다.

그때 내 나이 불과 29세. 정말 파격적인 인사였다. 나는 또 사양했다. "이 자리만은 갈 수 없습니다"라고 했다. 그러나 총장께서 다 아시고 내리신 특명이니 그냥 받아들이라는 충고를 받았다.

나는 그대로 물러 나올 수밖에 없었고, 발걸음은 자연스럽게 총장실로 향했다. 총장실로 들어서자 선생님께서는 모처럼 일어서며 대환영해주셨고, 대뜸 "만족하느냐"라고 물으셨다. 그러고는 내 기분과는 달리, "너는 할 수 있다. 충분히 해낼 거야. 그리고 내 모든 것을 너에게 주는 것이니 소신껏 정당하게 사무 처리를 해나가거라" 하며 격려 또한 잊지 않으셨다.

나는 난감할 수밖에 없었다. 이러한 기정사실에 나는 그만 아무 말을 더 할 수 없었다. '여기서 만약 거절했으면 어떤 상황이 벌어졌을까'라고 그 뒤에도 종종 생각해본다. 선생님께 대한 배신이고, 은혜는 은혜로 보답한다는 생각에 그만 수긍하고야 말았다.

그 후 나는 한국전쟁 뒤 일람표에만 남아 있는 졸업생과 재학생들의 학적부만이라도 완전무결하게 정리할 수 있었다. 이것만이라도 보람으로 삼고 싶다. 그때는 학적부 하나 없는 마당에 졸업장은 수없이 많이 팔려나갔다는 등 여러 이야기가 많은 시절이었다.

1년 후 나는 교무과장직을 사임하고 조교수가 되었고, 오늘날까지 만 35년 동안 모교에서 봉직하고 있다. 누구보다 많은 행운을 입었으며 은혜를 지고 있다.

그러나 나는 교무과장 시절 누구보다 총장의 신임을 받았기에, 실로 경험하지 않았어야 할 못 볼 것을 많이 보고 경험했다. 처장도 학장도 어려운 결재는 나에게 가져왔고, 또 많은 이들은 나에게 미소지었다. 염량세태炎涼世態가 다른 데 있지도 않았다.

대학을 떠나는 선생님의 업적

그 후 나라에는 정변이 잦았다. 4·19혁명이 자유당 정권을 종식시키고, 5·16군사정변이 민주당 정권을 뒤엎고, 군사독재 정치로 치달았다. 대학도 아수라장이었다. 한 정권이 무너지면 기존 세력들은 빛을 잃게 되고, 억눌려 있었거나 그저 못마땅한 무리들은 작당을 도모하게 된다. 민주당 1년 정권하의 혼란이 가시자, 군사독재 정부는 하루아침에 민주당 정권 아래 있던 기존 세력과 새 세대 간에 알력을 빚었던 중앙대학교, 이화여자대학교 그리고 동국대학교 총장들을 직위 해제시켰다. 모두 거물급 총장들이었고, 자유당 치하의 장관 출신들이었다. 이유는 재단 이사장과 총장직을 겸임해서는 안 되고 그래서 물의를 빚었다는 책임을 물은 것이다.

그때가 6월 하순경이었다. 아침 조간 신문을 펼쳐든 나는 깜짝 놀라지 않을 수가 없었다. 1면에 해직 기사가 보도되었다.•

나는 곧 학교로 올라갔다. 이미 종강이 시작되고 있어서 여느 때와는 달리 썰렁한 분위기였다. 그렇게도 붐비던 총장 비서실에 아무도 나타나지 않았다. 좀 일러서일까. 총장실 문을 밀고 들어섰다.

선생님께서는 이미 출근하셨고, 책상 서랍을 정리하시고, 몇 개의 서류 보따리를 책상 위에 올려둔 채 홀로 묵상하고 계셨다. 내가 가까이 다가서자 그제야 눈을 맞추셨고, 아무 말씀이 없으셨다. 나 또한 선생님 앞에 묵묵히 섰을 뿐이었다. 잠시 후 "선생님" 하고 불러보았다.

• 1961년 7월 2일에 공표된 '교육에 관한 임시특례법'에서 만 60세 이상은 교단에서 물러나도록 하였다. 이에 따라 백성욱 박사는 같은 해 7월 20일, 동국대학교 총장 및 학교 법인 이사를 사임하였다.

“그래, 인연이 다한 것 같구나” 하시며 그저 잔잔한 미소로 답하셨다. 이것이 학교에서 선생님과 내가 나눈 마지막 인사였다.

선생님께서는 동국대학교 8년 재직 중 참으로 많은 일을 하고 가셨다. 무無에서 유有를 창조하신 분이시다. 일제 찌꺼기의 낡은 절과 한국전쟁 시절의 판자 교실을 뜯고, 그 누구도 손을 댈 수 없는 남산 기슭을 헐고 있었다. 그러고 나서 운동장, 석조전, 도서관, 본관 건물을 세워 우선 배움의 터전을 닦았다. 또 국내의 석학이란 석학과 재재다사在在多士들을 있는 대로 모으셨다. 그때의 교세는 하늘을 찌를 듯 충천하였고, 학생들의 사기와 자부심은 그 누구도 이를 당해내지 못하였다. 백 박사님의 왕성한 의욕, 넓은 도량, 날카로운 지모, 사자후를 닮아 우리 동국대학교는 한없이 뻗어나갔다. 그야말로 백화난만百花爛漫하던 한 시대였다.

인간이자 도인인 선생님

그 후 선생님께서는 일체의 공직에서 물러나 잠시 효자동에 머물다가 곧 경기도 부천군 소사에 그의 함자를 딴 ‘백성목장’을 일구며, 거기까지 찾아오는 많은 불자들을 가르치시며 사셨다. 만년晩年에는 서울 용산구 동부이촌동 반도아파트에 계시다가 임종하셨다. 돌아가신 날은 1981년 음력 8월 19일, 바로 선생님의 탄신일과 같은 날 아침이었다.

어쨌든 선생님께서는 많은 신비로움과 우리 속인은 헤아릴 수 없는 어떤 불세계의 도력 같은 것을 행사하고 계셨다.

한 가지 기억나는 얘기가 있다. 현재 서강대학교에 있는 노재철 교수, 동국대학교에서 정년퇴임한 한현 교수, 나, 우리 세 사람은 선생님께서 은퇴하고 계시는 경기도 소사를 찾았다. 아마 그날도 선생님의 탄신일인 것으로 기억한다. 우리는 항상 그때마다 연락하여 같이 다니곤 하였다.

그때 노재철 교수가 이야기했다. 당시(1960년대 초)로부터 30~40년 전 경상북도 상주에서 이름난 부자였던 그의 외숙께서 오랜 병환을 앓고 있었다. 온몸이 종기와 부황으로 만신창이였다. 어느 날 우연히 그의 집에 한 노승이 탁발하러 들렀다가, 가엾은 몰골을 보게 된다. 그 스님은 "지금 금강산 지장암에 백 아무개라는 유명한 선생이 한 분 계시는데, 그 분을 찾아가면 반드시 이 병을 치유할 수 있다"라고 일러주었다. 그래서 얼마 동안 그곳에 머물며 먹어야 할 양식과 또 그간에 먹던 많은 약을 챙겨서 하인의 등에 지워, 그의 외숙과 함께 금강산 지장암으로 보냈다고 한다.

거기서 선생님을 뵌 그의 외숙은 선생님의 지시대로 행하였다고 한다. 선생님께서는 우선 외숙에게 가지고 온 약물을 전부 버리라고 하셨다고 한다. 그리고 집에서 먹던 미식과 같은 것은 일체 중단하고 절에서 주는 소식만으로 삼시 세끼만 들고, 매일 아침 해 돋기 전부터 맑은 개울가 반석 위에 올라가 거기서《금강경》을 암송하게 하셨다고 한다.

그것을 반복하며 한 달 남짓을 지낸 어느 날 저녁 무렵이었다. 그의 외숙은 반석 위에 평좌하며《금강경》을 읽고 또 읽다 보니 홀연 잠이 들었는지, 그 자신도 생시인지 꿈인지 몰랐었다고 하는 이야기가 있다. 어쨌든 그때 눈앞에 선생님께서 나타나셨고, 선생님의 손에는 예리한 죽도竹刀가 들려져 있음을 보았다고 한다. 선생님께서는 아무 말 안 하시고 다가와서 자기 배를 드러낸 다음, 그 칼로 자기 배를 갈라, 더러운 내장을 바위 아래 맑은 냇물로 깨끗이 씻고 또 헹군 연후에야 다시 배에 넣어 꿰매셨다고 한다. 그러고는 한참 만에야 졸고 있던 자신의 머리에 죽비를 내리치시며 "알았느냐" 하셨다고 한다. 그 고함 소리에 외숙이 눈을 떴다고 한다.

그 후 그는 씻은 듯이 몸과 정신이 가벼워졌고, 만신창이가 되었던 온몸의 부스럼이 흐물흐물 벗겨지며 새살이 돋아났고, 곧 완인完人으로 돌아오게 되었다고 한다. 그 후 두 사람은 영혼과 영혼이 서로 통하는 바가 있어, 8·15해방 후에도 그의 외숙이 서울역에 나타나기만 하면, 선생님께서는 으레 구내 개찰구에서 그를 맞이하곤 하셨다고 한다. 어쨌든 믿기 어려운 일이지만 도인의 법량이란 것을 헤아리게 하는 좋은 예이기도 하다. 그래서 노재철 교수는 그의 외숙과의 인연으로 우리 대학 수학과 교수로 오시게 되었다고 말씀하셨다.

그러고 노 교수는 선생님 은퇴 직후 서강대학교로 자리를 옮겼다.

그 외에도 선생님에 관한 많은 이야기들이 주변에 있다. 어쨌거나 선생님께서는 만년에 돌아가실 때에 혈육인 두 딸과 그 딸들의 어머니 앞에서 편안히 눈을 감으셨다. 그의 향년 84세 되던 바로 그날이었다.

선생님께서 이 세상에 오셔서 만년에 그가 존경했던 분, 아니 선생님이라 칭하셨던 분은 이승만 대통령, 손혜정(1882~1959)* 보살이 있던 것으로 기억한다.

선생님께서는 망명 생활을 할 때 독립운동가로서 국부로서 이승만 대통령에 대한 존경심이 돈독하셨다. 손혜정 보살은 당시 동국대학교 재단의 실질적 후원자로 그가 생전에 모신 유일한 어른이셨다. 그리고 선생님께서는 구한말 우리나라가 어려웠던 시대에 태어나 근검절약 정신이 투철하시었고, 종이 한 장 연필 한 자루까지 마구 버리신 적이 없었다. 그리고 때로는 "내가 중이 아니다"라고 하셨는데, 그것은 지

• 혜정慧亭 손석재孫昔哉. 백성욱 박사가 최상의 선지식으로 받들고, 스승이자 도반으로 모신 '스승 중의 스승'이다. 1929년 늦여름, 백성욱 박사는 금강산에 입산하여 장안사 보덕암에서 수행을 시작했고, 수행 중 손혜정 보살이 찾아와 만남을 요청했으나 거절했다. 지네에 물린 상처를 치료하기 위해 장안사로 내려왔다가 대웅보전에서 손혜정 보살을 처음 만났다. 그해 가을 백성욱 박사는 손혜정 보살의 권유로 오대산 상원사 적멸보궁으로 함께 가서 1백 일 기도 정진하였다. 백성욱 박사는 장안사 지장암에서 손혜정 보살과 함께 근대 최초의 수행공동체 운동을 전개하며 회중수도會衆修道하였다.

금 와서 생각해보면 당연한 말씀이시다.

선생님께서는 오로지 중은 아닐지라도 불도에 깊이 오래 정진한 분이셨다. 참 스님이며 모든 것에 구애받지 않은 큰 스님이셨다. 그는 박학다식하며 앎을 구현하고 실천하는 분이셨다.

19세기 말에서 20세기 초인 그의 성장기와 전성시대는 시대적 상황에 비추어 볼 때 엄청난 격변기였다고도 할 수 있다. 봉건적 쇄국주의가 종언을 고하고 문호가 개방되었으며, 일본 제국주의가 우리를 지배하게 되자 나라를 잃은 우리 젊은이들은 망국의 한을 안고 뿔뿔이 흩어지게 되었고, 저마다의 영웅주의가 발호했다. 이에 어느 일면을 생각해볼 때, 선생님께서는 누구도 상상할 수 없는 카리스마적 위력과 영웅주의적 사고와 행동이 돋보이던 분이셨다.

때로는 돋보이려 하거나, 남에게 지지 않으려고 행한 독단과 전횡이 없지도 않았다. 그러나 독단과 전횡으로 모든 것을 지배하던 자유당 시대였다. 그 시대의 행동만으로 그의 역량과 그를 결코 비하해서 평하거나 과소평가해서는 아니 된다. 그는 안하무인격眼下無人格인 장자長者 혹은 유아독존적 인물로 그 누구에게나 하대 말로 대하셨다.

보기에는 맹호와 같은 혁혁한 용안에 사자후 같은 노성과 왕성한 정력의 소유자였던 선생님도, 내면 세계는 매우 인자하고 인정 많은 한 할아버지의 심성을 언제나 간직하고 계셨다. 그는 돌아가시기 전날까지도 한순간도 구도를 놓치지 않고 《금강경》을 암송하신 큰 스님이었고, 오후 3시 이후에는 진짓상을 대한 적 없는 큰 도인이셨다.

(1993)

여래여거如來如去 비범하신 생애

3

김삼룡 전 원광대학교 총장

1925년 전라북도 정읍에서 태어났다. 동국대학교 불교학과를 졸업하고, 중국문화 대학교에서 명예 철학 박사학위를 받았다. 원광대학교 제5~6대 총장, 한국원불교학회 초대회장 등을 역임했다. 저서로 《한국미륵신앙의 연구》 《창조를 위한 여백》 《동방의 등불 한국》 《생불님의 함박웃음》 등이 있고, 공저로 《원불교》 《미륵불》 등이 있다. 국민훈장 동백장·무궁화장을 수훈했다. 2014년 타계했다.

원광대학 설립과 동국대학교 불교학과 편입

나는 40여 년간 교육기관에 몸담아 일했다. 전란으로 세상이 어지러운 한국전쟁 직후, 서울로 유학을 갔다. 평생을 교육 사업에 몸 바쳐 일해야겠다는 비상한 각오하에 결행된 것이었다. (지금은 외국에 나가 공부하는 것을 유학이라 하지만 그때는 서울에 올라가 공부하는 것을 유학이라 하였다.) 동국대학교 총장으로 백성욱 박사가 막 취임한 직후였다. 나는 비록 학생 신분이었으나 저분이 어떻게 대학을 운영하시는가를 주의 깊게 지켜보았다.

내 나이 서른 살에 새삼스럽게 만학을 결심하게 된 데에는 교단의 기대가 내 한 몸에 무겁게 실려 있었기 때문이었다.

나는 한국전쟁 전해에 원광대학교의 전신인 유일학림唯一學林 전문부專門部(불교학과)를 졸업하였다. 유일학림은 원불교에서 해방 직후 설립하였던 교역자 양성 전수 학교로 거의 총부總部(원불교 중앙 총부) 학원 출신들이 입학하는 곳이었다. 원불교(일정日政 때에는 교명을 불법연구회佛法硏究會라고 함)는 일제강점기에 수차례에 걸쳐 불교전수학교를 설립하고자 청원하였으나 전쟁 말기라 그 뜻을 이루지 못하였다. 그래서 원불교 교단은 자체적으로 총부(본부)에 학원을 열어 청소년들을 가르쳤다. 우리 집은 할머니 대부터 아주 독실한 원불교 신자 집안으로, 나는 열네 살 때 총부 학원에 들어가 7년간 수학하였다. 내가 불법을 공부하게 된 것은 이때부터였다.

해방이 되자 우리 학원생들은 교단에서 전개하는 서울, 이리•, 부산 등지의 전재戰災 구호 사업을 위한 봉사 활동에 1년 남짓 참여하였다. 나도 이리 역전에서 구호 사업을 하였다. 군산과 서울과 대전에서 열차를 통해 고향으로 돌아오는 지치고 굶주린 초라한 행색의 귀환 동포들을 위하여, 우리는 매일 수십 가마니의 밥을 지어 소금물로 주먹밥을 뭉쳐 기차 안에 있는 동포들에게 나누어주었다. 우리는 학원에서 배운 것을 바로 몸으로 실천하여 사회에 환원하였다.

1946년 5월 1일, 나는 교단에서 설립한 유일학림 전문부에 들어갔다. 유일학림 1기생으로 공부할 수 있었던 것은 내 인생의 큰 행운이라 생각한다. 3년 동안 정산 송규 종사님(1943~1962, 원불교 제2대 종법사)에게 《불교정전佛教正典》•• 의 강의를 직접 들었는데 이런 강의는 우리 1기생 이후에는 없었다. 매일 오전에 받들었던 이 강좌를 통하여 교리 실력이 날로 향상되었다. 이는 우리의 일생을 살아가는 데 보감이 되었다. 간명하고 알기 쉽게 교리 사상을 설하여주셨던 정산 송규 종사님의 훈증, 우리 1기생들은 생애 최상의 영광을 받았다. 그리고 학감(부학장)으로 일본 도요 대학교 철학과를 나온 박

• 전라북도에 있던 시. 1995년 5월 행정 구역 개편 때 익산군과 합쳐져 익산시가 신설되면서 폐지되었다.

•• 소태산 대종사大宗師가 원불교의 교리 이념을 집대성한 기본 경전이다.

길진 교수가 동양철학, 서양철학, 윤리학, 종교학을 강의하였다. 또 학생복을 입은 학승인 서경보 스님이 오대산 강원에서 초빙되어 왔는데, 1학기 동안 선학禪學을 강의하였다. 이듬해, 서경보 스님의 후임으로 김보광 스님이 부임하여 불경佛經을 강의하였다. 특히 김보광 스님의 《능엄경楞嚴經》* 강의는 명강이었다. 2년째 되던 졸업 학년도에 일본 고마자와 대학교 출신 서병재 교수가 부임하여 불교학佛教學, 불교사佛教史 등을 강의하였다. 한국전쟁 전후 동국대학장을 연임하였던 김동화, 김영수(1884~1967)** 교수가 유일학림 2기생들에게 강의를 하였다.

한국전쟁이 발발하기 1년 전, 1949년 봄 나는 유일학림을 1기로 졸업하고, 총부 교정원의 감사부와 사서부 업무를 겸임하였다. 전쟁 발발 후인 1951년 나는 이리 총부의 인근 지역인 항구 도시 군산 지역 교무로 부임하여 교당을 창설하였다. 교도들을 효율적으로 관리하기 위해 남녀단·노인단·처녀단 등으로 구분하여 교화단을 조직하고, 단별·계층별·세대별로 교화를 하여 1백여 명의 교도들이 법회에 출석하였다. 또 자선 사업을 전개, 전쟁 뒤의 전쟁 고아들을 수용하기 위해

* 선종禪宗의 사상을 설한 주요 경전. 《화엄경》《법화경》《열반경》과 버금가는 경으로, 인연因緣과 만유萬有를 설명하였다.

** 경남 함양에서 태어나 12세에 함양 영원사에서 출가했다. 1918년 불교중앙학림 교수로 취임하였고, 8·15광복 이후 동국대학장, 전북대학교, 원광대학교 교수를 역임하였다.

원광고아원을 설립, 50여 명의 고아들을 수용하여 운영하기도 하였다. 또 교당 유지 대책의 해결 방안으로, 군산시의 번화가인 희소관 극장이 있는 거리에 원광상사라는 잡화상을 차려 운영하기도 하였다. 이것은 신도들에게 의지하지 않고 생활 속에서 불법佛法을 실현해보려는 의지였고, 자력종교自力宗敎로서의 면모를 갖추려 했던 나의 소망이었다. 나의 의욕에 찬 일선 교화 경험은 아쉽게도 2년만에 그치고 말았다. 총부의 인사 방침에 따라 나는 원광대학으로 발령을 받았다.

원광초급대학(초대 학장 박길진)은 전쟁 중인 1951년 9월에 교학과敎學科 한 개 과로 문교부의 정식 인가를 받았다. 따라서 유일학림은 발전적으로 폐교되고 전문부는 원광초급대학 교학과에 편입되었다. 원광초급대학은 설립된 지 1년 5개월 만인 1953년 1월 29일에 4년제 정규 대학으로 승격되었다.

나는 원광대학(원광초급대학의 후신) 도서실에 적을 두면서 조교로 근무하였다. 원광대학에는 젊고 예기銳氣에 찬 우리 유일학림 출신들이 네 명이나 근무하고 있었다. '어떻게 하면 국내외적으로 명실상부한 훌륭한 대학을 만들 것인가'가 우리의 어깨에 놓인 지상의 과제였다. 이 방면의 경험이 없으므로 거기에 필요한 지식과 자격을 갖추자는 데 우리의 의견이 모아졌고, 우리 네 사람 중에 두 명을 먼저 서울 유학생으로 파견하기로 했다. 그래서 동일한 학과 인정이 되는 쪽으로 학교를 물색하다 보니, 자연히 동국대학교 불교학과 3학년에 편입하였다.

기호 6번 부통령 후보

동국대학교에 들어가기 전에 이미 나는 백성욱 박사의 이름에 익숙했다. 내가 처음 백 박사를 대한 곳은 군산 시내 어느 돌담의 벽보판 앞이었다. 나뿐만 아니라 당시의 대한민국 국민들은 모두 '작대기는 여섯 개'의 부통령 후보 백 박사를 알고 있었다. 1952년 8월 5일 선거 날 대통령 후보 네 명, 부통령 후보 여덟 명을 두고 누구를 택하였을까. 외람되이 나는 그것을 여기서 밝힐 수 없다. 다만 이 글에서 백 박사에 대해 다음 몇 가지의 강한 호기심과 호감을 가졌음을 고백하고자 한다.

백 박사는 정견 소개에 다른 후보와 확실히 다른 조항을 내걸었다. '도의道義 정치의 실현', 이것은 종교계에 몸담고 있는 나에게 매우 공감이 가는, 기대가 큰 구호였다. 그리고 백 박사의 약력 소개는 인상적이었다. '남독일에서 철학 박사학위를 인준받고 귀국하여 불교전문대학에서 교편을 잡다가 당시 일제의 탄압과 더불어 뜻한 바가 있어 금강산에 입산하여 10여 년간을 수도'하였다는 점, '해방 수년 전에 일본의 패망을 예지五知하고 하산下山, 지하 운동을 계속'한 점, 전쟁이 터지던 해 내무부장관을 하고, '한국전쟁이 발발하자 국무위원으로서 최후까지 서울을 사수하다가 북한군의 입성을 보고 부득이 후퇴, 7월 15일 정부가 대전에서 대구로 후퇴함에 이르러 내무부장관으로서 국민에게 사과하는 성명을 발표하여 내무부장관 인책 사임'한 점 등 미상불(아닌 게 아니라 과연) 범인 아닌 비범한 어른이라는 생각이 들었다. 그리고 벽보에 붙은 사진 속 미간에 큼지막한 점이 붙은 것을 보면서 '어떻게 하면 저분을 친견할 수 있을 것인가' 하고 여간한 존경심으로 백 박사를 우러러보지 않을 수 없었다.

외람되게도 항간에 백 박사가 '가짜 예언자'라는 말도 없지 않았다. 내가 백 박사를 실제로 만나게 된 것은 휴전이 되고 새 학기가 시작되던 봄, 동국대학교 대강당에서였다. 나는 백 박사의 교양 강좌를 매우 감동 깊게 새겨들었다.

백성욱 박사의 교양 강좌

동국대학은, 명진학교-불교사범학교-불교고등강숙-불교중앙학림-불교전수학교-중앙불교전문학교-혜화전문학교를 거쳐 해방과 더불어 1946년 9월에 정식 대학으로 인가되어 1947년 5월에 개교했다. 역대 학장은 초대 허윤, 제2대 김영수, 제3대 김동화, 제4대 권상로가 역임하였다.

종합대학으로 승격된 것은 1953년 2월 6일 한국전쟁으로 피난 중일 때였다. 부산 신창동 대각사에 가건물을 빌려 방 6칸 총 39평에서 670여 명이 수업하고 있던 시기였다.

사학 중에서 고려대학교, 연세대학교, 이화여자대학교에 이어 네 번째로 승격된 종합대학 동국대학은 불교대, 문과대,

법정대, 농림대 총 네 개 대학에 열 개 학과를 거느렸다. 이는 당시 문교부장관이었던 김법린이 동국대학의 전신인 불교중앙학림 출신으로 모교의 교수를 지냈으며, 해방 뒤에는 동국학원 이사장으로 활약하는 등 동국대학교와 끊을 수 없는 관계를 지닌 데서 그 연유를 찾을 수 있겠다. 대학교육심의회의 까다로운 심의 석상에서도 동국대학 종합대학 승격 안건은 만장일치로 전격 통과되었다. 그리하여 1953년 2월 종합대학인 동국대학교로 개편되었다.

동국대학교 초대 총장으로 권상로 학장이 취임한 지 6개월 만에 백 박사가 제2대 총장으로 취임하였다. 1953년 8월 1일 취임식도 없이 부산 피난지 임시교사에서 집무를 시작하였다. 취임 20일 만에 백 박사는 3년간의 임시교사 생활을 청산하고 서울 본교사로 복귀를 감행하였다.

나는 1954년 4월 동국대학교 불교학과 3학년으로 편입하였다. 이때 불교대학장은 조명기 교수였고, 총장은 백 박사였다. 우리가 백 박사를 대할 수 있었던 것은 매주 전교생을 대상으로 하는 공개 교양 강좌에서였다. 일찍 강당에 가지 않으면 도저히 자리를 잡을 수 없어 밖에서 듣기도 하였다.

백 박사가 워낙 잘생긴 풍골이지만, 그의 학력 경력은 세인들의 관심을 끌기에 충분하였다. 당시에는 박사라는 학위가 흔치 않았다. 손가락으로 헤아릴 정도였다. 이승만 박사, 조병옥 박사 등 외국에서 유학을 한 아주 고명한 사람이 아니면 붙일 수 없는 학위였다. 백 박사는 독일에서 불교학 논문을 가지고 박사학위를 인준받았고, 더군다나 귀국 후에는 금강산에서 10년간 수도하였다는 것이다. 해방 뒤 그는 이승만 박사를 도와 건국 사업에 힘썼으며, 내무부장관을 역임하고 부통령 출마까지 하였다.

백 박사는 외모부터가 범인과 남달랐다. 아주 잘생긴 풍모에다 미간에는 백호가 박혀 있어, 금강산에서 10년간 수도한 그를 사람들은 부처님의 화현인 양 우러렀다. 백 박사는 총장실에 향을 사르고 예불을 모신다고 하였다. 찾아가는 손님들은 그의 위덕에 눌려 아예 오체투지 큰절을 한다고 하였다.

백 박사의 강연은 쉽고 간명하며 예화를 다양하게 들어서, 누가 들어도 감명을 받았다. 가끔 우스운 이야기도 하였다. "부처님은 백호 광명이 있다. 나의 미간에 있는 사마귀도 부처의 백호와 같은 것이다. 그러니 여러분은 지금 부처의 설법을 듣고 있는 것이다"라고 하여 청중들을 웃기기도 하였다.

백 박사가 미간의 백호 광명을 발하기만 하면, 나는 아주 그를 생불님으로 모실 각오를 하기도 하였다. 내가 백 박사를 존경하는 또 하나의 이유는, 그는 거사불교居士佛敎로서 생활과 불법을 병행하여 생활시불법 불법시생활生活是佛法 佛法是生活을 실생활에서 나투었다•는 점이다.

백 박사는 1953년부터 1961년까지 동국대학교 총장으로 8년간 재임하였다. 그는 사업적 능력도 탁월하여 총장 취임

• 주로 불가에서 사람들에게 깨달음이나 믿음을 준다는 뜻으로 쓰는 말.

당시 한국광업진흥주식회사 사장으로 있었으며, 총장 재임 중에도 한국광업진흥주식회사 사장을 겸임하기도 하였다. 이러한 그의 역량은 다른 학원의 상례를 깨트렸고, 그는 동국학원 이사장직을 겸무하기도 하였다. 이는 평소 백 박사가 다른 사람의 간섭이라든가 주위의 견제를 싫어하는 성격에서 비롯된 것도 있지만, 재단 측이 그의 경영 능력을 전적으로 신뢰하였기 때문일 것이다.

그러나 동국학원이 격동의 시련을 겪지 않을 수 없게 된 것은, 1961년 5·16군사정변이 발발하고 백 박사가 총장직을 그만두게 되면서부터였다. 같은 해 7월 2일 군사정권에 의해 돌연히 공포된 '교육에 관한 임시 특례법' 때문에, 만 60세 이상은 교단에서 물러나게 되었다. 그리하여 백 박사를 비롯하여 대학 발전에 기여한 공이 컸던 교수들이 자퇴하지 않을 수 없게 되었다. 당시 백 박사는 64세였다.

1961년 7월 21일 백 박사가 총장직과 더불어 당연직이었던 이사직에서 물러난 후, 동국학원은 완전히 중심 세력을 상실하여 걷잡을 수 없는 혼란상을 연출하였다. 이후 동국학원은 번번이 매스컴에 오르내리는 재단 분규의 난맥상을 보이기 시작하였다.

여기서 한 가지 묘한 것은 백 박사가 총장으로 취임하면서 김영수 전 학장이 동국대학교를 떠나 원광대학 전임교수로 전임되었으며, 재임 8년 만에 백 박사가 퇴임하면서 원광대에서 정년퇴임한 김영수 교수가 모교(동국대학교)에 명예교수로 복귀하였다는 점이다. 그리고 필자가 동국대학교에 재학 중일 때, 불교대학장이셨던 조명기 교수는 원광대학 불교학 석사 과정이 신설되면서 대학원 교수로 초빙되었다.

불교계의 변화

조선왕조 5백 년 동안 산중불교山中佛教로서 은둔과 도피적인 경향만을 견지해온 것으로 인식되었던 조선 불교에도, 삼국을 풍미했던 호국불교 정신과 민중성은 면면히 흘러내려왔었다. 따라서 경술국치(국권 피탈)를 전후한 민족의 수난기에 불교계는 어느 종단 못지않게 민감한 반응을 보였다. 이조 왕정의 억압에 눌려 교세가 약해지긴 했지만, 산중에서 사찰을 지키며 부녀자들의 기복을 빌어주며 염불을 권장하고 도량을 수호하던 승려들도, 여러 가지 양상으로 항일抗日의 모습을 드러냈다.

첫째, 경술국치라는 일제의 침략 속에서 일정日政의 정치적 간섭과 일본 불교의 영향에 대해 조선 불교의 주체성을 제대로 확립해나가자는 주장이 생겨났다. 고래로 전승되어온 사찰 경내에 들어앉아 산을 떠나지 아니하고 불교 본래의 면목을 찾아서 그것을 수호해나가는 것이 무엇보다도 한국의 장래를 담당하는 주축이 되는 것으로 생각했던 산승山僧들이, 수행정진과 오도능행悪道能行(불도의 진리를 깨닫기 위해 행함)으로 불순물을 제거하고 부당한 침입을 방어하고자 하였다. 전통적인 선불교를 지향하여 참선 등 선적禪的 수행을 하며, 사찰에 머물려는 경향, 즉 조선 불교의 주체성을 확립하고자 하는 주장이다. 이러한 타입에 속하는 불교를 전통불교의 수호 운동이라 할 수 있으니, 이에 속한 승려는 경허鏡虛 선사의 선풍재흥禪風再興을 비롯하여 그로부터 자극받은 신혜월, 방한암, 송만공 스님 등이 있다.

둘째, '급변하는 사회 정세 및 세계 조류에 어떠한 태도를 취할 것인가'라는 문제에 대해, 불교 자체의 개선을 통해 현대불교의 현대불교로 변모시키자는 운동이 일어났다. 불교를 수행하는 승려의 신분으로 직접 사회운동에 뛰어들어 일제에 항거하는 한편, 한국 사회 내에서 불교 수행자들 스스로 생활을 개혁하여 시대의 조류에 맞는 제도와 방편을 펴야 한다고 주장하는 움직임이 있었다. 이를 불교의 사회 참여 운동이라 볼 수 있으며, 이에 속하는 승려는 한용운, 방한암, 백룡성 스님 등이 있다.

셋째, 학자불교學者佛敎의 일제의 침략 정책에 직접적인 반항과 부정적인 태도만 가지고 이들의 억센 사조를 막을 수 없다는 연대적 책임감을 앞세워, 결국 구국救國의 길은 '한국인의 전통 의식이 무엇이고, 한국인의 특색이 무엇이며, 한국인의 역사는 어떻게 형성되어 왔는가' 등을 더듬어서 이를 체계화하고 현대화해야 한다는 문화전통 수호자적 입장에서, 이른바 국학國學 개발을 서두르는 불교학자들이 나타났다. 이능화, 김영수, 박한영 등이 대표적이다.

조선이 일제강점기로 접어듦에 따라 불교계도 외부 세계의 영향을 크게 받았다. 급변하는 정세와 세계 조류에 따라 전통성만 고집할 수 없게 되었다. 이에 교계教界 내의 변화와 각성이 크게 요구되었으니, 학문의 침체성을 벗어날 수밖에 없었다. 교학教學 방면에서는 조선조 후기 화엄교학華嚴教學* 이 다소 전개되었으나 이런 교학으로는 일제강점기 당시 도입된 여러 신학문과 접근하기 어려울 뿐 아니라, 한국 불교를 외부에 알려달라는 요청 등에 부응할 수가 없었다. 바꾸어 말하자면, 교화教化에 앞서는 불교의 이상화理想化와 또 실질적 교화에 대처하기 위한 학문적 노력이 필요하게 된 것이다. 이러한 각성은 교학의 진흥책으로서, 전문 강원 부흥 내지 전문학교 설립의 요청을 불렀다.

1906년 불교연구회佛教研究會는 원흥사元興寺에 청년 승려들을 대상으로 한 명진학교를 설립하였다. 이는 불교종단 내 현대교육의 시초가 되었다. 1910년에는 원종圓宗 종무원(이회광李晦光)에서는 명진학교를 불교사범학교로 개칭하여 운영하였다. 1912년에는 조선불교선교양종朝鮮佛教禪教兩宗 30본산本山** 에서 능인보통학교(교장 이능화)를 개교하였다.

사범학교 운영이 부진하자 30본산에서 고등불교강숙을 설

---

* 《화엄경》을 근본 경전으로 하여 법장法藏(643~712)이 대성한 화엄종의 교학.

립하였으나 오래가지 못하였다.

1916년 30본산에서 동국대학의 전신인 불교중앙학림을 설립하였다. 1922년 30본산의 폐지와 더불어 불교중앙학림도 폐교되었다.

1926년 박한영이 불교중앙학림 터에 다시 불교전수학교를 개교, 1930년 중앙불교전문학교로 승격되었다. 1940년 일인이 교장으로 취임하면서 혜화전문학교로 개칭되고, 그동안 불교(불교과佛教科)밖에 없던 것이 흥아과興亞科가 증설되었다. 혜화전문학교는 해방 뒤 동국대학으로, 1953년 동국대학교로 발전하여 오늘에 이르고 있다.

불교계에 교육의 필요성이 높아지면서, 각 사찰에서는 교육비를 책정하고 도제徒弟들의 외국 유학을 장려하였다. 1914년 일본 유학생은 교토 임제 대학원에 김지현 등 4인, 중학원에 2인 그리고 도쿄의 조동종 종무원에 이지광 등 4인, 제일중학교에 4인이 있었다. 1918년에 1차로 김지광, 김창해, 이혼성 등 3인이 유학을 마치고 귀국하여 대대적인 환영을 받았다. 이들이 바로 불교중앙학림 교원, 조선불교총보朝鮮佛教叢報 주필, 용주사 법무 등으로 중용이 되자, 각 사찰 문도의 유학에 대한 관심이 높아졌다. 이러한 추세에 따라 일본 유학생을 계속 유지했다. 1926년 일본 유학생이 급증하여 열한 개

** 일제강점기에 조선총독부 사찰령에 의하여 한반도 내의 교단은 30곳의 본산제로 형성되었다. 이를 조선불교선교양종이라 하며, 조선총독부는 종론宗論을 통일하고, 중앙에 30본산회의소를 설치하였다.

사찰에서 김잉석, 장원순 등 열두 명에 달하였다.

1926년 도쿄 각 대학에서 불교를 공부하는 유학생 졸업생 수는 김태흡 등 아홉 명이었다. 1927년 열한 명, 1928년 스물두 명으로 해마다 증가하였다. 그들 중 불교를 연구하여 조선 불교의 장래를 진흥시키려는 순교적 정신을 가진 자는 적었다. 불교와 관련 없는 학과에 진출하든가 적당히 간판을 따기 위해 일본 불교계에서 경영하는 학교에 학적을 둔 자가 속출하여 유학생 파견 문제가 제기되었다.

특기할 만한 것은, 역사상으로 오랫동안 전통을 가지고 불교 문화를 꽃피운 일본이나 중국에서 불교 공부를 하던 유학생 외에도, 불교와 관련이 적은 유럽 쪽에서 불교를 공부하는 학도가 있었다. 독일에 유학했던 백 박사와 프랑스에 유학했던 김법린이다.

이들은 당시 승려 출신의 청년으로, 구국운동에 관심이 컸으나 일제의 저촉을 받아 동양권의 너무나 숨 막힌 현실 때문에, 보다 초월한 포부를 가지고 멀리 유럽으로 유학을 갔다. 그들은 조국의 운명과 한국 불교의 장래를 내다보고, 이념적·사상적인 밑받침을 만들기 위해 갖은 고초를 겪으면서 서구의 신지식·신사조를 흡수하려고 유학의 길을 떠났다. 백성욱은 1925년, 김법린은 1926년에 귀국하였으며, 그들의 활동은 상당히 괄목할 만한 것이었다.

백성욱, 김법린, 김잉석 등은 신학문을 접하여 새로운 불교학을 수립하려고 힘쓴 사람들이다. 이들은 해외 유학을 통하여 서구적 학문에 접했고, 이를 바탕으로 새로운 관점에서 불교 사상을 학문적으로 연구하려 하였다.

백 박사는 1922년 프랑스 북부 보베에 있는 고등학교에서 1년 어학 과정을 마친 후, 남독일 뷔르츠부르크 대학교 대학원에서 〈불교순전철학〉이라는 논문으로 철학 박사학위를 인준받았다. 〈불교순전철학〉은 구사종俱舍宗의 형이상학적 의의를 제시한 논문으로, 한국 사람이 불교를 서양철학에 연결하여 고찰한 첫 예라고 볼 수 있다. 그는 독일에 있을 때 권상로에게 보낸 서한에서 '자연과학의 근본 원리로부터 증명할 수 있는 불교 철리의 사상에 대해'라는 주제를 지닌 논문을 집필하고 있음을 밝히고 있는데, 이것은 자연과학의 관점에서 볼 때에도 불교가 합리적이라는 것을 입증해보려는 시도로 여겨진다.

김법린은 프랑스의 파리 대학교에서, 김잉석은 일본 류고쿠 대학교에서 각각 연구 활동을 거쳐 불교학 연구에 많은 업적을 남겼다.

그리고 해방 후 이들은 종단의 최고 교육기관인 동국대학의 교수, 역대 학장 혹은 총장을 역임하여 후학을 지도하였다. 이는 학자불교 내지 거사불교 활동의 커다란 성과로 보아야 할 것이다.

금강산에서의 법어

필자가 재학 시절 백 박사에게 매주 들었던 교양 강좌는 대개 우리가 일생을 살아갈 교훈이요, 부처님의 말씀이었다. 세월이 오래되어 기억은 희미하나 김기룡 선생의 글 〈내금강 지장암과 백성욱 박사〉에 소개된 법문과 별 다를 바 없다. 이를 몇 토막 간추려보면 다음과 같다.

백 박사는 1929년부터 1938년까지 10년간 금강산에서 수양 생활하였다. 백 박사는 1928년 불교전수학교 교수직을 사임하고, 이듬해인 1929년 32세에 금강산 안양암에서 수도하기 시작하였다.

중앙불교전문학교 학생들이 동맹 휴학하고, 대표들이 금강산에 찾아와 백 박사에게 교장으로 취임해달라고 청하였으나 끝내 거절하였다. 사회 사람이 찾아와도 겸양의 말씀으로 그들을 돌려보냈다.

맨 처음 따르는 사람 2~3인과 수양할 때, 백 박사 친히 산에 올라가 나무도 심고 밭에 씨를 뿌리고 가꾸었다. 사시사철 흑회색 한복을 입고 그 위에 법복을 입었으며, 무릎 아래 행전(바지를 입을 때 정강이에 감아 무릎 아래 매는 것)을 쳤다. 손수 공양을 지어 불전에 올리고 반찬을 만들어 먹었다. 봄에 간장을 담그고 가을에 김장하는 법을 동거인들에게 가르쳐 주고, 바느질을 하여 한복을 지어주기도 하였다. 제자들에게 이렇게 하라 저렇게 하라 시키지 않았고 손수 본을 보여 가르쳤다. 제자들이 스스로 깨우쳐 따르도록 하였다.

1930년 찾아오는 사람들이 늘어나자 백 박사는 금강산 지장암으로 옮겨 대중들과 함께 수양하였다.

지장암 대중의 하루 일과는 이러했다. 아침 4시에 일어나 몸을 청결히 하고 마음을 상쾌하게 한 뒤 법당에 모여 예불을 하고《대방광불화엄경》공부를 세 시간 동안 하였다. 9시에 아침 공양을 하였다. 대중공양(신자가 여러 승려에게 음식을 차려 대접하는 일)을 할 때는 평등하여 어른이나 아이나 차별 없이 음식을 골고루 나누어 먹었다. 10시부터 작업 시간이다. 밭에 나가 일하거나, 산에 올라가 겨울 땔감을 장만하기도 하고, 대중의 옷을 짓는 사람도 있었다. 오후 6시부터 오후 7시 사이에 저녁 공양과 예불을 하고 밤 9시까지 공부하였다.

어느 때는 내금강에서 서쪽으로 30리 되는 북창까지, 온 대중이 가서 각자 공양미 소두(팥) 서 말씩을 짊어지고 돌아온 일도 있었다. 날은 이미 어두워지기 시작하여 중간에 쉬지도 못하고 돌아와, 일행은 저녁 공양도 아니 하고 오후 7시에 저녁 예불을 드린 일도 있었다.

새로 들어온 사람은 매 끼니 식사를 하지만 50일 이상 된 사람은 1일 1식을 하였다. 또 오래 공부한 사람은 하루 두세 시간밖에 자지 않고 일하고 참선하였다.

백 박사의 외조모가 별세하셨다는 기별이 왔다. 백 박사가 조실부모한 뒤에 외손자의 치다꺼리를 해주고, 유럽 유학 당시 학비 조달을 해주신 분이 외조모님이었다. 백 박사는 의리상으로도, 그 많은 재산을 처리하기 위해서라도 초상에 당연히 가야 할 것이나, 지장암 대중을 위하여 하산하지 않았다.

백 박사는 대중에게 이렇게 설하였다.

"현재에 진실하면 미래는 완성되느니라."

"한마음을 닦는 자는 윗목에 호랑이가 사람을 뜯어 먹어도 상관 말아야 한다."

"천근만근 다량의 솜이 있어도 그 안에 불씨가 들어 있으면 언제라도 그 천만 근의 솜은 다하고야 마는 것이다."

"1년 열두 달 중에 8월 추석날이 제일 밝은데, 동일한 달이라도 이 세상 사람들이 볼 때에, 마음이 슬픈 자 그 달을 보고 슬퍼할 것이며, 마음이 상쾌한 자 그 달을 보고 껑충껑충 뛰어다니리라."

"누른 안경을 쓴 자 이 세상을 누르게 보고, 푸른 안경을 쓴 자는 이 세상을 푸르게 보느니라."

"1만 원 2만 원이 100만 원 되는 줄 알지 말고, 1전 2전이 모여서 100만 원 되는 줄 알아라."

"너희가 지장암 올 때 가져온 것은 무엇이든지 모두 선생님에게 바쳐라. 이 세상에 선생님보다 더 가까운 사람이 있지 않느니라. 선생님 앞에서 까짓것 못나보아라. 무엇이든지 물어보아라. 종鍾은 속이 비고 둥그렇기에 치면 소리가 우렁차게 음파를 타고 대지에 퍼지는 것이요, 북은 두들겨야 소리가 나는 법이다."

"검은콩 한 섬에 흰콩 한 알을 고르라고 하면 욕심이 많은 자는 검은콩 한 섬을 다 멍석에 쏟아놓고 흰콩 한 알을 고르려고 하느니라. 검은콩을 다 주으면 흰콩은 으레 남는 것이니라."

"누구나 조급히 서둘 것 없느니라. 질서 정연히 우물을 파도 한 우물만 그냥 파면 끝나는 날이 있을 것이다."

"부처님의 노정기路程記인 경전經典을 보아야 부처님을 찾아갈 것이다."

"누구나 이 세상에 태어나면 죄가 있으니, 그 죄를 해탈하려면 부처님께 기도를 하여 전지전능하신 부처님의 가피를 입어야 될 것이다."

"우는 아이에게 젖을 주듯이 '부처님, 부처님' 하고 불러야 뜻을 이룰 것이다."

"부처님의 아드님이라도 속세에서 범부凡夫가 자손에게 재산을 상속해주듯이 그 지혜를 부어 넣어줄 수는 없는 것이니, 누구나 반드시 선을 해서 닦아 깨쳐야 하느니라."

"내가 늘 말하노니, 너희들은 당초에 진심瞋心 마라. 누구나 진심을 닦아야 성불하느니라."

"이 세상 우주에 나팔을 불었나니, 이는 곧《대방광불화엄경》이다. 누구나《대방광불화엄경》을 일심一心으로 독송하면 모든 재앙은 소멸하고 소원은 성취하느니라. 그러면《대방광불화엄경》의 대의는 무엇이냐. 이 세상 물건의 용적을 알려면 장長, 광廣, 고高를 달아봐야 하는 것처럼 우리 사람의 마음을 분석하면 탐진치* 삼독이니라. 즉, 대大는 바라는 바 욕심이요, 방方은 바라던 바가 안 되면 나는 불평심이요, 광廣은 바라던 것이 되면 이만하면 되었다는 만족심이니 곧 어리석은 마음이요, 불佛은 사람은 사람인데 사람의 짓은 아니 한다는 상형문자로 곧 깨칠 불 자요, 화華는 연꽃 화 자로 연꽃은 더러운 물에 나왔으되 맑은 물에도 젖지 않고 돌돌 구른다는 뜻이며, 엄嚴은 훌륭히 옷을 잘 입는다는 뜻이요, 경經은 광주리에 꾸려 담았다는 뜻이다. 곧 황금이 흙이 되지 않는 것처럼 어리석은 사람이 깨쳐 부처가 되며, 연꽃이 더러운 곳에서 나왔으되 더러운 물은커녕 맑은 물에도 젖지 않는 것같이, 한번 깨치신 부처님은 물들지 않는다는 뜻으로《대방광불화엄경》한 덩어리가 곧 부처님인 것이다."

"일정한 원인에서 일정한 결과를 내는 것은 이 우주의 원칙이지만, 누구나 원인을 지을 때에 알지 못하고 지었는지라. 받을 때에 알지 못하고 받기에 고로 원망을 하는 것이 생물이니라."

백 박사는 총장 퇴임 이후, 그 행적이 세상에 별로 알려지지 않았다. 서울 교외 부천 소사에서 머무시는 대문에 '여시관如

* 탐욕심貪慾心 · 진에심瞋恚心 · 우치심愚癡心. 이 세 가지 번뇌가 중생을 해롭게 하는 것이 마치 독약과 같다고 하여 삼독이라고 한다.

是觀'이란 문패를 걸고 '백성목장白性牧場'을 경영하며 만년을 보냈다던가. 서울 용산구 동부이촌동 반도아파트에서 선종善終하셨다는 소식을 들은 것은, 그로부터 십수 년의 세월이 지난 뒤였다. 이제 그분의 색신色身이 이 세상에 머물러 있지 않을 때였다.

백 박사가 돌아가신 날은 1981년 음력 8월 19일, 84년 전 1897년 음력 8월 19일에 한양 연화방(조선시대 초기부터 있던 한성부 동부 12방 중의 하나)에서 태어나신 날이다. 오신 날과 가신 날이 한결같은 백 박사는 역시 '여시관'처럼 여래여거如來如去 비범한 생애를 살고 가셨다.

(1993)

장암 선생을 생각한다

4

민영규 연세대학교 명예교수

1915년 전라남도 해남에서 태어났다. 연희전문학교(현 연세대학교) 문과와 일본 다이쇼 대학교 사학과를 졸업하였다. 연세대학교 사학과 교수, 동 대학교 국학연구원장, 문교부와 국방부의 고적보존위원회 위원, 연세대학교 중앙도서관장 등을 역임하였다. 저서로 〈월인석보영인해제月印釋譜影印解題〉가 수록된 《한국의 명저》 등이 있으며, 영인본인 《팔세아 · 소아론 · 삼역총해 · 동문유해》의 해제를 저술하기도 했다. 2005년 타계했다.

불국사 뒤편 솔밭 사이를 거닐면서 저만큼 줄지어 서 있는 부도浮屠(부처의 사리를 안치한 탑)들을 보고 와서, 사뭇 보아서는 아니 될 것을 보았다는 듯이 두 눈을 둥그렇게 뜨고 저 석물石物들이 남근숭배男根崇拜가 아닌가 물어온 이는 당시 주한 독일 대사 리하르트 헤르츠Richard Hertz(1898~1961)였다. 매달 한 번씩 열리는 왕립아세아학회王立亞細亞學會 한국지부 이사회에서 만나면, 으레 한국의 고사찰古寺剎과 미술에 관한 이야기를 나누는 것이 전부였으나, 하루는 심히 난감한 표정을 지으면서 백성욱 박사에 관한 이야기를 물었다. 누구라고 지명하지는 않았지만, 백 박사가 독일에서 학위를 받았다는 이야기가 사실인가 짓궂게 물어와서, 본국으로 조회해보았으나 사실을 증명할 도리가 없다는 것이었다.

다행히 나는 정석해(1899~1996) 교수에게 이왕에 얻어들은 이야기를 그에게 말해주었다. 1919년 기미년 독립만세운동이 퍼지면서 그것을 주동한 이 땅의 많은 젊은이가 일경의 추적을 피해 만주로 빠져나가고 상하이로 집결하였고 유럽으로 유학을 결단했다. 상황이 이러하니 그들에게 일본 제국이 발행한 여권이 갖춰졌을 리 만무하고, 중국민으로 가장하여 중국 여권을 재주껏 변통하는 길밖에 없었을 것인즉, 백 박사인들 다른 도리가 있었겠는가 반문했다. 뒤로 다시 정 선생에게서 들은 자세한 사연은 이러하다. 정 선생은 상하이 임시정부 추천장과 아울러 유법검학회留法儉學會를 통해서 장시성[江西省] 교육부에서 발급한 여권(호조護照)을 입수하였고,

기미년 다음 해 1920년 11월 6일 중국 상하이를 출항, 12월 14일 프랑스 파리에 도착했다는 것이다. 백 박사도 대부분 같은 길을 밟았을 것으로 추측된다.*

위에서 유법검학회의 검학儉學이란 근공검학勤工儉學으로도 표현되듯이, 학비를 제 손으로 고생하여 벌어서 충당한다는 뜻이다. 이즈음 아르바이트란 생소한 낱말이 자주 쓰이고 있으나, 우리는 그것을 고학苦學이라 일렀다. 지금은 죽은 말이 되었지만, '갈돕회'** 란 말로 썩 귀에 익은 낱말이었다. '갈바도웁는다'를 줄인 것이라 한다. 기미년 독립만세운동은 다음에 중국에서 5·4운동으로 연결되고, 그러한 민중운동이 유럽 유학 등 왕성한 구학정신求學精神으로 이어졌던 것으로 생각해서 좋다. 더욱 흥미로운 것은 뒷날 중화인민공화국을 건설할 주동 인물들, 저우언라이[周恩來](1898~1976), 주더[朱德](1886~1976), 리리싼[李立三](1896~1967), 덩샤오핑[鄧小平](1904~ 1997), 천이

---

* 1920년 늦여름, 충정공 민영환의 첫째 아들 범식과 둘째 아들 장식이 임시정부에 도착. 백성욱 박사는 임시정부의 추천서를 가지고 유법검학회를 담당하는 장시성 교육부와 상하이 프랑스 조계에 있던 중법교육회를 오가며 프랑스 유학을 위한 비자와 배편을 알아보았다. 다음 해 1921년 1월 15일, 민범식·민장식 형제와 함께 프랑스 우편선인 앙드레 르봉André Lebon 호에 승선하였고 그해 2월 25일, 프랑스 마르세유 항구에 도착하였다.

** 1920년 서울에서 결성된 고학생苦學生 자조 단체. 갈돕회는 고학생들을 돕기 위하여 '갈돕회순회극단'을 운영하였다. 윤백남, 이기세의 지도를 받아 1921년 첫 공연을 시작하였으며, 1922년 여름 공연 이후 해산하였다. 서양 근대극 수용에 기여하여 학생극 운동에서 중요한 역할을 한 것으로 평가받는다.

[陳毅](1901~1972) 등이 모두 1920년을 전후하여 근공검학勤工儉學하는 학생으로 같은 배를 타고 프랑스로 건너가 있었다는 사실이다. 저우언라이의 경우, 톈진[天津] 남카이 대학교에 재적한 채 1920년 여름 상하이를 출항했는데, 이것은 우리 정 선생의 경우보다 서너 달 먼저인 셈이 된다.

그해 성탄절을 며칠 앞두고 프랑스 북부 보베로 달렸고, 정 선생 일행은 드디어 그곳 보베에 있는 고등학교 입학 허가를 얻어냈다. 백 박사와 충정공 민영환(1861~1905)*의 두 아드님 민범식과 민장식이 보베에 도착하여 정 선생과 합류한 것은 그로부터 또 몇 달 뒤였다고 한다. 아직 충정공의 노모가 살아 계셔서 세 사람의 학자學資(학비)엔 별 어려움이 없는 것처럼 보였다고 정 선생은 증언하셨다.

워낙 프랑스 말과 풍습에 생판이었으므로, 보베에서 겪은 재미나는 이야기들이 많다. 그중 하나를 소개하면 이러하다. 제법 격식을 갖춘 식당에 일행이 자리 잡고, 매니저가 들고 나온 메뉴 첫 줄을 짚었는데 멀건 수프가 나왔다. 그다음 줄을 짚으니 또 수프가 나오고 세 번째도 역시 수프가 나왔다. 전식前食, 주식主食, 후식後食을 한데 모아서 기재하는 메뉴 표기 방식을 몰랐던 것이다. 어쩌다가 친지들끼리 자리에 모여 어울릴 때면, 나는 이 이야기가 생각나서 또 한 번 이 이야기

* 조선 고종 때의 문신. 특명 전권 공사로 러시아 황제의 대관식에 특파되었고, 을사조약이 체결되자 조약의 폐기를 상소하였으나 뜻을 이루지 못하자 국민과 각국 공사에게 고하는 유서를 남기고 자결하였다.

를 서두에 꺼낸다. 정 선생은 웨이터가 짓던 얄궂은 표정까지 따라 하고, 1인 2역을 해내면서 좌중의 흥을 돋우신다. 듣는 이는 몸을 비틀고 고개를 쩔레쩔레 흔들면서, 두 눈에 눈물이 고이도록 포복절도한다.

다음은 내가 직접 백 박사에게서 들은 이야기다. 낯설밖에 없었던 보베에서의 이야기로 짐작된다. 격식을 차린 점잖은 좌석에 초대받았을 경우, 설혹 이쪽이 몰라서 좌우 손놀림이나 앞뒤 차례가 주인과 맞지 않았다 하더라도 태연하게 끝까지 밀고 나가야 한다고 한다. 뭐, 그게 그건데, 이리저리 흔들리다 보면 이쪽 체신만 떨어뜨린다는 것이다. 비록 농담 끝에 비친 이야기이긴 하지만, 역시 대인大人은 다르구나 하는 느낌을 받았다.

1922년 백 박사와 정 선생 일행은 독일 남부 뷔르츠부르크 대학교 대학원으로 옮긴다. 뷔르츠부르크 대학교 대학원은 심리학과로 이름을 떨친 대학이다. 《압록강은 흐른다》로 알려진 이미륵(1899~1950)* 씨가 두어 해 전 여기에 입학해 있어서

* 본명은 이의경李儀景. 1919년 3·1운동에 가담하였다가 일본 경찰에 수배되어 상하이와 프랑스를 거쳐 1920년 독일로 망명하였다. 뷔르츠부르크 대학교 및 하이델베르크 대학교에서 의학을 공부하고, 1928년에는 뮌헨 대학교에서 동물학 박사학위를 받았다. 1946년 독일에서 《압록강은 흐른다》를 발표하여 이름을 떨쳤다. 1948년부터 뮌헨 대학교 동양학부에서 한학과 한국학을 강의하다가 갑작스런 병마로 1950년 독일 뮌헨 교외의 그래펠핑에서 별세했다.

일행의 길잡이가 되었다. 정 선생은 여기서 1년을 보내고, 다음 해에 베를린 대학교로 옮기고, 또 그다음 해 가을에 파리 대학교 철학과에 정착하지만, 백 박사는 줄곧 뷔르츠부르크 대학교 대학원에서 학위를 인준받는다. 학위 논문이 1925년 우리나라 월간지인《불교》지 제7호에서 제14호에 이르기까지 8회에 걸쳐 연재된다. 제목은〈불교순전철학〉이다. 계속해서〈아미타阿彌陀 화신化身인 타시 라마喇嘛〉(《불교》 제31호) 등 백 박사의 논설이 발표된 바 있다. 누군가 특지가特志家(뜻있는 일을 하고자 하는 사람)가 나서서 이 원고들을 한데 모아 출간해야 할 줄로 알고 있다. 1926년 2월,《조선일보》에 앞뒤 9회에 걸쳐 연재된〈석가여래와 그 후계자〉는 다행히 출판되어 묵은《불교》지에〈정이定価 일금一金 십오전十伍錢〉으로 나와 있는 것을 보았으나, 나는 아직 대면하지 못했다.

내가 동화전문東化專門과 동국대학교에 교수로 재직한 것은 1945년에서 1950년까지이고, 백 박사가 동국대학교 총장 취임하신 것은 1953년부터이므로, 처음으로 백 박사를 보게 된 시기가 꽤나 늦은 편이다. 선생은 총장 재직 중 과학관, 도서관, 학관 등을 신축하여 대학을 일신했다. 특히《고려대장경》 영인사업을 강행하신 공적은 두고두고 우리가 감사해야 할 것이다. 1957년 백 박사의 회갑을 맞아 간행한《불교학 논문집: 백성욱 박사 송수기념》은 조명기 박사의 정성이 담긴 기념탑이거니와, 먼저 언급한 바, 리하르트 헤르츠 집필의

〈A Western View of Zen〉이 권말卷末을 장식하고, 백낙준 박사가 집필한 〈하서賀序〉가 권수卷首를 장식한 것은 나로서 무척 인상적인 기억으로 남는다. 백 박사와 두 분이 동東과 서西에서 서로 가까운 이웃이 된 것도 이 논문집이 계기가 되지 않았을까.

총장직에서 물러나신 후 한동안 백 박사는 세브란스 병원에 입원하신 적이 있다. 거물급 의사 선생님들이 종합 진단한 결과는 놀랍게도 위암이었다. 수술할 날짜를 받아놓고 백 박사는 단호하게 수술을 거부하고 소사로 은퇴하셨다. 조명기 박사의 전언인즉, 위암의 판정을 알리자 백 박사는 "무슨 미친 소리!"라고 한마디로 거부하셨다고 한다. 그리고 소사정회素砂精會에서 10년 넘게 아무 탈 없이 천수天壽를 누리셨다. 세상엔 모를 일이 너무 많다.

'장암藏菴'은 조명기 박사와 내가 백 박사를 이를 때 상시 쓰던 선생의 당호堂號다.

(1993)

이 세상에서 제일 어려운 일

5

김도경 전 동덕여자대학교 대학원장

1930년 경기도 광주에서 태어났다. 1959년 동국대학교 경제학과를 졸업한 뒤 1967년 건국대학교 대학원 경제학 석사학위를 받았다. 1972년 와세다 대학교 대학원 경제학과를 수료했다. 1985년 동국대학교 대학원 경제학과에서 박사학위를 받았다. 동덕여자대학교 사회과학대 경영학과 교수, 동 대학교 대학원장 등을 역임하였다.

바람과 함께 돌이킬 수 없이 사라져만 가는 세월 속에서, 세월은 기다림이 없다고 생각하면서 살아온 지 어느덧 반평생 이상이 흘렀다. 더구나 그 옛날 30대와 지금 사이의 엄청난 우여곡절이 무상하여 감회가 역력히 새롭다. 철이 이제야 들어서인지 금년 1993년 구정 때 2~3일 동안 돌아가신 백성욱 총장님과의 생전의 일들을 골똘하게 돌이켜보며 지냈다. 그런데 뜻밖에도 김지견 교수에게 백 총장님과 지낸 일들에 관해 글을 써달라는 부탁을 받았다. 이심전심이 바로 이런 것이 아닐까. 이 불가사의를 어떻게 설명할 수 있단 말인가.

대자연은 물질도, 질량이 없는 빛이나 전기도, 모두 소립자에 의해 구성된다. 소립자에는 종류가 많다. 그러나 이것을 안정적인 소립자군과 불안정한 소립자군, 두 무리로 분류할 수 있다. 불안정한 소립자군은 극히 수명이 짧아 어떤 때에는 별안간 탄생하고 또 즉시 사라져버린다고 한다. 가장 수명이 길다고 하는 것도 그 수명은 100만 분의 1초 정도다. 그러면, 무無에서 유有가 생긴다는 것은 생각할 수 없다. 그러므로 불안전한 소립자는 탄생되기 전에도 사라진 후에도 인간의 오감伍感으로 알 수 없는 상태에 있다고 볼 수밖에 없다. 이와 같이 오감으로 알 수 없는 것이 존재하고 인간도 우주의 일부분이기에 바로 설명하기 어려운 불가사의한 일들이 있다.

우리는 이처럼 불가사의한 세계에 살고 있지만, 태어나면서 줄곧 이러한 세계에서 살아왔으므로 불가사의를 불가사의로 생각하지 않게 되었을 뿐이다. 이러한 불가사의한 것의 존재를 가상하면 사람의 시야가 더욱 넓어져가는 것을 느낄 수 있다. 지금까지 살아오면서 여러 많은 사람의 보살핌을 입었다고 생각하면, 무엇이든 용서해주려는 넓은 마음을 갖게 되고, 누구에게나 증오나 불쾌감을 주지 않고 다른 사람을 위한 일을 하고 싶게 된다. 또 감사의 마음을 갖게 되어 주위가 밝아진 느낌을 갖기도 한다.

생각하면 할수록 그저 백 총장님과의 인연은 놀라울 뿐이다. 백 총장님과의 만남은 동국대학교 입학 때부터다. 졸업반 때부터 자주 지척으로 독대하여 가까이서 뵐 수 있었다. 우리는 사는 동안 무한히 인간에게 도움을 받고 인간에 의해 자라며 살고 있다. 사람의 일생은 누구나 만남에서 시작된다. 이 만남은 네 가지로 나누어볼 수 있다. 첫째가 훌륭한 부모와의 만남, 둘째가 훌륭한 스승과의 만남, 셋째가 훌륭한 친구와의 만남, 끝으로 훌륭한 책과의 만남이다. 여기에서는 지면 관계로 훌륭한 스승이신 백 총장님과의 만남을 중점적으로 살펴보기로 한다.

백 총장님과의 만남

백 총장님과의 만남은 내 인생 항로에 지대한 영향을 끼쳤다. 대학교 4학년 때 처음으로 총장실에 직접 찾아갔다. 백 총장님을 뵙고자 한다고 말하니, 당시 노선경 비서실장이 메모지에 내 이름을 한자로 크게 써서 총장실로 들어갔다. (내 이름은 가운데 자가 꽤 어려워서인지 많은 사람들이 '도禱'를 '수'로 읽어 '수경'이라는 우편물이 지금도 계속 오고 있지만, '빌 도' 또는 '기도할 도'에 '경서 경'이라 산사에 가면 흔히 법명으로 보아주어 고맙게 생각한다.)

한참 기다리고 있으니 노 비서가 나오면서 들어가라고 하였다. 생전 처음 총장실에 들어가니 긴장하지 않을 수 없었다. 문을 열고 들어서니 총장실은 상당히 넓었다. 꽤 걸어가서야 책상 앞 의자에 앉아 계시는 백 총장님을 마주할 수 있었다. 금강산 지장암에서 10년 동안 수도하실 때, 단 한 번도 벽에 등을 기대지 않으시고 정좌하셨던 모습 그대로였다. 꼿꼿하고 바른 자세에 나는 위엄을 느꼈고 더욱 긴장하여 몸 둘 바를 몰랐다. 처음 찾아뵙고 인사를 드리며 백 총장님께 당돌하게 취직 부탁을 하였다. 예나 지금이나 취직하기가 어렵지만 이때는 더욱 힘들었다. 백 총장님은 여러 가지 세상 이야기를 하시고 "너 이 세상을 어떻게 보고 있지"라고 물어보셨다. 아무것도 모르는 처지라 횡설수설한 것은 뻔한 일이다. 철학이나 불교나 확고한 인생관은 물론, 아무런 지식도 없는 숙맥이었기 때문이었다.

인간 세계는 물질도 아니고 돈도 아니고 마음으로 이루어져 있다. 마음을 닦아 마음이 충만하면, 인간은 아무리 가난해도 사는 목표를 발견하게 된다. 이래서는 안 되겠다고 생각하여 나는 홍자성(1573~1619)이 쓴 《채근담菜根譚》을 독파하였다. 홍자성은 명말明末의 유학자로 노장老莊의 가르침과 선학을 배운 사람이다. 이 책은 〈자연〉 〈도심道心〉 〈수성修省〉 〈섭세涉世〉 편篇으로 분류되어 있다. 책에 내포된 도의나 인격은 인생을 살아가는 처세의 진리로 넘치며 동양의 정신을 함축하고 있다. '채근'이란 말은 송나라의 학자 왕신민王信民의 "사람이 항상 '채근(풀과 뿌리)'을 씹을 수 있다면 백사百事를 가히 성공할 수 있다"라는 경구에서 유래한 것이라고 한다. 이것은 즉, 풀과 뿌리를 씹으며 요기할 만큼 고생한 사람이 모든 일에 성공할 수 있다는 뜻이다. 아무리 산업화 사회로 시대가 변했다 하더라도, 이 세상을 살아가기가 어려운 것은 예나 지금이나 다름없는 것이다. 그런데 그 내용의 한마디 한마디가 저자 자신의 피나는 경험에서 우러나와, 내관반성內觀反省의 매가 되고, 참으로 처세의 교훈으로 동서의 으뜸이 된다고 할 수 있다. 이 책을 독파하고 나니 백 총장님과의 대화가 다소 이루어졌다.

백 총장님의 말씀

이 세상 모든 일은 자기 마음에 달려 있다

하루는 백 선생님께서 일체유심조一切唯心造에 대해 말씀하시며 "이 세상 모든 일은 자기 마음에 달려 있다"라고 하셨다. 어떤 일이든 인연에 의해서 일어난다는 것이다. 인간에게는 가장 중요한 것으로 인연이 있다. 《법화경》 속에 십여시十

如是•라는 설이 있지 않은가. 장례식이나 어떤 때에 반드시 이 십여시라는 말이 나온다. 이 십여시 속에 '여시연如是緣'이란 말도 있다. 어떤 일이건 인과에 의한다는 뜻으로, 인이 있음으로써 그것이 연에 의해 일어나고 그 인연으로 과果라는 것이 생겨 드디어 결과인 보報가 생긴다는 말씀이셨다. 불교의 기본 사상은 제행무상諸行無常이다. 이러한 연기관緣起觀은 생태계의 기초 구조를 존중하는 기본 사고와 같다. 모든 생명과 모든 사상은 어느 것이나 서로 밀접하게 관련되고 그 원인으로 서로가 관계를 맺어 존속하고 있다. 이것은 생명뿐만 아니라 사물이나 사상에 이르기까지 모든 것이 예외가 아니다. 즉, 연기관은 철저한 상관성의 세계관이라 할 수 있다. 그러므로 인은 연을 맺고 이것이 과를 낳으며, 인간은 이 연기의 일환에 불과하다고 하셨다. 또 원래 인경불이人境不二라 하여 인간과 자연을 구별하지 않는다는 것이다. 자각한 사람의 눈에는 일체가 통일되고 투철하게 비친다는 뜻이다. 인생을 어렵게 해석하기 때문에 알 수 없게 되는 것을 깨달았다. 인간이 지배되고 있는 법칙은 간단하다. 그러나 인간이 무슨 목적으로 탄생했는가 하는 것은 자연에 맡길 수밖에 없는 것 아닌가.

인생을 긍정하면서 살아가는 것이 중요하기 때문에 모든

• 모든 존재의 있는 그대로의 참다운 모습을 열 가지의 여시如是로서 파악하려 한 것. 상相, 성性, 체體, 역力, 작作, 인因, 연緣, 과果, 보報, 본말구경本末究竟이다.

학생에게 이 세상을 긍정적으로 생각하면서 살아가라고 오늘날까지 가르치고 있다. 우리는 인생에 대해서 어떠한 요구를 할 자격이 없다. 인간은 무심無心의 상태에서 무엇 때문에 탄생하는가. 누구나 일체 마음에 생각하지 않고 태어난다. 다만 인간의 본성을 가지고 탄생된다. 사람은 잘 만들어졌건 좀 부족하게 만들어졌건 만들어진 그대로 살아나가야 한다. 그러나 인간의 마음만은 잘 만들어졌다고 생각하므로, 우리는 자기의 생명과 인간으로 탄생한 모든 사람의 생명을 긍정해야 할 것이다.

인간 이외의 동물은 자연적으로 살고 또 죽지만 '무엇을 위해 살지 않으면 안 되는가'를 생각할 수 없다. 그러나 인간은 생각하는 능력이 있기 때문에, 자연적으로 사는 것에 만족하지 않고 자기 마음대로 여러 가지를 생각한다. 이 때문에 '자기가 살아서 무엇이 되느냐'와 같이 자기부정의 생각을 갖기도 한다. 심지어 이 세상을 삭막하게 살아 인생의 비애나 쓸쓸함과 외로움 속에서 살고, 또 나중에는 죽음의 괴로움이 있어 오히려 인간으로 태어나지 않았던 것이 더 좋았다고 생각하는 사람도 있을 것이다.

한편 우리는 이 세상을 살아나가는 데 언제나 불안을 느끼기 때문에 인생을 부정하는 경우가 많다. 그리고 인간의 본성 가운데 가장 비극은 어느 사람이나 인생으로부터 도피하고 싶어 한다는 점이다. 또 조금이라도 삶에 대해 생각하는 사람들은 인생이 재미없다고 생각하는 경향도 있어, 인생을 긍정할 수 없는 처지가 되기 쉽다. 그러나 인생은 무의미한 것이 아니라 사는 보람을 찾아야 하는 것이라고 생각한다.

인생이란, 살고 있는 가운데 매 시간 펼쳐지는 시간 속에 몸을 두는 것이다. 인간이 무의미하게 탄생하고 무의미하게 죽는다고 생각하지는 않는다. 아름다운 꽃이 피고 지는 것과 같다. 인간도 이와 같이 유아-어린이-청년-장년-노년-죽음에 이를 때까지 넘치는 생명력에 의해 살고 있는 것으로, 연은 하나의 생명을 언제까지 살라고 명령하고 있는 것과 같고 또한 관장하고 있다 할 것이다. 이것이 절대적인 것이라고 할 수 있다.

한국전쟁이 일어나던 해 지원 입대하여 일선에서 포위당했을 때, 그때 짧은 전 인생을 뒤돌아보며 반성해본 일이 있다. '대자연이 인간에게 준 목표는 죽음이지만, 아무리 내 인생이 무의미한 것이라 하여도, 왜 여기에서 죽지 않으면 안 되는가. 죄를 짓지 않고 남에게 나쁜 일을 한 적이 없는 마당에 이것은 잘못된 것'이라고 생각했다. 처음으로 신에게 모든 것을 맡겼다. 그리하여 구사일생으로 살아남아 오늘이 있으니 하늘이 내린 축복이라 하지 않을 수 없다. 그 유명한 진시황이 부귀영화를 더 누리고자 발버둥을 쳐서 불로초를 구하려고 천하를 찾았지만 결국 정해진 세상만을 살고 가지 않았는가. 이것이야말로 엄연한 천리인 것이다. 이러한 힘에 의해 우리는 살고 있는데, 이 힘은 인간에게 이성적으로 적용되어 자연으로부터 받아들여져야 비로소 자기의 생명이 자연에게 긍정되는 것이다. 즉, 인생을 긍정하려면 자연의 섭리에 따라야 한다. 인간은 스스로를 살게 한다든지 죽게 한다든지 마음대로 정할 수 없다. 생명에 관한 모든 것은 신이 다스리고 있다. 우리 인간의 생명은 한 치의 오차도 없는 대우주의 법칙하에서 존재하기 때문이다.

'미륵존여래불' 하여라

백 총장님을 뵙고서부터 몰랐던 인생에 대해 조금씩 눈을 뜰 수 있게 되었다. "조석朝夕으로 '미륵존여래불' 하여라" 하시니 불교를 알지 못하는 나는 "'미륵존여래불'이란 무엇입니까" 하였다. "아침에 일어나면 오늘 하루를 어떻게 보낼 것인가 계획을 세워 생각하고, 밤에 잠자리에 들기 전에 오늘 행한 일에 대해 반성해보라는 것"이라고 말씀하셨다. 공자는 하루에 세 번 반성해보았다고 한다. 첫째, 남을 위해 충忠을 다했는가. 둘째, 친구와 사귐에 신信을 지켰는가. 셋째, 배운 것을 남에게 전했는가. 일일지계一日之計는 아침에 있고 일년지계一年之計는 정월 초하루에 있다고 하지 않았던가. 하루를 생활하는 데 자기의 목표가 있어야 한다는 말씀이셨다. 하물며 인생의 목표에 있어서랴. 아무런 목표도 없이 행동해서는 안 된다. 또 참으로 달성하고 싶어 하는 일은 언제나 실현된다는 의지를 가져야 한다. 중요한 것은 자기의식과 잠재의식 속에, 활력이 충만한 심신에 대한 강렬한 소망을 아로새겨 놓는 일이다.

플로렌스 나이팅게일Florence Nightingale(1820~1910)은 "성공이란 가치 있는 목표를 단계를 거쳐서 실현하는 것"이라고 하였다. 목표를 세웠을 때 이미 실현될 수 있다는 의지의 힘이 있어야 되는 것이다. 단테 알리기에리Dante Alighieri(1265~1321)는 "오늘이라고 하는 날은 두 번 다시 오지 않는다"라고 하지 않았던가. 인생은 믿을 수 없을 만큼의 속도로 지나가버린다. 우리는 지금 초고속으로 이 세상이란 공간을 달리고 있다. 그러므로 오늘은 우리에게 바꿀 수 없는 유일하고 확실한 소유물이다. 우리는 이 유일하고 귀중한 소유물을 생각 없이 그저 흘려보내고 아무렇지도 않게 생각하며 살고 있다. 나는 백 총장님 말씀대로 행했다. 아침에 일어날 때 오늘을 내 것으로 만든다는 마음과 함께 최선을 다한다는 생각을 가지게 되었으며, 매일의 반성으로 나의 인생을 더 충실하게 하기에 힘쓰게 되었다. 오늘날까지도 이 소중하신 가르침을 행하며 내 인생의 목표를 향해 하나하나 꾸준히 정진하는 습관이 남아 있다.

이 세상에서 가장 어려운 일이란 사람 대하는 일

하루는 백 총장님께서 "이 세상에서 제일 어려운 일이 무엇이냐"라고 하셨다. 내가 "자기가 마음먹은 일들이 뜻대로 잘 이루어지지 않고 보통으로 산다는 것이 대단히 어려운 일"이라고 대답하니 총장님께서 "그래, 그것도 그렇지만 이 세상에서 가장 어려운 일이란 사람 대하는 일"이라고 하셨다. 당시 나이도 어리고 세상을 모르는 나는 사람을 대하는 것이 무엇이 그다지도 어려운 일인지 그 참뜻을 알 리가 없었다. 오히려 대수롭지 않게 생각했다. 그러나 그 후부터 지금까지 더욱이 절실하게 되새기고 있으며 옛날의 못난 내 생각을 꾸짖고 있다.

이 넓은 세상을 살아나가려면 많은 사람과 어울리고 대하며 생활해야 하지 않는가. 언제나 각계각층의 다른 사람들의 말과 행동을 주시하며 때로는 긴장하고 경계하면서 또 적지 않은 부탁들을 들어주면서 지내지 않으면 안 된다. 나이가 들고 직위가 오를수록 대하는 사람마다 부탁이 많다. 이 많은 부탁들을 어찌 다 들어줄 수 있단 말인가. 능력의 한계가 있고 또 옳지 못한 부탁도 있어서 연륜이 쌓여갈수록 비로소 백 총장님의 가르침을 새삼스럽게 뼈저리게 다시 되새기며 살고 있다. 부탁을 들어주지 않으면, 그까짓 것 하나 들어주지 않는다고 심지어 거만하고 못된 놈이라고 헐뜯기고 욕까지 듣기 일쑤다.

이와 같이 인간관계란 영원한 괴로움이며 이 세상을 살아가기가 참으로 어렵다는 것을 나이 들고서 차차 터득했다. 생각해보면 훌륭한 사람이 되기 위해서는 나이를 먹어야 한다. 나이를 많이 먹을수록 경험을 많이 한 사람이다. 이런 사람은 그동안 남모르게 허다한 고초를 겪었을 것이고 그 고난을 겪고 이겨내는 사이에 인생이 무엇인가를 스스로 알게 되기 때문이다. 그러므로 대체로 청년보다 노인이 훨씬 더 슬기롭게 이 세상을 살게 되는데, 요즈음 청년들은 노인들의 의견을 흔히 낡은 생각이라고 배타하고 있으니, 다시 한번 생각해볼 일이다. 그리하여 학벌이 좋은 사람만을 존경하지 말고 경험을 많이 한 사람을 존경하라고 가르치고 있다.

감자 농사를 지어서라도 남에게 줄 줄 아는 사람이 되어라

또 하루는 백 총장님께서 "감자 농사를 지어서라도 남에게 줄 줄 아는 사람이 되어라"라고 하셨다. 나는 그 참뜻을 몰랐으니 한심했다. 감자 농사를 짓는 사람이라면 얼마나 가난한 처지에서 농사를 짓는 사람이겠는가. 이 말씀은 어려운 처지에서도 남을 위해 도와주라는 말씀이었다. 좋은 일을 하라는 것으로 남을 위하는 것이 곧 자기를 위하는 일이라는 뜻이다.

이 세상은 나쁜 일과 좋은 일로 가득한데, 남을 도와주는 것이 인생의 본질임을 부끄럽게도 50세가 넘어서 알게 되었다. 이 세상에서 가장 무서운 것은 무식과 빈곤이라고 생각한다. 그러므로 오늘날 어떠한 국가든 이 두 가지를 극복하기 위해 전력을 다하고 있다. 우리는 어려운 처지에 있는 사람에게 따뜻한 마음을 주어야 한다. 현실적으로 어려운 처지에 있는 사람을 생각해주는 마음이 사라져가고 있지 않은가. 자기만 좋으면 된다는 풍조의 세상이 되고 있다. 인간은 혼자서 살아갈 수 없는 동물이다. 다른 사람과 힘을 서로 합해야 살아갈 수 있다. 그러므로 이와 같이 생각해주는 마음이 없는 세계는 슬픈 세계다. 즉 인간성을 상실한 세계이기 때문에 어렸을 때부터 남을 생각해주는 마음을 가진 인간을 만

들어나가는 것이 중요하다고 생각한다.

영국의 작가 월터 스콧Walter Scott(1771~1832)은 "참으로 사람이라고 부르기에 부끄럽지 않은 자는 일신을 돌보지 않고 남을 위해 힘쓰는 자"라고 하였다. 이러한 사회 풍토를 조성하면 사람다운 사람으로 구성된 밝은 사회가 이룩될 것이다. 흔히들 행복이 건넛마을 다른 옆집에 있는 것으로 착각한다. 하지만 행복은 가까이에 있고 남을 행복하게 만드는 일 가운데 있다.

힘써 행하라

언젠가 백 총장님께서 《금강반야바라밀경》의 소책자를 주시면서 "힘써 행하라"라고 하셨다. 《금강경》은 석가모니께서 처음에 경계가 공空함을 말하고 다음에 혜慧가 공함을 보이고 뒤에 보살공菩薩空을 밝힌 것으로 공혜空慧로서 근본을 삼고 일체법 무아의 이치를 중심으로 삼고 있다.

예부터 이 경을 강설하는 이가 많았는데, 특히 후세에는 선종禪宗에서 중요하게 여긴 경이다. 삼라만상은 유일한 불변의 물질이 아니라, 여러 인연이 합하여 성립되었다가 인연이 다하면 공으로 돌아가는 것이기 때문에 변하지 않는 물체가 없는 것이다. 우리의 생각도 실다운 생각이 아니다. 임시로 가립된 현상이며, 따라서 있는 듯하면서 그 내용은 공인 것이다.

밑져야 본전 아니야

어느 날 백 총장님께서 서무처장을 찾아가라 하시면서 "안 그래? 밑져야 본전 아니야"라고 하셨다. 이 세상을 살아가는 데 적극적인 자세로 살아가라는 교훈이기도 하였다. 그 후 백 총장님의 특별하신 배려로 모교에 봉직할 수 있게 되었고 내 인생이 새롭게 다듬어져갔다. 또 어느 날 총장님 생진生辰을 축하하기 위해서 정광고등학교의 이종복 교장과 둘이서 축하 케이크를 마련하여 장충단의 댁으로 갔으나 총장님께서 마침 출타하시어 뵙지 못하고 나는 섭섭히 돌아왔다. 다음날 총장님께서는 "두 사람이 교수가 된 다음에 이러한 축하를 해준다면 더없이 기쁘게 받겠다"라는 말씀을 하셨다. 이 말씀은 두 사람 서로의 마음에 원대한 꿈과 희망과 용기를 안겨주시어 마음의 등불이 되었다. 열심히 공부를 더해서 교수가 되라는 격려였기에 더욱더 정진하여 꼭 교수가 되고야 말겠다는 결심을 하게 되었다.

백 총장님의 업적

상하이에서 독립운동을 하다

백 총장님께서는 상하이에서 독립운동을 하셨을 때의 어려운 처지에 대해서 말씀해주셨다. "1년 열두 달 동안 단 한 벌의 옷으로 지내시느라 이만저만 어려움이 많은 것이 아니었고, 프랑스 유학 시절에는 유창한 불어를 구사하니, 어디에서 배웠느냐고 주위 사람들이 놀라서 물어봤는데, 사실대로 말하자면 셰익스피어를 그대로 외워서 썼으니 그럴 수밖에 없었다"라고 하셨다. 얼마나 피나는 노력을 하셨던가? 짐작하고도 남음이 있고 후학들에게 좋은 교훈이 된다.

동국대학교의 초석을 만들다

필동의 현 동국대학교 터는 본래 일제강점기에는 일본 사찰(동본원사東本願寺)이 있었던 곳으로 해방되던 해 고 조명기 총장이 이 절의 주지(사토 타이준佐藤泰舜)* 로부터 물려받은 것이었다.** 이 주지는 애초 경성제국대학(서울대학교 전신) 종교학 교수였다. 조 총장이 청년 시절 그 조수(조교)로서 근무하여 둘은 사제지간이었다. 혜화동에 있던 유서 깊은 혜화전문학교가 대학으로는 비좁아 동국대학교가 필동으로 이전하

• 일본 조동종 종정을 지낸 경성제국대학 사토 타이준 교수는 1920년대부터 총독부의 식민정책을 심화·확대하거나 이론을 제공하였던 민간단체에서 활동하였다.

•• 일제강점기, 현재 동국대학교가 위치한 남산 기슭에 일본 조동종 사찰인 무량수산 조계사가 있었다. 조계사는 1908년 조동종 일한선사日韓禪寺라고 하였다가 무량수산 조계사로 개칭되었다. 일본이 패망하자 조동종 관장 사토가 일본으로 귀국하면서 불교학자 조명기에게 조계사(중구 필동 3가 26번지 일대 23,987평)와 국화유치원(필동 2가 대지 3,300평 및 건물 1동 84평) 등을 양도하였는데, 조계사 부지 23,987평은 1945년 10월 총무원에 접수되어 동국대학교 부지로 지정되었고, 국화유치원은 조명기 교수가 개인적으로 계약하여 사용하다가, 한국전쟁 이후 백성욱 박사가 총장으로 재임하던 시절 동국대학교 필동 교사를 신축하면서 동국대학교로 이관되었다.

게 되었지만, 지금의 정각원 건물이 유일하게 크고, 일본 건축 양식의 절 건물이 서너 채 있을 뿐이었다. 이러한 실정으로 백 총장께서는 어려운 황무지의 여건 속에서도 동국대학교 도약의 원대한 계획을 세워 우선 현 3층의 석조전을 건축하였다.

그러나 이 땅은 공원 지대와 풍치風致지대일 뿐만 아니라 국유림 등으로 되어 있어 건축할 수 없는 곳인데도 공사하기 위해 산을 밀기에 이른 것이다. 공교롭게도 이곳은 당시 경무대에서 직선으로 바라다보이는 남산 기슭이다. 많은 사람들이 이승만 대통령에게 누군가 남산을 허가 없이 마구 깎아 먹고 있다는 말을 수없이 했다고 한다. 과연 바라보니 남산 중턱이 황토로 허물어져가는 것이 역력하게 눈에 보이는 지경이 되었고, 급기야 이승만 대통령이 동국대학교에 직접 와서 현장을 확인하기에 이르렀다. 당시로서는 이승만 대통령이 사립대학에 행차한 것은 전무후무한 일이었다. 그때 마침 학교에는 백 총장이 안 계셨다. 총장 재임 동안 어김없이 아침 8시 정시에 출근하고 오후 2시면 퇴근하며 그 후 일은 전규홍 부총장에게 맡기셨다.

다음 날 백 총장은 경무대로 예방했다. 한국전쟁 때에는 내무부장관을 지낸 바 있어 대통령과는 가까운 사이셨다. 이승만 대통령은 즉시 학교 공사를 중지하도록 명령했다. 백 총장은 그렇게 하겠다고 대답하고 한 가지 문제가 있다며 말을 덧붙였다. "지금 외국 사람(제임스 올워드 밴 플리트James Alward

Van Fleet, 당시 미8군사령관으로 유엔군 사령관을 겸했음)이 대학을 지으라고 시멘트 30만 포대를 무상으로 원조하고 격려까지 해주어서 공사를 진행 중입니다. 이런 상황에 자국 대통령께서 도와주시지는 못할망정 벌려놓은 공사도 못 하게 한다는 말이 나올까봐 나라 체면을 생각하지 않을 수 없습니다." 이 말을 듣던 이승만 대통령은 일리가 있다고 생각하여 계속 공사를 하도록 특별히 배려하셨다고 한다. 그리하여 그 후 석조전은 물론 대학본부, 교수 연구실이 달린 도서관, 과학관 등 대학의 기본적인 뼈대가 착착 이루어졌다. 백 총장님 아니고서는 이 어려운 남산 기슭에 새로운 동국대학교를 세우지 못했을 것이다.

그리고 본래 일본 절의 부지는 현 석조전의 반 정도밖에 되지 않아, 백 총장님은 하루에 1미터씩 철조망으로 된 울타리를 넓혀나가게 하셨다. 그런데 현 예술대학 자리(전 재향군인회 건물)에는 군대의 수송부가 자리 잡고 철조망이 쳐지고 유류 드럼통이 야적되어 있어, 그곳까지 학교 부지를 확장하였다. 당시 이러한 일은 감히 백 총장님 배포가 아니고서는 엄두도 못 낼 일이었다. 국유지를 마음대로 차지하였으니 말이다. 후일 이와 같이 무단으로 점유한 부지를 조 총장 때 비로소 어렵게 불하를 받아 오늘의 터전이 마련되었다.

또 특기할 일은 대학 교육방송국의 설치 인가이다. 한국 대학사에서 교육방송국 제1호는 연세대학교였으며 제2호가 동국대학교였다. 당시 아무도 눈을 돌리지 않았던 교육방송의 중요성을 내다보시고 연습림(임학林學을 연구하는 학생들의 실지 연구에 쓰는 삼림)이 있는 양수리(경기도 양평군 양서면)를 반경으로 하는 곳에서는 어디서나 들을 수 있는 동국대학교 교육방송국을 창설하여 문화 창달과 정보화 시대의 선구적 역할을 다하고자 하셨다. 인류 문화의 가장 중요한 네 가지는 첫째 도구(기술), 둘째 언어(상징을 이용할 수 있는 능력), 셋째 양심과 도덕률(종교 및 신앙 체계를 포함), 넷째 이러한 도덕률에 근거한 사회 조직 등인데, 이 네 가지 문화 요소가 전부 제시되어야만 인류 문화가 존재한다고 말할 수 있다.

문화예술 발전에 기여하다

백 총장님은 특히 문화예술에 대해 깊은 관심을 가지고 있었다. 맨 처음 대학에 연극학과를 창설했을 때 얼마나 많은 말을 들었는지 모른다. 광대 학과, 딴따라 학과를 만들어 대학을 망치려고 한다는 것이었다. 연극은 우리 인류가 공통으로 지닌 원초적 감정을 표현하여 한 사회의 공감대를 형성할 수 있게 한다. 그래서 연극은 시대의 거울이다.

그것은 생활에 있어서 가장 기본이 되는 가정과 특정한 사회 집단의 신념을 상징하므로, 사람의 태도와 사회와 깊이 관련되어 사회에 미치는 작용과 영향이 크다. 또 현실에 도전하고 나아가 역사에 앞장서서 미래를 이끌어주기 때문에 중대한 역할을 담당한다고 보아야 할 것이다. 이와 같이 중요한 연극학과의 설치는 평범한 사람으로서는 생각할 수 없는 선견지명이었다.

그때 생각나는 일이 하나 있다. 서울대학교 피천득(1910~2007) 교수가 학교에 와서 자기 장남이 광대가 되면 집안이 창피한 일이니, 아들 피세영을 낙방시켜달라고 간청하였다. 하지만 합격되고야 말았다. 후일 그는 방송계에서 독보적인 존재로 인정받아 명성을 날렸다. 또한 동국대학교 연극과 졸업생들이 지금껏 이 나라 연극·영화·방송 등 예술 분야에서 두드러진 활동을 하고 있음을 볼 때 격세지감이라 하지 않을 수 없다. 더 오래 총장으로 계셨다면 예술대학을 창설하여 더욱 예술 분야를 발전시키셨을 것으로 믿는다.

예술은 인간 최초의 기본적인 정신 활동이라고도 한다. 그런데 예술의 성격을 선명하게 밝힌다는 것은 어려운 일이다. 그것은 자연 현상을 비롯한 모든 사물 현상과 어떤 종류의 심리 현상까지도 그 대상으로 삼아야 할 것이다. 시, 소설, 희곡 등의 문학과 음악, 회화, 조소, 건축, 도자기, 금은 세공, 의장, 무용, 영화, 연극 등으로 대표되는 여러 가지 예술 활동의 공통적으로 동일한 요소를 찾아내야 하므로 대단히 어렵다.

사람은 제각기 자기의 세계와 자신들의 일거수일투족에 나름대로 의미를 부여하며, 인간의 이상을 실현하기 위해 보람 있는 생활을 하고, 창조적인 삶을 희구한다. 따라서 예술은 우리에게 자연의 아름다움은 물론 정신의 아름다움도 나타내주어 생명의 힘을 알려주고 인간의 세계를 보다 광대하고 보다 아름답게 해준다. 또 예술은 인간의 정신이 자연 그대로 들어가 있어 인간의 정신과 같이 무한에 이르고 있고, 언제나 생명이 들어가 있는 것으로 아름다움을 창조하는 것이라고 말할 수 있다. 그러므로 사회가 발전할수록 예술의 중요성이 제고되고 있지 않은가. 참으로 먼 10년 앞을 내다볼 줄 아는 천리안이 있으신 분이었다.

교수들의 연구를 전폭적으로 지원하다

한편 백 총장님은 '교수제일주의자'로, 교수를 으뜸으로 삼으셨다. 그리하여 연구에 매진하기 위하여 불편이 없도록, 당시로서는 획기적인 1인 1실의 연구실을 만들었다. 그때를 생각하면 지금의 대학교수와 비교할 때 옛날의 대학교수는 훨씬 관록이 있고 더 당당한 것 같다. 지금의 교수보다도 스케일이 크고 유유하게 연구 생활을 보내며 빛난 것 같다. 나는 후일 세 번이나 자격이 없다고 거절했으나 총장 비서실에서 근무하게 되었다. 예전에 수시로 백 총장님을 찾아뵙던 그 총장실에서, 마치 백 총장님께서 살아 계시어 바로 계신 것만 같은 환상 속에서 말이다. 4년 동안이나 호흡을 함께하며 흠모하고 지냈으니 이 또한 소중하고도 불가사의한 인연이 아니고 무엇이겠는가. 감회가 깊다.

백 총장님을 추억하며

백 총장님이 동국대학교를 떠나신 후에는 조명기 총장님을 수행하여 자영하던 경기도 부천군에 있는 백성목장으로 매년 세배를 드리러 갔었다. 그런데 그때마다 늘 모교의 제반 운영에 대한 염려를 하고 계셨다.

백 총장님이 입적하신 후에는 장례식과 사리탑 봉안식에도 참석하여 통석痛惜함을 금하지 못하고 명복을 끝없이 빌었다. 큰 별이 땅으로 떨어지고, 하늘 한 곳이 텅 빈 것만 같다. 안 계신 그 빈자리를 무엇으로 메울 수 있단 말인가. 백 총장님과의 만남으로 '인생을 어떻게 살아야 하는가. 어떻게 사는 것이 행복한 것인가. 어떻게 하면 인생에 사는 보람을 갖는가. 행복과 사는 보람이란 무엇인가' 등 이제 나이를 먹어감에 따라 참된 가르침을 깨닫게 되고 인생의 가치를 깊이 있게 아로새기게 되었다. 얼마 남지 않은 제2의 인생을 남을 위해 조금이라도 도움이 될 수 있도록 살고자 한다. 문민정치가 시작되자 지금 유전유죄有錢有罪라는 새로운 유행어가 생겼지만, 이제야 모든 것들을 적게 가질수록 또한 욕심을 버릴수록 행복함을 터득하게 되었다.

중국 사서 중 하나인 《진서晉書》*에 '사람은 관 뚜껑을 덮

* 중국 당나라 때에, 방현령·이연수 등 20여 명의 학자가 펴낸 진나라의 정사. 중국 이십오사二十伍史의 하나로, 정관 20년(646)에 간행되었다.

고 나서 알 수 있다'라고 하였다. 사람은 이 세상을 하직한 후에야 생전에 이룩한 모든 것의 참된 가치가 정해진다는 말이다. 백 총장님은 오직 대학 교육과 동국대학교의 발전에만 노심초사 전념하셨다. 기틀을 공고히 한 공덕이 아니셨다면 오늘날의 모교는 찾아볼 수 없었을 것이다. 오랫동안 높은 은혜에 감사를 드리며 삼가 극락왕생極樂往生하시길 두 손 모아 합장으로 기도를 올린다.

(1993)

임덕규가 본 백 박사
—백성욱 박사 일화집逸話集

6

임덕규 전 국회의원

1936년 충청남도 논산군에서 태어났다. 동국대학교 법학과를 졸업하였고, 1966년 동 대학교 대학원 박사 과정을 수료하였다. 1975년 외교 전문 잡지인 《디플로머시Diplomacy》를 창간했다. 1981년 제11대 국회의원을 지냈고, 2016년 제29회 서울언론인클럽 언론상 국제 교류 언론인상을 수상했다. 2018년 화관문화훈장을 수훈했다.

백 박사님과 나

나는 1956년 4월 초 동국대학교 법학과에 입학하였다. 이미 백성욱 박사의 명성은 알았지만, 입학식에서 먼빛으로 처음 보았다. 그 후 매주 월요일 아침 9시부터 한 시간씩 '총장 특강'을 거의 4년간 계속해서 들었다.

백 박사님의 월요일 '《금강경》 특강'은 명강의로 알려져 학생들은 물론 시내의 일반인들도 많이 참석했다. 나는 그해 6월 말경 처음으로 백 박사님의 총장실로 찾아가 백 박사님을 단독으로 뵈었다. 그대로 가기가 쑥스러워 '부여백화점'에 걸려 있는 한문 글귀를 여쭤보러 왔다고 말을 꺼냈다.

부처님처럼 이마 한가운데 큰 사마귀가 있고 머리는 백호를 쳐서* 가만히 계시면 생불 같은 느낌이었다. 백 박사님은 글귀를 보시자마자 명쾌히 해석해주셨다. 그다음 나는 나의 앞날에 대해서 상의를 드렸다.

"저는 3대 독자인데요. 2학기 때 군대를 자원입대해서 군복무를 먼저 하고 올까 합니다. 휴전된 지 얼마 안 되어서 모두 군대 가는 것을 꺼리지만, 저는 지도자가 되려면 나라에 대한 의무를 먼저 해야 한다고 생각하기 때문에 군대를 갈까 하는데, 총장 선생님께서는 어떻게 생각하십니까?"라고 말했다.

---

* 상투 밑의 머리털을 돌려 깎는다는 뜻으로, '백호 친다' 혹은 '배코 친다'고 한다. 정수리 부근의 가운데 부분에 있는 머리카락을 잘라 통풍이 되도록 하고, 남은 머리를 올려서 상투를 트는 것이다.

백 박사님은 "그거 좋은 생각이지. 앞으로 전쟁도 없을 것이고… 그렇게 해봐, 잘 생각한 거야"라며 군 입대를 쾌히 권하셨다.

각 대학마다 교문 앞에서 병역 기피자를 색출하며 강제로 트럭에 싣고 논산훈련소에 입소시키는 분위기를 생각해보면, 얼마나 기피자가 많았는지 모를 때였다.

나는 그동안 자원입대하기 위해서 부모님을 설득하는 데 백 박사님의 말씀을 인용했고, 큰 덕을 보아 그해 11월 1일 군에 자원입대했다.

1956년 당시 서울에서는 대학 순위를 흔히 서울대학교, 고려대학교, 연희대학교 그리고 동국대학교 순으로 손꼽았다. 그러나 총장으로는 동국대학교 백성욱 총장, 고려대학교 유진오 총장, 연희대학교 백낙준 총장을 꼽았다.

꼭 세 분의 순위를 꼽았다기보다 우열을 가리기 힘들 정도로 3대 거물 총장들이었다는 표현이 더 적절할지 모른다. 그러나 백 박사님에 대한 이승만 박사의 신임이 가장 두터웠다고들 했다. 백 박사님과 이 박사님 사이에 이런 일이 있었다고 들었다.

하루는 이 박사께서 경무대 대통령 관저에서 남산을 바라보니, 남산 전체가 다 허물어져 빨갛게 되어 있었다. 이를 보고 깜짝 놀란 이 박사께서 "저 남산이 웬일이야! 저렇게 다 허물면 어떻게 되나. 누구 짓인가 당장 알아봐"라고 엄명을 내렸다.

경찰은 즉시 알아냈고 "백성욱 박사가 대학을 짓는다고 그럽니다"라고 보고를 했다.

이 박사는 대노하셔서 "그럼 내가 직접 백성욱이를 만나러 가봐야지!" 하며 남산에 가셨다.

백 박사님은 "나라를 위해서는 대학을 많이 세워야 합니다. 독일이 제1차 세계대전과 제2차 세계대전에서 패망했는데도 다시 일어날 수 있는 것은 교육의 힘입니다"라고 이 박사를 설득하셨다고 한다. 혼을 내러 갔던 이 박사는 제임스 올워드 밴 플리트 유엔군 사령관에게 대학 짓는 데 원조해주라고 한 사실이 있다고 한다.

요컨대 백 박사님은 대단히 선견지명이 있는 지도자이자 위대한 교육자였다. 1950년대 후반까지도 서울 장안은 폐허였다. 그런데 백 박사님은 "대학은 교수들이 연구를 많이 해야 발전하는 거야. 그러니까 교수 연구실을 많이 만들어 교수들이 거기서 밥도 해 먹고 자면서 연구할 수 있도록 침대도 준비해주고 책도 많이 사주어야 해!"라는 말씀을 수시로 하셨다. 당시엔 상상을 초월하는 말씀이셨다.

지나고 보니 독일 유학을 하신 경험을 비추어 말씀하신 듯한데, 수십 년을 앞질러 보신 선견지명이셨다. 특히 매주 월요일 백 박사의 '《금강경》 특강'은 동국대학교의 자랑이었다. 특강 중에 영향을 많이 받은 몇 가지의 일화를 소개하고자 한다.

힘이 뻗쳐야 장관도 나오고 대통령도 나오지!

백 박사님: 일전에 내가 아침 일찍 본부 건물 남쪽에 있는 변소를 지나는데 청소부들이 이렇게 말하지 않겠나. "어이, 바보 같은 녀석들 같으니. 그래 대학생이 돼서 똥도 제대로 못 누고 이렇게 더럽게 누고 있으니 한심한 일이군."
그래서 내가 그랬지. "얘들아, 너희들 지금 뭐라고 했지?" 그랬더니 깜짝 놀라더군. 아무 말도 못 하구. 그래 내가 그랬지. "뭐라구! 대학생이 돼가지구 똥도 제대로 못 눈다구? 왜 그런지 아니? 그게 다 너희들 밥 먹이느라고 그런 게야. 그놈들이 똥을 깨끗하게 눠봐라. 너희들이 청소할 필요가 없을 게 아냐. 그러면 너희들은 당장 밥줄 떨어질 게 아냐. 그러니 어차피 누는 똥을 그렇게 말하면 못써. 이제부터 이렇게 말해라. 역시 대학생들은 다르군! 이렇게 힘이 뻗쳐서 똥을 동쪽으로도 갈기고 서쪽으로도 갈기는군. 이렇게 힘이 뻗쳐야 여기에서 장관도 나오고 대통령도 나오는 게야! 알았지?" 이렇게 말했더니 모두 "예!" 하더군.

백 박사님의 이 말씀을 듣던 모든 학생들은 폭소를 하면서 박수를 열렬히 쳤다.

나는 이 특강을 듣고 나오면서 크게 깨달은 바가 있었다. 그때가 1956년 5월 초로 기억한다. 당시 나는 대학교 1학년이었다.

마침 나는 가정교사로 초등학교 3학년생과 5학년생을 가르쳤다. 아무리 가르쳐도 잘 모를 때면 가슴이 답답하였다. 그런데 백 박사님의 특강을 듣고 문득 나 자신의 입장과 변소 청소부의 입장을 비교해보았다. 변소 청소부들이 대학생들을 원망하듯, 나는 우리 어린 학생을 원망하는 것이 아닌가. 사실 나도 이미 '왜 그렇게 여러 번 가르쳐도 모를까, 바보처럼!' 이런 원망을 하는 것을 깨달았다. 그 순간 '왜 우리 어린 학생들이 공부를 그토록 못할까? 아, 그렇구나. 이 녀석들이 공부 못하는 것은 바로 나 밥 먹여주느라 그러는구나. 대학생들이 청소부 밥 먹이는 것처럼' 하는 생각이 떠올랐다.

'그렇다. 참 고마운 일이구나. 너희들이 공부를 잘해 우등생이었으면 내가 왜 필요하겠는가. 고맙다. 나를 위해서 공부를 못하니 말이다. 이제 너희를 다시는 원망하지 않겠다. 다시는 원망하지 않겠다.' 이렇게 다짐을 하고 나니 답답한 가슴이 후련해지면서 마음이 가벼워졌다. 그 후 더 열심히 아주 재미있게 어린 학생들을 가르쳐주었다.

나는 백 박사님의 특강을 지난 30여 년간 인생 행로에 늘 원용하면서 살아왔다. 실로 백 박사님의 말씀을 원용해보니 무슨 일을 맡던 무슨 일을 하던 불만이 없어지고 열심히 재미있게 일할 수 있는 지혜와 힘이 솟구치곤 했다.

당신이 잘나 보이는 건 나 때문이야!

백 박사님: 사람이 살다 보면 비굴해지기도 하고 오만해지기도 하거든! 자기보다 잘난 사람 앞에 가면 괜히 비굴해지거든. 그런 때는 무슨 생각을 하면 되는가 하면, 마음속으로 '여보, 당신이 왜 잘나 보이는지 알아? 그게 다 내 덕이야. 내가 만약 당신보다 더 잘났으면 당신이 어떻게 잘나 보이겠소. 그러니 다 내 덕인 줄 아시오.' 이렇게 생각하면 사람이 비굴해지지 않고 떳떳해지는 게야.

그리고 자기보다 못난 사람 앞에서는 '내가 당신보다 좀 잘나 보이는 것은 다 당신 덕이오. 당신이 나보다 더 잘났으면 어떻게 내가 잘나 보이겠소.' 이렇게 생각하면 못난 사람 앞에서도 오만해지지 않는 게야. 이게 바로 사람이 비굴하지도 않고 떳떳하게 오만하지 않고 겸손하게 살아가는 지혜인 게야.

나는 지난 수십 년 동안 이 지혜를 수없이 실천해보았다. 그렇기 때문에 세계 각국을 다니면서 각 나라의 왕, 대통령, 수상 등을 1백여 명이나 만나면서도 한 번도 비굴해 보이지 않았다. 그리고 논산, 공주를 비롯한 국회의원 선거나 대통령 선거를 치르면서, 더욱 수많은 가난한 백성들을 만나면서 한 번도 오만한 생각을 해본 일이 없다.

조밥을 먹어도 주면서 먹으면 떳떳한 게야!

> 백 박사님: 사람이 아무리 좋은 이밥(쌀밥)을 먹어도 얻어먹으려면 비굴해지는 게야. 그러나 이밥보다 못한 조밥을 먹어도 주면서 먹으면 떳떳하거든! 그러니 여러분들은 인생을 주면서 살 생각을 해야 돼. 그래야 떳떳하거든! 떳떳하게 살아야 큰 인물이 되는 게야.

나는 이 말씀을 "무엇이든지 주는 생활을 하라!"라는 뜻으로 받아들이면서 그동안 실천을 해보았다. 준다는 것은 물질뿐 아니라 정신적으로 또는 무형의 대화로도 줄 수 있다는 것을 실감해왔다.

재미있는 것은 흔히 '높은 사람이 낮은 사람에게만 줄 수 있고, 있는 사람이 없는 사람에게만 줄 수 있는 것'처럼 생각을 하는 것 같다. 그러나 물질[物]과 마음[心]을 생각해보면 '낮은 사람도 높은 사람에게 낮기 때문에 줄 수 있는 것이 있다'라는 사실을 깨달았고, 실천도 해보았다. 남에게 무엇을 받는 것보다는 주는 기쁨이 더욱 크다는 걸 확실히 실감한다.

(1993)

대승사大乘寺의 사리탑

7

노재철 서강대학교 명예교수

1929년 경상북도 상주에서 태어났다. 경북대학교 사범대학 수학과를 졸업하고, 플로리다 주립대학교에서 이학 박사학위를 받았다. 동국대학교 문리대 부교수, 서강대학교 이과대학 교수를 역임하였다. 국민훈장 목련장을 수훈했다.

참으로 다행한 일

불교에서는 모든 중생은 연기緣起의 인연으로 이어져 있다고 말한다. 사람은 한평생을 사는 동안 많은 사람을 만나고 헤어진다. 영겁의 과거에서 영원한 미래로 흘러가는 기나긴 세월 동안, 내가 사는 시대에서 삶을 같이 사는 것만 해도 실로 희귀한 일이 아닐 수 없다. 그중에는 만났는지 안 만났는지 알 수 없게 된 사람, 긴 세월을 두고 사귀게 된 사람, 만나서 즐거웠던 사람, 그렇지 못한 사람, 만나지 않았으면 좋았다고 생각되는 사람 등 가지각색의 경우가 있다. 이 관계는 모두 인과응보에 의한 차이라고 생각한다.

내 평생에 백 선생님을 만났다는 것이 참으로 다행한 일이라고 생각한다. 비록 불교에 관한 지식과 철학에 대한 깊은 이론을 나누는 직접적인 사제지간은 아니었다. 그러나 부모 친지에게 전해 들은 것이나 동국대학교 재임 시에 보고 들은 사실 또는 가끔 사적인 면담을 통하여 얻은 가르침들은 나의 생애에 많은 영향을 주었다고 생각하는 까닭에, 여러 스승님 중에서 백 선생님은 잊지 못한다.

내가 이 세상에 태어나기 훨씬 전부터 우리 외삼촌은 백 선생님의 불문佛門에 든 제자였다. 물질적으로는 풍부하였으나 정신적인 고민이 있어 백 선생님을 사사하였다. 교리에 대하여 의문이 생길 때는 항상 편지를 써서 질문을 하시며, 그에 대한 회답을 얻어서 정진을 계속하셨다고 한다. 나의 어머니는 아들이 없어 가문을 이어갈 아들을 얻기 위하여 심노心勞하던 중 불교에 귀의하여 불공佛供을 거듭한 결과 나를 낳으셨다고 하니, 나는 선천적으로 불심을 가지고 태어났다고 생각한다.

그러나 자라는 동안 수학 및 자연과학의 공부에만 전력을 기울였고 불교에 관한 깊은 공부는 하지 않았으니, 백 선생님이 터득하신 불도에 대한 여러 가지 좋은 지식은 배울 수가 없었다. 하지만 불교적인 지智, 즉 단순한 지식이 아니라 인생의 문제를 해결하는, 해탈을 위한 능력을 백 선생님께서 감지하게 해주신 덕분으로 과학의 논리를 초월한 삶의 중요성을 알게 되었다. 또한 과학에서는 찾을 수가 없는 인간의 근본적 문제에 관하여 생각하는 여백을 갖게 되었으며, 고행을 숭상하고 현실 생활을 부정하지 않고 자기 직업에 사명감을 가지는 것이 정업正業이라는 신념 또한 알게 되었다.

그리고 과학은 물질적으로 인간의 복지를 목표로 하는 이상을 가지고 있는 데 반하여, 불교는 정신적으로 삶을 제도하는 것이다. 그리하여 이 두 가지가 조화를 이룰 때 사람은 더욱 성숙해진다는 것을 알게 되어, 불심의 일각이라도 터득하게 된 것이라고 자부한다.

백 선생님과의 첫 만남

1960년 초 백 선생님을 처음 만나 뵈었다. 백 선생님께서 동국대학교 총장으로 재임하실 때였다. 그 전에 내가 아는 백 선생님은 종교적으로 상징화된 형이상학적인 존재였다. 외삼촌이나 친지들에게 들은 말을 통하여 초인간적인 능력을 가지신 분으로 머리에 새겨져 있었기 때문이다. 그러나 내가 만난 백 선생님의 첫인상은 슬기로운 기상을 가진 너무나 자애로운 노인이라는 느낌이 들어, 내 선입견이 잘못된 것이라고 생각하였다. 그러나 그 후 몇 년간 가까이에서 뵙고 또 그간에 일어났던 여러 가지 일을 생각하면, 그 선입견이 전혀 틀린 것도 아니었다. 그 이유는 뒤로 미루기로 하고 우선 동국대학교에서 가까이 모셨던 약 2년간에 보고 느꼈던 이야기를 생각해보기로 한다. 수많은 사람들이 나와 똑같은 생각을 하고 같은 느낌을 가졌을지도 모르니, 나의 경우를 특별한 것이라고 생각하지는 않는다. 다만 선생님을 뵈어온 느낌을 솔직히 이야기하려고 한다.

외삼촌의 인도에 따라 장충동 사택을 방문하였을 때, 백 선생님께서는 마침 대학에서 퇴근하시어 차에서 내리셨다. 문 앞에서 잠깐 외삼촌과 인사를 나누시고 대문으로 들어가시면서 우리에게 들어오라고 손짓을 하셨다. 내가 문간방에서 대기할 동안 외삼촌은 안채에 들어가셔서 오랫동안 이야기를 나누셨다. 그 당시 나는 청주대학교에서 전임강사 생활 2년을 마치고, 동국대학교에 자리가 있으면 옮겨보겠다는 뜻이 있었다. 시골 대학교에 있는 무명의 수학자가 뚜렷한 학문적인 업적도 없이 서울의 명문 대학교에 가겠다는 것은 무모한 일이었다. 문간방에서 혼자 약 두 시간 동안 기다렸는데 도무지 소식이 없어 초조한 마음을 금치 못하였고, 푸대접을 받는다는 느낌이 들어서 오지 말 것을 왔다는 후회감도 들었다. 그리고 또 30분쯤 지나니 외삼촌이 돌아오셔서 내일 총장실로 오라는 말씀이 있었다고 전해주셨다.

다음 날 아침 10시경 총장실 옆에 있는 비서실에 찾아갔다. 젊은 비서가 정중하게 맞이해주었다. 미리 오신 손님이 있어 10분쯤 기다리는 동안 어제저녁 일을 말한즉, 비서가 약간 놀란 표정으로 선생님 댁에 찾아가셨냐고 반문하였다. 사람이 사람 집에 찾아가는 것이 뭐 그렇게 이상한 일인가 생각했다. 나중에 안 일이지만, 선생님께서는 어떤 방문객도 집에서는 절대로 만나시지 않는다. 문 안에도 들어오지도 못하게 하신다. 그제서야 전날 내가 당한 일들이 별로 이상한 일이 아니라는 사실을 알게 되었다.

비서가 널찍한 총장실로 나를 안내하였다. 백 선생님께서는 부리부리한 눈으로 나를 뚫어지게 응시하셨다. 그 순간, 그 위엄 있는 용모와 시선에 잠시 압도가 되어 머리를 숙이지 않을 수 없었다. 보통 사람에게서 엿볼 수 없는 위인의 위력이 있었다. 나와 선생님은 마주 앉았다. 그 순간 매우 자애로운 눈빛으로 나를 쳐다보시면서 "당신이 말하는 것은 잘 고려하겠으니 문리대학장을 만나는 것이 좋겠소" 하며 학교에 관한 이야기를 약 10분 동안 말씀하셨다. 이렇게 하여 나는 다행히 1960년 3월에 동국대학교 문리대 조교수로 발령을 받게 되었다. 때는 자유당• 말기로써, 그해 4·19혁명이 터졌다. 학생 데모가 끊임없이 계속되었고, 총장에 대해서도 여러 가지 학내 문제를 제기하며 소란이 일었다. 장충동에 대학의 자리를 잡고 새로운 건물을 짓는 데 불철주야 고심을 하시는 백 선생님에게 참지 못할 정도의 수모를 주어, 보는 사람들로 하여금 안타까운 마음을 금치 못하게 하였다. 때로는 백 선생님을 찾아가서 어떻게 지내시는가 살펴본 적이 있었는데, 추호도 동요하시는 모습이 없고 태연하게 말씀하셨다. 당신이 당하고 있는 고초에 대해서는 한마디 말씀도 없이 학문의 정진과 삶의 용기에 관하여 설득해주셨으며, 외국 유학의 필요성과 구미歐美(유럽과 아메리카)의 견문에 관한 이야기도 해주셨다. 이때 나는 훗날 미국과 유럽에서 유학 및 연구 생활을 할 것을 결심하였다. 그리고 이와 같은 태도와 교훈은 훗날 내가 겪어야 했던 어려운 일을 마주하고 학문을 하는 데에 지침이 되었고 인내하는 정신의 기틀이 되었다.

• 1951년 12월 이승만을 총재로 하여 창당하여 약 10년간 존속하였던 보수 정당.

백 선생님의 강의

한편 백 선생님은 대학에서 매주 월요일 아침 9시에 문화사 강의를 한 시간씩 하셨다. 거기에는 일정한 대상은 없었다. 청강하고 싶은 사람은 학생을 비롯하여 교수나 외부 사람들도 다수 참석했다. 약 8백 명이 들어가는 본관 중강실中講室이 항상 만석이었고, 자리가 모자라서 양편 복도와 2층 복도에서서 청강하는 사람이 많았다. 나는 매주 참석은 못 해도 가끔 참석하였다.

강의 내용은 평이하면서도, 철학·문학·예술·과학·사상 그리고 정치에 이르기까지 광범위한 분야를 망라하여 누구나 흥미와 관심을 가지기에 충분했다. 불교가 여러 분야를 내포하는 거대한 종교 체계라는 것은 알고 있었다. 하지만 1년간 계속해서 강의를 할 수 있고, 또 청강하는 사람들이 한결같이 초만원을 이룬다는 사실은 선생님의 강의가 명강의임을 입증하는 것이었다. 그 넓은 분야를 관통하는 웅대한 직관력이 없이는 해낼 수 없는 일이라고 생각했고, 나 자신의 학문의 미미함을 통감하였다. 나는 아울러 선생님께서 강의를 듣는 사람들이 큰 뜻을 품도록 인도하여주셨다고 생각한다.

강의 내용에 대해서 일일이 기억할 수는 없으나 그중 몇 가지 말씀은 오늘날까지도 기억에 남는다. 첫째, 과학은 논리적으로 자연법칙을 전개하고 그것을 응용하여 인류의 물질문명을 향상시키는 것을 목표로 하는 데 반하여, 불교는 내 마음을 닦고 남을 위하여 살아간다는 마음가짐을 근본으로 삼으며, 세상에 무엇을 줄 수 있다는 지각을 사명감으로 생각한다는 교훈이다. 선생님께서는 항상 남에게 무엇을 주는 마음가짐을 가져야 한다고 강조하셨고, 세상에서 얻어야 할 것이 아니라 세상에 도움이 되는 일을 찾아서 보시하는 일을 해야 한다고 말씀하셨다.

둘째, 과학을 공부하는 데 있어서 논리적인 단계를 거쳐서만 새로운 결과를 얻는 것이 아니라, 좋은 결과를 얻기 위한 마지막 단계는 논리의 비약으로 완성될 수 있다고 말씀하셨다. 과학에는 한계가 있는데, 그 한계를 뛰어넘는 데는 종합적인 직관의 힘이 있어야 하며, 그 힘은 모든 분야를 관통하는 직관의 빛이 내재하는 불교의 힘이 있어야 된다고 하셨다.

셋째, 무엇 때문에 학문을 하며 사는가 하는 문제다. 선생님께서는 항상 인연에 대하여 이야기하셨다. 사람은 태어날 때 억겁의 인연으로 탄생한다고 하셨다. 그리고 사람은 누구나 탄생의 의미가 있고, 그 의미를 깨닫고 이 세상에 한 치의 빛이라도 더하기 위해서 사는 것이고, 인간 생활을 적극 긍정하며 고행을 숭상하고 자기의 직업에 사명감을 가지라고 하셨다. 그 일이 곧 네 마음을 닦는 일이 되고 수도修道의 목표이기도 하다는 말씀이었다. 현실적으로 얼핏 생각하면 내가 세상에 태어난 것은 내가 태어나고 싶어서 태어난 것이 아니라, 부모님이 나도 모르게 낳아주셨기 때문에 태어났으니, 출생은 오직 부모의 뜻이라고 생각하며, 내가 고생하는 것은 부모의 탓이라고 여긴다. 그러나 근본적으로 나는 한 생명체로 호흡하기 전에 억조의 정자 중에 하나였다. 그 많은 동료 중에서 내가 태어나려고 지극히 어려운 경쟁을 치러서 태어났다는 것을 생각하면, 과학으로 설명할 수 없는 인연을 생각하지 않을 수 없다. 그리고 무슨 사명감을 가지고 태어났는지는 의식할 수는 없지만, 우리는 알 수 없는 힘의 작용으로 그 힘에 이끌려왔다. 또 자기 자신의 의지와 노력으로 정진하여 더 나은 삶을 위하여 나아가고자 하는 창조적인 의지意地도 함께 타고난 것이다.

백 선생님의 동국대학교 퇴임 이후

그러나 백 선생님은 1961년 5·16군사정변이 일어난 후, 동국대학교 건물들의 건축을 마무리하지 못한 채 총장직을 사임해야 할 입장이 되었다. 평소 건물을 어느 정도 짓고 나면 물러나신다고 하셨는데, 그 뜻을 이루지 못한 채 시대적인 흐름에 따라 총장직에서 물러나셨다. 그리하여 내가 동국대학교에서 선생님을 모신 기간은 약 1년 반이었다. 물리적으로는 짧은 시간이었으나 심리적으로는 매우 긴 시간이었음을 느낀다. 그 당시의 동국대학교는 서울에서 연세대학교와 고려대학교 다음가는 명문으로 위상이 높았다. 선생님의 덕을 따라 모여온 교수진으로 막강하였고, 학계에서 이름난 분들이 많았다. 남산의 일각에 자리 잡아 수려한 경관을 배경으로 시내를 한눈에 내려다볼 수 있는 곳으로, 교내에 있는 동안에는 속세를 벗어난 것과 같은 평안한 마음과 아늑한 느낌을 가질 수 있었다. 백 선생님이 떠나가신 후로 한때는 혼란이 더욱 심하였고, 슬기로운 분위기도 점차 사라져가는 듯한 느낌이 들었다. 따라서 대학의 위상도 떨어져갔다. 그 후 백 선생님은 거처를 효자동으로 옮기시고 건강이 나빠져서 메디컬 센터에서 약 1개월간 요양을 하신 후 완쾌하셨다.

백 선생님의 후임으로 온 정두석 총장은 1년간 재직하다가 사임하시고 김법린 총장이 부임하셨다. 그 무렵 나는 미국 유학을 추진했다. 플로리다 주립대학교에서 대학원 입학허가와 장학금을 받고, 대학에서 2~3년간 생활비를 보장해주어 남은 가족들을 안심시키고 유학길에 올랐다. 여기에는 김법린 총장님의 배려가 있었다. 약 4년간 수학修學하여 학위를 받았는데, 언어, 습관, 기후 그리고 학문 그 자체의 차이에서 오는 많은 어려움이 있었다. 하지만 잘 극복하여 나름대로 목적을 달성하고 귀국한 날이 1967년 5월이었다. 재임 중 김법린 총장께서는 과로로 작고하시고, 후임으로 조명기 총장이 부임하셨다. 당시 국내에 수학數學 박사 소지자가 두 명 있었고, 나를 합하여 세 명뿐이었다. 이와 같은 학문의 후진성을 극복하기로 결심하고 제자 양성에 전념하기로 했다. 그러나 대학의 분위기는 학문을 하기에 미흡하였다. 여러 가지 생각 끝에 동국대학교에게 입은 많은 은혜를 갚지 못한 채, 최소한의 임무 기간만 채우고 아쉬움을 남기면서, 1969년 2월 동국대학교를 떠나 서강대학교로 자리를 옮겼다.

미국에 있을 때 효자동 55번지에 백 선생님 앞으로 가끔 편지도 보내고, 여행할 때 그곳 그림엽서도 여러 장 보냈다. 내가 미국으로 건너간 지 얼마 안 되어 선생님께서는 소사로 이사하시어 그 서신들을 한 장도 받지 못하셨다는 사실을 뒤늦게 전해 듣고, 왜 회신이 한 번도 없었는지를 알게 되었다. 서신이 잘 배달되고 이사하면 그 주소를 추적하여 전달되는 사회를 정칙正則적인 사회regular society라고 선진국 사람들은 말한다. 동남아 몇몇 나라, 아프리카, 중남미 및 몇 나라와 더불어 우리나라도 그 당시는 정칙적인 사회는 아니었던 것이다.

백 선생님과 백성목장에서 만남

몇 년간 소식 두절 끝에 백 선생님을 다시 뵌 장소는 소사에 있는 백성목장 사택이었다. 원래 선생님께서는 그곳에 수도원을 만들어서 불제자 양성을 시도할 생각을 하셨다는 것으로 알고 있다. 선생님이 거처하시던 집은 시골집과 같이 검소하기 짝이 없는 단층 건물이었다. 한두 사람이 기거할 수 있는 좁고 작은 방이 있는 건물과 우사가 몇 개 있었다. 찾아오는 사람도 많지 않은 것 같았다. 우리는 주로 정초正初와 선생님의 생진일生辰日인 음력 8월 19일, 1년에 두 차례 정도 찾아뵈었다.

우리가 찾아가서 선생님을 뵐 때, 대좌對坐를 하고 절을 하면, 꼭 다음과 같은 염불 또는 기도를 하셨다.

"천상천하 시방세계 중생이 다 같이 서로 싸워 죄짓지 말고, 그 바라는 마음 다 같이 부처님 전에 잘 바쳐 밝은 낮과 같이 환희심 내어 복 많이 짓기를 제도 발원."

여러 번 반복해서 들으니 자연히 외워졌다. 그 중간에 몇 말씀 더 있는 것도 같기는 하나 기억나지 않는다. 부처님의 자비심은 선인에게만 베풀어지는 것이 아니다. 어제의 악인도 제도하면 선인이 될 수 있다. 전 우주를 뒤덮는 넓은 공간에서 전개되는 인연을 생각하면 악인이 누구이며, 또 왜 악인일 수밖에 없었던가를 생각하지 않을 수 없다. 누구든지 악인이 될 가능성이 있고, 그들과 인연의 고리가 없다고는 말할 수 없게 된다. 속세에서는 선인도 있고 악인도 있으나 절대적인 악인 또는 선인은 없다. 모든 악인은 전생에서는 선인이었는지도 모른다. 온누리를 채우는 부처님의 자비심은 현세의 악인을 제도하는 데도 쏟아진다. 상대가 악인이라고 해서 서로 싸워 죄를 지어 악인이 되지 말고 대자대비大慈大悲하신 부처님 앞에서 즐거운 마음으로 서로 화합하여 복 많이 짓도록 힘써야 한다는 뜻으로 나름대로 해석해본다.

백 선생님께서는 기도가 끝나면 아주 평범한 말씀을 하셨다. 보통 사람은 오랜만에 찾아온 손님에게 음식을 대접하거나 과일을 내놓거나 차 한잔이라도 대접하는 것이 상례라고 생각한다. 그러나 선생님은 그러한 격식 전혀 없이 시종일관 이야기만 하시는데, 나는 조금도 어색하지 않았고 음식을 대접받는 것보다 더 즐겁고 평안한 마음으로 시간을 보냈다. 그 말씀 중에는 교훈 같은 설교도 심각한 철학적인 어려운 내용도 없는데도, 시간 가는 줄 모르게 대화가 이어진다.

여러 가지 말씀 가운데 지난날 모진 수모에 관한 회고담이나, 남을 비방하는 말씀은 전혀 없었다. 이는 대자大者의 긍지나 부처님의 자비심 같은 심정이 없이는 못할 일이다. 그래서 선생님은 높은 수양으로 득도하신 어른이고, 범인들이 도저히 따라갈 수 없는 경지에 서 있는 분이다. 이야기가 다 끝나고 자리를 떠날 때는 백성목장의 나무 대문을 열어주시면서 눈으로 작별 인사를 하신다. 그곳을 방문할 때는 동국대학교에서 재직하셨던 선생님 몇 분과 같이 가는 것이 상례인데, 세월이 지나 몇 년 후 그분들과 연락이 안 되어 혼자 인사를 드릴 때가 몇 번 있었다. 한번은 찾아뵙자 보통 때와 같이 좋은 말씀을 해주시곤 내가 일어설 무렵 돌연히 "이렇게 늙은이를 극진히 찾아와 주어서 고맙기 한량없소"라고 감사 어린 어조로 말씀하시고 "남에게 주는 것만치 다 자기에게 돌아간다"라고 하셨다.

선생님에게 이런 말씀을 들어본 적이 일찍이 없었기에, 약간은 당황했고 또 한편으로는 의아스러웠다. 외삼촌으로부터 시작된 기나긴 인연으로 잊지 못할 어른이라 생각하여 자주 찾아뵙지도 못한 죄스러운 마음을 가졌는데, '왜 갑자기 이런 말씀을 하실까' 하는 생각이 들었다. 또 '이미 은퇴하시고 세속의 모든 자리에서 떠나신 분이 무슨 힘이 있어 나에게 돌아오는 것이 있을 것이라고 말씀하실까?' '그런 것을 내가 조금도 바라고 있지는 않은데' 하는 생각으로 돌아왔다.

그 후 어느 날, 백 선생님을 따라서 경치가 아름다운 어느 산길을 걸어갔다. 구름 한 점 없는 파란 하늘에 한 마리의 솔개가 우리 머리 위를 유유히 선회했다. 선생님은 그 솔개를 쳐다보시더니 손짓을 하시며 "얘야, 이리로 내려오너라"라고 말씀하셨다. 그러자 그 솔개가 갑자기 그림에서 보는 선녀로 변하더니 조용하게 내려와 선생님 앞에 무릎을 꿇고 얌전하게 절을 올렸다. 이것은 꿈이었다. 그때 주위의 산과 하늘 그리고 선녀의 옷차림은 모두 천연색 그대로였다. 꿈이라면 흑백으로 나타나는 것이 보통인데, 천연색 꿈은 나로서는 처음 경험한 일이었다. 그리고 그 꿈 내용이 매우 희귀하여 잊을 수가 없고, 또 그 꿈이 무엇인가를 암시하는 듯한 생각이 들어 내 처에게 이야기를 하였다. 내 처는 나보다는 불심이 더 돈독하여 불사에는 온갖 정성을 바치는 사람이다. 내 처가 말하기를 "당신이 무슨 말을 해도 논리적이고 현실적인 일이 아니면 믿지 않으니, 선생님이 나에게는 이와 같은 능력이 있다는 것을 보여주기 위하여 꿈을 통해서 보여준 것이오"라고 하였다. 생명의 기원이나 우주의 발생 등 현대과학으로 밝힐 수 없는 것이 많고, 과학으로 증명할 수 없는 신비가 많은 것이 사실이다. 꿈도 예외는 아니다. 모든 꿈이 무슨 뜻이 있다고 생각하지는 않지만, 그와 같은 특이한 꿈은 잊을 수가 없다. 그 후에도 몇 년마다 한 번씩 생생한 꿈을 꾸었다.

그런데 선생님은 평소에 나에게 권하셨다. "미국에서 오랫동안 생활을 해서 미국 사회는 어느 정도 알 것이니, 유럽에 갈 기회가 있으면 가보라." 그러면 미국의 문물이나 삶의 형태가 어떻게 유럽의 역사적인 전통에 영향을 받았고, 또 어떻게 건너왔는지를 알게 되고, 그들과 협조하거나 그들을 이용하는 데 도움이 될 것이라고 하셨다. 사실 그때만 해도 미국은 경제적으로나 군사적으로 전성기였고, 미국 사람이 우리나라 사람보다 훨씬 우수한 사람이라고 생각할 때였다.

그 후 이탈리아에서 두 번에 걸쳐 약 6개월, 네덜란드에서 1년 그리고 프랑스에서 6개월 체류했다. 유럽에 머물면서 유럽 사람들을 알게 되었고, 미국의 위상 또한 잘 알 수가 있었다. 우리나라의 고유한 정신문화는 유럽의 전통사회 그것과 일맥상통하는 것이 있었다. 현재의 미국 사회는 유럽과 이질적인 것이 많고, 따라서 꼭 미국을 부러워하고 본받아야 한다는 생각에 많은 변화가 생겼다.

이야기는 뒤돌아가서 나는 '어떻게 하면 유럽에 가볼까'라는 방법을 여러모로 찾고 있었다. 그 당시 우리나라는 외환

사정이 좋지 않았고, 설사 자기 돈이 있어도 해외여행을 마음대로 할 수 없었던 때였다. 그러나 묘하게도 좋은 기회가 종종 다가와서 국제학회나 초빙교수 자격으로 나들이를 할 수가 있었다. 그곳에서는 나의 전공인 수학을 연구하고 강의하는 것이 주목적이었지만, 그곳의 문물과 유적을 비롯하여 사람들의 사고방식과 생활양식을 배우는 데 충분한 시간을 가질 수가 있었다. 특히 네덜란드에서 보낸 1년간의 생활은 학문이나 견문을 넓히기에 좋은 기회였다. 다른 유럽 나라 사람들과는 이색적인 사고방식을 배울 수 있었다. 예컨대 근검절약, 직업에 귀천이 없다는 철저한 생각, 빈부의 격차가 없는 사회제도, 노인 복지시설의 보급 상태, 대학 내의 여러 가지 제도 그리고 내 나라와 내 고장을 사랑하는 마음에서 우러나오는 환경의 정비 상태 등을 보고 느꼈다. 그리고 그 이웃나라인 독일, 벨기에, 덴마크, 프랑스를 여행하면서 유럽 공동체가 어떻게 이루어져 있는지를 실제로 볼 수가 있었다. 외교관이나 유학생 또는 특수한 임무를 가진 사람들만이 외국에 갈 수 있는 시대였다. 당시 그렇게 오랫동안 좋은 대우를 받으면서 유럽에 체재할 수 있었던 건 내 힘 때문이 아니다. 다른 힘과 도움이 없이는 이루어질 수 없었을 것이라는 생각이 든다.

백 선생님과 나의 유학 시절

1975년 여름 네덜란드에서 돌아왔을 때, 백 선생님은 여의도에 있는 아파트에 살고 계셨다. 25평 정도의 작은 아파트였고 다른 곳에 비하면 검소하기 짝이 없는 곳이었다. 한번은 정초에 세배를 가서 인사를 드리고 용돈이 든 봉투를 드리니까, 종전과 같이 기도를 하시더니 그 봉투를 앉아 계시는 요이불 밑에 넣고 양손으로 꼭꼭 누르셨다. 보통 때는 그런 것을 열어놓고 이야기하셨는데 왜 그렇게 하실까 의심스러웠다. 속된 생각으로 봉투를 잃어버리지 않게 단단히 간직하려는 일이라고 여겼지만, 그 집 안에 가져갈 아이도 없고 또 잃어버리는 것을 개의介意하실 분도 아니니 그 까닭을 지금도 알 수가 없다. 다만 물질적인 탐심을 억눌러야 한다는 가르침이 아닌가라는 생각이 들었을 뿐이다.

선생님은 평소에 "탐심貪心(탐욕하는 마음), 진심嗔心(성내는 마음)을 버리고 또 닦아야 한다"라고 하셨다. "탐심을 버린다는 것은 신체를 가진 사람이 쉽게 할 수 있는 일이 아니지만 세상을 살아가는 데 알맞은 방법을 깨쳐야 하고, 탐심을 닦기 위해서는 남에게 베푸는 연습을 해야 하며, 보수 없는 일을 하는 데 게으르지 말 것"을 여러 번 말씀하신 것으로 기억한다. 그리고 "진심은 반드시 닦아야 하고, 한 번의 성냄이 백 가지 공덕을 태우게 될 것이니 인욕忍辱의 수양을 해야 한다"라고 하셨다. "진심이란 원래 자기가 잘났다고 생각하는 치심恥心(어리석은 마음)에서 일어나는 경우가 많으니, 이 어리석은 마음을 닦기 위해서는 남을 대할 때 그 사람들을 항상 나를 가르쳐주는 부처님으로 보아 공경하라" 하셨고, "이런 마음을 부지런히 연습하면 세상을 보는 마음이 밝아지고, 세속 만사에 미혹되지 않게 되고 점점 슬기로워져서 자신과 세상을 바로 알게 된다"라는 말씀을 평소 자주 하셨다.

네덜란드에 있을 때, 때로는 연구 결과가 잘 나오지 않아 괴로운 심정으로 서신을 올렸다. 그때 선생님께서는 "공부하는 사람이 공부를 정성껏 해나가면 될 것이지, 어서 공부를 해야 되겠다고 성화를 부리면 그것이 곧 '탐심'이고, 공부가 왜 잘 안 되는가 하는 마음은 '진심', 또 공부가 좀 잘되어 이만하면 되겠지 하는 마음은 '치심'이니, 이러한 마음을 자제할 수 있는 수도修道가 공부하는 사람에게는 중요한 일"이라고 답하여주셨다.

요즘 우리 사회에는 힘든 일을 기피하는 풍조가 있다. 지난날 어려웠던 시절은 다 잊어버리고 의식衣食에 약간의 여유가 생기니까 너무 빨리 의식意識의 변화가 왔다. 학문하는 사람들도 몇 편의 논문을 발표하고 이름이 겨우 알려지면, 만심滿心하여 더이상 연구에 열중하지 않게 되어 대성의 영예를 놓치게 되는 경우를 우리 주위에서 흔히 볼 수 있다. 이 시대에 사는 사람이면 누구나 탐심, 진심 그리고 치심 닦는 마음가짐을 가져야 한다. 다시 한번 다짐한다.

백 선생님을 떠나보내며

세월은 흘러 1981년 정초, 동부이촌동의 아파트에 계시는 선생님께 세배를 갔었다. 그해 선생님의 연세는 84세로 건강 상태가 매우 악화되었다. 열반하실 날이 멀지 않았다는 것을 느낄 수가 있었다. 나는 그해 9월부터 파리 제6대학에 교환 교수로 6개월간 가 있을 예정으로 준비를 하고 있었다. 보통이면 8월 중순에 수속이 끝나서 8월 말에는 파리에 도착했을 텐데, 웬일인지 그곳과 연락이 잘 안 되어 출국 예정일이 지연되었다.

1981년 음력 8월 19일 아침, 난데없이 백 선생님 댁에서 전화가 걸려왔다. 선생님이 입적하셨다는 전갈이었다. 나의 출국 일자가 자꾸만 늦어지는 것이 우연인지 필연인지 알 수 없었으나, 장례식을 보고 가라는 인연으로 받아들였다. 며칠 후 동국대학교 교정에서 재직 교수를 비롯하여 많은 동문 그리고 평소 선생님을 따르던 사람들이 지켜보는 가운데 대학장大學葬으로 엄숙히 장례식이 거행되었다. 이렇게 하여 선생님의 한평생은 끝났다. 나는 장례식에만 참례參禮하고 그 후의 행사는 보지 못한 채 바로 다음 날 파리로 떠났다. 그리하여 백 선생님의 사리탑을 본 것은 그다음 해 1982년 음력 8월 18일 1주기를 기념하는 행사가 경기도 양주군 장흥에 자리 잡은 대승사에서 거행되었을 때였다.

그 후 선생님의 공덕을 기리는 석비石碑가 세워졌다. 고 조명기 선생님이 지으신 백 선생님의 일생의 약력이 거기에 기록되었다. 백 선생님의 업적에 비하면 그 장소는 그렇게 넓지 않았다. 주위에 아무런 장식이 없는 사리탑이지만, 대승사 울타리 내에 있어 늘 돌보는 사람이 있다. 염불 소리가 끊이지 않는 곳이니 적적한 느낌은 들지 않고, 지금은 그 앞에 길이 넓게 뚫려 왕래하는 사람들이 많다. 주위의 경치가 좋은 곳이니 좋은 자리다. 나는 가끔 휴일이면 우리 가족을 데리고 차를 몰고 대승사를 방문한다. 사리탑 주변을 둘러보며, 비문碑文을 몇 번이고 반복하여 읽어본다.

세월은 또 몇 년이 흘렀다. 선생님이 가끔 꿈에 나타나셔서 만나는 경우가 있다. 꿈 이야기를 함부로 하는 것이 아니라는 것은 잘 알고 있지만, 다음과 같은 것은 꿈이 아니라 생시에 만나 가르침을 받는 실화實話와 다름없다고 생각하기에 감히 이야기한다.

때는 1987년 9월 21일 새벽이었다. 백 선생님이 홀연히 내 앞에 나타나셨다. 건강하실 때 뵙는 선생님의 늠름한 모습 그대로였다. 책 한 권을 손에 드시고 한문으로 된 문장을 한참 동안 읽으시더니, 그중 한 구절을 손으로 가리키시며 말씀하시기를 "여기에 '사바달'이라는 말이 있다. 이것을 수첩에 기록하여라. 그리고 틈나는 대로 염송을 하라"라고 말씀하시곤 사라지셨다.

눈을 뜨고 보니 새벽 4시경이었다. 분명히 '사바달'이라는 육성이 귀에 남았지만, 그 글자가 한문으로 어떤 것인지는 알 수가 없었다. 그래서 불을 켜고 불경을 이리저리 뒤지다가 '사바沙婆'라는 단어를 발견하였다. 그러나 '달' 자가 무엇인지 알 수가 없어 여러 가지 궁리 끝에 결국 '달達'이라고 생각하고, '사바달沙婆達'이라는 결론을 내려보았다. 그 뜻에 관해서 생각 끝에 '사바沙婆'는 사바세계로 중생이 사는 세상을 뜻하는 것이고, '달達'은 통달한다는 뜻이 있으니, 세상만사에 통달할 수 있도록 수양하라는 가르침이라고 나름대로 해석해보았다.

그리고 내 수첩의 첫 페이지에 그 글을 적고 고 백성욱 선생님의 현몽顯夢(1987년 9월 21일 새벽)이라고 기록하였다. 이 구절은 이제 나의 좌우명이 되었고, 기쁠 때나 슬플 때나 '사바달'을 염송하여 우쭐하는 마음을 가라앉히고 또 슬픈 마음을 달래본다. 불제자는 마음이 초조하거나 괴로울 때는 '나무아미타불 관세음보살'을 염송하는 것이 상례인 데 비하여 나는 '사바달'을 염송한다. 이 독특한 낱말이 나에게는 더없이 귀중한 말이요, 평생 동안 수양의 목표가 되었다.

나는 한 사람의 수학자로서 내 젊음을 주로 수학 공부와 불자 양성에 바쳐왔다. 흔히 수학이라면 어렵고 골치 아픈 것이라고 한다. 하지만 실은 수학은 초등수학에서 보는 바와 같이 그림을 그리고 계산을 하는 것이 아니고, 인간 이지理智의 움직임을 표현하는 기기묘묘한 이론 체계다. 새로운 이론이 시시각각으로 연구되고 전문잡지에 발표가 되는데, 그 업적들은 실로 감탄을 금할 수 없는 생각이 들어 있는 것이 많다. 그 내용을 모르면 전혀 흥미가 없는 것이겠지만 이론의 맥을 알게 되면 지성의 위대함을 깨닫게 되는 것이다. 그 이론이 어떻게 이용되는가 하는 문제로 전문 분야 외의 사람들은 논쟁을 한다. 현대 과학의 발전은 물론이고, 요즘에는 인문과학, 사회과학, 음악, 신학 등 광범위하게 수리數理 이론이 쓰인다는 것은 주지의 사실이다. 그리고 수학은 수학하는 사람만이 알 수 있는 경지가 있다. 전 강산에 현승賢僧이 있어야 속세가 맑아진다는 말이 있듯이, 고도의 지성을 탐구하고 계발하는 수학자가 있어야 지혜로움을 숭상하는 풍토가 이루어지고, 지능 계발에 힘쓰는 사람들이 많아진다.

조물주가 우주 만물을 창조하실 때 그 창조의 지혜로움을 인류에게만 전수하셨다. 따라서 새로운 문물을 만들어내고, 새로운 것을 발견하는 것은 인류의 존재 가치를 발휘하는 일이요, 생의 의미를 찾는 일이다. 새로운 이론을 찾는 일은 세부적인 사실들을 일일이 분석하고 결합해서 얻어지는 것만이 아니고, 불교에서 말하는 해탈을 통하여 초논리적인 대오大悪(번뇌에서 벗어나 진리를 깨달음)의 길을 찾는 경우와 마찬가지다. 즉 논리의 비약을 통한 직관에 의거할 경우가 많다. 원효 대사가 의상(625~702) 스님과 같이 당나라로 갈 때 돈오頓悪의 일화는 널리 알려져 있다. 문득 깨달음과 같은 마음이 새로운 이론의 탄생을 가능케 한다. 어느 순간에 전체가 하나로 표현되고, 개적個的인 존재가 전체로 표현된다. 일즉다 다즉일一卽多多卽一에 의해서 지배되는 대상의 법칙을 발견된다.

과학자들의 대발견 계기를 보면, 평범하고 단순한 것에서 시작하는 경우가 많다. 평소 흔히 있을 수 있는 일을 새로운 시각에서 보는 것이다. 누구나 사과가 나무에서 떨어지는 것을 알고 있었지만, 뉴턴과 같이 만유인력을 발견한 사람은 그전에 없었다. 보통의 관점에서 돈오가 작용하여 사고의 전환으로 새로운 것을 발견한다. 이 사고의 전환은 어둡고 혼란스러운 상태에서 방황하는 것이 아니고, 적극적으로 모색하며 고민하는 상태에서 얻어진다. 그 고민이 크면 클수록 대오의 길 또는 발명에의 길이 가까워진다고 한다. 여러 가지 일을 생각하며 고민하는 것은 그 속에서 무엇이 대상을 지배하는가, 즉 법(이지理智)이 무엇인가를 찾는 일이다. 이것은 결코 신의 어떤 계시가 아니라 고민하고 간절히 바라는 마음의 극치極致에서 찾을 수 있다. 과학자가 자연의 세계를 지배하는 법칙을 찾는 일은 세상을 지배하는 원리를 찾는 일이다. 마찬가지로 수학자가 새로운 이론을 창조한다는 것은 혼미를 깨쳐서 새로운 광명을 얻는 일이다.

석가모니는 상대방의 지식이나 지능에 맞게 문제를 제기하고 체계화하여 논리적으로 중생을 제도하는 데 필요한 심식설心識說(유식학唯識學에서 가장 중요한 이론 중 하나)이 있는 것으로 안다. 나는 그 심식설보다 '사바달'을 떠올린다. 백 선생님이 수학數學에 몰두하는 서생인 나에게 더 넓은 중생의 삶의 길을 찾아주시고자 '사바달'이라는 화두를 주신 것으로 알고, 오늘도 내일도 '사바달'을 염송하고, 그에 조금이라도 가까워지도록 노력해볼 것이다. 그리고 그것을 지켜보는 대승사의 사리탑은 영원히 그 자리에 굳건히 서 있을 것이다. 저 화사한 햇볕을 쬐면서.

(1993)

백성욱 총장

8

서정주 시인

1915년에 전라북도 고창에서 태어났다. 1936년 《동아일보》 신춘문예에 시 〈벽〉이 당선되어 등단하였다. 등단 이후 64년에 걸친 시작詩作 생활을 통해서 950여 편의 시, 15권의 시집을 세상에 내놓았다. 동국대학교 문리대학 교수, 현대시인협회장 등을 역임하였으며 2000년 타계했다. 금관문화훈장이 추서되었다.

매력 있는 한 사람

역사가 전하는 돌아간 이 나라의 여자들 가운데 꼭 한 사람의 매력 있는 여성을 고르라면, 나는 아무래도 신라 27대 왕이었던 덕만 선덕여왕(?~647)을 고를 것이다. 그리고 또 지금도 살아 있는 이 나라의 사내들 가운데 가장 매력 있는 한 사람을 고르라면, 또 아마 아무래도 전 동국대학교 총장이었던 승려 백성욱 박사를 택할 것 같다.

도대체가 이미 장년기를 넘어 노경老境에 놓인 사내에게선 맑은 두 눈망울과 맑은 두 줄의 깨끗한 이가 가지런히 함께 충분히 웃어 향기로운 느낌을 주는 일은 썩 드문 것인데, 백성욱 총장 그에게는 이것이 아주 넉넉하게 있어 좋다. 더구나 그의 단정한 두 눈썹 사이의 밉지 않은 백호白毫는 인도 왕년往年의 석가모니가 가졌던 그걸 연상하게 하여, 아까 말한 그의 늙을 줄 모르는 웃음에 첨화添花가 되어 더 좋다. 머리도 중이니까 물론 박박 깎기는 깎았지만, 그게 무슨 기운 때문인지 한 군데도 성기거나 벗겨진 데가 없는 데다가 흰 털도 영 눈에 띄는 게 없어, 열일고여덟 살짜리가 머리를 깎은 것같이 파르랗게 생겨서, 그의 적당한 흰 이마에 아직도 소년다운 빛을 던지고 있는 것도 좋다.

이런 좋은 외모의 모습들도 많은 사람들은 허투루 움직여서 항용 그 조화된 균형을 허물어뜨리기가 일쑤지만, 백 총장의 그것들은 아마 석가모니의 예의작법을 잘 참고한 데서 온 것이겠지, 그게 그 한 가닥도 허투루 내버려두어 산만해진 데가 없는 불교의 그 입정入定 속이거나 반입정半入定 속의 동태動態 같은 미묘한 조화와 박력을 가지고 있어서, 그의 앞에 놓이는 사람들도 거기 놓이는 동안만은 허튼 자세나 언동을 가질 수 없게 하고, 또 그렇게 그에 잠시일망정 동화되는 것은 첫째 아름답다는 걸 느끼게 할 만한 힘을 지니고 있기 때문이다.

1961년 겨울 어떤 날, 마침 동국대학교 총장직을 물러나 서울 어느 후배의 효자동 집에 잠시 그가 의탁하고 있을 때 나는 그의 사실私室을 맨 처음 찾아가보았는데, 그때 그가 내게 보인 방문객 영접 전송의 격식은 지금도 내 귀와 눈과 의식에 선할 만큼 조화된 아름다운 것이었다.

오후 2시쯤 되었을 때였으니까, 대강의 공부꾼이나 신부나 중들 같으면 앉아서든 누워서든 조금씩 조을조을하기에 알맞은 때인데도 그를 찾은 철학 교수 정종과 나를 맞는 그의 눈과 거동과 말들과 소리는 새벽 종달새 날아오르는 높직한 하늘 언저리 같은 맑고 싱싱한 기운을 여전히 띠고 있었다.

이런 그의 언제나 같은 싱그러움 밖에도 방문객을 맞이하는 그의 격식은 특별한 것이다. 시자侍者를 통해 그를 찾은 내객이 누구란 것을 알고, 그 내객을 맞아들이기로 작정하면 먼저 그의 있는 방으로부터 그의 낭랑히 싱그러운 음성이 무얼 읊조리는 소리가 나기 시작하는데, 자세히 들어보면 이건 불교의 중들이 항용 예불을 할 때 외는 그 '다라니dhāranī,

陀羅尼'•의 일종인 걸 알게 된다. 나는 이 '다라니'는 모르지만 아마 내객을 맞는 반가움과 축복을 뜻하는 것이라고 본다.

방 안에서 울려 나오는 이 소리를 들으며, 내객이 축복받는 자신을 느끼고 섰노라면, 방 미닫이가 빼식이 안으로부터 열리고 이어 그의 동안의 미소가 우리 앞에 무슨 만화 속의 의인화된 특수천체特殊天體의 하나처럼 떠오르며, 역시 여전히 그 다라니를 계속해서 읊조리고 있다. 그러고 "들어오라"라는 말 대신에 그의 오른손이 나를 이웃 살구나무 집 아이가 금시 잘 익은 살구라도 몇 개 떨어진 걸 주워가지고 그의 친구라도 부르듯 하는 움직임으로, 두어서너 번 나불거리고 있는 것이다.

이런 경우, 이 다라니를 아는 사람 같으면 으레 거기 화답하는 것을 따라 읊조려야 할 것이지만, 나는 그걸 몰라서 그저 묵묵히 그 천천히 나불거리는 손이 하라는 대로 그의 방에 들어섰더니, 그 다라니는 내객이 방에 들어선 뒤에도 한동안 더 계속되고, "저기 앉으시오"라는 그런 말 대신에 여전히 그 잘 익은 살구라도 몇 개 주워 그 어디 지닌 듯한 손만이 그걸 표현하여 가리키며 나불거리고 있었다.

그러고는 그 다라니의 일단락에 찍는 피리어드가 아니라 일종의 콤마처럼, 아주 도사린 결가부좌까진 아닌 반결가좌

• 범문을 번역하지 아니하고 음音 그대로 외는 일. 석가모니 가르침의 정요精要로, 신비한 힘을 가지고 있다는 주문.

정도로 다스려 앉으며, 내객의 눈과 눈에 자기의 눈을 꼭 한 번씩 보내 그 초점을 맞추고는 "그래서?" 하고는, "거시기 저기 왜 있지 않아?" 《아라비안 나이트Arabian Nights》 속에서 날마다 이야기를 듣고 앉아서 다음을 궁금해 묻는 그 이야기 좋아하는 왕 비슷하게 비로소 한마디를 내객에게로 보낸다.

그러고 또 묘하게도 이 "그래서?"를 발언할 무렵에는 그 발언에서 피어오르는 아지랑이나 그런 것처럼 아주 담담하고 평안한 향기의 김을 내는 엽차葉茶의 상床이 주인과 내객 사이에 정결하게 놓인다. 또 그리고 이것은 그 정결한 느낌으로 내객의 자세나 언어의 허튼 표현을 잘 막아낸다.

그래, 내객과의 대화가 끝나고 내객이 물러날 뜻을 말하면 또 곧이어 그의 입에선 전송餞送의 다라니가 읊조려져 나오기 시작하고, 이번에는 그 손수 대문간까지 따라 나오며 그의 그 축복의 말씀의 꽃 잎사귀들을 가는 손님한테 뿌려댄다.

내객에 대한 이런 환영과 전송의 격식은 불교인 사이에 예부터 더러 있어온 것인지, 아니면 그의 창작인지 그걸 나는 모르지만, 하여간 내가 만난 어느 스님들한테서도 아직 겪어본 일이 없는 이 격식은 지금도 내게는 매력 있는 것으로 느껴진다.

이런 격식의 구획 속에 사람이 놓이면 값싼 쪽으로 언동이 흐트러지지 않게 해서도 좋으려니와 또 그것은 서로를 신성하게 하고 꽃답게 하는 것도 아주 좋았다.

총장 시절

이런 그인 만큼, 그가 동국대학교 총장이었던 1950년대 후반기에 학교의 뜰에 세운 동제 금신상의 여주인공인 손 보살이라는 여인과의 사이에 있었다고 세상의 풍문이 한동안 뒤 구석에서 소곤거려댄 로맨스의 잔 이야기들은 한결 더 매력이 있다.

이 손 보살님으로 말하자면 환갑이 넘도록 일생 동안 모은 많은 돈을 동국대학교에 바쳐 그걸로 이 학교의 제일 큰 집인 석조전도 짓게 한 분이고, 또 한동안 학교 재단의 이사로도 있었다 하니, 그 이유만으로 동상 하나는 교정에 가질 만한 인물이라고 나는 속으로 생각해왔다. 하지만 세상의 뒤 구석에서는 내 간단한 이해와는 달리, 꽤나 자잘한 이야기들이 그 로맨스라는 것까지를 곁들여서 이 여인의 동상을 에워싸고 숙덕거려지고 있었다.

이런 이야기를 본인한테 물어보기도 무엇해 사실이 어찌 되어온 것도 나는 아직 모르는 채이지만, 뒤 구석의 소문이 소곤거려온 것을 들어보자면, 이 동상의 여주인공은 딴 사람이 아니라 바로 백성욱 총장, 그의 애인이라는 것이다. 백성욱이 젊어서 서울에서 학생이었을 때에 무슨 기생집엘 잠시 가본 일이 있었는데, 그때 거기서 그와 눈이 맞은 기생의 하나로서 그나마, 백성욱 그보다는 나이가 열 살 가까이나 손위인 여인이었다는 것이다.

풍문의 이야기란 으레 건네는 동안 군데군데서 꼬리에 꼬리를 다는 것이니까, 얼마만큼이 사실이고 얼마만큼이 만들어 붙인 꼬리인지 그건 알 수 없지만, 하여간 그 이야기는 말하기를, 청년 백성욱이 그 뒤 중국을 거쳐 독일의 대학에 가서 공부할 때 그 학비를 대준 사람도 바로 이 여인이었다는 것이다.

그런데, 그가 철학 박사학위를 얻어가지고 이 나라로 돌아왔을 때, 흔히 있는 로맨스 같으면 으레 한 쌍 원앙의 보금자리를 만들기도 했을 것이지만, 여기선 또 그렇게 간단히는 되지 않고 갈라서게 되었으니, 그 이유는 백성욱 박사 생각이 중노릇하는 데로 굳어져버려 여러 군데 산을 거쳐 강원도 금강산 속으로 깊숙하게 들어가버린 데 있다는 것이다. 그래, 1945년 제2차 세계대전이 끝나고 우리나라에 일본으로부터의 해방이 올 때까지 그는 금강산 구석의 산전을 파 일구어 호구糊口하며 그 제자들과의 승단 생활 속에 골몰했었다.

그래, 해방 뒤에야 서울로 나오긴 나와서 한국전쟁 후에는 한동안 이승만 박사 정부의 내무부장관 역할까지도 잠시 했지만, 이때는 벌써 혼인을 하기에는 그나 손 여인이나 너무 나이가 많이 든 때여서 그러지를 못하고 말았을 것이라 한다. 그리고 대처승•이 아니라 비구승••으로 이미 철저히 물이

• 살림을 차리고 아내와 자식을 거느린 승려.

•• 출가하여 구족계를 받고, 독신으로 불도를 닦는 승려.

든 뒤니 그 혼인이라는 것은 그만 아주 못 하게 되어버린 것이라고도 한다.•

"그런데" 하고 소문꾼은 말한다. 그런데, 그 뒤 그가 이어서 동국대학교의 총장 직책을 맡아, 아직도 한 단과대학이었던 것을 종합대학교로 만드느라고 집들을 새로 짓기 시작했을 때, 이미 할머니라도 상할머니가 다 된 손 여인은 묘하게도 백 총장이 돈 필요한 데 알맞게 억 단위의 많은 돈을 모아 가지고 있었는데, 이걸 몽땅 가지고 와서 그한테 바쳤으니, 이게 사람 사이의 일로는 아주 썩 잘 장단이 들어맞게 된, 만세를 부를 만큼 잘된 일이라는 것이다.

그는 이 돈을 중심으로 아주 단시일에 예쁘고 큰 석조전을 짓고, 또 다른 교사校舍들도 짓고, 한 개의 초라한 꼴의 단과대학을 종합대학교로 격상시키고, 이와 아울러 찬양할 일은, 그 늙을 대로 다 늙은 홀몸의 손 여인을 총장 저택의 별실로 모셔 앉혔다. 이 모심에 대해서 나는 지금도 가끔 생각하지만, 이건 이 땅이 이미 만든 시인들 속의 어느 시구절만 못지 않은 좋은 배치라고 느낀다.

그런데, 여기 풍문은 또 숙덕거린다.

첫째, 백성욱 총장은 미신꾼 모양으로 날이 새어 아침이 되면 이 손 여인 방에 반드시 문안을 드리곤, "오늘은 내 하루

• 백성욱 박사는 1952년 정형재(1929~2011)와 혼인하였고 슬하에 두 딸인 백일수(1956~), 백영수(1959~)가 있다.

운수가 어떻겠습니까?"라고 물어, 점치는 걸 듣고야 안심하고 나왔었다는 이야기다.

둘째, 이건 물론 '전연 상상'이라는 전제를 붙이고서야만 이야기꾼도 소곤거린 것이지만, "이 두 늙은이가 아무래도 젊어서 그냥 지낸 것을 뉘우치고 바짝 모든 걸 한번 가까이서 해보려고 같이 한지붕 밑에 만난 것일 거야, 아무래도…" 라는 것이었다.

어떤 사람은 심지어 "환갑이 힐끗 넘어서도, 아, 그건 아쉬운 대로 되긴 된단 말이야. 히히히히…" 어쩌고 하기도 했다.

그리고 이런 풍문이 오고 가는 속에, 그 손 여인 할머니는 밖의 눈에는 별로 띈 일이 없는 채 모셔져 있다가, 어느 사이 잦아든 것인지도 모르게 그 숨을 거두어 적멸 속으로 들어가 버렸다고 전해져오고, 백성욱 총장은 그 여인의 동상을 교정에 세운 것이다.

"흥, 상을 세우려면 부처님이 서야지, 여자가 웬 여자야?"

"자기 애인이면 다인가? 뭐?"

"하여간 로맨틱하긴 하구만그래."

이런 뒷공론들이 이 여인의 동상을 에워싸고 한동안 흘렀다.

그리고 1960년 4·19혁명이 일어났다. 그래, 그때 이 여인상은 없이 하기로 되어 그 대신 그 자리엔 우리 석가모니 부처님의 상이 서게 되었다.

그리고 백성욱 총장도 그 이듬해에 잇따른 5·16군사정변을 계기로 총장직에서 물러나야 하게 되었다.

그러나 나는 지금도 느끼고 또 생각한다. 물론 불교가 세운 대학이니까 순서로 봐서야 부처님이 무엇보단 제일 먼저겠지만, 석가모니 그분이 1960년에 동국대학교 교정에 현신해 나타나셨다 하더라도, 우리 백 총장이 세운 그 여인상, 그 눈물보다도 피보다도 더한 열심히 모은 돈으로 동국대학교의 제1 건물을 짓게 하여, 여기를 종합대학교로 만든 이 여인의 상을 백성욱 그와의 로맨스의 풍문 때문에 헐라고 하지 않으셨을 것을….

그리고 또 나는 나 사사로이 느낀다. 가령 이 여인이 백 총장의 연인이었으면 어떻고, 또 늘그막에 젊었을 때 못 했던 것을 해보려 총장 사저에 모시어져 만났으면 어떻고, 한 개 대학교에 그 총장의 연인인 과거 기적妓籍의 한 여인의 동상이 서면 어떠냐는 것을…. 석가모니 부처님보다 먼저 서면 어떠냐는 것을…. 이것을 정말 석가모니 부처님이 옆에 계신다면 못 한다고 하실 것인가를….

인상 깊은 이야기

백성욱 총장을 생각할 때 특히 위에 말한 로맨스 이야기와 대조해서, 마치 흑백 바둑의 대조처럼 인상 깊게 느껴지는 이야기가 또 하나 있다. 그것은 벌써 돌아가신 일정日政 때의 우리 불교의 꽤 오랫동안의 종정宗正 스님 방한암方漢岩

(1876~1951)* 선사와 백성욱 그와의 관계 부분이다.

오대산 월정사에서 한 10리쯤 떨어진, 무슨 암자라든가 그리로 가는 비탈길에는 방한암 선사의 지팡이 꽂은 게 잎 피어난 거라는 체지體肢 큰 오리나무인가가 서 있다. 이것은 백성욱이 독일에서 철학박사가 되어서 이 나라에 돌아와서 월정사의 그 암자에서 혼자 백일기도를 올릴 적에, 방한암 스님이 그 백성욱이 하도 예뻐서 날마다 손수 점심을 들어 나를 때 짚고 가던 것을, 어느 때 무심결에 어딘지 꽂아두곤 있었던 것이라 한다. 이것은 그 방한암의 손자 상좌가 직접 그 입으로 나한테 말한 것이니 틀림없을 것이다.

서양에 가서 꽤 오래 있다 온 젊은 철학박사 백성욱이 무엇이 어떻게 보여 이 드문 스님의 눈과 귀에 들었는지는 모르지만, 월정사의 젊은 중들이 모두 나서서 그 점심 나르는 걸 지원한 것도 다 물리치고, "두어라. 이건 내가 날라다 줄란다" 하고 나섰고, 그 꼭 백 일 동안을 그는 그 늙은 나이로 쉬지 않고 또박또박 10리 넘는 가파른 산비탈을 타고 그걸 날랐는데, 매양 그걸 자랑으로 여기고 기뻐했다는 이야기다. 늙어서 지팡이가 있어야 했을 테니까, 그걸 날마다 짚고 다니다가 더러 잊어버리기도 했을 것이다. 그러고는 그 어디 초동樵童이 베어 가다 흘린 생 물푸레나 오리나무 가지 같은 걸 주워

* 법명은 중원方重遠으로 법호가 한암漢巖이다. 우리나라 고승으로 조계종 초대 종정.

대신 짚고 가기도 했을 것이다. 그러다간 그것마저 숨 가빠 쉬는 어느 언덕 비탈에 깊이 질어 꽂은 채 놓아두기도 했을 것이다. 그러다가 그중에 어떤 것이 꺾꽂이에도 견딜 만한 것이어서 거기 흙 속에 뿌리를 치고 가지 돋아 살아난 것일까. 그야 하여튼 그까짓 나무의 생성 과정이 문제가 아니다. 요는 그것이 대선사 방한암과 우리 청년 백성욱 박사 사이의 그 긴밀하디 긴밀한 친분에 연관되어 있는 데 문제가 달렸을 뿐이다. 무엇 때문에 방한암은 백성욱을 그리도 좋아해서 대선사 손수 아니라도 중들을 시켜 얼마든지 나를 수 있는 그 점심밥 보자기를 손수 나르겠다 고집했고, 그걸 나르며 가다가 손 지팡이도 잊고, 그 대신 주워 든 길가의 흘린 나뭇가지도 가다가 또 잊고, 그 잊은 걸로 만도 거기 순이 돋아 한 새 나무가 자라나게 하느냐는 것만이 문제인 것이다.

방한암 스님. 1950년 한국전쟁이 일어나서 북한에 숨어 어지럽히는 김일성 괴뢰군이 오대산 너머까지 왔을 때 중들도 살고 봐야 해서 다 도망쳐 나가려고 도사리고 있을 때 "등에 업히시오"라고 어느 중이 말하니 "어서 가거라. 다 늙은 것, 짐 되면 쓰겠느냐?" 하고 거기 앉은 그 자리 그대로 앉아 있겠다 했다는 방한암 스님. 그로부터 석 달 며칠인가 지나 유엔군이 합세해서 우리가 다시 수복해 올라가다가 방한암의 앉았던 자리에 가보니 절 마루의 기둥에 기댄 채 한국전쟁 직후 그대로의 자세로 앉아 있어서 가서 자세히 보니 벌써 꽤 오래된 미라[木乃伊]더라는 방한암 스님. 그 방한암이니까, 짚고 가던 지팡이가 내버려져선 자라기도 했겠지만, 문제는 그 방한암의 눈과 정신이 고르고 고른 그 예쁜 백성욱은 덤일 수 있겠냐는 것이다.

내가 왜 이런 이야기를 하느냐 하면, 소나기 다음에는 큰비가 오고, 길고 오랜 햇빛 다음에는 뿌리 깊은 꽃이 피고, 태공망의 기다리는 곳에 그 기다리는 것이 와 놓이고, 모든 것은 다 이렇게 되는 것인데, 우리 반만년 역사 가운데서도 드문 대선사 방한암이 골랐던 백성욱, 그와 방한암 사이에 한 지팡이의 나무가 자라 크게 한 그의 생애가 위에 말한 자잘한 소문의 로맨스, 그걸 담고 있다 하더라도 왜 공인될 수 없느냐는 것이다.

나는 지금도 생각하고 있다. 사실 여하간에 백성욱이 추천해 세운 동상의 주인공이 기생이든 더 천한 과거를 가졌든 간에, 그네가 총장의 애인이었다면 더구나 이 여인의 동상은 교정에 설 만하다. 훨씬 더한 멋과 민족의 자랑 속에 설 만하다고 생각한다.

매듭

들으면 백성욱은 지금 경인 가도街道의 어느 시골에서 나무와 소와 염소 그런 것들의 새끼들을 기르며 그것들의 번영을 노려 지낸다던가.

나는 그의 수풀이 무성하고 그 속의 어린 짐승 새끼들이 제키대로 어서 크길 바라면서 거기를 빽 둘러 상상해보면 지금도 무한한 매력을 거기서 느낀다.

이런 한 사람의 모습은 현대에서는 거의 절종絶種되어 있기 때문이다.

사실이 얼마만큼인지는 모르지만, 그와 그의 손 여인의 이야기는 우리나라에 있어온 모든 남녀의 이야기들 가운데서도 가장 매력 있는 것의 하나로 나는 안다. 그 경건하고 의젓한 푼수에서….

(1959)

철인 장관 백성욱 씨의 선풍旋風•
—내무부장관론

9

박병배 전 국회의원

1917년 충청남도 대전군(현 대전광역시)에서 태어났다. 경성제국대학교 철학과를 졸업하였다. 서울시 경찰국장, 국방부 정무차관, 제4, 5, 7, 8, 9대 국회의원을 역임하였다. 2001년 별세했다.

• 회오리바람, 갑작스런 큰 동요.

장관 취임과 여론

문제의 1950년 5·30선거를 발끝 가까이 앞두고 제3대 내무부장관이었던 김효석 씨가 문자 그대로 '돌연' '의원면본직依願免本職(본인이 원하여 자기의 직책에서 물러남)'이라는 형식으로 그 자리에서 물러나게 되었다.

그때까지만 하더라도 국민 대부분이 이름조차 모르는 백성욱 씨가 그 후임으로 발령되자 사람들은 예측을 불허하는 이승만 박사의 인사정책에 다시 한번 놀라지 않을 수 없었다.

당시 새로이 등장한 신임 장관의 거처를 찾아 우왕좌왕하는 대소 관료들의 낭패상도 사실 볼만한 웃음거리였다. 교외 모승방연某僧房然한 백 박사의 초당을 찾아간 시 경찰국 이계무 보안과장을 보고, 장본인 백 장관은 합장배례合掌拜禮(두 손바닥을 마주 대고 절함)하고 뒤이어 "나무아미타불 관세음보살"을 연발한 바 있었다. 이는 곧 이 과장의 관상이 좋은 까닭에 특별한 예의를 베푼 것으로, 멀지 않은 승진을 의미한다는 재빠른 유설流設(뜬소문)도 있었다. 이와 동시에 점을 쳐서 이 박사를 보좌하는 분이니 경찰 인사도 아마 관상 본위本位일 것이라는 등 허무한 소리가 전국에 퍼져갔다. 언론계는 언론계대로 신新 장관 경력 소개와 인물평을 매일 연재하는 실정이었다.

도대체 그는 이승만 박사와 어떠한 관계에 있었으며 어찌하여 내상內相이라는 요직에 등용되었을까?

그는 기미년 1919년 상하이에서 처음 이승만 박사를 대면하여 수인사修人事하였고, 해방 후 이 박사께서 환국하여 조선호텔에 자리 잡았을 때 두 번째 만났다.

그러나 두 번째 회견, 즉 조선호텔에서 만났을 때 이 박사는 상하이 시절의 그에 대한 기억이 전연 없어 상세한 설명을 들은 후 비로소 생각이 나신다고 하였다. 결론적으로 상하이 시절의 접촉은 긴밀했던 것이 아님이 분명하다. 따라서 장관 등용의 결과는 조선호텔에서의 면접 이후 관계에 유래한 것이다.

그럼 군정 3년간 백 박사는 어떻게 이 대통령을 도왔던가?

장기간의 선적禪的 수양에서 유래된 것이겠지만 백 박사의 예리한 판단력과 탈속한 화술은 그를 잘 아는 사람 사이에서 정평이 있었다. 아마 이와 같은 점이 이 대통령이 일반 접촉인과 백 박사를 달리 인식하게 된 주인主因이었으리라고 필자는 추단하는 바이다.

물론 중대한 일이 있을 때마다 이 대통령이 백 박사가 아닌 여러 정객政客하고도 그때그때 상의를 하셨을 것이다. 하지만 군정 3년을 통하여 존 리드 하지John Reed Hodge 중장과의 투쟁, 보안과장 시발始發한(보안과장에서부터 시작한) 도미渡美, 민족통일총본부民族統一總本部 존폐 등 여러 가지 정치적 진퇴에 관하여 어떠한 결정을 할 때는 반드시 백 박사에게도 상의를 하셨다고 한다.

따라서 민족통일총본부가 발족할 당시의 경우와 같이 백 박사의 건의가 무시 강행되는 예도 많았지만, 맥아더 원수와 존 리드 하지 중장에게 수교된 '과도정부 정권 즉시 양도 요구'에 관한 연판장 운동같이 백 박사의 창안과 주선으로 이루어진 일도 많았다. 그런 가운데 '백성욱은 혜두慧竇(슬기가 생겨나는 원천)가 지극히 밝은 사람'이라는 인상이 이 대통령의 뇌리에 굳어지게 되었다.

그리하여 건국 후 김포 비행장의 장으로 이 공항을 맡아보라거나 금융조합연합회의 장을 해보라는 수차례 교섭이 경무대로부터 타진된 바도 있었다. 동국학원의 총장으로 유유자적하는 지금의 백 박사와 달리, 그때만 해도 정치에 만만한 야심을 포회抱懷(마음속에 품은 생각이나 정)했던 백씨는 이것을 전부 거절하고 있다가 내무부장관 발령의 내시內示가 있자 선뜻 여기에 응하여 정치 무대의 정면에 등장하게 되었다.

방담放膽한 인사 조치

백 장관이 취임하자 첫 과제는 내부적으로 전 장관 김효석 씨가 이룩해놓은 장경근 차관 이하의 철벽진鐵壁陳을 깨트려 새로 고치는 것이고, 대외적으로 국무총리계와 안국동파 각료들의 좌공挫攻(각자 입장은 다르면서도 백성욱 내무부장관의 등장을 기피하는 데는 완전히 동일보조同一步調였으니까)을 격퇴하는 동시에 개헌을 서두는 국회의 움직임을 봉쇄하여 박도迫到한(가까이 다가온) 5·30선거에서 한민당계를 비롯한 개헌 세력을 타도하는 것으로, 백 장관은 독특한 기합 전술로 이 난사를 거뜬거뜬 해결했다.

취임 당일 사무 인계 석상에서 "도대체 내무부라는 데가 일을 하고 있었나? 국회가 개헌이니 뭐니 별 작란作亂을 다 하는데도 내버려두기에 나는 내무부가 없는 줄 알았지!"라고 인계자 김효석 씨 면전에서 입회한 차관 등에게 기상천외한 일갈을 가하여 무색하게 만들었다. 그러는 동시에 그때까지도 아직 권력의 공포에 직면해본 일이 없던 이 나라 민의원들의 혼이 나가게 하는 제1탄彈을 발하였다.

정계나 관계에서 고립무원 이단적 입장에 서 있는 백 신임 장관의 엉뚱한 솜씨에 반발한 차관, 지방국장, 치안국장은 그 다음 날 즉각 사표를 나란히 함께 제출하면서 자기들 생리에 맞지 않는 백 장관을 요리料理하려 들었다.

그러나 장본인 백 장관은 "응, 사표… 그만둔단 말인가? 지방국장 이해익은 어느 사석에서 대통령 욕을 했단 소리를 내가 들었는데 그런 관리는 필요 없으니 잘 그만두었고, 치안국장은 지극히 중요한 자리이니 여기에 사표 수리를 즉결하여 주는 바이니 나가도 좋아…."

"네… 그렇지만 치안국장은 내무부장관 전결로 임면되는 직책이 아니니까 여러 가지 절차를 밟아서 발령해야 합니다."

"뭐, 절차? 아, 그런 중요한 자리를 절차 따지느라고 비워

뭐? 치안국장 임명이 장관 권한으로 안 되면 서리署理(조직에서 결원이 생겼을 때, 그 직무를 대리함. 또는 그런 사람) 발령은 내 권한으로 되겠지? 어… 치안국 각 과장 명부를 가져다 그 사람들 맡은 일이 뭣인가 설명을 해봐. 제일 한가해서 놀고 있는 자를 골라서 우선 서리로 발령할 테니."

이와 같이 백 장관은 종래 관계의 일본식 상식과는 다르게 말했다. 빙탄氷炭같이 다른 언동을 강행하는 장관 앞에 구구區區한 이료吏僚적 작전은 주효할 수 없었다. 전남全南 한민당계의 집요한 증오로 인하여 김효석 씨는 전남 국장에서 치안국 소방과장으로 좌천되었다. 그 후 다시 형사사건으로 말미암아 입건되리라는 항설巷說까지 전파되던, 문자 그대로, 치안국 내에서 최한직에 불과하던 김병완 경무관이 일약 치안국장 서리로 발령되어 백성욱 경찰행정의 지배인으로 군림하게 되었다.

한데 이와 같은 식으로 사표를 제출한 부하들을 즉석에서 역습격패逆襲擊敗를 하고 나서(차관은 뭐 급할 것 없으니 당분간 사표를 각하하니 보관하고 있으라는 언명을 하고 나서) 서서히 이 세 사람에게 백 장관은 "사표라는 것은 너하고 안 있겠다는 의사 표시인데, 바로 지금 취임한 나는 귀관들에게 단적으로 말하여 '보이콧'을 당한 셈이지. 이것은 중대한 실례라는 것을 기억해두는 게 좋아!"라고 결정적 일침을 가했다. 백 장관은 그가 결코 만만치 않은 장관임을 부내에 시위示威하는 데(위력과 기세를 떨쳐 보이는 데) 완전히 성공하였다. 동시에 김병완 서리로 하여금 철두철미한 반反 한민당계 경찰 인사를 단행시키는 한편, 후임 지방국장에는 행정과장 한희석 씨를 순서대로 승격시켜 가볍게 수습하면서, 그가 구구한 일반 행정에는 관심이 없고 선거를 위주로 한 경찰 장관인 면모를 국민 앞에 노출시켰다.

문제의 개헌 분쇄

제헌 국회 2년을 통하여 자기들이 이승만 박사에게 영합하기 위해서 헌법을 '대통령책임제'로 하룻밤 사이에 뜯어고쳤던 처사가 여하히 자당自黨을 위하여 우거愚擧(어리석은 행동)였던가를 통감한 한민당계 정치 세력은, 희대의 모사謀士 서상일 씨 등을 중심으로 '내각책임제' 개헌 공작을 착착 진행하였고, 피상적 관찰자의 눈에는 개헌 성공이 안전眼前에 있는 듯한 인상을 주는 미묘한 시기에 취임한 백 장관은 무자비한 탄압 전술로 이에 임하게 되었다.

즉, 그는 김병완을 치안국장 서리에게 하명하며, 수십 명 정예 경관과 수십 정 기관총을 동원하여 국회 탄압용 특별 훈련을 실시하도록 조치를 취했다. 그리하여 신성모 국방부 장관 등이 황급히 경무대로 달려가 "백성욱이가 내란을 일으킵니다"라고 보고했다. 국회의원들이 내무부장관실에 몰려들어와 항의를 벌이는 등 일대 소란이 일어났다.

하나 백 장관은 "장관보다 높다고 그대들이 주장하는 국회의원인 만큼 호위 경관을 국회의원 1인당 한 너덧 명씩 붙여주어 꼼짝 못 하게 해줄 판인데 왜들 그래? 그리고 특별 수사를 잘하는 경관을 모아들인 것은 개헌 주모(자)급 십수 명 의원 하나하나가 각각 열 명씩 의원을 매수 포섭하였다 치고 그 매수 상황을 수사하여 한 100여 명 체포하자는 거지. (…) 헌법 조문이 정부를 마음대로 요동시킨다면 나라가 망할 판인데, 수십 년 독립운동을 해온 나는 돈에 팔려 개헌하자는 국회의원 가두고 내무부장관 그만둠으로써 독립을 유지해야지. 조문 따져 내무부장관 오래 해먹고 나라 망하는 꼴을 볼 수는 없어"라고 말하곤, 달려온 민의원들을 앞에 놓고 거침없이 훈계하였다.

또한 이리하여 결과적으로 많은 필지를 허비할 필요도 없이 이와 같은 식으로 제1차 개헌 시도는 완전히 봉쇄되고 말았다. 여기에서 우리가 기억해둘 것은 이때 명색 여계與系(친정부) 국회의원 중에 "우리에게 무슨 특전이 있어야 할 것 아닌가?"라고 이권 운동, 선거 후원, 심지어 자기의 선거 비용 염출捻出까지 내무부장관에게 부탁하고 다닌 꼴들이다.

그러나 그는 "대우는 애국자 대우를 해주지! 줄 돈도 없고 주면 나라가 망할 터이니 안 되고, 선거 후원은 애국자를 국민이 어련히 알아서 다시 뽑아줄 게 아냐!"

농인지 진담인지 분간하기 어려운 화술로 처량한 국회의원 떼를 어린아이 다루듯 하는 백 장관의 모습을 내무 관료들은 지금도 가끔 서글프게 추억한다.

5·30 선거

난공불락의 지반을 형성해놓은 한민당계 세력은 이와 같은 상황 앞에 경천동지하듯 놀라서 내외 각 기관을 총동원하여 정부의 선거 간섭 예방에 골몰하였다. 당시 제일 주효한 것이 미국 대사 존 조지프 무초John Joseph Mucho(1900~1989, 대한민국 초대 주한미국대사)를 움직여 이 대통령께 "백 장관이 선거 간섭을 대대적으로 하기 위하여 경찰에 미증유의 대이동을 하려 한다니, 유엔을 위시하여 여러 국제관계에 다대한 악영향이 초래될 이와 같은 처사를 즉각 중지시키도록 하시오"라고 존 조지프 무초 씨 자신으로서는 선처의 권고를 하도록 한 것이었다.

어떤 날 경무대에서 부름을 받은 백 장관이 이 대통령 면전에서 미 대사관 해럴드 조이스 노블Harold Joyce Noble(1903~1953)* 박사와 일문일답을 하게 되었다.

"당신이 선거 간섭을 할 양으로 수천 경찰을 이동시킨다는 소문이 나서 외국 여론이 악화일로惡化一路인데 어떻게 할 작

* 미국 선교사 부모 아래 한국에서 태어났다. 캘리포니아 대학교를 졸업하고 오리건 대학교 역사학 교수가 되었다. 1948년 유엔 총회에 미국 대표단으로 임명되었고, 이듬해 서울 주재 미국 대사관 제1차 장관으로 지명되었다.

정이오?"

"그래요. 나는 선거 간섭할 생각이 별로 없으니, 그럼 외국 사람들도 안심하게 한 200명만 이동하면 될까요?"

"아이고, 거 너무 많습니다."

"그럼 한 100명만 움직이면 되나요?"

"아니요. 그것도 너무 많습니다."

"그럼 한 50명만 하면 되겠소?"

"아닙니다. 그것도 너무 많지요."

"그럼 한 열댓 명 어떻겠소?"

"오— 예스, 그것 참 좋습니다. 15명 정도 이동한다면 누가 뭐라 하겠습니까. 꼭 그 정도로 하십시오."

"염려 마시오. 그럴 테니 안심하고 가시오!"

이윽고 해럴드 조이스 노블 박사가 수인사하고 퇴거하자, 임석 중이시던 이 대통령께서 심기가 불편한 고로 "아니 어쩌자고 그런 허튼소리만 한단 말이냐" 하자, 백 장관은 "염려 마십시오. 다 되는 수가 있습니다. 그자들이 하지 말라니까 저는 장관으로서 경찰국장급이나 여남은 명을 말한 것입니다. 그러나 이렇게 하여 책임지고 나간 국장들에게 전권을 위임할 터이니 그 국장들이 자기 소요所要대로 천 명을 움직이거나 만 명을 이동하거나, 우리야 선거 후 승인이나 해주면 그만이지 무슨 관계가 있습니까."

이와 같이 대답하였던 것이다. 또한 이리하여 "총경 이하 예속 전 경관의 인사 상벌 전권의 현지 경찰국장 위임"이라는 전무후무한 시책 결과로 제헌 의원 선거 당시 공산계 및 한독계 등 소위 단선 반대 계열의 선거 방해를 봉쇄하여, 건국에 잔공殘功이 많았던 국립 경찰은 드디어 그로부터 불과 2년 후인 5·30선거에 처음 특정 정파를 위한 소위 선거 간섭에 종사하는 제일보第一步를 내딛게 되었다.

그러나 이때의 실태는 전국을 순회하여 열변을 토한 이 대통령 자신의 영향이 절대絶對하여, 일선 경관들의 선거 간섭 운운은 별로 말썽을 일으킨 정도가 아니었다. 오직 개헌의 주창자 서동암을 낙선시키기 위하여 대구로 갔던 경북 국장 한경록 경무관이 임무 달성했다는 이야기가 일부 국민의 화제에 오른 정도였다.

(1954)

시대의 활불活佛

10

송재운 동국대학교 명예교수

1939년 경기도 용인에서 태어났다. 동국대학교와 동 대학원 철학과를 졸업한 철학박사다. 인천대학교, 동국대학교 문과대학 교수, 한국국민윤리학회장, 한국공자학회장, 한국동양철학회장 등을 역임했고, 현재 동국대학교 명예교수다. 저서로 《양명철학의 연구》《국민윤리》《덕성함양의 전통적 방법론》 등이 있고, 논문으로 〈왕양명 철학에서 앎과 실천의 문제〉〈삼봉 정도전과 함허당의 유불대론〉〈종말론의 유가철학적 이해〉〈양명학과 불교〉〈한국적 다종교 상황과 유교〉〈화엄의 심성설〉 등이 있다.

백성욱 선생님과 나

1960년 동국대학교 학생이 되면서 백성욱 박사를 알게 되었다. 1958년 나는 경기도 용인에서 고등학교를 졸업했지만, 한국전쟁을 겪은 뒤 집안 형편이 여의치 않아 바로 대학에 진학을 못 했다. 한 해 동안 집에서 책을 보고 영어 단어를 외면서 보낸 뒤, 이듬해 1960년 4월 동국대학교 불교대학 철학과에 입학하였다.

고등학교 친구들이 내가 불교대학에 간다고 하니까 "하고 많은 대학을 두고 왜 하필 목탁대학이냐"라며 빈정댔다. 하지만 고등학교 3학년 담임인 윤용성 선생님이 "송 군! 철학을 공부하려면 동국대학교 불교대학 철학과를 가게. 동양철학이든 서양철학이든 불교사상과 인도철학을 모르면 모두 헛것이야. 그러니까 불교대학에 있는 철학과가 송 군에게 적격이지"라고 하신 말씀이 머릿속에 박혀서 누가 뭐래도 불교대학 철학과에 간다는 생각은 요지부동이었다.

당시만 해도 조선시대 숭유억불의 관념이 일반인들에게 남아 있었다. 그래서인지 아이들이 스님네를 보면 "중중 까까 중" 하며 뒤에서 하대하고 업신여기는 풍조가 여전했다. 그러니까 고등학교 친구들이 목탁대학 간다고 놀릴 만도 하였다.

훗날 동국대학교를 다니면서 알게 된 일이지만, 당시 백성욱 총장은 스님 학생들에게 대학 문에 들어와 학교 생활할 때엔 승복 대신 교복을 입고 삭발한 머리에 베레모를 쓰도록 지도하였다. 삭발한 머리에 회색 장삼을 입은 모습이 일반 학생들에게 이질감과 위화감을 주어 캠퍼스 분위기를 어색하게 만들고, 학생 모집에도 부정적인 영향을 미칠 수 있다는 우려 때문이었다.

더구나 1950년대 중반부터 1962년까지 박정희 혁명정부가 비구·대처 통합종단을 출범시키기 전, 불교 승단은 비구·대처의 피나는 싸움으로 한국 사회에 엄청난 물의를 일으켰다. 그래서 일반 국민의 불신이 극에 달하고 있을 때이니, 백성욱 총장의 이러한 조치는 시의적절했다.

내가 당시 동국대학교를 선택한 데는 또 한 가지 이유가 있다. 1960년대에는 입학 시기가 되면 각 대학에서 입학 광고를 여러 신문에 5단 통으로 크게 게재하였다. 나는 고등학교 1학년 때부터 《한국일보》《조선일보》를 번갈아 보며 세상 돌아가는 물정도 익히고 연재소설도 빼지 않고 읽었다. 홍성유의 장편소설 《비극은 없다》도 이 무렵 《한국일보》를 통해 읽었다.

그런데 하루는 동국대학교 입학 광고를 보니, 고등학교 3년 내내 우등(1등) 성적인 자에겐 1년간 학비를 전액 면제해주고 입학 후 재학 중에도 학과 우등이면 계속해서 학비를 면제해준다고 했다. 나는 이 광고를 보고 환호작약하였다. 우리 집 형편으론 도저히 갈 수 없는 대학 진학의 꿈이 이뤄질 수 있겠다는 희망에서였다.

당시에 시골 농촌 학생들이 대학을 가려면 학비, 즉 등록금을 대기 위해 집에서 기르던 큰 황소를 팔거나 농사짓는 땅을 팔아야 했다. 농촌에 돈 될 만한 부업이라곤 없었기 때문이다. 또 토지에서 수확하는 곡식은 한 가족 식구들의 1년 양식을 대기에도 부족했다. 매년 봄이면 보릿고개를 넘기기 위해 장리쌀을 얻어다 먹어야 하는 형편이었으니, 부모들이 막대한 자식 대학 등록금을 해결할 수단은 소나 땅에 손을 대는 길밖에 없었다.

우리 집은 소나 땅을 팔 수는 없었지만, 다행히 나에겐 고등학교 3년 내내 받은 우등 성적표가 있었다. 그래서 동국대학교에 입학원서를 내고 합격의 영광을 안았다. 불교대학 철학과 학생이 되고 1년 두 학기 등록금 전액을 면제받았다. 이것이 동국대학교를 가게 된 또 하나의 이유이고 크나큰 은혜였다.

그때 서울 소재 대학으로 진학한 많은 농촌 학생들 대개 소나 땅을 팔아 학비를 대고, 대학에 다니면서 가정교사나 고학으로 자신의 숙식을 해결하였다. 당시 이러한 시골 대학생들의 형편을 잘 알았던 서울의 일간지들은 사립대학들을 두고 '우골탑牛骨塔'이라 비꼬기도 했다. '소를 판 돈으로 세운 상아탑'이란 뜻이다. 그래도 그때 우리는 희망과 용기로 향학열에 불타며 살았지, 요새 젊은이들처럼 자기 나라를 '헬조선', 즉 '지옥 같은 나라'라고 매도하지 않았다.

오늘날 우리나라는 세계에서 열 번째 가는 경제 대국이 되었다. 이 모든 일이 가능했던 건 1950년대 중반 이후 1960년대까지 향학열에 불탔던 젊은이들 덕분이다. 당시 박정희 대통령이 명운을 걸고 주도했던 국가재건, 조국 근대화, 수출입국 목표 달성에 이들이 든든한 인적 자원이 되었기 때문이다.

백성욱 박사도 당시 동국대학교 총장을 두 임기 연임하면서 이러한 영재들을 길러내는 데 크게 공헌한 분으로 손꼽힌다. 고등학교 3년 내리 우등한 졸업생에게 1년간 학비 면제의 장학제도를 실시한 것은 내가 입학한 1960년과 다음 해인 1961년까지였다. 이 두 해 동안에 도시와 농촌을 막론하고 가난하지만 공부를 잘한 준재들이 동국대학교에 많이 몰려왔다. 더불어 이들은 대학의 질적 수준을 끌어올리는 데 많은 기여를 하였고, 졸업 후 사회 진출을 하여서도 모교 동국대학교의 위상을 크게 높였다. 나와 입학 동기인 1964년도 동국대학교 졸업생 중에서 각 분야 대학교수만 40명 가까이 배출되었고, 법조인들도 적지 않게 나왔으며, 문단에 등단한 문인들은 손으로 세기도 어려울 정도였다. 백성욱 박사가 1961년 8월 총장직을 사임하지 않고 계속 그 자리에 있었다면, 이러한 장학제도는 좀 더 지속되고 더 출중한 인재들이 많이 나왔을 것이다.

1961년 7월 박정희 혁명정부는 돌연 '교수에 관한 임시특례법'을 공표했다. 교원의 정년을 60세로 한정했다. 이때 백성욱 총장은 64세였다. 정해진 법에 따라 교수로서 총장직을 수행할 수 없어 퇴임하고 학교를 떠났다. 이때 다른 많은 유명 교수들도 백성욱 총장과 함께 학교를 퇴임하였다.

동국대학이 1953년 2월 종합대학교로 승격한 이후 피란지 부산에서 아주 짧은 기간(몇 달간) 초대 총장에 재직했던 권상노 박사에 이어, 제2대 총장에 취임한 이래 8년 동안 서울 중구 필동의 일본 절터였던 남산의 한 자락 줄기에다 대학을 크게 세우고 동국대학교를 굴지의 사학으로 키워낸 백성욱 총장의 퇴임은 학교는 물론 한국 불교계에도 많은 아쉬움을 남겼다.

시대의 활불

백성욱 박사는 '시대의 활불活佛'로 불린 인물이다. 그는 1897년 서울에서 태어나 원남동에 설립된 신식사립학교인 호동학교에 입학하였고, 1910년 정릉 봉국사의 하옹 선사를 은사로 출가하였으며, 이후 전국 큰 사찰의 불교전문강원에서 8년에 걸쳐 경전을 공부하였다.

1917년 동국대학교 전신인 불교중앙학림에 입학, 1919년 3·1운동과 상하이 임시정부에도 참여한 독립운동가이며, 1922년엔 독일 뷔르츠부르크 대학교 대학원에서 〈불교순전철학〉, 즉 '불교 형이상학'으로 철학 박사학위를 인준받은 불교철학자다.

독일에서 1925년 귀국한 뒤 불교중앙학림에서 강의를 맡고 싶었으나 학교가 사라지자 한동안 집필에 몰두하다가, 1928년 박한영이 중앙학림 터에 다시 불교전수학교(불교중앙학림의 후신)를 개교한 뒤 이곳 교수를 지냈다. 1929년 금강산에 입산한다. 이때부터 장안사 안양암, 지장암 등에서 수도, 특히 일념으로 '화엄정진'에 몰입하여 마침내 '해인삼매海印三昧'에 들고 '불지佛智'를 이룬다. 그리고 입산 10년이 다 되어가는 1938년에 하산하여 서울 돈암동 자택에서 수년간 보임保任한다.

1945년 해방 후 이승만 박사의 건국 운동에 참여하고, 1950년 한국전쟁이 일어난 그해 2월부터 같은 해 7월까지 내무부장관을 역임하며, 이듬해인 1951년 한국광업진흥주식회사 사장과 동국대학교 총동창회 회장을 맡는다.

백성욱 박사가 동국대학교 총장에 취임한 때는 1953년. 그리고 2년 뒤인 1955년 동국학원 이사장(동국대학교 재단), 같은 해 대광유지주식회사 사장도 겸임하였다. 1957년《고려대장경》보존동지회 회장(이때부터 동국대에서《고려대장경》영인본 간행 작업 착수), 재단법인 경기학원 이사장 등도 역임하였다.

백성욱 박사는 총장 재임 시 동국대학교 대학원에서 여러 해 동안 원효의《금강삼매경론》, 혜심의《염송拈頌》, 승조의《조론肇論》《보장론寶藏論》그리고《화엄경》등을 강의하며 많은 불교학자를 길러냈다. 그리고 젊은 시절엔 학술 논문, 시, 수필 등을 당시《불교》지를 비롯한 잡지와《동아일보》등 일간지에 발표하였다. 위에서 간략히 살펴본 바로도 백성욱 박사의 이력이 다양하고 화려함을 잘 알 수 있다.

그럼에도 체體(본체)는 어디까지나 불佛(불교)이고, 그가 담당했던 모든 직책과 일들은 그 체의 용用일 뿐이다. 백성욱 박사가 무엇을 하던 그의 본심에는 항상 부처가 자리 잡고 있었기 때문이다. 그는 어려서 불계佛戒를 받은 이후 한 번도 부처를 놓은 적이 없다.

불교중앙학림을 나온 것이나 독일에서의 박사학위 과정 연구와 논문이 그렇고, 금강산에서 수도를 하며 《대방광불화엄경》을 염하면서 비로자나 법신(불교의 삼신불 가운데 하나로 우주 만물 창조주로 인격화한 부처님)과 그 화신인 부처를 체로 삼은 것이 또한 그러하며 생애 후반에 《금강경》을 독송하고 '미륵존여래불'을 염하며 받들도록 많은 재가 제자와 대중에게 가르친 것 또한 그러하다.

백성욱 박사에게는 따라붙는 명칭이 많다. 승려, 독립운동가, 불교학자, 시인, 교육가(교수, 대학 총장), 정치가(내무부장관, 1952년과 1956년 부통령 출마), CEO, 도인 등이 그것이다. 그러나 그의 본분은 역시 불佛이다. 그러므로 그를 '살아 있는 부처' 같다고 하여 사람들은 '활불'이라 칭했다.

백 박사가 수도도 많이 했지만, 여러 직책을 맡아 일을 수행하면서 한 번도 큰 실수나 잘못을 범하지 않았던 것은 심체가 불佛이었기 때문일 것이다.

그가 하는 모든 일은 전술한 대로 이 심체 불의 용用이니 무슨 오류가 있었겠는가. 그래서 백성욱 박사는 말한다.

"한생각이 부처님을 향해 있으면 모두가 출가자다."

활불의 상징, 백호

백성욱 박사에게는 일반 사람에게 없는 아주 독특한 상징적 이미지가 있다. 그것은 바로 얼굴 양미간 위 이마에 솟은 백호白毫, Urna다.

백호란, 원래 부처님과 보살의 양미간 위 이마에 난 흰 털이 오른쪽으로 돌돌 말려서 모양이 동그란 혹같이 생긴 것을 가리킨다. 이 백호는 수정같이 희고 부드러우며 끝없이 퍼져 나아가는 빛을 발한다. 이것을 '백호광'이라 하고 이런 상相을 '백호상'이라 한다.

그래서 《법화경》에는 "그때 부처님께서 백호에서 한 줄기 빛을 놓으시니 바로 동방의 5백만 억 나유타 항하의 모래같이 많은 여러 부처님을 볼 수 있었다"라고 설한다. 중생은 이 백호광을 봄으로써 한량없는 복덕을 짓는다고도 한다. 이런 백호상은 부처님과 보살이 갖추고 있는 서른두 가지의 뛰어난 모습(32相) 중 하나다.

부처님 열반 이후 조성된 불상에서는 이 백호를 빛나는 보석으로 만들어 불상의 양미간 위 이마에 박아놓는다. 경주의 석굴암 대불도 양미간 위 이마에 이 백호 보석을 박은 자욱이 역력하다. 그래서인지 백성욱 박사도 부처님처럼 백호가 있다. 흰 털인지는 직접 만져보지 않아서 잘 모르겠지만, 육안으론 혹 같아 보이고 빛이 났다. 그리하여 사람들은 이를 백호라고 하였다.

인도에서는 지금도 많은 여성이 부처님의 백호처럼 양미간 위 이마에 동그랗게 검은 점을 만들거나 그 자리에 보석을 붙여 얼굴을 치장한다. 그리고 이와 같은 치레를 '티카'라 부른다고 하는데 B.C. 1세기경 그림과 조각에서 찾아볼 수 있다고 하는 점으로 보아 부처님의 백호에서 유래한 것이 아닌가 생각해본다. 인도인들은 사람의 얼굴에 두 눈 말고도 제3의 눈이 있다고 믿는다. 그리고 제3의 눈은 바로 두 눈 사이 양미간 위 이마에 있다고 한다. 또 그들은 제3의 눈을 신통안神通眼이라고 한다. 지금 그들이 얼굴에 치장하고 있는 티카가 제3의 눈인지도 모르겠다.

그런데 백성욱 박사는 얼굴에 백호가 있지만 하나도 어색하지 않고 이목구비가 뚜렷하면서도 그와 조화를 잘 이루어 전형적인 부처님상을 닮은 미남이다. 키나 체구는 크지도 작지도 않고 알맞았다. 나는 팔순이 지나도록 평생을 살면서 백 박사처럼 품위 있고 멋지며 위엄있게 잘나고 매력적인 남자를 국내외 어디서도 보지 못했다.

참으로 뛰어난 인물이다.

나는 동국대학교에 입학하자마자 주간으로 발간되는 대학보《동대신문》(당시는《동대시보東大時報》)의 기자가 되었다. 주간

《동대시보》를 《동대신문》으로 제호를 바꾸고 소전 손재형 선생의 글씨를 《동대신문》 제자題字로 만든 것도 내가 《동대신문》 학생 기자로 재직하던 시기(1961년부터 1964년)인 이 4년 동안에 이루어진 일이다.

나는 기자가 되자마자 며칠 후 4·19혁명을 겪으며 수습기자인 내가 쓴 첫 4·19혁명 기사가 당시 《동대신문》 1면 톱으로 게재되는 영광도 맛보았다. 그러고 1년 후에는 5·16군사혁명을 맞는 등 격동기를 보냈다.

1960년 4월 19일, 즉 4·19혁명에 우리 동국대학교 학생들은 빨간 명주에 흰 글씨로 '동국대학교'라고 쓴 플래카드를 앞세우고 종로구 통의동 경무대 입구까지 시내 여러 대학 시위대 선두에 섰다. 당시 총학생회장은 훗날 민주당 국회의원을 오래 지낸 장춘준 선배였다. 학생들은 스크럼을 짜고 3·15부정선거를 규탄하는 구호를 외치며 교정을 돌아 시내로 향했다. 본관 2층 총장실 창밖으로 그 모습을 한참 내려다본 백성욱 총장께서는, 옆에서 학생들을 염려하는 교직원들에게 "놔둬라. 불의를 보고도 항거할 줄 모른다면 어디 젊은 피가 살아 있다 하겠는가!"라고 일갈했다고 한다.

당시 백성욱 박사는 이승만 대통령의 신임을 크게 받고 있었을 뿐만 아니라, 상하이 임시정부 시절부터 독립운동을 통해 이 대통령과 동지적 인간애도 깊었던 사이였다. 그럼에도 1960년 정·부통령 3·15선거가 부정이었다는 것에 대해선 묵인할 수 없다는 신념 같은 것을 가지고 있었던 것 같다.

인기 절정의 월요 특강

백성욱 박사는 총장 재임 시절 매주 월요일마다 '인류문화사' 특강을 열었다. 이 특강은 매우 재미있고 당시 학생들이 좀처럼 접해볼 수 없는 세계사와 다양한 인류문화에 관한 것들을 다루어서 매우 인기가 있었다. 강의 장소는 800석이 넘는 대학 중강당인데 매번 자리가 꽉 찼다. 학점을 주는 강의도 아닌데 학생들이 많이 참석하고 교수 직원들도 상당수에 달했다. 명강으로 소문이 나서, 당시 동숭동에 있던 서울대학교 학생들도 이 특강을 들으러 많이 왔다고 한다.

매주는 아니지만 나도 가끔 월요일에 총장 특강을 들었다. 총장 특강은 학교 방송실에서 녹음하면서 마이크로 크게 확성되어 진행되었다. 처음에 나는 《동대신문》 학생 기자로서 강의를 채록하여 글로 만들어 《동대신문》에 실어보려고 하였다. 그러나 이내 포기했다.

말씀하는 형식이나 그 내용이 대학교 1학년생으로서는 도저히 받아쓰기도 어렵고 얼핏 이해가 안 가는 대목들도 있었기 때문이다. 그래서 그냥 재미로 청강만 했다.

근데 하루는 총장께서 자기 자신의 백호와 얽힌 숨은 일화를 얘기했다. 내용인즉 이렇다.

언젠가 시베리아 횡단열차를 타고 유럽을 가는데 맞은편에 아주 아름다운 젊은 노서아(러시아의 음역어) 여자가 타고 있었다고 한다. 그런데 열차가 달리는 동안 이 여자가 오랫동안 자기(백 박사) 얼굴만 뚫어지게 쳐다보더라는 것이다.

총장께서는 '이 여자가 웬일로 이렇게 나를 쳐다보나'라고 생각하다가 겸연쩍어 얼굴을 차창으로 돌리는 순간, 여자가 갑자기 자리에서 일어나더니 자기의 무릎에 올라앉아 뿌리칠 틈도 주지 않고 이마의 백호를 만졌다는 것이다. 그러곤 백호를 놓지 않고 마치 어린아이가 어머니 젖꼭지 만지듯 조물조물 주물러 대더란다. 그러면서 이 여자는 러시아어로 당신 같은 미남은 처음 보는데 이 이마의 혹을 떼어서 자기가 갖고 싶다고 말했다고 한다.

그래서 당신께선, 이건 아무에게나 있는 것이 아니다, 드물게 아주 큰 인물들에나 생기는 것이니 탐내지 말라고 웃으며 타일러 떼어놓았다고 한다.

그렇지! 부처가 아닌 사람의 백호를 그 여자가 어디서 보았겠는가. 그러니 이렇게 호기심을 갖는 것도 따지고 보면 이상할 게 없을 것 같다.

또 하나 재미있는 일화가 있다. 한국전쟁 때 부산 피란지에서 있었던 일이라고 한다. 하루는 백 박사가 부산 어느 골목길을 걸어가고 있었는데, 그 거리에서 놀던 몇 명의 아이 중에서 한 녀석이 호주머니에서 종잇조각을 꺼내 입에 넣고 질겅질겅 씹더니 바로 꺼내서 손으로 똘똘 뭉쳐 제 이마에 붙이고 나서 "야! 이놈들아, 내가 백성욱이다"라고 큰소리를 치더라는 것이다. 백 박사는 그날 이렇게만 말하고 그 아이의 말에 주석을 붙이진 않았다.

한국전쟁 중 백 박사는 5개월간 내무부장관을 역임했다. 전시 중 짧은 기간이었지만, 이마에 백호가 있는 그의 얼굴과 이름은 꽤 널리 알려졌던 모양이다.

백성욱 박사의 백호는 아주 귀중한 활불의 상징이자 도인의 표식과도 같았다.

날더러 연극을 하란 말이냐!

나는 학생 기자였기 때문에 일반 학생들과는 달리 백성욱 총장님을 집무실인 총장실에서 몇 번 직접 뵐 기회가 있었다. 독대하여 대담한 적은 없고 총장실에서 가끔 있는 행사를 취재하기 위해서였다.

1961년 1월쯤으로 기억한다. 어느 날 총장실에서 세계스키선수권대회에 출전했던 우리 동국대학교 팀의 우승기 전달식이 있다고 하여 나는 취재차 신문사 사진부장과 같이 그 자리에 참석했다. 1960년대를 전후해 동국대학교에서는 강원도 깊숙한 산골에서 자라며 스키를 잘 타던 고졸 학생들을 데려와 장학금을 주며 입학을 시키고 학업과 운동을 병행하여 스키 선수로 키웠다. 그 결과 동국대학교 스키 팀은 국내외 어느 선수권대회에 출전하든 우승을 많이 하였다. 우승하면 반드시 그 우승기를 총장에게 전달하여 총장실에 게양하고 보관하였다. 그래서 그때 총장실에 들어가면 각종 종목에서 성과를 거둔 증표인 황금색 수실이 빛나는 우승기가 벽면에 가득했다. 장관이었다.

그날도 바로 이런 우승기 전달식 날이었다. 우승기 전달은 이렇게 진행된다. 선수 대표가 우승기를 두 손으로 들어 허리를 약간 굽히면서 총장께 바치면 총장은 그것을 받아서 옆에 선 직원에게 넘겨주고 그 대표 선수와 악수하며 격려 말씀 한마디하고 끝난다. 그런데 이날 전달식에서는 뜻하지 않게 큰 문제가 발생했다. 이런 행사의 신문 취재는 선수가 우승기를 전달하고 총장이 받는 바로 그 찰나의 장면을 기자의 카메라에 담기만 하면 되는 것이다.

한데 그때 그 찰나에 사진부장이 가지고 있던 스피드그래픽 보도용 카메라의 플래시가 불발되어 우승기 전달 장면을 찍지 못했다. 카메라의 플래시가 펑! 소리를 내며 터져야 뻔쩍하는 섬광과 동시에 사진이 찍히는데 그렇게 되지 못했다. 우승기 전달식 장면은 다음 주《동대신문》1면 톱 사진으로 쓰려고 했다. 그러나 사진을 찍지 못했으니 난감한 노릇이었다.

이때 사진부장이 내게로 다가오더니 귀에다 살짝 입을 대고 "총장님더러 우승기 받는 장면을 한 번만 더해달라"고 말씀드려보라는 것이었다. 나도 그게 좋겠다는 생각에서 서슴없이 백 총장님께 다가가 "총장님, 죄송하지만 사진을 못 찍어서 그러니 우승기를 한 번만 다시 받아주시죠"라고 말씀드렸다. 그랬더니 총장님께서는 바로 "날더러 연극을 하란 말이냐!"라며 벽력같이 호통을 치셨다. 불벼락이었다.

그때 이 행사에 참석한 적잖은 교직원들은 모두 숨을 죽이며 우리 두 사람과 총장님을 슬금슬금 곁눈질할 뿐, 모두 입을 다물고 긴장하였다. 총장님은 그렇게 우리를 혼내곤 아무 일도 없다는 듯이 태연하게 자기 집무 책상으로 돌아가셨다.

이 자리에서 제일 겁을 먹은 사람은 물론 사진부장이다. 그는 당시 30대 중반으로 모 일간지 사진 기자를 하다가 동국대학교로 자리를 옮겨 교무과에서 의뢰하는 졸업생 또는 재학생들의 학적부나 성적표를 사진으로 촬영, 암실에서 인화하여 보내는 업무를 맡은 학교 직원으로 《동대신문》 사진부장도 겸하고 있었다. 이런 사정 때문에 총장께서 이날의 사진 촬영 실수를 문제 삼는다면 자칫 학교에서 쫓겨날까봐 염려했다. 그는 뚱뚱한 몸매여서 그런지 얼굴이 창백해져서 땀을 비 오듯 흘리며 내게 근심 어린 표정으로 어찌하면 좋겠냐고 물으며 나보고 문제를 잘 풀어달라고 부탁했다.

그의 이런 말에 나는 "백성욱 총장님은 큰 어른이니 고만한 일로 직원을 문책하진 않을 것"이라고 위로하면서, 문책이 있다면 내가 나서서 해결하겠다고 큰소리를 쳤다. 4·19혁명 이후 그때 각 대학에서는 학생들의 정당한 주장이 잘 먹히고 있던 터라, 나는 자신감을 가지고 말하면 된다는 생각이었다. 인사 문제가 발생한다면 그것은 사진기 즉 기계의 잘못이지 사람의 고의적 실수는 아니니 용서해달라고 빌면 잘될 것 같은 예감이 들었기 때문이다.

그런데 우승기 전달식 이후 한 달이 넘도록 학교 당국에서는 아무 말도 없었다. 사진부장은 정년 때까지 학교에 재직하며 잘 살았다. 백성욱 총장님은 역시 대인이고 보살이었던 것이다.

나는 그날 이후 지금까지 늘 다음 두 가지 점을 마음에 새기며 살아오고 있다. 인생은 일장춘몽도 연극도 아닌 실존existance일 뿐, 그래서 두 번 다시 연극을 벌일 수 없으며 한번 주어진 기회는 영원히 다시 올 수 없다는 것이다. 그리고 이것은 "날더러 연극을 하란 말이냐!"라고 일갈한 백성욱 박사의 말씀에서 터득한 인생훈이다.

명진학교에서 동국대학교까지

동국대학교는 서울의 안산案山인 남산 줄기에 위치하고 있다.

지금 대학본부와 명진관明進館이 있는 캠퍼스 중심에 서면 청와대가 정면으로 마주 보이면서 서울 시내가 한눈에 들어온다. 밤에 보면 서울의 야경이 더욱 장관이다. 시내 대학 중 이런 명당에 있는 대학이 또 어디 있겠는가! 주소로 말하면

서울 중구 필동로1길 30(구 중구 필동3가 26번지)이다. 이 대학 터는 설립자인 대한불교 조계종에서 해방 후 1946년 국유화된 일본 적산을 정부로부터 인수함으로써 생긴 것이고, 이 터에 오늘날 아담하면서도 거대한 대학을 건설한 것은 백성욱 박사다.

그 자초지종을 살펴본다.

동국대학교는 1906년 명진학교明進學校라는 교명으로 불교교육, 불교 인재 육성을 위하여 서울 동대문구 창신동 원흥사元興寺(지금의 창신초등학교 자리)에서 개교했다. 그 후 1930년까지 불교사범학교, 불교고등강숙, 불교중앙학림, 불교전수학교로 교명을 바꾸면서, 비록 일제강점기이긴 했지만 교세를 신장하며 발전했다. 그리고 1930년부터 1946년까지는 중앙불교전문학교, 혜화전문학교 시대를 열었다. 이 기간 동국대학교는 세 번 폐교했다.

첫 번째는 1914년 불교고등강숙의 젊은 승려 학생들이 당시 30본사 주지를 비롯한 기득권 승려들이 조선총독부의 식민지 불교 정책에 순응만 하면서, 우리 불교의 자주권을 빼앗기고 있다는 데 대한 항의로 '조선불교회'를 조직한 데 대하여 당시 종단의 기득권 세력들이 주동이 되어 학교를 자진 폐교시킨 것이다. 그러나 이 폐교 사건은 오히려 다음 해인 1915년 불교중앙학림을 세우는 계기를 만들었다. 전화위복인 셈이다.

두 번째는 1922년 일제에 의한 2년간의 강제 폐교다. 폐교

이유는 3·1운동 때, 불교중앙학림 학생과 교수들이 독립운동에 앞장섰다는 것이었다.

역시 세 번째도 혜화전문학교 학생 가운데 이른바 불온사상자(일제에 항거하는 자)가 많다고 하여 일제에 의해 강제 폐교를 당했다.

그러나 1945년 일본이 패망하면서 혜화전문학교는 다시 문을 열고, 1946년 5월에 '조계학원(재단인 동국학원 전신)'에서는 사찰 토지 2백만 평을 증자하여 같은 해 9월에 정부로부터 불교학부 문학부 경제학부 전문부 등을 두는 4년제 대학 '동국대학'의 인가를 받는다.

그리고 1947년 조계학원은 동국학원으로 명칭을 바꾸고 초대 이사장에 김법린 박사가 취임한다. 동시에 11월 종단 중앙교무 회의에서는 전국 사원 소유림 일부를 농림학부의 경영에 충당하고 재단과 함께 종합대학 승격을 추진, 1953년 2월 문교부 대학교육심의회의에서 통과되어 종합대학인 동국대학교(대학원, 불교대, 문과대, 법정대, 농림대)로 승격되고, 초대 총장에 권상로 교수가 취임한다. 종합대학교 인가 당시 문교부장관은 동국학원 초대 이사장을 지낸 김법린 박사였다. 김법린 박사는 백성욱 박사와 불교중앙학림 동창이기도 하다.

1953년 7월엔 동국학원 이사회에서 한국광업진흥주식회사 사장 백성욱 박사를 제2대 총장에 추대하기로 만장일치 결의하고, 당시 재단(동국학원) 이사장 이종욱(1896~1969,

1930년 7월~1945년 8월 강원도 월정사 주지, 1951년 조선불교 조계종 총무원장, 1951년 동국학원 이사장) 전 의원(제2대 국회의원)에게 교섭을 일임하였다.

이러한 학교에 관한 일련의 일들은 모두 부산 피란지에서 있었다. 백성욱 박사는 전술한 바 있듯이 1953년 8월 1일부터 총장 집무를 착수했다. 한국전쟁 휴전 협정은 백성욱 박사가 동국대학교 제2대 총장직을 맡은 1953년 7월에 있었다. 백성욱 총장은 부산 피란지에서 서둘러 대학을 서울로 환도시키고, 같은 해 1953년 11월 현 필동 교지 가설 식장에서 정식적으로 총장 취임식을 했다.

대학의 건설과 카리스마

앞에서 동국대학교의 연혁을 아주 간단히 살펴보았다. 좀 더 밝혀보면 불교중앙학림은 조선총독부로부터 숭일동崇一同(현 명륜동) 1번지 소재의 북관묘지北關廟址를 빌려 교지로 정하고 1915년 11월 개교한다. 1906년 5월 창신동 원흥사에서 명진학교로 문을 연 지 9년 6개월 만에 절간을 떠난 독립적인 교육기관으로 발전을 보게 되었다.

이어 10년 후 1925년에는 불교중앙학림을 불교전수학교로 승격, 발전시키기 위하여 학교(불교) 재단에서는 총독부로부터 혜화동 1, 2번지 일대 땅(밭 포함) 3,614평과 295평의 건물, 또 이와 다른 별개의 다른 건물 19동 158간과 개인 땅(밭과 대지) 2,844평 등 도합 6,458평의 학교터를 사들인다. 그리고 1927년에 불교중앙학림 자리, 즉 북관묘지에 붉은 벽돌로 251평의 2층 교사校舍를 신축하고 이듬해 1928년 불교전수학교를 연다. 불교중앙학림이 거의 전문학교 단계로 승격된 것이다.

이때의 벽돌 건물 251평을 포함하여 모두 601평의 건물과 6,400여 평 부지는 1940년 혜화전문학교로 승격되면서부터, 해방 뒤 1950년 한국전쟁이 터지기 전 단과대인 동국대학까지 가감 없이 여전히 그대로였다.

그러니까 1906년 원흥사의 명진학교에서 1945년 혜화전문을 거쳐 1950년 한국전쟁까지 동국대학교의 전신들은 39년 동안 창신동과 혜화-명륜동에서 자리 잡고 있었다.

남산 필동의 캠퍼스는 명실공히 동국대학교의 새 터전이었다. 이것은 조국의 광복과 더불어 생겼고, 그 자리에 상아탑을 쌓은 것은 백성욱 총장이다. 앞서도 현 남산 동국대학교 자리는 일본 절터라고 말한 바 있다. 그리고 이 절터는 해방 후 국유화되어 1946년 조계종에서 정부로부터 이양받은 것이라고 밝힌 바 있지만, 정확히 말해 이곳에는 일제강점기에 일본 정토진종淨土眞宗 서본원사西本願寺 경성별원京城別院이 있었다.

정토진종은 1321년에 창종된 서본원사를 말하는데, 1602년 분리되어 나간 동본원사와 구분하기 위하여 서본원사라 칭하였다. 서본원사는 19세기 말 일본이 조선을 침탈하는 과정에서 조선 각지에 별원을 두었다고 한다. 경성 별원이 언제 세워졌는지는 연대가 확실치 않지만, 현재 동국대학교 법당인 정각원正覺院으로 쓰이고 있는 경희궁 정전인 숭정전崇正殿이 1926년 조계사에 매입되었다가 다시 서본원사 별원으로 옮겨졌다는 기록(나무위키)을 참조하면 대략 1920년대 중반으로 보인다.

동국대학교에는 서본원사의 유물로 일본식으로 지어진 법당과 여러 사우寺宇들(지금은 다 없어졌음) 말고도 조선 왕실의 귀중한 유물이 두 개나 있었다. 하나는 지금 말하고 있는 경희궁 숭정전(서울특별시 유형문화재 제20호)이요, 또 하나는 고종황제가 대한제국을 선포하면서 평양에 지은 궁궐 풍경궁豊慶宮의 정문 황건문皇建門이다.

숭정전은 서본원사 시절 부처님을 모신 법당으로 쓰였다. 황건문은 규모가 크고 웅장할 뿐만 아니라 보기에 매우 품격이 있고 아름다웠다. 1960년대 내가 재학하던 시절에는 대학 정문 격이었다. 그러나 지금은 어디로 헐려 갔는지 행방을 알 길이 없어 아쉽기 그지없다. 그 당시 재학생들은 이 황건문과 지금의 명진관인 석조관을 대학의 상징처럼 여겼다.

경희궁(서울 종로구 신문로2가, 서울고등학교 터, 현 서울 역사박물관 자리)은 1617년(광해군 9년)에 착공, 1623년 완공된 이궁이다. 창덕궁에 이은 제2의 궁궐로 많은 왕이 적지 않은 시간 이곳에 거처하였다고 한다.

창덕궁을 동궐東闕, 경희궁을 서궐西闕로 불렀다.

많은 사람이 경희궁은 1백퍼센트 일제에 의해 헐렸다고 알고 있으나 그렇지는 않다. 기록(나무위키)에 의하면 흥선대원군 시절에 경복궁 중건을 위한 자재로 쓰기 위해 이 궁이 해체되었으며, 숭정전을 위시한 일부 남은 전각 다섯 채만 일제에 의해 매각되었다고 한다. 현재 동국대학교에 있는 숭정전(정각원)도 당시 조계종 조계사에서 매입한 것이라 한다. 숭정전은 정면 다섯 칸, 측면 네 칸의 단층 팔작지붕의 건물로써 현재 동국대학교의 엄격한 보호를 받고 있다.

백성욱 총장은 취임 다음 해인 1954년 4월 당시 한국 건축계의 거장 고 송민구 설계사를 초빙, 대학 건축 본부 소장으로 앉히고 교사 신축에 매진한다. 불교 종단과 재단에서 1946년 동국대학 인가를 받고 혜화동 전문학교 시설로는 새로 입학하는 대학생들을 수용할 수 없어 필동의 서본원사 자리를 동국대학 교지로 정하고, 임시 교사를 꾸려가며 수업을 진행한 바 있다. 이때는 아직 그대로 보존된 서본원사 건물들과 숭정전 등 목조 기와 지붕 7동 617평, 그리고 판자 건물 2동 80평이 시설의 전부였다.

그러나 1953년 이후는 한국전쟁을 겪은 후라 백성욱 박사 취임 당시 그마저도 황폐화된 불모지나 다름없었다. 더구나 여러 단과대학을 거느리는 종합대학교가 되어서 엄청난 규모의 건물과 교육 시설을 필요로 했다.

이러한 불모지에 백성욱 박사는 '황야의 거인'으로 등장했다. 하나 다행인 것은 서본원사 터에 학교를 지을 수 있는 대지가 23,987평이 확보되어 있었다는 점이다. 건축본부를 둔 백성욱 총장은 대학 후원회(회장 이윤용)를 구성하여 후원금도 만들고 또 미 8군 원조도 받는 등 자신의 모든 역량을 총동원하였다. 대학본부, 강의동, 과학관 등을 착착 건설했다. 이러한 대학 건설 과정에 있어 에피소드 하나가 있다. 정확한 연도는 모르겠지만 어느 날 이승만 대통령이 경무대(현 청와대 자리)에서 마주 보이는 남산을 바라보니 큰 공사판이 벌어진 것이다.

대통령 관저인 경무대와 직방으로 마주한 자리에 감히 남산을 깎아 건물을 세우니, 이승만 대통령은 격노하여 비서에게 "저 짓을 하는 자가 누구냐?"라고 물었단다. 그러니까 "백성욱 박사가 동국대학교를 짓는 중이랍니다"라고 비서가 대답했고, 이승만 대통령께서는 이내 얼굴에서 노기를 풀며 "응, 그러냐! 그럼 놔둬라"라고 말씀했다고 한다. 이승만 대통령의 신임이 두터웠던 백성욱 박사였기에 망정이지, 다른 사람이 총장이었다면 학교 건설 공사는 당장 중단되고 취소되었을 것이다.

동국대학교로서는 천만다행한 일이 아닐 수 없었다. 그런데 또 한 번 이런 일이 있었다. 이승만 대통령이 차 타고 미아리 고개를 넘다가 남산 동국대학교 건설 현장을 멀리서 보시고, 경무대로 들어가기 전 현장에 들러 격려하기도 했다는 것이다. 그러니 당시 동국대학교는 사기충천할 수밖에 없었다.

백성욱 박사는 비상한 능력과 힘을 가진 지도자였다. 거기다 사람을 제압하고 복속시키는 일종의 마술(?) 같은 매력도 있었다. 좀 크게 표현한다면 영웅적 카리스마charisma다.

한국전쟁 직후 온갖 어려움 속에서도 불과 몇 해 만에 동국대학교가 명문 사학으로 자리매김할 수 있었던 것은 그의 이러한 카리스마 덕이었다.

대학은 건물만 짓는다고 되는 것이 아니다. 건물과 시설이 하드웨어라면 여기에 들어갈 소프트웨어가 더 중요하다. 그것은 바로 수준 높은 교수진, 우수한 학생, 엄정한 학사관리와 효율적 재무관리다. 이 모든 것이 하모니를 이루며 잘 진행되어야 대학은 올바르고 실력 있는 젊은 지성들을 길러낼 수 있다.

그런데 백성욱 총장은 하드웨어와 소프트웨어, 이 두 가지에 다 능했다. 동국대학교 건설에 백성욱 총장의 노고가 얼마나 컸는지는 잘 알려져 있다. 백성욱 총장은 큰 능력과 힘을 가지고 있을 뿐만 아니라 사물을 섬세하게 관찰하는 자상함, 사람들을 보듬는 포용력 그리고 석양빛 도심을 걸으며 사색하는 낭만도 듬뿍 가지고 있었다. 하기야 그는 젊은 시절엔 시인이 아니었던가.

백성욱 총장의 정신을 계승하는 일

내가 1960년 4월 동국대학교 철학과에 입학했을 때, 학교는 대학으로서 손색없는 면모를 갖추고 있었다. 다만 처음 들어가면 교정이 다소 협소해 나는 조금 실망을 했다. 그러나 입학 후 캠퍼스에 익숙해지고 나자 꼭 그렇지만도 않다는 것을 알았다. 남산 줄기 산등성이에 자리한 대학 캠퍼스 한복판엔 중요한 건물들을 세우고 나머지 시설물들은 능선 양옆 산자락에 두었기 때문에, 처음 들어서면 다소 협소한 느낌을 받을 수밖에 없던 것이다. 이러한 느낌은 지금도 변함없다. 다만 현재 동국대학교 시설물들을 수평적인 평지에 늘어놓는다면 학교가 어마어마하게 커 보일 것은 분명하다.

1960년 4·19혁명 때 동국대학교는 그때부터 지금까지 사용하고 있는 대학본부와 강의동인 석조관, 석조관 뒤 과학관, 그 옆에 거대한 온실을 갖추고 있었다. 그뿐만 아니라 아직 사용 전인 도서관과 교수 연구실을 겸한 거대한 건물이 동편에 완공되어 있었다. 대학본부는 800석의 큰 강당, 총장실, 이사장실, 각 학-처장실, 각종 행정 사무실, 연영과 실험극장, 강의실, 보건소,《동대신문》사, 학생 직원 식당 등 대학의 중심축이 되는 건물은 물론 온갖 부대시설을 모두 갖추고 있었다. 모두가 백성욱 총장의 마음과 혼이 어린 시설물들이었다. 내가 입학하여《동대신문》기자 일을 할 때도 대학 건설 본부장 송민구 설계사는 본관에 사무실을 두고 활동 중이었다.

하나 특기할 것은 건축가 송민구 씨가 설계하여 1958년에 완공한 석조관(현 명진관)이 2018년 대한민국 등록문화재 제735호로 등록되었다는 사실이다. 지하 1층과 지상 5층 규모로 건축된 이 석조 건물은 건축학적으로 1950~1960년대를 대표하는 작품일 뿐만 아니라 우리가 육안으로 보기에도 한국에 이런 건축물이 있나 놀라울 정도로 아름답기 한량없다. 그래서 나는 이 석조관(명진관)을 가리켜 동국대학교를 건설한 '활불 백성욱'의 사리舍利라고 한다.

불사리가 꼭 스님의 법체를 불로 태워야만 나오는 것은 아닐 것이다. 생전에 수행을 철저히 한 그가 피와 땀 그리고 혼으로 만든 업적이나 유물들이 불심佛心을 상징하는 불멸의 것이라면 그것이 바로 그 수행자의 사리가 아니고 무엇이겠는가.

동국대학교는 백성욱 총장의 사리와 다름없다고 해도 지나친 말은 아니다. 이런 점에서 장차 언젠가는 동국대학교 교정에 이 대학의 중흥조 활불 백성욱 총장을 기리는 동상이 세워져야 한다.

불교는 인과因果이고 또한 공空이다. 인과를 모른 척 한량없이 세월을 허송한다면 우리 세계에 남을 게 무엇이 있겠는가! 동국대학교는 올해로 창립 113주년을 맞았다.

오늘날 동국대학교는 서울 캠퍼스 외에 경주에 제2캠퍼스가 있다.

경주 캠퍼스에는 여러 단과대학은 물론 양방 의과대학과 그 부속병원 그리고 한의과대학과 그 부속한방병원이 있다. 경주 캠퍼스는 서울 분교가 아니라 지금은 독립 채산제인 또 다른 대학으로서 총장을 따로 둔 큰 대학이다. 동국대학교는 경기도 고양시 일산에 제3캠퍼스도 가지고 있다. 고양 캠퍼스에는 8백 병상 이상의 초현대적 대형 양·한방 의과대학 부속병원과 약학대학도 있다.

세 개 캠퍼스의 재학생이 아마 약 1만 명에 가까울 것이다. 어디 그뿐인가. 미국 LA 캠퍼스에는 한의과 대학과 소규모 병원이 있다.

동국대학교는 우리나라에서부터 미국까지 합쳐 모두 네 개의 캠퍼스를 갖춘, 그야말로 매머드급 국제 대학이다. 1906년 동대문구 창신동 한 사찰에서 출발한 불교 교육기관인 명진학교가 금세기에 국제적인 큰 대학교로 성장하기까지 불교 종단의 설립자, 교수, 학장, 총장 등 수많은 인재의 피와 땀이 있었다. 불교 종단 학교라고 해도, 현실 사회에서 불사를 행하고 교육 등 각종 사업을 이루어내는 일은 부처님이 하시는 게 아니라 분명 중생, 즉 사람이 하는 것이 아닌가! 그렇다면 이 1백여 년 동안 대학 발전을 위하여 헌신한 사람들도 분명 적지 않을 것이다.

그럼에도 지금 동국대학교는 승속僧俗을 막론하고 한 사람도 기리는 인물이 없다. 어디에도 흉상 하나 없으며 대학인들의 인구에 회자되는 인물도 없다. 불행의 불행이라고 생각하지 않을 수 없다. 동국대학교에는 학문적으로 우뚝한 교수들이 많고, 학교 발전에 물심양면으로 도움을 준 사람들도 많다. 백성욱 박사처럼 학교 흥융興隆을 위해 금자탑을 쌓은 분들도 적지 않을 것이다.

그러나 한 분도 추앙하는 인물이 없다. 동국맨들이 인과를 모르고 살아온 데 원인이 있고, 대학에 뚜렷한 주인이 없다는 데 문제가 있다. 설립자 측인 불교 종단은 종권의 실세들이 수시로 바뀌고, 종단에서 파견하는 법인 이사들은 잠시 스쳐가는 자리라고 생각하니, 누가 동국대학교에 대하여 주인의식을 가지고 전통을 세워갈 수 있겠는가.

당시 백성욱 박사를 총장으로 추대한 재단 이사회는 이른바 대처승 측 종단이었고, 지금은 비구승 측 종단이 동국대학교의 주인이다. 그러므로 백성욱 총장이 아무리 동국대학교 발전의 중흥조라 해도 오늘날 조계종단에서 그를 크게 보기는 어렵다.

이에 따라 결론을 말하면, 동국대학교 총동창회가 나서서 대학에 대한 주인의식을 가지고 역대 대학의 인물들을 기리는 사업을 전개해야 할 것이다. 역대 교수, 학장, 총장, 이사장, 동창 등에서 동국대학교의 사표가 될 만한 인물들을 가려내고 받드는 사업을 시작해야 한다.

그 첫 번째 사업으로 가장 업적이 뚜렷한 백성욱 총장의 동상을 세우고 그의 사상과 정신을 계발, 후대에 전승하는 일부터 해야 할 것이다.

음吟
백일 천하白日天下에
성一불성佛性
욱욱郁郁하며
그 백호광명白毫光明
우주를 감싼다
아! 님이시여
그리운 님이시여
이 사바에 다시 오시어
법륜法輪을 굴리시고
제도 중생 하소서!

(2019)

하서 賀序

11

백낙준 연세대학교 제1대 총장

1895년 평안북도 정주군에서 태어났다. 미국 파크 대학교를 졸업하고, 프린스턴 신학교에서 수학하였으며, 예일 대학교 대학원에서 철학 박사학위를 받았다. 1927년 연희전문학교 교수로 부임하였고, 1957년 연세대학교 초대 총장에 취임하였다. 참의원 의장, 문교부장관 등을 역임하였다. 1985년 별세했다.

1957년 정유년 음력 8월 19일은 동국대학교 총장 백성욱 박사의 환갑이다. 지우문생知友門生이 치하의 정성으로 홍장거편鴻章鉅篇(넓은 문장과 높은 시문)을 지을 새 나에게 서序를 청하였다. 내 이제 만세영도萬歲永挑나 천상설우千常碧藕•를 얻지 못하나 편두篇頭(책 첫머리)에 하서賀序를 갖추어 백 총장의 수복壽福을 경하하고 구여九如••를 함께 낭송한다.

백 박사는 비범한 인물이라, 그의 60년 일생은 비범한 처세와 활동으로 충만했다. 그는 조선 말년 변국變局에 즈음하여 학업에 힘써 한자를 배우고 익혔다. 그러나 국운이 다하고 민족이 도탄에 빠짐을 본 백 박사는 온 백성을 구제하겠다는 큰 뜻을 품고 감연히 출가하여 불문佛門에 귀의하였다. 불가에 믿음을 일으켜 국가진호國家鎭護와 민족제도를 시방무량제불보살十方無量諸佛菩薩(시방의 무량한 모든 부처님과 보살님)과 삼십삼천일체호령대관三十三天一切護靈大官(삼십삼천의 모든 호령대관)에 소원하였다. 당시는 유럽과 미국의 신문화 위력이 우리나라에 풍미하던 시대였다. 나이 든 선비나 어린아이 모두

• 중국 동진의 왕가王嘉(?~390)가 쓴 《습유기拾遺記》에 따르면, "부상扶桑(동녘을 가리킴)으로 5만 리쯤 가면 방당磅磄이라는 산이 있고, 이 산 위에는 1백 아름드리나 되는 복숭아나무가 있는데, 1만 년 만에 한 번씩 이 복숭아나무에 열매가 열린다. 그리고 울수鬱水라는 물은 방당산 동쪽에 있는데, 여기에는 1천 상常(1상은 16척)이나 되는 연뿌리가 난다"고 하였다. 여기서 "1만 년 만에 열매가 여는 복숭아와 천 상이나 되는 연뿌리[萬歲永挑 千常碧藕]"라는 말이 유래되었다.

•• 《시경詩經》〈천보天保〉에서 유래한 말로 추정된다. 송축頌祝하는 뜻으로 쓰인다.

사구취신捨舊就新(옛것을 버리고 새롭게 나아가다)에 급급할 때 그 시대성을 역행하여 출가득도出家得度함은 청년기 백 박사의 비범한 각오요, 경륜經綸이었다.

근대 역사는 제1차 세계대전으로 시작한다. 이 전쟁의 여파는 우리나라에 민족자결의 복음을 전하여주고 도의시대道義時代의 여명을 알려왔다. 백 박사는 3·1민족부활운동을 통하여 제도창생의 목적을 달성하려 하였다. 그러나 시운은 나날이 나빠지고 백마百魔의 발악은 더욱 심해지니 적절한 때가 아니고 역부족이라, 당시 왕양팽배汪洋澎湃(끝없는 바다의 큰 물결이 맞부딪쳐 솟구치다)하는 세계 문명 속에서 성장하여 힘을 기르고 순환하는 천운에 의하여 때를 기다리겠다는 결의하에 고향을 벗어나고 나라를 떠났다. 당시 동양대도東洋大都요 조국광복운동의 본거지이던 상하이에 머무르며 애국선열들과 성誠을 맺고 힘[力]을 합하였다. 그러나 대기大器는 만성晩成이라 자각하고 표연히 서구로 유학을 떠났다. 경국제민經國濟民이 망심연기妄心緣起의 허학虛學과 가행假行으로 이루어질 것 아니요 쟁심연기淨心緣起의 진심眞心과 진행眞行이 드러남에 있을 것이란 깨달음을 가지고 《화엄경華嚴經》에 잠심潛心하여 유有-공空, 비유非有-비공非空, 유공원융有空圓融의 방법으로 선禪을 배우고 익히고, 한 티끌 속에서도 전 세계를 비추고, 한순간에도 영원을 품은 일즉일체 일체즉일一卽一切 一切卽一(하나가 곧 일체요, 일체가 곧 하나다)의 세계관을 수립하였다. 이러한 백 박사의 연구와 생활은 화엄진제華嚴眞諦(화엄종의 제일 진리)의 체득이었다. 〈불교순전철학〉 연구 업적으로 독일 뷔르츠부르크 대학교 대학원에서 철학 박사학위를 인준받았으니 그의 부급負芨• 5년은 나라를 떠나 넓은 지혜를 쌓는 시기였다.

옛날에 원광법사圓光法師가 수隋에 유학하고 돌아와 가실사加悉寺에 살며 속사俗士를 위하여 세속오계를 가르쳤으니, 독일에서 유학을 마치고 돌아온 백 박사는 욕흥방국欲興邦國(나라를 일으키고자)에 신라의 화랑도 부활을 위하여 거속입산去俗入山(속세를 떠나 입산)하였다. 백 박사는 나랏일을 근심하고 염려하는 동지와 제자들을 규합하여, 화랑도로서 서로 함께 학문이나 기예를 연마하고 칠난七難••을 즉멸하고 온 국민의 칠복(칠난을 벗어난 행복)을 일으키려, 도량을 10년간 수호하였다.

제2차 세계대전은 또다시 우리나라 강산에 영풍靈風을 퍼트려 불어오니 외무재령外霧在嶺•••에는 구름이 걷히고 생명과 희망의 광명이 보였다. 해방의 기쁨에 산에서 내려와, 정부 수립에 참여하고 앞장서서 보국하고자 하였다. 다년간 쌓은

• '책 상자를 진다'는 뜻으로, 타향으로 공부하러 감을 이르는 말.

•• 일곱 가지의 재난. 《법화경法華經》〈보문품普門品〉에서는 수난水難·화난火難·나찰난羅刹難·왕난王難·귀난鬼難·가쇄난枷鎖難·원적난怨賊難을 말하고, 《약사경藥師經》에서는 인중질역난人衆疾疫難·타국침핍난他國侵逼難·자계반역난自戒叛逆難·성수변성난星宿變性難·일월박식난日月薄蝕難·비시풍우난非時風雨難·과시불우난過時不雨難을 일렀다.

••• 강원도 금강산 내금강 비로봉 구역. 백마봉과 효룡봉 사이에 있는 고개.

공을 국민의 사기 진작을 위해 기울이니, 비범한 인물 백 박사의 성예聲譽(칭송받을 만한 이름과 명예)가 세상에 들리게 되었다. 사회적 존재가 드러날수록 그에 대한 기대도 커져서 필경 대한민국 제4대 내무부장관으로 나아가게 되었다. 이로부터 제도창생의 이상발현理想發顯을 기약하였으니 누가 뜻하였으랴! 한국전쟁은 그가 국도수호國都守護, 피난민 정주定住, 전력 증강, 인심 수습에 전력을 다하게 하였다. 때마침 정·부통령 직선제 실시에 때맞춰 부통령에 입후보하였으나 여의치 못하게 되자 정계 풍운을 거두고 학향구원學鄉舊園(학문의 고향)으로 물러나니 백 박사의 퇴관흥학退官興學(벼슬을 내놓고 물러나 학문을 일으키다)이 이로부터 그 서緖를 발하였다.

백 총장은 불교의 최고 학부를 앞장서서 이끌고 지도하는 책임을 맡아 시설 확장과 불교문화 전수에 유의하여 대하거루大廈巨樓(큰 규모의 건물과 많은 층수의 집)를 세우고《고려대장경》을 영인반포影印頒布하려는 대업에 착수하였다. 옛날에 거란의 침략과 몽골군의 내습에 우리 조선인들은《대장경》각성刻成을, 외적 축출을 위한 제불諸佛의 신통력을 간절하고 절박하게 염원하는 정성스런 기도로 삼았다. 이제 국토가 둘로 나뉘고, 공산호로共産胡虜의 잔적들이 아직 기세를 과장하는 오늘, 백 총장의 주재에 의하여 영인반포되는《대장경》은 문화 전수에만 의미가 있는 것은 아니다. 백 총장은 일찍이 경전을 인쇄한 소감을 나에게 펴며 "고려선민문화공 민국후예 반천하高麗先民文化功 民國後裔頒天下(고려 선조들의 문화적 공덕을 대한민국의 후예들이 천하에 반포한다)"라 하고, 또한 자기의 신세를 읊으며 "불경가업무위객不經家業無爲客(가업을 도모하지 않는 무위의 객)"이라 하고, 아울러 인경의 목적을 말하며 "위방위후역위금 감작세사몽중사爲邦爲後亦爲今 敢作世事夢中事(나라와 후손을 위하고 또한 현재를 위하여, 감히 세상사를 짓지만 꿈속의 일이다)"라 하였다. 우리는 이로써 그 인경의 심회心懷를 헤아릴 수 있다. 나는 이제 백운거사白雲居士 이규보의 〈대장경도량음찬시大藏經道場音讚詩〉 한 편을 인용하여 인경대업引經大業의 성공을 비는 미충微衷(변변치 못한 작은 성의)을 화갑 축하에 덧붙인다.

잔구허장채색군殘寇虛張彩色軍
오공전의옥호존吳公專倚玉毫尊
약교범창여용후若敎梵唱如龍吼
영유호아불진준寧有胡兒不塵奔
장해징언융유락藏海徵言融乳酪
총림심지변풍번叢林深旨辨風幡
법연미파랑연산法筵未罷狼煙散
만호안안역불은萬戶安眼亦佛恩

굶주린 도적들 부질없이 설치는데
우리 임금 오로지 옥호玉毫 부처의 미간에 있는 흰 털의 힘만 믿으시네
저 범패梵唄 소리 용의 울음 같게 한다면

어찌 오랑캐가 사슴 달아나듯 쫓기지 않으리
장해의 은미한 말은 우유같이 부드럽고
총림의 깊은 뜻은 깃발처럼 뚜렷하네
법회를 마치기도 전에 봉화烽火가 흩어지니
만백성 단잠을 자는 것도 부처님 은덕일세•

백 총장은 과거 60년간 출가득도出家得度, 서정구법西征求法(서족을 정벌하고 부처님의 진리를 구함), 입산수도入山修道, 개권출사開卷出仕(책을 펴내고 벼슬을 하여 관청에 출근함), 퇴관흥학退官興學에 선변선천善變善遷(선하게 변하고 바뀜)하였다. 내일의 행지行止는 헤아리기 어렵거니와 국내 교계, 정계, 학계, 내지 산업계에 풍진이 가시지 아니하였으니, 그 비범한 앞날의 활동이 간재승평干載昇平(나라의 근본과 태평)의 방기邦基(나라의 기초)를 쌓아두고 삼한의 일월을 길이길이 빛나게 하는 동안에 향수여남산享壽如南山(남산처럼 오래 사는 복을 누림)을 다시 축원한다.

(1959)

• 이규보, 《동국이상국전집》 제18권 〈고율시〉. 한글 번역은 한국고전번역DB를 참조함.

축수헌사祝壽獻詞

12

백성욱박사송수기념사업위원회

백성욱박사송수기념사업위원회에서 1959년 《불교학 논문집: 백성욱 박사 송수기념》을 펴냈다. 김영수, 김잉석, 김병규, 권상로, 고병익, 안계현, 우정상, 조명기, 황수영 등이 상고한 총 마흔네 편의 논문이 실려 있다. 〈축수헌사〉는 그 책에 실린 헌사다.

인간의 수강壽康(장수와 편안)은 오복伍福의 첫째며 만행萬幸의 원源이 되는 것이니, 예로부터 인자수여성인심仁者壽與聖人心(어진 자가 오래 산다는 것이 성인의 마음)이라고 하는 바입니다. 하물며 도학道學의 웅장雄長이 되고 교계의 종사宗師가 되는 명현名賢으로서 주갑周甲을 맞이함은 실로 무량의 보령寶齡(임금의 나이를 높여 이르는 말)이라 일컬을 것입니다.

생야자生也者는 우주통관宇宙通貫의 원리이며('생'이라는 것은 우주를 관통하는 원리이며) 만유공통의 규범입니다. 사바세계도 생이고 피안경지彼岸境地도 생이니, 생은 곧 우주의 창조입니다.

경經에 이 소식을 전하기를 대지로부터 외외巍巍한(높고 큰) 칠보탑七寶塔(불국사 경내에 있는 다보탑)이 용출湧出하였다 하니 이것이 백성욱 박사와 동국대학교를 가리킴이라 하겠다. 다보여래多寶如來(동방의 보정세계寶淨世界에 나타났다는 부처)가 그 탑 중에 인류의 이념을 찬탄讚歎하였다 하니 백 박사의 사자후 또한 이것이라 하겠습니다. 또 8만의 보살이 대지로부터 출세하여 다보탑을 예배하고 모두가 과거구원過去久遠의 옛날부터 제자로서 이것을 구원求願하였다 함은 이 어찌 동국 건아를 상징한 것이라 아니 하겠습니까. 여기에 있어서 백 박사는 본지구원本地久遠(본래의 모습을 가진 아득하고 먼)의 태고로부터 미래영겁未來永劫(무한한 미래)에 이르도록 상주常住의 아수雅壽에 참여할 필연성을 가진 것입니다.

보편적 진리는 동시에 항구적인 것을 시현示現하는 것이니 진리의 내험內驗을 가진 백 박사는 독자구원獨自久遠의 묘경妙境(신묘한 경지)을 체현하고 있으며 영육일치靈肉一致의 생명을 지속하고 있는 것입니다. 이 같은 수명의 향유享有는 인류의 이상이며 규범이니, 그의 명근命根은 무량이고 그의 교화는 무궁이므로 그의 인격도 영겁에 방광放光할 것입니다.

이에 백 총장의 환갑경사 즈음하여 박사의 지우知友 문인이 서로 모의하여 송수頌壽(장수를 기림)의 논장論章을 기필起筆하여 기념의 책간冊簡을 편성해서 축하의 전례를 표상함으로써 백 박사의 연수익강延壽益康(장수하고 편안함이 넘치길)을 소원하는 바입니다.

(1959)

살아서도 죽어서도 혼까지 다 바치고 싶은 사람

13

강경애 작가

1951년 경상북도 영천에서 태어났다. 동국대학교 문화예술대학원 문예창작과를 졸업했다. 1992년 《시와 비평》으로 문단에 나왔다. 국제펜클럽한국본부, 한국문인협회, 가톨릭문인회, 한국여성문학인회에서 활동했다. 저서로 《바람은, 바람을 일으킨다》 《그래 우리가 진정 사랑한다면》 《삭제하시겠습니까?》 《긴 악수를 나누다》 《내가 나를 부를 때마다》 등이 있다. 에세이포레문학상, 한국시원 시문학상을 수상했다.

사랑은 삶의 근원이요, 불꽃이다. 태양 빛이 없으면 한 송이 꽃을 피울 수 없듯이 사랑이 없으면 우리는 살아갈 수 없다. 사랑은 영혼의 깊은 곳에서 불타올라, 나와 남을 밝혀주는 신비의 빛이다. 또 생명을 지탱하기 위해서 공기가 필요한 것처럼 사랑은 삶을 위한 공기나 마찬가지다. 그러나 어떠한 사랑을 하느냐에 따라 그 불꽃은 피어오르기도 하고 사그라지기도 한다.

사랑은 많은 변장을 하고 우리에게 온다. 어떤 때는 기쁨으로 오고, 어떤 때는 지혜와 희망으로 온다. 하지만 사랑은 저녁에 찾아왔다가 아침에 훌쩍 떠나는 야속한 님이기도 하다. 산은 산에 오를 때보다 들녘에서 볼 때 더 뚜렷이 보이는 것처럼, 님이 떠났을 때 님이 더욱 소중해진다. 나의 마음은 그의 부재로 인해 황야가 된다.

작가에게 문학적 체험이란 근본적으로 사랑의 체험이라고 한다면, 그때 탄생한 작품은 더욱 진실하여 빛을 발하게 된다.

일엽 김원주(1896~1971)가 사랑과 좌절의 심정을 편지체 형식으로 써내려간 수필집 《청춘을 불사르고》(문선각, 1962)는 그의 자전적 사랑 체험의 산물이다. 일엽은 이 글을 발표하여 세인을 놀라게 했으며 많은 질타도 받았다. 그러나 그는 자신의 사랑을 숨기지 않고 공개적으로 드러내 알리는 데 주저하지 않았다.

일엽의 수필을 조명하기 위해 우선 일엽의 사랑을 말하고

자 한다.

일엽은 개화기 최초의 여류 문인이었고, 여성 해방의 실천적 선구자였다. 그는 열두 살 나이에 〈동생의 죽음〉이라는 신체시新體詩를 짓는 비범함을 보였다. 일엽은 시와 산문을 함께 썼으며 초기에는 고백체의 글을, 후기에는 모두가 법어法語의 성격을 띠는 글을 썼다.

사랑은 운명처럼 다가온다. 사랑은 모든 것을 무無로 만들기도 하고, 유有를 만들어내기도 한다. 일엽의 사랑은 특이하면서도 운명적이다. 일엽은 부모, 동생들마저 일찍이 세상을 떠나 천애고아 외톨이로 상처투성이의 삶을 살다가, 어느 모임에서 B씨를 만나면서 삶의 전환을 맞았다. 비로소 삶의 활력소를 얻은 것이다. B씨 역시 어렸을 때 조실부모하고 고모슬하에 살다가 약관弱冠의 나이에 유학을 갔다 왔으나 받아주는 곳이 없었다. 그는 닥치는 대로 일을 하며 남모르는 정진을 하던 중에 일엽을 만났다.

사랑은 따뜻한 시선과 말씨, 서로를 아끼는 소중한 마음에서 시작된다. 설혹 생각이 다르더라도 이해하고 수용하여 자기도 모르게 인생관의 합일을 보게 되는 것이 사랑이다. 그래서 사랑은 하나의 깨달음과 또 다른 깨달음 사이에서 인생의 아름다움을 터득하는 것이다.

일엽의 사랑이 정념情念뿐이었던 데에 비해, B씨는 성숙하고 지적인 사랑으로 정신적인 지주가 되었다. 그는 만날 때마다 불법의 가르침으로 일엽에게 깨우침을 주었고, '참나'를 찾아야 함을 강조하고 정진할 것을 당부했다. 그러나 일엽은 B씨를 향한 정情이 갈수록 깊어지고 사랑에 모든 것을 걸었다. 일엽에게는 불법보다도, 진리보다도 절실한 것은 오직 사랑 그 하나였다. 내가 그가 되고 그가 곧 나라고 느낄 때 사랑은 열병처럼 달아오르고 건잡을 수 없는 불길 속에 휩싸인다.

일엽은 B씨의 발자국 소리만 들려도 가슴 저리고, 그의 얼굴만 봐도 모든 것을 얻은 듯하였다. 심지어 그의 이름 중 한 자만 눈에 띄어도 가슴에 파동이 일었다. 그러나 사랑은 마음의 가장 높은 곳까지 뻗어 올라가, 햇빛에 반짝이며 떨고 있는 연약한 가지를 어루만지는 만큼이나 땅속 깊은 곳까지 뻗어 내린 뿌리를 뒤흔들어놓기도 한다.

일엽에게 하늘이요, 님이요, 목숨이었던 B씨는 어느 날 홀연히 행방을 감추어버렸다. 일엽에게는 B씨가 정신적인 스승이었고 버팀목이었기에, 그의 사라짐은 죽음이나 마찬가지였다.

일엽의 텅 빈 마음에 들어찼던 B씨의 사랑은 그렇게 가고, B씨에게 열린 마음을 닫지 못해 애태우던 일엽은 그의 소식을 찾아 수소문한다. 그는 한 줄기 빛으로 왔다가 바람처럼 사라졌다.

정에 굶주린 사람이 열병에 빠지기 쉽고, 실연의 상처 또한 깊고 오래간다. 모든 것을 거는 사랑은 종종 위험성을 내포하기 쉽다. 자신이 짊어진 삶의 무게를 여러 곳에 분산시키지 못하는 사랑은 맹목이 되기도 하고, 상처를 할퀴는 슬픈 짐승이 되기도 한다. 사랑의 상실로 사람은 구렁텅이에 빠지기도 하지만, 새로운 모습으로 변신하기도 한다. 잃은 것에 대한 허무감과 고독감은 패배의 고통에 시달리기도 하지만, 인간을 성숙시키기도 하는 것이다.

사랑은 대상에 따라 질적인 차이가 드러난다. 플라톤이 말하는 정신적인 사랑이든, 소설가 데이비드 허버트 로런스David Herbert Lawrence(1885~1930)가 강조하는 육체적인 사랑이든, 상대의 정체에 따라 질적인 농도가 달라진다. 그래서 상대를 잘못 만나 인생을 망치는가 하면, 자신보다 더 나은 상대를 만나 새 사람이 되는 일도 있다. 아무튼 사랑은 정신적이든 육체적이든, 모두 부족한 곳을 채워보자는 욕망에서 비롯된다고 할 수 있다.

일엽은 B씨의 사랑을 대신할 사람을 찾다가, 그 이외에는 어느 누구도 받아들일 마음의 자리가 없음을 깨닫는다. 끝내 방황하며 삶에 회의를 품던 일엽은 불문에 발을 들여놓게 된다. 영원한 생명을 살리고 '참나'를 얻기 위해 불자로서 일생을 걷게 된 것이다. 정신적인 스승이었던 B씨에게 불교에 대한 설법을 들어온 까닭도 있고, 기독교 가문에서 오는 위화감도 있었지만, 일엽이 불문에 발을 들인 근원적인 이유는 자신을 찾기 위해서였다. 세속적인 일체의 것을 내던져야 선가禪家의 진리를 체득할 수 있고, 작은 사랑을 버려야만 크고 새로운 사랑을 생활화할 수 있는 것을 깨닫게 되었다.

이제 일엽의 사랑이 그의 수필에 어떻게 문학적으로 형상화를 이루고 있는가를 살펴보기로 하자.

《청춘을 불사르고》는 지난 추억을 더듬는 편지 형식의 글로 되어 있다. 어느 날 "인연이 다 하여서 뵙지 못하겠기에…" 라는 편지를 남기고 자취를 감춰버린 B씨에 대한 그리움과 원망을 솔직한 심정으로 토해내었다.

> 당신은 나에게 무엇이 되었삽기에 살아서 이 몸도 죽어서 혼까지도 다 바치고 싶어질까요.

좀 직설적이지만 사랑에 빠진 여인의 심정이 적나라하게 드러난다. 주어도 받아도 모자라기만 한 것 같은 사랑의 목마름은 무엇으로도 채울 수 없다. 채울 수 없는 갈증이다. 자칫 사랑 그 자체에 빠져 주체가 사람이 아닌 사랑이 될 수도 있다.

> 아! 이제라도 빨리 오셔주사이다. 기다림으로 지탱해가는 이 숨소리가 끊이기 전에….

일엽은 갈 데 없는 편지를 써서 수북이 쌓아두고는, 기다림과 그리움에 영혼을 불사른다. 기다림은 희열과 절망으로 어우러져 사람의 진을 빼놓는다. 그것은 삶의 원동력이 되기도 하지만 끝내는 허탈감으로 삶을 파괴하기도 한다.

나는 당신과 지내던 전날을 이을 훗날을 바라보며 우선 목숨을 지탱하는 것이외다. 아무튼 우선은 옛날에 당신과 정답게 지내던 그 일들을 우려먹는 맛이 있기에 살아가는 것이외다.

추억, 더군다나 사랑의 추억은 잔잔한 흥분과 기쁨, 애잔함을 불러일으킨다. 애정을 표시하며 달려들던 사람도 사랑의 연소가 끝나 재가 되면, 맹세의 푸르름은 잿빛으로 마름된다. 허망함을 건잡을 수 없다.

가장 넘기 어려운 고개가 정情 고개라. 불교에서 말하길 제불 제보살도 그 고개만 넘으면 한숨을 쉬고 성불하며 안도의 숨을 쉰다고 한다. 달콤하고 매혹적인 고개이다. 그 고개는 성불의 경지에 이르렀던 공적도 한순간에 수포로 돌아가게 하는 고통의 통로이기도 하다. 절망의 끝에서 무상을 느낀 일엽은 그 고통 속으로 마음을 용해시킨다.

우리네의 사랑은 부재不在에의 연정戀情으로 가버린 님에 대한 배신보다는 체념의 한숨이듯이, 일엽에게도 사랑의 불꽃이 끝난 뒤이지만, 님을 향한 마음만은 건잡을 수가 없었다. 그러나 적막강산에서 표류하고 못 겨눌 사랑에 자신을 추스르지 못해 눈물로 지새우던 일엽은 결연한 의지를 다진다. 어떠한 불행이나 고난도 참고 견디며 자신의 길을 찾아가는 그다운 행동이었다.

> 나는 믿을 데도 없는 절망의 바위 끝에서 눈물 삼매에 들었다가 한 걸음 나아가 마음이 그만 단일화하게 되어 비로소 세정을 단념하고 이 정신의 정체, 곧 '나'를 발견하게 되는 법을 따라 전력을 기울여보려는 생각을 결정하게 된 것이외다.

지난날의 나약한 일엽은 날개를 접고 새로운 비상을 위해 몸을 일으켰다. 세속적인 일체의 것을 내던지고 작은 사랑에서 큰 사랑을 위해 첫발을 내디딘 것이다.

일상을 버리고 득도의 길을 걷는다는 것은 정신력의 승리가 아닐 수 없다. 이것은 정신적 지주였던 B씨의 영향이 컸기 때문이다. 일엽은 수덕사의 견성암見性庵• 으로 들어갔다.

세월이 흐르면 사람의 감정은 변하기 마련이다. 일엽이 출가한 지 13년이 지난 가을 어느 날, 불도에 정진하고 있는 그에게 B씨의 소식이 날아들었다. B씨는 불교철학에 관한 책 세 권과 번역본 경책經冊 세 권, 총 여섯 권을 소포로 보냈다. 일엽은 반가운 기색을 드러내기보다 싱거운 웃음이 앞섰다. 무념에 들게 되어 사랑의 배신 따위는 잊어버린 지 이미 오래전의 일이라 감정의 동요가 전혀 일어나지 않았다. 소포로 보낸 책 역시 자신이 직접 발견하려고 벼르던 책이었고, 경經 역시 참고서로 쓰일 책이라 그냥 벽장에 넣어두었다.••

• 충천남도 예산군 덕산면 덕숭산에 있는 수덕사의 산내 암자.

일엽은 이제 사랑에 목말라하는 가련한 여인네가 아닌 구도의 스님이었기에 모든 사바의 일이 하찮게 여겨졌다. 사랑이 사라지고 난 뒤의 마음은 청정하기만 했다. 로맹 롤랑 Romain Rolland(1866~1944)이 《신들린 영혼L'Ame enchantée》에서 "내가 내 인생 자체보다 더 높은 것을 위해 살 수 있다고 생각하지 않았다면, 나는 아마 살아남지 못했을지도 모른다"라고 했듯이 일엽도 불가에 몸담지 않았다면 그 당시 사랑에 실패한 신여성들처럼 불행하게 일생을 마쳤을 것이다.

감정과 고통의 실체를 분명하고 정확하게 파악하면 더 이상 그 고통을 모른다. 일엽에게는 이제 이성의 사랑과 그 대상조차 문제가 되지 않았다.

그 후 B씨는 일엽이 있는 견성암의 형편이 어렵고 일엽이 병으로 허약해졌다는 소식을 듣고 그가 잘 아는 여승 편에 약 보따리와 우유 열 통을 보냈다. 또 한약 한 제와 1년 분의 약을 지을 수 있는 현금을 함께 넣어 보냈다. 이듬해에는 감기들 때나 기침 날 때마다 먹으라고, 그 당시엔 귀한 캐러멜 열 갑을 일엽의 상좌에게 보냈다.

일엽은 B씨의 정성에 감복해서 애틋하고 정다운 정이 다시 살아남을 느꼈다. 그와 헤어져 불법을 만나 목숨이 아까울 것 없이 정진에 힘쓰자고 마음을 다진 지 오랜 세월이 되

•• 필자는 이와 같이 적고 있으나, 일엽 스님의 회고와는 약간의 차이가 있다. 당시 상황에 대한 일엽 스님의 회고는《청춘을 불사르고》(김영사, 2016) 362쪽에서 확인할 수 있다.

었는데, 새로 일어나는 연정戀情이 자신이 성취할 일에 해를 끼칠까봐 걱정하였다. 그러나 일엽은 정情의 무게를 견디지 못하고 B씨에게 하소연의 편지를 보냈다.

> 이제는 나의 영육을 어루만져주던 당신의 손길이 다시 그리워져옵니다. 20여 년 전 당신이 손때 묻은 내 방 미닫이를 열고 내 누운 곁에 슬그머니 앉아주시던 일을 눈물지으며 그려보고 봅니다.

사랑은 이토록 영혼을 몽땅 차지하고, 다른 모든 것을 전적으로 무감각하게 만들어버리는 것인가. 인생은 두 쪽으로 나뉘어 한쪽은 얼어붙고 나머지 한쪽은 불타고 있으며, 그것이 사랑이라더니, 일엽의 한쪽 인생의 불꽃은 멈추지 않은 것인가. B씨에게서 답장이 오지 않았다.

일엽이 그토록 애태우고 영혼을 불사르던 그 님은, 서울에서 태어나 1910년 정릉 봉국사에서 출가했다. 그는 불교중앙학림을 졸업하고 독립운동을 하기 위해 상하이로 건너갔다. 그곳에서 임시정부에 동참했다가 독일에서 〈불교순전철학〉이란 논문으로 철학 박사학위를 인준받았다. 그의 나이 27세였다. 귀국하여 불교전수학교 교수로 있으면서 많은 논문과 수필을 발표하였다.

어느 날 그는 '도통이 몹시 하고 싶다'라는 생각으로 세사世事에서 벗어나 금강산에 입산해서 안양암에서 홀로 수도에 들어가 천일 수도 후 숙명통宿命通•을 얻었다. 그 후에 대중 속에서《화엄경》을 설하고《대방광불화엄경》을 제창하였다. 동국대학교 총장으로 지내시다가 후학을 지도하는 일로 남은 생을 보낸 그의 소의경전所依經典••은 주로《금강경》이었다. 그는 "경전이 있는 곳에 부처님이 계시다"라는《금강경》을 부처님으로 여겼다.

B씨는 상하이에서 독립운동을 하던 젊은 시절, 시와 수필을 많이 썼다. 그중 수필 〈추천귀안秋天歸雁〉을 보면,

> 가을 하늘은 전과 같이 맑아서 구름 한 점 없고, 이따금씩 '끼—룩' 하는 소리로 적막을 깨트린다. 아! 저 기러기 유의有意하던가? 내가 고적孤寂하였나! 이 천지에 나와 같이 고적한 사람에게 위안을 주고저 짐짓 '끼—룩'하였나! 아—니 기러기는 무심無心으로 하였건만 내가 유심有心하게 들었을까? 아니 이 들음, 이 생각 도무지 아니다! 누가 와서 변명하더라도 아닌 것은 아—니! 사람이라는 것은 자기의 함축을 가졌다가 경우에 촉觸하면 생生하는 것이다. 그러면 기러기는 무심이다. 아! 무심한 저 기러기 나의 유심한 저 간장肝腸 사르네.
>
> _〈추천귀안〉 전문

• 자기와 다른 이의 지나간 생과 살아온 과정을 훤히 아는 신통력.

•• 신행信行을 비롯하여 교의적敎義的으로 근본으로 삼는 경전.

고국을 떠난 고독한 신세를 그려낸다. 나라의 독립을 위해 조국 밖으로 나갔지만, 마음이 쓸쓸해져서 가을 하늘의 기러기를 보며 외로운 심사를 달랜다.

어느 날 아침
이슬은 잔디 위에
햇발은 반짝
온 한데 고루 피네
저편에 오는
어여쁜 꽃 파는 여자
이짝에 섰는
여름 지니의 아들

둘이 맛보고
얼싸안을 때
그들의 가슴
붉은 쓸개 뛰누나!
보고 또 보고
빙긋빙긋 웃는 꼴
사람의 기쁨
모조리 쓸어갔네!

_〈뜻 맞은 사랑〉 중에서

B씨가 쓴 이 시는 후에 일엽과의 사랑과 이별을 예견하는 것이 아닌가 하는 생각이 든다.

B씨는 〈미美〉라는 수필에서 미에 대한 생각을 밝혔다. "아무리 진眞과 선善이 구비되더라도 미가 빠지면 완전한 인격이라 할 수 없을 뿐만 아니라 어떤 의미에서 인격이라 말할 수 없다"라고 했다. 또 "이 고통스럽고 무미건조한 세상에 사는 힘은 오직 미가 있을 뿐이다"라고 미의 존재론적 가치에 대해 말했다. 그의 인물됨이 이러하니 세인의 이목이 두 사람에게 집중된 것은 당연한 일이었다. 일엽이 젊은 시절 B씨의 작품을 보았는지는 확실치 않다.

일엽은 초조히 답장을 기다렸다. 반가움으로 날아든 편지를 펼쳐 든 일엽의 손에 가벼운 경련이 일었다. "성불의 힘이 약하게 되어 성현의 가피력加被力이 필요할 듯하니 참회의 기도를 하라"라는 당부의 내용이었다. 그는 다시 "일시적 사랑은 생명을 죽이는 길이 된다"라고 일엽을 엄하게 타일렀다.

일엽은 한 사람에게서 두 번이나 실연의 고배를 마셨다. B씨는 공적 사업에 쉴 새 없는 정진으로 '복福과 혜慧를 쌍수雙修'하고 있었기에 일엽과의 재회는 생각지도 아니한 듯하다. 그가 아직도 일엽을 생각하는 것은 분명했지만, 이제는 뜨거운 열정이 아닌 은은한 정일 뿐이었다.

타버린 불덩이를 화로의 재 속에 묻어놓고 은근한 불에 몸을 녹이고 손을 쪼이는 그런 정이다. 남자는 대체로 여자보다 이지적이기에 자기의 감정을 바르게 표출하지 않는다. 남자는 마음의 외침보다는 행동으로 나타내는 경우가 많다. 행동보다는 말로 표현 받기를 원하는 여자의 기대는 그런 은근함을 견디지 못한다.

일엽은 구도자의 몸이면서도 지나간 세월의 정적인 사랑을 잊지 못해 단 한 번의 만남을 애원했지만, B씨는 냉담하기만 했다. "사랑이란 우리에게 상처를 입히지 않고서는 존재하지 않는다. 사랑에 대해서 말한다는 것은 지난 일이라 할지라도 이러한 상처로부터 가능한 것"(줄리아 크리스테바Julia Kristeva•)이라는 말처럼 아픔이 없는 것은 사랑이 아니라고 할 수 있다.

그로부터 몇 년 후, B씨는 30여 년의 침묵을 깨고 환갑이 되었을 때 기념으로 나온 논문집을 편지와 함께 일엽에게 보냈다. 오랜 세월 동안 묻어둔 마음을 풀어놓은 것이다. 30년을 넘어선 그들의 사랑이 정신적인 열매를 맺게 된 것이다.

> 우리는 다생多生으로 같이 수도하던 동지였습니다. 그러나 몇 생 전부터 좀 더 친밀감을 가진 동무로 지내게 되었던 것입니다. 나보다 엽 스님이 더 애착을 가졌던 탓으로 엽 스님은 3생 전부터 여자로 태어나서 나를 따랐던 것입니다.

• 1941년 불가리아에서 태어난 프랑스 문학 이론가·작가·철학자.

B씨가 숙명통으로 안 일엽 스님과의 인연을 말함이다. 떼려야 뗄 수 없는 관계인 것이다.

> 금생에도 내가 엽 스님에게 가졌던 정의 영향이 없는 것은 아니었으나 깨달은 바 있어 단연斷然한 생각을 가지면서도 처음 만났을 때는 만주나 산중으로 엽 스님과 동행하려 했습니다. 그러나 엽 스님이 공부할 뜻은 없고 나를 향한 정, 그것으로 정체심이 되어버렸기 때문에 차라리 엽 스님을 혼자 두고 떠나면 불연이 깊은 사람이라 필경 수도인이 될 것이라 믿었습니다.

30여 년의 의문이 풀리는 말이다. 일엽이 그동안 B씨에게 품었던 애욕의 고苦를 잘라버리기에 충분한 답이었다. 그의 마음이 어디로 향하고 있는지조차 모르고 자신을 매질하며 원망으로 몸부림쳤던 지난 세월이 아쉬웠다.

> 엽 스님께 냉정했던 것은 나를 억제하려는 것뿐이었습니다. 아무튼 무엇에나 착살맞은 집착심만 여의면 마음과 몸이 함께 대장부가 되는 것이니 엽 스님은 남자 될 원력願力을 세우세요. 그리고 좀 더 정진에 힘을 쓰셔서 내생부터는 남자로 태어나 같이 불법 중에 동지로서 다시는 서로 여의지 않고 탁마琢磨하고 격려하옵시다.

더 이상의 말이 필요 없는 깊고 높은 사랑의 표현이다. 일엽과 B씨의 사랑은 진리·도덕·지식을 추구하는 사랑으로 전이된 것이다.

사랑하는 사람에게 살아서도 죽어서도 혼까지 다 바치고 싶다는 일엽 김원주. 사람의 사랑을 잃어버리고, 최후까지 사라지지 않을 영원한 사랑을 위해 견성암의 승려가 된 일엽의 사랑은 이렇게 끝을 맺었다.

일엽은 산문·운문을 통틀어 많은 분량의 작품을 남겼다. 모든 작품이 주옥편이라고 할 수는 없지만 심오한 깨우침의 표현이고, 큰사랑에 도달하는 피맺힌 기록이다.

그 작품들 중에서 후기에 쓴 법어로 된 산문보다 사랑의 기쁨과 아픔을 절절하게 그린 《청춘을 불사르고》가 그의 대표작으로 불린다. 그것은 일엽이 B씨와의 사랑에 자신의 몸과 마음을 불태웠으며, 그것을 작품화했기 때문이다.

온 밤을 내어주어야 새벽으로 오는 태양 같은 사랑. 그 사랑을 가슴에 안고 살았던 일엽 김원주. 그는 B씨보다 10년 앞서 열반했다. 일엽은 갔어도 그의 사랑과 수필은 남아서 사랑하는 사람들의 심금을 울리고 있다.

(1997)

나라가 망하는 것보다는 낫지
—백 박사와의 대화

14

이동현 전《중앙일보》기자

"백 박사께서 어떻게 여기까지 오셨습니까?"

"쫓겨서 왔지."

초인종도 없는 대문을 열고 불쑥 들어서니 벌써 인기척을 알아챘는지 후리후리한 백성욱 박사가 우뚝 현관에 서 있었다. 방으로 안내하면서도 쫓겨서 왔다는 말을 서슴지 않는다. 방이라야 장치도 없이 꾸며진 두 칸짜리인데 눈에 띄는 세간도 없고 장판도 윤기 없이 생긴 시골 사랑방 그것이었다.

"학교에서만 쫓겨 왔나. 서울에서 쫓겨 왔고 예전엔 금강산에서도 쫓겨났었지."

묻지 않은 대답이었다. 퍽 구수한 대면에 왕년의 기백이 쇠진한 것도 같았으나 정다워서 좋았다. 그러나 양미간에 솟은 혹은 여전히 백호상의 특징을 유지하고, 유난히 빛나는 눈의 광채는 1930년 금강산 수도를 상기시켜주는 듯했다.

"여기서 농사를 짓지. 그것도 3모작을 해."

여기란 곳이 바로 지금 백 박사가 우거하고 있는 잡초 우거진 산비탈이다. 소사읍을 채 못 가서 왼쪽으로 갈림길을 따라 다섯 마장(5리나 10리가 못 되는 거리를 이를 때, '리' 대신 쓴다)쯤 시골길을 들어서면 길가 바른쪽에 위치한 산언덕이다. 소사 1구 산 66. '백성목장'라 적힌 간판까지 걸려 있었다.

"목장이라고 하셨는데 무엇을 하는 목장이죠?"

"농사짓는 게 목장이지. 강냉이를 2모작 하고 그다음에 호밀을 심어. 그리고 '포플러'도 심었지. 한 5천 그루쯤 되겠지."

백 박사가 이곳에 정착한 지 6년. '쫓겨 왔다'는 설명으로 미루어 목장을 해보겠다는 왕년의 설계는 전연 없었던 것으로 해석되었다.

"6년 전에 헐값으로 산 땅이니 이제 큰돈을 버신 셈인데."

목장 면적이 3만 평가량 된다기에 물어보았다.

"돈을 벌어? 그렇지. 땅값이 올랐으니까. 그러나 다른 곳에 가서 이만한 땅을 다시 사려면 거기는 안 올랐나. 자네는 수학을 몰라. 수학을…."

이때까지는 호칭 없이 그대로 이야기가 잘되어가더니 드디어 '자네'란 호칭이 튀어나왔다. 왕년의 기백(?)이 되살아난 셈이다. 그는 누구에게나 첫인사 다음에는 '너'로 통하는 모양인데 '자네'로 불러준다.

1950년 2월.

백성욱 씨가 돌연 내무부장관 발령을 받았다. 그때 그다지 이름이 알려지지 않은 그였지만, 그가 금강산에서 다년간 입산수도했던 승려라는 것만은 세상 사람들이 알고 있었다. 제4대 내무부장관을 중에게 시킨다니 모두 그를 염불삼매念佛三昧(염불로 잡념을 없애는 경지)로 생각했다. 그런데 일단 내무부장관의 의자에서 첫 기자회견을 할 때에 모두 놀라 자빠질 지경이었다. 그를 중이라 했던 생각은 어디론가 사라져버리고, 모두 '비범한 사람'이란 말이 기자들의 입에서 저절로 튀어나오고 말았다.

장관 자리에 앉은 그의 그 후가 더욱 대단했다. 당시 국회에서는 정부의 형태를 내각책임제로 만들려는 기운이 싹텄다. 이것을 막아낸 것이 바로 백성욱 내무부장관이다. 그는 그때를 다음과 같이 회상했다.

"하루는 이 박사(이승만 대통령)가 부르더군. 독립운동을 했다고 해서 이따금씩 부르는데 왜 또 부르나 하고 가보았더니 이 박사가 내각책임제가 어떠냐고 묻더군. 그래서 내각책임제 못쓴다고 했더니, 왜 그러냐고 또 묻기에, '거지 노릇을 하다가 겨우 제 집 하나 만들었는데 내각책임제를 하다니요, 가난한 집에서는 현재와 같이 대통령 책임제로 해야 합니다' 했지."

"'그래 내각책임제를 해서 이 사람 저 사람에게 감투만 많이 씌우면 제멋대로 먹어댈 테니 그것을 무엇으로 당하죠?' 하니 이 박사는 고개를 끄덕이며 '그러면 어떻게 하나'라고 걱정을 해. 그래서, 못하게 하면 된다고 했지. 그랬더니 이튿날 나더러 내무부장관을 하란다고 총무처장이 왔어. 그 사람이 '이 박사가 하라고 하시는데 백 박사는 안 하시겠죠'라고 말하잖아. 그때 '안 하기는 왜 안 해. 이 박사가 하라는데 안 해?'라고 하니까 의아한 눈치를 하더군."

너털웃음은 아니나 대단히 유쾌한 얼굴을 짓는다.

"그러니까 내각책임제를 막아내란 특명이군요" 하니,

"자네도 정치를 아는군. 그래서 해치웠지."

조금도 서슴지 않는다.

"내가 해낸 것(사정)을 말할까. 그래, 하지."

백 박사는 73세의 고령을 연상할 수 없을 정도로 얼굴에는 홍조까지 띠며 두 손을 휘젓는다. 정정함보다 너무나 건강하고 활기 있고 박력에 차단 말이 어울려보였다. 민국당에서 내각책임제 개헌안을 국회에 상정시켰을 때다. 이것을 막기 위해 그는 곧 자기의 복안을 이 박사에게 털어놓고 일을 시작했다고 한다.

"경무대 경찰을 모두 무장시켰다고 소문을 쫙 퍼뜨렸지. 그랬더니 이 소문이 쫙 퍼지지 않겠어. 소문을 퍼뜨리라고 한 거야. 이 소문을 들은 국회의원인가 하는 친구들 속도 없이 경무대로 이 박사한테 달려간 모양이야. '백성욱이가 내란을 일으킨다 하니 가만둘 수가 있습니까' 하고 탄원을 했으렷다. 그 말을 들은 이 박사는 벌써 나하고 이야기가 끝난 뒤라 그래, '나는 배가 고프니, 점심 좀 먹어야겠으니 돌아가서 밥이나 먹지' 하고 이 박사가 자리를 뜨니 자기들이 어쩌겠어. 멍하니 자리만 지키다 갈 수밖에…."

"어떻게 하시려고 그랬어요."

"어떡하기는 뭘 어떻게 해. 위협이지. 만약 저희 맘대로 통과시키면 뭘 해. 정부 측에서 '그 개헌안이 통과되었습니다' 하고 내무부장관이 국민에게 공포를 해야 해. 공포 않으면 그만이지. 공포를 안 하나? 하기야 하겠지. '국회에서 통과된 것은 무효입니다'라고 하겠지."

"왜 무효예요."

“자네는 아직 그런 것은 모를 거야. 왜 무효야. 몇몇 놈들한테 국회의원들이 매수를 당해서 한 짓이니 무효라고 하지.”

“그 증거를 어떻게 하려고요.”

“증거? 그래, 증거를 조사하는 것이 내무부장관 아니야. 그러니 증거를 조사하기 위해서 국회의원들을 한군데 모셔오면 되잖아.”

이 설명을 들으니 그의 말의 전후가 맞는 듯했다.

“그럼 그게 뭡니까.”

“뭐긴 뭐야. 정치라는 것은 도둑질이야. 그것 모르지?”

이야기가 이쯤 되면 다시 반문할 여지가 없다.

“몇몇 친구들이 왔기에 이런 설명을 해주고 그날 국회에 나가봤지. 그랬더니 자기들끼리 부결되었다고 땅땅 치더군.”

지난 이야기지만 들어보니 대단한 설계(?)였다.

“그게 잘 된 겁니까?”라고 되묻지 않을 수 없는 심경이었다.

“안 되기는 뭐가 안 돼. 나라 망하는 것보다는 낫지.”

애국론을 들고나오는 데는 풀이 꺾일 지경이다. 그는 말을 이었다.

“부산 피난 가서는 어땠는데… 직접 선거(그는 보선이라고 불렀음)를 해야겠는데 이 박사가 말을 들을 것 같지가 않아. 그래서 몇몇 친구하고 의논했더니 그렇게 해주는 대신 다음 국회의원에 꼭 당선시켜 줄 것과 한 사람 앞에 1억 원씩 달라는 거 아냐. 국회의원으로 밀어주는 것은 아무것도 아니나 돈 1억 원을 달라니 가당하기나 한 말이야. 그래서 그 요구를 물리치고 그대로 해버렸지.”

그저 모든 것이 간단하기만 하다. 그저 해치우려 하면 다 되는 모양이다. (물론 당시는 내무부장관이 아니었는데도.)

“그것은 잘되었는데, 그다음 직접 선거를 하게 되니 이 박사 자신의 체면상 다시 대통령을 하겠노라고 하기가 안 되었던 모양이야. 내가 이 박사한테 가서 이 문제를 의논하니 잘해보란 거야. 그러고 나서 이 박사가 갑자기 밖으로 나가자고 해. ‘이 노인 또 무엇을 하려고 나가자고 하나’ 하고 따라 나갔더니 마당으로 나가잖아. 마당 한가운데에 떡 서더니 벼락같은 소리로 ‘그러려면 나한테 왜 왔어?’ 하고 집 안이 떠나가라고 소리 지르는 게 아냐. 그 고함이 들리니 경비하던 경찰관은 물론 다른 사람들도 모두 몰려와서 어찌 된 영문인가 의아하게 바라보고들 있었지. 그때 나는 알아챘지. ‘이 꼴을 저 사람들한테 보이려는 속셈이구나’ 하고… 그다음 나와 이 박사 사이가 벌어졌다는 소문이 돌고… 이 박사는 그 소문을 노린 거야. 그때 의논한 게 무엇이냐고? 응, 이 박사에게 자꾸만 대통령 않겠다고만 하라고 그랬지. 그래 놓고 내가 할 일은 응… 그것은 백성들은 자꾸만 이 박사가 대통령을 다시 해야 한다고 소리를 지르면 되는 거지 뭐….”

이것이 바로 대통령 연임 개헌안 파동을 설명하는 대목이었다.

“그러면 백골단인가 딱벌떼인가 아닙니까.”

듣다 보니 흥이 나서 직선적으로 물었다.

"아— 딱벌떼는 딴사람이 한 것이고 백골단은 왜 백골단이야. 백성들의 고함이지…."

게다가 어마어마한 사건의 주인공이 바로 자기였다고 대수롭지 않게 고백한다. 용기도 용기려니와 생각하면 지략의 권화같이 느껴진다. '저런 이가 심각하게 일을 꾸미면 어떤 사태가 될까' 할 정도로….

세상은 그가 점을 잘 친다고들 한다. 그래서 "백 박사께서 한국전쟁이 일어나던 해 남북통일이 된다고 하셨는데, 그것은 점을 치신 건가요" 했더니, "점? 아니야. 내가 그 말 했지. 그때 보도연맹•인가가 있었어. 그 사람들이 서울 운동장에 모인 다음 말을 한마디하라고 해서 금년에는 남북통일이 된다고 했지."

"무슨 근거가 있었나요."

"근거는 무슨 근거? 남북통일이 될 테니 아무 소리 말고 가만히 있으라고 한 말이야."

이 말끝에 마침 잘 되었다고, 앞으로의 통일 문제를 물어볼 수가 있었다.

"이것은 점이 아니고 전략인데…"라면서 백 박사가 자세를 고쳤다.

• 좌익운동을 하다 전향한 사람들로 1949년 조직한 반공단체로, 정식 명칭은 '국민보도연맹'이다. 한국전쟁이 벌어지자 1950년 6월 말부터 9월경까지 수만 명 이상의 국민보도연맹원이 군과 경찰에 의해 살해되었다.

"이런 전략을 말해도 될까?" 농담인지 진담인지 모를 표현이다.

백두산의 관모봉 줄기가 내려오다 강원도 이천伊川에서 끊어졌다는 것이다. 여기를 기점으로 하면 황해도 금천金川이 여기서 90리요. 경기도 연천漣川이 90리요. 철원鐵原이 이 지역을 연결하는 삼각선을 그어서 그곳으로 군대를 보내면 된다는 것이다. 기상천외한 발상이다. 휴전선을 건드리면 전쟁이 되니까 그것은 건드리지 말고 그대로 건너뛰란 것이다. 무슨 말인지 알아듣기 힘든 일이라 의아해했더니 백 박사는 "전략이라 모를 게야"라고 말했다.

"군대 이야기가 나왔으니 말이지, 월남 파병 안 했으면 큰일날 뻔했어. 군대는 자꾸 써야 녹이 안 스는 거야."

파병하지 않았으면 군대가 녹이 슬었을 거라는 판단이었다.

파병 이야기가 나온 김에 현 정권에 대해 물었더니, "그 사람들 참 일 잘해. 누가 이만큼 하겠나? 3선? 글쎄, 박정희 씨보다 잘하는 사람이 있다면 모르지만 자기가 하겠다고는 않겠지. 그러나 하던 일은 해야지. 잘들 해, 잘들 해…."

작별 인사를 하려고 언뜻 뒤를 바라보니 대문에 문패 대신 '응작여시관應作如是觀'이라고 써 붙였다. 《금강경》의 마지막에 나오는 말이다. '정신을 낭비하지 말라'는 뜻이라고 주석해주셨다.

사탕, 소주, 담배만 빼놓고 생필품을 자급자족한다는 백성목장은 더욱 푸르러 보였다.

(1968)*

* 1968년 《주간중앙》 2호에 실린 기사. 백성욱 박사와 이동현 《중앙일보》 기자의 대담을 옮긴 것이다.

학인들의 수행기

2부

응작여시관應作如是觀
-백성욱 선생님의 가르침과 나의 수행 체험기

15

김동규 법사

1934년 충청남도 홍성에서 태어났다. 젊은 시절 불교를 접하면서 출가를 결심할 정도로 큰 발심을 일으켰다. 1965년 백성욱 박사를 만나 3년여 동안 백성목장에서 수행하였다. 1968년 이후 《금강경》을 간행해 배포해오고 있다. 저서로 백성욱 박사의 강의와 수행기를 엮은 《금강경 이야기》가 있다. 사단법인 금강경독송회 이사장을 역임했고, 《금강경》의 생활화·대중화에 힘쓰고 있다.

인연

스승 백성욱 박사님과의 첫 만남

'어떻게 하면 우주 전체에 있는 삼라만상의 모든 중생을 다 제도할 수 있습니까?'

'어떻게 하면 우리나라가 남북통일을 이루어 이 땅에 불국토를 이룰 수 있겠습니까?'

'어떻게 하면 나도 성불할 수 있겠습니까?'

지금 생각하면 이 세 가지 질문은 거창하고 어이없지만, 1965년 당시 나에겐 몸부림을 치게 한 원인이기도 했다. '아무에게도 아직 발설하지 못한 세 가지 질문에 대해 백성욱 박사께서는 무슨 답을 주실까?' 자못 궁금한 생각을 되씹으며 한 번도 뵙지 못한 생면부지의 백성욱 박사를 친견하러 가는 중이었다.

마음에 상처가 있어 상처의 수렁에서 헤어나오지 못하고 있을 때, 지금도 밝혀지지 않은 누군가가 내 머리맡에 놓아 둔 책 한 권은, 김일엽 스님이 쓴 《청춘을 불사르고》의 초판본이었다. 나는 그날 온종일 그 책을 읽고 또 밤새워 읽고, 다음 날까지 세 번을 거듭 읽었다. 그리고 '조계사'라는 절을 처음 찾아갔다.

그때부터 나의 변신이 시작되었다. 몸뚱이의 주인이 마음이니 몸뚱이가 마음을 따라야 한다는 철저한 믿음을 가지고, 일주일에 한 번 조계사 법당에서 철야 정진을 했다. 또 매일 아침저녁으로 108배를 했고 하루 열두 번 《금강경》을 독송했고 각종 불교 행사에 웬만큼 참석하며 지냈다. 물론 매주 일요일에는 조계사에서 불교청년회법회를 마치고 오후에는 도선사에 가서 3천 배도 했다. 그럼에도 나의 몸부림을 잠재우기에는 역부족이었다. 남은 길은 출가하여 입산수도하는 길뿐이라고 생각했다.

그간 서울대학교 법과대학 불교학생회에서 인천 '보각사'에 계신 신소천(1897~1978) 스님을 초청하여 '《금강경》 강의'를 들었는데, 매일 《금강경》을 독송하고 있던 터라 강의를 감명 깊게 수강했다. 그래서 신소천 스님께 출가하기로 작심하고 달력에 동그라미로 표시까지 해놓았다. '1965년 9월 1일', 날짜를 정하고 나니 갑자기 할 일이 많아졌다. 조계사에서 가까이 지냈던 인연들을 만나 작별 인사를 하고 끝으로 서울 중구 저동에서 고행 중인 K씨를 만났다. 서로 오가며 가끔씩 찾아 만났던 사이였다. 그도 《금강경》을 독송하고 있다고 하여, 참으로 묘한 일치감을 느끼던 터였다. 그는 나의 출가를 축하해주는 뜻인지 유쾌하게 웃었다. 그리고 같이 한바탕 웃고 나서 그 웃음에 실려오듯이 간밤의 꿈이 선명하게 떠오르는 것이 아닌가?

간밤 꿈에 백성욱 박사님을 친견하고

"백성욱 박사라는 분을 꿈에 뵈었는데…."

그는 약간 흥분한 듯 꿈의 내용을 꿈의 내게 물었다.

"백성욱 박사라는 분이 홍련으로 된 연화관蓮花冠을 쓰시고 홍조를 띤 얼굴에 잔잔한 미소를 지으며 나를 물끄러미 바라보고 계셨습니다."

백성욱 박사에 대해 전연 아는 바가 없는 내가 꿈에서 그를 뵈었다고 하자, K씨는 잠시 망설이는 듯하더니 정색하며 말했다.

"사실은 내가 백성욱 박사를 한 달에 한 번 찾아뵙고《금강경》을 공부하고 있습니다. 백성욱 박사를 친견할 때가 된 것 같습니다."

좀 전에는 K씨가 백성욱 박사라는 말에 흠칫 놀라는 표정이었지만, 이번에는 내가 놀랐다. 마음속으로 거리감을 느끼고 있는데 K씨는 이어서,

"김 형도 백성욱 박사와 인연이 깊으신 모양이니 출가하기 전에 한 번 찾아뵙는 것이 좋을 듯합니다."

나는 백성욱 박사를 친견하기로 마음먹었다. 출가 일정을 뒤로 미루고 출가 예정일에 노량진에서 인천행 시외버스에 몸을 실었다. 소사삼거리에서 하차한 뒤, 그가 알려준 '웃소사'라는 마을에 다다르니 30여 호 되는 동네 맨 위쪽 산 밑에 한적하게 자리한 하얀 시멘트 집이 시야에 들어왔다.

거창한 세 가지 질문을 상기하면서 집 앞에 멈춰 섰다. 대문을 바라보니, 오른쪽의 순백색 대리석 기둥에 '응작여시관應作如是觀'이라고 음각한 문패가 부착되어 있었다. 나의 시선은 잠시 문패를 향해 멈추었다.

'《금강경》의 끝 구절인데…' 생각하면서, 우선 대문 안쪽을 향해 합장하고 몸을 굽혔다. 그리고 하얀 페인트를 칠한 나무 대문 위로 넘어와 대문 양쪽에 매달린 버저 줄 끝을 하나로 붙였다. '비―잇' 소리가 길게 안으로 들어갔다. 기척이 없었다. 더 길게 버저 소리를 들여보냈다. 역시 아무 기척이 없이 적막감이 감돌 뿐이었다. 나는 대문을 두 주먹으로 두드렸다. 쾅! 쾅! 쾅! 그 순간이었다.

"누구얏!"

태산을 흔드는 듯한 사자후에 귀가 먹먹해지고 가슴이 두근거렸다. 그 사자후와 함께 대문 안쪽 위에서 백 박사님의 상반신이 나타나 나를 내려다보고 계셨다. 언뜻 보아도 부처님의 상징처럼 큰 미간의 백호가 나를 압도했다. 꿈에서 뵈온 모습 그대로였다.

"왜 왔어?"

"백 박사님을 뵙고자 왔습니다."

"나는 바빠. 너 같은 놈 만날 시간 없어!"

쾅! 하고 뒤쪽에 문이 닫히는 소리와 함께 백 박사님의 모습이 사라졌다. 나는 무안했다. 그리고 돌아섰다. 세 발자국을 내딛는 순간 '아, 아냐!' 하며 옛 조사들이 선지식을 친견할 때 받던 문전박대 법문이 생각났다.

나는 얼른 다시 돌아서서 대문 앞으로 바싹 다가가 합장하고 '미륵존여래불'을 염송했다.

그 당시 나는 조계사에서 청년들에게 불교를 가르쳐주던

이종익 박사를 따라 십선회十善會 실천운동을 하며 미륵존여래불 부처님 명호를 익히고 있었다. 2~3분쯤 지났을까. 백 박사님이 다시 나오셨다.

"어디서 왔어?"

"네, 서울에서 왔습니다."

"할 얘기 있으면 해봐!"

"대문을 열어주시면 인사 먼저 드리고 말씀드리겠습니다."

"허허, 이 사람 인사성은 밝네."

백 박사님이 대문을 열어주셨다. 허름한 흰색 속옷 같은 바지를 입으시고 얇은 회색 점퍼를 입고 계셨는데, 지퍼가 열려 있었고 흰 고무신을 신고 계셨다.

"너는 요 앞에 있는 문으로 들어와라" 하시며 나오셨던 문으로 들어가셨다. 그러시곤 생철로 덧씌워진 출입문을 안쪽에서 열어주시어 나는 그 문으로 들어갔다. 바닥이 콘크리트로 덮힌 복도를 따라 걷다가 앞쪽 문지방이 높은 방문을 통해 방에 들어서니, 방 두 칸 중간에 장지문이 열려 있고 낮은 문지방이 경계선처럼 가로질러 있었다. 아무런 장식도 없는 벽, 그저 방 두 칸짜리 시골집이었다.

백 박사님은 문간 쪽 방 한가운데 한쪽 구석에 쌓인 방석 몇 개 중 하나를 내놓으시곤,

"너는 여기 앉아" 하시며 당신은 문지방 넘어 안쪽 방 가운데 놓인 방석에 앉으셨다.

백 박사님이 앉으시자마자 나는 삼배를 했다. 그때 높낮이

가 별로 없는 목소리로 발원하시는 음성을 듣고, 나는 흠칫 놀랐다.

"제도하시는 용화교주 미륵존여래불 공경 잘하겠습니다. 이 사람 무시겁無始劫 업보 업장을 해탈 탈겁해서 부처님 시봉 밝은 날과 같이 하고 복 많이 짓기를 제도 발원."

세상을 향해 있으면 재가자, 부처님을 향해 있으면 출가자

발원은 삼배하는 시간과 동시에 끝났다. 나는 얼떨떨해서 무슨 내용인지 알 수가 없었다. 그리고 박사님과 마주 앉아 있으니 갑자기 몸이 노곤해지고 정신이 몽롱해지는 것 아닌가! 흠씬 두들겨 맞은 것 같았다. 마음을 가다듬었으나 좀처럼 몽롱한 정신이 깨어나지 않았다. 침묵하고 있으니 어려웠고 꿉꿉하기 시작했다. 안절부절못했는데,

"그래, 물어볼 말 있으면 물어봐라" 하는 말씀이 들렸다. 그러자 나도 모르게 엉뚱한 질문이 튀어나왔다.

"재가자在家者와 출가자出家者의 뜻이 어떻게 다릅니까?"

"어, 그거. 생각이 세상을 향해 있으면 재가자이고, 네 생각이 부처님을 향해 있으면 출가자이지."

엉뚱한 질문에 박사님은 알맞는 답을 해주셨고, 나는 그저 놀랄 뿐이었다. 왜 느닷없이 그런 질문을 했는지, 지금 생각해도 알 수가 없다.

박사님께서도 "어, 그거" 하신 걸 보니 의외의 질문을 받고 황당하신 것 같았다.

다시 침묵이 분위기를 무겁게 짓눌렀다.

"그만 가보겠습니다" 하고 일어서려고 하니,

"더 앉아 있어라" 하시며 물으셨다.

"네가 《금강경》을 공부하고 있느냐?"

"네, 그렇습니다."

"경經은 잘 선택했다. 네가 절에 쫓아다니면서 참선을 많이 해본 모양인데, 그 화두를 가지고 깨치고 성불할 수 있다고 보느냐? 이 시대에는 자기 근기에 맞게 공부를 해야 해. 오늘 이후로 무슨 생각이든지 떠오르는 생각을 즉시즉시 부처님께 바치는 연습을 해라. 바친 만큼 밝아질 거야. 이게 무슨 뜻인지 알아듣겠니? …《금강경》을 아침저녁으로 읽고 일어나는 생각을 부처님께 바치고… 아침에 《금강경》을 읽으면 저녁까지의 모든 재앙이 소멸되고, 저녁에 《금강경》을 읽으면 그다음 날 아침까지의 모든 재앙이 소멸되는 것이다. 우선 공부하는 데 재앙이 없어야 해. 그러려면 가지고 있는 모든 재산을 부처님께 자꾸 바쳐서 복을 지어야 해. 어떤 재산이냐? 바로 네 생각과 궁리가 네 재산이지. 그 재산을 부처님께 내놓으라는데 손해 볼 것 하나도 없지. 바치는 연습도 한동안 해야 할 거고…."

법문을 마치신 듯, 다무신 입가에 미소가 번졌다. 나는 그 순간 꿈에 나를 바라보시던 그 눈가, 그 미소를 친견했다. 연화관을 쓰신 그 모습 그대로를….

《팔상록八相錄》*에는 싯다르타가 잉태될 때 마야 왕비의 꿈에 하늘에서 오색 광명이 비치면서 연화관을 쓰신 분이 육아백상六牙白象을 타고 내려와 마야 부인의 오른쪽 옆구리로 들어오는 꿈을 꾸었다는 기록이 있다. 아마도 연꽃으로 꾸며진 월계관 형태의 연화관을 쓰고 있음은 위대한 성인, 다시 말해 중생제도 하시는 자격을 갖추신 분의 상징일 것이다.

나는 다시 삼배를 드리고 들어갔던 문으로 해서 나왔다. 박사님은 안으로 해서 대문 앞으로 나오셨다.

"선생님, 저도 한 달에 한 번씩만이라도 뵙게 해주십시오."

"네가《금강경》을 잘 읽기만 한다면 언제든 만나주지."

아주 후련했다. 노곤하고 몽롱했던 생각이 말끔히 가셨다.

그리고 대문을 나서며 돌아서서 선생님께 합장하고 허리를 굽히고 인사를 드렸다. 발걸음도 몸도 가뿐했다. 멀리 서울 쪽 하늘에서 가을로 접어드는 햇빛이 감격한 마음에 따갑게 쪼였다.

오도송悟道頌••

백 박사님의 지나간 수행 이야기

선생님을 두 번째 뵙는 날이었다. 처음 친견하고 나올 때 "네

• 석가모니의 일대기를 여덟 부분으로 나누어 기록한 책.

•• 정진의 끝에서 자신의 깨달음을 읊은 선시.

가《금강경》을 잘 읽기만 한다면 언제든 만나주지" 하셨던 그 말씀을 떠올리며 벨을 눌렀다. 선생님은 처음 뵐 때의 그 복장으로 대문을 손수 열어주셨다. 처음 뵐 때와는 달리 나는 아주 편안했다. 삼배로 인사를 드리고 앉았는데 내가 먼저 입을 열기도 전에, "그래, 그동안《금강경》잘 읽었나?" 하셨다.

"네, 제 나름대로 열심히 했습니다."

"그럼, 하나 물어보자.《금강경》제21분에 '피비중생 비불중생彼非衆生 非不衆生'이란 구절이 있지. '피비중생 비불중생'의 뜻이 무엇이냐?"

"…."

나는 아무 말씀도 못 드렸다.

단순히 글자 해석이 아니고, 그 뜻을 아는지 물으셨기에 아무 답도 못했다.

"그다음 구절에 '중생 중생자衆生 衆生者'가 나오는데, '중생'은 '피비중생 비불중생' 중 어느 구절을 가리키며 '중생자'는 어느 구절을 가리키느냐?"

"'중생'은 '피비중생'을 '중생자'는 '비불중생'을 가리킵니다."

이번 하문은 뜻이 아니라 문장상의 문제였으므로 그렇게 답했다.

"응, 그래, 너 한문 공부를 어데서 했느냐?"

"한문 공부는 못 했습니다. 저의 동네에 글방이 있었는데, 글방에 계신 노인 선생님이 웬일인지 저에게 호감을 보여주셔서 자주 놀러 가다 보니 한문과 친숙해진 것이 전부입니다."

"그래, 《금강경》 공부를 하다 보면 한문을 많이 알아지게 된다. 《금강경》의 한자는 어렵지 않은데 뜻이 좀 어렵다고 해야 할까? 아무튼 《금강경》의 뜻을 깨쳐서 알아지게 된다."

잠시 침묵이 흘렀다.

"선생님, 선생님의 스승은 누구이십니까?"

"그거야 너희가 내 스승이지. 너희가 이것저것 물으니까… 그 질문으로 해서 내가 알아져 대답해주고 깨쳐지니까 너희가 바로 내 스승이지 않니?"

선생님께서는 빙그레 미소를 지으시다가,

"네가 나의 과거가 궁금한 모양이로구나! 내가 독일에서 귀국한 뒤 불교계 학교에서 3년 봉사한 뒤, 금강산에서 수도하려고 입산했다. '보덕굴普德窟'이라고, 천야만야千耶萬耶 바위 절벽 위 구리 기둥 하나로 굴 입구에 떠받쳐놓은 조그만 암자, 거기 들어앉아 수행 중이었는데, 하루는 어떤 이가 와서 나를 만나자고 한다기에 만나고 싶은 마음이 별로 없어 거절하고 며칠을 지냈지. 하루는 난데없이 지네가 내 발등을 물어서 발등이 퉁퉁 붓고 그 부기가 위쪽으로 점점 올라오는지라 암자에서 치료차 나가서 피마자기름(아주까리기름)을 약간 덥혀서 기름에 발을 담그니, 지네 물린 그 구멍 자국에서 마치 하얀 국수 가닥처럼 독毒이 빠져나와 치료를 했지. 치료를 마치고 다시 보덕굴로 올라가려고 하는데 또 나를 만나자고 하기에 만나보니 나이가 꽤 많은 보살이 왔더라. '그래 날 만나자는 사연이 무엇이오?' 하니, '나는 손혜정이라는 사람인데 마음이 안정되어 조용히 앉아 있으면 주변의 상황이 다 보이고 알아지고 느껴져요. 그런데 그런 상태가 오래가지 못하고 자꾸 흐트러지고 또 누가 와서 물어도 말로 표현을 못하니 나 혼자만 가지고 있고 밖으로 드러내지 못하면 무엇에 써먹겠소. 그래서 독일에서 철학박사를 하고 또 불교 수행에 조예가 깊은 백성욱 박사를 찾아왔소! 나하고 오대산 적멸보궁에 기도를 갑시다. 한 1백 일만 마치면 성과가 있을 것이오'라는 취지로 기도를 같이 가자는 것이더라. 그래 내가, '기도 가는데 누가 여자와 남자가 같이 간답니까?' 하니, '아, 부처님께 기도 열심히 해서 마음 깨치러 가자는데 그거면 됐지. 여자, 남자가 무슨 상관이오?' 했어.

그 말을 들으니 옳더라. 그래서 오대산 적멸보궁에 가게 되었고 적멸보궁에서는 기도 이외에는 취사 및 숙식 등이 안 되니까 그 밑 상원사와 적멸보궁 중간에 위치한 중대에 머물면서 매일 적멸보궁에 올라가 기도를 했지.

그런데 손 보살은 딱 48일을 마치고 나서 '나는 다 됐으니 더 안 해도 된다'라고 하면서 중대에 머물러 안정을 취하고 쉬고 있고 나는 계속 기도를 하게 되었지."

오대산에서 깨침 얻고 금강산으로 가시다

"그렇게 1백 일 기도를 마쳤는데 깨친 건 고사하고 기도 효과가 없었어. 기도한다는 마음만 꽉 차 있었지. 손 보살이 며칠만 쉬었다 다시 정진할지 말지 결정하자고 해서, 열심히 기도한다는 마음마저 내려놓고 쉬기로 했어. 그렇게 닷새째 되는 날 오후 해 질 무렵, 무심히 방 안에 앉아 선정에 들어 있는데 일순간 눈앞에 기이한 현상이 펼쳐졌어. 느닷없이 사자 한 마리가 나타나 발로 땅을 파헤치는데, 사자도 땅도 모두 금색으로 변하고 주변이 온통 금빛 세계인 거야. 그러더니 그 장면이 사라지고 이번에는 푸른 산을 배경으로 아래로는 맑은 물이 고요히 흘러내리는데, 자세히 보니 웬 평복을 입은 사람이 한가로이 앉아 있었어. 그 가운데 어떤 소리가 귓전을 울렸지.

녹수청산 임한자綠水青山 恁閒者

저시분명 상원인這是分明 上院人

해왈解曰…?

이러한 읊조림이 들리는가 싶더니 이내 모든 광경이 사라졌어. '상원인'은 문수보살을 일컫는 말이며, '상원암'은 문수보살의 도량이야. 그때 손 보살이 다가와 '지금 뭘 보았는지 말해보세요' 하기에 그대로 이야기하니 '이제 금강산에 가서 한 1천 일만 더 수도하면 되겠다'라고 제안했지. 그 바람에 금강산에 다시 가게 되었어. 그런데 공부하다 보니 1천 일이 그만 10년이 된 거야."

나는 정신이 퍼뜩 났다.

적는 버릇하지 마라, 머리가 흐려진다

한문 실력은 없지만 말하자면 백 선생님의 오도송悪道頌인데 제자로서 아무 기록도 못하고 그저 흘려버리다니. '다음에 올 때는 꼭 필기 준비를 해가지고 와야지!' 속으로만 다짐했다.

"선생님 죄송하지만 그 뜻을 해석해주십시오."

"그거 대강 뜻은 이렇다.

> 푸른 산 푸른 물가에 한가로이 있는 자여!
> 이것이 분명 문수보살을 맞이함이로구나
> 이 뜻을 알 것 같으면…?

알았느냐?"

정말로 아쉬웠다. 기록을 못했으니.

"선생님, 다음에 뵈올 때 필기 준비를 해오겠습니다. 이 중요한 것을 그대로 흘렸습니다."

"응, 너는 자꾸 적어 버릇하면 적는 귀신에 붙들려서 머리가 흐려진다. 너는 안 적어놓아도 정진하면 다 나오게 되어 있다."

나로서는 어이가 없었다. 정진하면 다 나온다? 방금 들은 것 들은 대로 적으라고 해도 전연 엄두가 안 나는데, 더구나 많은 시간이 흐른 뒤 정진한다고 과연 그대로 나올 수 있을까? 아무래도 NO 같다. 그래도 선생님께서 법으로 주신 말씀이니 YES로 받아 믿기로 하고 그 후 한동안 잊고 지냈다.

선생님이 동국대학교 총장 시절 학교에서 《금강경》 해설 강의를 하신 녹음테이프를 12년이 지난 후 1977년에 입수해 발췌할 무렵이었다. 《금강경》 독송과 정진을 하는데 갑자기 선생님의 '오도송'이 들은 대로 외워져 나왔다. 이후론 이 소중한 기억이 내게서 달아날까 봐 매일 되뇌며 외웠다.

그리고 국문학자 백아 김창현 선생을 민 선배(민백기 씨)와 같이 만나 백 선생님의 오도송 들은 법문을 말씀드리고 한문으로 표현해주시기를 부탁드렸다. 며칠 후, 백아 선생이 그 내용을 한문으로 옮겨주시며 동시에 붓으로 써주셨다. 지금도 족자로 표구해서 벽에 걸고 그 당시의 사연을 자주 반추하고 있다. 정성껏 옮겨 써주신 백아 선생은 이 세상 분이 아니시다. 명복을 빕니다.

후일담으로, 백 선생님의 적멸보궁 기도와 관련하여 《금강경》 해설집 간행 시에 서정주 시인이 보내준 발문에는 다음과 같은 내용이 있다.

> 발문
>
> 백성욱 선생이 1925년 독일에서 철학 박사학위를 얻고 귀국하시어 강원도 오대산 월정사의 방한암方漢岩 대선사大禪師를 찾아 어느 암좌에서 단독으로 백일기도를 올리고 지내실 때, 방한암 대선사께서 청년 백 박사의 장거壯擧(장하고 큰 계획이나 거사)를 간절히 아끼시어 손수 친히 끼니를 날라

주시면서 격려를 하셨다는 이 얘기와 아울러 그때 한암 스님이 짚고 다니시다가 그 도중 어디에 꽂아두었던 산나무의 지팡이가 지금 거수巨樹(매우 큰 나무)가 되어 그 언저리 어디 무성해 있다는 이 얘기가 이 글을 쓰자니 먼저 머리에 떠오른다. 선생은 근세 이후 우리 불교의 제일第一 대선사에게 참으로 그만큼 한 아낌을 받아 마땅한 분이라고 생각되기 때문이고, 그 사람이 저절로 남아 기념으로 자연히 무성하는 그 나무도 이런 두 분의 사이에는 아주 잘 어울리는 것으로 느껴지기 때문이다.

백성목장

《금강경》 독송의 길섶으로 들어서다

백성목장에도 가을이 성큼 다가왔다. 행정구역으로 경기도 부천시 소사읍 소사리 산 66번지. 30여 호가 옹기종기 모여 있는 복사골, 맨 위쪽 산 밑에 한적해 보이는 하얀 집. 아래 채는 선생님이 기거하시는 법당 그리고 좀 떨어진 위쪽으로 임시 가옥 1동, 우사牛舍 1동, 더 위쪽에 소먹이를 저장하는 엔실리지ensilage 통과 가건물이 서 있는 백성목장의 이른 새벽이었다. 우사 한쪽에 숙직실 같은 방에서 함께 자던 K씨가 부스럭대며 일어나는 기척에 나도 벌떡 일어나 앉았다.

잠시 후 K씨가 천장에 매달린 전구를 더듬거리며 찾아 스

위치를 돌렸다. 방 안이 갑자기 환해졌다. 나는 얼른 벽에 걸린 괘종시계를 올려다봤다. 4시 30분. 더 자고 싶은 아쉬운 생각을 떨쳐버리고 창문을 열어젖혔다. 갑자기 싸늘한 가을바람이 기다렸다는 듯이 쇠똥 냄새를 싣고 왈칵 방으로 들어왔다. 서둘러 자리를 정리하고 우사로 나가 찬물로 세수를 해서 잠의 미련에서 벗어났다.

K씨는 안쪽의 벽을 향해 장궤長跪•를 하고 나는 출입문 쪽 벽을 향해 장궤한 채《금강경》을 독송했다.

5시 30분, 우리는 서둘러 우사로 나가 우공들에게 인사를 했다.

"미륵존여래불."

덩치가 큰 홀스타인Holstein•• 종의 미국산 젖소 여덟 마리와 한우 한 마리. 어떤 인연으로 한국으로 이주하게 되었을까? 더욱 도인을 모신 수도장으로 말이다.

나는 부엌에 들어가 양은솥에 물을 데워 나오고 K씨는 알루미늄 물통을 씻고 수건을 빨고 채유할 준비를 했다. 따뜻한 물에 적신 수건으로 젖 부위를 닦고 야트막한 나무의자에 걸터앉아 물통을 양 무릎 사이에 끼고 두 손으로 우유를 짜기 시작했다. K씨는 1호와 2호를, 나는 3호와 4호 소를 맡았다.

• 발과 무릎만 바닥에 붙이고 다리를 펴고 허리를 꼿꼿이 세우고 독경하거나 염불 기도하는 자세.

•• 젖소 품종의 하나. 독일의 홀슈타인Holstein과 네덜란드의 프리슬란트Friesland가 원산지이다.

1호 소는 그중 나이가 제일 많고 하얀색 바탕에 검은 반점이 있는 전형적인 표준 얼룩소였다. 항상 자기가 제일 먼저 우유를 짜내고 또 제일 먼저 먹이를 준다는 것을 알고 있으며 K씨가 여물통을 들고 우사에 들어서면 몸짓을 하곤 했다. 그간에 소들이 위계질서가 형성되는 것도 이런 영향을 많이 받는 것 같았다. 2호 소는 전신이 검은 바탕에 흰색 반점들이 드물게 그려져 있었다. 더구나 눈 주위 털이 검은색인데다 검은 눈이어서 인상이 뚜렷하지 못하고 전체적으로 사나워 보였다. 2호 소는 인상대로 심술이 제일 많은 소였다. 간혹 심사가 틀어지면 우유 통에 뒷발을 담그는 것으로 의사를 표현했다. 그때마다 K씨는 화가 치미는 것을 삭이느라 '미륵존여래불'로 바치는 소리를 크게 그리고 템포를 빨리했다. 3호 소와 4호 소는 1호 소와 2호 소보다 나이가 어린 편이고 덩치도 작아 항상 내게 과잉 반응을 보였다. 어느 날에는 채유하는 동안 순해져 있었다. 천고마비天高馬肥라 했는데 비록 말이 아닌 소일지라도 가을이 되면 먹성도 더 좋아지고 살도 찔 법한데 채유량이 오히려 줄어 있었다. 이유를 알 수 없었다.

눈 뜨면 젖 짜는 일과부터

K씨와 나는 우유가 담긴 통을 각각 들고 우사 아래쪽에 있는 샘으로 갔다. 이곳 샘은, 경인간의 모든 물이 대개 짠물이라고 하는데, 짜기는커녕 물맛이 참 좋다. 샘 위로 콘크리트 건물을 세 평쯤 되게 짓고 흙으로 덮어 마치 돔형 집 같다. 문을

열면 맑은 물이 항상 철철 넘쳐흐르고 콘크리트 통에 넘치고 남아 고여 있는 물은 흡사 가을 하늘 한쪽이 담겨 있는 듯했다. 나는 이 물에 반해서 매일 새벽 빈속에 물을 한 바가지씩이나 마시곤 했다.

우리는 삼베보자기로 우유를 걸러내고 찬 샘물에 담근 채 나무막대기로 한동안 휘저어 우유가 뭉치는 것을 방지하며 식힌다. 어젯밤 것과 합쳐서 운반용 우유 통에 담아 K씨가 자전거 뒤꽁무니에 싣고 큰 길가에 내다놓고 우유 수집차가 오기를 기다린다. 7시 30분 수집 차는 어제 가져간 빈 그릇을 내주고 오늘 것을 싣고 갔다. 그동안 나는 걸레를 빨아 들고 법당 청소를 해야 했다. 그리고 법당 아궁이에 불을 지핀다. 요즈음은 냉기가 가실 만큼만 지핀다. 법당이래야 등상불도 아무것도 없는 평범한 방 두 칸에 가운데 장지문이 달려 있을 뿐이다. 다시 우사로 올라가 아침 공양 준비를 한다. 부엌이라야 아궁이 하나에 양은솥 하나 덩그러니 걸려 있는 방보다 좁은 재래식 부엌이다. 쌀을 씻어 점심 공양분까지 한꺼번에 짓는다. 나무를 잘라 아궁이에 불을 지피고 부지깽이로 부뚜막을 리듬에 맞춰 두드리며 목청을 돋운다.

"미륵존여래불, 미륵존여래불."

매일 선생님 법문 듣고 점검받아

이윽고 K씨가 먼저 옷을 갈아입고 선생님께 문안차 법당으로 내려갔다. 이 시간이 우리에게는 하루 일과 중 제일 중요한 시간이다. 왜냐하면 바로 선생님의 법문 시간이기 때문이다. 처음 한동안은 K씨와 같이 법문을 들었는데 중간에 K씨의 제의로 법문을 각각 듣게 되었다. 그것은 각자의 비밀스런 프라이버시랄까, 아무튼 노출을 꺼리는 마음의 비밀을 보호하기 위한 제의로 받아들여졌다. 선생님은 둘이 한 번에 같이 오거나 각각 혼자씩 오거나 아랑곳하지 않으셨다. 이곳은 정해진 규칙이 없는 반면 스스로 판단해서 이치에 맞는 규칙을 가지고 있어야 했다.

나는 우선 삼배를 드리고 합장하고 앉았다. 선생님의 표정을 보니, 오늘따라 기분 좋으신 듯하다. 아마 K씨가 공부를 잘한 모양이다.

각지즉실覺之卽失

꿈도 자기 생각

나는 소사 선생님의 문하에 입문한 후로 꿈을 자주 꾸게 되었다. 그것은 K씨도 마찬가지라고 했다. 유년기에 자주 꾸던 꿈이 청년기로 들어서면서 없어지다시피 했고 불문에 귀의한 후로 가끔 꿈이 되살아났고 현재는 자주 꾸게 되었다.

선생님의 법문에 의하면, 꿈도 자기 생각이라는 것이다. 물론 꿈 중에는 궁리에 의한 것 또 육신의 애착에 의한 것과, 다른 기관들이 모두 쉴 때 저녁 식사로 위를 가득 채우면 위장

활동에 의해 꾸는 헛된 꿈 등과 자신의 무념무상에 의해 보이는 꿈으로 분류되는데, 꿈 내용을 말씀드리면 바른 꿈과 삿된 꿈을 용케도 구별하셨다. 결국 무념무상에 의한 바른 꿈이라는 생각은 심층 의식 속에 감춰 있는 생각을 살짝 열어보는 것일까. 아니면 각자의 심층 의식 속에 과거 생의 희로애락의 사건들이 입력된 디스켓을 컴퓨터로 시청하는 장면들일 게다.

그런데 선생님은 우리가 꾼 꿈의 장면들을 우리보다 더 잘 알고 계셨다.

수행의 정도 따라 꿈으로 현몽

특이한 꿈은 수행장으로 들어온 지 한 달쯤 되었을 무렵, 흙탕물로 대홍수를 이룬 제1한강교가 넘치는 광경이 보였다가 며칠 후 그 홍수가 맑은 물이 되어서 조용히 흘러가는 모습을 보았다. 이때쯤 내 마음을 들여다보면 점점 일상에선 바쁘면서도 마음이 차분히 안정되어감을 느낄 수 있었다.

나는 꿈속에서 맑은 물이 조용히 흐르는 강에 들어가 몸을 씻고 있었다. 그런데 물속을 들여다보니 맑고 맑은 물속 바닥이 아름다운 오색 단풍의 색깔로 치장되어 있었다. 세상에 듣도 보도 못하던 꽃탕이 아닌가! 말할 나위 없이 즐겁고 기뻤다. 그런데 누군가의 목소리인지 몰라도, "이 물은 금강산에서 내려오는 물이라네" 하는 말이 들렸다. 그 소리에 화들짝 깨었다. 깨인 상태인데 내 자신이 꿈에서 기쁘고 즐거움으로 취한 그 마음 상태가 한동안 지속되었다.

선생님께서 "벌써 제 고향 찾아가는구나!" 하시며 빙그레 웃으시는 모습을 보니 심상치 않은 것 같았다.

나의 전생, 꿈으로 보다

"선생님, 어젯밤 꿈에는 제가 죽었다고 하는데 그곳이 금강산이었어요. 높은 산봉우리에 햇빛이 밝게 비추고 그 봉우리 중턱쯤에 조그만 암자가 있는데 그 암자 마당에 법복을 입은 많은 스님이 바쁘게 왔다 갔다 하는 것이 보이는데 제 장례를 준비하는 중이었어요. 그때 저는 그 암자에서 30도 각도쯤 되는 위쪽 앞면에 떠서 내려다보고 있었습니다. 조금 있으니까 제 상좌라는 스님이 보이는데 그 상좌 중이 바로 현재 제 할아버지였습니다."

"하하하…."

선생님은 정좌하신 다리까지 흐트러뜨리고 유쾌하게 한바탕 웃으셨다.

"소사에 경사가 겹치는구나. 그래, 너는 이제 네 할아버지하고 업보 관계가 알아졌다. 네가 보다시피 너의 할아버지가 전생에 너의 상좌였다. 그때 네가 상좌를 잘 가르친다고 잔소리를 많이 하고 엄격하게 다루었지. 이 생엔 너의 할아버지한테 잔소리 많이 들었지? 또 네가 할아버지를 어려워하고, 안 그러냐? 그렇게 당장 되받는 것이 업보다. 그럼 왜 네가 상좌인 할아버지 집에 태어났겠니? 그건 네가 전생에 산에서 수도하는데 하도 추위에 혼이 나서 따뜻한 곳을 찾는다고 남쪽으로 가다 보니 충청도 그 집이었지. 그래서 너는 그 집에 인연은 할아버지뿐이고 다른 식구들은 너를 손님 대하듯 할 거다."

그 말씀은 적중했다. 전에 어쩌다 집에 가면 내가 손님으로 간 것처럼 착각할 때가 종종 있었다. 그리고 할아버지는 꽤나 너그러운데 내게만은 엄했다.

"또 너의 할아버지는 너를 그곳에 주저앉혀서 씨를 받아 대를 잇게 하려는데 너는 그곳에 잡혀 있지 않으려고 가출했잖니? 금강산으로 돌아가겠다는 거지. 금강산으로 나를 찾아오려고 하는데 내가 금강산에 못 가고 소사에 있으니 네가 소사로 왔지. 참으로 감축할 일이다. 어떠하냐? 이제 너는 할아버지가 찾아와도 도망치지 않을 거고 같이 가자고 하면 싱글벙글 웃으며 따라갈 수 있게 되었다. 그건 왜 그러냐? 각지즉실覺之卽失이기 때문이야. 다시 말해서 업보를 깨달아 알면 무슨 일이든 못 하겠니? 아주 큰일했네. 너, 지금 몇 달이나 되었지?"

"네, 6개월째입니다."

"네가 절로 출가했다면 10년은 닦아야 할 것을 여섯 달 만에 해낸 거다."

"또 어젯밤에 정진하는데 허연색 코스모스 꽃 한 송이가 보였습니다. 그런데 꽃잎이 듬성듬성 나 있는 것 같고 뚜렷하지 않았습니다."

"그 꽃이 코스모스가 아니라 연꽃이다. 백련白蓮인데 네 실력이 아직 그 정도 보는 거다. 내일이나 또는 3일 지간에 황련을 볼 것이다. 이번에는 뚜렷하게 볼 것이다.

내가 늘 말하다시피 꿈이라는 제 생각과 현실과의 거리가 1천 일만큼의 차이가 있는데, 그것은 왜 그러냐 하면 우리 몸의 고기 세포가 한 번 신진대사를 하는데 1천 일이 걸리기 때문이지. 네 현재의 생각을 형상화해서 연꽃으로 보이는 것을 현실이라고 하면 어젯밤에 꿈으로 보인 그 사건은 너의 그 몸 이전의 생각을 본 것이다. 공부를 잘하면 네 생각의 세계와 현실 세계 사이의 간격을 좁혀나가게 되고 궁극적으로는 현실과 생각의 세계가 둘이 아니게 되는 것이다. 그 시점에 빨리 도달하느냐 마느냐는 전적으로 그대가 일어나는 모든 생각을 부처님께 잘 바치느냐 마느냐에 달렸다. 자꾸 바쳐라. 그렇게 바치는 공부를 1천 일 한다면 그 사람은 숙명통宿命通이 나게 되는데 숙명통이란 무엇이냐? 현재 제 몸뚱이를 요렇게 만들게 된 원인을 알게 된다 그 말이야."

세 살까지는 전생의 생각으로 산다

"사람이 배 속에서 10개월간 아주 먼 과거 생의 단세포 생물 때부터 고등 생물로 진화해온 과정을 모조리 연습을 하고, 10개월이 차면 모태에서 분리되어 세상에 태어나게 되는 거다. 세상에 태어나서 세 살까지는 전생의 생각을 가지고 살게 되고 이때 우선 1백 일이 지나면 부정모혈父情母血로 받은 혈액을 자기가 먹어서 만들어진 혈액으로 대체되는 거다. 그래서 우리는 아기가 태어나 1백 일이 되면 백일잔치를 해서 축하를 해주는 거란다."

1백 일 기준하여 《금강경》 독송하면 불가사의함을 경험한다

"이렇게 1백 일을 기준으로 해서 아침저녁으로 《금강경》을 독송하면서 나머지 생활하는 시간에도 일거수일투족을 모두 부처님을 즐겁게 해드리기 위해 행하고, 일어나는 모든 생각도 순간순간 부처님, 즉 밝은 당처에 바쳐버린다면 그 밝은 생각으로 인하여 자기 몸을 형성하는 최초의 물질인 세포가 밝은 생각의 영향을 받아 형성될 것이다.

다시 말해 부모로부터 몸 받기 이전의 본래 모습을 깨치게 되니까 제 스스로에 대한 불평불만하는 마음이 없어지게 되고 또 자기의 숙명통이 되면 타인의 숙명통도 되어 남의 숙명도 알게 되는데 이쯤만 되어도 세상을 대할 적에 모른다는 생각이 없게 되는 거다. 그건 왜 그러냐? 이때가 '나다, 남이다' 하는 생각이 없을 때다. 이 몸을 구성하는 시초에 그 원인을 알았는데 그 몸 이후의 일이야 모두 알도록 해결되는 것이니까 이것이 바로 선가에서 화두로 삼고 있는 '부모미생전父母未生前 본래 모습'이란 화두가 해결된 것이다."

세포의 변화 1천 일, 3천 일이면 타심통他心通한다

"그다음은 우리 몸을 구성하고 지탱하고 있는 뼈인데 뼈는 그 조직이 단단해서 그 조직세포가 한번 신진대사를 하는 데 고기 세포의 세 배가 걸려 대략 3천 일이란 시간이 요구되는데, 만약 어떤 사람이 이 기간 동안 부처님께 제 컴컴한 생각을 바치는 공부를 했다면 그는 타심통이 나게 된다. 타심통이란 남의 마음을 제 밝아진 성리에 비치게 되니까 사실은 제 마음을 들여다보면 그 비친 것을 보고 남의 마음을 알게 되므로 자심통自心通이라고 할 수도 있는데 결과가 남의 마음을 알았다 해서 타심통이라고 부르게 되었지. 이 경계가 성리性理가 밝아진 경계니까 견성見性이라고 해도 좋지."

뇌세포 변화시키는 데는 9천 일

"그다음으로 뇌세포가 신진대사를 하는데 이건 뼈조직처럼 단단한 것이 아니라 푸줏간에 가면 두부처럼 물렁물렁하게 생긴 골骨, 바로 그것인데, 이것은 뼈조직 세포 신진대사의 세 배인 9천 일이 걸린다 그 말이야. 9천 일이면 횟수로 대략 25년이 되는데 이 기간이 되면 자기가 이 세상에 태어난 1천 일 이후로 제 생각의 영향하에 생성된 세포로 몽땅 대체되기 때문에 대략 30년을 거쳐 환골탈태換骨奪胎한다고 하지.

그래서 사람이 이 세상에 태어나서 30살이 되면 그 사람은 완전하게 독립된 개체가 되었다고 볼 수가 있는데 그 몸뚱이에 대해서는 부모로부터도 완전한 독립이 되었다고 볼 수가 있거든.

환골탈태가 되면 수행하는 경계로 누진통漏盡通이 나게 되는데 그런 건 지금 여기서 말할 필요까지 없고….

숙명통과 관련한 재미있는 얘기가 하나 있지. 전에 지리산에 칠불암七佛庵이라고 하는 암자에서 있었던 일이야. 칠불암에는 아亞 자 형의 방이 있어 늦가을에 불을 때놓으면 삼동三冬(겨울의 석 달)을 그냥 따뜻하게 식지 않고 있다고 하지. 또 전해 내려오는 말로는 신라 이전 가락국駕洛國의 김수로왕金首露王과 인도에서 온 허황옥許黃玉 왕비의 사이에서 태어난 형제들이 이곳에서 수도했다고 하는데 이는 오늘의 우리가 다시 음미해볼 만한 내용이야. 왜 그런고 하니, 전설 같은 얘기가 뒷받침될 만한 증거를 찾는다면 한국 불교 전래사가 지금의 북방 대륙 전래보다 2백여 년 앞선 남방 해양 불교 전래설로 바뀌어야 되기 때문이지. 아마도 훗날에는 바로잡혀지겠지."

금생今生에 일어나는 일은 모두 전생에 지은 업

"이 칠불암에서 한때 스님 일곱 분이 수도하고 있었는데 한번은 그 고을에 새로 부임한 원이 초도순시初度巡視차 칠불암에 왔어. 그때는 이조李朝 때라서 불교가 박해를 받고 있는 때이고 또 스님들을 불러다 노역도 시키고 심지어 도성 관가에 출입도 금기하였어. 그런데 그 고을에 입법권·사법권·행정권을 다 쥐고 있는 원이 나타났는데 일주문 밖까지 기어 나와서 쩔쩔매도 시원치 않은데 글쎄 일곱 스님이 어쩌자고 아亞 자 방에 틀어박혀 꼼짝도 하지 않고 내다보지도 않거든. 그것 참! 호기가 등등해서 도착한 원님 일행은 어안이 벙벙해서 서 있다가 원이 직접 방문을 열어보니까 일곱 스님이 참선 중이라는데 보니까 한 스님은 턱을 손으로 고이고 눈을 치켜뜨고 배 깔고 엎드려 있고, 또 한 스님은 한 다리를 들고 서 있고, 또 다른 스님은 엉거주춤한 자세로 있기도 하고… 일곱 스님이 모두 제각각 다른 괴상한 자세를 하고 있으면서 공통된 것은 문을 열어도 한 사람도 아는 체도 안 하거든.

그때 그 원의 심보가 어땠을까? 옆에서 지켜보던 일행들 생각엔 '이제 너희들은 죽었다' 그랬겠지. 어이없이 쳐다보던 원이 가만히 있을 수가 있나. 그래서 일곱 분 중에 제일 나이가 어려 뵈는 한 스님을 지목해서 끄집어냈지.

'곤장을 메라… 쳐라.'

딱! 딱! 딱! 치는데 원이 가만히 보니까 조금도 반항하는 기색이 없거든. 그러고 보니까 아까 방에서 끌려 나올 때도 순순히 끌려 나왔고 간장을 메울 때도 마찬가지고, 또 딱! 딱! 치는데도 반항은 고사하고 원망심 없어 뵈는데 더 자세히 보니 몸이 삐쩍 말라서 비실비실한 것이 산속에서 잘 못 먹어서 그럴 것이고 생각이 여기까지 미치게 되니 갑자기 불쌍한 생각이 들어서 그만 치게 했는데 꼭 일곱 대를 치고 끝났지. 도로 방에다 끌어다 놨는데 원이 보니 측은하기가 말할 수 없거든. 맞은 놈이 때린 놈의 얼굴 한 번 쳐다도 안 보고 제자리에 가서 고꾸라져 있는 걸 보니 안되었거든. 그래서 원이 돌아가면서 그 매 맞은 스님에게 3년간 양식을 대주었더라는 거지.

그런데 매 맞은 스님이 아무리 생각해봐도 알 수가 없어. 그 원이 나를 왜 때리고 갔으며 더구나 양식은 왜 보내주는지. 지금 우리 같으면 복수심이 불타서 때를 기다리며 복수할 생각에 칼을 갈고 있을 테지만 그 스님은 매 맞고 양식을 받아먹게 된 것을 화두로 삼았던 모양으로 한 3년쯤 되니까 그게 그만 알아지더라는 거지.

그 스님이 어느 생인가 한 암자에 행자로 있을 때인데 그 암자는 북향으로, 마을이 그 산 아래에 있는데 하루는 절에 재齋가 들어서 음식을 잘 차려서 상에 올려 법당에 갖다놓고 부엌에 다녀오는 사이 동네에서 올라온 큼지막한 개가 차려놓은 상에서 떡을 한 조각 물고 있거든. 그때 그 행자 생각에 '요 망할 개가 감히 부처님께 불공하려고 차려놓은 떡을 처먹으려고 하다니' 하는 생각과 동시에 순간 개를 발길로 걷어찼지. 그 개가 갑자기 발길로 배를 차이니까 물었던 떡을 놓치고 비명을 지르며 뛰어가는데 행자 생각에 개가 물었다 바닥에 떨어뜨린 떡은 어차피 불공을 드릴 수도 없고 또 달아나는 개를 보니 측은도 하여 그 떡을 얼른 집어서 개를 향하여 '너나 먹어라' 하고 던져주니 개는 다시 떡을 물고 꼬리를 치며 좋아하더라는 내용이 알아지더라 하잖니? 그래서 그 스님이 이런 게송揭頌을 남겼어.

발길질 한 번하고 떡 한 조각 주었더니

곤장 일곱 대에 3년 양식 대주더라

참 재미있는 얘기지. 이쯤 되면 그 스님의 몇 생 전의 사건인지는 몰라도 그 안쪽의 일은 모두 해결될 수가 있는 거야. 이것이 지혜라는 거지. 지혜가 나는 거다."

성인이나 기인들 모두 한소식한 사람들

"지혜 얘기가 나왔으니 말인데, 전에 나폴레옹이란 이름을 들어봤지? 이 나폴레옹은 무장인데 전 유럽을 모두 점령하고 소련으로 쳐들어갔는데 그때는 겨울이었지. 모스크바를 향해 쳐들어갔는데 소련 군대는 하나도 안 보이고 영하 30~40도 되는 추위와 그 추운 바람과 눈·얼음 속에서 더구나 건물이라고는 하나도 없으니 견뎌낼 수가 있어야지. 모두 얼어 죽거나 심한 동상에 걸리고 해서 패잔병 신세로 후퇴할 수밖에. 또 퇴각하는 와중에 옆과 앞뒤에서 소련군의 습격을 받아 아주 나폴레옹이 치명상을 입게 되었지. 소련을 겨우 빠져나와 폴란드 국경 부근 어느 마을에서 하룻밤을 묵게 되었는데 민가에다 잠자리를 마련하고 물론 밖에는 보초도 세웠을 거고. 잠이 들었는데 갑자기 숨이 답답하거든. 잠이 깨어 눈을 떠보니 이거 웬일인가? 절구통보다 더 큰 하마 같은 여자가 나폴레옹의 배를 깔고 앉아서 왼손으로 멱살을 움켜쥐고 또 오른손엔 시퍼런 칼을 쥐고 눈을 부릅뜨고, '네놈이 나폴레옹이지!' 하거든.

그것 참! 지레 죽을 지경에 처했다. 그런 때 흔히 보초를 부르기 마련인데 보초를 부르는 순간 목에 댄 칼이 목을 찌를 것이고 위기를 면할 수 없게 되니까 천하에 둘도 없는 나폴레옹인들 목을 따면 가는 거지 별수 있나.

그때 나폴레옹이 '그렇소. 내가 나폴레옹이오' 하고 대답하니까 그 여자가 말했지.

'잘 만났다. 나폴레옹 이놈! 내 아들 3형제가 다 네놈한테 미쳐서 따라가더니 셋이 다 죽었다. 내 이제 죽은 자식 살릴 수는 없고 너를 죽여 원수를 갚겠다.'

그런 위기를 당했을 때 보통 사람들은 힘이나 권력을 가지고 모면해보려고 할 텐데 그러다간 꼼짝없이 당하는 거야. 그런데 나폴레옹은 그러지를 않고 순간에,

'아이고, 어머니! 못난 자식 셋보다 잘난 자식 하나가 더 낫지요. 어머니!' 하니까 그만 칼을 든 여자도 별수 없던 모양이야. 칼을 집어 던지고, '오! 내 아들아' 하고 끌어안고 울었지. 그러니까 나폴레옹이 힘으로 전 유럽을 모두 점령한 영웅이라고 해도 총칼밖에 모르는 사람은 아니었던 모양이야. '아이고, 어머니!' 순간의 이 한마디가 지혜지. 느닷없이 나오는 대단한 지혜다 그 말이야. 이건 일종의 종합적 즉각綜合的卽覺이지.

어때, 이런 얘기 재미있지? 그래, 닦아본 사람이라야 수도修道가 얼마나 좋은지를 안단다. … 또 할 얘기 있니?"

"네, 오늘 양초와 성냥을 사놓고 싶은 생각이 났습니다."

"그건 왜?"

"모르겠습니다. 그저 문득 떠오른 생각입니다."

'백성목장'이 수도장이라 해도 등상불을 모신 일이 없으니 초와 성냥이 필요치 않았다. 목장이란 간판 덕으로 전기는 특선이 들어와 있어서 전기 사정은 좋은 형편이었다.

잠시 후 선생님의 허락이 떨어졌다.

"음, 그렇게 해라."

우담발화優曇鉢華

자신도 모르게 예지의 능력을 얻다

아침 10시다. K씨와 둘이 아침 공양을 한다. 꿀맛이다. 반찬이래야 된장찌개와 김치 그리고 나물 한 접시가 전부다. 간혹 검사에 불합격한 우유와 출산한 소의 우유는 지방질이 많아 약 1주일쯤 납품하지 못하므로 우리가 된장찌개에 넣어 우유 찌개를 끓여 먹기도 한다.

어릴 적 집에서 일꾼의 밥사발을 볼 때마다 '어떻게 저렇게 많은 밥을 한꺼번에 먹을 수 있을까?' 하고 고개를 갸웃거렸던 기억이 떠올랐다. 그런데 오늘 내가 먹는 아침 밥사발 밥의 양이 그때와 비슷했다. K씨도 마찬가지다. 하루에 오전 10시와 오후 3시경, 하루 두 끼의 공양을 하고 목장 일을 한다는 것은 고달프기 짝이 없는 일이지만 모자란 것은 모두 신심으로 보충하고 지냈다. 《사십이장경四十二章經》에 "수도법자受道法者는 일중일식日中一食하고 수하일숙樹下一宿"이라는 구절은 "수행자는 하루 한 끼의 식사와 나무 밑에서 한 잠 자는 것으로 만족해야 한다"는 말씀인데 우리는 일한다고 하루 두 끼의 식사에 따뜻한 방에서 잠을 자니 과분한 것이었다. K씨와 나는 수저를 놓으면서 싱긋이 웃는다. 우리는 온종일 대화라고는 별로 없는 편이다. 떠오르는 생각을 부처님께 바치기에 바쁘기 때문이다.

K씨는 지게를 지고 산으로 올라간다. 산 저쪽에 1천여 평 되게 개간하여 밭을 일구었는데 띄엄띄엄 몇 군데에 흩어져 있는 밭 중 단위 면적이 제일 큰 밭이었다. 그 밭을 개간할 때 K씨가 제일 수고가 많았다. 지금은 사료용 옥수수가 한 길 넘게 검푸르게 자라고 있다. 나는 밀짚모자를 눌러쓰고 자전거에 올라 소사 읍내로 나갔다. 동네 가운데를 지나는데 아이들 셋이 "미륵존여래불 아저씨, 어데 가요?" 소리치며 자전거 뒤를 따라왔다. 하기야 들락날락할 때마다 동네 가운데를 거쳐야 되니까 그때마다 아이들한테 눈에 띄면 이렇게 인사를 받아야 했다. 나는 싱긋이 웃는 것으로 답례를 하고 페달을 더 빨리 밟아 동네를 벗어났다. 울퉁불퉁한 비포장도로를 지나 서울과 인천 사이의 국도가 접속되면 역전은 가까이에 있다. 역전 구멍가게에서 양초 한 통 성냥 한 통을 사들고 돌아온 시각 11시.

날씨가 쾌청하다. 갇혀 있는 소들을 울타리가 쳐진 마당으로 내몬다. 넓지도 않은 마당이지만 운동장에 온 듯 좋아 뛰놀다. 나는 리어카에 삽을 싣고 산으로 올라간다. 우사에서 비탈길을 헐떡이며 올라서면 북쪽으로 서울 남산 중턱에 세운 음악당이라는 하얀 조가비 같은 건물이 아물아물 보인다. 산길은 리어카가 다닐 만한 넓이로 산 중턱을 길게 관통했다. 군데군데 마맛자국같이 여름 장마가 할퀴고 간 골이 움푹움푹 패어 있다. 우선 가까운 쪽에서부터 메우는 작업을 하기로 하고 리어카에 돌을 주워 담는다. 돌은 많아도 들기 만만한 돌은 많지 않다. 패어나간 골에 돌을 부리고 축대처럼 차곡차곡 귀를 맞춰 쌓는다. 그 위를 흙으로 메우고 발로 꼬옥꼬옥 밟아 다진다. 벌써 이마에서 구슬땀이 흘러내렸다. "미륵존여래불." 겨우 서너 군데 손질하고 잠시 쉬고 있으려니 K씨가 내게로 왔다. 그가 온 것은 두말할 것 없이 점심 공양 시간이 되었기 때문이다. K씨도 나도 시계를 갖고 있지 않으니 몇 시가 되었는지 모르지만 배가 고파지면 울리는 생체 시계에 의존할 수밖에 없다.

그도 옥수수밭 주변을 손질하고 오는 중이라고 했다. 이곳은 아무래도 닷새 정도 더 걸려야 끝마무리가 될 것 같다. 저 아래 법당 쪽을 보니 선생님을 찾아온 손님이 법당으로 들어가는 것이 보인다. 일하는 것도 자유다. 스스로 알아서 해야 한다. 때를 놓쳐 낭패를 보는 급한 일은 순위를 정해서 합동으로 처리한다. 같이 합동으로 하는 일이 수월하고 능률이 난다고 하지만 이곳은 일보다는 수행에 목적을 두기 때문에 그런 쪽은 신경을 쓰지 않는다. 때때로 일하는 데 열중하고 있으면 선생님의 불호령이 떨어졌다.

"누가 너보고 일하라고 했냐? 공부하라고 했지!"

또 몸이 좀 피곤해서 꾀를 부려도 불호령이 떨어졌다.

"게으름 피우는 것은 박복 중생이나 하는 짓이다. 안 하지를 말아야지!"

일하는 데만 빠져서 그 일에 열중한 마음을 1백 일간만 연습해도 몇 생을 소의 몸을 받아 윤회하게 되고 또 게으름 피우는 마음을 1백 일간만 연습해도 거렁뱅이('거지'의 경기도 지방의 사투리) 중생으로 몇 생을 윤회할 것이니 각별히 유의할 일이다.

실감나는 법문이다. 그럼 내가 설 자리는 어디란 말인가. 일하려는 마음도 일을 하기 싫어하는 마음도 다 부처님께 바치고 보자. "미륵존여래불."

정확히 오후 3시다. 아침에 먹었던 찌개를 데워서 점심 공양을 한다. 역시 아침 식사 때처럼 많이 먹힌다. 더욱 불가 문중에서는 밥찌꺼기나 반찬찌꺼기를 남기지 않는 관습에 따라 여기서도 그런 핑계로 남겨도 좋을 음식을 다 먹어치운다. 배고팠던 마음이 해탈되면 육신이 조금 이완되는 모양이다. 아무 생각 없는 평화로운 분위기에 졸음이 피어난다. 식후 30분가량 쉬는 시간 두 다리를 뻗고 등을 벽에 기댄 채 오수에 잠겨본다. 그러나 금방 파리 떼들이 얼굴로 공격해오기 때문에 방해를 받는다. 이곳 파리는 등짝이 유난히도 까맣고 매우 억센 종족인 것 같다. 문만 조금 열려 있으면 쏜살같이 침입해 온다. 아무튼 졸음을 쫓아주어 고맙다.

낮이 많이 짧아졌다. 태양이 따갑게 쪼이던 빛을 거두고 서산마루에 걸쳐 있다. 내 그림자가 길게 뻗쳐 밭고랑을 지나 건너 쪽 밭둑에서 멈췄다. K씨와 나는 소를 우사로 몰아 넣고 채유할 준비에 바빴다. 우사 안은 벌써 어둡다. 불을 켰다. 밝게 빛나는 백열등에 우사 안이 환하다. 오후 7시쯤 되었을까. K씨는 1호 소에 채유를 마치고 2호 소의 곁에 있고 나는 3호 소에서 4호 소 곁으로 옮겨 앉아 채유 중이었다. 그때 갑자기 뇌성벽력이 치고 그와 함께 광풍이 비를 몰고 와 유리창을 때렸다. 알 수 없는 일이었다. 조금 전까지도 멀쩡하던 날씨인데 믿을 수가 없다. 서산마루에 걸쳐 있던 해와 그 고운 낙조의 모습이 일그러진 인상으로 변해 다가온다. 잠시 후 다시 한번 뇌성벽력이 쳤다. 우르르— 쾅! 쾅! 비는 더욱 많이 쏟아지고 바람 또한 더 거세진 듯하다. 그 순간 불이 꺼졌다. 단전이 된 것이다. 소들이 놀란 모양이다. 4호 소도 몸을 흔들고 꼬리로 나를 쳤다. 축축한 꼬리로 얼굴을 얻어맞을 때는 참 기분이 나빴다.

"김 형, 어떻게 하지요?"

나는 벌떡 일어나 방으로 갔다. 아침에 사다놓은 초에 불을 붙였다. K씨가 눈이 휘둥그레져서 내게 물었다.

"언제 양초를 준비했습니까?"

"오늘 아침에요. 읍내에 가서 사왔어요."

"우사에도 도인이 있는 걸 몰랐네요."

"하하하하—."

우리는 한바탕 웃었다. 기분 좋은 웃음이었다.

기도가 깊어질수록 꿈의 형태가 달라지고

장궤한 무릎이 아파오고 다리는 저려온다. 또 합장한 손으로 인해 양어깨도 뻐근해온다. 가끔 꾸벅 졸다가 이마가 벽에 부딪친다. 쿵—. 다시 마음을 가다듬고 버티어본다. "미륵존여래불 미륵존여래불." 고개를 돌려 시계를 올려다본다. 한 시간은 되었을 성싶은데 겨우 15분 경과했다. K씨도 나와 마찬가지인 모양이다. 가끔 그의 이마가 벽에 닿는 소리가 났다. 견딜 수 있을 때까지 버티어보는 거다. 벽에 바른 창호 벽지가 누렇게 바래 있었다. 얼마나 잘 어울리는 자연스러움인가? 시선이 한곳에 모인다. 그리고 의식이 조금씩 내게서 멀어지는 듯한 느낌이 온다. 몸의 아픔도 저림도 그리고 뻐근함도 멀어져가는 의식을 따라갔다. 이젠 조용하고 잔잔한 고요가 남아 있었다. 벽 속에서 뭔가 움직이는 듯하다. 잠시 후 벽 속에서 튀어나올 듯이 눈앞으로 서서히 물체가 크게 다가온다. 그건 황련黃連이었다. 윤곽이 뚜렷하고 색깔도 뚜렷하다. 그리고 3일 후 홍련紅蓮은 찾았다. 홍련은 그 빨간색이 강렬해서 나를 매혹시켰다.

초면부지의 백성욱 박사라는 분이 홍련 꽃잎으로 장식된 연화관을 쓰시고 빙그레 홍조 띤 얼굴로 나를 바라보아주시던 그 꿈의 생생한 기억으로 내게 있어 홍련은 더욱 잊을 수 없다.

그렇게 3일 후 시선이 멈춘 곳에서 한 점이 잉태되고 그로부터 확대되기 시작한 청련青蓮 한 송이, 짙은 남보라색이 고고한 자태로 내게 다가왔다.

백련으로부터 만 7일이 걸렸다. 선생님은 홍련 때까지는 아무 말씀이 없으시다가 이때 비로소 연꽃에 대한 법문을 주셨다.

꿈에 본 청련은 우담발화 보살의 마음과 보살의 얼굴

"연꽃이 맨 처음에는 백색으로 피고, 백련이 1천 년을 경과하면 황련으로 변하고, 또 황련이 1천 년을 경과하면 홍련으로 변하고, 홍련이 천 년을 경과하면 청련으로 변하는데 그러므로 청련은 3천 년이 걸려야 핀다는데 청련이 피면 성인이 나온다고 하지. 성인도 3천 년 만에 한번 나온다고 하니까 그래서 청련을 우담발화라 해서 부처님 꽃으로 상징되는 거다."

"그런데 연꽃이 왜 저에게 보입니까?"

"그건, 네 신심을 본 거다. 네가 보살심을 조출히 내니 연꽃이지. 연은 뿌리가 시궁창에 박혀 있으면서도 조금도 더러움이 물들지 않는 것과 마찬가지로 보살은 뿌리가 중생 속에 있으면서도 조금도 중생심에 물들지 않는다는 뜻이지.

어떠하냐? 누가 보면 쇠똥 묻은 바지에다 밀짚모자 눌러

쓰고 있으니 영락없는 카우보이지, 이렇게 실속 있는 공부를 하는 사람으로 알아보겠냐?" 파안대소하신다.

그때 갑자기 전신에서 에너지가 발산되는 묘한 느낌이 감지되었다. 그와 함께 심층부에서 맨틀을 뚫고 지각 틈으로 솟는 용암처럼 환희가 솟구쳐왔다. 그 환희 속에서 나는 한참을 멍청해 있었다. 지구가 깨지고 무너져가는 모습이 보인다. 그때 백 박사님은 다음과 같이 말씀을 하셨다.

"사회에서 아무짝에도 쓸모없이 버려진 고물딱지를 내가 붙여줬더니 이젠 재생이 되는구나. 거울을 대고 얼굴 좀 봐라. 여섯 달 전보다 얼마나 변했는가를 자세히 봐라. 제 생각 쓰는 대로 세포가 신진대사를 해서 얼굴이 변해지는 거다. 얼굴은 제 마음을 나타내는 광고판이거든. 부처님이라고 하는 밝은 생각으로 몸뚱이를 지어 보니까 보통 사람하고 서른두 가지가 다르다는 거지."

어쩐지, 우리가 기거하는 방에 K씨가 손바닥보다도 작은 거울 조각을 벽시계 밑에 붙여놓고 허리를 굽히고 자주 얼굴을 들여다보곤 했다. 나는 내심 '얼굴을 날마다 들여다봤자 그 얼굴이 그 얼굴이지, 여자도 아닌 남자가 화장하는 것도 아니고 더구나 공부하는 사람이 거울은 왜 그렇게 자주 들여다보나, 원 참' 하며 못마땅하게 생각했다. 그런데 오늘부터는 나도 거울을 들여다보지 않고는 못 배기게 되었다. 자세히 관찰해보니 양 눈썹으로 거의 붙었던 미간에 통로가 나 있지 않은가? 그리고 좁은 이마가 조금 넓어져 보였다.

자신도 모르게 밤새 잠자며 '미륵존여래불'

유전자의 기존 설계도가 변형되는 것일까? 양 눈썹 사이의 미간이 넓어져가고 있다. 그리고 이마도 더 자세히 보니 눈초리도 그 끝 쪽이 원만한 인상으로 보이기 시작했고 콧날이 섰다던 콧잔등의 곧고 날카로운 인상도 둥그레져 있었다.

"김 형도 거울을 자주 볼 때가 왔군요."

K씨가 바로 내 등 뒤에서 빙그레 웃고 있었다. 아마 선험자적 입장에서 하는 말일 게다. K씨는 나보다 40일가량 먼저 도량에 들어왔는데 공부의 깊이는 나보다 4백 일만큼의 거리를 두고 앞서간 듯하다. 그가 말해준 간밤의 사건은 그 거리를 증명해주는 듯했다.

"김 형, 어젯밤에는 깊이 잠들어 있는데 갑자기《금강경》이 내 머리 위로 떨어져 엉겁결에 두 손으로 받았지요. 그때 일어나《금강경》을 다시 괘종시계 위에 얹어놓고 시계를 보니까 새벽 3시 조금 지나 있었어요."

K씨가 보라는 듯이 약간 우쭐하는 분위기를 풍기며 말했다. K씨는《금강경》을 항상 벽시계 위에 모셔놓고 있었고, 나는 와이셔츠 상자 속에 담아 이불이 쌓인 옆 방바닥에 모셔두었다. 그런데 우린 한번 잠이 들면 새벽녘까지 깨는 일이 없었다. 그런데 그런 깊은 잠 속에 빠져 있을 때 갑자기 떨어지는《금강경》을 받다니. 참으로 대단한 수행의 경지 같았다.

며칠 전 내가 잠자리에 들면서 "미륵존여래불" 하고 계속 부처님께 바치면서 잠이 들었는데 새벽에 눈을 뜨고 일어나려는 순간 입에서 계속 "미륵존여래불" 하며 바치고 있는 내 자신을 발견했다. 그런데 그때 이상하게도 잠을 잔 것 같지도 않고 또 어젯밤 잠자리에 들 때에서 겨우 5분이나 지났을까 하는, 시간 감각이 마비된 느낌이 들었다. 나의 이 사건에 화답하는 듯한 K씨의 사건은 좁혀지지 않는 거리감을 느끼게 했다.

예수도 전생에 미륵보살

안다만 왕국의 왕자, 수기를 받다

'이상하다. 왜 부처님 도량에서 예수가 보일까?' 정진하는데 예수가 십자가에 처형된 형태로 매달린 채 보였다. 정진하면서 지우려 해도 자꾸만 벽 속에서 나타났다. 가만히 보니, 희끄무레한 천의 옷으로 발등까지 덮였고 머리카락은 산발한 형태로 고개를 떨군 모습이다.

심각한 분위기를 느끼면 한동안 보인 대로 있다가 지워졌다. 선생님께 점검을 받아야겠는데 망설여진다. '혹 망령되다고 야단맞지나 않을까?' 노파심이 났다.

사실 나는 교회를 가본 적이 있다. 중학교 1학년 때 종조부댁에서 학교를 다녔는데 그때 집안의 셋째 집 막내 할아버지

댁 종조모께서 교회를 열심히 다니셨다. 집안 큰할아버지 등 어른들께서 교회를 다닌다고 말이 많았으나 셋째 집이고 조상 제사에 책임이 있는 것도 아니어서 묵인하고 있었던 것이다. 그 할아버지 댁에서 학교를 다니고 있었으니 종조할머니께서 교회 부흥회에 참석하자는 권유에 3일간 따라 다녔다. 그러나 그때 아무런 감흥을 받지 못했다. 요것이 교회에 대한 나의 경력 전부였다.

그런데 난데없이 예수라니!

선생님은 아무 말씀이 없으셨다. 나는 야단맞지 않은 것만 다행으로 여겼다. 다음 날 정진할 때도 역시 벽 속에서 예수의 모습이 보였다. 어제보다 선연히 보인다.

선생님 역시 침묵이시다.

세 번째 되는 날도 역시 정진 중에 똑같은 예수의 장면이 보였다. 왜 계속해서 연 3일째 예수가 보일까? 그런데 선생님께서는 뭐라 말씀도 없으시고… 나는 조심스럽게 낮은 목소리로 여쭙고 점검해주시기를 청했다.

"그래, 오늘까지 3일 연속이지?"

"네."

"사실은 예수가 미륵보살이다."

나는 내 귀를 의심했다. 예수가 미륵보살?!

멍해져서 앉아 있는데 다시 선생님의 법문이 내 혼미해지는 정신을 깨웠다.

"너, 인도의 지도를 보면 맨 아래쪽 인도양 상에 다섯 개의 섬으로 된 나라가 있다. '안다만Andaman' 왕국이란 나라인데 소왕국이지. 그런데 그 나라에 왕자가 생이지지生而知之해서 아주 영특하고 지혜가 밝고 그랬는데 어느 날 보니까 대륙에 아주 밝은 도인이 계시거든. 부처님이지. 그래서 왕자가 부처님을 친견하려고 하인 한 사람을 데리고 카누를 타고 대륙으로 상륙해서 찾아갔는데 그때가 바로 '반야회상'이었지. 그런데 부처님을 향한 제자 1,250인 무리의 그 마음이 아주 환하고 밝아서 환희심이 절로 나고 경외심이 나서 말석에서 합장하고 부처님을 향해 우러러보고 있는데 그때 갑자기 부처님께서 '참 모두 잘 닦았구나! 마음들이 환하게 밝은 빛이 나는구나!' 하고 제자들을 향해 칭찬의 말씀을 하시니 이게 어쩐 일인가? 그 밝던 분위기가 갑자기 깜깜해졌더라 그 말이야. 그런데 뒤쪽 한편에 마음이 강렬하게 빛나는 한 사람이 있었으니 그가 바로 안다만 왕국에서 온 왕자 '미륵보살'이었지.

그래서 부처님이 그 왕자의 마음을 보시니까 '아— 부처님은 과연 참 밝은 도인이시구나! 당신이 제자들을 가르쳐 키워놓으시고 그 공덕을 제자들에게 칭찬으로 돌리시는구나!' 그런 마음자리니 껌껌해지는 것이 아니라 더욱 환한데, 더구나 다른 1,250인 제자들의 마음자리가 컴컴해졌으니 더욱이 환하게 밝아 보였겠지. 그래서 그때 부처님께서 그 사람을 앞으로 나오라 하셔서 수기授記를 주셨지.

'너는 앞으로 부처가 될 텐데, 그 부처의 이름이 '미륵존여래불'이고 그 세계는 용화세계龍華世界라. 내가 미처 제도하지 못한 중생들을 3회에 걸쳐 다 제도할 것이다'라고 수기를 주셨다.

수기라고 하는 것은, 단순히 그냥 예언하시는 것만이 아니라 부처님의 법으로 결정하시는 것이다. 우주의 주재자이신 부처께서 법으로 결정하시면 그대로 이루어지는 것이다. 《금강경》에도 '석가모니 부처님'이 과거에 '연등 부처님'으로부터 수기를 받으셨다고 말씀하셨지 않니?

> 연등불 즉불여아수기 여어내세 당득작불 호 석가모니燃燈佛 卽不與我授記 汝於來世 當得作佛 號 釋迦牟尼(연등 부처님께서 나에게 수기하시고 말씀하시되, 너는 이다음 세상에 부처가 될 텐데 그 사람 이름을 석가모니라 하느니라)•

그리고 그때 부처님께선 1,250인의 제자들에게 당부하셨지. 너희들 마음이 나를 향해 있으면 밝게 빛나건만 '잘 닦았다'는 칭찬 한마디로 '옳지! 내가 잘 닦았지' 하는 마음이 생기니까 그만 컴컴해지니, 그것이 바라보는 도인이 아니겠느냐. 너희들과 내가 다른 것은 마음 닦아 깨치면 부처가 되고 깨치지 못한 원래의 내 마음 상태면 그저 중생이지. 부처와 중생의 차이가 바로 이것이다. 그래서 지금 제 마음 닦아 깨치는 법을 가르치는데 바라보는 도인에 머물러만 있으면 되겠

• 《금강경》 제17분 〈구경무아분〉.

느냐?"

예수가 아직 미완未完의 구세주라는 생각이 들었다.

"어데 그뿐이랴. 예수가 하도 혼이 나서 다음 생에는 마호메트Mahomet로 태어났지. 중생을 제도하러 왔다가 십자가에 매달려 죽었으니 통분하니까 마호메트로 태어나서 한 손에 《코란》을 들고 또 다른 한손엔 그 《코란》을 보호하는 뜻으로 칼을 들고 출현한 거다."

선생님은 법문을 마치시고 물끄러미 나를 바라보셨다.

석가모니 부처님의 친견

얻어먹는 마음 거지 마음, 농사지어 베풀면 부자 마음

12월, 금년의 마지막 달이다. 가을 내내 가을걷이에 정신없이 바쁜 날을 보냈다. 옥수숫대를 모두 베어다 커터 기계를 빌려 잘게 썰어 10미터 깊이의 엔실리지 통 세 개를 우공들의 겨울 양식으로 채워놓았다. 또 영등포 맥주 공장에서 맥주 찌꺼기를 구입해서 보조 엔실리지 통에 저장해놓기도 했다. 한편으로 우사의 보온 준비와 곡물 사료를 확보해서 겨울나기 준비는 완벽했다.

우리도 겨우살이 준비를 해야 했다. 땔감 준비와 선생님의 지휘로 김장도 넉넉히 담아 땅에 묻고 짚가리개도 엮어놓았다.

무슨 인연인지 수의사 전씨라는 분이 자주 찾아왔다. 목장간의 정보를 전해주기도 하고 또 병난 소를 치료도 해주었다. 그는 근대 정치에도 관심이 많아서 정치 비판 세력에 적극 동조하고 있었다. 그 당시는 말이 정치 비판 세력이지 사실은 정부 시책에 무조건 반대를 위한 반대를 하는 판국이었다. 우리는 정치나 시국에 대해 무관한 입장이어서 그의 주장이 먹혀들지 않았다. 전씨는 선생님께 지도 받기를 요청했지만 아마도 선생님은 전씨의 그런 부정적 사고방식을 탐탁지 않게 여기실 게 뻔했다. 선생님은 전씨에게 그런 생각들을 부처님께 바치라고 하셨건만 전씨 입장에선 무슨 소리인지 알아들을 수가 없으니까 선생님을 알다가도 모를 분이라고 투덜댔다.

오늘은 1호 소가 감기에 걸렸다. 전씨는 하얀 가운을 입고 주사 준비를 했다. 1호 소가 벌써 눈치를 채고 몸을 흔들고 야단이었다. 사람이나 소나 주사 맞기를 싫어하는 건 마찬가지인 모양이었다. 주사약은 사람의 다섯 배 분량이란다. 전씨가 내게 약을 채운 주사기를 넘겨주면서 나보고 놓아보라 했다. 소는 평복을 한 나를 기피하지 않았다. 주사기를 몸 뒤로 숨기고 앞쪽으로 다가가서 어깨 부위에 주사기를 꽂았으나 찔러지지 않고 바늘만 휘어졌다. 그러자 소가 눈치를 채고 나를 기피하기 시작했다. 주사 놓는 요령을 듣고 다시 시도했으나 여전히 바늘만 휘곤 실패했다. 할 수 없이 전씨가 일어나서 겁에 질려 마구 흔들어대는 소의 어깨 부위에 쉽게 주사를 놓았다. 역시 전문가답다.

밤이다. 길고 긴 겨울밤. K씨와 나는 갈라진 손가락 끝에 멘소래담을 발라 아픈 것을 달래고 있었다. 그리고 또 양말도 누덕누덕 덧대어 깁고 해진 옷도 손질하며 지내는 저녁 한때가 왜 그리 즐거웠을까? 수행 경력이 쌓이는 비율로 옷은 누더기가 되는 것 같다. 입고 나가면 거지라고 손가락질 받을 옷이 내겐 왜 그리 소중하게 여겨질까?

"진수성찬을 먹어도 남에게 얻어먹은 마음이면 거지 마음이요. 보리 감자 농사라도 지어 남을 먹이는 마음이면 부자 마음이니라. 보수 없는 봉사로 제 몸뚱이를 부려서 부처님을 시봉한다면 그 복덕은 무량할 것이다."

누더기 옷에서 풍기는 선생님의 법문이다.

어느덧 눈이 내리기 시작했다. 함박눈이 캄캄한 밤을 타고 펑펑 쏟아져 쌓였다. 창밖으로 하얀 옷을 입은 어둠 속의 산을 보면 적막 속에 짜릿한 감회가 엄습해왔다.

새벽 눈이 발목까지 덮는다. 새벽녘의 하늘에 흡사 보석을 뿌려놓은 듯한 별이 총총 빛나고 있다. 동쪽 하늘엔 환히 빛나는 석가모니에게 깨달음의 계기를 준 저 별이 금방이라도 쏟아질 듯이 명멸한다.

"미륵존여래불, 미륵존여래불."

선생님께서 주신 점퍼 입고 눈물 흘려

왼손에 물통을 들고 조심조심 샘으로 내려갔다. 그때 법당

후원으로 통하는 쪽문이 열리면서 선생님이 나오셨다. 얼른 보아도 방한모를 쓰시고 두꺼운 옷을 입으신 채 이쪽을 쳐다보고 계셨다. 나는 합장을 하고 인사를 드렸다. 그제야 추운 날씨임이 감지되었다. 그때 선생님이 나를 부르셨다.

"동규야, 너 이리 좀 오너라."

나는 선생님 앞으로 다가갔다. 선생님은 한 손에 든 옷을 내밀며, "오늘 날씨가 무척 춥다. 이거 입어라" 하셨다.

나는 그 순간 선생님을 우러러봤다.

"어서 입어. 춥다."

언뜻 보니 옷은 점퍼였다. 가까이 보니 짙은 올리브색 군용 점퍼였다. 더블칼라에 주머니가 요란하게 달린, 군 장성들이 입는, 요즘 말로 '나토 재킷'이었다. 나는 "선생님, 춥지 않습니다"라고 사양을 했다.

그런데도 선생님은 "아니다. 등이 차면 상기가 되어서 공부하는 데 지장이 많다. 어서 입어라"라고 말씀하셨다.

나는 두 손으로 받았다. 감촉이 무척이나 보드랍고 따뜻했다. 겉옷 위에 입어보니 좀 큰 편이었다. 앞에 달린 지퍼를 닫고 또 단추를 끼우고 나니 당장에 훈훈했다. 나는 다시 합장하고 깊숙이 고개를 숙이자 볼에 감격의 눈물이 흘러내렸다.

"이제 됐다. 어가 가봐라."

"미륵존여래불."

K씨가 나를 눈이 휘둥그레져 쳐다봤다. 난데없이 군용 점퍼를 입고 있는 것이 이상하게 보였나 보다. '묻지 않은 일을

먼저 말할 필요는 없지 않은가.' 아무튼 나는 신이 났다. 법당 아궁이에 통나무 장작으로 불을 지폈다. 활활 타는 불길이 한쪽으로 매운 연기를 내며 방구들로 깊숙이 빨려 들어갔다. 이따금 불붙은 나무에서 탁 소리를 내며 불꽃이 튀었다. 그때 한순간 나는 까맣게 잊고 있던 어젯밤의 예사롭지 않은 꿈이 문득 기억 속으로 떠올랐다.

천지가 진동하며 하늘이 열려

갑자기 번쩍 빛나는 번개와 함께 우르르 쾅쾅하는 소리가 천지를 뒤흔들었다. 그런데 번쩍하는 그 순간에 하늘을 보니 하늘을 뒤덮은 검은 구름 한가운데에 둥그런 구멍이 뚫린 듯 밝은 하늘에서 빛이 새어 나오고 있었다. 또 땅에는 소용돌이치는 짙은 잿빛 안개로 뒤덮여 지척을 분간할 수 없을 정도였다. 그때 나는 내 가슴속에서 천둥이 친 듯 가슴이 숨 가쁘게 두근거리고 정신이 상기된 듯한 상태로 서서 합장한 채 허공을 응시하고 "미륵존여래불" 하고 염송하며 바치고 있었다.

다시 번개와 함께 천지가 뒤흔들리는 듯한 두 번째의 더 큰 울림의 천둥소리에 고막이 찢기는 듯했다. 맑은 하늘의 면적이 처음보다 커져 있고 밝은 빛이 제법 많이 비추어 들어왔다. 그리고 구름과 소용돌이치는 안개의 색깔이 조금 엷어 보였다. 나는 여전히 합장한 채 조금 더 큰 소리로 '미륵존여래불'을 염송하고 있었다.

잠시 후 세 번째 번개로 하늘 전체가 구름과 맑은 하늘이 반반이 된 듯했다. 또한 천둥소리를 내가 몽땅 삼킨 듯 나의 몸 내부가 요란하게 진동하는 듯했다. 머리카락이 쭈뼛쭈뼛 서고 커다란 소리에 귀가 막힌 듯 머릿속이 온통 진동으로 꽉 차 있는 듯했다. 사방이 조용해지면서 엄숙하고 숙연한 느낌으로 나 자신이 원시 감정에 사로잡힌 채 홀로 서 있었다.

선생님께선 엄숙한 표정으로 듣기만 하시고 자꾸 바치라는 한 말씀뿐이었다.

다음 날이다. 다시 전날의 연장이었다. 그런데 하늘은 많이 열려 있었다. 반쯤 남은 구름은 하얀색으로 바래 있었고 두께도 엷어진 듯했다. 세 번째의 섬광과 우렛소리가 허공에 메아리 칠 때엔 맑고 밝은 하늘에 하얀 구름 몇 조각이 듬성듬성 남아 있었다. 전날보다 더 숙연한 느낌이었다. 그리고 하체 단전 쪽에서 소용돌이 바람이 가슴 높이까지 올라오다 사라졌다. 이날은 가슴이 몹시 두근거렸다.

선생님은 어제와 같이 아무 말씀이 없으시다가, "네가 해내는구나"라는 말씀뿐이었다. 나는 신바람이 나서 저녁 시간 피곤함을 무릅쓰고 장궤한 채 열심히 정진했다. 사흘째 되는 날이었다.

드디어 부처님 세계에 들어가 석존의 《금강경》 독송 듣고

번쩍번쩍 우당탕우당탕. 계속된 번개의 섬광과 허공을 가르는 천둥소리가 서로 뒤범벅이 되어 우주를 밝혔다. 내 곁에 나를 둘러싸고 있는 검은 안개의 소용돌이가 금색광명金色光明의 소용돌이 속으로 뒤엉키며 빨려 들어가서 흔적조차 없어졌다. 단전에서 사이클론이 요란한 회오리와 진동을 하며 위로 올라와서 가슴과 목과 머리통을 통과해가는 것이 꼭 태풍이 지나가는 것 같았다. 이제 우주 공간은 온통 금색광명으로 꽉 찬 고요의 세계였다. 아니, 꽉 차 있다기보다 금색광명의 무한 공간이었다. 나는 합장한 채 떨리는 소리로 '미륵존여래불'을 염송하며 사방을 둘러보았다. 밝디밝은 부드러운 금색광명의 세계다.

잠시 후 "석가여래 부처님이《금강경》을 설하시니 법당으로 들어오라"는 부드러운 목소리의 전갈이 들렸다. 나는 더욱 환희한 공경심이 나서 합장한 채 전갈하는 소리가 들린 쪽을 향하여 걸어갔다. 광명 속을 계속 걸어가 법당이라고 하는 곳에 도착해보니 조금 전까지 내가 서 있던 곳과 하나도 다를 것이 없었다. 법당이란 집도 없고 안으로 들어왔다고 하는데도 기둥도 하나도 보이지 않았다. 더욱 부처님이 어디에 계신지 보이지 않았다. 그때 어디선가 내게 전갈을 주던 부드러운 그 목소리가 들렸다.

"부처님 법당은 허공계가 모두 법당이고 부처님의 모습은 허공계에 가득 찬 금색광명이니라."

나는 그 소리를 듣고 감격하여 그 자리에서 얼른 삼배를 올렸다. "부처님."

바로 그때였다.《금강경》을 독송하는 부처님의 음성이 들려왔다. 고음도 저음도 아니요, 멀고 가깝게 들림이 없는 그 부드러운 음성으로의 법음이 《금강경》 제3분 〈대승정종분大乘正宗分〉의 본문을 독송해가는 중이었다. 그런데 한 구절 한 구절 들릴 때마다 원문을 독송하는 소리와 함께 그 뜻이 들어오지 않는가! 나는 너무도 환희심이 나서 부처님 계신 곳으로 다가가고 싶은 생각이 났다. 그러나 내가 찾는 부처님은 어디에도 안 계셨다. 다만 지금 내가 부처님 품에 들어와 있으면서 부처님을 찾는 어리석은 생각을 하고 있었을 뿐이었다.

그때 《금강경》 제3분 〈대승정종분〉의 독송이 끝났다. 그리고 나는 소스라치게 놀라 일어났다. 아직도 귀가 멍멍하고 숙연한 생각이 남아 있어 한동안 멍청히 앉아 있었다. 그리고 《금강경》의 알아진 뜻을 반추해보았다. 생생하게 기억되었다. 이른 새벽 우주가 밝아지기 시작하는 미명의 시각 흐린 달빛이 커튼 없는 유리창을 통과해 나를 비추고 있었다.

용맹정진으로 의문 풀어내

나는 그간에 피곤하다는 핑계로 속도를 내어 《금강경》을 읽어 치우곤 했었다. 정말 오랜만에 선생님 문하에 들어온 후 처음으로 정독을 해보았다. 아! 이게 어찌된 일이란 말이냐. 나는 그만 눈물범벅이 되고 목이 막혀 중간에 읽기를 중단하고 목을 가다듬고 다시 계속하곤 했다. 환희의 눈물이 펑펑 쏟아지고 법열의 감정이 부글부글 끓어 넘쳤다. 수보리존자의 체루비읍涕淚悲泣은 어느 만큼이었을까?

내가 2년 3개월 전 1965년 9월 1일 선생님을 처음 뵈었을 때 질문하려던 세 가지 '어떻게 하면 우주 전체에 있는 삼라만상의 모든 중생을 다 제도할 수 있습니까?' '어떻게 하면 우리나라가 남북통일을 이루어 이 땅에 불국토를 이룰 수 있겠습니까?' '어떻게 하면 나도 성불할 수 있겠습니까?'의 문제가 풀려 있었다. 또 두 번째 선생님을 찾아갔을 때《금강경》제21분의 "피비중생 비불중생彼非衆生 非不衆生"의 질문을 받고 아무 대답도 못 드렸던 그때로부터 2년 3개월 만에 선생님께 그 답을 드릴 수 있게 되었다.

어데 그뿐이랴. 선생님 문하에 들어오기 전부터의 부처님 명호 '관세음보살'은 회향하고 '미륵존여래불'로 바꾸었다. 그런데 선생님은 "네가 하는 '미륵존여래불' 하고 내가 하는 '미륵존여래불'은 다르다"라고 하셨다. 나는 이제 선생님의 '미륵존여래불'과 합일合一했다.

하나하나 짚어보니 그간의 모든 의문이 다 해결되었다. 후련했다. 이제 선생님께 하나하나 여쭙고 확인 점검을 받아야 했다.

《금강반야바라밀경》

약견제상이 비상이면 즉견여래라

"온 누리 중생들에게《금강경》을 널리 펴서《금강경》의 밝은 법을 받들게 하기를 발원합니다."

"그래, 네 원이 이루어질 것이다."

"그리고 오늘은 《금강경》에 대해서 여쭤보겠습니다."

나는 《금강경》을 펼쳐 들었다. 선생님은 《금강경》이란 말만 들려도 자세를 바로 고쳐 앉으셨다.

"선생님! 《금강경》은 특히 제3분 〈대승정종분〉이 가장 기본이 되는 요체인 것 같습니다."

"그렇지. 그런데 너 항복기심降伏其心이란 무엇을 말하느냐?"

"네, 일체의 모든 중생을 남김없이 무여열반無餘涅槃에 들게 해서 멸도하는 것이라고 했습니다."

"그 무여열반에 들게 한다는 것은 곧 부처님을 만든다는 뜻이고. 그럼 일체중생의 근본은 무엇이겠느냐?"

"네, 일체중생의 근본은 각자의 일어나는 생각일 겁니다."

"옳지. 일어나는 생각이라는 것은 네 마음속에 있는 원인이 되는 중생과 마음 밖에 있는 결과로 된 중생 두 가지가 있는데 중생을 멸도하는 데 마음속에 있는 중생을 먼저 멸도해야 되겠느냐?"

"그거야 마음속에 있는 원인중생을 멸도하는 것이 옳겠습니다."

"또, 중생을 멸도한다는 것은 부처님을 만든다는 뜻인데 부처님은 누가 만들 수 있다고 생각하느냐?"

"네, 그거야 부처님을 만들 수 있는 분은 부처님만이 할 수 있는 일이겠습니다."

"그렇다면, 네가 일어나는 생각을 바쳐두는 게 옳겠니? 아니면 네가 중생을 부처로 만들겠다고 끌어안고 있어야 옳겠니?"

"네, 당연히 일어나는 생각을 부처님께 바쳐야 부처가 만들어지겠습니다."

"이제 모두 해결되었지?"

"네, 평소에 선생님께서 부처님께 바치라고 하신 뜻을 잘 알았습니다. 이후로는 추호도 의심이 없겠습니다."

"그게 바로 항복기심이다. 너는 부처님이 항복기심을 설하시는 것을 직접 들었잖니?"

나를 비롯한 선생님의 모든 문하생들 중 일어나는 생각을 왜 부처님께 바쳐야 되는지 설명해주는 문도가 아무도 없었다. 그저 선생님의 고매한 인품에 반해서 좇을 뿐이다. 또한 선생님의 가르침도, 금강산 회상이나 동국대학교 총장 시절의 회상에서도 일어나는 생각을 부처님께 바치라는 가르침은 없었다. 후에 소사 회상에서 처음으로 일어나는 생각을 부처님께 바치라는 가르침으로 수도장을 여셨다.

오늘에야 생각생각을 부처님께 바치고 부처님 시봉을 밝은 날과 같이 하라는 가르침이 바로 《금강경》의 항복기심의 실행이란 것을 알았고, 부처님과 선생님에 대한 감사한 마음과 공경심이 더욱 돈독해졌으며 행복한 마음까지 갖춰졌다.

"아상我相 · 인상人相 · 중생상衆生相 · 수자상壽者相의 해석을 다른 모든 이들은 아상은 나라는 고집, 인상은 너라는 고집,

중생상은 어리석은 고집, 수자상은 오래 살겠다는 고집으로 또는 고집을 생각으로 해석을 해서 강의하고 있습니다. 맞겠습니까?"

"아상은 나라는 생각, 인상은 너라는 생각, 중생상은 미迷한(흐릿한) 생각이고 수자상은 경험이 있다는 생각이야. 흔히 수자상을 글자대로 해석해서 목숨 수壽니까 오래 살겠다는 생각으로 해석들을 하는데, 그건 옳지 않지."

"그럼 아상·인상·중생상·수자상의 4상四相이 탐貪·진嗔·치痴의 대승적 표현이겠습니다. 아상과 인상이 탐심의 표현이고, 중생상은 진심의 표현이고, 수자상은 치심의 표현이겠습니다."

"《금강경》에서는 수행인에게 삼독三毒이라는 탐·진·치를 아상·인상·중생상·수자상, 4상으로 표현했지. 제5분의 '범소유상 개시허망 약견제상 비상즉견여래凡所有相 皆是虛妄 若見諸相 非相則見如來니라.'"

"이 가르침은 '있는 바 모든 상이란 것은 모두 허망한 것이니 만약 모든 상을 상 아닌 것으로 볼 것 같으면 곧 부처를 볼 수 있느니라'는 뜻이겠지요?"

"그렇지. 《금강경》을 요약하면 제3분은 무슨 생각이든지 부처님께 바치라는 것이고, 제4분은 무슨 일을 하든지 간에 부처님을 즐겁게 하기 위해서 하라는 것이고, 그리고 제5분은 부처님을 상상하지 말라는 것이다. 《금강경》은 여기서 한 번 끝난 셈이지. 그런데 대중이 새로 오는 사람 또는 나가는 사람도 있을 게고 하니까 거듭거듭 같은 내용을 세 번이나 설했기 때문에 내용이 중복되는 부분이 있게 되었다. 그렇다고 반드시 같은 내용을 세 번 똑같이 거듭한 것은 아니다. 잘 깨쳐보아라. 내용의 차원이 다르고 대승적 관점에서 이해된다면 중복된 법문이라도 뜻이 살아서 생동生動함을 보리라."

머묾이 없이 마음을 내라

"《금강경》 제10분에 '응무소주 이생기심應無所住 而生其心'이란 그 앞에 설명된 눈으로 보는 모양과 귀로 듣는 소리나 코로 맡는 냄새나 입으로 먹을 때 혀에 닿는 맛이나 손이나 몸을 대서 접촉하는 것이나 그리고 뜻으로 지은 법 등에 탐착하여 머물지 말고 그 마음을 내라는 뜻으로 받아들여집니다. 그렇다면 사람이 살아가는 데 절대 필요한 다섯 가지 감각과 감각을 통솔하는 뜻의 판단으로 사는 데 그런 모든 감각과 뜻에 머물지 않을 수 있는 사람이라면 곧 보살을 이룬 분이 아니겠습니까?"

"그러니까 '응무소주 이생기심'이란, 머묾이 없이 마음을 내야 되니까, 그리 되면 그곳은 업보가 없는 곳이겠지. 그래서 업보 없는 곳을 향해 마음을 내라는 것인데 업보 없는 곳이라면 누가 거기에 있을 자격이 되겠는가? 바로 부처님 자리지. 그렇다면 너는 그 자리 그 부처님을 잘 시봉해야겠느냐? 어떠냐?"

"네, 부처님 시봉 잘해야겠습니다."

"그러니까 부처님을 시봉하기 위해 마음을 내라는 것이 응무소주 이생기심을 실제로 시행하는 것이다."

"그런데 《금강경》 제10분까지가 공자님이 말씀하신 수신제가치국평천하修身齊家治國平天下라고 한 가르침과 일맥상통하는 것 같습니다. 그렇습니까?"

"그렇지. 공자와 석가여래는 중생을 제도하는 방법이 서로 다를 뿐이지."

"또 제14분에 '이일체제상 즉명제불離一切諸相 則名諸佛이니다'라고 했는데 내용으로 봐서 '부처님이 안 계신 뒤 5백 년쯤에 어떤 사람이 이 경의 말씀을 듣고 알아서 받아 지니면 이 사람은 네 가지 상이 없는 사람이어서 매우 드문 사람'이라 하겠습니다. 어째서 그런고 하니, '네 가지 상이라는 생각도 그 사람에게는 상이 아니기 때문인데 이렇게 모든 상을 여의면 곧 이름하여 모든 부처라고 한다'에서 모든 부처, 즉명제불의 모두 제자諸字가 그 뜻이 다른 것 같습니다. 여기서는 그냥 부처라는 뜻인데 모든 부처라면 그 앞 문장과 뜻이 맞지 않습니다."

"그래, 그 자가 어조사 저諸 자다."

'제불諸佛'은 '모든 부처님'이라는 뜻 아니라 어조사 '저諸' 자字다

이후 나는 '즉명저불'로 독송하고 있다. 몇 년 후 친구의 출판사에 방문해서 대옥편에서 '저諸' 자를 찾아봤다. 그런데 거기에서 '모두 제'와 '어조사 저', 두 가지로 쓰이고 있음을 확인했다.

"'약심유주 즉위비주若心有住 則爲非住'는 어떤 경우에 해당합니까?"

"어디든지 간에 마음을 두지 말고 그 마음을 낼 수 있을 때, 만약에 마음에 머묾이 있어도 곧 이건 머묾이 아니라는 거다."

"제18분에 항하의 모래 수만큼의 항하가 있고 그 모든 항하의 모래 수만큼 불세계佛世界라 했는데 불세계가 무엇입니까?"

"부처님도 몸뚱이를 가지고 있을 때는 업보가 있느니라."

피비중생彼非衆生은 전생, 비불중생非不衆生은 금생

나는 부처에 대한 상에서 벗어나려고 무척이나 애를 썼다. 심지어 부처님 광명 속에 있으면서 모양으로 된 부처를 잠깐이라도 찾을 마음을 냈으니 부처님을 상으로 간주한 누겁다생累劫多生의 훈습이요 습기였으리라. 이제 질기고 깊이 박힌 습기라는 뿌리를 뽑아냈다. 광명으로서의 부처님 모습이자 진리의 모습과 허공 법계로서의 부처님 법당에서 법문의 체험을 맛본 것이었다.

모든 항하의 모래 수만 한 불세계가 진리의 세계로는 받아들여지지 않았다. 부처에게 무슨 세계란 토가 달려 있을 이치가 없을 텐데 경에는 엄연히 불세계란 단어가 있었다.

이제 마지막으로 '피비중생 비불중생彼非衆生 非不衆生'에 대한 숙제를 2년 3개월 만에 끝내야 했다.

"선생님, 제21분의 '피비중생 비불중생'을 글자대로 해석하면 '저 중생이 아니며 중생 아님도 아니다'라고 해석됩니다. 그런데 '저 중생이 아니며'라는 것은 이미 밝아진 상태니까 전생을 일컫는 것이고, 그렇다고 '중생이 아님도 아니다'라는 것은 금생을 지칭한 말이 아닙니까?"

"그래, 잘 봤다. 법문을 듣고 마음 밝았으니 중생이 아니요, 몸뚱이 갖고 닦는 중이니 중생이다. 이미 밝아졌으면 그건 벌써 전생이 되고 아직 밝지 못한 중생이니 금생이다."

시간이 많이 지났다. 이렇게 오랜 시간을 선생님과 단둘이 대면해 있기는 처음이었다. 그런데 법문 중 언뜻 들으니까 선생님의 《금강경》 토吐가 우리 것과 다르다는 느낌이 들었다. 또 나도 《금강경》을 모처럼 정독해보니 토가 군데군데 맞지 않다고 생각되었다. 그때 내가 수지독송受持讀誦하던 《금강경》은 권상로 박사의 현토懸吐로 발행된 경이었다. 이 계제에 선생님의 현토하신 것으로 바꿀 욕심이 생겼다.

다음 날 아침에 나는 《금강경》을 천천히 독송하고 선생님은 토를 불러주셨다. 나는 선생님이 부르시는 즉시로 책에 토를 고쳤다. 기분이 날아갈 듯이 좋았다.

"전에 어떤 절에서 《원각경圓覺經》 〈보안보살장普眼菩薩章〉에 있는 '무변허공 각소현발無邊虛空 覺所顯發'에 토를 다는데 한 스님은, '무변허공無邊虛空에 각소현발覺所顯發이라'라고 달았지. 그건 무슨 뜻인가 하니 '애초에 무변허공이 있어 그 위에 깨침이 나왔다'라는 거야. 또 한 스님은, '무변허공이라도 각소현발이라'라고 달았지. 그 스님은 '아무리 무변허공이라도 깨침이 먼저 있어야 무변허공이 있다'라는 거야. 토 달기에 따라서 뜻이 달라지기 마련인데, 너는 어떤 토가 옳다고 생각하니?"

"네, '무변허공에 각소현발이라'라고 한 토가 맞겠습니다."

"잘 깨친 거다. 그런데 그 절의 대중은 두 패로 갈라져 그 토에 대한 의견을 팽팽하게 주고받으며 대립했는데, 얼마 지난 뒤 '무변허공에 각소현발이라'라고 토를 단 중이 처벌을 받았단다. 경에 토를 단다는 것은 아주 중요한 일이다. 수행 경지가 깊을수록 토를 제대로 달 수 있게 된다."

하산下山

나도 전생에 장안사에서 수행했던 몸

"미륵존여래불 미륵존여래불…." 나는 장궤한 자세로 벽을 향해 합장하고 정진하고 있었다. 30분 정도 지났을까. 갑자기 금강산이라고 여겨지는, 우거진 숲 사이로 난 경사진 길을 따라 내려오고 있는 나의 모습이 보였다. 넓은 차양의 방갓을 쓰고, 승복 위에 바랑을 지고, 그리고 긴 염주(108 염주인 듯)를 목에 걸고, 손에는 주장자柱杖子를 들고 있었다.

나는 여기서 수행하면서 유니폼도 승복도 입어본 일이 없건만, 그 모습은 조촐하고 단아한 모습의 위의威儀를 갖춘 수행자가 지금 금강산에서 '하산'이란 행사行事를 하고 있는 중이었다.

이제 다리가 놓인 큰 냇가에 도착했다. 그 스님은 잠시 다리 앞에 멈춰 선 채 다리 아래쪽을 바라보고 있었다. 수량水量이 꽤 많았다. 물 흐르는 소리는 마치 방망이로 홍두깨를 때리는 듯한 청음이었다. 각기 모양대로의 바닥의 돌과 부딪치는 소리들이 하모니를 이루어 서늘한 분위기였다. 다리를 반쯤 건너면서 앞쪽을 바라보니 숲이 우거져 컴컴한 그늘을 이루어, 그 스님은 다리를 건너자마자 그늘 속에 묻혀 흔적조차 없어졌다.

그러고는 난데없이 단층집 기와집들이 보이고 그 앞 공터에 소·말·닭 등의 가축들과 그 소·말에 먹이를 주는 여물통 등이 널브러져 있고, 그것을 끌고 나온 가축들의 주인인 듯한 갓을 쓴 사람들 그리고 또 그 하인인 듯 보이는 바지에 행전을 치고 머리에는 흰 띠를 두른 계층의 사람들이 와글와글 북적북적하는 모습이 보였다. 저잣거리였다. 그런데 내 모습을 알아보는 사람은 없는 것으로 느껴졌다.

또 장면이 바뀌어 세 번째로 나는 나의 고향 마을 입구에 있다. 그런데 지상에서 어느 정도 높이에 떠 있었다. 오른쪽과 왼쪽 야트막한 산이 동네를 향하여 길게 누워 있는 형세이고 동네는 서산마루에 좌우측으로 길게 산줄기가 동쪽으로 뻗쳐 있어 30여 호쯤 되는 마을을 품에 안은 듯했다. 큰길에서 이 동네로 들어오려면 동쪽에서 서쪽으로 향하여 들어오게 되어 있다. 그런데 동네 중앙쯤에 남북 가로로 몇백 년 된 노송들이 우거져 운치를 더욱 빛내주고 서산마루엔 노송들이 우거져 '백로'들의 거처가 되어 있었다. 마침 해가 서산과 가까워져 있어서인지 백로들이 날아드는 모습이 햇빛에 반사되어 식별이 잘 되었다. 또 인상적인 것은 저녁 때가 되었는지 초가집마다 굴뚝에서 연기가 솟아올라 한참을 길게 뻗쳐 오른 채 흐트러짐이 없는 연기의 모습이 참으로 평화로워 보였다. 사람들이 사는 동네가 이렇게 조용할 수 있을까? 어머니 품속처럼 아주 포근했다.

선생님께서 나의 전생담을 일러주시고

선생님은 나보다도 더 즐거우신가 보다. 존안에 홍조를 띠면서 유쾌하게 웃으셨다.

"그래, 네가 금강산에서 수행하다 몸뚱이를 바꾸게 되니까 인연 찾아 '하산'하는 모습이다. 그 절이 장안사다. 장안사 아래쪽 다리를 건너 하산해서 그 당시 한양 변두리 저잣거리 모습이지. 저잣거리란 상설 시장인데 규모는 작고 그렇지. 너도 소사역 앞 저잣거리 시장에 가보았잖니? 그때 너의 모습은 그게 너의 마음 몸이지. 말하자면 중음中陰인데 육신의 눈으로는 안 보이지."

선생님은 조용히 말씀을 이으셨다.

"그리고 지금 너의 고향인 그 동네로 너의 할아버지 인연을 찾아간 것이다. 금강산에서 하도 추위에 혼이 나서 아마 남쪽에 평화로운 그 동네가 네게 적합했던 모양이지. 자, 이제 네 현생 이전의 본래 모습이 나왔는데 이제 그 전생의 이름을 알도록 해라. 이름 알기는 좀 어려울 게다. 아무튼 애썼다! 안 하지는 말거라."

백 박사님 모시고 법회를 열다

소사에서 나와 사가에 장소 마련

"춘래불사춘春來不似春."

"봄은 왔어도 불교의 봄은 없네."

겨우내 움츠렸던 생명이 약동하는 1968년 무신년戊申年의 봄, 나에게는 생에 최고 영광의 해였다. 나는 지난해 소사 도량에서 나와 선생님을 주례로 모시고 약혼, 결혼식을 가졌고 금년 3월부터 선생님을 모시고 사가私家에서 법회를 갖는, 그야말로 선생님의 극진한 호념부촉護念付囑의 은혜를 입게 되었다.

4월의 두 번째 수요일 아침 일찍 선생님을 모시려고 집을 나섰다. 법회는 매주 수요일 10시부터 시작했다. 영업용 택시를 대절해서 선생님이 계신 소사 도량의 대문 앞에 당도했다. 오른쪽 옆 풀숲 속에 노란 개나리가 나를 반기듯 고개를 쑤욱 내밀고 있었다. 또 대문 틈으로 보이는 법당 뒤쪽 산언덕엔 빛바랜 진달래가 봄빛을 지키며 가는 봄을 아쉬워하는 듯했다. 합장하고 나서 대문을 살며시 밀고 들어가 법당 문 앞에 서서 다시 합장하고 문고리를 잡아당겼다. 그리고 문지방을 넘어 딛고 들어가니 선생님은 장지문, 문지방 안쪽으로 선생님 자리에 정장 복장으로 앉아 계셨다. 삼배를 드리니 선생님은 축원해주셨다.

"안녕히 주무셨습니까?"라고 문안 말씀을 여쭈니, "그래, 그대도 별일 없었나?" 하셨다.

선생님은 '네가' 또는 '이 사람이' 또는 '김동규가' 또 '그대가' 등의 대명사를 그때그때 적합하게 사용하셨다.

"그럼 가야지" 하시며 일어서실 뜻을 표해주셨다. 나는 얼른 일어나 다시 삼배를 드리고 문을 나오니 선생님께서도 밖으로 나오시어 대문 밖 택시가 서 있는 곳으로 오셨다. 뒷자리에 모시고 나는 운전석 옆에 앉아 마음을 가다듬었다. 차는 울퉁불퉁한 동네 가운데 마당을 지나서 동구 밖 비포장도로로 나서고 있었다.

나는 벌써 여러 번 선생님을 모시고 소사 밖으로 나왔다. 나의 약혼식이 있던 작년 이전에 소사에 안주하신 6~7년간을 선생님은 한 번도 도량 밖으로 나오신 일이 없으셨다. 그런데 번번이 선생님을 모시게 된 영광을 후일에야 선생님의 그 큰 뜻을 짐작할 수 있었다.

노량진 한국모방 앞에 이르러 맞은편 왼쪽에 위치한 사가에 도착했다. 당시 사가의 주소는 '영등포구 노량진동 224번지'였으나, 그 후 행정구역이 몇 번 바뀌었고 현재 '동작구'가 되었다. 그 집은 일본식 목조건물이었다. 대개의 왜식 집이 그렇듯이 그 동네의 맨 왼쪽에 돌 축대를 쌓은 터에 지은 집이어서 동네에 들어서면 바로 눈에 띄었다. 축대 위쪽에 자란 나이 많은 노오란 개나리가 아래로 뻗어 넝쿨지어 숲을 이루었고, 그 옆에는 수십 년생 라일락 두 그루가 짙은 향기를 풍기며 집을 가리고 있었다. 언덕진 골목길로 올라가 허름한 대문 앞에 서면 집 뒤쪽 언덕배기에 아카시아 나무와 느티나무가 어우러져 있고 2백 평쯤 되는 널찍한 터에 왼쪽으로 40평가량의 목조 집이 한 채 있고, 오른쪽에 있는 18평 목조 별채가 바로 나의 사가였다.

18평 중 조그만 부엌과 방 한 칸만 남겨놓고 마루와 큰방 현관 쪽 미닫이문 등을 터서 만든 14평 정도의 방에는 이미 대중이 꽉 차 있었다. 《금강경》 제20분 〈이색이상분離色離相分〉을 독송하는 소리가 들렸다. 선생님은 한쪽 자리에 앉아서 차 한잔 공양을 받으시며 《금강경》 독송이 다 끝나기를 기다리고 계셨다.

《금강경》 독송과 '미륵존여래불' 정진이 끝났다. 선생님께서 맨 앞 조그만 탁자 앞에 대중을 향하여 앉으셨다. 뒤쪽 벽에는 내 서툰 붓글씨로 '미륵존여래불彌勒尊如來佛'이라 써놓은 족자가 걸려 있고 좌정하신 선생님의 모습이 금칠만 하면 그대로 부처님 상이어서, 법회의 분위기는 비록 격식을 못 갖춘 허름한 집이었으나 등상불을 모신 법당의 분위기와는 비교가 안 되었다. 우리는 그대로 살아 있는 부처님을 모신 법회에 참석하고 있는 것이었다.

대중들이 모두 일어나 삼배를 드렸다. 선생님은 합장하신 채 대중을 향하시고 축원을 하셨다.

"제도하시는 용화교주 미륵존여래불 시봉 잘하겠습니다. 여기 모인 모든 사람이 무시겁 업보 업장을 해탈 탈겁해서 부처님 시봉 밝은 날과 같이 복 많이 짓기를 제도 발원."

축원과 삼배가 끝나고 침묵이 흘렀다. 잠시 뒤 선생님의 법문이 시작되었다.

일어나는 제 생각을 부처님께 바치라는 수행법은 백 선생님만의 독특한 수행법이자 현대인들의 근기에 딱 맞는 불교 수행법이다. 그러면 자꾸 바치는데 바친 끝은 무엇이냐?

"'다 바치고 나면 바친다는 생각이 하나 남아 있게 되고 그래서 남아 있는 바친다는 생각까지 바쳐 제도하고 나면 한 중생도 제도받은 자가 없느니라'라고 《금강경》에 쓰여 있지요. 쉽게 말해서, 바친다는 마지막 남은 한 생각까지 바쳐버리면 그 자리는 '나'라는 생각이나 '너'라는 생각이나 '컴컴한 흐릿한 생각'이나 '경험'이 많다고 하는 저 잘난 생각 등 다시 말해 나를 구성하고 있는 무명의 원인, 결과가 없는 자리일 것입니다. 이렇게 내가 철저히 없는 자리라야 어떤 모양으로서의 부처님이 아니라 우주의 밝은 광명인 부처님을 친견하게 되는데 이것은 공부하는 데 있어 아상이 쉰 결과일 것입니다.

어떤 사람이 평소 궁리가 많고 진심이 많아 바치는 공부가 남들처럼 잘 안 된다고 시무룩했습니다. 그래도 억지로 시작한 공부가 차차 익숙해져서 1천 일을 잘 마치고 나니 1천 일 전에 가슴속에서 부글부글 끓던 진심이 빠져나가고 그 자리에 진심 대신 환희심이 솟구치고, 시무룩하던 기운이 씩씩하게 변한 것을 보면 생각을 부처님께 바친다는 수행이 내 경험으로도 산속에 앉아 10년이나 걸려야 되는 과정을 단 1천 일에 깨쳐 터가 잡혀가는 것이니 참으로 감축할 일이었지요."

부처님께 바칠 수 있으면 현대화·대중화·생활화

"요새 불교를 현대화·대중화·생활화해야 한다고 깃발을 세우고 야단들인데 여러분은 이 세 가지를 한다고 깃발만 따라다녔다간 백년하청百年河淸이다, 그 말이요. 백년하청이란, 중국에 있는 누우런 황하가 1백 년에 한번 맑아질까 말까 한다는 것으로 아무리 기대해도 소용없다는 뜻이지요. 그럼 불교의 현대화·대중화·생활화를 하지 말란 말이요, 그러겠지요. 깃발 세워놓고 소리쳐서 사람 모으고 하는 일은 불교 벼슬을 높게 가진 사람들이나 하는 일이고, 우리는 벼슬도 없고 힘도 없는 처지니 뭐 밖에다가 깃발을 세우고 할 것이 아니라 우선 방에 앉아 아침저녁으로 《금강경》을 읽고 일어나는 생각 부처님께 바칠 수 있으면 이것이 불교의 현대화·대중화·생활화의 기초가 되는 것이다, 그 말이요. 어째서 그러냐?"

운동에 앞서 깨쳐서 밝은 이가 이끌어야

"첫째, 불교를 현대화한다고 시정에다 신식 법당을 건립해놓았다 해도 건물은 현대화되었을지 모르나 불교가 현대화된 것은 아니겠지요. 그런데 우리는 각자가 사는 각자의 집을 각각의 법당으로 삼아서 아침저녁으로 《금강경》을 읽으니 이것이 불교의 현대화지요. 전에는 아무나 《금강경》 공부를 못했답니다. 고승들이나 공부할 수 있는 경이었지요. 또 영험이 많다는 신비한 경이라고 하여 재 올리는 데나 소쇄용으로 썼습니다. 그러나 요즘 아무나 공부하고 있잖아요. 그러니 현대화가 틀림없지요.

둘째, 불교의 대중화인데, 이것 역시 사람을 많이 모았다 해서 대중화가 되었다고 볼 수는 없지요. 또 우리말로 경을 번역하는 것이 대중화의 전부는 아닐 것입니다. 석가여래 당시에도 사회 계급에 관계없이 찾아와서 출가하고자 하는 이를 다 받아들였고, 또 전생으로부터 지어진 괴로움의 원인들을 소상히 밝혀주어 괴로운 마음을 쉬게 하여 부처님께 귀의케 했는데, 이렇게 되면 대중화가 될 수밖에 없지요. 그러니까 대중화 운동을 하려면 먼저 깨쳐서 밝은 이가 있어야지요. 예를 들어, 장님이 길을 인도하면 장님을 따르는 대중은 어떻게 될까요? 바른 길로 가는 것은 고사하고, 가다가 시궁창에 빠져버릴 게 뻔하지요. 그런데 우리는 때나 장소를 가리지 않고 일어나는 생각을 그 즉시 '부처님' 하고 바칠 수 있으니, 더욱 남녀노소를 불문하고 누구나 할 수 있으니, 이것이 불교의 대중화지요.

셋째, 불교의 생활화인데, 참선한다고 꼿꼿이 앉아 있는 것을 생활화라 여긴다면 먹고 자고 생활해야 하는 사람들은 불교를 생활화하기는 아예 글렀다고 볼 수 있지요. 하루 종일 꼼짝 하지 않고 앉아 있을 수만은 없기 때문입니다. 여러분은 법복을 입은 스님도 아니고 더구나 집에는 부모 형제 처자 권속 가솔이 딸린 몸이지요. 하지만 아침에 남보다 30분 먼저 일어나 《금강경》을 읽고, 또 저녁에는 남보다 30분 늦게 자며 《금강경》을 읽습니다. 주어진 일과 닥치는 모든 일을 싫다 하지 않고 하면서, 일어나는 생각은 모두 부처님께 바쳐 부처님 시봉하는 마음으로 산다면, 겉보기에는 속인들의 세상일 같지만 내용은 부처님 일이 되는 것이니, 마음이 밝아지는 것은 당연한 일이지요. 이것이 불교의 생활화가 아니고 무엇이겠어요.

이렇게 해서, 끝내는 내 일과 부처님 일이 둘이 아니게 되고 이것이 《금강경》 잘 깨치고 부처님께 중생심 잘 바쳐 마음 밝힌 결과일 것입니다. 결국 불교의 세 가지 운동을 하자는 것도 마음 밝히자고 하는 것인데 신작로가 뚫렸으니 신작로를 가면 쉽고 빠른데 옛날에 다녔다고 소로만 고집하면 그 사람들을 잘난 사람들이라고 할 수는 없지요."

산속이나 법당에 가야 수행되는 것 아니다

"여기 있는 여러분 중에는 수도를 하기 위해서 성직자가 되려고 하는 사람이 혹 있다면 주의하실 일이오. 세간을 떠나 성직자가 되어 불법을 합네 하고 산속에서 울타리를 치고 그곳에서만 생활하면 불법을 아는 똑똑이는 있을지 모르나 불법을 행하는 것과는 거리가 먼 것입니다. 우리는 불법을 한다는 생각 없이 실제로 하는 것이 참 불법이라는 것을 알아야 해요. 그래서 《금강경》에도 '소위 불법자 즉비불법所謂 佛法者 卽非佛法(이른바 불법이라는 것은 곧 불법이 아니다)'라고 했지요. 불법이란 마음 밝히는 방법인데 형식에 매여 마음이 컴컴해지면 그것은 불법의 뜻이 아니라는 경구이지요.

《금강경》에서 마음 밝히는 방법으로 아상我相이 없어야 된다고 누누이 강조했어요. 아상을 닦으려면 산속에 고요히 앉아 있다고 되는 게 아닙니다. '백전영웅지불법白戰英雄知佛法'이라고 한 신라 김유신 장군의 말과 같이 속세라고 하는 이 세간을 여러분의 수도장으로 삼고, 가솔과 인연 권속들을 스승이요 도반으로 삼아 여섯 가지 바라밀행으로 선법을 닦아 나아간다면 이것이 곧 불법을 행하는 것이고 마음이 밝아져서 지혜가 확충되는 길이지요. 또 아무리 성직자라 해도 생각이 세간을 향해 있으면 출가한 성직자로 볼 수가 없고, 비록 세간에 있는 범부라고 해도 생각이 늘 부처님을 향해 있으면 그 사람은 곧 범부가 아니요 출가자이지요.

자, 그러니 여러분도 마음 밝히는 공부는 겉모습으로 성직자라야만 하는 것이 아니란 것을 알았으니 법당이 없어 공부를 못 한다거나 시간이 없어 공부를 못 한다는 그런 어리석은 생각은 안 하게 되었지요. 옛날 불가에서 전해져 오는 말에,

'첫째, 사람 몸 받기 어렵고
둘째, 사람 몸 받아도 장부 몸 받기가 어렵고
셋째, 장부 몸 받았어도 불법을 만나기가 어렵고
넷째, 불법까지 만났어도 선지식 만나기가 어렵다'

라고 해서 이것을 4난득四難得, 즉 네 가지 이루어지기 어려운 일이라고 전해져 내려오고 있는데 우리는 지금

첫째, 사람 몸은 받았고,

둘째, 장부 몸인데 《금강경》으로 닦는 사람은 반드시 장부라야만 한다고는 안 했어요. 그저 선남자 선여인이면 다 자격이 되니까 쉽게 말해서 남녀노소를 불문한다 그랬지요.

셋째, 불법을 만났으니 이 자리에 모여 있고,

넷째, 선지식 만나기가 어렵다고 했는데 《금강경》을 독송하고 일어나는 생각은 그저 부처님께 바쳐 마음 밝아지는 길로 들어섰으니 네 번째 문제도 해결되었지요.

이 길로 1백 일만 따라가도 오랜만에 만나는 사람들로부터 '저이가 많이 달라졌네. 어떻게 1백 일 만에 저렇게 훤하게 달라질 수가 있어!' 하는 인사를 받게 됩니다. 이것은 이 공부를 해본 사람들의 경험담이랍니다. 1백 일만 해도 그런데 하물며 1천 일을 했다고 치면 더 말할 것도 없겠지요. 여기 이 사람도 내가 처음 보았을 때는 사회에서 아무짝에도 쓸모없

는 고물딱지였어요. 그런데 나를 만나고 서너 해가 지나니까 재생이 되어서 이제는 사회에서 그런대로 쓸모 있는 사람으로 변했지요."

대중들이 한바탕 웃었다. 선생님도 유쾌하게 웃으셨다. 나도 남의 얘기를 듣고 있는 기분으로 웃음이 나왔다. 고물딱지란 말씀은 소사 도량에서도 가끔 기분이 좋으실 때 내게 하신 말씀이었다.

"너처럼 버려진 쓸모없는 고물딱지를 내나 하니까 붙여주는 거다" 하시며 유쾌하게 웃으시곤 했다. 그럴 때마다 나도 마음이 흐뭇해지곤 했다. 대중들의 웃음소리가 그치고 조용해지자 오늘은 이만 끝내겠다는 말씀으로 법회가 끝이 났다.

나에게 오는 복도 부처님께 바쳐라

대중들은 모두 일어나 삼배를 드렸다. 선생님도 으레 하시는 대로 합장하신 채 축원으로 인연 중생들의 선근을 더욱 돈독히 호념해주셨다.

이제 대중공양을 할 차례였다. 잠시 기다리는 동안 삼선교 법당의 일행으로 오신 장욱진 화백의 아내 진진묘(1920~) 보살이 선생님 가까이 다가와《금강경》한 부분을 여쭈었다.

"선생님,《금강경》제28분〈불수불탐분不受不貪分〉에 있는 '불수복덕不受福德'이 무슨 뜻입니까?"

"불수복덕이라는 것은 자기가 지은 복이라도 자기가 받지 아니한다는 뜻인데 중생들은 복을 못 받아서 안달인데 이건 차례 오는 복도 받지 않는다는 것, 참 상식으론 이상하지요. 그러나 닦는 이는 자기가 지은 복덕에도 탐착하지 않고 단지 부처님 즐겁게 해드리기 위해서 한 일이니 자기가 지은 복덕도 자기가 받지를 않는다 그 말이요. 예를 들어 그대들이 방금 내게 절을 했죠? 그 받은 절을 내가 가지고 있지를 아니하고 내게 오는 대로 다 부처님께 바쳐버리니 불수복덕이지. 그러면 절을 한 사람도 그 절을 받는 대로 부처님께 바친 사람도 다 밝은 이를 향했으니까 밝은 이를 그려 넣게 된다, 그 말이오. 그래서 불수복덕이라 해요. 이제 이해가 돼요?"

"네, 감사합니다."

진진묘 보살이 정중한 자세로 합장한 채 대답했다.

그리고 바로 점심상이 차려졌다. 모두 조그만 소리로 담소를 하면서 즐거운 공양을 마쳤다. 다시 선생님께 차 한잔을 올렸다. 대중들이 그대로 눌러앉아 있었다. 아마 선생님이 일어서실 때까지 앉은 채로 선생님을 공경하는 자세였다. 사진사가 왔다고 전갈이 왔다. 전날 법회 기념으로 선생님 사진을 촬영하고자 집에서 가까운 사진관에 부탁해놓기는 했는데 선생님께서 응낙하실지 잠시 마음이 조였다. 그러나 그런 나의 생각은 기우였다. 이윽고 선생님의 존안 촬영을 마치고 이번에는 대중들과 함께 법회 기념사진을 촬영하고자 했다. 그러나 실내는 장소가 좁고 바깥마당에 나가 촬영하면 선생님을 번거롭게 해드리는 게 될까 송구스러워 대중과 함께하는 기념사진은 생략했다. 지금도 그때 촬영을 못한 것이 못내 아쉽게 생각된다. 이때 찍은 선생님 사진은 비록 흑백색 존안이지만 우러러볼 때마다 선생님께서 자주 강조해서 말씀하신, "도인은 70세 전후에 도가 가장 원숙해진다"라는 법문을 상기하게 된다. 세수 만 70세 때의 소중한 기념사진이다.

《금강경》 간행을 발원하다

잠시 분위기가 조용해지기를 기다렸다가 내가 합장 공경하고 선생님께 여쭈었다.

"선생님, 제가 소사 도량에서 나온 이후 눈이 나쁜 보살을 위하여 《금강경》을 붓으로 사경해주었는데 그것을 보는 보살마다 한 권씩 사경을 해줄 것을 요청하는바, 그분들을 위하여 다른 일을 제쳐놓고 《금강경》 사경에만 매달려도 괜찮겠습니까?"

선생님은 잠시 침묵하시더니 대중들을 향하여 말씀하였다.

"그렇지. 《금강경》 공부를 하려면 《금강경》 책이 있어야지. 붓으로 사경하는 것은 한두 사람의 일이지요. 이 시대에는 인쇄술이 발달했으니 《금강경》을 인쇄해서 많은 사람들에게 수지 독송케 하는 것이 큰 복덕이지요. 차제에 우리 《금강경》을 인쇄할 것이니까 여기에 동참 의사가 있는 분은 이 자리에서 가지고 있는 대로 동참하도록 하고 인쇄해서 책을 만드는 일은 이 사람이 원이 있는 사람이니까 맡아서 하기로 하면 될 것이요."

분위기가 갑자기 어수선했다. 누군가가 뒤에서부터 동참금을 받아서 모으고 있었다. 동참하는 분의 이름이나 금액의 기록을 생략한 채로 또 봉투에 담을 겨를도 없이 합장한 두 손 사이에 쥔 채 공경하고 바쳐졌다. 그야말로 '동참'이란 상에도 머묾이 없는 신심이 모인 것이었다. 잠시 후 동참금을 선생님께 가져와 바쳤다. 선생님은 즉시 그리고 엄숙히 축원을 하셨다.

"제도하시는 용화교주 미륵존여래불 시봉 잘하겠습니다. 이 물건 주는 사람, 받는 사람 모두 무시겁 업보 업장을 해탈탈겁을 해서 부처님 공경을 밝은 날과 같이 하기를 발원. 이 사람들이 이 공덕으로 모든 재앙을 소멸하고 모든 소원을 성취하여 부처님 시봉 밝은 날과 같이 하기를 발원."

발원이 끝나고 선생님은 동참금을 내게 건네주시며 세어보라고 하셨다. 나는 즉시 한 장 한 장 넘기면서 세어보았다. 총 금액이 11만 4천 원이었다. 이 금액은 지금의 쌀 한 가마 값에도 모자란다. 그러나 그 당시의 화폐 가치는 현재와 많은 차이가 있었다. 나는 다 세어보고 선생님께 11만 4천 원임을 말씀드렸다. 선생님은 즉시 대중에게 네가 알려주라는 분부를 하셨다.

나는 대중을 향하여 돌아앉아서 보고했다.

"지금, 여러분이 《금강경》을 간행하도록 동참해주신 금액은 총 11만 4천 원입니다. 감사합니다."

11만 4천 원! 이것은 분명 이종선근而種善根 중생들의 신심이 모인 종자種子였다.

한 알의 씨앗이 썩어 싹이 트고 자라면 수백의 열매를 맺고 수백의 씨앗이 썩어 기하급수로 불어나 백 천 만 억이나 되는 무량수의 씨앗이 결실을 맺을 것이다.

드디어 '우리《금강경》'의 씨앗을 싹틔우기 위해 토양을 고를 차례가 온 것이었다.

간경刊經과 금강경독송회

금강경독송회라는 이름을 짓기까지

부산행 통일호에 앉아서 대전을 향해 가는 중이었다. 나는 그동안《금강경》책자를 인쇄·간행하기 위해 여기저기 알아보고 다녔다.《금강경》을 맡길 만한 인쇄소나 출판 시스템에 대해 아는 바가 없어 답답한 마음이었다.

지금은 고인이 된 불교청년회 선배 심상준 씨가 다행히 선생님의 법회에 참가했다가 나에게 도움을 주기 위해서 당시 조계종 종정이신 청담 스님께 부탁을 드렸고, 종정 직함이 적힌 명함에 '해인사 일타 스님'께 보내는 소개장을 가져왔다. 내용은 '여기 김동규 처사가《금강경》을 간행하고자 하는데 스님이《고려대장경》중《금강경》을 내주어 협조하여주라'라는 요지의 소개문이었다.

그런데 나는 마음이 내키지 않았다. 선생님의 의중은 평소에 가까이 지니고 독송하기 위한 책자의 간행을 필요로 한 것으로, 《팔만대장경》의 목판 활자 인쇄는 너무 커서 대중성이 없고 보살들이 핸드백에 넣고 지닐 수도 없어서 선뜻 마음이 내키지 않았다. 심상준 씨와 의논하니 2~3일만 기다려 보라고 했다. 심상준 씨는 명함, 팸플릿, 선전물 등 간단한 인쇄물을 제작하는 분이어서 출판이나 인쇄 쪽 분야에는 정보가 빠른 편이었다. 3일 후 그분으로부터 연락이 왔다. 대전에 족보만 전문적으로 인쇄하는 회상사回想社라는 출판사가 《금강경》을 출판한 적이 있으니 대전에 같이 가보자고 했다.

대전시 중동에 있는 '도서출판 회상사'는 대전역에서 가까운 거리에 있었다. 전통 한식 집 형태의 입 구口 자 모양 가옥인지라 사각형의 안마당이 꽤나 넓어 보였다. 각 방마다 두터운 돋보기안경을 쓰신 노인들이 족보를 교정하고 있었다. 우리는 안쪽에 있는 사무실로 찾아가 박홍구朴泓九 사장님과 인사를 나누고 《금강경》 책자를 내놓으며 1천 부 인쇄의 견적을 부탁했다. 그 사장님은 《금강경》을 인쇄한 적이 있다며 그 자리에서 견적을 냈다. 견적액은 11만 5천 원이 나왔다. 가지고 온 돈은 11만 4천 원인데 견적이 11만 5천 원이 나왔으니 천 원이 모자란 셈이었다. 심상준 선배가 전후 사정을 말하고 11만 원에 해줄 것을 부탁했다. 회상사 박 사장과 합의는 잘되었고, 박 사장은 바로 작업에 들어갈 것이니 내일 교정을 해달라고 했다. 남은 돈 4천 원으로 차비와 2일간의 숙박비로 쓰기로 하고 나만 대전에서 머물게 되었다.

다음 날 오전 10시경 1차 교정을 하고 오후에 2차, 3차 교정을 마치고 나니, 박 사장이 표제 '金剛經般若波羅蜜(금강경반야바라밀)'이란 글씨와 발행처·발행인 등을 결정해 오라고 했다. 나는 혼자 난감했다. 더군다나 표제 글씨는 서예 전문가가 써야 되는데 아는 이가 없어, 나는 우물쭈물했다. 박 사장이 안쪽 다른 책상 서랍을 열어 뒤지더니, 언젠가 출판했던 한문으로 된 '金剛經般若波羅蜜' 글씨가 쓰여진 동판 하나를 꺼내 들었다. 후일에 들으니, 오대산 상원사에서 《금강경오가해金剛經伍家解》•를 간행할 때 썼던 거란다. 추측건대, 표제 글씨가 방한암 스님의 글씨가 아니겠는가?

표제 글씨를 해결하자 발행처·발행인을 어떻게 할 것인가가 문제였다. 다음 날까지 알려주기로 하고 밤에 원을 세우고 바쳐보았다. 자정쯤에 내 입에서 나도 모르게 '금강경독송회金剛經讀誦會'라는 소리가 절로 나왔다.

'발행인은 백성욱 선생님으로 하자. 그런데 누가 되지 않을까?' 하고 마음 조였지만 '누가 된다면 매 좀 맞지!' 하고 마음을 확고히 세우니 편안해졌다.

다음 날 생각했던 그대로 인쇄하고, 급히 우선 1백 부를 포장해서 지참하고 서울로 올라왔다. 그다음 날이 법회 날이기

• 《금강경》에 대한 부대사傅大士의 찬贊과 육조六祖의 구결口訣과 규봉圭峯의 찬요纂要 및 야보冶父의 송頌, 종경宗鏡의 제강提綱을 합친 책으로, 2권 2책이다.

때문에 때에 맞춰 우선 1백 부만 직접 들고 온 것이다.

선생님께서는 당신 앞 탁자 위에 놓인《금강반야바라밀경》을 보셨다. 한지에 노란 치자 물감으로 염색된 표지로 된《금강반야바라밀경》책자를 들고 우선 표지를 넘겨 첫 페이지를 찬찬히 보시고는 중간쯤을 넘겨 살피셨다. 마지막으로 맨 뒷장에 적힌 발행처·발행인을 보신 다음 나에게 하문하셨다.

"발행처 금강경독송회의 이름은 누가 지었냐?"

나는 가슴이 조금 두근거렸다. '발행인에 선생님의 함자를 넣었고, 또 금강경독송회라는 회會 명도 내 임의대로 정했기 때문에 혹 잘못이라 나무라시는 것이 아닐까?' 하는 노파심이 들었다.

나는 기어들어 가는 목소리로, "예, 제가 원을 세워 공부한 후에 발행처를 지었습니다"라고 말했다. 그랬더니 선생님께서 "응, 그래, 잘했다. 자, 이제 이《금강경》책이 '우리 금강경'이다"라고 말씀하시자 내 눈가에 왈칵 눈물이 번졌다. 그리고 속으로 '선생님, 감사합니다'라고 답하였다.

"제도하시는 용화교주 미륵존여래불 공경을 이《금강경》을 수지 독송하는 모든 사람과 그 인연 권속들이 부처님 전에 신심 발심해서 부처님 시봉 세세생생 밝은 날과 같이 하기를 제도 발원."

장내 분위기는 엄숙했고, 모두 부처님과 선생님께 합장 공경하고 있었다.

선생님께서는 이어서《금강경》에 대한 법문을 하셨다.

"자, 이제 《금강경》의 대중화 시대가 도래할 것입니다. 불교의 역사가 변할 것입니다. 고승高僧들이 공부하던 경, 일반 사람들은 그저 선반 위에 올려놓고 영험을 빌어 소원성취나 바라고 또 조상 제사 때 십대왕十大王•께 조상 천도를 비는 목적으로 소쇄용으로 쓰던 경, 이제 여러분은 이 《금강경》을 아침저녁 독송하고 일어나는 모든 생각을 '미륵존여래불' 하고 부처님께 바치십시오. 부처님이 밝은 뜻이라면 그 밝은 부처님의 마음이 담긴 《금강경》을 읽는다면 밝은 원인을 짓게 되고 원인이 밝으면 결과는 복이요, 지혜이지요. 1백 일씩 열 번, 1천 일을 하면 깨치게 되지요. 《금강경》을 집에서 읽고 핸드백에 넣고 다니면서 자주 읽기를 권합니다. 내가 직접 경험해보았고 가르쳐본 결과, 확실히 효과가 있을 것입니다."

《금강경》 독송 대중, 삽시에 불어나

선생님께서는 흐뭇해하셨다. 3일 후, 《금강경》 책자 9백 부가 배달되어 왔다. 나는 선생님이 계신 법당에 3백 부를 공양 올리고, 소문을 듣고 찾아온 불교인들에게 나누어주었다. 또 당시 《불교신문》에 기자로 있던 고 윤영흠 님이 신문에 발신료를 동봉하여 《금강경》을 신청하면 보시한다는 기사를 조그맣게 1단 기사로 게재했는데, 《금강경》 책자를 요청하는 우

• 저승에서 죽은 사람을 재판하는 열 명의 대왕으로 진광왕, 초강대왕, 송제대왕, 오관대왕, 염라대왕, 변성대왕, 태산대왕, 평등왕, 도시대왕, 오도 전륜대왕이다.

편물이 전국에서 엄청나게 답지했다. 날마다 12시쯤 되면 요청서를 대문 앞에 쌓아놓거나 때로는 우편배달원이 직접 벨을 눌러 나를 찾아 한 뭉텅이씩 손에 들려주고 갔다. 그 수요를 충족시킬 수 없어 요청분의 10분의 1 정도로 줄여서 골고루 보내주었다.

회답을 보내온 사람 중에는 환희심이 나서 게송을 써서 보내주시는 분도 있고, 저명인사도 있었다. 나머지 7백 부로는 턱도 없이 부족했다. 그래서 그다음 번 법회 때 이런 사실을 안 몇몇 보살들이 2판, 3판을 1천 부씩 발간해서 전 국토에 《금강경》 독송의 씨앗을 뿌리게 되었다.

1968년 4월 20일, '금강경독송회'는 이런 과정을 거쳐 비로소 탄생하게 되었다.

(2009)

그 마음을 바쳐라

16

김재웅 법사

1942년 포항에서 태어났다. 1966년 경기도 소사 도량에서 백성욱 박사를 모시고 수도 생활을 시작하여, 7년 6개월 동안 도량에서 상주하며 정진하였다. 1973년 경북 포항에서 금강경독송회 법회를 시작한 이래 현재 두 개의 수행 도량을 포함, 미국·영국·독일·국내의 열다섯 개 법당과 지부를 이끌며 수행을 지도하고 있다. 1974년부터 27년간 많게는 70여 개 도시를 돌며 《금강경》 50여만 권을 배포하였다. 2005년부터 한국의 정신과 문화 알리기 프로젝트를 시작하여, 국내외 금강경독송회 회원들과 함께 전 세계에 한국을 알리는 책 8종을 영어·프랑스어·독어로 70여만 권을 인쇄하여 무료로 배포하였다. 저서로 《닦는 마음 밝은 마음》《마음 닦는 법》《머무는 바 없이 마음을 내라》《그 마음을 바쳐라》 등이 있다.

백성욱 선생님과의 만남

처음 백성욱 선생님을 뵌 것은 1964년 4월, 스물세 살 때였다. 오래전부터 교육에 나라의 운명이 달려 있다고 생각한 나는, 좋은 사범대학을 세워 참다운 스승을 배출하면 이 나라 국민 전반의 의식 수준과 인격을 향상시켜 민족의 고질적인 악습과 그릇된 의식구조를 타파할 수 있을 거라 생각해왔다. 그 바탕을 마련하기 위해 자그마한 돈벌이를 시작했고, 조언을 얻기 위해 훌륭하다고 생각되는 분이면 빠짐없이 만나러 다녔다. 백 선생님을 뵙게 된 것도 그 일환이었다.

동국대학교 대학원생인 라동영 씨로부터 경기도 부천군 소사읍 소사리 산 66번지에 백 선생님이 계시다는 말을 전해 듣고, 길을 물어 찾아갔다. 가서는 "을지로2가에서 여기까지 백 선생님을 찾아뵙고자 왔습니다" 하니, 당시 백 선생님을 시봉하던 김철수 씨가 안내해주었다. 설레는 마음을 가누며 한적한 법당에 들어섰는데, 백 선생님의 모습은 흡사 형광등 불빛처럼 눈부셨다. 좌정坐定한 주위에 뿌옇고 환한 기운이 가득했다. 엄숙한 가운데 담담한 표정으로 누구도 마음을 감출 수 없게끔 꿰뚫어보시는 듯한 모습은 한 치의 업장도 용납하지 않으시는 도인道人의 모습 그대로였다. 그 앞에 절하고 앉는 순간 모든 분별이 한적히 가라앉았다.

한참 침묵이 흐른 뒤 백 선생님을 찾게 된 동기를 밝히면서 "특수 사범대학을 설립하고자 하는데, 이를 빨리 성취할 수 있는 길은 없습니까?"라고 여쭈었다. 한참 관觀해보는 듯하시더니 "내가 시키는 대로 하면 된다"라고 하셨다. 반가워 얼른 여쭈었다.

"선생님께서 시키실 일이 무엇입니까?"

"네가 하겠다고 해야 가르쳐주지."

나는 약속을 하면 꼭 지켜야 하는 성미이므로 선불리 약속할 수가 없어 침묵 속에 한참이 흘렀다.

"내 시키는 대로 할래, 안 할래?"

"…."

그래도 대답이 나오지 않아 한참 동안 가만히 앉아 있는데, 백 선생님께서 다시 물으셨다.

"시키는 대로 할래, 어쩔래?"

"…."

긴 침묵이 다시 이어졌다.

"할래, 어쩔래?"

세 번 거듭하여 극진히 물으시는 백 선생님 말씀 뒤에 무엇인가 그득하고 환한 희망이 연상되었다. 좋은 일일 것 같은 생각이 들었다.

"예, 하겠습니다."

"옳지, 그래야지. 아침저녁 《금강경》을 읽고 올라오는 생각은 무슨 생각이든 '미륵존여래불' 하며 부처님께 바쳐라."

그때까지는 경 읽고 기도하는 방법으로 사회적인 일을 성취한다는 것은 불가능하다고 생각하고 있었기에 그 말씀은 무척 당혹스러운 것이었으나, "예" 하고 대답하는 순간 흰 빛이 가슴을 가득 채우는 듯 마음이 밝아지면서 깊은 행복감을 느꼈다. 마치 풍랑에 고생하던 밤바다의 배가 그제야 등댓불을 발견한 기분이랄까.

이후 소사에 가끔씩 찾아뵙고 궁금한 점을 여쭈다가, 나중에는 일주일에 한 번씩 찾아뵙고 공부 점검을 받으며 백 선생님의 가르침을 좇아 정진을 게을리하지 않았다. 장사하고 자취 생활하는 바쁜 와중에도《금강경》을 하루 아홉 번 읽었고, 장사도 단계적으로 업종을 바꾸어 큰일을 한다는 일념으로 집중하였다. 당시 백 선생님은 참으로 친절하고 자상하신 분으로 여겨졌다. 일일이 상태를 묻고 점검해주시는 자비로운 손길에 삭막했던 세월이 지나고 가슴에 훈훈한 봄바람이 불어오는 듯했다.

성공하는 마음

1964년, 나는 조그마한 장사를 하였다. 그 수입으로 힘들게 누이동생의 등록금, 기숙사비, 책값 등을 뒷바라지하였다. 힘든 사정을 지켜보시던 백 선생님께서 "너, 돈 벌고 싶지?" 하셨다. "예" 하고 대답하니,《금강경》을 하루 일곱 번 읽고 수입의 10분의 1을 부처님께 공양 올리며, 원願 세우기를 '선생님 생활 안정시켜드리기를 부처님 전에 발원'하라고 하셨다.

그날부터 《금강경》 7독을 지켜 공부하면서 매달 장사 수입의 10분의 1을 공양 올렸다. 그랬더니 이상스럽게도 장사가 잘 되었다. 하루 장사가 끝나면 제일 먼저 부처님께 공양 올릴 돈을 떼고 나서, 누이동생에게 기숙사비와 책값 등을 주었다.

어떤 때는 아침에 장사할 물건을 사러 갈 돈이 없어서 장사를 못 하고 멍하니 앉아 있을 때도 있었다. '십일조十一條로 모아둔 돈이 있으니 그 돈으로 우선 물건을 사 오고 저녁에 다시 채워 넣으면 되지 않을까'라는 생각이 들기도 했지만, 부처님 전에 복 지어 올리는 것은 영생을 사는 일이고 장사는 이 일생 잠깐 사는 동안의 일이라는 생각이 들었다. 그래서 물건은 못 사 오고 아침까지 앉아 공부를 했다. 그러다 보면 이상하게도 누군가가 와서 물건 살 돈을 꾸어주곤 했다.

처음에는 그 수입으로 동생 학비를 댈 자신이 없었고, 주위에서 모두 장사로 성공하기는 불가능하다고 했다. 그러나 나는 오직 한마음으로 원을 세웠으며 지극정성으로 정진하였다. 《금강경》 7독과 수입의 10분의 1을 공양 올린 공덕功德으로, 또 밝은 이 생활을 안정시켜드리겠다는 원이 합해져서 결국 장사에 성공하였다. 어렵고 불가능한 입장에 처하기도 했지만, 그때마다 고비를 넘겼다. 밝은 이 생활 안정시켜드리겠다는 한 생각이 내 마음이기에 내 생활이 안정된 것이다.

백 선생님께서는 "너는 사회에 나가서 첫 장사로 성공했으니 하는 일마다 성공할 것"이라고 하셨다. 누이동생도 독일에서 성공하였다. 한 사람의 성공한 마음이 다른 사람의 마음에도 전해져서 더 큰 성공으로 커지며 물들여진 것이다.

공부와 일은 둘이 아닌 경지

누이동생 공부 뒷바라지를 다 해주고, 1966년 4월 백 선생님이 권하시는 대로 소사에 들어와 본격적으로 공부하기 시작했다. 그런데 첫날부터 백 선생님께 내팽개쳐진 기분이었다. 너무나 근엄하시고 차갑게만 느껴져 '내가 왜 여기 왔나'라는 생각이 들 지경이었다. 그러나 백 선생님의 냉정함은 오히려 자상한 배려였음을 나중에야 깨달았다. 이제 혼신의 힘을 다해 생사의 문제를 해결해야 할 수행인이 되었으니, 의지하는 마음을 버리고 자기 줏대를 세워야 했기 때문이었다.

소사 생활은 새벽 3시에 기상하여 공부하는 것으로 시작되었다. 새벽 4시 반에 백 선생님의 법문을 듣고 전날 공부한 결과를 점검받았다. 일어난 바, 용심用心, 깨친 점, 꿈, 경계 등을 선생님 앞에 바치는 마음으로 털어놓고 닦을 점을 지적받아 마음 씀씀이를 고치고 닦았다. 낮에 방심하고 공부하지 않으면, 다음 날 백 선생님께 점검받는 길이 무겁기만 했다. 도살장에 끌려가는 소의 기분이었다. 대중 앞에서 자신의 업장業障을 털어놓는 마음은 살점을 찢는 듯 고통스러웠기 때문이다. 이래야 업장이 녹아내리고 마음 닦여지리라. 백 선생님께서는 "내 앞에서는 한껏 못난 것 다 털어놓고 밖에 나가서는 한껏 잘난 사람 되어봐라" 하시며 일일이 그 업장들을 다 어루만져주셨다. 긴 세월 동안 한 번도 새벽 공부 점검을 빠뜨린 일이 없으셨으니, 그 역할이 얼마나 어려운 것인지 나중에야 어렴풋이 느끼게 되었다.

소사 도량의 하루 일과 중 제일 먼저 시작하는 일은 '소젖 짜기'였다. 소가 많을 때는 열다섯 마리나 되었으니, 먹이 마련, 청소, 방목 일만으로도 벅찬데 어디 그뿐인가. 밭일부터 시작하여 농지 개간까지 하였으니 잠시도 쉴 틈이 없는 바쁜 일과의 연속이었다. 여름에 젖 짜던 일은 지금 기억해도 새롭다. 무더운 여름날이라 가만히 있어도 온몸에 땀이 흐르는데, 열이 나는 소의 다리와 배에 나의 오른쪽 어깨와 얼굴을 대고 손으로 젖을 짜는 일은 무척 고통스러운 일이었다. 더욱이 소가 파리를 쫓느라고 오줌똥이 묻은 꼬리를 휘둘러, 내 눈과 입을 칠 때 기막히는 심정! 그러나 그때 올라오는 그 역겹고 싫은 마음을 얼른 집중적으로 '미륵존여래불'에 바치면 여러 가지가 깨쳐지고 알아지니, 쇠꼬리의 '법매'가 그렇게 고마울 수 없었다. 그 순간은 소가 내 마음을 밝혀주는 스승인 것이다.

"목장을 시작한 것은 도를 닦는 이들이 공부하고 복 짓게 하기 위해서"라고, 백 선생님께서 어떤 분에게 말씀하시는 것을 들은 적이 있다. 백 선생님이 만들어놓은 울타리 안에서, 나는 백 선생님의 가르침에 따라 목장 일과 농사일을 하며 공부와 일이 둘이 아닌 경지를 터득하였다. 그리고 스스로 벌어서 남 먹이는 마음 연습하며, 숨 쉬고 밥 먹는 모든 것을 부처님 잘 모시기 위한 정진의 연속으로 생각했다.

중생의 몸뚱이에 대한 애착은 잠자는 데, 먹는 데, 편한 데에 숨어 있다. 간식 없는 하루 두 끼의 식사, 쉴 틈 없이 복 짓는 일은 모두 마음 닦기 위한 것이다. 업장은 올라올 때 닦아야지, 그러지 않으면 순간 놓쳐버린다.

그 마음 전해져서

소사에서 공부할 때의 일이다. 서울 영등포에서 짐을 싣는 자전거를 사서 부천의 소사 도량까지 타고 갔는데 비가 억수같이 쏟아졌다. 비를 흠뻑 맞고 도량에 도착하니 선생님께서 대문 앞까지 마중 나와 계셨다. 선생님께서는 "자꾸 '미륵존여래불' 하고 바치면 빗방울이 얼굴을 때리지 않는다"라고 법문하셨다. 그 말씀을 듣고 나는 "선생님, 정진한다고 해서 어떻게 빗방울이 얼굴을 때리지 않을 수 있겠습니까?"라고 의문을 표했다. 그때는 도량에 공부하러 갓 들어간 때여서 그 말씀을 이해하지 못했다. 나중에 시간이 흐르고 난 뒤에야 내 마음속에 악심이나 진심이 있으면 그것이 빗방울을 더욱 세차게 끌어당긴다는 것을 알게 되었다.

소사 도량에는 리어카에 관한 징크스 같은 것이 있었다. 목장에 있는 운반 기구는 리어카뿐이어서, 새 리어카가 필요하면 누군가는 시내에 나가야 했다. 그런데 어떤 도반道伴이든 리어카를 장만하러 시내만 갔다 오면 얼마 지나지 않아 꼭 무슨 일인가가 생겨서 도량을 떠나 집으로 가게 되는 것이었다. 우연의 일치처럼 반복되는 그 일을 보고는 속으로 '나는 어떤 일이 있어도 리어카를 맞추러 나가지 않으리라'라고 생각했다. 이생에 선생님을 만나 어렵게 공부하게 되었는데, 무슨 일이 생겨서 다시 나가게 되면 어쩌나 하는 두려움 때문이었다.

어떻게 해서든지 핑계를 대며 밖에 나가지 않으려 애를 썼지만, 결국은 어쩔 수 없이 시내에 나가야 하는 입장에 놓이게 되었다. 싫은 마음으로 억지로 주문을 하고 돌아와서 얼마 후 리어카를 찾아왔는데 그 모양이 좀 야릇했다. 본래 리어카는 직사각형 모양으로 반듯해야 하는데 이상하게 뒤틀어진 모양이었다. 이것을 본 선생님께서 큰 웃음을 터뜨리셨다.

"재웅이 마음이 리어카를 만드는 사람에게 전해져서 모양이 이렇구나."

공부하는 사람의 마음은 그 힘이 강해서 주위에 영향을 많이 미친다. 리어카를 맞추긴 맞춰야 하는데 그 일이 너무나 하기 싫었기에 이러지도 저러지도 못 하는 내 마음의 파장이 리어카 만드는 사람에게도 전해져 리어카 모양이 야릇하게 만들어진 것이다. 이런 마음을 훤히 아시는 백 선생님은 여간 재미있지 않다는 듯이 웃으셨다.

또 한번은 사료를 실어 나를 소달구지를 맞추러 시내에 나간 적이 있다. 가게에 가서 주인을 만났는데 그이의 이마가 참 훤하게 잘생겨 보였다. 그 잘생긴 이마를 무심히 쳐다보며 마음을 집중하니 어떤 농부가 소를 가지고 밭을 가는 장면이 보였다. 그 뜻을 알 수 없어서 돌아와서 백 선생님께 여쭈었다.

백 선생님께서 말씀하시기를, "그 농부는 과거 생에 농사를 지으면서, 볕을 내리 쪼여주고 비를 내려주고 바람도 설렁설렁 보내주는 하늘에 대해 늘 감사한 마음을 연습하였다"라고 하셨다. 그 결과 사람의 몸 가운데 하늘에 해당되는 부분인 이마가 그렇게 잘생기게 되었다고 하셨다. 그러면서 덧붙여 하신 말씀이, "하늘에 대해 고마운 마음을 연습해도 그렇게 이마가 잘생기는데, 부처님께 공경심을 내면 얼마나 모습이 보기 좋겠느냐?"였다.

스승의 가르침에 대해

네 몸뚱이를 좀 모셔라

소사에서 공부할 때 심한 노동으로 육신을 학대하니 백 선생님께서 "넌 네 몸뚱이를 좀 모셔라" 하신 적이 있다.

육신이 건강치 못하면 마음이 따라 약해져서 공부하기 힘들다. 편하고 즐거운 것을 찾는 몸뚱이 착着은 닦아야 하지만, 몸뚱이가 약해지고 병들 정도로 지나치게 학대해서도 안 될 것이다. 공부하는 이는 심신이 함께 건강할 수 있도록 자신을 조절할 수 있어야 한다는 뜻이셨다.

60만을 거느리고 호령하던 마음이라 무겁단다

어느 날 전임 육군참모총장을 지냈던 분을 만나 잠깐 이야기를 나누었다. 이야기를 하던 중 그분이 그게 아니라면서 부정적인 마음을 확 내는 순간, 그 마음이 얼마나 무겁던지 큰 쇳덩어리 솥뚜껑으로 그냥 내리누르는 듯한 느낌을 강하게 받았다.

그분이 가고 나서 대문 앞에서 선생님께 "그분의 마음이 순간적으로 왜 그렇게 무겁게 느껴진 것입니까?"라고 여쭈어보니 "그이의 마음이 60만을 거느리고 호령하던 마음이라 그리 무겁단다"라고 대답하셨다.

그런 사람을 만나 내리눌림을 당할 때도 자꾸 바쳐야 한다. 부단히 바쳐 법력이 서게 되면 어떤 사람을 만나도 내리눌림을 당하지 않게 된다.

그이를 위해 원을 세워라

어떤 분의 마음에 같은 사무실에 근무하는 사람이 몹시 미웠다. 상대도 이분이 미워 서로가 불편한 라이벌로 인식하고 있는 처지였다.

하루는 이분이 백 선생님을 찾아뵙고 말씀드렸다.

"선생님, 저는 같은 사무실에 있는 아무개만 보면 정말 밥맛이 떨어집니다. 그렇다고 매일 안 만날 수도 없고."

백 선생님께서 말씀하셨다.

"아무개가 미운 게 네 마음이냐? 그 사람 마음이냐?"

"그이가 미운 건 제 마음이죠."

"이놈아, 그러면 네 마음을 닦아라."

"미운데 어떻게 마음을 닦아요?"

"그이를 위해 원을 세워라."

"아니! 제가 그 미운 자식 잘되라고 축원을 해주어요?"

"그게 네가 네 마음을 제도하는 길이란다."

그래서 이분이 백 선생님께서 시키는 대로 자꾸 원을 세웠다. '아무개가 신심발심信心發心해서 부처님 전에 복 많이 짓기를 발원!'

'신심'을 내는 것이란 부처님께 좋은 마음을 내는 것이고 '발심'이란 부처님께 생명까지 다 드리는 그런 큰 마음을 내는 것인데, 그이가 그런 마음을 내어 부처님 전에 복을 흠뻑 지어 드리길 발원하였다.

그이와 같은 사무실에서 근무하는데 보기만 보면 눈꼴시고 밥맛없으니 보이기만 하고 생각만 나면 하루에 백 번이고 천 번이고 원을 세웠다고 한다.

아무튼 이분이 1년가량 자꾸 원을 세우다 보니 아무개가 미운 마음이 점점 적어졌다고 한다. 참 이상하다, 별일도 다 있다, 하면서 계속 그이를 위해 축원을 해주었더니 2~3년이 지나니 미운 마음이 하나도 없어졌다.

아무개가 미운 마음이 없어지니 마음이 담담해졌다. 그래서 만나 인사해도 겉으로만 형식적으로 하는 것이 아니라 속까지 빙그레 웃으며 인사하게 되었다.

도통 못 하면 어떻게 하나 하는 두려움 때문이니라

백 선생님께서는 소사에서 공부하는 우리를 보고 "너희들은 도통을 위해서는 살인도 할 사람들"이라고 하신 적이 있다. 또 "너희들이 업장이 일어날 때는 도량이 지옥 같지만 그래도 못 떠나는 것은 도통 못 하면 어떻게 하나 하는 두려움 때문"이라고 하셨다.

전생의 원대로

선생님을 모시고 소사 도량에서 공부할 때 일이다. 한번은 나이가 예순이 넘은 분이 공부하러 들어온 적이 있었다. 이분은 이미 기력이 쇠해서 20대인 우리를 따라서 공부하기가 너무 힘들어 결국 '공부는 젊어서 해야 해' 하면서 나가버렸다.

이분은, 전생에는 열 살 전후의 어린 나이에 금강산에 계시던 선생님을 찾아 공부하러 왔었는데 나이가 어려서 대중들을 따라 공부하는 것을 무척 힘들어했다. 그래서 늘 '공부는 나이가 들어서 해야 해' 하고 생각하다가 도량을 떠나가버렸다고 한다.

그래서 이생에는 전생의 원대로 '나이가 들어서' 오긴 왔는데 너무 나이가 들어 온 탓에 도량 생활에 적응할 수 없어서 또 금방 나가버리게 되었던 것이다.

전생의 원 때문에 공부할 때가 되니, 사업에 실패했다. 이상할 만큼 연줄이 닿고 또 권하는 사람이 있어 도량에 들어오게 되었는데, 오래 공부하지는 못했다. 몇 달 있는 동안에 너무 늙어서 공부하기 힘들다는 말을 입버릇처럼 하면서 어렵게 생활을 하였다.

스승을 모시고

선생님은 시공을 초월해 아시는 분이다. 한번은 낮에 서울에 가셨다가 저녁에 돌아오시곤, 낮에 무슨 일이 있었을 때 내가 너희들을 살피지 못해 미안하다고 하셨다. 선생님께서는 우리와 한집 안에 사시면서 하루에도 여러 번 우리 마음 상태를 살피고 약한 사람에게 찾아와서 방심치 말라고 격려해 주셨고, 법法이 서는 순간 어김없이 찾아오셔서 결정을 내려주셨다.

7년 6개월의 소사 생활을 마치고 포항에서 살 때였다. 오전

10시에 아침 식사를 하고 오후 2시 30분에 점심 식사를 하고 이후 불식不食하는데, 하루는 바쁜 일이 있어 점심을 제 시간에 먹지 못하고 배가 고파 밤 10시에 빵을 먹은 적이 있었다. 당시에는 한 달에 한 번 서울에 가서 공부 점검을 받았는데, 그때 점검을 받을 때 선생님께서

"두 끼 시간 못 지키고 밤 10시에 무얼 먹더구나"라고 말씀하셨다.

포항에서 8개월을 어디에도 기대지 않고 앉아서 잤다. 누워서 잘 때는 몰랐는데, 앉아서 자다 보니 몸이 훨씬 가벼웠다. 그러면서도 여름 나무 그늘 아래서 등과 허리를 편안히 기둥에 기대고 자는 분들이 그렇게 부러울 수가 없었다. 앉아 자는 것이 귀찮아서 누워 자기 시작한 지 며칠 만에 서울에 갔더니, 선생님께서는 어찌 아시는지 "왜 앉아서 자지 않고 누워 자느냐!"라고 야단치셨다. 서울에서 천리인 포항 일을 죄다 아시고 계셨다. 마음을 꿰뚫어보시는 분을 모시고 공부하는 시집살이만큼 힘든 일은 없을 것이다.

마음 닦는다는 것은 옳지 않은 습성이 배어 죄를 짓는 자신의 내면적인 문제점을 고치는 것을 말한다. 한 고비씩 전생 업장이 해탈할 때 일어나는 일이다. 한평생 길들여진 못된 습성을 자신이 벗으려고 애를 쓰는데, 선생님께서는 때로 주먹으로 법매를 쳐서 도와주셨다. 법매를 맞은 온 얼굴이 붉게 달아올랐다. 젊은 내가 이렇게 아프니 여든 살 가까운 노

인의 손은 얼마나 아프실까. 왜 선생님은 이 못난 사람 하나 깨우치게 하려고 이리 고생하시는지…. 나는 은혜에 감격하여 땅바닥에 엎드려 삼배를 올리고 목 놓아 울어버렸다. 삼배 드릴 스승을 잃은 사람은 불행하고 불행한 사람일 것이다. 마음에 스승이 없는 사람은 얼마나 삭막할까. 몸뚱이 착만으로 일생을 보내는 사람들은 얼마나 허할 것인가.

밝은 스승을 만남에도 선근善根이 있어야 하겠지만, 만난다 하더라도 잘 모시기는 참 어려운 일이다. 스승을 잘 모신다는 것은 제 마음을 잘 닦는다는 것을 뜻한다. 모나고 그늘지고 꼬이고 헝클어진 마음 업장들을 잘 바치고 티끌만 한 분별도 다 닦아 마음이 밝아져가는 사람들은 정말 스승을 잘 모시는 사람이리라.

마음 닦는다는 것은 자신의 뼈를 깎는 아픔이었다. 방심할 때마다 무섭게 내려치는 선생님의 법매, 어려운 상황일수록 더욱 연꽃은 청초하고 향기가 그윽한가 보다. 일이 힘들다는 분별을 바치고, 먹는 애착을 바치고, 잠자는 착을 바치고, 도량을 벗어나 도망가는 마음을 바치고, 업장을 바치고, 또 존경하는 부처님도 바치는 수련의 연속은 이 도량을 만들 때 부처를 기른다는 선생님의 뜻이 무엇인가를 뼈저리게 느끼게 했다.

인생의 가장 푸른 젊음과 나의 운명 전부를 다 바쳐 시봉하며 인간이 할 수 있는 최대한의 존경과 흠모를 다 올린 곳. 하루에도 몇 번씩 죽음을 오고 가는 처절한 심정으로 정진하던 그 도량이 선생님의 자비로운 미소와 함께 다시 올 수 없는 과거사가 되어버렸다. 아쉬움과 안타까움을 감추기 어려우나, 당신의 가르침에 따라 이 마음 또한 바친다.

모두 부처님 공경 잘하길 발원.

(2021)•

• 이 글은 《닦는 마음 밝은 마음》(용화, 2013)의 서두 〈백성욱과의 만남과 공부 이야기〉, 《머무는 바 없이 마음을 내라》(용화, 1992)와 《그 마음을 바쳐라》(용화, 1995)에 실린 〈백성욱과의 일화와 백성욱의 말씀〉 일부를 엮어 김영사 편집부에서 정리한 것이다.

무슨 생각이든 부처님께 바쳐라

17

김원수 사회복지법인 바른법연구원복지재단 이사장

1943년 경기도 연천에서 태어났다. 서울대학교 공과대학 금속공학과를 졸업하고 고려대학교 대학원에서 이학 박사학위를 받았다. 1967년부터 1971년까지 경기도 소사에서 백성욱 박사를 모시고 공부했다. 현재 홍익대학교 금속공학과 명예 교수다. 저서로 《우리는 늘 바라는 대로 이루고 있다》《마음을 어디로 향하고 있는가》《크리스챤과 함께 읽는 금강경》 등이 있다.

1961년 나는 현실과 이상 사이에서 몹시 갈등하던 공과대학 1학년생이었다. 그때 나는 불교를 처음 만났다. 불교를 접하자마자 나는 마치 물고기가 물을 만난 듯 심취하였다. 나 자신의 갈등과 고민의 답을 부처님의 가르침에서 발견할 수 있었기 때문이다. 그리고 불교는 삶의 갖가지 문제점에 답을 제시해주는 아주 현실적인 가르침이라는 깨달음에 도달하게 되었다.

그런데 선불교를 중심으로 한 큰스님들의 법문을 들으면서 몇 가지 회의가 생겼다. 조사어록祖師語錄을 중심으로 한 큰스님들의 법문은 보살이나 군자와 같은 상근기上根機 사람에게는 알맞지만, 나 같은 보통 사람에게는 실감나지 않을 뿐만 아니라 보통 사람의 현실적 요구와도 전혀 별개인 듯싶었다. 예를 들어 탕 터지는 큰 깨달음이나 중생제도衆生濟度와 같은 거창한 테마를 목표로 하는 수도修道는, 당장 처자식 거느리고 먹고살 걱정을 해야 하는 현대인에게 실천하기 힘든 과제였다. 설사 수도의 마음을 내어 실천하려 해도 구체적이고 용이하게 실천할 수 있는 수도법을 발견할 수 없었다. '보살만이 하는 중생제도, 군자만이 할 수 있는 안빈낙도安貧樂道를 보통 사람이 어떻게 생활에서 즐겁게 실천할 수 있을까?'

그런 의문이 백성욱 선생님을 만나면서 모두 해소되었다. 백 선생님은 거창한 깨달음을 강조하시거나 비현실적인 군자의 길을 가도록 요구하시지 않았다. 수기설법隨機說法이 과연 무엇인지 아느냐고 하시는 듯, 필요에 따라 참으로 시원한 법문을 거침없고 막힘없이 해주셨다. 백 선생님의 말씀을 직접 듣고 이해해가자 백 선생님이야말로 모든 것을 다 아시는 분, 무미건조했던 조사님들의 법문을 활구活句로 변하게 하시는 분, 부처님의 가르침을 참 실감나게 전달하는 분이라고 생각했다. 부처님의 가르침에 대한 새로운 믿음이 샘솟았으며, 그 길로 계속 나아가면 결국 부처님처럼 밝아지리라는 믿음에 이르렀다.

특히 당신이 깨우치신 전생에서 금생으로 영혼이 구체적으로 이동하는 실감나는 체험의 말씀은 정말 듣기 어려운 것이었다. 티베트에서 발간된《사자의 서》책 한 권에만 의지해 알고 있던 고정관념에서 벗어날 수 있게 되었고, 새로운 영적 세계의 길도 더욱 분명하게 알 수 있게 되었다.

부처님의 가르침을 그대로 실천하여 부처님께서 말씀하신 영적 세계를 직접 체험하신 분! 이런 분은 정말 희유하다고 생각했다. 이분이야말로 바로 이 시대, 이 땅에 알맞게 오신 부처님의 화현化現이 아닌가 싶었다. '그러면 과연 그러한 부처님은 어떤 분이실까? 살아 있는 부처님이 계신다면 어떻게 수도하셨을까? 그분의 삶은 보통 사람들과 어떻게 달랐을까?' 생불生佛을 직접 모시고 4년간 출가 생활했던 이야기 일부를 여기에 옮겨본다.

선생님과의 만남

1966년 4월경 ROTC 장교로 군 복무 중이던 어느 날, 당시 동국대학교 총장직을 사임 후 경기도 부천군에 칩거하시던 백 선생님을 친구의 소개로 만났다. 독일에서 철학 박사학위를 받은 천재, 전생을 훤히 꿰뚫어보는 숙명통과 다른 사람의 마음도 훤히 다 아는 타심통他心通에 통달하셨다는 도사, 이것이 백 선생님을 따라다니는 별칭이었다. 어떤 사람은 백 선생님을 시대의 인물이요, 당대 대선지식이라 말하기도 하였다. 백 선생님을 처음 만나 법문을 들으며 나는 완전히 압도당하고 말았다. 명불허전名不虛傳! 백 선생님께 들었던 법문은 지금까지 큰스님께 듣던 법문과는 판이하게 달랐다.

백 선생님을 처음 뵈었을 때를 기억한다. 그때 백 선생님께서는 "무슨 생각이든 부처님께 바쳐라"라고 하셨다. 이 말씀이 다른 사람들과 달리 나는 쉽게 이해되었고 퍽 실감나게 느껴졌다. 어째서 그 추상적인 말에서 나는 친근감을 느꼈을까?

고등학교 1학년 때부터 큰 걱정거리가 하나 있었다. 중학교 때까지는 그러지 않았는데 고등학교에 입학한 뒤로 무척이나 생각이 많아졌다. 이런 생각, 저런 생각, 별 엉뚱한 생각이 꼬리에 꼬리를 물고 일었다. 한번 일어난 생각은 좀처럼 꺼질 줄 몰랐다. 학교에서 수업을 할 때도, 다른 사람과 대화를 할 때도, 수업 내용이나 대화 소재와 관련 없는 엉뚱한 생각이 나 자신을 완전히 지배했다. 처음에는 철없는 생각에서 벗어나 어른스럽고 철학적인 생각을 한다고 스스로 대견하게 생각하기도 했다. 그렇지만 점차 그런 생각은 '제발 이러한 생각의 무리를 떨쳐버렸으면' 하는 생각으로 바뀌었다. 그런 생각들이 대부분 비현실적이고 비생산적인 결론에 도달하게 되기도 했고, 그 생각들이 나 자신이 필요해서 하는 것이 아니었기 때문이다. 또한 나 자신이 그 생각들에 지배당해서 필요한 때에 그 생각을 멈출 수 없는 것이 퍽 괴로웠기 때문이다. 그 고통이 제법 심각했기에 그런 생각들을 없애고자 이런저런 노력을 해보았고 억지로 눌러보기도 했지만 별다른 성과가 없었다. 오히려 내가 생각을 참고 누를수록 생각은 더욱 기세가 커지는 것 같았다.

이것은 아마도 마음의 병이겠지만, 이 같은 현상에 대해 주위의 그 누구도 적절한 진단과 처방을 제시해주지 못했다. 나는 겉보기엔 멀쩡했지만, 속은 몹시 괴로웠다. 부처님의 가르침을 만난 후 그 마음의 병을 고치라는 말씀에 퍽 공감하였지만, 그 가르침을 나 자신에게 어떻게 적용해야 할지 알 수가 없었다. 그러던 중에 백 선생님을 뵈었고, 선생님께서 해주신 "그 생각을 부처님께 바쳐라"라는 말씀이 내 마음 상태를 치료하는 데 꼭 알맞았다. 그리고 말씀대로 실천해보았더니 마음이 한결 부드러워지는 기분이었다. 선생님께서는 "무슨 생각이든지 부처님께 바쳐라. 이것이 《금강경》의 실천이다. 그리하면 분별이 사라지고 어떤 깨달음이 올 것이며, 지혜가 생길 것이다. 그러고서 참다운 깨달음과 지혜를 선지식에게 내놓고 검토를 받고 인정받아야 한다"고 말씀하셨다.

당시 나는 춘천에서 군대 생활을 하고 있어, 자주 서울에 오지 못했지만, 한 달에 평균 두 번 서울에 올 때마다 소사에 계신 선생님을 찾아뵈었다. 선생님의 말씀은 비슷한 것 같지만 늘 새롭게 느껴졌다. 재미있고 마음 깊이 느껴지는 그 무엇이 있었다. 백 선생님의 말씀은 다른 스님이나 법사를 통해서 형성된 내 불교관과 인생관을 근본적으로 뒤집어놓을 만큼 충분히 경이로웠다.

선생님 말씀은 다른 스님들의 말씀과 두드러지게 달랐다. 스님들은 불교에 대해 질문을 할 때 그 말을 해석하고 분석해서 답변하는 데 반해, 선생님께서는 그 말을 분석하기보다 질문하는 사람의 마음을 보고 거기에 대응하는 답변을 하셨다. 같은 내용을 질문하여도 사람에 따라 답변이 다르기 일쑤였으며, 질문자의 관심을 대상으로 향하게 하기보다 대상에 얽혀 있는 질문자의 마음을 끄집어내는 식으로 답변하셨다. 즉, 분석보다 종합, 발산보다 수렴하는 화법으로 말씀하셨다. 나는 선생님의 법문을 들을 때마다 보통 스님들과 선생님의 법문을 비교하였다. 인종(627~713) 법사가 혜능(638~713) 대사에게 "제가 경을 강의하는 것은 깨어진 기왓장 같고 스님께서 법문하시는 것은 순금과 같습니다"라고 했던 이야기가 자꾸 생각났다.

왜냐하면 "모든 것은 마음이 만들었다"라고 하신 혜능 대사처럼, 백 선생님의 법문 역시 "무엇이든 마음속에서 다 얻을 수 있다. 출세, 행복, 진리, 부귀영화, 모든 것이 마음속에 모두 구족되어 있으니, 마음 밖에서 무엇을 찾아 헤매지 말라"라는 일체유심조一切唯心造의 진리를 말씀하셨기 때문이다.

백 선생님의 법문은 귀한 순금과 같았다. 일체유심조 진리에 입각한 백 선생님의 법문은 마음 밖에서 모든 것을 찾고 있었던 나의 사고방식을 완전히 바꾸어놓았다. 언제인가 조계사 법회에서 들었던 심외무법心外無法이 생각났고, 마음 밖에는 아무것도 없다는 말씀이 실감났다. 마음 밖에서 무엇을 구할 필요가 없고 모두 마음속에 구족되어 있다는 법문. 이것은 지금까지 경전 속에서 듣지 못하였던 시원한 말씀이요, 희망의 말씀이요, 진리의 말씀이다.

언젠가 선생님과 이런 대화를 나눈 적이 있다.

"불교는 소원을 이룩하는 데 도구로 쓰는 가르침이 아니고, 깨달음을 얻고 생사 문제를 해결하는 가르침입니까?"

"너의 소원이 무엇인가?"

"공부는 해야겠는데 잠시 책상머리에 앉아 있으려면 각종 번뇌 망상이 쉴 새 없이 들끓어 공부가 잘 안 되며, 마음을 추스르려도 잘 되지 않습니다. 공부가 잘 안 되면 자연히 성적도 좋지 않을 것이고, 성적이 좋지 않으면 사회생활에도 지장이 많을 것입니다.

몇 년 전 저는 부처님의 가르침을 만나자마자 부처님 가르침에 깊이 빠져들어, 각종 불경을 독송하고 할 수 있는 수행도 다 해보았습니다. 그러나 제 관심의 초점은 늘 세 가지 소원을 어떻게 달성하느냐에 맞추어져 있었습니다. 이를 위하여 《지장경》《관음경》을 공부하며 지장보살, 관음보살을 수없이 불렀습니다. 마음의 평화를 약간 얻었지만, 세 가지 소원을 이루는 데는 별 효과를 얻지 못한 것 같습니다.

그 뒤로 참선 공부를 만났습니다. 참선하는 사람들은 참선만이 참 정법이요, 참선을 통하여 모든 난제를 다 해결할 수 있다고 말하였습니다.

마침 기회가 되어 1개월간 월정사로 출가하여, 참선 수행을 본격적으로 해보기도 하였습니다. 하지만 제 노력이 부족한지, 간절한 마음이 부족한지, 참선 수행에서도 별다른 효과를 얻지 못한 것 같습니다.

제가 불교계의 대석학으로 믿고 존경하던 어떤 선생님은, 불교 공부는 깨치고자 하는 공부일 뿐, 소원을 이루는 공부는 아니라고 말씀하셨습니다. 정말 부처님 가르침을 통하여 제 소원을 이루는 것은 불가능한 일입니까?"

"불가능하지 않다. 부처님의 가르침을 잘 활용하면 네가 구하는 소원을 다 이룰 수 있다. 너는 관음보살, 지장보살의 명호를 부르면서 네 소원이 이루어지기를 기원하였다. 명호를 염송할 때 네 마음은 보살님의 위력을 활용하여 소원이 이루어지기를 바라는 이기적 마음이었다.

이기적 목적을 가지고 바라는 마음으로 한 염불은 곧 탐욕심의 연습이니, 탐욕심을 가지고 염불하는 사람에게 관음보살님께서 선물을 주시겠느냐? 그리고 참선을 한다고 하지만, 참선하는 네 마음은 마음을 속히 안정시켜 소원 성취하겠다는 욕심의 참선이었다.

말하자면 탐욕심이 그득한 참선을 한 것이었다. 그런 탐욕심으로 참선을 하는 것은, 마치 모래를 삶아 밥을 지으려고 하는 것과 같아 뜻을 이루기 어려운 것이다."

"바라는 마음, 구하는 마음이 없으면 어찌 얻을 것이 있겠습니까? 《성경》에도 '두드려라, 그러면 열릴 것이요. 구하라, 그러면 얻을 것'이라고 하였습니다."

백 선생님께서는 비록 청정비구清淨比丘로 알려진 불자이시지만, 기독교에 대한 이해가 깊다는 소문을 들었기에, 나는 《성경》을 인용하여 말씀드렸다.

"부처님의 가르침은 《성경》의 말씀처럼 구해서 얻어지는 가르침, 두드려서 열리는 그런 가르침이 아닌 것이다. 부처님께서는 이미 우리 마음이 각종 소원을 이룩하는 능력을 구족하고 있다는 것을 일깨워주셨다. 그러니 구태여 소원을 이루기 위하여 보살님의 명호나 참선 공부에 의지할 필요가 없다. 네가 소원을 못 이루는 것은 염불을 열심히 하지 않아서도 아니고, 참선을 성실히 하지 않아서도 아니다. 소원을 못 이루게 하는 원인을 발견하여 제거하지 못한 것이 큰 문제였다. 네 소원을 방해한 것은 '못 한다, 안 된다'라는 생각, 즉 아상我相이니라. 이 아상만 제거하면 당장이라도 소원을 이루게 되는 것이다."

"그러면 공부를 잘 못하는 것, 대인관계가 원만치 못한 것, 마음이 산란한 것 등의 원인을 모두 제가 불러왔다는 말입니까?"

"그렇다. 너는 부처님과 같이 매우 위대한 존재다. 너는 지금까지 경험한 행幸, 불행不幸이 모두 네가 불러온 것이라고 생각하지 않겠지만, 실은 모든 고난과 행복은 다 네가 불러온 결과인 것이다. 왜냐하면 너는 부처님처럼 위대하고 존귀한 존재이기에 시시각각으로 소원을 이루고 있기 때문이다. 열등하다는 마음, 아니 된다는 마음을 부처님께 다 바쳐라. 그리하면 열등하다는 마음이 사라지면서 너는 바로 능력자가 될 것이다. 아니 된다는 마음이 착각인 줄 알고 부처님께 바쳐 해탈하라. 그리하면 너는 그 자리에서 아니 될 일 없는 사람, 불가능이 없는 사람이 될 것이다."

이 말씀에 새 정신이 나면서 나는 새로운 희망으로 부풀었다. 그러나 얼마 안 되어 '나처럼 변덕스럽고 끈기 있게 버티지 못하는 사람도 이 공부를 끝까지 할 수 있을까?《금강경》 공부를 처음에는 신들린 듯 좋아하다가 얼마 안 가서 그만두게 되는 것은 아닐까?'라는 불안한 마음이 들었다.

"선생님 말씀을 들으니 마음에 희망이 차고 기쁨이 솟아올라 당장이라도 출가하여 공부를 하고 싶은 생각이 듭니다. 그러나 잠시 후 마음속에 '나는 무슨 일을 꾸준히 하는 사람이 아니니 어찌 이 큰일을 할 수 있을까'라는 불안한 마음이 들기 시작하였습니다."

"나는 성실하지 못한 사람이다, 꾸준하지 못한 사람이다. 이런 생각으로 네 너의 능력의 한계를 정하였다. 성실하지 못한 것이 사실이냐? 또는 성실하지 못하다는 것은 네 생각일 뿐이냐?"

"정말 저는 성실성이 모자라고 능력이 부족한 사람임에 틀림없습니다."

"아니다. 네 능력은 모자라지 않다. 네가 능력이 모자라는 사람이라 규정하고 있는 것일 뿐, 너는 못난 사람이 아니다. 스스로 못난 사람이라 규정하니 어찌 능력인들 생기겠는가?"

"그러면 선생님 말씀대로 '공부가 잘 안 된다, 능력이 모자란다'라는 생각이 《금강경》의 말씀처럼 착각인 줄 알고 부처님께 바치면, 그 생각이 없어지는 것입니까?"

"그렇다. '공부가 잘 안 된다, 나는 다른 사람보다 열등하다'라는 생각은 착각이다. 그 생각이 잘못된 생각인 줄 알고 그 생각을 정성껏 부처님께 바쳐라. 바치다 보면 공부가 안 된다는 생각이 사라지게 되고, 의외로 공부가 재미있음을 발견할 것이다."

"그렇게 되면 무능한 저도 변하여 능력 있는 사람이 될 수 있겠네요?"

"당연한 말이다. 안 된다는 생각과 열등하다는 생각이 잘못된 생각인 줄 알고 부지런히 부처님께 바칠 때, 안 된다는 생각이 사라지며 너는 능력자로 변할 것이다. 열등하다는 생각이 뿌리까지 다 사라진다면, 너는 부처님과 같은 위대한 존재임을 발견하게 될 것이다."

"선생님께서 시키시는 대로 한다면 제 소원은 다 이루어질 것 같습니다. 그런데 불교는 소원을 성취하는 가르침이 아니라 깨치는 가르침이라 하던데요?"

"사람들은 '깨침' 하면 '참나'를 발견하는 거창한 깨침만을 깨침으로 생각한다. 그러나 깨침이란 분별심이 사라질 때 나타나는 지혜와 능력을 말하는 것으로 작은 분별심이 사라질 때 작은 깨침이 이룩되는 것이요, 큰 분별심이 사라질 때 큰 깨침이 이루어지는 것이다. 깨침이 이루어질 때 지혜와 능력이 생기며 소원 또한 동시에 이루게 된다. 아상이라는 큰 분별심이 사라질 때 큰 깨침, 즉 대각을 이루게 되는데 이때는 부처님처럼 전지전능한 능력이 생기게 된다."

"선생님 말씀대로 '안 된다, 모자란다'라는 생각(분별심)을 부처님께 바쳐 이 분별심을 해탈하는 것이 곧 깨치는 것이기도 하며, 이 깨치는 과정에서 사회적으로 무능한 사람이 유능하게 변할 수도 있습니까?"

"그렇다. 부처님의 가르침은 생사해탈의 가르침이기도 하지만, 건강한 사회인이 되는 가르침이기도 한 것이다."

1967년 2월경, 군 제대를 두 달쯤 앞두었을 때다. 전역 이후 생활을 생각하며 여러 번민이 들어 마음이 몹시 어수선

했다. 게다가 나는 으레 해마다 입춘 전후에는 아무 이유 없이 마음이 삭막해지곤 하던 터였다. 세상일도 그 무엇도 재미가 없었고 나의 괴로움은 커져만 갔다. 당시 집안 형편을 보면 전역하자마자 당연히 취직을 해야 했지만, 취직이란 게 왠지 나와는 어울리지 않는 것 같았다. 힘든 일일 거라 생각했지만, 마음 한구석에는 백 선생님처럼 훌륭한 분을 모시고 수도하는 몇몇 수행자의 모습이 자리하고 있었다. 그들은 긴 시간 동안 수행하지 않았어도 매우 훌륭해 보였고 머지않아 도통할 것처럼 보였다. '나도 거기에서 그들처럼 공부한다면 도통은 못해도 숙원이었던 내 마음 다스리는 일은 해결할 수 있지 않을까' 하는 희망을 품어보았다. 참으로 인생에서 중요한 두 가지 선택지 앞에서 한참을 방황하다가 모든 것을 다 꿰뚫어보신다는 선생님께 여쭈어보기로 결심했다. 그런데 이에 대한 선생님의 답변은 너무나 싱겁기 짝이 없었다.

"취직할 마음이 있으면 그 마음을 부처님께 바칠 것이요, 공부할 마음이 나면 그 마음을 부처님께 바쳐라."

내가 선생님께 듣고자 했던 것은 취직 또는 공부, 둘 중 하나를 택하라는 분명한 답변이었다. 이토록 모호한 답을 원했던 게 아니었다. 더구나 당시 나는 이틀 안에 괜찮은 취직자리의 승낙 가부可否를 분명히 전달해야 할 다급한 입장에 처해 있기도 했다. 이러한 때에 그 마음만을 바치라는 것은 그 생각을 억지로 잊어버리는 데에는 도움을 될지언정 문제 해결법은 아닌 것 같았다. 이런 내 생각을 꿰뚫어보셨는지 선생님께서는 "생각을 부처님께 바치면 진실한 것은 되어질 것이고, 진실치 아니한 것은 아니 되어질 것이다"라고 말씀하셨다. "비록 시급한 일이라도 원을 세우고 해야 한다"라는 말씀대로 나는 원을 세웠고, 1백 일을 목표로 수도 생활을 시작했다.

소사에서의 수도 생활 1

내가 원해서 시작한 수도 생활이었지만, 이 생활이 주위의 기대와는 매우 달랐다. 특히 어머니의 뜻과는 반대된다는 생각에 마음이 편치 않았다. 어머니의 서글프고 찡그린 얼굴이 자주 떠올랐다. 군대 생활 중 몹시도 괴로웠던 일들과 재미있었던 일들이 뒤범벅이 되어 뇌리가 복잡했다. 그래서 그런 생각을 떠올리는 마음 바닥은 대체로 슬프고 쓰라리고 매우 무거웠다. 웬 생각들이 그리도 많이 쏟아질까? 무겁고 깊은 생각 외에도 무수히 많은 생각들이 떠올라 도무지 정신을 차릴 수 없을 지경이었다.

어느 날 선생님께서 나에게 말씀하셨다.

"네가 어머니를 불쌍하게 생각한다고 말하면 사람들은 너를 효자라고 할지 모른다. 그러나 밝은 이가 보면 네가 어머니를 불쌍하게 보는 것이 아니라, 네가 네 자신을 불쌍하게 보는 것이라고 할 것이다.

네 어머니는 실은 네 어머니가 아니요, 어머니라는 네 생각일 뿐이다. 그것은 네가 자신을 불쌍히 여기고 있는 것과 마찬가지다. 왜냐하면 마음 밖의 모든 현상(어머니를 포함)은 네 분별심이 만들어낸 허상이기 때문이다. 네가 어머니를 불쌍하게 보는 사고방식을 바꾸지 않고 세상에 나간다면, 너는 세상에 나가서 반드시 불쌍한 존재가 될 것이다. 또한 마찬가지 이치로 네가 세상을 꾸짖는 것은 실상 세상을 꾸짖는 것이 아니요, 바로 자신을 꾸짖고 욕하는 것이다."

소사에서의 생활은 이러한 생각들을 모두 부처님께 바치는 생활이다. 그렇다면 당연히 마음이 가라앉아야 할 터인데 밖의 생활보다 마음이 더 복잡해지는 것 같았다. 바치고 또 바쳐도 생각은 끊임없이 떠올랐다. 그리고 한번 솟아오른 생각은 세력이 저절로 약화되어 다른 생각으로 바뀔 때까지 없애고 억누르려 해도 없어지고 억눌려지지 않았다. 마치 고등학교 1학년 때나 대학교 1학년 때 분별이 무수히 솟아오르던 때와 모든 양상이 흡사하였다. 그중에서 가장 괴로웠던 일 중의 하나는 가장 엄숙해야 할 매일 아침 선생님과의 대화 시간에 가장 바람직하지 않은 생각(점잖지 아니한 생각)이 떠오르는 일이었다. 이런 경우에는 바치는 것이고 무엇이고 할 것 없이 '그저 죽어라' 하고 "미륵존여래불 미륵존여래불"을 정신없이 불러댔다.

소사에서의 일과는 아침 일찍 일어나 《금강경》을 읽고 '미륵존여래불' 정진을 한 다음 선생님을 찾아 법문을 듣는 것으로 시작한다. 식사는 하루에 두 번 하였는데 처음엔 공양주供養主 노릇을 하다가 목장 일에 점차 익숙해지면서 젖소 사육에도 본격적으로 참여하였다. 일할 때 올라오는 생각은 부지런히 부처님을 향해 바치는데, 잘 바쳐지지 않는 경우에는 그 생각에 대고 '미륵존여래불'을 염송하곤 하였다. 일과가 끝난 저녁에는 대략 정해진 시간에《금강경》을 읽고 '미륵존여래불' 정진을 했다. 바깥세상 사람들이 즐기는 낙이라고는 아무것도 없는 단조로운 생활, 조용하고 적막한 주위 환경 그리고 처음엔 부드럽게 보였던 도반들이 생각했던 것과 매우 다른 데서 오는 실망감 속에서 나는 까닭조차 알 수 없이 솟아오르는 춥고 무거운 마음을 바치고 또 바쳤다. 나에게는 바칠 것이 참으로 많고 많은 것 같았다.《법화경》에 나오는 무진의보살無盡意菩薩* 에 관한 설명이

세계무변진요요世界無邊塵擾擾
중생부진업망망衆生不盡業茫茫
애하무저랑도도愛河無低浪滔滔
시고위명무진의是故爲名無盡意
애하무저랑도도愛河無低浪滔滔

---

* 사바세계에서 무진무여無盡無餘의 중생들을 제도하겠다는 서원을 세우고 발심하되 위로는 다함없는 제불공덕을 구하고 아래로는 다함없는 중생을 제도하였다.

라고 하지 않았던가. 왠지 이 설명이 나에게 꼭 맞는 것 같았다. 나는 20여 년밖에 살지 않았는데, 내 마음속은 수천 년 수만 년 살아온 듯 온갖 생각과 느낌으로 꽉 차서 그 끝이 보이지 않는 것 같았다. 무시겁으로 지은 업보 업장이란 게 바로 이런 것일까?

그렇지만 소사에서의 생활에 점차 익숙해지고 바치는 연습을 지속하면서, 도저히 개선의 기미가 보이지 않고 사납게 날뛰던 생각들이 점차 세력이 약해졌다. 무수히 많던 생각들도 가짓수가 퍽 줄어들었다. "무슨 생각이든지 부처님께 바쳐라. 네 생각을 바치면 네 생각은 바쳐질 것이요, 바친 자리에는 부처님의 광명이 임하게 되는 것이다"라는 선생님의 말씀대로 많은 생각을 부처님께 바쳤다. 내 마음이 가벼워진 것은 부처님의 광명이 임해진 결과가 아닐까 생각했다. 하여튼 나는 좀 더 자유로워졌다. 숨을 좀 쉴 수 있게 되었다.

1백 일의 공부가 끝날 때쯤 선생님은 대략 다음과 같은 법문을 해주셨다.

"네가 군대에 있을 때 상관을 몹시 미워했지. 그 미워하는 마음을 고스란히 가지고 여길 와서 여기에서도 군대 있을 때와 똑같이 미워하는 연습을 하였지. 그러니 여기 와서도 군대와 비슷하게 꾸며진 것 아니겠니. 남을 미워하는 연습을 하면 곧 자기를 죽이는 연습을 하는 것과 같다. 남을 꾸짖고 미워하는 마음이 곧 진심瞋心인데 진심 중에서도 가장 무서운 것이 퇴타심退墮心이야. 그런데 슬픈 마음은 곧 퇴타심이니, 이럴 때엔 깜짝 놀라서 부지런히 바치도록 해야 한다.

분별심도 회전하는 주기가 있는데, 고등학교 때 시작한 네 분별은 발심發心을 하려고 나오게 된 것이고, 그것이 3년 또는 6년 주기로 회전하는 것 같다. 생각이 많다는 것은 바칠 것이 많다는 것이니 부처님께 바칠 것이 많으면 좀 좋으냐. 이전에 이런 분별심을 바치지 않았기에 주기가 찾아오면 그 분별심의 원인을 네가 잘 몰랐지만, 지금 이 분별을 바친다면 이다음 주기를 맞을 때 분별이 올라오면 모르지 않고 분별의 원인을 알게 될 것이다. 네가 제대할 때 취직을 할지 공부를 할지 묻지 않았느냐. 그런데 네가 공부를 선택할 수 있었던 것은 앞을 다소 내다볼 줄 아는 선근善根이 있었기 때문이다. 왜냐하면 너는 이처럼 생각이 너무 많아 취직과 같은 사회생활에는 적합하지 않고, 어차피 수도할 수밖에 없기 때문이다.

그런데 왜 여기서는 바깥보다 분별심이 더 심하게 솟는 것 같은지 아니? 그것은 이곳이 매우 조용하기 때문에 오히려 네 마음이 잘 보이기 때문이다. 처음에는 도저히 그 분별이 없어질 것 같지 않았지. 그런데 어떻든? 좀 바쳐지지? 부처님께 바치는 공부라는 것이 바로 이래. 이것이 《금강경》 제3분 〈대승정종분〉을 실행하는 것이다. 계속해서 자꾸 바치면 어떻게 되는지 아니? 그 뜻이 알아져. 나중엔 네가 어디서 왔는지도 알아지고. 슬픈 마음, 무거운 마음의 뿌리까지 알아지지. 그 슬픈 마음이 '너라는 놈' 바로 몸뚱이 착着이야."

백 선생님 가르침의 요지는 《금강경》의 신해행증信解行證에 있었다.《금강경》의 대표적인 부처님 말씀, “범소유상 개시허망 약견제상비상 즉견여래凡所有相 皆是虛妄 若見諸相非相 卽見如來, 그대 생각이 모두 착각인 줄 분명히 알게 되면 곧 부처님과 만나리라”라는 말씀을 참으로 믿고, 아침저녁 직접 석가여래 부처님 앞에서 강의 듣는 마음으로《금강경》을 독송하라[信], 뜻을 알고자 하면서 독송하다 보면 결국 알아질 것이다[解]. 《금강경》을 실천하라[行]는 것이다.

소사에서의 수도 생활 2

올라오는 생각을 부처님께 바치는 연습을 계속하자, 확실히 분별심이 많이 가라앉는 것을 느낄 수 있었다. 바치는 것이 무엇인가를 더욱 실감했다. ‘이와 같은 공부를 계속한다면 그 결과는 어떻게 될까? 아마 상당히 좋은 결과를 얻을 수 있지 않을까’라는 생각도 들었다. 그러나 ‘공부를 계속하자면 집안 일은 어떻게 하나’라는 문제가 항상 대두되었다. 그렇지 않아도 어머니가 가끔 찾아와서 어서 와주었으면, 하고 슬픈 얼굴을 하고 돌아갈 때마다 목이 메고 마음이 흔들리곤 하였다.

한번은 어머니가 찾아와서 집으로 돌아올 것을 요구하였다. 세상 이치로 보아서는 어머니의 말씀을 따르는 것이 백번 타당하지만 아무래도 지금은 돌아갈 때가 아닌 것 같아 선생님께 승낙을 얻고 돌아가야 한다고 핑계를 대었다. 어머니는 선생님께 "저 애를 지금 데리고 가겠습니다"라고 원망 섞인 목소리로 사정하듯 말했다. 선생님은 갑자기 매우 엄숙한 표정을 지으시면서 다소 언짢은 음성으로 말씀하셨다. "데려가려면 데려가시오. 그러나 공부를 다시 하려면 처음부터 다시 시작해야 하오." 내 마음은 갑자기 죄송한 생각과 두려운 생각으로 뒤범벅되었다. 나는 꼭 공부해야겠다는 생각은 없었지만 왠지 집에 돌아가기는 더욱 싫었다.

이런 식으로 계속된 소사의 생활이 마음 편할 리가 없었다. 선생님의 지시대로 떠오르는 어머니의 얼굴에 대고 '미륵존여래불'을 계속하였다. 실로, 집과 어머니를 생각할 때마다 몹시도 괴로웠다. '제대 날짜를 손꼽아 기다리며, 제대하면 고생은 면하겠지, 하고 기대하던 어머니, 그동안 얼마나 고생이 많으셨을까. 내가 집으로 돌아가지 않으면 집안은 누가 꾸리나. 어머니 고생은 언제까지 계속되려나….' 어머니 얼굴에 대고 '미륵존여래불'을 계속할 때마다 어떤 때는 눈물이, 어떤 때는 한숨이, 어떤 때는 선생님에 대한 원망이 부글거렸다. 어머니와 나를 갈라놓고 나를 괴롭게 만드는 데에 선생님의 책임이 큰 것 같았다. 부모님께 하는 효도는 공자님뿐만 아니라 부처님께서도 매우 강조한 덕목이 아니었던가.

그런데 선생님께서는 '왜 어서 집으로 돌아가 효도해라'라는 말씀은 아니 하시고 '어머니에 대한 생각을 부처님께 바쳐라'라고 말씀하실까. 그 생각을 바친다면 어머니 생각은 비정하게 잊힐지 몰라도 집안의 경제적 어려움은 여전하지 않겠는가. 그러면 이런 말씀을 하시는 선생님은 과연 믿을 수 있는 분일까. 선생님을 비난하는 사람들이 세상에 많지 않은가.

이런저런 생각으로 마음이 안정되지 않던 어느 날 밤, 나는 함께 공부하던 도반들보다 약간 먼저 잠자리에 들었다. 잠결에 함께 있던 두 사람의 말소리가 뚜렷이 들렸다.

"여기 자주 오는 그 여자분은 선생님과 어떤 사이야?"

"아무리 보아도 보통 사이인 것 같지 않아."

"세상에서는 그분을 부인이라고 하는가 봐."

"그렇지 않을 거야. 선생님은 일생을 수도하시던 분 아냐?"

"나는 그분이 선생님 부인 같아. 그런데 부인이면 어때."

"정말 그럴까?"

함께 공부하던 두 도반은 선생님 가정에 관한 이야기를 아무 거리낌 없이 했다. 그러나 이 말을 듣는 순간 그 말의 진위를 가릴 생각도 없이 내 마음은 심하게 요동쳤고 흥분하기 시작하였다. 나는 선생님이 독신이라 믿고 있었고 수도인이라면 당연히 독신이어야 한다고 생각했다. 더구나 주위 사람들은 선생님을 가정도 없이 오직 수도만 하시는 분으로 선전했다.

나는 다시 제대로 잠에 들 수가 없었다. 아니, 잠이 오지 않았다. '앞으로 소사 활동을 어떻게 해나갈 수 있을까. 선생님이 이처럼 확실하지 않은 분이라면 어떻게 일생을 맡기는 공부를 계속할 수 있을까. 내일이라도 보따리를 싸서 나가야 할까. 함께 있는 도반들은 어떻게 저런 문제를 소화할 수 있을까.' 나는 여러 생각으로 제대로 잠을 이루지 못하였다. 이런 생각을 부처님께 바치려는 시도는 한 번도 아니했다.

그 이튿날 아침 똑같이 우유 통을 메고 맥 빠진 걸음으로 우물로 내려가던 도중 우연히 선생님과 마주쳤다. 그 순간 전신의 피가 끓는 것 같았고 마음속에서는 '에이 더러워. 속았구나!'라는 소리와 함께 금방이라도 졸도할 것같이 정신이 어지러웠다. 그 순간 이상하게도 선생님이 "이 사람 어젯밤 매우 큰일 치렀구먼. 그래, 잘 깨쳤어?"라고 큰 소리로 말씀하시는 것이 아닌가! 이 말을 듣는 순간 이상하게도 어지러웠던 내 마음이 순식간에 정돈되는 것 같았다. 우유 통을 배달하던 일을 마치고 좀 더 시원한 말씀을 들을 수 있지 않을까 싶어 법당에 들어가 어떤 말씀이든 듣고자 법문을 청했다. 선생님께서는 확실히 내 마음을 아시는 것 같았다. 그리고 어젯밤의 일도 상세히 알고 계셨다.

"그래, 두 녀석은 지껄이고 너는 잠이 오든 안 오든? 네가 그런 생각을 오래 가지고 있었다면, 그 생각은 네 몸을 지탱하지 못하게 하였을 것이고, 너는 결국 이 도량을 떠날 수밖에 없었을 것이다. 그러나 그런 위기의 순간에도 그 마음에 흔들리지 않고 그 생각을 부처님께 바칠 수 있어야 하는 것이다"라는 말씀을 하셨다. 그러나 그 가운데 그 여자 분에 대해 밝히는 내용은 없었다. 단지 의심을 해결할 수 있는 방법을 제시하셨을 뿐이었다.

마치 거울에 비친듯 내 마음을 완벽하게 아시는 백 선생님의 말씀에 흔들리는 마음과 의심하는 마음이 완전히 사라졌다. 어느새 내 마음은 안정을 찾고 새롭게 선지식에 대한 믿음과 공경심으로 가득했다. 그제야 이러한 일들이 나와 같이 의심이 많고 업장이 두터운 사람을 구제하려는 보살의 원력임을 확실히 알게 되었다.

그것만으로도 족했다. 이렇듯 사람의 마음을 훤히 꿰뚫어 보시고 마음이 극히 혼란스러울 때 안정시켜주실 수 있는 분이라는 사실만으로도, 선생님의 인격은 높고도 훌륭한 듯싶었다. 그리고 그것은 오직 수도를 통해서만 얻을 수 있는 귀중한 능력일 것 같았다. 생각해보면 평소 선생님은 자신을 위해서는 변명하는 일이 거의 없으셨다. 누가 선생님의 신상에 대해 심각하게 캐물을 때도 선생님 자신의 일을 해명하려고 하기보다 대체로 질문하는 사람에게 알맞은 말을 하시곤 하였다. 이와 관련해 선생님께서 들려주셨던 일본의 백은(1685~1768)* 선사의 일화가 생각났다.

일본에 생불生佛이라 추앙받던 백은 선사가 계셨다. 그를 존중하고 받들던 한 신도의 딸이 부모님 몰래 어떤 청년과 사귀었고 임신하기에 이르렀다. 해산일이 가까워지자 그 딸은 고민에 빠졌고 어떻게 서릿발처럼 엄한 아버지의 꾸중에서

• 일본 선불교의 대표적인 수행자다. 스무 살에 서운사 마옹 스님을 만나 발심했으며 4년 뒤 먼 절에서 들려오는 종소리를 듣고 깨달았다 한다. 그가 남긴 책으로《야선한화夜船閑話》가 전해진다.

벗어날까 전전긍긍하였다. 갖은 궁리 끝에 그 딸은 한 가지 묘안을 생각해냈다. 모든 책임을 백은 선사에게 돌린다면 아무 문제가 없을 것 같았다.

아버지는 딸이 임신한 이유가 백은 선사 때문이라고 생각하고, 불같이 노하여 딸이 낳은 자식을 백은 선사 앞에 내던지며 "이 더러운 양반, 당신이 뿌린 씨앗은 당신이 책임지시오"라고 했다. 백은 선사는 한마디 변명도 없이 그 애를 거두어 성심껏 키웠다. 10여 년이 지난 후 딸이 마음에 여유가 생겨 참회할 마음이 생기자, 아버지에게 자초지종을 다시 말하였다. 아버지와 딸은 한편으론 몹시 죄스러운 생각, 한편으로는 백은 선사가 참으로 훌륭하다는 생각을 하면서 백은 선사를 찾아가 잘못을 빌었다. 백은 선사는 그때에도 처음과 똑같이 아무 변명이나 노여움 없이 그동안 키웠던 아이를 돌려주었다고 한다.

선생님께서는 "무슨 생각이든지 부처님께 바쳐라"라고 하셨다. 하지만 나는 몇 가지 생각을 통 바칠 생각을 하지 않고 있었다. 왜냐하면 그 생각들은 바치는 대상에서 제외되는 것이라고 스스로 판단하고 있었기 때문이다. 그중에 하나가 무엇에 대한 '의심'이었다. 의심이란, 지혜를 얻는 도구이며 지혜를 얻기 위해서는 당연히 지니고 있어야 한다. 그러나 이러한 일이 있은 뒤부터는 의심이라는 훌륭한 도구(?)도 당연히 부처님께 바쳐야 할 것이라고 생각하게 되었다. 의심을 지속하는 것은 의심을 해결하는 데 별 도움이 되지 않을 뿐 아니라, 몸뚱이 착, 즉 아상의 연습인 것 같았다. 의심이 생기더라도 그것을 '부처님께 바치는 것'만이 올바른 해답에 빨리 도달하는 길이라 생각했다.

옛날에 어떤 의심 잘 하는 사람이 도인이라고 소문난 스님을 찾아가 "나는 스님을 통 믿을 수가 없는데 기적을 보여주시기만 하면 무슨 말씀이든 꼭 믿겠습니다"라고 하였다. 어떤 우연한 기회에 그 사람이 그 스님의 엄청난 기적을 볼 기회가 있었고, 그 뒤로는 한동안 그 스님의 모든 말씀을 신뢰하였다. 그런데 얼마 지나지 않아 의심하는 버릇이 또 나오기 시작했고 이런저런 구실을 붙여 그 스님을 불신하게 되었다는 이야기가 있다. 이런 것을 보더라도 의심이란 역시 바쳐야 할 내부적인 문제이다.

나는 막연하게만 선생님을 훌륭하게 생각했었다. 그러나 이런저런 일들을 겪으면서 선생님의 훌륭함을 가슴으로 느낄 수 있었다. 시간이 쌓이자 선생님에 대한 신뢰는 더욱 깊어졌다. 나는 탐내는 마음, 성내는 마음, 잘난 마음은 물론이고 고상한 것이든 훌륭한 것이든 모두 바쳤다. 가령 떠오르는 생각에서 춥고 배고프고 일하기 싫다는 생리적인 현상까지도 바쳤다. 즉, 모든 생각을 부지런히 바쳤다.

그러나 무시겁으로 지은 업보와 업장은 너무나도 두터웠고, 바칠 소재는 너무나도 많았다. 특히 우리 집 문제는 어떤 가시적인 변화가 없으면 바치는 일만으로는 해결될 수 없을 것 같았다. 바치고 또 바치면 어머니가 불쌍하다는 생각이 줄어드는 것 같았다. 그런데 누가 어머니 문제를 어떻게 할 것인지 물을 때는 자신 있게 대답하지 못했다. '공부란 무엇일까. 생각만 없어지면 공부는 끝나는 것일까. 집안일이 어찌 되든 말든 내 마음만 편할 수 있다면 공부의 목적을 이룬 것일까. 그러나 실제 일어나는 일은 모른 체하고 자기 마음만 편하다면, 그것은 단순히 자기 최면이고 자기를 속이는 일이지, 이것을 도 닦는 일이라 할 수 있을까.'

공부에 대해 부정과 긍정이 교차하는 가운데에서도 시간이 흐름에 따라 나는 분명히 무엇인가 변하고 있었다. 어머니가 찾아오시는 날엔 전날쯤 이 사실을 꿈에서 알 수 있었고, 공부하다가 졸면서 어머니가 어떤 색의 옷을 입고 오시는지 어렴풋하게 본 적도 있었다. 이런 일이 일어나는 것도 재미있었지만, 점점 마음 쉬는 시간이 길어지는 것도 분명히 진보라고 할 수 있었다. 선생님 앞에만 가면 더욱 정신없이 쏟아지고 걷잡을 수 없던 생각들도 어느 정도 다룰 수 있을 것 같았다. 일을 쉬고 가만히 앉아 있는 경우에도 생각이 무수히 솟아오르는 것이 아니라 마음이 점점 가라앉는 것같이 느껴졌다. 게다가 가라앉는 시간도 날이 흐름에 따라 점차 길어지는 것 같았다. 확실히 마음이 편해지고 있었다. 어머니 생각도 덜 났고 집 생각도 덜 났다. 처음에는 '이러다가 내가 바보 되는 것이 아닐까. 집안이 완전히 거덜나는 게 아닐까'라는 생각도 들었지만 그 생각도 점차 없어지는 것 같았다. '내가 너무 인정이 없어지고 차가운 사람이 되는 것 아닐까'라는 생각도 들었지만 그 생각도 점차 줄어들었다. 이러다가 '나와 나의 집은 어떻게 되나'라는 생각이 들면 부지런히 바쳤다. 그러면 그 생각도 나를 지배하지 못하였다.

특히 재미있는 일은 늘 슬픈 얼굴로 찾아오던 어머니 얼굴이 점점 변해가는 것이었다. 날이 갈수록 짜증스런 이야기를 덜 하고 가끔 씩씩한 이야기를 할 때도 있었다. 어머니의 마음도 점점 가라앉는 것 같았다. 혈색이 좋아지고 건강도 전보다 좋아진 것 같았다. 또 다른 신기한 일은 우리 집안의 경제 형편이 놀랍게 좋아진 점이다. 어머니는 비록 나이가 드셨지만 낙심하지 않고 부지런히 일하셨고, 형제들도 도와주어 먹고사는 걱정이 훨씬 나아졌다. 참으로 놀랄 일이었다. 내가 없으면 가족들이 다 죽을 것 같다고 생각했지만 별 지장이 없지 아니한가. 오히려 더 나아진 면이 많았다. 어머니는 부지런히 《금강경》을 읽었고 몸과 마음이 전보다 훨씬 좋아졌으며 나를 잊고 살 수 있게 된 것 같았다. 귀중한 소득이었다. 이에 대한 선생님의 법문은 대략 다음과 같다.

"너는 어서 돈을 벌고 싶었지 않니. 돈 버는 일도 중요하지만, 이 세상에 우선 '너 자신'부터 있어야 한다. '너 자신'이 없고 어찌 세상이 있겠느냐? 몸도 마음도 건강하지 않은 네가 돈 벌려고 세상에 뛰어나가는 것은 바로 업보 속에 빠져 허우적거리는 꼴이 된다. 돈도 못 벌 뿐만 아니라 업보에 이끌려 너 자신은 없어진 채 고달프게 사는 꼴이 되는 것이다. 무슨 생각이든지 부처님께 바치는 것은 바로 '너'를 있게 하고자 함이며, 몸과 마음을 건강하게 하고자 함이며, 업보를 해결하여 자유롭게 하고자 함이다.

특히 너는 그 '엄마'와의 업보가 크다. 그때 네 꿈에서 보지 않았더냐. 약봉지를 가지고 자살하려던 그 꿈 말이다. 그것이 바로 너와 너의 어머니의 인연 업보를 본 것이다. 너와 너의 어머니는 약봉지를 가지고 죽자 살자 하는 인연으로 맺어졌으니 그 업보가 오죽 심하지 않겠느냐. 네가 그 마음을 바치지 아니한 채 그대로 세상을 살아간다면 너는 갈수록 위축되고 세상이 춥고 슬프게 느껴질 것이다. 이전의 너는 너 하나가 아니라 너 반 엄마 반이었다. 그처럼 네 인격이 완전하지 못했고 어머니 없이 독립하지 못한 인격이었다. 그런 인격을 가지고 어찌 세상을 제대로 살 수 있겠느냐? 그런데 여기 와서 부지런히 그 마음을 바쳤기 때문에 어머니와의 업보를 해결할 수 있었고 이제는 독립된 인격체로서 네가 선 것이다.

너는 세상을 춥지 않게 사는 법을 알았고 이대로 계속 바친다면 더욱 씩씩해지고 세상도 너를 더욱 부드럽게 대할 것이다. 전에 어머니가 너에게 부드럽게 느껴졌어도 실제로는 너의 앞길을 어머니보다 더 막는 경우는 없었던 것이다. 그래서 부처님께서 애정도 은혜도 다 바치라고 한 것이며, 좋은 것이 나쁜 것과 다르지 않다고 한 것이다. 너의 어머니 마음이 편해진 것은 바로 업보가 풀린 탓이니, 그것은 네 마음이 풀렸기 때문이다. 업보를 해탈하면 모든 일이 잘 풀린다. 너희 집 일이 잘 해결된 것은 바로 그 이유 때문이다. 그래서 내가 너더러 공부하라 했던 것이다. 너야말로 공부가 꼭 필요한 사람이었다."

소사에서의 수도 생활 3

백 선생님께서는《금강경》공부에 대해서 말씀하셨다.

"《금강경》공부는 마음을 밝게 하고 의식주 문제도 동시에 해결할 수 있는 공부다. 의식주를 스스로 해결하지 못하고 남의 신세를 지며 사는 사람을 어찌 지혜로운 이라고 할 수 있고, 궁窮한 마음을 가지고 어찌 밝아졌다고 말할 수 있겠는가?

《금강경》공부는 세상에 뒤처지는 공부가 아니다. 오히려 세상을 더욱더 잘 살 수 있는 능력을 키워주는 적극적인 공부다. 먹고사는 문제와 취직 문제를 걱정하지 말고 그 걱정을 부처님께 바쳐라. 무직이라는 생각과 빈곤하다는 생각도 모두 부처님께 바쳐라. 자신이 빈곤하다는 생각과 '장래에 어떻게 사나?' 하는 생각을 부처님께 계속 바치다 보면, 궁한 마음이 이유 없이 사라지고 자신도 모르는 사이에 든든한 마음이 한구석에 자리 잡게 될 것이다. 그런데 이때 나타나는 든든한 마음은 무엇인가?

걱정 근심을 부처님께 바쳐 나타난 부처님 광명이다. 이 부처님 광명은 그대들에게 먹을 것과 입을 것을 제공할 것이다.

그러니 아무 염려 말고《금강경》공부에 전념하라."

이런 백 선생님의 말씀을 굳게 믿고, 장래 걱정과 먹고사는 걱정이 떠오를 때마다 끊임없이 부처님께 바치니 마음이 서서히 편안해지기 시작했다. 부처님께 바치는 과정에서 목장 일이 몹시 싫고 위험하다는 생각이 착각인 줄 알고 싫지 않게 되었고, 어렵게 느껴졌던 일들도 차츰 어렵지 않아졌다.

모든 문제를 부처님께 바치면 다 해결될 것 같던 어느 날, 바쳐도 해결되지 않는 한 가지 문제가 생겼다. 소 사료 창고에 수많은 쥐가 모여들기 시작한 것이다. 소가 좋아하는 밀기울(밀을 빻아 체로 쳐서 남은 찌꺼기)이라는 사료를 쥐도 매우 좋아하였다.

쥐 한두 마리도 아니고 수십 마리가 겁도 없이 몰려왔는데, 쥐약이라도 놓아 퇴치하고 싶은 유혹이 몇 번이나 들었지만, 불살생不殺生의 계를 지켜야 하는 수도장에서 쥐약을 놓을 수는 없었다. '쥐약을 놓지 않고 쥐를 몰아내는 방법, 쥐를 소탕하는 방법은 과연 무엇일까?' 이것은 마치 "어묵동정語默動靜(말과 침묵과 움직임과 고요함)을 떠나 말하라" 하며 참선하는 이들의 화두와 같이 해결하기 어려운 난제였다. '쥐약이나 쥐덫을 쓰지 않고 어떻게 이 도량에서 쥐를 쫓아낼 것인가?' 별다른 묘안이 없자, 결국 우리는 이를 해결하지 못하고 백 선생님께 쥐 퇴치 방법을 여쭈었다.

"어떻게 하면 저 많은 쥐를 쥐약 없이 이 목장에서 몰아낼 수 있겠습니까?"

"쥐가 싫다, 쥐가 많다는 생각을 부처님께 바쳐라."

"그렇게 바치면 쥐가 사라집니까?"

"어째서 쥐가 그렇게 들끓는지 아느냐? 너희 마음속에 쥐의 마음, 즉 빈궁한 마음이 있기 때문이니라. 쥐가 싫다는 마음을 자꾸 부처님께 바치면 너희 마음속에 쥐의 마음인 거지 마음, 거저먹으려는 마음이 사라지게 될 것이다. 너희 마음에서 거지 마음이 사라지지 않고 쥐가 좋아하는 사료가 있는 한 아무리 쥐를 내쫓으려 하여도 쥐는 목장에서 사라지지 않을 것이다."

백 선생님의 말씀을 듣고 보니, 과연 우리 마음이 거지 마음, 궁한 마음으로 꽉 차 있는 것을 알게 되었다. 어렸을 때는 부모님께 바랐고, 자라면서 학교 선생님이나 선배들께 바랐다. 그런 마음이 사그라들지 않고 또 나는 도량에 와서도 선지식에 계속 바라고 있었던 것이다.

세상에서 부자 되는 길은 무엇인가? 바라는 마음이나 궁한 마음을 부처님께 바쳐 해탈하는 길이 백 선생님께서 말씀하는 부자가 되는 지름길이다. 마음속에 궁한 마음을 그대로 둔 채 제 마음 밖에서 찾아 해결하려는 마음이 쥐가 들끓게 하는 원인이었음을 알게 되었다.

그때 마침 어떤 도반이 자신의 집에서 키우던 고양이를 법당에 선물하였다. 고양이를 보는 순간 반가운 마음이 들면서 이제부터 이 고양이가 목장의 모든 쥐를 소탕하리라고 생각하였다. 그러나 그런 반가운 마음도 잠시, 고양이는 수많은 쥐에 겁먹고는 쏜살같이 도망갔다. 산속으로 도망간 고양이는 돌아오지 않고 야생 고양이가 되고 말았다.

그 뒤로는 쥐 떼가 소 사료를 겁 없이 먹어치우는 것을 뻔히 보면서도 안타까운 그 마음을 부처님께 바치기만 할 뿐이었다. 역시 백 선생님의 말씀처럼 '우리 마음속에 쥐의 마음이 사라지지 않는 한 쥐 떼를 몰아낼 수 없나 보다'라고 생각했다.

당시 수도장에는 또 한 가지 문제가 있었다. 젖소의 우유 생산량이 일일 두당 평균 10킬로그램 정도밖에 되지 않았다. 이 정도 생산량은 우리 도반들이 도량에서 자급자족하기엔 턱없이 부족한 양이었다. 그러나 우리 마음에 거지 마음이 있기에 쥐들이 들끓는다는 말씀을 들은 후, 빈궁한 마음이 적은 생산량과도 관련 있음을 알았다. 생산량이 적어도 이에 만족하며 더 이상의 노력을 하지 않는 것임을 내 속의 거지 마음이 알아차린 것이다.

'어떻게 해야 《금강경》 공부도 잘하며 생산량도 증가시키나? 탐심을 비우는 공부도 하면서, 동시에 탐심을 키우는 생산량 증산을 생각하나?' 고민했다.

글자 보고 책 보는 것을 삼가는 것이 참선수행의 근본이다. 백 선생님께서는 우리 수행자도 수도장에서 책을 못 보게 하셨고, 라디오 방송도 못 듣도록 하셨다. 돈을 벌려는 생각은 탐욕심의 연습이요, 신문 방송을 본다는 것은 분별을 일으키는 연습이 되어서 밝아지는 데 역행하는 것이라고 생각하였다.

우유 생산량을 늘리려면 어떻게 해야 할까? 생산량이 적어서 문제라는 마음을 부처님께 바치는 것만으로는 근본적 해결책이 되지 않는다. 이 걱정을 부처님께 바치면서 한편으로는 책이나 각종 최신 정보를 통하여 생산량 증가 방안을 연구해야겠다고 생각하였다. 참선 방에서 불립문자 수행을 하는 수도자처럼, 구전이나 직관에만 의존하여 생산량을 증가시키려 한다면 이는 분명 어리석은 일일 것이다.

"불립문자란 글을 대할 때 궁리(알음알이)하지 말라는 뜻이지, 글의 참뜻을 알려는 노력, 즉 연구까지 하지 말라는 뜻은 아니다. 즉, '연구'는 사람을 지혜에 이르게 하지만, '궁리'는 사람을 어둠에 이르게 하는 것이다. 특히 부처님 시봉을 위해서 생산량 증가 방법을 연구하여 찾아내는 것은 수행에 도움이 될 수 있다."

백 선생님의 말씀을 듣고 적극적으로 책도 보고 〈축산 신문〉도 보면서, 우유 생산량 증가에 관해 각종 연구를 하였다. 그렇게 목장의 성공 사례를 찾았고, 소를 어떻게 키워야 우유 생산량을 늘릴 수 있을지 과학적으로 연구하기 시작했다.

우리는 "거지 마음과 궁한 마음을 부처님께 바쳐 시봉 잘하기를 발원"하였고 또 한편 "생산량을 증산하여 돈을 번 다음, 스승님과 도반이 먹고사는 문제를 걱정하지 않고 오로지 공부에만 전념하게 하여 부처님 시봉 잘하기를 발원"하였다.

빈궁한 마음을 부처님께 바치고 자료를 찾으며 연구도 병행하는 과정에서, 느닷없이 산유량 증산에 대한 해결 방법들을 발견하게 되었고 하나하나 실천해보았다. 실천하는 과정에서 마음속의 빈궁이 사라지자 이상한 현상들이 나타나기 시작했다.

야생으로 떠난 고양이가 다시 돌아왔다. 이미 야생화한 고양이는 쥐를 보면 달아나던 때와는 달리 슬슬 쥐를 잡기 시작하였다. 수십 마리의 쥐들도 야생 고양이 한 마리의 기운에 점차 압도당해 하나둘 사라지더니 결국 한 마리도 남지 않았다. 잡을 쥐가 없어지자 고양이도 사라졌다. 고양이가 사라지면 당연히 쥐가 다시 와야 하는데, 그 후 수년이 지나도 쥐가 나타나지 않았다. 마음속 쥐의 궁한 마음, 갉아먹는 마음을 공부하면 쥐가 없어질 것이라는 백 선생님의 말씀 그대로였다. 이렇게 쥐가 사라짐과 동시에 산유량 증가에 관한 연구 성과도 드러나며 산유량에 뚜렷한 변화의 조짐이 생기기 시작했다.

이때 젖소의 생산량이 두당 일일 10킬로그램에서 20킬로그램으로 증가하더니 20킬로그램에서 급속하게 증가하여 목표로 하는 일일 생산량 30킬로그램에 도달하였다. 이제는 자급자족이 가능하다는 생각이 들며 장래 먹고사는 걱정이 사라짐을 느끼게 되었다.

소사에서의 수도 생활 4

소사에서 수행하면서 보고 들은 여러 일화는 지금도 기억에 생생하다. 몇 가지 일화를 소개해보면 다음과 같다.

언제인가 정미소를 하는 A가 소사에 찾아왔다. 그러곤 선생님께 여쭈었다.

"제가 허약해서 쌀가마를 마음대로 다루지 못하여 사람들이 '저거 하나 못 들면서 정미소 사장이야?'라며 업신여깁니다. 제가 쌀가마를 마음대로 들 수 있다면 정미소 직원들을 통솔하는 데 큰 힘이 될 것 같습니다. 저같이 허약한 사람도 《금강경》 공부를 잘하면 쌀가마를 들 수 있을까요?"

선생님께서 말씀하셨다.

"안 된다는 생각을 부처님께 바쳐 소멸하면 안 될 것 없지. 정미소 앞, 늘 자주 다니는 길목에 쌀 한 가마니를 놓고, 지날 때마다 내가 저것을 마음대로 못 들지, 하는 생각을 부처님께 바쳐보아라. 처음에는 그 생각이 바쳐지지 아니하지만 꾸준히 바치는 연습을 하면 결국 무거워 못 든다는 생각이 없어지며 들 수 있게 될 것이다."

A는 무거워 못 든다는 생각이 착각인 줄 알고 1백 일 동안 꾸준히 바친 결과 결국 쌀가마를 번쩍번쩍 들어올리는 장사가 되었다.

어느 날 나는 선생님의 말씀을 듣고 일체유심조의 진리를 깨닫게 되었다.

“내가 조금 있다가 이 종을 칠 것이다. 종소리를 듣고 몇 가지 질문을 할 것이니 대답해보아라.”

백 선생님께서 종을 치셨다.

“땡! 이 소리가 들리는가? 이 소리가 어디서 났는가? 대답하여라. 눈치로 대답하면 아니 된다. 언하대오言下大悪(선지식의 말씀에 즉시 크게 깨달음)라는 말이 있다. 머리를 굴리지 말고 대답하라. 땡! 이 소리가 어디서 났는가?”

백 선생님께서 법당에 먼저 들어온 도반들에게 질문하셨다.

A도반이 대답했다.

“그 소리는 종에서 나온 종소리입니다.”

B도반이 대답했다.

“처음에는 그 소리가 종에서 나온 소리로 들렸습니다. 그런데 한참 생각해보니 그 소리는 종에서 나온 소리 같지 아니하고, 제 마음의 소리인 것 같았습니다.”

백 선생님께서 말씀하셨다.

“A는 아직 공부가 멀었고, B는 공부가 반쯤 된 것 같다. 그러나 종소리를 종에서 나온 소리가 아닌 자신의 소리로 들을 수 있는 사람은, 공부가 상당히 무르익은 사람이요, 일체유심조의 진리를 깨친 사람이라 할 수 있는 것이다.”

일체유심조와 공을 깨친 사람은 실제로 너와 나는 모두 분별심이 만든 허상이며, 상대 또한 자신의 분별이 만든 허상임을 실감하므로, 너와 나를 각각 다른 존재로 본 사실이 허망함을 깨닫게 된다. 이때 너와 내가 다르지 않게 보이며, 동시에 위대하신 부처님도 자신과 둘이 아님을 깨닫게 된다. 자신을 부처님과 동등한 존재로 여길 때, 부처님의 불가사의한 무량공덕이 곧 자신의 공덕임을 실감하는 것이다.

하루는 선생님께서 금강산에서 수도하던 중 체험하신 이야기를 들려주셨다.

"일제에서 해방된다는 희망을 가지고 금강산에서 공부하던 어느 날, 기도 중에 홀연히 한 광경이 눈앞에 떠올랐다. 분명히 해방되었다고 하는데 서울은 도쿄에 매어 있고, 평양은 아득한 북쪽 어디쯤에 매어 있는 장면이었다. 어째서 서울과 평양이 서로 다른 곳에 매어 있을까? 그러나 더 이상은 알 수 없었다.

해방이 된다는 것은 알겠는데 그 내용은 알 수 없으니 답답한 마음은 그 광경을 보기 전이나 후나 마찬가지였다. 수행과 기도를 계속해나가며 마음속에 탐심, 진심 그리고 치심이 점차 소멸되자 비로소 그 뜻을 분명히 알게 되었다. 이때가 해방되기 10년 전이었다.

1945년 8월, 서울이 도쿄에 매인 것은 맥아더 사령부가 도쿄에 있기 때문이었고, 평양이 북쪽 어디엔가 매인 것은 평양이 모스크바의 지시를 받고 있기 때문이다."

언젠가 들은 이야기가 있다. 성공하고 싶은 사업가가 백 선생님을 뵈러 온 적이 있었다고 한다. 독실한 불교 신자인 그 사업가는 자신의 능력만으로 도저히 사업에 성공할 수 없음을 잘 알고, 부처님의 힘을 빌려 성공하려는 마음을 가졌다고 한다. 그 사업가는 말했다.

"실력만 가지고서는 이 사업에 성공할 수 없을 것 같습니다. 위대하신 부처님의 힘을 빌려 성공하고자 합니다. 어떻게 부처님께 기도해야 이 사업에 성공할 수 있겠습니까?"

백 선생님은 아마 이렇게 이야기하셨을 것이다.

"암, 당신이 진정으로 원하면 사업은 별 어려움 없이 훌륭하게 성공할 수 있지요. 그런데 당신이 원하는 사업이 성공하지 못하는 이유가 무엇일까요? 사업 자금이나 능력이 부족한 것이 아니요, 또 부처님에 대한 기도나 정성이 부족한 것도 아닙니다. 그럼 무엇 때문일까요? 당신이 진정으로 성공을 원치 않기 때문이오."

이 말씀을 들은 사업가는 펄쩍 뛰며 부인하였다고 한다.

"무슨 말씀이십니까? 제가 이 사업이 성공하기를 원하지 않다니요? 제가 얼마나 간절히 바랐는지 선지식께서는 잘 모르실 것입니다. 나는 이 사업을 위해 없는 돈을 끌어대었고, 사업 성취를 위해 하루에 1천 배 이상의 절을 1백 일도 더하였으며, 수없이 관세음보살을 염송하였습니다. 그런데 제가 능력이 부족하고 사업 자금이 모자라 사업에 성공하지 못하였다면 말이 되어도, 제가 원하지 않아서 사업이 안 된다 하시면 그것은 말이 안 됩니다."

선생님께서는 이렇게 말씀하셨을 것이다.

"당신의 현재 의식이 사업 성공하기를 원하는 것은 사실이오. 그러나 당신의 잠재의식은 성공을 진정으로 원하지 않는 것이오. '나는 사업 성공을 원한다'는 현재의 마음을 당신의 잠재의식이 바로 들을 때까지 계속 기도하시오. 당신의 잠재의식이 진정으로 원할 때, 당신의 사업은 순식간에 이루어질 것이오."

선생님께서는 '수지자신죄장유여산악須知自身罪障猶如山嶽', 해석하면, '마땅히 자신의 죄업이 산악과 같이 큰 줄로 알아야 할 것'이라는《초발심자경문初發心自警文》•의 말씀을 자주 인용하셨다. 우리의 업장이 얼마나 큰 것인가를 일깨워주신 선생님의 말씀은 너무나 당연했다.

무슨 생각이든 바쳐라

내 마음이 부드러워지자 주위도 점점 부드러워졌다. 굳게 닫힌 입도 열리기 시작했다. 주위 사람과의 대화도 점차 많아

• 출가한 사미가 지켜야 할 덕목을 적은 기본 규율서. 고려시대 지눌의 저서《계초심학인문誡初心學人文》, 신라시대 원효의 저서《발심수행장發心修行章》, 고려시대 야운의 저서《자경문自警文》을 합본한 책이다.

졌고 바깥 사람을 만나는 빈도도 늘었다. 타인을 대할 때도 대체로 부드러워졌다. "일심一心이 청정하면 다심多心이 청정하다"라는 선생님의 말씀이 이런 경우에도 적용되었다. 공부도 점차 어떠한 것인지 알 것 같았고, 성현들의 말씀이 전처럼 막연하지 않고 조금씩 실감났다.

선생님께 감사함을 느끼며 지내던 어느 깊은 가을 밤, 공부를 끝내고 바람을 쐴 겸 잠깐 밖에 나갔는데 갑자기 슬리퍼만 신은 발에 따끔한 통증이 퍼졌다. 얼른 손전등으로 발 근처를 비춰보니 푸르스름한 색깔의 작은 뱀이 지나가고 있었다. 말로만 듣던 뱀에 물린 모양이었다. 공부를 연습한 탓인지 나는 침착할 수 있었다. 그 뱀이 독사인 듯해서 병원으로 가야 할 것 같았다. 병원에 가는 도중에도 간단한 수술을 하는 도중에도 조금도 당황하지 않고 마음속에 어떤 생각이 올라오는지 지켜볼 수 있었다. 하루 저녁이 지났다. 다리는 차츰 부어오르고 다소 열이 오르는 듯싶었다. '잘못된다면 어떻게 할까'라는 불안한 생각도 스쳐 지나갔다. '수도장에서 열심히 수도하는 사람에게 어떻게 이러한 재앙이 생길까' 하는 마음도 들었다. 의사는 이러한 내 마음을 알았는지 "응급시에 대비해 특효약도 준비하고 있다"며 위로하는 말을 하였다. 하지만 이러한 이야기는 오히려 내 마음을 더욱 흔들었고 나는 어떠한 대비를 해야 할 것 같았다. 마지막이 될 경우엔 어떻게 마음의 자세를 가져야 할까. 마지막을 대비하는 경우에는 평소와 다른 마음의 자세를 가져야 할 것 같았다. 또 마지막을 극복하는 방법으로 '부처님께 바치는 법'이 아닌, 어떤 비밀스러운 방법이 있을 것도 같았다. 선생님이야말로 그 비법을 알고 계시지 않을까? 나는 위문차 병원에 온 K형에게 내 심경을 선생님께 전해달라고 부탁했다. 그리고 며칠 후에 선생님의 말씀을 전달받았다.

그러나 선생님의 말씀은 기대와는 달랐다. 여전히 "그 생각을 부처님께 바쳐라"라는 것이었다. 사흘 동안 병원에 있다가 퇴원하면서 '바치는 일'을 생각했다. 선생님께서 해주셨던 말씀은 새삼스럽게 '바치는 일'에 방심한 내 마음을 새롭게 일깨우는 법매였다.

"이런 경우에는 어떻게 할까 하는 때가 바로 부처님께 그 생각을 드려야 할 때다. '나는 무엇을 하는 사람이냐'라고 스스로 물었을 때 '무슨 생각이든 언제든지 부처님께 바치는 사람'이라고 대답할 수 있도록 해야 하느니라"라는 법문이었다.

오래전 선생님께서 처음 나에게 해주셨던 말씀을 다시금 떠올려본다.

"무슨 생각이든지 부처님께 바쳐라."

(1993)

'미륵존여래불' 하느니라

18

이광옥 법사

1940년 서울에서 태어났다. 경기여자고등학교와 서울문리사범대학(현 명지대학교)을 졸업했다. 이후 한국은행에서 일했다. 1967년부터 10여 년간 경기도 소사에서 백성욱 박사를 모시며 수행했다. 현재 백성욱 박사의 가르침에 따라 후학들을 지도하며 수행 정진하고 있다.

선생님과의 만남

처음 백성욱 선생님을 만나 뵙게 된 건 1967년 세배하러 가서였다. 당시 나는 한국은행에서 근무하고 있었다. 조계사에서 가까이 지내던 분들이 백 선생님께 세배하러 간다고 해서 나도 따라나섰다.

그 당시 선생님께서는 동국대학교 총장에서 퇴임하시고, 경기도 부천군 소사읍 소사리 산 66번지에서 백성목장을 경영하시며 인연 있는 사람들과 후학들을 지도하고 계셨다. 이마 한가운데 큰 점이 있고, 1952년 부통령에 입후보하셨다는 대략적인 사실만 알고 있었을 뿐, 백 선생님에 대해서 자세히 들은 바는 없었다. 백 선생님을 만나 뵙기 전, 나는 이 만남이 내 인생을 송두리째 뒤바꿔놓을 거라고는 꿈에도 생각하지 못했다.

백성목장으로 향하는 발걸음은 사뭇 설렜다. 대문을 열고 들어설 때 마음이 경건했다. 선생님께서 인자한 얼굴로 일행을 반겨주셨다. 첫인상은 강렬했다. 선생님께서는 흰 바지를 입고 흰 고무신을 신고 계셨는데 광채가 맑고 환했다. 주위에 숭고한 빛이 감돌았다. 법당에 들어서서 세배하는 일행에게 백 선생님께서는 "제도하시는 영산교주 석가모니불 시봉 잘하기를 발원. 이 사람들이 모두 각각 무시겁 업보 업장을 해탈 탈겁해서 모든 재앙을 소멸하고 소원을 성취해서 부처님 시봉 밝은 날과 같이 하여 복 많이 짓기를 발원"이라고 하며 축원해주셨다.

선생님 얼굴을 뵙자 환희심이 났다. 나는 너무 좋아서 그저 쳐다만 보고 있었다. 선생님께서 해주시는 말씀 한마디 한마디가 법문이고 법도였다. 지금도 또렷이 떠오르는 백 선생님의 세배 답문이 있다.

"네 생각을 네가 가지면 재앙이고, 부처님께 바치면 복이 되느니라." 나는 그간의 내 문제에 대한 답을 찾은 것이 너무 좋아서 선생님을 가만히 바라보고 있었더니, "응, 그래, 어떻게 바치느냐 그거지, 너? 너는 법당에 공양물을 올릴 때 쟁반에다 과일 등을 받쳐서 올리지? 그와 같이 네 생각을 '미륵존여래불' 하는 쟁반에 올려서 드리는 것이 바치는 방법이다. 그 생각에다 대고 '미륵존여래불' 하고 부처님 명호를 부르는 것이 바치는 방법이다"라고 말씀해주셨다.

내가 마음을 어떻게 드리는 것인지 묻지 않아도 백 선생님께서는 먼저 그 마음을 알아채시고 답을 주신 것이다. 그전까지 나는 관세음보살, 석가모니불, 지장보살 염불만 읊었다. 그런데 백 선생님을 만나 뵙고 나서 '미륵존여래불' 하고 바치는 수행법을 알게 되었다. 그것은 내 오랜 숙제에 대한 답이었다. 혼란한 인생에 드리운 밝은 빛줄기였다.

선생님을 만나 뵙기 전까지 내가 풀지 못하고 있던 숙제는 '어떻게 내 생각을 내 마음대로 할 수 있는가?'였다. 공부에 집중하고자 하는 내 마음이 마음대로 안 되는 때가 많았다. 내 생각이 내 마음대로 안 되는 것이 답답했고 망망했다.

조계사에서 신도회, 청년회, 학생회 활동을 열심히 했던 나는 '아기보살'로 불렸다. 내 숙제에 대한 답을 찾고자 큰스님들도 찾아뵙고 철학박사님들도 만나보았지만 답을 찾을 수가 없었다.

그런데 백 선생님을 뵙고 단번에 답을 찾았다. '부처님께 바치는 것!' 답을 찾으니 먼지가 잔뜩 끼었던 유리창을 말끔히 닦은 기분이었다. 백 선생님을 만나 뵙고 집에 돌아온 첫날을 아직도 생생히 기억한다. 몸은 깃털처럼 가뿐했고 마음은 새파란 하늘처럼 후련했다.

두 번째 만남

백 선생님과의 모든 만남은 나의 깊고 간절한 서원 때문이었던 것 같다. 백 선생님의 가르침은 직장 생활에도 도움이 되었다. 당시 나는 한국은행 국고과에서 양곡 관리 특별회계 업무를 맡고 있었다. 숫자 하나도 틀리면 안 되는 일이었다. 선생님을 만나 뵌 이후 '미륵존여래불' 하고 바치면서도 나는 아무런 실수를 하지 않았다. 다른 생각이 있으면 실수를 하게 마련인데, 다른 생각이 들지 않았다. '미륵존여래불' 하며 그 생각을 바치라고 말씀하신 대로 한 달을 살아보니, 촛불을 켜고 살던 사람이 백열등을 만난 것처럼 매일매일이 환했다.

아무런 감정이나 분별 없이, 이렇다 할 생각도 없이 하루하루가 지나갔다. 이전에 경험하지 못한 상태라, 이렇게 조용해진 자신을 처음 느끼다보니 '아, 내가 이러다 바보가 되는 게 아닐까?' 하는 두려운 마음마저 생겼다. 그래서 혼자 끙끙 앓지 말고 선생님을 뵙는 것이 좋겠다는 생각에 소사로 찾아갔다.

선생님을 두 번째 뵌 것은 처음 뵙고 한 달 뒤였다.

"저번에 왔던 이광옥입니다"라고 인사를 드리려던 찰나, 백 선생님께서 "응, 너를 잘 안다. 네가 이광옥이니라"라고 말씀하시는데 정말 많이 놀랐고 대단히 감동적이었다. '어떻게 세배하러 간 사람들 중 한 명이었던 나를 기억하시고 이름까지 불러주시나?' 머리가 멍했다.

한참 지나서 나는 조심스럽게 여쭈었다.

"선생님, 제가 혹시 미치는 거 아닐까요?"

백 선생님께서는 "아니, 미칠 일이 없느니라. 아무 염려 마라" 하시며 평온한 표정을 지으셨다. 신기하게도 선생님께서 염려하지 말라 하시니 그간의 걱정이 다 쉬면서 편안해지고 어지러웠던 분별들이 다 사라져버렸다. 백 선생님께서는 그 무엇에도 비견할 수 없는 명쾌한 답을 주셨다. 두 번째 만남 이후 선생님을 자주 뵈어야겠다고 생각했다. 내가 할 수 있는 정성을 선생님께 다하고 싶었다.

누구나 인생에서 가장 행복한 시기가 있다. 내게는 백 선생님을 뵈러 가는 주말이 그랬다. 주중에는 은행 업무로 바빠 주말마다 백 선생님을 뵈러 백성목장에 갔다. 백 선생님께서는 친히 나를 반겨주셨고 많은 이야기와 옛날이야기를 들려주셨다. 이미 알고 있던 옛날이야기도 더러 있었지만, 선생님께서는 이야기 속의 등장인물들이 마음을 어떻게 써서 그렇게 되었는지를 꼭 말씀해주셨기 때문에, 내가 알고 있던 이야기와 완전히 다르게 들렸다. 그 이야기들이 너무 재미있어서 시간 가는 줄도 모르고 선생님 곁에 앉아 있곤 했다. 선생님께서는 지금까지 머리로만 알았던 불교의 가르침을 실생활에서 어떻게 실천하는지에 대해서도 말씀해주셨고, 고생하지 않고 세상을 밝게 살아가는 법을 일러주시곤 했다.

상하이에서 독일로

선생님은 세 살에 아버지가 돌아가셨고, 아홉 살에 어머니마저 돌아가셔서 외조모님 아래서 자라셨다고 한다. 어렸을 때, 많이 울었고 몸이 퍽 약해서 남산만큼 오래 살라고 아명兒名을 '남산南山'이라고 지어주셨다. 부모도 없고 하니까 할머님이 스님한테 부탁을 해서 스님 아들로도 해주셨다.

그 집안이 조선 왕가와 가까웠으니까 임금을 배반하면 삼족을 멸하는 관습에 익숙해서, 당시는 일제시대지만, 독립운동하다 역적이 되면 집안이 다 망할지도 모른다고 걱정이 많았었다.

선생님이 독립운동을 하다가 해를 당할 조짐이 있다는 것을 알게 된 외조모님은, 어느 날 엿 목판을 하나 만들어서 선생님을 엿장수로 변장시킨 다음, 중국으로 가는 기차에 태워 보냈다.

그렇게 천신만고 끝에 만주로 가는 기차를 탔는데, 그 안에서 온갖 사람들의 구타와 침까지 맞는 등의 갖은 수모를 겪었다고 한다. '이 빌어먹을 놈들이 왜 이러나?' 의아해하며 겨우 만주에 도착했더니, 누군가 이렇게 일러주었다. "얘, 니가 쿠리(천민, 거지)*복을 입고 있으니 그렇지." 도중에 쿠리복을 사 입은 것이 화근이었다. 쿠리처럼 보이니까 구타와 멸시를 당하고, 심지어 사람들이 뱉은 침까지 맞은 것이었다.

선생님은 상하이 임시정부에서 이승만 박사를 처음 만나셨다. 이승만 박사는 당시 유일하게 국제적 식견을 갖춘 큰 인물로 보였다고 하셨다. 선생님은 임시정부에서 군자금을 나르는 일을 담당했다. 이름이 차츰 드러나게 되고 일본의 감시 또한 심해졌다. 그러다 군자금을 나르러 다녀오라는 지시를 받은 어느 날, "저 죽을 자리 알고 가는 놈도 있소? 나는 이번엔 안 가오." 하시고는 마침 주선된 유럽행 배에 몸을 실었다.

여러 우여곡절 끝에 프랑스를 거쳐 독일로 가서 철학박사 공부를 하게 되었는데, 그 공부를 하게 된 것은 철학자 칸트 때문이었다. 칸트가 도통道通을 했다는 얘기를 듣고 그 일이 궁금해서였다고 한다. 칸트는 임종 때 '그것으로 좋다Es ist

---

* 영어의 'coolie'에서 온 말로, 19~20세기 초 미국으로 넘어온 중국과 인도 노동자들을 비하하여 부르는 말. 당시 중국에서 저렴한 임금의 막노동에 종사하던 노동자들도 쿠리라고 불렀다.

gut!'는 말을 남기고 조용히 눈을 감았다. 도통을 하고 사흘 만에 죽었다는데, 나중에 선생님께서 말씀하시길, 그것은 칸트에게 '자기가 했다'는 생각이 있어서 그렇게 된 것이고, 도통 후 사흘 만에 죽은 것은 일종의 처벌이었다고 하셨다.

외국어를 전혀 모르는 상태에서 프랑스에 갔다가 2년쯤 뒤에 독일로 가서 철학박사 공부를 하셨으니, 선생님은 언어에 천재적 재능이 있으셨던 것 같다. 어렸을 때에도 한문 공부를 잘했다고 하셨다. 덕수궁 후원 근처에 한문본 책방이 있어서 자주 가셨는데, 새 책만 나오면 그 책방 주인이 백 선생님한테 새로 나온 책을 알려주었고, 그 책을 다 읽었다고 하셨다.

한때 나도 유학 갈 계획이 있어서 영어 걱정을 했더니 선생님께서는, "걱정할 것 없다. 가서 3개월만 하면 다 하게 되느니라" 하셨다.

합장

한번은 선생님께서 "나는 중도 아니고 속한 이•도 아니다"라고 말씀하시며, 합장을 안 한다고 하셨다.

"오랜 생을 합장하던 습관으로, 그저 손만 모아서 흔들면 안 되지 않겠니? 절에서는 합장할 때, 그저 손만 상하로 까딱까딱한다. 그건 긴 시간 동안 습관에 따른 것이다. 본래 합장

• 속인俗人. 출가하지 않고 세속 관습에 따라 생활하는 사람.

이라는 것은 몸과 마음을 하나로 합쳐서 나를 온전히 다 부처님께 바친다는 공경스러운 뜻이다. 그게 다 없어졌느니라. 그래서 나는 이제 합장을 안 한다"라고 하셨다.

선생님은 합장하지 않고 우리의 인사를 받으셨는데, 사람들이 '왜 선생님은 합장을 안 하시지?' 하는 마음들이 있는 것을 알아채시곤 의문을 풀어주시느라 그 말씀을 해주신 것 같다. 그러나 정좌를 하고서 우리의 삼배를 받으실 때만은 합장을 하고 원을 세우셨다.

'미륵존여래불' 장궤 정진

처음 소사에 다닐 때 한동안은 《금강경》 읽는 법도, '미륵존여래불' 장궤 정진하는 법도 몰랐다. 선생님을 뵙고 말씀 듣는 것이 좋아서 그냥 가서 절하고 쫓아다녔다. 한참 다니다 보니까 사람들이 방에서 합장을 하고 '미륵존여래불' 정진하는 소리가 들렸다. '야, 저이들은 공부를 저렇게 하네' 하고 부러운 마음으로 방에 들어가 선생님을 뵈었더니, "왜, 너도 공부하고 싶냐?"라고 물으셨고, 나는 그렇다고 대답했다.

"그럼 해보지 뭐. 미륵존여래불, 미륵존여래불, 미륵존여래불."

그렇게 삼창을 해주시면서 장궤를 하고 따라하게 이끌어 주셨다.

"그래, 그렇게 해라."

그러고 나서 선생님은 방 밖으로 나가셨다. 그렇게 나는 장궤 정진을 시작하게 되었다.

처음 무릎을 꿇고 정진할 때, 한 시간을 넘기기가 정말 힘들었다. 50분 정도가 지나자 무릎이 뚫어질 것같이 아팠고, 궁리고 뭐고 오직 힘들다는 생각만 남았다. 10분 정도 더 지나니 이것저것 없이 몸과 마음을 모두 내려놓게 되었다. 수선스러운 마음이 가라앉고 그렇게 한 시간쯤 지났을 때 비로소 선생님께서 방으로 오셔서 "이제 됐다" 하시고 법문을 해주셨다.

그런데 하루는 나에게 오셔서 "얘, 너는 이제 한 시간 해서는 성에 안 차지?" 하셔서 꼼짝없이 "네" 했더니, "그래 이제 한 두 시간 하자" 하고 법당으로 들어가셨다. 한 시간 정진하는 것이 이제 겨우 숙달이 돼서 할 만하다 했는데 두 시간을 하자고 하셨으니, 그다음부터는 정진을 시작하면 기본 두 시간을 하게 됐다. 그렇게 두 시간이 익숙해지고 겨우 좀 정진할 만하다 했는데, 어느 날 저녁 때 출타를 하시면서 "얘, 내가 어디를 좀 갔다 와야겠다. 너는 공부하고 있거라" 하셔서 또 "네" 하고 정진을 시작했는데 몇 시간이 흘렀는지 모른다. 몇 시간을 주저앉지도 못하고 죽어라 장궤 정진을 계속했으니, 지금 생각하면 미련하기 짝이 없는 짓이었다.

'언제 오시나?' 기다리는 것도 지쳐서 잊어버리고, 날이 깜깜해져서 어쩔 수 없이 일어나서 불을 켜고 계속 정진하고 있으니까 선생님이 돌아오셨다. 장궤 정진의 새로운 기록을 세운 것이었다. 선생님 안 계시니까 편히 앉아서 정진을 해도 됐으련만, 그러지 않고 돌아오실 때까지 장궤 자세로 정진을 했다. 올 때까지 정진하라고 하시어, 내가 이 마음뿐 아니라 몸과 마음을 다 바치도록 연습시켜주신 것이었다.

《금강경》 독송

어느 날 사람들이 벽을 향해서 장궤하고《금강경》 읽는 것을 보았다. 그래서 선생님을 뵙고 "저도《금강경》을 읽을까요?" 하고 여쭈었더니, "그래라" 하고 말씀하시어 다시 여쭈었다.

"그런데 선생님, 선생님은 여기 앉으셨는데 왜 벽을 향하고《금강경》을 읽어요?"

"그러게 말이다. 너는 앞으로 하면 되지."

그래서 나는 벽을 보지 않고 선생님 앉아 계시는 곳을 향해서《금강경》을 독송했다.

"《금강경》을 읽되, 살아 계신 부처님을 모셔야지, 왜 돌아가신 부처님을 모시겠느냐? 살아 계신 부처님을 모시도록 해라."

"네."

"《금강경》을 읽되, 석가여래 당시 부처님 회상會上의 대중 가운데 한 사람으로 앉아서 부처님 말씀을 직접 듣는 마음으로, 네 입으로 읽고 귀로는 직접 하시는 말씀으로 들어라."

그것이 처음으로《금강경》을 읽도록 하신 선생님 말씀이었다. 입으로는 우리가 읽지만, 부처님 생전 회상에 앉아서 직접 부처님 말씀을 듣는 것처럼 생각하며《금강경》을 읽으라고 하셨다.

그것은 선생님께서 우리를 석가여래 당시 그 회상에 직접 앉혀주시는 일이라고 생각되었다. 그런데 얘기를 해줘도 사람들이 그렇게 듣지를 잘 못한다고 하셨다. "내가 우리나라 말로 쉽게 얘기해주는데, 다 못 알아듣겠다, 그런다" 그러시면서 나를 보고는, "얘, 니가 약은 놈이다, 너는 움 안에서 떡 받아먹기다"라고 하셨다. 선생님 아니면 누가 그렇게 얘기할 수 있을까? 선생님 당신도 우리 곁에 지금 살아 계시는 거다.

《금강경》을 왜 읽나

언젠가 "《금강경》을 왜 읽는 건가요?"라고 여쭈었다. 그러자 선생님께서는, "너, 하루에 얼마 정도 너를 위해 시간을 내어 사느냐?" 하셨다. 나는 갑작스러운 질문에 멍해져서 대답을 못하고 머뭇머뭇하고 있었다.

"단 10분이라도, 단 한 시간이라도 순전히 너만을 위한 시간을 가져봤느냐. 《금강경》을 읽는 시간이 바로 그 시간이다. 그래서 30분, 한 시간을 《금강경》을 읽되, 읽으면서 그걸 듣고 앉았으면 네가 오늘 뭘 생각하고 뭘 했는지 (오만 궁리나 네 생각이) 전부 거기에 묻어 나온다. 그것을 보라고 한 것이니라. 그래서 저녁에 경을 읽으면 하루 종일 산 일이 거기에 다 정리가 되고, 아침에 경을 읽는 것은 새날 새 일을 하기 위한 준비가 되는 것이다. 하루 종일에 재앙이 없으라는 뜻으로 읽는 거다. 자기를 오롯이 보기 위해서, 자기 정리를 위해서 경을 읽느니라. 자기 분별을 다 바치는 일이고, 바쳐지는 일이다."

선생님께서는 《금강경》 독송하기를 권하셨지만, '한문으로 읽어라, 한글로 읽어라'거나 '독송을 많이 해라' 같은 말씀을 하시는 것을 나는 듣지 못했다. "한문으로 읽어도 《금강경》은 《금강경》이요, 한글로 읽어도 《금강경》은 《금강경》이니라"라고 말씀하셨다.

내가 하라는 대로의 '미륵존여래불'이다

어느 날 선생님께서 "네가 가져간 '미륵존여래불'이 아니고, 내가 하라는 대로의 '미륵존여래불'이다"라고 유난히 또박또박 일러주셨다. 그때는 이 말씀의 뜻을 금방 알아듣지 못했다. 그런데 시간이 흐르고 같이 공부했던 사람들이 각자의 길을 가면서, 선생님께서 똑같이 하신 말씀인데도 서로 받아들이는 것이 다름을 보고 '아, 그때 그래서 그렇게 말씀하셨구나' 깨달았다.

선생님께서 알려주신 '미륵존여래불'을 사람들은 다 가지고 가서 모두 다 알았다는 듯이 제 식의 '미륵존여래불'을 한다. 마치 미륵 동자가 수기 받을 당시 부처님이 다 됐다 하셨을 때 "아, 네" 하고 부처님께 다시 드린 것과 달리, 어떤 사람들은 "그렇지, 다 부처님이 됐지" 하고 자기가 가져서 다시 앞이 깜깜해진 사정과 같은 맥락이다.

선생님이 '미륵존여래불 하면 다 된다, 바쳐라' 하고 말씀하시면서, "네가 가져간 '미륵존여래불'이 아니고, 내가 하라는 대로의 '미륵존여래불'이니라" 하고 주의를 주신 것을 명

심해야 한다. 이것은 '미륵존여래불' 하면서 가장 중요하게 가슴에 새겨야 할 말씀 같다.

선생님은 여기 계시잖아요

한때 나는 미국으로 유학 가서 박사학위를 받고 싶은 마음이 있었다. 이런 내 마음을 선생님께서 꿰뚫어보시곤 "앞으로 전자공학이 필요한 시대가 올 것이다. 미국에 가면 전자공학 공부를 하고 오너라" 하고 말씀하셨다. 그래서 그 말씀대로 미국으로 유학을 가려면 미국어를 제대로 배워야겠다는 생각에 미국어 학원에 수강 신청을 했다. 2주일 정도 다니다가 친구와 함께 선생님을 뵈러 갔을 때였다. 유학에 관한 선생님의 말씀을 듣던 중에 같이 있던 친구가 "그런데 선생님은 여기 계시잖아요"라고 말씀드렸다. 백 선생님께서는 흐뭇한 미소를 보이시면서 "얘, 재 봐라. 재가 머리를 쓴다. 재가 지혜가 좀 있다니까"라고 말씀하시는데, 바로 그 순간 '아 유학 안 가도 되겠구나' 하는 생각이 번쩍 들었다.

그 말씀을 듣고 집으로 돌아와서는 미국어 학원 등록증은 친구에게 주고 그 이후로 선생님을 뵈러 다녔다. 선생님께서는 내가 유학 준비를 잘하고 있는지 따로 묻지 않으셨다. 나에게는 먼 나라에 가서 공부하는 것보다 더 중요한 일이 선생님 곁에 머무는 일이었다. 유학을 가지 않고 선생님 옆에 있기로 결심한 것은, 일평생을 돌이켜보건대 잘한 결정이었고 참으로 다행스럽고 복된 일이었다.

선생님과의 소사 생활

인생에는 결정적 시기가 있다. 1966년 당시 나는 청량리에 살고 있었는데 집에서 백성목장까지 가려면 두세 시간이 걸렸다. 소사에서 생활하면서 공부하는 사람들은 네다섯 명 정도였다. 일을 시키는 사람이 없어도 하루 종일 자발적으로 목장 일을 하며 농사를 짓고 묵묵히 생활하고 있었다. 아침 점심 하루 2식을 하며 종일 일만 했지만 누구 하나 불평하는 사람이 없었다. 소사에서 생활하지 않고 밖에 있다가 가끔 소사에 들르던 나는, 그들이 부러워서 '소사 근처에 하숙을 하나 얻어 선생님을 뵈면 좋겠다. 저들처럼 나도 여기서 생활하며 공부하고 싶다'라는 생각이 많이 올라왔다.

한동안은 주말마다 선생님을 찾아뵈었다. 아침에 가서 선생님 뵙고, 법문 듣고, 집으로 돌아오면 일거리가 태산같이 밀려 있었다. 밤늦게까지 밀린 일을 처리해야 했다. 또한 선생님을 자주 뵙고 싶은 마음이 더 간절해졌다. 그러던 어느 날, 그런 내 마음을 이미 알고 계셨다는 듯이, 오후가 되어 집에 가려고 하는데 선생님께서 나를 불러 앞에 세우시곤 이렇게 말씀하셨다.

"얘, 저기 올라가면 빈 방이 있다. 그걸 좀 치워라. 누가 왜 치우냐고 묻거든, 있으려고 그런다고 그래라."

나는 "네" 하고 위로 올라갔다. 올라가니까 우사가 있었고, 우사 아래로 선생님께서 처음 이곳에 오셔서 머무르셨던 아주 작고 허름한 집이 있었다. 집 가운데에는 불 때는 아궁이가 있고, 양쪽으로 방이 있는 일一 자 집이었다. 그중 한 칸을 치우라고 하신 것이다. 방을 치우고 있는데 조계사에 함께 다니며 알고 지내던 김현주 보살이 와서 방을 왜 치우냐고 물었다. 선생님 말씀대로 "있으려고 그래"라고 대답했더니, 그 보살이 "나도 여기 있으면 안 돼?"라고 물어서, 나는 "선생님께 가서 여쭤봐"라고 답했다. 방을 깨끗이 치우고 나니 해가 뉘엿뉘엿 넘어가며 땅거미가 내렸다. 저녁 해가 자취를 감추고 난 뒤 이제 가겠다고 인사드리려고 내려가니, 선생님께서 마당에서 산책을 하시다가 나를 보시곤 "다 치웠니?"라고 물으셨다. 나는 그렇다고 대답했고, 선생님께서는 "그럼 어서 올라가거라"라고 하셨다. 나는 집으로 가겠다고 하거나 다른 말을 하지 못하고 그저 "네"라고 간단히 대답하고는 치워놓은 방으로 들어갔다. 뭐라 여쭈어야 할지도 모르겠고 별다른 답도 떠오르지 않았다.

선생님께서는 다음 날에도 그다음 날에도 집에 돌아가라는 말씀을 하지 않으셨다. 나의 소사 생활은 주변 정리도, 마음의 준비도, 생활용품도 마련하지 않은 채, 얼떨결에 시작되었다. 김현주 보살은 한참 후에 소사로 들어와 같이 생활하게 되었다. 이어서 신금화, 권○○ 보살이 들어와 한때 네 사람이 함께 지낸 적도 있었다.

소사에 간다고 집에서 나간 후 다시 돌아오지 않고 회사에도 출근하지 않은 내가 걱정되었는지, 부모님께서 소사까지 발걸음을 하셨다.

어머니께서 나를 보고 "어떻게 된 거냐. 출근도 안 하고 왜 여기 있느냐?" 물으셨고, 나는 "여기 있으려고요"라고 간단히 대답을 했다. 어머니께서는 근심 가득하신 얼굴로 "집에서 다녀도 되지 않아?"라고 하셨지만 붙잡지는 않으셨다. 아마도 부모님이 조상 대대로 부처님을 잘 모신 분들이었고, 백 선생님에 대한 믿음을 가지고 계셨기 때문이 아니었을까 싶다.

집안끼리의 인연

훗날 선생님께 들어서 알게 된 사실인데, 나의 할머니들은 선생님의 어머니와 인연이 있는 분들이셨다. 나의 고모할머니와 선생님의 어머니는 연건동에서 이웃하며 친구 사이로 지내셨다. 선생님께서 세 살 때 아버지께서 돌아가시고 선생님의 어머니께서는 선생님을 혼자 키우셨다고 한다. 백 선생님이 어렸을 때 참 많이 우셨는데, 선생님께서는 "내가 왜 그렇게 울었냐 하면, 답답한 마음이 있어서 그렇게 많이 울었단다"라고 말씀하셨다. 선생님의 어머니께서는 위병과 가슴앓이가 있으셔서 아기가 울어도 업어주지를 못하셨다. 이웃에 살던 우리 할아버지들이 그때 열몇 살 학생들이었는데, 애기가 울면 가서 "애기 좀 내주세요" 그러셨다고 한다. 선생님 어머니가 방문을 열어 아기였던 선생님을 내어주시면, 당시 어린 학생이던 우리 할아버지들이 선생님을 번갈아 업어주며 울음을 달랬다고 한다.

언젠가 선생님께서, "너희 할아버지들이 나를 업어서 키웠느니라. 너희 할아버지들이 아주 잘생기셨다"라고 말씀을 하시면서 그 얘기를 해주셨다. 나의 할아버지 중 한 분은 임금님을 모시던 호위부에 다녔는데, 지금으로 말하면 대통령을 수행하고 다니는 경호실 정도인 것 같다.

외할머니와 어머니도 불심佛心이 돈독했다. 어머니의 할머니, 즉 외증조할머니가 대감의 부인이셨는데, 대감인 외증조할아버지가 돌아가신 뒤로는 매년 여름이면 시주물施主物을 바리바리 싣고 가마를 타고 금강산 사찰로 한철씩이나 다녀오셨다는 이야기를 들었다. 외증조할머니의 불심을 이어받으셨는지 외할머니는 평생을 '나무아미타불' 염불을 입에 달고 사셨는데, 내가 소사에 있을 때 백 선생님을 보러 오셨다가 자기도 조금만 젊었으면 선생님을 모시고 공부하고 싶었을 거라고 하셨다. 평소에 허리가 많이 아파서 고생하셨는데 나는 그것도 부처님 드리라고 외할머니께 말씀드렸더니 "아니, 그렇게 고약한 것을 어떻게 부처님께 드리느냐"라고 하셨다. 이 이야기를 백 선생님께 하니까, "부처님은 좋고 나쁜 것이 다 필요하시단다"라고 전해드리라고 하셨다. 이 법문을 들으신 후에 외할머니는 '나무아미타불' 대신에 '미륵존여래불' 하시다가 돌아가셨다.

사직서를 내다

오빠가 나를 대신해서 한국은행에 내 사표를 제출했다. 처음에는 사표를 받아주지 않았다. 내가 한국은행에서 유능한 직원으로 인정받고 있었기 때문에 쉽게 놓아주지 않았던 것이다. 그래서 일단 병가 신청을 냈다. 그러고서 2년 뒤, 오빠가 나의 사표를 또 제출했다. 그러나 그때도 사표가 반려되었다. 그래서 선생님께 여쭈었다.

"선생님, 사표 수리를 안 했답니다."

그랬더니 선생님께서 딱 한말씀을 해주셨다.

"그래, 부처님 외에 누가 네 사표를 받을 수가 있겠니. 네가 큰 나라 살림을 해보고 싶은 마음이 있었지 않니?"

백 선생님께서는 무불통지無不通知하셨다. 내가 미처 버리지 못한 마음을 꿰뚫어보신 것이다. 나는 그 마음까지 '미륵존여래불' 하며 다 바쳤다. 그러고 난 후 오빠가 3년 만에 나의 사표를 다시 제출했고, 한국은행에서 사표를 수리하였다. 그제야 나는 소사에서의 수행 생활에 더욱 집중할 수 있었다.

소사 생활을 가족들이 받아들이기까지

부모님께서는 언제나 나를 믿어주셨지만, 뜻하지 않은 출가에 마음이 아리셨을 테다. 그래서 아버지는 소사에 있는 나를 종종 보러 오셨다. 훗날 알게 된 사실이지만 아버지는 어머니한테 왜 과년한 딸을 거기에 그렇게 놔두고 데려오지 않느냐고 밤낮으로 말씀하셨다고 한다. 그럼 어머니는 "당신은 선생님 앞에서 좋은 소리만 하며 딸 얼굴 보고 오고, 나는 가서 나쁜 소리 하며 데려와야 하나요? 당신이 가서 데려오세요"라고 서로를 탓하며 다투셨다고 한다.

하루는 오빠가 백성목장으로 찾아왔다. 선생님을 뵙고 "동생을 집에서 다니게 하면 안 될까요?"라고 여쭙자, 선생님께서는 불호령을 내리셨다. 태풍 전야의 고요함을 깨뜨리는 고함 소리가 방문을 뚫고 내가 있는 곳까지 들려왔다. 무슨 말씀이었는지 기억이 나지 않지만, 나는 폭포처럼 눈물을 쏟았다. 울면서도 속은 시원했다. 오빠는 꼼짝도 못 하고 집으로 돌아갔다. 훗날 들었는데 백 선생님께서 불호령하시는 목소리가 얼마나 컸던지, 당시 마침 선생님을 뵈려고 밖에 와 있었던 진진묘 보살까지도 너무 놀라 가슴이 벌렁거렸다고 한다. 오빠도 훗날 그때를 회상하며, 불호령 소리를 듣고 나서 하늘이 무너지고 우주가 흔들려 다리가 후들후들 떨렸고 죽을 것처럼 무서웠다고 하였다.

그리고 정점을 찍은 날이 있었다. 서울대학교 공과대학에 다니던 동생이 군대를 마치고 소사로 찾아왔다. 내가 집을 떠나 소사에서 수행 생활을 하는 것이 안타까웠던 모양이었다. 내가 집으로 돌아가지 않고 소사에서의 수행 생활에 정진하겠다고 하자, 동생은 "아버지 어머니도 집에 있는데, 왜 누나만 혼자 여기에 있느냐" 하고 화를 내면서 서울대 공대 영문 원서 교재를 꺼내더니 내 앞에서 다 찢으며 말했다.

"나는 누나 좋아하는 거 보려고 군대에서도 공부를 했는데, 누나는 누나 좋아하는 일만 하느냐. 누나가 집으로 오지 않으면 나도 불교 공부 좋아하는 사람이니까 절에 들어갈 거다."

동생이 책을 갈기갈기 찢으며 펑펑 우는 바람에 그때는 정말 마음이 아렸다. 그런데 나중에 들어보니 동생이 집에 가서는 "누나는 이제 데려올 생각 말고 그렇게 공부하게 두세요"라고 했다 한다.

동생을 선생님께 인사시키고 집으로 돌려보낸 후 나는 마당에 우두커니 서 있었다. 선생님께서 그런 나를 보시곤 "얘, 그런 손님 두 번만 만나면 살 수가 없겠지? 자꾸 바쳐라"라고 하셨다. 뒤이은 말씀이 나에게는 따끔한 일침이었다.

"네 마음에 (아직 집이) 있기 때문에 그이들(가족)이 다 고생을 하는 거다. 네가 실제로 마음을 쉬면 그이들도 편안하다."

언젠가 백 선생님께서 "너 왜 멀쩡한 사람들 고생시키고 있느냐?"라고 하셨는데, 처음에는 그 말씀을 알아듣지 못해 어리둥절한 표정을 지었다. 그런 나를 보고 선생님께서 말씀하셨다.

"부모 형제들이 너를 찾는 것은 네 마음에 부모 형제들이 있기 때문이니라. 그이들이 네 마음에 있지 않으면 그이들이 그러지 않는다."

그날 '미륵존여래불' 하면서 내 마음을 들여다보니 마음 깊은 곳에 아버지, 어머니, 오빠, 동생이 모두 자리 잡고 있었다.

옛말에 '도인은 집안에서는 대접받는 법이 없다'고 했다. 그런데 백 선생님께서는 "집안에서부터 대접받는 것이 바른 공부"라고 하셨다. 처음엔 가족들도 내가 집과 소사를 오가며 수행 생활을 하기를 바랐다. 하지만 차츰 가족에 대한 마음을 바치는 공부를 하면서부터 가족들도 편안한 마음으로 나를 대해주었다. 그렇게 소사에서의 수행 생활이 본격 시작되었다.

새벽 4시 공부의 시작

선생님께서는 일요일이나 특별한 날을 정해서 정기적으로 법회를 하신 적이 없었다. 뵈러 오는 사람이 있으면 법문을 해주시고 또 그 사람들이 나가면 다음에 온 사람들이 들어가서 뵙고, 그렇게 했다. 집에서 소사로 다닐 때에는 법당에서 선생님께 인사드릴 때마다 뵙고, 말씀을 들을 수 있어서 좋았는데, 아예 들어가서 상주를 하니까 선생님 법문을 들을 기회가 좀체 없었다. 막상 가서 지내다 보니 일하다 말고 "선생님, 법당 들어가서 말씀해주세요" 하며 선생님을 재촉할 수도 없고, 속으로 끙끙 앓고만 있었다. 들어간 지 2주쯤 지났을까. 하루는 선생님께서 마당에서 산보를 하시는데 다가가서, "선생님, 집에서 다닐 때는 선생님 뵙고 법문을 들을 수 있었는데 여기 들어와 있으니까 선생님 뵐 새가 없어요" 하고 여쭈었다.

"그러게 말이다, 걔들이 그러지 않니?" 하셨다.

"아, 그러면 선생님, 새벽에 선생님을 뵐까요?"

"그거 좋지."

그때는 새벽 4시에 남녀 수행자가 각기 방에서 공부하는 시간을 빼면 전부 일하는 시간이었다.

"선생님, 그러면 4시에 법당에 들어와도 될까요?"

"그래, 그거 좋지."

그렇게 해서 매일 새벽 4시가 되면 소사에 상주하는 사람들이 법당에서 선생님을 뵙고 공부하는 일이 시작되었다. 다 같이 법당에 모여 전날 공부한 것을 선생님께 말씀드리고 법문을 들을 수 있었다. 이것이 새벽 4시 공부의 시발점이었다.

백성목장의 아침

내가 목장 생활을 처음 시작했을 때, 선생님 공양은 김재웅 씨나 거사들이 챙겼던 것 같다. 처음에는 선생님께서 손수 밥을 지으셨다가, 차차 거사들이 챙겨드렸던 것 같다.

선생님께서는 '부엌일은 네가 맡아서 해라, 마라' 지시하시지 않았다. 내가 스스로 부엌일을 맡아서 했다. 하루는 선생님께서 연탄재를 담은 양동이를 들고 부엌에서 나오시는 걸 보고 얼른 뛰어가서 말했다. "선생님, 저 주세요." 그랬더니 선생님께서는 "아니다, 놔둬라" 하고 말씀하셨다. 그렇게 당신이 직접 연탄불까지 가시다가, 나중에야 그 일을 나에게 넘겨주셨다.

소사 생활을 시작하고 얼마 지난 뒤, 선생님께서 나에게 "얘, 저기 안마당에 들어가면 돌솥이 있다. 그걸 좀 들고나와라" 하고 말씀하셨다. 그래서 나는 돌솥을 들고나와서 닦아 놓았다. 그랬더니 약재를 주시면서 "이것을 거기에다 푹 달이거라" 하셨다. 이렇게 일을 시키시는 거지, 대놓고 '이거 해라, 저거 해라' 강요하시는 법이 없었다.

한번은 찹쌀 풀을 쑤어서 고추장을 담그는데, 그냥 물에다 반죽을 해서 쑤니까 잘 저어도 바닥에 눌어붙어서 여간 힘이 드는 게 아니었다. 선생님께서 보시고 그걸 엿기름물에 개어서 쑤면 눌어붙지 않는다고 일러주셨다. 그야말로 공주 노릇만 하며 살다시피 하다가 준비 없이 소사에 들어와서 하나하나 모든 것을 배우기 시작한 셈이다. 처음에는 눈치 볼 일도 없고 "뭘 해요?" 하고 물어볼 일도 없어서, 조금씩 일을 찾아서 스스로 하게 되었다.

이렇듯 서서히 체계가 잡히면서, 백성목장의 일과는 다음과 같이 시작했다. 새벽 3시쯤 일어나서 각자의 방에서 《금강경》을 읽은 후 바로 법당에 내려와 청소를 했고, 새벽 4시가 되면 거사들이 법당으로 내려와서 함께 선생님의 법문을 들었다.

법문이 끝나면 거사들은 올라가서 목장에서 젖을 짜고, 나는 부엌에 들어가 부지런히 밥을 해서 아침 7시쯤 목장에 갖다 주고, 다시 선생님 공양을 새로 지어서 아침 8시 정도에 선생님께 공양을 드렸다. 공양을 드리고 선생님께서 공양을 잡수시는 동안 나는 사과, 배 등의 과일을 짰다. 선생님께서 상을 내주시면 얼른 과일즙을 드렸고, 선생님께서 그걸 받아가지고 방으로 들어가시면 그사이에 아침을 먹었다. 아침을 먹고 나면 안마당으로 양칫물을 가져다 드렸는데, 주로 그때 많은 말씀을 해주셔서 나는 그 시간을 매우 기다렸다.

설거지가 끝나면 우사에 올라가서 바닥 청소를 했다. 그때 남자들이 네 사람 있었는데, 김원수 씨는 소 방목放牧을 나가고, 김재웅 씨와 김강유 씨와 허만권 씨는 풀 베러 가거나 밭일을 하거나 다른 일을 하러 가서 우사에는 아무도 없었다.

그러면 내가 우사에 올라가 청소를 했다. 네모난 큰 삽으로 바닥의 소똥을 긁어 리어카에 퍼 담아서 끌고 가 퇴비장에 쏟아놓았다. 소똥이 담긴 리어카가 원체 무겁고, 소똥을 쏟기 위해 리어카를 세우면 내가 리어카 손잡이에 대롱대롱 매달리기 일쑤였다. 그때 내 몸무게가 45킬로그램 남짓이었는데 소똥이 매우 무거웠기 때문이다. 그럼 뛰어내려서 삽으로 소똥을 긁어내고 다시 리어카를 세워서 마저 쏟아부어야 했다.

소똥을 대강 치우고 나면 물로 우사 바닥 청소를 했는데, 물이 많지 않으니까 우물에서 물을 길어오거나, 우유를 짜서 식히고 남은 물을 사용했다. 거사들이 아침에 우유를 짜면, 드럼통에다 물을 부어놓고 우유 양동이를 담가서 양동이를 돌리면서 막대기로 그 안의 우유를 저어서 식혔다. 그런 뒤 스테인리스 용기에 담아서 우유 수거차가 오면 실어 보냈다.

우사 바닥 청소를 하는데, 소똥 치우기가 너무 힘들어서 방에 앉아 운 날도 있었다. '힘센 남자들이 똥이나 좀 밖에 내다 쏟아주고 가지. 여자가 물을 부어서 우사 청소하는 것도 얼마나 힘든데…'라는 야속한 생각이 드니까 눈물이 났다. 여린

몸으로 이 일을 하는 것이 정말 힘겨웠다.•

여자라는 마음 때문에

어느 날 그 마음을 가지고 방에 앉아 있다가 퉁퉁 부은 눈으로 나왔더니, 선생님께서 마당에서 왔다 갔다 하고 계셨다. 선생님께서 나를 쳐다보시는데 '뭐냐?' 하시는 거 같아서, "네, 선생님, 좀 울었습니다. 남자들이 소똥이라도 좀 치워주고 가면 좋겠는데요"라고 말하고 또 눈물을 쏟고 말았다. 그랬더니, "얘, 너 그 남자들은 그거 일도 아니다. 너, 네가 여자라서 힘이 없다는 것 때문에 울어야 되는 거구나"라고 말씀하셨다. 내 속에 숨어 있던 '힘 없는 여자에게 이런 일까지 하게 하나' 하는 마음을 향해서 직접 말씀하셨기 때문에, 가슴에 바로 와 닿았고 그 한 말씀으로 그 마음이 다 쉬어버렸다. 그 후로는 훨씬 가벼운 마음으로 소똥을 치울 수 있었다.

소똥을 치우고 나면 나는 다시 들로 나가서 오후 1시까지 뙤약볕에서 밭을 매고, 채소밭에 약을 치는 등의 일을 했다.

고추밭에 농약을 주려면 한 말짜리 물통 달린 기계를 짊어

• 우사 청소가 버겁고 힘든 일로 여겨지긴 했지만, 백성목장의 우사는 현대식 구조로 되어 있었다. 소똥이 떨어지는 위치에 도랑을 만들어서, 소들이 방목 나간 시간에 도구로 소똥을 도랑으로 주욱 밀어내면 우사 밖의 구조물로 소똥이 모이는 선진 시스템이었다. 전국의 우유협동조합에서 견학을 오기도 하였다. 당시 선진국 등에서 사용하던 좋은 방식이 있으면, 모두 우리 생활에도 알뜰하게 적용하곤 하시던 백 선생님의 방식이 여기에도 응용되어 있었다.

져야 했다. 이 기계는 왼손으로 공기를 넣고 오른손으로 농약을 치도록 설계되어 있었는데, 약 한 말을 지고 밭으로 나가면 팔이 눌리고 피가 통하지 않아서 팔이 온통 퍼렇게 되곤 했다. 농약을 반 통쯤 채워서 지고 다니면 편했을 텐데, 그러면 약을 타고 채우느라 오며 가며 반복해야 하니까, 욕심을 부려 농약 한 통을 모두 짊어지고 다녔다. 그래서인지 항상 온몸이 뻐근했다. 기계에 가득 채운 농약이 반 통쯤 줄어들고 나서야 어깨에 뭉친 피가 풀리곤 했는데, 이 과정이 힘들었던 기억이 난다.

대문 옆으로 나가면 밭이 하나 있었다. 한번은 그 밭에다 들깨를 심었는데, 들깨를 거두어들일 때마다 양이 상당해서 지게를 지면 겨우 일어날 수 있었다. 걸음을 내디디려면 다리가 사시나무 떨듯 후들거렸다. 어느 날 수확한 들깨를 모두 지게에 지고 도랑을 건너면서 깡충 뛰다가 지게와 함께 도랑에 빠졌다. 들깨가 도랑에 다 쏟아졌다. 깊은 한숨을 쉬고 '미륵존여래불'을 하면서, 도랑에 쏟아진 들깨를 다시 주워 담아서 선생님 계시는 마당에 들깨를 펼쳐놓는데 선생님께서 방에서 나오셨다. 도랑에 빠졌다가 나왔으니 몰골이 말이 아니었을 텐데 선생님께서 나를 보고 막 웃으셔서, "선생님, 지게 지고 오다가 도랑에 빠졌어요" 하고 말씀드렸더니, "얘, 지게라는 건 말이다. 등에 붙어야 되느니라. 지게가 등에 붙어야 하는데, 지게가 들뜨면 그렇게 되잖니"라고 말씀하셨다. 내가 생각하기에도 내 꼴이 얼마나 우스웠는지 모른다. 그때도 선생님은 "남자들은 다 잘 하는 일이다" 그러셨는데, '내가 여자라서 못한다'는 마음을 그렇게 해탈하게 하신 거 같다.

오후 일과

나는 들에 나가 일을 하다가 오후 1시가 지날 즈음, 부엌으로 돌아와 점심을 준비해서, 3시쯤 우사로 가져다줬다. 소사에서 일하는 네 사람분의 밥과 국에 간단한 채소 반찬이었지만, 실제로는 7~8인분 정도 되었던 것 같다. 두 사람이 큰 양재기에 밥을 담아서 먹었는데, 양재기 두 개를 위아래로 마주 포개서 그 양이 아주 많았다.

거사들에게 밥을 가져다주고는 다시 막 부엌으로 뛰어 내려와서 바로 선생님 공양을 지어 드렸다. 선생님은 3시 반이나 4시 사이에 점심 공양을 드셨다. 선생님께서 공양을 마치시면, 따뜻하게 데워둔 물을 양동이에 담아 뒷마당에 가져다 드렸다. 그 물로 양치를 하시면서 내게 이런저런 얘기를 해주시곤 했다.

선생님께서 양치를 마치고 방으로 들어가시면, 나는 다시 부엌에 와서 밥을 조금 먹었다. 식사 후에 다시 저녁 때까지 일했고 해 지면 방으로 들어갔는데, 오후 8시에는 숙소에 들어가는 것이 일반적이었지만 일이 오후 8시까지 끝나지 않을 때가 많았다. 그런 날이면 일을 방으로 가지고 왔다. 밭에서 뽑은 야채를 방에서 다듬기도 했다. 그러고서 《금강경》을 독송하고, 장궤 자세로 '미륵존여래불'을 소리 내어 정진하면 밤 10시도 되고 11시도 되는 게 소사에서의 내 일과였다.

선생님의 일상

선생님은 새벽에 일어나시면 방 안에서 물 한 대야와 수건으로 몸을 간단히 씻으셨다.

새벽 4시에 법당에 나오셔서 법문을 하셨고, 법문이 끝나면 신문을 들고 방으로 들어가 방바닥에 배를 깔고 신문을 보셨다. 오전 8시쯤 공양을 드시고 양치하시고 나면 그냥 쉬거나 마당에 나와서 왔다 갔다 산책을 하셨고, 손님이 오는 날에는 만나서 법문을 하셨다.

선생님께서는 무언가 새로 하시거나 안 하시거나 할 때는 미리 꼭 말씀을 하셨다. 한번은 이런 일이 있었다. 공양드릴 때 밥을 퍼서 밥알 한 자리도 비지 않게 밥그릇 둘레와 딱 맞게 예쁘게 담아드리면 다 잡수셨는데, 어느 날 밥상을 내주시면서 말씀하셨다.

"얘야—."

"네."

"내가 이제 밥을 좀 남길란다."

"네—."

그렇게 말씀하시고 그다음부터는 밥을 3분의 2 정도만 드시고 남겨놓으셨다. 그런데 선생님 진지를 조금만 담기엔 죄송한 마음이 들어서, 나는 여전히 밥을 가득 담아드렸다. 선생님께서는 "이제 남길란다" 하신 다음부터는 밥을 남기셨다. 이처럼 밥 하나 남기는 것에도 선생님은 그냥 하시는 법이 없이 매사에 공경을 다하셨다. 나는 선생님 곁에서 그 점을 깊이 배울 수 있었다.

틀니와 담배

하루는 선생님께서 틀니를 꺼내어 닦으시면서, "얘, 이거 볼래? 나는 입속에 칼을 넣고 산다. 조금만 잘못 해도 베어. 왜 이러는지 아니? 너희들 공부하라고 얘기해주었는데, 너희들이 듣기 싫어하면 이렇게 되는 거다"라고 말씀하셨다.

선생님께서는 부분 틀니를 끼고 계셨는데 그 틀니가 다소 날카로웠다. 우리 같은 수행자들 공부 잘 하라고 말씀하셨는데, 그게 다 원한이 되어서 그 과보로 당신께서 평생 입안에 칼을 물고 산다고 하신 것이다.

양치를 끝내면 바깥에 나와 걸으시기도 하고 담배를 피우시기도 하셨다. 처음에는 담배를 방에서 피우셨지만, 얼마 후 "내가 이제 방 안에서는 담배 안 피울란다" 하시고는 반드시 뒤꼍에 나오셔서 피우셨다. 그리고 언젠가 뒤꼍에서 담배를 피우시면서 "얘, 내가 이걸 못 끊지 않니? 그거 왜 그런지 아니? 그게 부처님께 향 피우고 공부하고 살던 습관이 몸에 배어, 향 피우는 것처럼 담배를 피우는 거다"라고 하셨다.

신문

선생님께서는 신문을 자세히 보셨다. "얘, 사람들이 신문을 보면 무얼 보니? 껍데기만 보는 거다. 내용은 다 몰라. 그 내용을 볼 줄 알아야지." 그러시면서 "우리나라를 미국, 중국, 일본, 러시아 4개국이 나누어 먹을 때도 기운 센 놈들이, '야 저거 우리 찜 쪄먹자' 그래서 나누어 먹은 거다"라고 하셨다. "그렇게 땅을 나누어 먹어서 남과 북으로 갈라진 것인데, 자기들이 나누어 먹을 때 '우리는 아무 힘이 없었다'고 이야기하질 않았니. 기운 없는 놈들은 기운 센 놈들이 '저 놈 찜 쪄먹자' 해도 아무것도 모른다." 그러시고는 사람들은 신문을 보면 껍질만 보고 내용을 볼 줄을 모른다고 하셨다.

복통

어느 날 아침, 부엌일을 마치고 선생님 방을 정리해드리려고 찾아뵈니, 선생님은 방에 기다랗게 누워 계셨다. 다 정리해드리고 난 뒤에 혹여나 무슨 말씀이라도 해주시려나 하고는 잠시 앉아 기다리고 있는데, 누워 계시던 선생님이 갑자기, "아구, 아구, 아구, 아구, 내 배야! 내 배가 아프다, 내 배가! 내 배가 왜 이렇게 아프냐?" 하시며 배를 움켜쥐고서 소리를 지르셨다.

갑자기 이러시니 너무나 당황스러워서 그저 "네, 선생님, 미륵존여래불" 할 수밖에 없었다. 왜 아프신지 여쭐 수도 없고, 다급한 마음만 가득할 뿐 도대체 어떻게 할 수가 없었다.

그래서 또 선생님 한번 쳐다보고는, 열심히 "미륵존여래불! 미륵존여래불!" 하면, 좀 조용하게 구부리고 계시다가 또 갑자기, "아이고, 얘야! 얘야! 내가, 이 배가 너무 아프구나" 하셨다. 선생님께서 정말로 엄청 아파하셨다.

"어이구! 어이구! 내 배가 왜 이렇게 아프냐? 이거 큰일났구나. 어휴! 내 배가 아프다. 내 배가 아프다."

이러기를 계속하셨다. 다시 나는 "네에" 하였지만, 선생님이 갑자기 아프다 하시니 같이 사색이 되어서 쩔쩔맬 뿐 다른 도리라고는 아무것도 없었다. 다만 해드릴 수 있는 것 하나는 '미륵존여래불'뿐. 그렇게 아파하시며 소리 지르시기를 서너 차례 하시는데, 나는 그저 죽어라 '미륵존여래불'만 하였다.

그러던 와중에, 그 잠깐 쉬는 순간, 이런 생각이 났다.

'아, 선생님께서 저렇게 배가 아프실 일이 없는데, 이건 나를 공부하게 하시려고 저렇게 아프신 거구나' 하는 생각이 났다. 서너 번을 그렇게 배가 아파서 쩔쩔매시는데, 나는 그저 죽기 살기로 '미륵존여래불'만을 하다보니까, '아, 아프시지 않아도 될 배가 나를 공부시키시기 위해 이렇게 아프셔야 하는구나' 하는 생각이 난 것이다.

'아이고, 미륵존여래불! 시봉 잘하겠습니다!'

이러는 순간, 선생님의 배 아프신 게 싹 없어졌다. 안 아프시게 되었다. 내 마음속에 그런 생각이 나는 순간, 선생님 아프신 것도 쉬게 된 것 같았다.

"선생님, 괜찮으세요? 배 안 아프세요?"

"응, 그래, 아무 일도 없다."

쩔쩔매시며 당장 응급차를 불러야 할 정도로 그리 힘들어 하시더니 금세 아무 일도 없다고 하셨다.

"선생님, 배… 나으셨어요?"

"아니, 아무 일 없어."

그러시더니 벌떡 일어나 앉으셨다. 그래서 나도 따라 일어나 삼배를 올리는데, 그렇다고 '선생님 저를 위해서 배까지 아프셨습니까?' 하고 여쭐 수는 없었다. 그냥 스스로 느껴지고 알아진 거니까 말이 필요가 없었다. 이러고 나니 나 또한 언제 무슨 일이 있었나 싶을 정도로 평온해졌다.

그때 나는, 일은 일이고 거기 다급함까지 보태서 당황하지 않는 법을 보았다. 칼에 손가락을 베었을 때 손가락이 아픈 것은 아픈 것이지만 그 위에 다른 생각까지 얹어서 아픔을 이중 삼중으로 크게 하지는 않게 되었다. 살다가 다급한 일이 생길 때면 그날의 이 일이 떠오른다.

처음 따귀를 맞다

마당 옆에 딸기를 심던 날이었다. 1년에 한 번씩 새 뿌리로 바꾸어 딸기를 심는데, 그날은 묵은 뿌리를 캔 뒤 튼튼한 새 뿌리를 골라서 다시 심었다. 그런데 그날 하필 나하고 D씨밖에 없었다. D씨는 평소에 뺀질뺀질 일을 잘 안 하다가도 선생님만 오시면 제가 일을 다 하는 듯이 알랑거리는 것 같아서 평소 눈에 거슬렸다. 그런데 그날 선생님께서 그런 태도를 모른 체하시고 다 받아주시며 때로는 두둔하시는 것이 야속하게 느껴졌다. 그날도 D씨는 일하다가 선생님이 나오시니깐 쪼르르 달려가 자기가 일을 다 하는 것처럼 이러쿵저러쿵하면서 종알종알 선생님을 붙들고 이야기만 하고 일할 생각을 하지 않고 있었다. 빨리 일을 하고 끝내야 되는데 선생님 붙들고 있는 것을 보고 화가 치밀어 올랐다. '뿌리가 마르기 전에 빨리 심어야 되는데 저게…' 하고 나는 속을 끓이다가 선생님 점심을 드리고, 세숫물을 떠서 뒤꼍에 가져다 놓고 가는데, 선생님이 나오셨고 그만 내 속마음이 튀어나왔다. "선생님이… (그렇게 말씀하시니까…)" 하고 참았던 말을 훅 내뱉는 그 순간, '아악! 선생님께서가 아니고' 하고 후회를 했고, 그 찰나에 선생님이 따귀를 '따악' 때리셨다.

그날 독이 잔뜩 올라와 있었던 터라, 돌이킬 수 없는 말을 해버린 것이다. '앗, 말이 잘못 나갔구나.' 엎질러진 물을 다시 담을 수는 없었다. 뺨에서 불이 나는데, 바로 그대로 시멘트 바닥에 엎어져서 삼배를 올렸다. 그랬더니 선생님께서 내 몸을 일으켜 앉혀주시면서 "앞으로는 네가 세세생생 부처님께 불경스럽게 할 일은 없느니라"라고 말씀해주셨다.

그 일이 있고 다음 날 선생님을 뵈었더니 "얘, 뺨이 많이 부어올랐겠지?" 하셨는데 따귀를 맞은 흔적이 없었다. "아무렇지도 않은데요"라고 말씀드리니, "그래, 그건 왜 그러냐?" 하고 물으셨는데, 그건 당신이 악심을 가지고 따귀를 때리신 것이 아니라는 뜻이셨다. "사람이 악심을 가지고 따귀를 때리면 볼이 부어오르거나 상처가 나거나 흔적이 남는데, 악심이 없기 때문에 아무 표시도 나지 않는 것"이라고, 그 일이 있고 난 후에 말씀해주셨다.

소사에서 쫓겨나다

백성목장에 들어간 지 약 8백 일 지난 어느 날 갑자기 선생님께서 부르시더니, "이제 너는 안 되겠다. 부처님 가피加被나 있으면 어떻게 될까. 도저히 너는 안 되겠다. 가거라. 당장 나가거라"라고 밑도 끝도 없이 단호하게 말씀하시며 법문을 마치셨다. 선생님께서는 내가 뭐가 안 된다는 것인지 아무런 이유도 말씀해주시지 않았다. 근데 또 희한하게 나 또한 뭐라 여쭙지 않고 "네"라고 대답하고 방으로 올라가서, 조금 울다가 옷을 갈아입고 나갈 채비를 하는데, 다른 아무 생각도 안 나고, 지금 가라고 하셨으니까, 오직 그 말씀대로 실행했다.

나는 선생님께 이유를 묻거나 따지는 성격이 아니라서, 내 방에 들어가 보따리를 챙길 것도 없이 나와 법당에 계신 선생님께 인사를 드렸다. 절을 하면서 "오로지 지금 가라 하신 그 말씀만 받들고 가겠습니다"라고 말을 하고 소사를 나왔다. 그때는 1천 일이면 숙명통이 난다고 하여 1천 일을 엄청 중요하게 생각했던 때였는데, 내가 소사에 들어온 지 약 8백 일이 지났던 때였고, 멍하니 아무 생각도 나지 않았다. 앞이 잘 보이지 않고 다리가 휘청거렸다.

소사에서 쫓겨나니 갈 곳이 없었다. 정신을 차리고 집으로 가려는데 집이 이사를 한 후라 주소를 몰랐다. 친구에게 연락해서 집 주소를 물었더니 친구가 이사 간 왕십리 집으로 데려다주었다. 가족들은 갑자기 나타난 내 얼굴을 보고 걱정하는 눈빛이었지만, 뭐라 묻지도 내색도 하지 않았다. 나는 "좀 쉬러 왔습니다"라고 말하고, 계속 집에 있었는데, 마음이 꼼짝을 못 했다. 할 일이 모조리 없어졌다. 오로지 공부한다고, '미륵존여래불' 하고 마음을 바치는 게 일이었는데, 갑자기 '부처님 가피나 있으면 어떻게 될까. 도저히 안 되겠다' 라고 하시며 내치시는데, 무엇을 잘못했는지 이유도 모르겠고, 마음이 없으니까 집 밖으로 나갔다간 죽을 것 같았다. 몇 날 며칠을 집에 그냥 있었지만 가족들은 아무 말도 하지 않았다. 선생님께서 안 되겠다고 하셨으니 어떻게 살아야 할지 앞길이 막막했다.

그래서 소사로 선생님을 찾아뵈러 갔다. 며칠 만에 갔지만 선생님께서는 눈길조차 주지 않으셨다. 법당에 들이시지도 않고 절도 받지 않으셨다. 그저 마당에 거목처럼 딱 서 계셨다. 나는 어찌할 방법이나 도리도 없이 시멘트 바닥에서 삼배를 하고 집으로 돌아왔다. 선생님께서는 "가거라" 한마디뿐이셨다. 나는 "네" 대답했다. 이렇게 갔다가 쫓겨나기를 서너 번, 적막이 흐르는 터널 속에 갇힌 것처럼 앞이 보이지 않는 캄캄한 시간이 계속되었다. 그러니 마음은 가눌 길 없는 슬픔으로 차 있었고, 할 일은 오로지 '미륵존여래불'뿐이었다. 소가 되어 묶여 있는 위산영우潙山靈祐(771~853) 스님의 마음이 와 닿을 때는 눈물이 주르르 흐르기도 하고, 마음 한 편에서는 '언제 죽어지나' 그러고 기다려졌다. 할 일이 하나도 없으니까.

그러던 어느 날 새벽, 꿈을 꾸었다. 하늘이 열리면서 부처님 서광西光이 쫙 비치며 부처님께서 허공을 걸어가시는 모습을 보았다. 몹시 황홀했는데, "꿈속에서 부처님을 뵈어도 바치는 거다" 하신 말씀이 생각이 나서, 이 좋은 꿈을 내가 가질까봐 허공을 걸어가시는 부처님을 향해 정신없이 "미륵존여래불"을 했더니 부처님이 다른 쪽을 향해서 걸어가셨다. 날이 밝자마자 선생님을 뵈러 소사로 뛰어갔다. 말씀드릴 거리가 생겼으니 선생님을 뵈러 간 것이었다.

그런데 그날 선생님께서 기다리신 듯 직접 대문을 열어주셨다. 들어가서 그냥 절을 하고 앉았더니 선생님께서는 "나갈 때 보따리를 안 들고 나갔으니 들어올 때 보따리가 필요없구나"라고 하셨다. 선생님의 '있으라'는 뜻의 그 말씀이 짧은 시구 같았다.

선생님께서는 "그래, 오직 '부처님' 하는 동아줄 하나를 붙잡고 매달려 있는데, 발판도 안 놓아주고 그 줄을 자르니까 어떻든?" 하고 물으셨다. 그래서 "죽을 수밖에 없었는데 죽어지지가 않았습니다"라고 대답했다. 선생님께서는 "그렇지" 한마디만 하셨다.

그런데 그때가 마침 김장철이라, 어머니께 김장독은 내가 묻어주겠다고 약속을 했었는데, 그 김장독을 못 묻고 온 것이 몹시 마음에 걸렸지만 집으로 "가라"고 말씀을 안 하시니까, '미륵존여래불' 하고 그날부터 그냥 다시 소사에서 수행생활을 이어가게 되었다.

그때 일로 나는 절체절명의 순간에도 "미륵존여래불" 하고 부처님께 바치고 실행하는 것이 참으로 중요하다는 것을 깨달았다.

언제라도 바칠 수 있는 훈련

소사에는 선생님께서 머물고 계신 거처에도 화장실이 집 밖에 따로 있었다. 선생님은 가끔 밤에 화장실에 가셨다. 밤중에 화장실에 가시더라도 의관을 다 갖추고 털신까지 완전히 신고 밖에 나오셨다. 어느 깜깜한 그믐밤, 선생님께서 화장실 가시는 것을 보고, 내가 화장실 밖에서 선생님을 지키며 마당에서 기다리고 있는데, 선생님께서 나오시면서 갑자기 부르시더니 "얘야, 너 저 산꼭대기 갔다 올 수 있겠니?" 하셔서, "네"라고 대답했다. "그런데 무섭지 않을까?"라고 물으셔서, "네, '미륵존여래불' 하라 하셨습니다"라고 말했다. 어느 순간에도 내가 '미륵존여래불' 하나 안 하나, 어떻게 그것을 하나, 그걸 물으신 거였다.

그때나 지금이나 나는 달라지지 않았다. 인식의 범위는 자꾸 자라면서 확장된다. 백 선생님께서는 "다 바쳐라"라고 말씀하셨다. 나의 집, 나의 어머니, 나의 친구, 나의 사회, 나의 나라 그리고 지구까지 인식의 키는 한없이 자란다. 나라는 사람이 나에 갇혀 있지 않고 나를 붙잡고 있지 않을 때, 바치는 범위가 확장됨을 느낀다.

선생님 눈에서 눈물이 주르르

어느 날 선생님께서 마당을 걸으시다가 갑자기 눈물을 주르르 흘리셨다. 나는 그 모습을 보고 깜짝 놀랐지만, 애써 아닌 척 속으로 '미륵존여래불' 하고 선생님을 쳐다보았다. 그때 선생님께서 나를 보고 말씀하셨다.

"왜? 얘가 울지? 그런데 말이다. 내가 얘를 평생 데리고 살아도 내 말을 듣지 않는다. 그런데 지금 자기가 죽을 때가 되었다고 죽을 거라고 그래서 운단다." 내가 "네" 대답했더니 "이게 태어날 때 아예 죽어야 하는 원을 가지고 온 놈 아니냐? 자기 소원은 죽는 게 소원성취야. 그런데 또 그래도 죽을 거라고 하니까 슬프다고 운다."

지금 돌이켜보면, "선생님 왜 우세요?"라고 여쭐 법도 한데, 묻고 싶은 마음이 없어서 가만히 쳐다보았다. 그냥 "네"라고만 했다.

그래서일까. 한번은 내가 무슨 말을 하려고 하는지 이미 다 알고 계셨다. 그래서 말씀하시기를 "얘, 사람들이 나를 똑바로 쳐다보지를 않는다"라고 하셨다.

선생님의 말씀

환골탈태하려면 9천 일

나는 일찍이 부모님을 따라 절에 다니기 시작했다.《금강경》을 처음 접한 건 중학교 2학년 때였다. 대각사大覺寺 신소천 스님의《금강경》강의를 들었는데, 다 알아듣지는 못했지만 법회에 참석해서 말씀 듣는 것만으로도 정말 좋았다. 신소천 스님은 "여시아문如是我聞만 알면《금강경》을 다 안다"라고 하시며 첫마디를 떼셨다. 그 이후 줄곧 절에 다니며 신앙생활을 이어갔고, 불교 공부에 마음을 쏟았지만 내 숙제는 풀리지 않았다.《금강경》을 일찍 접하기는 했지만, 독송을 하거나 그 말씀에 따라 실천하는 법은 몰랐다. 백 선생님을 뵙고 나서야 비로소 진짜《금강경》공부를 시작한 것이다. 선생님께서는 언젠가 이렇게 말씀하셨다.

"1천 일, 3천 일, 9천 일을 반복해 공부해야 하느니라. 1,천 일은 탐심貪心 닦고, 3천 일은 진심嗔心 닦고, 9천 일 째는 치심癡心 닦는 거다. 치심 닦는 것이 가장 시간이 오래 걸린다. 탐심과 진심은 잘 보이지만, 치심은 잘 보이지 않는다."

화장품 값은 나에게 가져와라

소사에서 수행하는 사람들은 따로 화장품을 사용하지 않았지만, 밖에서 찾아온 분들은 어떻게 이렇게 피부가 좋냐며 신기해했다. 백 선생님께서는 "공부를 하면 얼굴이 바뀌고 피부가 저절로 좋아진다"라고 하시며 "화장품 값은 나한테 가져오라"고 말씀하셨다. "1천 일을 공부하면 피부 세포가 바뀌고, 3천 일을 공부하면 뼈세포가 바뀌고, 9천 일을 공부하면 뇌세포가 바뀐다"라는 말씀의 의미를 실감하였다.

선생님이 금강산 계실 때 일이다. 옛날 양반집에서는 스님들이 드실 음식이나 일용품 같은 걸 절에 가져가 부처님께 올렸다. 한 사람이 열댓 살쯤으로 보이는 젊은 애를 하나 데리고 와서 "선생님, 얘를 좀 데리고 계셔주세요" 하고 부탁을 했는데 선생님께서 보니까 애 얼굴이 잔뜩 찌푸린 울상이었다. 그 사람이 간곡히 부탁하니까, 선생님께서 "두고 가시오" 그러시고는 암자에서 대중들과 함께 지내도록 하셨다. 그로부터 한두 달 지난 어느 날, 마당에 용모가 아주 훤칠하고 깨끗한 젊은 애가 돌아다니는 것을 보시곤, 선생님께서 "얘, 저놈은 누구냐?" 물으셨다. 그러자 "아, 한두 달 전, 아무 판서 댁에서 온 아드님입니다" 했고, 선생님께서는 "그래? 그 녀석이 저렇게 됐느냐?" 하시고는 이게 어찌 된 일인가 하고 보니까, 아이가 절에 올 때는 입이 축 처져 있었는데 그날은 입이 올라가서 방글방글 웃는 얼굴이 되어 있었다. 그래서 선생님께서 빙그레 웃으시면서 "그래, 그렇게도 되는구나" 하셨다는 이야기를 해주셨다.

그리고 한번은 《동아일보》 기자가 금강산에 와서 선생님을 취재하러 왔다가 마당을 거니는 선생님의 사진을 찍어갔는데, 현상을 하고 보니 사진에 찍힌 인물은 선생님이 아니라 어느 학인이었다고 한다. 그때 선생님께서는 "그 똑똑한 기자가 날 찍는다고 와서는 다른 사람을 찍어가지 않았니? 공부하는 사람들이라 그 기운이 다 같아서, 남들이 보면 외모가 비슷하게 보여서 그렇다"는 얘기를 해주셨다.

부처님의 눈으로 보는 연습

선생님께서는 "무엇을 보든지 무엇을 하든지 다 스스로가 부처님의 눈으로 보는 연습을 해야 하느니라. 자신이 부처님을 항상 모시면 상대방을 부처님으로 보게 된다"라는 지침을 주셨다.

"내 마음이 부처님과 같아야 부처님의 눈으로 세상을 볼 수 있다."

그래서 '부처님' 하는 내 마음에 절할 줄 알아야 한다는 뜻이었다. 또 선생님께서는 이렇게 말씀하셨다.

"완전히 바닥까지 내려가 바보인 줄 아는 게 좋다. 바보로 사는 게 좋은데, 자기가 바보인 줄 아는 바보가 되어야 하느니라."

뜻이 펄펄 살아 있는 말씀이었다.

우선 너부터 밝아져라

선생님께서는 항상 "우선 너부터 밝아져라"라고 하시며, 《금강경》대로 실행하고 살아가는 방법을 말씀해주셨다. 그것은 몸으로는 부지런히 움직여 일하고 마음은 반드시 가만히 두라는 것이다. 직접 실행하지 않으면 부처님 말씀을 지식으로만 쌓게 된다. 그러나 실행하면 나 스스로 변하는 모습을 알게 된다. 선생님께서는 법상에 올라가 말로만 일러주는 가르침을 펼치시지 않았다. 법문 끝에 실생활에서 우리가 실행해야 할 바른 가르침을 항상 주셨다.

밝은 선지식을 모시고 공부해야 하느니라

"공부하는 사람은 언제라도 밝은 선지식을 모시고 공부해야 하느니라. 직접 모실 선지식이 안 계시면 막대기라도 꽂아두고 스승 삼아서 공부해야 하느니라." 그리고 항상 서원하기를 "언제라도 밝은 선지식을 모시고 부처님 잘 모시기를 발원"하라고 하셨다. 선생님의 이 말씀은 명령이 아니다.

"미륵존여래불 하느니라" 하시는 백 선생님 말씀은 마음의 짐을 주지 않고도 실행하게 하는 힘이 있었다. '하느니라'와 '해라'는 비슷한 말 같지만 실제로는 매우 다르게 작용한다는 것을 깨닫곤 했다. 선생님은 평소에 명령조나 단정조로 말하는 걸 삼가셨다. 이런 선생님 말씀을 듣고 살아보니, '말을 하기는 쉬우나 말을 와닿게 하는 건 아무나 할 수 없는 일'이라는 생각이 들었다.

네가 필요할 때 내가 있어야 하지 않겠느냐

소사에 있을 때, 정종 교수님이 오시면 그분의 비서가 녹음

장비를 가지고 따라왔다. 나는 그들을 보며, 선생님 말씀을 모두 기록하여 소장할 수 있다는 것을 몹시 부러워했다. 언젠가 "선생님, 저도 선생님 말씀을 녹음하면 안 될까요?" 조심스럽게 여쭤보았더니, 선생님께서는 "얘, 그거 해놨다가 언제 찾아서 쓸래? 네가 필요할 땐 언제라도 내가 있어야 하지 않겠느냐"라고 말씀하셨다.

그때 그 말씀 그 어투까지 오롯이 떠오른다. 선생님께서는 녹음과 필기 모두 안 해도 된다고 하셨다. 무슨 말이 더 필요하랴. 오로지 바칠 뿐이다.

바로 네가 읽었느니라

선생님께서 경을 밤새 읽으라고 하셨는데 어느 때는 끔뻑끔뻑 졸다가 다 읽지 못하고 자다 깨다 하던 중에 꿈을 꾸었다. 윗목에서 젊은 스님이 반듯이 앉아서 경을 읽는 꿈이었는데, 어찌나 경을 잘 읽던지 부러워하다가 잠에서 깼다. 아침 법문 시간에 나는 죄인이 된 마음으로 앉아 있다가, 선생님을 뵙고 말씀드렸다.

"선생님, 새벽에 꿈을 꾸었는데요" 하고 꿈 이야기를 했더니, 선생님께서 "바로 네가 그렇게 읽었느니라"라고 말씀하셨다.

그 말씀을 듣고 경을 다 읽지 못했다는 죄스러운 마음에서 벗어날 수 있었고, 다시 새 기운이 솟아났다.

그냥 서서 오대산도 갔다 오는 거로구나

어느 날 선생님을 뵈러 온 사람들이 강원도 어디로 여행을 간다고 했다. 그 말을 들으니 '나도 여행 좀 다녀왔으면' 하는 생각이 들었다. 선생님께서 내 마음을 아셨는지 오후에 나를 불러 앞에 세우시곤 "얘, 거기 서봐라. 너도 오대산 가고 싶냐"라고 하셨다. 그래서 "네"라고 대답했다. 그랬더니 선생님께서 "그럼 무엇이 걱정이냐. 가자" 하시곤 중국의 오대산伍台山• 이야기를 해주셨다.

"오대산을 올라가면 기화요초琪花瑤草가 만발하느니라. 그 꼭대기는 따뜻하고 춥지 않느니라. 보이니?"

나는 "네" 대답했다.

"이게 오대산이란다. 잘 갔다 왔니? 그냥 서서 오대산도 갔다 오는 거로구나"라고 말씀하셨다.

어디 좀 가자

하루는 선생님께서 "얘, 어디 좀 가자. 삼팔선 비무장지대 있잖니. 너 거기 가봤니? 거기 가면 참호가 있다. 군인들이 거기서 그걸 지키고 있다"라고 하셨다. 그러시면서 선생님께서는 마당에 서서 비무장지대를 시찰하셨다. 백 선생님께서는 서 계신 자리에서 천 리까지 꿰뚫어보시는 분이셨다.

• 중국 산시山西 성에 위치하고 있으며, 아미산峨眉山, 보타산普陀山, 구화산九华山 등 중국불교 4대 명산 중 으뜸으로 손꼽힌다.

마당에서 산보를 하시는 선생님을 뵙게 되면, 여러 가지 재미있는 이야기를 많이 들을 수 있었다. 나는 선생님 눈에 띄려고 설거지를 하고 남은 물을 부엌에 버려도 되는데 굳이 마당까지 들고 와서는 화단에 버렸다. 그러면 선생님께서 나를 부르시어 많은 얘기를 들려주시곤 하셨다.

자기를 어디다 갖다 놨느냐

소사에는 집 근처나 뒷산에 뱀이 자주 출몰해서 나는 놀라곤 했는데, 선생님께서는 뱀이 예뻐 보일 때까지 공부해야 한다고 하셨다. 어느 날 산에 올라가는데 뱀이 또 스윽 나왔다. 그런데 그날 나는 "미륵존여래불! 아이고 뱀이야!" 하고 소리를 질렀다. 그러니까 다른 때 "아이고, 뱀! '미륵존여래불'" 하던 것과는 순서가 바뀐 것이었다. 그랬더니 자지러지지도 않았고 뱀이 하나도 무섭지 않았다. 그 뒤로부터 무엇을 보든지 '미륵존여래불' 했는데 자지러지게 힘들고 어려운 일들 앞에서 주저앉지 않고 '미륵존여래불'을 먼저 하게 되었고, 그렇게 공부할 기회를 가질 수 있었다.

나는 '미륵존여래불'을 하면서 성장했고, 선생님께서는 "결국은 죽을 때 한번 '미륵존여래불' 하자고 이 공부를 하는 거다"라고 말씀하시곤 했다. 진실로 그렇다. 어떤 걸 보든지 '미륵존여래불' 먼저 하면, 다 보고 다 듣고 다 수용할 수 있게 되는데, 그게 나한테는 엄청난 경험이었고, 굉장한 전기가 되었다. 그 뒤부터 바치는 일이 엄청 수월해졌다. 뭘 보든지 찰

나가 중요한데, 그 찰나에 나를 어디다 갖다 놨느냐, 나의 위치가 어디냐 이것이 중요하다. 뱀을 무서워하는 위치에 있었느냐, 뱀을 그냥 봐줄 수 있는 위치에 자기를 두었는가, 그게 문제인 것이다.

일곱 번 독송, 잠, 공양, 상

하루 초저녁에 일곱 번, 자정 지나서 다시 일곱 번, 열네 번 《금강경》을 읽으며 잠을 자지 않고 공부할 때가 있었다. 선생님께서 갑자기 소사에서 아파트로 출타하시고 나니 딱히 할 일이 없었다. 일이 끝나면 저녁에 법당을 혼자 지키고 있었는데, 잠을 청하기에는 이른 시간이고 해서 오후 8시쯤부터 경을 독송하기 시작했다. 독송하기 시작하면 그냥 술술 읽어져서 자정 안에 일곱 번을 읽게 되었다. 그런데 처음 공부를 시작할 때 선생님께서는 "12시가 넘으면 새날이다"라고 하셨다. 12시가 넘으면 새날이니까 일어나라는 뜻이었다. 일곱 번 독송이 끝나서 세수하고 방에 들어오면 자정이 넘었고, 선생님께서 자정이 넘으면 새날이라고 하셨으니까 나는 잠을 자지 않고 또 경을 읽기 시작을 했다. 그렇게 다시 일곱 번을 읽고 나면 새벽 3시 반이나 4시쯤이 되었다. 새벽 4시가 일어나는 시간이니까 나는 그대로 일어나서 법당을 청소하고 하루를 시작했다. 선생님께서는 항상 "사람이 잠잔다는 것은 머리를 쉬려고 하는 거지, 본래 잠잘 일이 없느니라" 그렇게 말씀하셨다. 그러니까 잠잘 일이 있지 않으면 굳이 잠잘 것도 없었고, 낮에도 졸리지 않았다. 그렇게 하여 당시 49일인가 50일인가 밤낮없이 살았다.

선생님께서 출타하신 뒤에도 계실 때와 똑같이 생활을 했는데, 선생님이 안 계시니까 처음에는 밥을 먹을 수도 없었다. 우사의 거사들에게는 밥을 해서 이어다 주었지만, 내가 밥 먹는다고 생각하니 엄청 죄송스러운 마음이 들었다. '이걸 어떡하나?' 그러다가 선생님께서 계실 때처럼 선생님 공양 상을 차렸다. 그것을 법당에다 가져다 놓고 경을 읽었다. 그런데 한 번을 다 읽으면 너무 시간이 많이 걸리니까《금강경》제5분을 독송하고 제32분을 이어서 독송했다. 그렇게 하고 상을 들고 나오니까 그때부터 밥을 먹을 수가 있었다. 그게 사실은 선생님한테 처음으로 마지摩旨(부처에게 올리는 밥)를 올리기 시작한 거였다.

그렇게 한 20일쯤 공양 상을 올렸을까. 중간에 어느 날 선생님이 소사에 오셨다. 우사를 한번 둘러보시는 동안 나는 뒤를 달랑달랑 쫓아갔다. 그 중간에 야외 화장실을 잠깐 지나는데 선생님이 법문을 하셨다.

"'범소유상凡所有相은 개시허망皆是虛妄이라. 약견제상若見諸相이 비상非相이면 즉견여래卽見如來니라'•를 너는 다 안다." 그

• 무릇 형상 있는 것은 모두 허망한 것이니, 만약 모든 형상이 형상이 아님을 보면 곧 여래를 볼 것이다. (《금강경》 제5분 〈여리실견분〉)

런데 반드시 앞에 "불고 수보리佛告須菩提 하시되"가 있다고 그러셨다. 그 뜻은 언제라도 부처님이 계셔서 말씀해주신다는 것을 알아라 하신 거다. 경에는 "불고 수보리 하시되"라는 말이 쓰였지만, 사람들은 "불고 수보리 하시되"를 빼고 말하곤 한다. 그러니까 "불고 수보리 하시되, 범소유상은 개시허망이라 약견제상이 비상이면 즉견여래니라"라는 말씀은, 네 분별이 없으면 부처님을 바로 뵌다는 뜻이다.

그때는 그냥 "네"라고 대답만 했는데, 지금 와서 생각해보면 '24시간《금강경》을 읽고, 일은 똑같이 하니까 '나'라는 분별이 다 쉬어 있었던 것이다. 그러니까 모든 상은 다 쉬었다. 네 분별이 다 쉬었다'라는 그 얘기를 해주신 거였다.

"범소유상은 개시허망이라. 약견제상이 비상이면 즉견여래니라. 바로 부처님을 뵙느니라" 그러셨는데, 내가 이걸 다 안다고 하신 말씀은 내가 열네 번씩《금강경》을 읽고, 일하고, 밥은 혼자 먹을 수 없어 공양을 올리고, 그렇게 생활한 것이 바로 부처님을 직접 계속 모시고 있는 것과 똑같이 사는 거였다. "즉견여래", 곧 항상 계신 줄 알고 사는 거였다. '그래서 그 말씀을 하셨구나'라고 생각했다.

그날 선생님께서 "'범소유상은 개시허망이라. 약견제상이 비상이면 즉견여래니라'를 너는 다 안다. 그런데 반드시 '불고 수보리 하시되'다" 하신 그 음성이 지금도 그대로 들리는 것 같다. "그래, 너는 다 안다." 그런데 이 말씀이 대단히 준엄했다.

그래서 어느 날 내가 우사의 거사들한테, "내가 이렇게 밤에 법당에서 공부를 하는데, 당신들도 공부를 하려면 내려오라"라고 했더니, 그들이 좋다고 해서 함께 경을 읽었다. 내가 한다니까 호응은 했는데, 한 사람은 경 읽다가 경을 탁! 던지고 엎어져서 한참을 자고, 또 한 사람은 무릎걸음으로 방석을 쌓아놓은 구석으로 가서 엎어져서 한참을 자다가 잠이 깨면 경을 다시 같이 읽곤 했다. 그러나 깨고 나서는 아무도 자기가 한 것을 기억하지 못해서, 내가 본 이야기를 해주면 함께 웃곤 했다. 평소대로만 해도 몸 쓰는 일이 많았고, 잠이 부족한 수행 생활인데 밤을 새워서 독송을 하려니까, 졸지 않고 밤을 지새우면서 하지는 못했다.

그런데 언제부턴가 《금강경》 독송하는 사람들 사이에서 '일곱 번 독송하는 것이 공부 잘하는 거다'라는 이야기가 들렸다. '《금강경》 일곱 번 독송'이 공부하는 기준이 되어 압박으로 작용하는 것 같아서 이와 같이 '일곱 번 독송'의 연유를 밝힌다. 나는 선생님께 단 한 번도 《금강경》을 일곱 번 읽어야 한다든지, 몇 번 읽어야 한다든지, 하는 횟수를 들은 적이 없다.

나 역시 하다보니까 그때 사정이 그렇게 되었던 것이다. 선생님께서는 《금강경》을 기본으로 아침저녁 읽으라, 또 너무 죄지도 느슨하게도 하지 마라 하셨고, 읽는 것을 쉬지만 마라고 하셨다. 그러므로 경 독송을 하되 횟수에 쫓겨 돌돌 읽는 것보다는 "부처님 당시에 설법하시는 그 자리에 대중 가운데 앉아서 네 입으로 읽되, 네 귀로는 그분의 말씀으로 직접 들어라" 하신 말씀대로, 자기 읽는 소리를 부처님 말씀 듣는다는 마음으로 또박또박 읽는 것이 중요할 것이다. 자기 사정에 맞게 경을 읽고, 안 읽지만 말고, 점진적으로 경 읽는 횟수를 늘리는 것이 좋은 방법이 아닐까 싶다.

선생님과의 인연들

소사 생활을 할 때 나는 대문을 열어드리고 손님을 영접하는 일을 담당했다. 그래서 선생님을 뵈러 오는 분들을 가까이서 볼 수 있었다. 일반인은 물론 소문을 듣고 찾아온 신부님과 스님들도 뵐 수 있었다.

이화장과 이만수

이승만 대통령이 계셨던 이화장梨花莊*은 세간에는 막연히 주변 인사들이 기증한 것으로 알려져 있는데, 백 선생님이 직접 구입해 드렸다는 말씀을 들었다. 1945년 8월 15일 해방

* 1947년부터 이승만 전 대통령이 거주한 사저로, 지금도 고인의 유품이 소장되어 있다. 조선시대 낙산 언덕에 배나무가 많이 있었는데 그곳에 있던 정자의 이름인 이화장에서 유래했다. 당시 이 장소에서 내각을 구성하기도 했으며, 현재 사적 제497호로 지정되어 있다.

후 10월 16일 이승만 박사가 귀국했을 때, 아무것도 없이 빈 몸이었다. 이 박사님은 거주할 곳을 미리 마련하지 못했기 때문에, 선생님은 이 박사님을 임시로 경교장에 모셨고, 매일 아침 뵈면서 정치 고문 역할을 하셨다고 한다. 선생님께서는 2년 후쯤 이화장을 사서 이 박사님의 거처를 옮기시게 도와 드렸다고 하셨다.

그런데 선생님께서 이화장을 마련할 수 있었던 것은, 경성 고무공장 사장을 했던 이만수라는 분이 낸 보시 덕분이라고 하셨다. "이분이 전생에 스님으로 탁발을 할 때 짚신 여러 개를 어깨에 매달고 밤낮으로 부지런히 다녔고, 신발 때문에 다니기가 너무 힘들어서 '어디 안 떨어지고 오래 신을 수 있는 신발이 없을까' 그렇게 원을 가지고 이 생에 태어나서 고무공장을 하게 됐다"라고 말씀해주셨다. 이분이 백 선생님을 뵙고 자기의 내력을 알게 되고 나서, 부산에서 고무신 공장을 운영할 때부터 사업 보고를 하면서 선생님의 지도를 받곤 했다. 사업이 번창해서 공장을 여섯 개나 짓게 되었고, 돈을 벌면 돈을 보따리로 싸다가 선생님께 갖다 드렸다. "왜냐하면 전생에 스님일 때, 짚신을 신고 다니면서 보시를 받아서 가져오면, 그것은 부처님 돈이니까 그대로 부처님 방석 밑에 갖다놓던 습관이 있었기 때문에, 그 사람이 금생에서도 돈을 벌면 세어보지도 않고 나한테 가져왔느니라"라고 말씀하셨다. 그래서 이만수 씨가 보시한 돈을 이화장을 사는 데 쓰신 거라고 하셨다.

조 사장

소사 하늘 위로 비행기가 지나는 길이 있었는지, 비행기가 지나가는 것을 자주 볼 수 있었다.

선생님께서는 마당에서 왔다 갔다 산책하시다가 비행기를 쳐다보시곤, "얘, 저 비행기 봐라. 저기에 몇백 명이 탄단다. 대단하지? 근데 말이야. 앞으로 우리나라 비행기가 전 세계를 누비고 다닐 거다. 왜 그러냐 하면, 우리나라가 전쟁을 해서 공군이 많거든. 조종사들이 많은데 다 뭣에다 쓰겠냐? 그 사람들을 데려다 쓰기 때문에 비행기가 안전하게 다닐 수 있거든. 그러니까 우리나라 비행기가 전 세계로 다니게 되겠지" 하셨다.

그러시면서 하늘을 쳐다보시고 비행기가 '웅—' 가면 "와, 저거 봐라" 하며 좋아하셨다. 어느 날은 또 이렇게 말씀하셨다.

"그런데 말이야, 저 회사의 조 사장이 말이다, 전생에 탁발을 하는데 걸어 다니기 너무 고달파서 '어떻게 날아다닐 재주는 없나' 그러고 다녔거든. 산꼭대기에서 밑으로 내려가서 탁발을 해서 짊어지고 올라오려면 퍽이나 힘이 들었을 테니까, '날아다닐 순 없나?' 그래서 비행기 회사 사장을 하지 않니. 그런데 그 사람이 꿈만 꾸면 뭔 절이 선명하게 보이더라지. 조 사장이 '그게 어딜까' 궁금해하다가, 아랫사람을 조계사로 보내서 절 사정을 잘 아는 사람을 알아봤더니, 김○○를 소개시켜줬다고 한다. 조 사장이 김○○를 찾아가 '내가 꿈속에서 절을 보았는데, 대웅전이 있고 개울이 있고 이렇게 생긴 절이었는데, 실제 어디에 있는 절인지 알 수 있겠소?'라고 물으니까, 김○○이 '오대산 월정사가 아닐까 싶다'라고 알려줬다지. 그래서 조 사장이 오대산 월정사를 찾아간 거야. 가서 보니까 꿈에서 본 절과 똑같은 거야. 전생에 조 사장이 월정사에 살던 중이었던 것이지. 그래서 조 사장이 월정사를 크게 중건을 했단다.

최 장군

소사에 찾아온 사람 중에서는 군인이 있었다. 최 장군은 꼭 진짓상을 한 상 차려서 가끔 선생님을 뵈러 왔다. 어려서부터 선생님을 잘 아는 사이인 듯 보였다. 그래서인지 "선생님, 선생님" 하며 어리광부리듯 말하곤 했던 것으로 기억한다.

하루는 최 장군이 선생님을 뵙고 갔는데, 그분이 돌아가고 난 뒤 선생님께서 법당에서 나오셔서 이렇게 말씀하셨다.

"얘, 너 아까 그 사람 봤니?"

"네."

"그 사람이 전에 군단장이 되었을 때 찾아와서는 '저는 그런 거 못 합니다'라고 하더라. 안 할 수도 없고 하기는 해야겠고 그런데 못 하겠고 어떻게 해야 할까, 나에게 방법을 구하고자 왔던 거지. 그래 내가 말해주었지."

"그대가 군단장이지. 그러면 참모들이 몇 명이지?"

"○명입니다."

"그래, 그럼 참모 ○명이 쫙 앉아 있을 거 아냐. 그러면 다

의견을 말해보라고 하고 가만히 듣기만 해. 다 말할 때까지 듣고 앉아 있다가, 그중 네 맘에 제일 드는 것이 있을 거 아냐? 그럼 그 말대로 실시하라, 그러면 되지 않겠니."

"에이, 그래서 되겠어요?"라고 최 장군이 말하자, "거 안 되면 그만둬야지. 어떻게 하겠니"라고 선생님께서 말씀하셨다고 한다.

그때 그렇게 백 선생님 말씀을 듣고 돌아간 최 장군은 군단장 임무 수행을 잘하고 임기를 마쳤다고 한다.

선생님께서는 언제라도 그때그때 실생활에 맞춰 어떻게 지혜롭게 살아가는가에 대한 말씀을 실례가 있을 때마다 말씀해주셨다. 후에도 그분은 가끔 선생님을 뵙고 가곤 했는데, 선생님을 뵈러 올 때면 언제나 음식을 잘 장만해가지고 와서 선생님과 겸상을 하고 가시고는 했다.

장선재 보살(삼선교 큰 할머니)

삼선교 큰 할머니 장선재 보살은 선생님을 뵈러 온 사람 중에서 제일 연세가 많고 금강산에서부터 선생님을 모셨던 분이다. 당시에도 구순 가까이 되셨던 것 같고 선생님보다 연세가 많다고 했다. 자그만 체구에 곱디고운 얼굴을 가진 분인데, 삼선교에서 작은 기도를 드릴 수 있는 법당을 운영하고 계셨다. 매월 스무하룻날 그 따님 전 보살, 진진묘, 송재영, 강신원, 강말원 등 10여 명 넘는 보살들이 음식을 장만해서 선생님을 뵈러 오곤 했다.

장선재 보살은 선생님 앞에서도 어찌나 그렇게 원을 오래 길게 세우는지 "온 나라가 평안하고 잘살고… 온 세상이 편안해서… 어떻게 되기를 발원" 하시는데 선생님은 말을 끊지 않으시고 한참을 듣고 계시고는 했다. 그러시다가도 어떤 날은 선생님이 "어, 너는 참 좋겠다. 하하하하" 웃으시기도 하고, 어떤 때는 "이제는 됐다" 그러시기도 했다.

한번은 장 보살이 이제 늙어서 아무것도 못 한다고 하니까, 선생님께서 "얘, 할 일도 없으니까 아침에 일어나서 경 한 번 읽고, 또 한잠을 자고, 경 한 번 읽고, 또 한잠을 자고, 경 한 번 읽고, 또 먹고, 하면 하루에 서너 번은 읽겠구나. 그러면 하루가 잘 가겠지." 그렇게 얘기해주셨다고 말씀하셨다.

진진묘 보살

진진묘 보살은 장욱진 화백의 부인 이순경 여사의 불명佛名이다. 당시에는 그림이 큰돈이 되지 않았기 때문에 화가의 부인으로 산다는 것은 힘든 일이었다. 진진묘 보살은 혜화동로터리에 있는 동양서림을 운영하면서 5남매를 다 교육 시키고 훌륭히 키웠다.

처음에는 삼선교 장선재 보살과 함께 소사에 왔는데, 나중에는 진진묘 보살만 따로 자주 왔다. 진진묘 보살이 다녀가고 나면 선생님께서는 이런저런 이야기를 해주시기도 했다. 남편 장욱진 화백이 술을 많이 마시는 것을 힘들어해서, "미꾸리를 막걸리에다가 푹 고아서 주면 해독이 된다"고 일러주셨다는 말씀이 생각난다.

나중에 들은 이야기이지만 진진묘 보살은 나를 보고 '어린 사람이 어떻게 저렇게 들어와서 공부하고 있나' 하고 기특해 하셨다고 한다. 마음이 많이 갔고 나를 많이 좋아해서 유심히 보셨다는데, 나는 누가 쳐다봐도 아는 척도 안 하고 자기 일만 하고 있었다고 했다.

신심이 퍽 깊어서 선생님이 뭐라고 하셔도 "네" 하는 분인데, 돈만 생기면 선생님이 아시고 "가져와라" 그러셨다고 하면서 선생님과의 재미있는 추억을 들려주곤 했다. 원래는 어머니와 함께 법화사라는 데를 열심히 다녔고, 삼선교 근방에 법당을 열기도 했는데, 어머니가 절을 세우는 걸 보아서인지, 진진묘 보살도 "법당을 좀 하고 싶습니다" 하고 선생님께 말씀을 드렸다.

그러다가 선생님이 소사에서 아파트로 이사를 하시고, 나도 밖에서 선생님을 뵈러 다니던 때였다. 선생님께서 어느 날 내게 "얘, 저 사람이 법당을 한단다. 그러니까 네가 심부름을 좀 해야 되겠다"라고 하셨다.

그래서 진진묘 보살과 함께 법당을 열 만한 집을 찾아 성북동, 명륜동, 혜화동 일대를 돌아다니다가 진진묘 보살 바로 옆집이 매물로 나온 것을 발견했다. 법당을 하기에는 아주 맞춤한 집이라는 생각이 들었다. 문제는 가진 돈이 많이 부족했다. 선생님을 함께 뵈러 다니던 일행 중에 좀 여유가 있는 K보살한테 법당을 하려고 하는데 돈을 좀 빌려달라고 했더니, K보살이 자기도 같이 하겠다고 해서, 명륜동에다 어엿한 법당을 마련했다. 그러곤 나보고 법당 책임을 맡아달라고 해서, 김강유 씨와 함께 그 법당을 맡게 되었다. 선생님도 자주 오셔서 법문하시고 한 몇 년 동안 잘 했는데, K보살이 우리더러 법당을 비워달라고 하는 바람에 거기서 나와서 가회동으로 법당을 옮겼고, 오늘날까지 명맥을 이어가고 있다.

여하간 진진묘 보살은 신심도 훌륭할뿐더러 남편 내조 또한 훌륭해서 남편 장욱진 화백이 유명한 화가로 이름을 떨치고, 나중에는 경제적인 여유도 누리게 되었다. 2019년에 1백세가 되었는데 흐트러짐 없이 한결같이 수행을 하신다. 그야말로 학처럼 깨끗하게 노년을 보내는 분이다.

최의식

백 선생님이 금강산에서 나오셔서 치악산 상원사에 계실 때 처음 만나 뵈었을 것이다. 1945년 해방 전후에 선생님을 가까이서 모셨다. 한국전쟁 때 인민군한테 잡혀서 포로로 끌려가다가 일행이 모두 총살당했는데, 요행으로 겨우 혼자 살아남았다고 했다. 나와 같이 한국은행에 다녔고 내 상사였는데 영락없이 색시 같은 얌전한 분이었다.

매달 20일이 월급날인데, 그다음 날에 꼭 소사로 선생님을 찾아뵈었다. 근무 중에 선생님으로부터 전화가 와서 누가 "전화 왔습니다"라고 전하면 "잠깐만!" 하고서 의관을 정제하고 옷에 단추 다 끼우고 딱 일어서서 "네" 하고 전화를 받는 것을 직접 보았다. 선생님 말씀이라면 그야말로 불석신명不惜身命(몸이나 생명을 아끼지 않고 바침)할 수 있는 분이 아니었나 싶다.

최의식 씨는 예순이 넘어서 모 음악대학 교수와 결혼을 했다. 아내는 기독교인으로 일요일마다 교회에 나갔지만 종교 문제로 갈등을 겪은 일은 전혀 없는 걸로 알려졌다. 부인이 일찍 치매가 와서 수발하느라 괴로움이 많았지만 전혀 내색하지 않았다.

정종 교수

동국대학교 철학과 교수다. 소사에 올 때는 꼭 비서까지 대동하고 녹음기를 가지고 와서 백 선생님 말씀을 모두 녹음하고, 적어 가고는 했다. 그런데 철학자여서 그런지 그것이 다였다. 밝은 말씀 듣는 그것.

황 보살

서울대학교의 저명한 법학 교수인 H씨의 부인으로 불심이 돈독하기로 소문난 사람이다. 두 사람이 전생에는 서로 바뀐 입장의 부부였기 때문에 금생에 와서도 매사 부인이 주도를 하는 경우라고 선생님께서 말씀하셨다.

5·16군사정변으로 권력을 잡은 박정희 대통령이 민정 이양 약속을 뒤집고 헌법을 개정해서 자신들이 집권하려고 하자, 《동아일보》 논설위원을 겸하고 있던 H씨는 헌법 개정은 불법이고, 5·16군사정변 자체가 위헌이라는 글을 수차례 써

서 중앙정보부에 끌려가 구속되었다.

남편이 감옥에 갇히고 난 후, 황 보살은 더 자주 선생님을 찾아왔다. 선생님 말씀에 의하면, 자기 소신을 뒤집고 이 정부에 찬동한다는 자술서를 쓰면 감옥에서 꺼내주겠다고 하는데 남편이 체면 때문에 변절자가 되기 싫어서 그걸 안 쓰고 고집을 부리고 있다는 것이다. 황 보살이 어찌하면 좋으냐고, 뭐라고 이야기해야 고집을 꺾을 수 있냐고 여쭈었더니, 선생님께서 "그래, 그것도 좋은데 자기 팔다리가 성해야 움직이지 않겠니? 뭘 하고 싶거든 나와서 해야지, 그 안에서는 아무것도 못 하지 않니? 가서 그렇게 일러라"라고 하셨다고 했다.

H씨가 그 말씀을 전해 듣고 명분이 생겨서 자술서를 쓰고 (128일 만에) 풀려나게 되었다. 이러한 연유로 황 보살이 "당신이 이렇게 나올 수 있었던 건 백 선생님 덕분이니 인사를 가야 되지 않습니까. 선생님을 찾아뵙시다" 하니까, H씨가 "에이, 나는 싫어. 남의 속을 뻔히 다 안다는데 내가 거길 왜 가!" 하고 나오지 않았다고 선생님께서 말씀해주셨다.

김용사 보살

김용사 보살과 선생님이 어떤 인연으로 만났는지 모른다. 선생님이 동국대학교에 다니라고 해서 그 학교를 장학금으로 다닌 젊은 보살이라는 것만 전해 들었을 뿐이다.

어느 날 선생님께서는 김용사 보살을 동국대학교에 입학

시켜서 공부를 가르친 이유에 대해서 말씀하셨다. "여자는 남자하고 달라서 공부를 해야 한다. 그리고 그만큼이 더 묶여 있어야 함부로 하지 않는다"라고 하시며 이렇게 말씀을 이으셨다.

"여자는 사회생활을 해봐야 자기를 제어할 수 있는 능력을 갖추게 된다. 남자는 일자무식이라도 대학 졸업한 여자하고 살 수가 있다고 한다. 그런데 여자는 자유분방하고 자기를 제어하는 힘이 부족하기 때문에, 자기를 제어할 수 있는 환경에 놓이는 게 필요하다. 그래서 여자는 대학까지 공부를 다 해야 한다. 공부를 잘하고 그런 게 중요한 게 아니라 환경이 필요하다."

남녀가 다르다는 선생님의 말씀은 참 재미있다. 그래서 김용사 보살이 공부할 수 있도록 장학금을 주신 거라고 하셨다.

경봉 스님

경봉 스님께서 많이 편찮으셔서 돌아가실 것 같다는 이야기가 들려왔다. 하루는 선생님께서 나를 부르시더니 "얘야, 너 경봉 스님한테 좀 갔다 와야겠다" 하셔서 통도사로 경봉 스님을 뵈러 갔다. 경봉 스님은 내가 조계사에 있을 때부터 모시던 분이니까 가서 반갑게 인사를 했다.

"제가 백 선생님을 모시고 있습니다. 백 선생님께서 스님께 다녀오라고 하셔서 이리 왔습니다."

사연을 말씀드렸더니 경봉 스님께서 "하하하" 마당에서 서서 웃으시더니 "그래? 그럼 그 손 좀 내봐라" 하셔서 손을 내밀었다. 그랬더니 경봉 스님이 내 손바닥을 '따악' 때리시더니 "됐다" 하셨다.

"됐다"라는 말 외에 다른 말씀은 하시지 않았다. 소사로 돌아와서 선생님께 이야기를 했더니, 선생님도 "하하하" 웃으셨다. 그러고 나서 얼마 뒤 경봉 스님께서 돌아가셨다.

동국대학교

1953년 선생님은 동국대학교 2대 총장으로 취임을 하시자마자, 학교를 번듯하게 지어야겠다고 생각하셨다. 터가 좋은 남산 밑자락에 동국대학교를 새로 짓기 시작하면서 학교 발전에 힘을 기울이셨다.

당시에는 서울에 고층 건물이 없었기 때문에, 이승만 대통령이 경무대에서 직선거리에 있는 공사 현장을 보시고, 남산을 깎아서 공사를 하는 사람이 누구인지 당장 알아보라고 하셨다. 이 대통령의 말이 떨어지기 무섭게, 어떤 사람들이 선생님을 찾아와 잡아가려고 했다. 당장 함께 가자고 하자, 선생님께서는 "그래 잠깐만 기다려라. 내가 가서 보고하고 와야겠다. 보고하러 갈 테니까 기다려라" 그렇게 말씀하시곤 이 대통령을 만나러 경무대로 가셨다.

선생님께서는 이미 미군 당국과 교섭을 해서 시멘트도 받아놓았고, 이 대통령에게 "나라의 장래를 위해서는 일꾼을 기르는 학교가 있어야 합니다. 대학교를 짓겠습니다"라고 말씀을 드렸다. 이렇게 승낙을 받고 동국대학교를 짓기 시작하셨다.

아마도 이 대통령은 주위에서 모함을 하고 왈가왈부 시끄럽게 이야기를 해서, 즉흥적으로 선생님을 데려오라 지시하신 것이 아닐까 싶다. 대통령의 의지에 따라 많은 것들이 좌지우지되던 시대였고, 두 분이 합의하여 남산을 파헤치기 시작한 것인데, 할 수 없이 선생님을 잡아오라고 하신 것이다.

선생님께서는 이 대통령에게 "보고한 대로 한 것인데, 남산을 파헤쳤다고 나를 잡아간다고 해서 이리 왔습니다. 나를 잡아가는 건 좋은데, 시멘트 몇천 포를 받아놓지 않았소? 그걸 당신께서 대학을 짓는 데 쓰라 그러셨는데, 내가 대학을 짓지 않으면 어떻게 되겠소. 미군에게 원조받은 시멘트를 도로 가져가라고 그럴까요, 어떻게 할까요?" 하니까, 이 대통령은 '해라' 할 수도 없고 '하지 마라' 할 수도 없어 난처한 표정을 지으셨다. 선생님께서는 "제가 나가서 '대통령께서 세계에서 제일가는 대학을 지으려면 짓고, 아니면 그만둬라', 그렇게 말씀하셨다고 말하리다"라고 당차게 말씀하시고 경무대를 나오셨다고 한다.

평소 이 대통령은 선생님과 만나 후정後庭에서 조곤조곤 이야기를 나누며 선생님 말씀에 호응을 하시고는, 집무실로 들어와 비서들이 있는 데서는 선생님을 향해 "도대체 일을 그따위로 해놓고 뭘 하자는 거냐"라고 야단치는 어투로 말씀하셨다. 그때 선생님께서는 "예, 알겠습니다. 잘하겠습니다" 답하셨다고 한다.

이 대통령이 선생님을 잡아오라 하신 진짜 내막인즉, 선생님께서 동국대학교 식당에 커다란 전기밥솥을 주문하자 이를 보고, 누군가가 선생님이 뒷돈을 엄청 챙겼을 거라고, 선생님을 내쫓아야 한다고 거짓말을 한 게 계기가 되었다. 선생님은 이런 일을 두고, "그놈들이 내가 뒤로 돈을 챙겼다고 나를 내쫓더라. 그 사람들의 복력이 거기까지지"라고 하셨다. 그 말씀을 듣고 나는 "저희들의 복력이 부족해서입니다"라고 말씀드렸다.

선생님께서는 교수고 학생이고 다 밥을 먹어가며 공부를 해야 한다고 하시며, 대학은 모름지기 교수들이 중요하다고 하셨다. 그래서 동국대학교에 80여 개나 되는 개인 교수실을 마련하고 교수들이 운동하고 24시간 생활할 수 있게 만반의 시설을 설계하셨다.

또한 해방 후 첫 석조 건물인 명진관•과 대학본부, 중앙도서관 및 과학관 등의 건물들을 세우셨다. 그중 석조전 건물은 당시 걸작이라는 평을 받았는데, 경희대학교 조영식 총장이 그걸 보고 돌집을 지은 거라고 하신 기억이 난다.

선생님께서는 특히 언어 훈련과 동작 그리고 얼굴 표정 등

• 송민구(1920~2010) 건축가의 설계로 1956년 12월 지하 1층, 지상 5층에 연건평 1,462평으로 건립되었다. 2억 5천만 환이라는, 당시로서는 막대한 공사 자금이 소요되었는데 미8군 철도수송대의 자재 지원과 학생들의 기부금으로 완성할 수 있었다.

사람이 매너를 갖추는 것이 중요하다고 생각하시어, 연극학과를 창설하셨다. 당시 동국대학교는 양주동(1903~1977)*, 최재서(1908~1964)**, 서정주 등을 위시한 당대 장안의 일급 교수들의 집합소였다. 또 대학 최초로 자영自營 인쇄소와 발전소를 설치하였다. 선생님께서는 《고려대장경》 보존동지회 회장이 되어 역사상 최초로 대장경 등을 영인본으로 제작·출판하였다.

선생님과의 이별

소사에서 출타하신 뒤

선생님께서 소사 백성목장에 계시다가 아파트로 거주지를 옮기셨다. 그러나 나는 공부를 쉴 수가 없었다. 선생님께서 소사에는 안 계시지만 온 우주 안에 계시기 때문에 잠시도 수행 생활을 허투루할 수가 없었다. 선생님께서 언제 어디서 부르실지 모르기에 항상 대기하는 마음이었다.

선생님께서 거처를 옮기신 뒤 나는 혜화동 법당에 있었다. 장욱진 화백과 그의 부인 이순경 여사 두 분이 모두 지극히

* 시인 겸 국문학자. 동국대학교 대학원장을 역임하였으며, 신라 향가 등 한국 고가古歌를 연구하는 등 초기 국어학계에 큰 업적을 남겼다.

** 영문학자 겸 문학평론가. 영국 런던 대학교에서 유학하였으며 셰익스피어 연구의 권위자였다.

백 선생님을 잘 모셨다. 백 선생님께서 연만年晩하시니(나이가 아주 많으시니), 이제 우리 곁을 떠나시면 어떻게 하나 하는 불안감이 들었다. 선생님께서는 그런 나를 옆에 앉혀주시고는 "언제라도 내 앉을 자리를 만들어놓고, 그 앞에 방석 하나 놓고 너희들이 그 앞에 앉아 있으면 되지" 하고 말씀하셨다.

선생님께서 몸이 불편하셔서 서울대학교병원에 입원을 하셨다. 혜화동에서 공부하는 몇 사람이 병원을 드나들며 선생님을 간호했다. 선생님께서는 낮에 편찮으신 몸으로 계시다가, 밤이 되면 다른 분이 되어 많은 이야기를 들려주셨다. 선생님의 말씀을 알아들을 수 있는 사람들에게는 많은 말씀을 해주셨다. 다만 길게 하시지는 않았다.

병상에 계시던 선생님께 "선생님, 저 왔어요" 하고 인사드리면, "그래, 네가 왔니. 얘, 나도 지금 왔다"라고 하셨다. 육신에 매여 있지 않으신 듯, 누워 계신 자리에 몸을 두고 마음대로 왔다 갔다 하시는 듯했다. 선생님께서는 당신의 몸을 가리키며 이렇게 말씀하셨다.

"이거를 놓고 가면 임자가 많다. 단일생을 살지 말고 영생을 살도록 해야 한다. 몸은 자동차와 같아서 헐면 새 자동차로 바꾸면 된다. 그런데 돈이 많으면 즉시 차를 바꿀 수 있지만, 돈이 없으면 계속 헌 차를 끌고 살아야 하지 않겠니. 그래서 마음을 넉넉히 닦는다고들 하는 거다."

선생님 말씀을 듣고 마음 닦는 의미를 다시 되새겨보았다. 한때 나는 유명해지고 싶은 마음이 있었는데 그 마음이 사라졌다. 닦는다는 것은 자기 때를 씻는 것이지, 특별히 유명해지는 것이 아니기 때문이다.

선생님께서는 평소에 "증겁增劫* 시대에는 인간의 수명이 10년씩 늘어난다"고 하셨고, "130세 이전에 가는 건 요절하는 거다. 몸을 함부로 썼기 때문이다. 우리 몸은 최소한 130년 가는 건데 잘못 쓰기 때문에 빨리 가는 거다"라고 말씀하셨다. 머리가 희끗해진 지금, 이 말씀이 자주 뇌리를 스친다. 선생님께서는 이 나라가 독립되는 것까지가 당신이 하실 일이었는데, 지금은 덤으로 사는 거라고 하셨다.

선생님을 떠나보내며

선생님께서 입적하신 날은 1981년 음력 8월 19일. 그날은 선생님의 생신날이었다. 무더위가 막 물러나고 서늘한 바람이 불어오는 때였다. 임종이 가까워졌다고 연락이 와서 초저녁에 나는 선생님 댁으로 향했다. 선생님의 임종이 다가오자 평소 선생님을 자주 찾아뵙지 않았던 사람들까지 몰려와서 선생님의 마지막을 지켰다. 사람들이 많이 몰려와 있었는데 그 마음들이 너무 힘들고 어둡게 느껴졌다. 선생님 아래

* 불교에서는 이 세상을 세간世間이라 말하며, 세간을 크게 기세간器世間(지구, 별, 우주, 산, 등 자연)과 유정세간有情世間(생명이 있는 것)으로 나눈다. 우주는 성겁成劫, 주겁住劫, 괴겁壞劫, 공겁空劫의 사겁四劫을 영겁 순환한다고 한다. 수명이 팔만사천 세부터 1백 년마다 한 살씩 줄어 10세가 될 때까지를 감겁減劫이라고 하고, 반대로 늘어나서 다시 팔만사천 세가 될 때를 증겁增劫이라고 한다.

서 공부하던 일행들이 마지막 인사를 드리고, 나는 새벽 1시쯤 거처로 돌아왔다. 얼마 뒤 선생님의 가족에게 선생님께서 돌아가셨다는 연락을 받았다.

선생님께서는 생전에 이런 말씀을 하셨다.

"본래 생사가 없는데 몸뚱이는 놓고 가면 임자가 많다."

한국은행에서 3년 만에 사직서를 받아줬을 때, 퇴직금을 선생님께 갖다 드렸더니, 그때 선생님께서는 "네가 가지고 있어라. 쓸 데가 있을 거다"라고 말씀하셨다. 백 선생님 말씀대로, 그대로 간직하고 있었던 퇴직금은 김강유 당시 김영사 사장님의 보시와 함께 선생님 장례를 모시는 데 쓸 수 있었다. 경기도 양주군 대승사에 선생님을 모시고 사리탑과 비를 세웠다. 지금은 소사 백성목장에 모시고 있다. 유골은 소사에 계시지만 법신法身은 지금도 살아 계셔, 나는 친히 선생님을 모시고 공부하고 있다.

선생님, 고맙습니다. "미륵존여래불."

*

시시콜콜 장황한 이야기가 많다고 느끼는 분이 있을지도 모르겠다. 제 스승의 훌륭한 점만 드러내고 싶은 것이 사람의 마음이고 제자의 도리일 것이다. 그러나 부처님께서는 "제불보살諸佛菩薩은 중생의 세 발자국 앞을 간다"라고 하셨다. 훌륭하고 뛰어난 것을 드러내어 앞서 나아가면, 중생들이 지나친 거리감을 느껴서 따라갈 용기를 잃게 된다는 뜻이다. 나 또한 스승의 훌륭한 점뿐만 아니라 가까이에서 보았던 선생님의 모든 모습을 그대로 상세히 전해서, 선생님을 뵙지 못한 사람들이 조금이라도 그 체취를 느끼고 공부할 수 있게 하려는 데 목적을 두어 내용을 추렸을 뿐 분칠하려고 애쓰지 않았다. 이것 또한 선생님의 뜻일 거라고 믿는다.

(2021)

세상에서 더없이 복 많은 사람

19

진진묘 보살

본명 이순경. 진진묘眞眞妙는 법명이다. 1920년 서울 계동에서 태어났다. 2021년 현재 101세다. 역사학자 이병도 박사의 장녀이며, 자유인이자 예술가였던 화가 장욱진의 아내다. 장욱진의 마지막 화실이었던 용인시 마북동에 거주하며 장욱진미술문화재단을 설립·후원하고 있다. 1954년 혜화동에 동양서림을 열고 30년 가까이 운영하며 우리나라 여성 최초로 출판문화공로상을 받았다.

내가 답을 가르쳐주겠다

1960년대 중반 내 나이 47세 되던 해, 당시 명동에서 전위예술을 하는 사람으로 김세중이라는 유명한 미술가가 있었다. 《조선일보》 김대중 주필의 동생이다. 한번은 이 사람이 삼선교 할머니•에게 나를 소개하고 싶다고 했다. 열여섯 살 때부터 다니던, 일본식 《법화경》을 모시는 절을 똑 끊고 난 직후라, 마음 한편이 허전하던 참이었던 나는 흔쾌히 따라나섰다.

조그만 집에 앉아 있는 할머니는 참으로 귀엽고 예뻤으며 자상했다. 다른 신도들이 요즘 돈으로 2만 원, 3만 원 꺼내놓을 때, 나는 큰돈을 보시했다. 기도를 하다가 어머니께서 돌아가시기 직전이라는 얘기를 꺼냈더니, 당시 할머니 나이가 80세인데도 우리 집으로 직접 찾아와 어머니를 위해 기도해주시기도 했다. 할머니 말씀대로 따르기 위해, 나는 일주일에 한 번은 삼선교에 갔다. 그때 알고 지내던 강신원 보살 등도 함께 갔다. 그리하여 절이 점점 융성해졌다.

어느 날 삼선교 할머니께서 "유명한 도인이 계시니 함께 가자"라고 했다. 백성욱 선생님께 나를 소개시켜주고 싶었던 것이다. 마음이 허전하던 찰나에 혹했다. 할머니는 매월 21일에 백 선생님을 찾아뵈었다. 그날 백 선생님 계신 곳에

• 장선재 보살. 백성욱 박사가 금강산에서 수행하던 시절부터 백성욱 박사와 손혜정 보살을 모시고 기도 수행한 분으로, 삼선교에서 작은 기도처를 운영했다.

가면 문을 열어 놓으신다고 했다. 나 말고도 몇 사람이 더 대동했다. 차를 여러 번 갈아탔다. 대문 앞에서 잠시 대기하는데, 선생님께서 나오셔서 문을 열어주셨다. 거기가 바로 백 선생님의 소사 '백성목장'이다.

선생님을 따라 법당에 들어가 삼배를 했다. 삼선교 할머니는 사르락사르락 얘기를 잘했다. 선생님 뵈러 갈 때 선생님 식성까지 고려한 반찬을 꼼꼼히 준비해갔다. 선생님께 절을 하니 원을 세워주셨다. 나를 꿰뚫어보며 무슨 하실 말씀이 있는 듯했다. 그래서 얼른 말씀을 드렸다.

"선생님, 돈은 제가 버는데, 달라는 사람은 자기가 맡긴 돈을 달라고 하듯 가져갑니다. 서점을 운영해서 돈을 버는데, 급한 사람들이 와서 빌려달라고 하면 줄 수밖에 없습니다. 그걸 기분 좋게 주면 제가 적선을 한 건데, 꼭 주고 나면 억울한 생각이 듭니다. 이 사람들이 왜 제 돈을 자기 돈처럼 가져갈까요?"

백 선생님께서는 다 듣고 나서 웃으면서 말씀하셨다.

"내가 답을 가르쳐줄까? 전생에 산에서 네가 공부를 하는데, 제자들이 죽 서 있으면 회초리를 들고서 '공부해라, 공부해라' 했다. 입춘이 되면 이 중들이 송신증竦身症(안달하는 마음)이 나서 마을로 내려가고 싶으니까, 핑계로 '걸망 메고 나가서 시주해오겠다' 하며 다들 일어나려고 했고, 그러면 너는 회초리로 톡톡 치면서 '가만히 앉아 공부나 해. 내가 다 벌어다줄게' 그랬다. 그래서 그대가 빚쟁이다. 그러지 않고 그대가 공부를 해서 거꾸로 법문을 해주고 인도를 해줬으면 그

빚을 갚았을 텐데, 그러지 않았으니 자기 돈 내놓으라고 오는 거다. 내가 방법을 하나 가르쳐줄까?"

나는 "네" 하고 대답했다.

"장사를 하니까 수입이 있잖니? 거기서 십일조十一條만 공부하는 도인께 드려라."

훗날 삼선교 할머니께서 말하기를, 백 선생님께서 십일조를 시킨 사람은 딱 '나 하나'라고 말씀하셨다고 했다. 선생님께서 나에게 십일조를 말씀하신 건 참으로 큰 영광이라고 했다.

그 말을 들으니 기분이 좋았다. 그때부터 정성이 지나칠 만큼 십일조를 했다. 서점을 운영하면서 교과서도 파니까 1년에 한 번은 큰돈이 들어왔다. 돈을 은행에 넣을 생각도 하지 않고 보시하였다.

둘째 딸은 시집을 간 뒤에도 나에게 십일조를 보내왔다. 인턴 의사에게 시집가서 겨우 20만 원쯤 되는 월급을 받으면서, "어머니, 이것도 함께 내세요"라고 보시금을 내미니 기특하고 신통했다. 나는 형편이 넉넉하지 않은 둘째 딸이 건네준 보시금을 함께 모아 선생님께 드렸다. '십일조 십일조'를 계속 언급하니까, 하고 싶은 사람은 했다. 마이동풍馬耳東風으로 흘려듣는 사람은 모르겠지만, 둘째 딸은 잘 새겨들었다. 그런데 남편 수입이 늘어나니까 십일조하는 것을 잊어버렸다. "왜 안 하니?"라고 물을 순 없었다.

몇 년쯤 지나서, 백 선생님이 "그만하라" 하셨다. 나는 "아니에요, 그만하지 않을래요"라고 대답했다.

한편 백 선생님께서 내 질문에 한 가지 말씀을 덧붙이셨다. "누구하고 얘기할 적에 절대 웃지 마라. 웃으면 '내 돈, 내 돈' 그런다"라고 말씀하셨다.

아들이 장가갈 때 이것저것 해주었는데 더 지원을 해달라고 요구했다. 그래서 백 선생님께 하소연했더니, "그것들 빚쟁이다, 큰 빚쟁이야. 큰돈은 아들 먼저 줘라. 그러지 않으면 분란이 난다. 다음부터 큰돈 쓸 적에는 꼭 아들 먼저 주고, 보시 낼 때도 아들 먼저 주고, 그렇게 해야 한다"라고 말씀하셨다.

나는 큰돈을 보시에만 쓰니, 보시하려면 아들 먼저 주고 다른 자식들을 그다음에 준다. 그러니 자식들이 내가 돈 쓰는 것에 대해서 일체 간섭하지 않는다.

다만 바쳐라

백 선생님을 처음 뵈었을 때, 선생님은 나를 보시더니 '허후!' 하고 한숨을 쉬셨다. 나는 그 이유를 몰랐다. 그저 앉아 있다가 집으로 돌아왔다. 백 선생님께서는 삼선교 할머니에게 "나한테 어떡하라고 그 사람을 데려왔느냐"라고 말씀하셨다고 한다. 내 뒤에 "중생들이 가득"이라고 하시면서 말이다. 선생님께서 보시니, 내 뒤에 전생부터 인연을 맺은 "귀신들이 떼로 잔뜩" 있었던 것이다.

나는 아무것도 모르고 그저 백 선생님을 뵈러 다녔다. 처음 뵌 것은 1966년이다. 선생님은 "어머니가 내 왼쪽 어깨에 앉아 계신다"라고 하셨다. 나는 그 말씀을 무심히 들었다. 나중에 생각해보니 어머니가 아니라 귀신이었다.

백 선생님께서는 소사 백성목장에 아무나 들이지 않으셨다. 선생님께서 대문을 열어주지 않으면 들어가지 못했다. 당시 소사에는 이광옥이라는 젊은 여성이 갓 들어와 있었다. 이광옥 씨는 선생님을 뵈어온 연차가 나와 같다. 처음 보았을 때 이광옥 씨가 왠지 예뻐 보였다. 내 마음에 쏙 들었다. 그이는 선생님 심부름을 하느라 나를 쳐다볼 겨를도 없이 바빴다. 나는 백 선생님을 뵈러 가면 이광옥 씨부터 찾았다.

한 달에 한 번씩 선생님을 찾아뵈었는데, 그것만으로는 성에 차지 않아 툭하면 소사에 갔다. 다행히 한 번도 대문이 잠겨 있던 적은 없었다. 불시에 가도 문이 잠겨 있지 않아서, 대문간에서 집으로 되돌아온 적은 없었다.

언젠가 내가 앉아 있던 방까지 선생님의 커다란 호통 소리가 들려왔다. 하늘이 무너지는 것처럼 어찌나 무서웠는지, 다시 문밖에 나와 서 있었다. 한참 그렇게 있으니 누군가 나왔는데, 이광옥 씨의 오빠였다. "누가 오랬느냐, 붙잡았느냐" 하며 큰 목소리로 호통을 치신 거였다. 훗날 들으니 이광옥 씨의 오빠가 동생을 집에서 다니게 하고 싶다고 말씀드렸단다. 이날 선생님께서는 한참 동안 불호령하셨다. 그래서 선생님의 호통이 무섭다는 걸 안다.

그러고 나서 법당에 들어갔는데, 선생님께서는 아무렇지도 않으셨다. 다만 "바치라" 하셨다. 우리가 도착해서 '미륵존여래불' 하며 바치고 정진하면, 그때서야 방에서 나오셨다. 곧바로 나오시는 법은 없었다.

그렇게 얼마간 나는 선생님을 뵈러 다녔다. 선생님께서는 삼선교 할머니에게 이렇게 말씀하셨다고 한다.

"진진묘를 도와줘야 하지 않겠느냐. 내가 방법을 가르쳐주겠다. 하루에 세 번《금강경》을 읽어라. 아침에 두 번 읽고, 낮에 한 번 읽으면 된다. 그러면 세 번이 되지 않겠느냐. 이렇게 진진묘를 도와줘라."

선생님이 말씀하신 대로 삼선교 할머니는 하루에 세 번 꼬박꼬박《금강경》을 읽으셨다.

선생님을 함께 만난 사람들

나에겐 배다른 동생들이 있었다. 어머니가 몸이 허약하다 보니, "내가 더 이상 애를 낳기 싫은데 어떻게 하면 좋아요?" 해서, 주변의 주선으로 애를 낳지 못할 거라는 서른다섯 살 되는 여자를 충청도 공주에서 데려왔다. 그런데도 임신을 했고, 그렇게 자식 셋을 더 낳아 어머니는 모두 10남매를 키우셨다.

새로 낳은 아이 가운데 하나가 내가 보기엔 좀 모자라 보였다. 속은 모르더라도 외모가 영 시원찮았다. 언젠가 그 애가 거의 시집갈 나이가 되었을 때쯤, 백 선생님께 데리고 갔다.

그런데 백 선생님께서 그 애를 보시더니 대뜸 "여기 와서 공부할래?"라고 물어보시는 것 아닌가! 깜짝 놀랐다. 나는 속으로 '이런 애가 어떻게 공부를 해?'라는 생각이 들었다. 나는 그저 말씀하시는 걸 듣고만 있었다. 애도 쇠고집이었는데, 똑같이 그냥 말씀을 듣고만 왔다. 집안 내력을 얘기하기도 어려웠다. 그러고 나서 얼마 안 있다가 어쨌거나 그 동생은 시집을 가게 되었다. 선생님께 "걔가 시집가게 되었어요"라고 말씀을 드렸더니, "그래"라고만 말씀하셨다. 그 아이는 시집가서 고생하고 일찍 세상을 떠났다.

선생님께는 누구든 데려가고 싶은 마음이 들었다. 첫째 아들도 데리고 갔는데 선생님 법문을 눈 말똥말똥하게 뜨고 듣곤 했다. 선생님께서 "미륵존여래불 하라"고 공부를 시키셨다. 딸들도 다 데리고 갔다. 한번은 남편 장욱진 선생도 데리고 갔다. 고집불통인 양반이 한마디 대꾸도 없이 순순히 따라나섰다.

같이 서점을 운영하던 송재영 보살도 데리고 갔다. 선생님께서는 송 보살을 보시더니 대뜸 "똑똑하면 얻어맞는다"라고 하셨다. 빗대어 말씀하신 거였다. 송 보살은 집에서 굉장히 들볶이는 처지였다. 남편과는 직장이던 농림부에서 만나 연애결혼을 했다. 시어머니는 부잣집 여인을 며느릿감으로 정해놓고 있었는데, 혼인 당사자인 본인은 정작 거기엔 관심이 없고 송 보살에게 관심이 있었다. 그래서인지 시어머니 불만이 이만저만이 아니었다.

결혼하고 나서 첫날 아침에 밥을 지으려는데, 쌀독을 열어 보니 쌀 한 톨이 없었다. 동갑내기 시누이한테 "아가씨, 쌀이 없어요" 했지만, "몰라"라는 한마디밖에 못 들었다. 다시 시어머니한테 "뒤주에 쌀이 하나도 없어요"라고 말해도, "몰라"라는 말만 되돌아올 뿐이었다.

시집온 새색시가 새 아침에 자기가 가져온 치마저고리를 팔아 쌀을 사서 밥을 지었으니, 기가 막힐 노릇이었다. 들볶는 데는 미련한 동갑내기 시누이도 시어머니에 뒤지지 않았다. 시아버지가 일 저지르면 그거 갚아주러 다니기도 바빴다. 옆에서 보기 안타까울 만큼 고생이 많았는데, 백 선생님은 이렇게 말씀하셨다.

"모가 나면 다친다. 나무도 너무 높아지면 다친다. 알아들었지?"

그 후로 송 보살은 나와 함께 열심히 선생님을 좇아다녔다.

어느 날 선생님께서는 나와 송 보살에게 "《금강경》을 한번 인쇄해봐라" 하셨다. 나와 송 보살은 서점을 하면서 책 판매는 해보았어도, 책을 인쇄하는 건 한 번도 해본 적 없는 똑같은 처지였다. 선생님께서는 노란 표지의 《금강경》을 주시면서 "이걸 보고 이대로 해라" 하셨다.

그건 숙제였다. 우리는 어찌할지 몰라 절절맸다. 어떻게 해야 할지 정식으로 여쭤볼 생각도 못 했다. 그저 어느 출판사를 찾아가, 선생님께서 주신 《금강경》을 전해주면서 "이렇게 해달라"라고 하니까, 비슷하게 노란 표지를 씌우긴 했는데 영 신통찮고 볼품없었다. 그렇지만 책 인쇄를 해낸 것만으로도 좋아서 50부 정도 만들어 신난 마음으로 선생님께 찾아갔다.

딱 보시면서 "됐다" 하시는데, 선생님 눈에 들지 않은 게 분명했다. 선생님이 건네주신 노란 표지의 《금강경》은 그래도 정성이 들어 있었다. 백 선생님을 찾아뵙고 공부하던 김동규 씨가 만들어온 것이었다. 각처에 가서 만드는 방법도 묻고, 지업사에도 찾아가 용지 종류도 문의해서 열심히 만든 거였다. 나와 송 보살은 건성으로 준비해서 가져간 셈이었다. 백 선생님께서는 그대로 받아놓으셨다.

백성욱 선생님과 손혜정 선생님

백 선생님께서 우리 일행에게 문을 열지 않은 적은 없다. 마치 대문간에서 지키고 서 계신 것처럼 우리가 온 것을 알고 문을 열어주셨다. 물론 삼선교 할머니와는 더 가까웠다.

삼선교 할머니는 금강산에서도 백성욱 선생님과 손혜정 선생님을 모셨다. 당시 금강산에 남자 스님들도 많이 있었지만, 손혜정 선생님을 가까이에서 시봉하신 분은 삼선교 할머니다.

일제에서 해방되고 금강산에서 내려와서도 삼선교 할머니는 온전히 손혜정 선생님을 모셨다. 당시 김진희 보살이라는 이가 손혜정 선생님 옆집에 살았는데, 이 인연으로 김진희 보살은 손혜정 선생님도 모시고 백성욱 선생님도 뵙곤 했다. 손혜정 선생님 얘기는 나도 삼선교 할머니께 들은 게 전부다. 직접 뵙지는 못했다.

손혜정 선생님이 금강산에 가셔서 백 선생님을 뵈니, 장차 큰 인물이 되실 게 느껴졌다고 한다. 누구든 손혜정 선생님께 가면, 그 사람의 전생이 그냥 죽 펼쳐 나온다고 했다. 그걸로 대단히 유명하셨다. 그러니 백 선생님에 대해서도 훤히 아신 것이다. 그래서 '저 분을 도인으로 만들어야겠다' 그런 결심이 있으셨다.

그런데 백 선생님도 고집이 셀 것은 자명하였다. 아무리 손혜정 선생님이 유명하다 해도 백 선생님이 호락호락 넘어가실 분이 아니었다. 금강산에 도 닦으러 왔는데 손 선생님도 거기 오신 상황이 되었다. 손 선생님이 백 선생님에게 법거량法擧量(수행 도인들이 공부 상태를 점검하기 위해 주고받는 깨달음에 대한 문답)을 거셨다. 그런데 백 선생님은 움직이질 않으셨다.

당시 백 선생님은 혼자 토굴에 계셨는데, 어느 날 지네에 물려 다리가 퉁퉁 부었고, 손 선생님이 그걸 치료하셨다. 거기서 일단 백 선생님께서 승복하게 되었다.

이후 다시 불경의 뜻을 가지고, 손 선생님과 백 선생님의 의견이 충돌했다. 두 분 모두 센 분이다 보니, 직접 가서 알아봐야 한다며 함께 중국의 큰 절에 가셨다고 전해들었다. 중국의 큰 절은 아무나 들어갈 수 없었다. 출입문 안에 앉아 있는 사람이 조그만 미닫이를 열어 방문객을 확인하고 나서 들여보낼지 아닐지 검사하는데, 두 분을 보고는 아무 말도 하지 않고 그냥 들였다고 한다.

불교 경전 말씀에 대해, 두 분의 의견 중 무엇이 맞는지 거기서 확인해보니, 손 선생님 말씀이 맞았다. 거기서 백 선생님께서 굴복하셨다. 서로 '내가 맞네, 내가 맞네' 하며 팽팽하게 의견이 대립했는데, 거기서 해결이 되었다.

눈 밝은 큰 선지식

백 선생님은 해방되기 전에 금강산에서 내려오셨다. 딱 10년 만이었다. 내려오셨지만 그 즉시는 숨어 계셔야 했다. 일본 경찰들에게 요주의 인물이었기 때문이다. 그런데 그때부터도 백 선생님은 이미 이런저런 중대한 준비를 해두셨다.

예를 들어 이승만 대통령이 거처할 이화장도 실은 백 선생님이 마련해주신 거였다. 이후 백 선생님은 내무부장관이 되어 나라가 모양을 갖출 수 있도록, 칼날같이 일들을 매듭지었다. 이승만 대통령도 백 선생님을 보통 신임한 게 아니었다. 그러니까 동국대학교 자리도 일본 절 자리였는데, 거기에 백 선생님이 새로 동국대학교를 세우시게 된 것이다.

백 선생님께서 종로 세운상가에서 법문을 하신 적이 있다. 당시 이한상 씨라는 부자가 있었는데, 그이는 세운상가에 가게 몇 개를 가지고 있었다. 백 선생님께도 굉장히 열심을 냈다. 스스로 몹시 좋아서 자기 사무실의 강당 같은 거를 하나 내어 법당을 마련해놓고 선생님을 모셔와 《금강경》 강의를 시작했다. 선생님을 모시고 공부하던 김동규 씨와 그 일행들이 백 선생님을 그리로 모셔오곤 했다.

세운상가에서 선생님의 《금강경》 강의가 열린다는 소리를 듣고 나는 좋아서 찾아갔다. 당시 어머니께서 가지고 있던 녹음기를 들고 갔다. 열심히 녹음까지 했는데, 녹취본이 모두 어디로 사라졌는지 알 길이 없다.

강의는 몇 차례 이어졌다. 강의하시던 어느 날, 누군가 질문을 하였는데, "강의를 이제 그만두겠다"라는 말씀을 하셨다. 질문이 잘못된 것이었는지, "이건 그만둬야 되겠다"라고 말씀하시고 강의를 도중에 그만두셨다.

이후에 김동규 씨가 자신의 집에서 다시 백 선생님의 《금강경》 강의를 시작했다. 거기에도 몇 번 나갔다. 내가 《금강경》을 제대로 알지 못하는데, 특히 《금강경》 제28분이 더욱 이상했다. 제28분은 〈불수불탐분不受不貪分〉이다. 그래서 "선생님, 제28분의 '불수복덕不受福德'이 무슨 뜻이에요?" 하고 여쭤봤다. 선생님께서는 "불수복덕이라는 것은 자기가 지은 복이라도 자기가 받지 아니한다는 뜻인데, 중생들은 복을 못 받아 안달인데 이건 자기 차례로 오는 복도 받지 않는다는 것이 상식으론 참 이상하지요? 그러나 닦는 이는 자기가 지은 복덕에도 탐착하지 않고 단지 부처님 기쁘게 해드리기 위해 한 일이니, 자기가 지은 복덕도 자기가 받지 않는다, 그런 말이오. 예를 들어 그대들이 방금 내게 절을 했지요? 그 받은 절을 내가 갖고 있지 아니하고, 내게 오는 대로 다 부처님께 바치니 불수복덕입니다. 그러면 절을 한 사람도, 그 절을 받는 대로 다 바친 사람도, 다 밝은 이를 향했으니까 밝은 이를 그려 넣게 된다는 말이오. 그래서 불수복덕이라 해요. 이제 이해가 돼요?" 하셨다.

나는 "네, 감사합니다" 하고 인사를 올렸다. 이상하게 그 대목이 왜 자꾸 마음에 걸렸는지, 스스로도 의문이었다. 《금강경》 자체도 제대로 모르면서, 어째서 유독 그 대목을 따로 선생님께 여쭤봤는지는 나도 알 길이 없다.

복 지을 기회

한번은 명륜동 살 때, 별안간 백 선생님께서 이광옥 씨를 데리고 찾아오셨다. 마침 앞집과 뒷집 모두를 사서 수리해놓은 뒤였다. 도배는 마쳤지만 장판은 바꾸지 못했고 바닥은 초배지를 싹 발랐다. 갑자기 오셨고 새 방이고 하니까 그 방에 선생님을 모셨다. 남편 장욱진 선생은 백 선생님하고 이광옥 씨가 오신 걸 알고는 아무 말 없이 차를 두 잔 끓여서 두 분이 공부하시는 방으로 들여놓았다.

나는 선생님 공양을 어떻게 해야 하나 하면서 부엌에서 쩔쩔매고 있었다. '좀 있으면 이광옥 씨가 나오겠지' 했는데, 백 선생님은 먼저 아시고, 이광옥 씨에게 "너는 진진묘가 밥을 주면 밥을 먹고 죽을 주면 죽을 먹고 안 주면 굶고 그래라" 하셨다는 걸 훗날 알았다. 그렇게 부엌에서 쩔쩔매며 지냈는데, 나 복 짓게 하려고 그러신 거였음을 훗날이 되어 깨달았다. "가만히 있어라. 밥 주면 밥 먹고, 죽 주면 죽 먹어라." 이러시고는 올리는 대로 받으시며 며칠 계시다 가신 거였고, 나는 멋도 모르고 덜덜 떨기만 한 거였다.

당시 서점을 운영하던 나는 세무서 직원을 대하기가 가장 어려웠다. 당시에는 매년 돈을 따로 챙겨 세무서 직원에게 줘야 했다. 1년이 또 어찌나 빨리 돌아오는지 진저리가 나서 선생님께 떼를 쓰곤 했다.

"선생님, 저 서점 하기 싫어요."

그러면 선생님께서는 "복 바가지를 깨라, 복 바가지를 깨라"라고 말씀하셨다. 결국 두 마디도 이어가지 못하던 나는 그저 선생님께 이렇게 투정하였다. 정말 선생님 말씀대로 꼭 맞았다. 생각해보면, 화가인 남편 장욱진 선생은 돈 한 푼을 벌지 못했다. 보시를 하려 해도 어디서 돈이 나와야 할 텐데, 나에겐 서점이 그야말로 복 바가지였다. 하기 싫어서 말로는 "늘 그만해야지, 그만해야지" 하며 선생님께 몇 번이나 투정을 부렸다. 그때마다 선생님께서는 "복 바가지를 깨라" 하시며 꾸지람을 주셨다. 선생님께서는 이렇게 나에게 관심을 가져주셨다.

어느 날 남편 장욱진 선생이 술을 먹고 주정을 하고 있는데, 선생님께서 전화를 하셨다.

"나예요. 장 교수에게 내가 쉬어 간다고 하시오" 하셨다.

나는 "네, 네" 그러고서 그만 끊었다.

선생님의 말씀을 전해 들은 장 선생은 "나더러 술 먹지 말라는 거지, 뭐"라고 했다. 그러면서 "더 마시면 죽는다, 그 말씀인가 봐. '내가 간다' 그 말씀은"이라고 덧붙였다.

장 선생은 예순 살에 그런 전화를 받은 거였다. 장 선생은 술 마시면 주정을 심하게 하는 걸로도 아주 유명했다. 게다가 화가였으니 말해 뭐할까. 당시 미장원 다니는 여자들이 "선생님 환갑 미리 잘 차려드리시죠"라고 말하곤 했다. 쉬 죽을 거 같으니 미리 환갑 챙겨주라는 얘기였다. 그들에게도 장 선생이 쉬 죽을 거 같은 느낌이 왔던 거였다. 그런데 실상 장 선생은 일흔넷까지 살았다.

백 선생님을 뵙기 위해 소사에 찾아오던 김 양은 이것을 두고 "백 선생님께서 15년 늘려주셨어요"라고 말하곤 했다. "원래 장 선생은 59세가 수명의 한도였던 건데, 백 선생님께서 더 살려 놓으신 것이다"라고.

하루는 백 선생님께서 장 선생의 주독을 빼는 데 좋다고 하시며, 미꾸라지탕에 대해 알려주셨다. 백 선생님께서 내무부 장관 시절에 술 많이 먹는 경관에게도 이것을 가르쳐줘서, 술고래였던 그 경관이 술을 끊었다고 하셨다. 몸에도 좋고 눈에도 좋고 머리도 맑아지고 좋을 테니, 미꾸라지탕을 삼베에 걸러서 장 선생에게 주라고 하셨다. 먹으면 오만상을 찌푸리게 되지만, 한 모금만 먹어도 아픈 머리가 시원해진다고 하셨다. 먹고 나면 숙취가 싸악 가라앉았다.

3천 년의 소원과 혜화동 법당

혜화동에 살 때 선생님께서 우리 집에 오셔서 법문을 하셨다. 남편 장욱진 선생이 절을 꾸벅하고 일어서는데, 선생님께서 "장 교수!" 하고 불러 장 선생을 다시 방석에 앉혔다. 그러고는 나를 바라보시더니 이렇게 말씀하셨다.

"저이가 3천 년 전부터 법당을 여는 게 소원이었는데, 지금 내 회상에서 안 열면 또 3천 년이 미뤄지겠지!"

선생님의 말씀에 장 선생은 "저희가 법당을 열겠습니다"라고 얼떨결에 말했다. 선생님께서는 "아, 그래!" 하시며 손뼉을 치며 응원해주셨고, 함께 있던 신도들도 크게 박수하며 좋아했다.

나는 겁부터 났다. 그동안에도 절 한다고 제법 수선을 부리고 다녔기 때문이다. 그런데 주저앉아 있던 장 선생은 그 순간, 프랑스 파리에서 어느 신부가 꾸민 성당을 떠올렸다고 했다. 신부가 하나하나 다 디자인해서 작은 성당을 세웠는데, 그 성당이 명물이 되었다고 한다. 돈이 없어서 법당을 크게 열지 못할 형편이니 그런 생각이 난 것이다.

'어떻게 돈을 만들까? 돈이 있어야 조그만 거라도 할 텐데….' 선생님의 말씀을 듣고 나서 장 선생은 고민에 빠졌다.

그런데 그림을 팔 생각은 꿈에도 하지 않는 듯했다. 그때만 해도 장 선생의 그림은 잘 팔리지 않았다.

그러던 어느 날 현대화랑에서 한 사람이 찾아왔다. 당시 윤광조(1946~)•라는 학생 신분의 도예가가 작품을 잘 만들었는데, 최순우(1916~1984, 전 국립중앙박물관장) 씨가 지나가는 말로 "윤광조 도자기에 장욱진 선생이 그림을 그려 넣기만 하면 그거는 보물이 될 텐데"라는 말을 했다고 한다. 마침 윤광조가 조그맣게 가마터를 만들었다는 소리를 듣고 현대화랑에서 '바로 이때다' 하고 장 선생을 찾아온 것이다.

현대화랑 사람이 "우리 가마 구경이나 한번 갈까요?" 하자, "그러지, 뭐" 하고 장 선생이 승낙했다. 나도 따라나섰다.

현대화랑 사람이 윤광조에게 "작품 몇 개만 내놓지 그래"라고 말했다. 윤광조는 많이 보여주면 장 선생이 그림 작업을 안 할 거라는 사실을 알기에 초벌을 마무리한 작품 딱 두 개만 보여주었다.

"선생님, 여기에 그림 한번 그려보실래요?"

나는 옆에서 "거기 그려보면 재밌겠네"라고 맞장구를 쳤다.

"그래? 그럼 그러지 뭐."

장 선생도 재미있어 했다. 두 개를 다 그리고 나니, 얼른 밖으로 내다 놓았다. 그러니 또 한 개가 들어왔다. 장 선생이 그

• 1946년 함경남도 함흥에서 태어나 1973년 홍익대학교 도예과를 졸업했다. 1978년 장욱진과 합작전을 열었다. 2004년 한국현대미술관이 뽑은 '올해의 작가'에 선정되기도 한 한국 도예사의 거목.

림을 그리고, 내가 또 밖에다 내다 놓고, 그러다 보니 제법 많은 작업을 했다. 정작 장 선생 자신은 얼마나 했는지도 몰랐다.

일주일 후 현대화랑 사람이 또 가마터에 가자고 찾아왔다. 장 선생은 음식을 잔뜩 가지고 가서 술을 마시며 좋아라 했다. 그렇게 우리는 여러 번 가마터에 갔고, 장 선생이 그림을 그려 넣은 도자기가 50점이 넘었다. 장 선생은 "내가 이렇게나 많이 그렸나"라고 말했다.

그러다 보니 장 선생도 욕심이 생겼다. 그림을 그려 넣은 도자기를 팔자고 하니까, "그건 팔면 안 된다. 절에 시주해라. 시주기施主記를 만들라"고 했다. 절대로 파는 건 안 되고 시주하는 걸로 하라 하니, 형식상 판매하는 거지만 높은 값을 받지는 못했다. 모두 해서 5백만 원을 받았다. 거기에다 백혈병에 걸린 막내 아이를 위해 모아놓은 돈이 또 그만큼 더 있었다.

백 선생님께서 법당을 열라고 하시는데, 그러지 못하고 있었다.

"삼선동 가는 길에 방 두 개짜리만 얻어라. 그러면 열 수 있잖니."

그런데 방 두 개짜리 얻는 것도 어렵게 느껴졌다. 게다가 모이면 소리를 내어 '미륵존여래불, 미륵존여래불…' 하며 정진을 하기 마련인데, 이웃이 시끄럽다고 할까봐 신경도 쓰였다. 애를 쓰고 있는데, 현대화랑에 20년 넘게 다니며 미술계 일을 하던 A보살이 장 선생을 만나려고 집에 드나들곤 했다.

그이는 내가 법당을 마련하지 못해 애달아 하는 걸 알고 있었다.

그러던 어느 날, A보살이 우리 집에 다니러 왔는데, 2층에서 내려다보이는 마당이 있는 옆집을 보더니, "됐어, 됐어. 이거 얻으면 되겠어"라고 했다. 그 집을 알아보니 소유주는 이미 이민을 갔고, 팔릴 때까지 친정 부모가 임시로 관리하고 있었다. 전세 놓을 건 아니고 매매만 가능하다고 했다. 집을 사려니 겁부터 났는데, A보살이 동생 B보살에게 "사라, 이거 보통 기회가 아니다"라며 제법 들떠 있었다. 가격을 조정해서 3천만 원에 구입했다. 이때 나는 매매가의 3분의 1인 1천만 원을 모아두었던 돈으로 내고, 그만큼을 전세 등기로 형식으로 해놓았다. 즉시 신이 나서 백 선생님께 찾아갔다.

"계약했어요, 계약했어요!"

선생님께서는 "누구 이름으로?"라고 되물으셨다.

나는 깜짝 놀랐다. 선생님께서 그런 것까지 신경을 쓰시리라곤 꿈에도 생각 못 했다.

"물론 O 회장(B보살의 남편) 이름이죠. 그이가 돈을 많이 냈으니까."

선생님께서는 "으음, 말썽스럽겠구먼" 하고 말씀하셨다. 나는 무심하게 들으며, 신이 나 계약 등기를 보여드렸다.

삼선교 할머니가 이렇게 전세 계약이 된 걸 알고 B보살을 불러, "어떻게 할 거냐?"라고 물었다. B보살은 "나는 뒤도 안 돌아봐요"라고 답했다. 참견하지 않겠다는 뜻이었다. 그래도 삼선교 할머니는 매번 다짐을 받곤 하셨다.

"그렇지? 이건 완전히 시주한 거지, 그렇지?"

그래서 우리는 모두 그렇게 알았다.

얼마 지나지 않아 이광옥 선생님이 운영 및 지도 법사로 들어왔고, 이어서 백 선생님의 제자인 김강유 선생님이 지도법사로 합류하였다. 서울대학교 의대에 다니던 박강휘와 송재영 보살의 딸 이명순도 상주하며 공부하게 되었다. 집이 제법 큰 데다 보살들이 오면 식사 대접이며 설거지며 청소까지 해야 했으니, 의대 학생이 저래도 되나 싶을 정도여서 보는 사람 누구나 걱정했다. 그렇지만 그들은 졸업하고 모두 의과대학 교수가 되었다. 한옥을 그대로 법당과 거주처로 사용하자니 문제가 많았고 불편해서, 건물과 방 곳곳, 보일러까지 말끔하게 다시 수리를 하였다.

백 선생님께서 이렇게 마련한 혜화동 법당에 오셨다. 그런데 오셔서는 들어오시지 않고 장독대에 앉아 꼼짝도 하지 않으셨다. 왜 그러실까 곰곰이 생각해보니, 법당을 마련할 때 내가 돈을 3분의 1만 낸 게 떠올랐다. 간신히 모시고 들어왔는데, '계속 3분의 2는 저쪽에서 대고, 3분의 1만 내가 이쪽에서 대서 그런가' 하는 생각이 올라왔다.

어쨌거나 이렇게 수리까지 잘 해놓고 법당으로 사용하는데, B보살과 그 일행 보살들은 이곳에 자기네 돈이 들어가 있다고 생각하는 듯했다. '대시주자大施主者인데 주인 대접 안

해주나' 하며 바라는 듯했다. 그러나 두 법사님들이 이분들에게만 특별대우를 하는 일은 없었다. 이분들은 '이건 우리 절이다' 하고 들이닥치면 밤낮으로 기도를 하고 갔다. 한번은 당시 부자나 맛보던 깡통 통조림을 잔뜩 가져다 놓고 기도를 했다. 그러다 A보살이 "이거 장 선생님 드려야 한다"라며 깡통 두 개를 집어다 우리 집에 놓고 갔다. (장 선생을 좋아하니까 드시라고 갖다놓은 것이다.)

그런데 마침 이광옥 선생님이 외출하고 들어와서 통조림 두 개가 비어 있는 사실을 아셨다.

"누가 여기 손을 댔느냐?"

누군가 장 선생께 갖다 드렸다고 하니, 즉시 불호령이 떨어졌다.

"어떻게 부처님 전에 올린 걸 마음대로 하느냐. 그런 법은 없다. 당장 갖다 놓아라!"

그들이 다시 우리 집으로 가지러 왔다. 자기들이 벌인 일이니 큰일났다 싶었을 것이다. 그런데 그이들은 자기 소유 건물이니 자기들이 대문간에 들어서면 맨발로 뛰어나와 맞아줄 거라 생각했는데 거꾸로 불호령을 받았으니, 야단이 났다.

당시 나는 수안보에 내려가 있었는데, B보살에게서 전화가 왔다. "법당을 안 하겠다"라고 했다. 법당을 안 하겠다니, 법당을 했다 안 했다 할 수 있는 것인가. 하지만 B보살이 또랑또랑한 목소리로, 무조건 안 하겠다며 당장 내놓으라고 했다. 그날 이후 지금까지 목소리가 큰 사람을 만나면 놀란 가슴이 된다.

삼선교 할머니도 달려오셨다.

"아니, 그럴 리가 있느냐. 내가 몇 번이나 다짐을 받았는데!"

상황이 이러하니 김강유 선생님이 준비해서 곧장 이사를 가게 되었다. 김 선생님은 "부처님 뜻 아닌 것이 있겠느냐? 우리는 한번 해봤으니 어디를 가도 법당을 할 수 있다. 그대로 나가자"라고 하셨다. 수리하느라 적잖은 돈이 들어갔지만 "그대로 나가자" 하신 말씀대로 이사를 갔는데, 정말 그냥 맨몸으로 나왔다. 병풍 하나도 안 가지고 나왔다. 그 이후로 법당 자리를 고르러 다니셨다 한다. 그때 나는 수안보에 가 있어서 그 상황을 다 보진 못했다. 그 후 임시로 서초동 무지개 아파트를 거쳐 종로구 가회동에 새로 법당을 열었다.

인생사 굽이굽이 고비마다 헤쳐나가는 공부

1980년 남편 장 선생의 뜻대로 수안보로 내려갔다. 당연히 백 선생님도 뵙지 못하게 되었다. 거기서 6년을 살았다. 중간에 힘들어 못 견디고 내가 잠시 집을 비우고 어디 가면, 제자들이 장 선생이 혼자 있는 걸 보고 "선생님! 사모님하고 싸우셨어요?"라고 물었다고 한다. 그러면 장 선생은 "아니, 내가 싸울 일이 있으면 괜찮게?"라고 하셨다고 한다. 어느 책엔가 이 이야기가 실려 있다.

그렇게 지내다 보니 속으로 걸리는 게 하나 있었다. 백 선생님을 뵙지 못하는 것! 수안보에 산 지 얼마 되지 않았을 때, 선생님께서 돌아가셨다는 기별을 받았다. 장 선생과 나는 서울로 올라갔다.

깜짝 놀랐지만 마음 깊은 곳에서 올라오는 슬픔을 느끼지 못했다. 선생님을 처음 뵌 후 믿고 따르며 바치는 수행을 한 지 14년여가 흘렀다. 선생님께서 떠나셔도 슬픔에 휘둘리지 않을 만큼 성장했다. 또한 선생님께서 시간이 얼마 남지 않음을 아시고, 법당을 만들고 모든 것을 의논할 수 있는 법사님 두 분을 모시게 해주셔서 마음이 든든했다.

선생님께서 돌아가신 뒤 나는 선생님께서 부촉하신 이광옥 선생님과 김강유 선생님을 마음의 스승으로 모시고 살았다. 장욱진 선생이 타계한 후로는 아예 두 법사님이 마련하신 백성농장(여시관법당)에 들어와 살고 있다. 특히 이광옥 선생님께는 생활 속에 일어나는 모든 마음의 문제를 의논하며 바치고 살았다. 이광옥 선생님은 시시콜콜한 일상까지 의논하는 엄하지만 자상하신 어머니 같고, 김강유 선생님은 마음공부의 방향을 크게 제대로 잡아주시는 아버지 같은 분이시다.

이렇게 젊은 스승들을 가까이에서 모시며, "무슨 생각이든지 다 '미륵존여래불' 해서 바쳐라" 하신 백 선생님의 가르침대로 실행하며, 수많은 인생사를 바치고 해결하며 살고 있다. "네 생각은 다 거짓말이니 무슨 생각이든 그 생각에 대고 '미륵존여래불' 해라. 가지면 재앙이고, 바치면 복이 된다"라는 단순하고도 명쾌한 이 방편을 나는 온전히 믿고 실행하면서 어려운 고비들을 헤쳐나왔다. 그리고 "바치면 무엇이든 다 된다"라는 선생님의 말씀을 살아 있는 마지막 날까지 실현하는 것이 속가 제자의 사명이라고 믿는다.

젊을 때는 백 선생님을 모셨고, 백 선생님 돌아가신 후 오늘날까지 두 선생님을 모시고 공부하니 나는 세상에서 더없이 복 많은 사람이다.

(2021)•

• 진진묘가 3회에 걸쳐 구술한 내용을 김영사 편집부에서 정리했다.

백성욱 선생님과 그 가르침

20

정천구 백성욱연구원 이사장

1942년 경기도 화성에서 태어났다. 한국외국어대학교에서 정치학 학사를 받았고, 고려대학교 대학원에서 정치학 석사 및 박사학위를 받았다. 인천대학교 정치학과 교수, 서울디지털대학교 법무행정학과 석좌교수, 영산대학교 초대 총장을 역임했다. 1972년 백성욱 박사를 찾아뵙고 사사하였다. 저서로 《금강경 독송의 이론과 실제》 《소원은 어떻게 이루어지는가》 등이 있다. 현재 사단법인 백성욱연구원 이사장을 맡고 있다.

선생님과의 인연

"아침저녁으로 《금강경》을 독송하고 항상 부처님께 바치는 마음을 연습하라"고 일러주시던 백 선생님 이야기를 하려니, "마음에 그려 넣지 말고 상相을 짓지 마라. 궁리 끝에는 악심밖에 나올 것이 없다"라고 하신 법문이 떠오른다. 그때 나는 그 말씀을 좀 알아들었다는 듯이 "그러면 부처님까지도 상상하고 그리면 안 되겠네요?"라고 여쭈었더니 "꼭 그런 것은 아니지"라면서 선생님께서 들려주신 이야기가 있었다.

옛날 중국에 어떤 절에서 한 사람이 16나한상羅漢像•을 그리고 있었다. 그는 한 분 한 분 정성을 들여 그려가고 있었는데 열다섯 분의 상까지 완성해놓았다. 마지막 열여섯 번째의 나한상을 그리려고 했을 때 웬일인지 그 상이 보이지 않았다. 그는 여러 곳을 찾아 헤매다가 집에 돌아와 문득 거울을 들여다보니 그 속에 자기가 찾고 있던 바로 그 나한상이 있더라는 것이다.

내가 선생님을 그리는 마음이 나한상을 그리던 그 사람 같

• 나한을 조각으로 표현한 상. 나한은 아라한阿羅漢의 줄인 말로, 일체의 번뇌를 끊고 깨달음을 이루어 사람들의 공양을 받을 만한 성자로서, 응공應供, 무학無學, 응진應眞, 살적殺賊, 불생不生, 이악離惡 등으로도 번역된다. 16나한상은 《대아라한난제밀다라소설법주기大阿羅漢難提蜜多羅所說法住記》에 근거하며, 단독의 석가모니 불상이나 삼존 불상, 혹은 가섭상迦葉像과 아난상阿難像이 시립한 오존 불상의 좌우에 각각 배열되는데, 이들 상의 왼쪽에 홀수 서열의 나한상이, 오른쪽에 짝수 서열의 나한상이 봉안된다. 이들 나한상 뒤에는 각각 나한도가 있다.

기를 바라지만 오히려 궁리가 될까 심히 걱정이다. 왜냐하면 우리 선생님께서는 너무 높고 위대하고 거룩한 어른이시며, 나 같은 범인은 그 깊이를 감히 짐작하기도 어렵기 때문이다. 비록 돌아가시기 전 10년 가까이 수시로 찾아뵙고 가르침을 받은 인연으로, 선생님께서 보이지 않는 손길로 이끌어 주신 음덕으로, 어린아이에 불과하던 나는 이제 명색이 교수가 되었다. 그러나 한낱 명리 속에 묻힌 가련한 중생일 뿐, 선생님의 큰 뜻을 어찌 감히 헤아려볼 수 있겠는가.

선생님께서는 구한말의 풍운이 얽힌 1897년 태어나셔서 일찍 승문僧門에 몸을 담아 한학漢學과 불교 경전을 수학하셨다. 기미년 독립운동 시기를 전후로 조국 광복 운동에 가담하여 상하이 등지에서 활약하셨다. 그 후 프랑스와 독일로 유학을 떠나고, 독일 뷔르츠부르크 대학교 대학원에서 철학 박사학위를 인준받았다. 귀국 후에는 현 동국대학교의 전신인 불교전수학교 교수를 하셨고, 그 후 금강산으로 들어가 찾아오는 사람들을 지도하면서 일경의 제재로 하산하실 때까지 수도 생활에 전념하셨다. 해방 후에는 신정부 수립에 참여하여 제4대 내무부장관을 역임하셨고, 오랫동안 동국대학교 총장을 지내면서 오늘날 동국대학교의 기초를 닦으셨다. 대학에서 은퇴하신 후에는 경기도 부천의 소사에서 백성목장을 경영하면서 제자들을 가르치셨다. 향년 84세로 열반하실 때까지 많은 제자들을 기르고 수많은 사람에게 교화를 미치셨기 때문에, 그들 중 선생님에 관하여 더 자세하고 정확한 면모를 그릴 분이 많을 것이다.

그러나 돌이켜 생각하면 그 누구도 우리 선생님의 전부를 그릴 수는 없을 듯하다. 나 또한 그분의 일부만을 알 뿐이다. 하지만 지금부터라도 선생님의 극히 작은 편린을 모아놓으면, 어느 날에는 선생님의 대체적인 윤곽이라도 볼 수 있는 전체적인 그림을 볼 수 있지 않을까.

내가 선생님을 뵈올 수 있었던 것은 불교 신앙 생활의 오랜 선배이며 법우이기도 한 윤영흠 씨와 김정호 씨, 두 사람의 덕이 크다. 나는 지금도 백 선생님과 같은 스승님을 알게 해준 그들의 은혜를 잊을 수 없다. 1971년경 그들은 조계사에서 《금강경》 독송 모임을 이끌고 있었다. 나는 그곳에 참가하게 되었는데, 7~8년 만에 다시 듣는 윤 선생의 강의와 모습이 전혀 새로운 데 놀랐다. 김정호 씨의 설명에 의하면, 윤 선생이 얼마 전부터 높은 도인을 뵙고 가르침을 받고 있는데 자기도 그가 달라진 이유를 최근에서야 알았다고 했다.

그가 선생님의 말씀이라고 전해주는 다음과 같은 법문은 지금 생각해도 새롭고 감명 깊은 내용이다.

옛날 도인들은 탐심貪心, 진심嗔心, 치심癡心의 세 가지 독한 마음, 즉 욕심내는 마음, 성내는 마음 그리고 어리석은 마음을 어떻게 항복 받았는가? 탐심을 끊고 진심은 참으라고 했는데 그 당시에는 산속에 고요히 앉아 있으니 그것이 가능했다. 그러나 현대와 같은 복잡한 시대에는 마음 닦는 방법도 달라져야 하겠다. 탐심은 끊을 것이 아니라 깨쳐야 하며, 진심은 참을 것이 아니라 바쳐야 한다.

탐심을 깨치라는 말은, 이 육체를 영위해가자면 거기 필요한 것들을 요구하게 되고 그것마저 끊을 수는 없는 일이니 자기에게 알맞은 양을 깨달아 그 이상을 취하지 말라는 뜻이다. 예를 들어 배가 고플 때 자기에게 알맞은 양은 한 그릇임을 깨달아 그만큼 먹으면 건강할 것이요, 분별없이 두세 그릇을 먹는다면 탈이 나거나 건강에 좋지 않을 것이다.

또 옛 도인들은 성내는 마음을 참으라고 했는데 참으면 병이 난다. 왜냐하면 치미는 성을 억누르고 참으면 용수철을 누르는 것 같아 더 큰 힘으로 폭발하거나 응고되어 위장병, 가슴앓이 병 등 여러 질병의 원인이 된다. 그러면 어떻게 하느냐? 올라오는 진심(성내는 마음)을 밝은 곳을 향하여 바치면 된다. 불자들은 '부처님' 하는 생각으로 바치면 되겠고 다른 사람들은 각자 자기가 믿는 밝은 분을 향해 그 성내는 마음을 바치면 된다.

끝으로 치심, 즉 어리석은 마음은 자기 스스로가 잘 알 수 없으므로 평소에 자꾸 닦는 수밖에 없다. 어리석은 마음이란 곧 제 잘난 마음이며, 탐심과 진심은 그래도 스스로 느끼고 닦아나갈 수 있지만 제 잘난 마음은 스스로 깨닫기가 매우 어렵기 때문에 끊임없이 수행을 해야 한다는 것이다. 또 '공부를 잘해야지' 하는 마음은 곧 탐심이요, '공부가 왜 이렇게 안 되나' 하면 바로 진심이며, '이제 공부가 좀 되었다' 하면 그것이 곧 치심이라는 말씀은, 부처님의 마음공부에 조금이라도 눈이 뜨인 사람에게는 참으로 핵심을 지적하신 말씀으로 들렸다.

윤 선생으로부터 간간이 선생님의 말씀을 전해 들으면서 법회를 한 반년 계속했을 때인 것 같다. 1972년 봄 어느 일요일, 우리는 드디어 윤 선생의 안내를 따라 소사 백성목장으로 선생님을 찾아뵐 수 있게 되었다. 나는 선생님을 생각할 때마다 항상 그날의 광경을 떠올리곤 한다.

도인의 모습

백 선생님께서 소사로 옮겨오신 것은 동국대학교 총장에서 물러나신 지 얼마 지나지 않은 1962년이었다고 한다. 양지바른 산기슭에 자리한 30평 남짓한 단층 양옥집 건물은 당신이 손수 설계해서 지으신 것이라 하며 건물 앞으로 긴 담장이 둘러 있고 굳게 닫힌 철 대문 왼편 위에는 '응작여시관應作如是觀'이라는 문패가 걸려 있었다. 건물 바른편 벽이 끝나는 산 입구에 있는, 흰 바탕에 검은 붓글씨로 쓴 '백성목장'이라는 간판이 봄 햇살을 받아 선명하게 보였다.

우리 일행이 백성목장 앞에 도착했을 때는 산 아래 인가에서 아이들 소리가 간간이 들려올 뿐, 주위는 정적으로 싸여 있고 인기척이라고는 느껴지지 않았다. 윤 선생은 담장 안쪽을 기웃거리며 한동안 머뭇거리다가 조심스럽게 문을 두드렸다. 한 4~5분은 지났을까. 안에서 인기척이 들리고 담 너머로 30대 시자侍者 한 분이 나오더니 담 바른쪽 작은 문으로 우리를 손짓해 불렀다. 시자는 말없이 그러나 정중하게 우리를 법당으로 안내한 다음 잠시 기다리라 하고는 안으로 사라졌다.

법당은 일반 가옥 같으면서 안방과 옆에 붙어 있는 문간방의 장지문을 터서 하나로 만든 그런 형태라고 할 수 있었다. 우리는 문지방을 사이로 문간 쪽에 안내되었다. 그 건너편 부분의 중간에는 큼직한 방석이 하나 놓여 있었고 그 좌측 벽에는 신문에서 본 적이 있는 선생님의 초상화가 걸려 있었다. 방 한쪽에 경 탁자와 그 위에 몇 권의《금강경》이외에는 아무런 장식품이나 가구도 보이지 않았다.

호기심으로 이곳저곳을 한참 둘러보고 있노라니, 이윽고 내실 쪽으로 통한 미닫이문이 열리며 작업복 차림에 캡을 쓴 분이 성큼 들어오셨다. 그러고는 우리를 잠시 말없이 지켜본 다음 놓여 있는 방석에 정좌하고 앉으시고는 천천히 캡을 벗어 우측에 살며시 놓으셨다. 백성욱 선생님, 바로 그분이었다. 우리는 황급히 일어서서 합장을 하고, 세 번 절하여 예를 올리는데 선생님께서는 앉아 계신 자세로 합장하시고 마주 머리를 숙이면서, "제도하시는 용화교주 미륵존여래불 시봉 잘하겠습니다. 이 사람들이 다 각각 무시겁으로 지은 업보 업장을 해탈 탈겁하여 모든 재앙을 소멸하고 소원을 성취해서 부처님 시봉 밝은 날과 같이 하여 복 많이 짓기를 발원" 하고 원을 세워주셨다.

또 우리가 간단히 준비해드린 예물을 보시고는 다시 한번 "제도하시는 용화교주 미륵존여래불 시봉 잘하겠습니다. 이 물건 주는 사람, 받는 사람 모두 무시겁 업보 업장을 해탈 탈겁해서 모든 재앙을 소멸하고 소원을 성취해서 부처님 시봉 잘하기를 발원" 하고 축원해주셨다.

나중에 안 일이지만 선생님께서는 사람들을 접견하실 때나 공양을 드실 때 늘 이와 같이 원을 세워주시곤 하셨다.

자리가 정돈된 다음 윤 선생이 대충 우리가 찾아뵙게 된 연유를 말씀드리고 법문을 청하니, 선생님께서는 대뜸 "그래, 나를 구경하러 왔단 말이지. 어디 실컷 보고 가렴" 하시는 것이 아닌가. 우리는 잠시 멍하니 선생님을 우러러보고 있는데 그분께서는 고요히 정면 서너 걸음 아래쪽을 응시하시면서 한동안 침묵을 지키고 앉아 계셨다.

나는 처음 뵙는 도인의 모습을 놓칠세라 유심히 살펴보았다. 흰머리는 삭발한 지 보름쯤 지난 듯했고 얼굴은 어느 절에서 많이 뵌 것 같은 부처상을 그대로 닮으셨다. 양미간 사이 이마 위에 돋아 있는 구슬 같은 부분도 부처님의 백호와 흡사했다. 선생님의 백호 부분에 관해서는 많은 에피소드가 있다는 것을 들어 알고 있었다.

한번은 동국대학교에 계실 때 강의실에서 짓궂은 학생 하나가 "선생님의 그 사마귀는 수술을 해서 일부러 붙이신 것입니까? 아니면 원래 있는 것입니까?" 하고 물었다고 한다. 그때 선생님이 하셨다는 답변이 누구에게나 미소를 자아내게 한다. 선생님께서 유럽 유학 시절 러시아 지역을 기차로 여행하실 때 겪은 경험담을 들려주면서 학생의 질문에 응수하셨다는 것이다. 기차 여행 중 함께 기차에 타고 있던 러시아 여성 한 명이 신기한 듯이 그 혹을 살펴보며 또는 양해를 얻어 만져보면서 비슷한 질문을 하기에 선생님께서 "당신이 가슴에 지니고 있는 것이나 내 이 혹이나 돋아난 이치는 마찬가지요"라고 답변했다는 이야기였다.

모습뿐 아니라 피부 역시 당시 팔순을 앞둔 고령에도 맑고 힘차 보였다. 풍기는 엄숙한 기운은 범인은 감히 그 앞에서 얼굴을 들기 어렵게 하였고, 온화한 모습은 어릴 때 응석을 부리던 할아버지의 품을 연상케 하였다.

아무도 감히 입을 열지 못하고 한동안 앉아 있으니 선생님께서는 한번 환하게 미소를 지어보이면서, "그래, 궁금한 것이 있으면 어디 물어보려무나" 하셨다.

첫 법문

일행 중 한 사람이 먼저 용기를 내어 질문을 시작하였고, 선생님의 답변이 있은 후 다른 사람들도 뒤를 이어서, 대개 다음과 같은 내용의 법회가 진행되었다.

"저는 불교에 입문한 지 15년 이상 되었으나 이론상으로만 잡다하게 배웠을 뿐, 확실한 수행의 길에 접어들지 못하고 있습니다. 불법은 어떻게 공부해야 되겠습니까?"

"옳지, 잘 물었다. 이렇게 찾아와서 묻는 사람들에게 나는 늘《금강경》을 읽으라고 이야기해주지."

"참선도 있고 염불도 있고 여러 가지 방법이 있다고 하는데 그저《금강경》만 읽으면 된다는 말씀입니까?"

신기한 비법 같은 것을 기대했는데 너무 평범한 말씀 같아서 하는 말이었다.

"그래, 그저《금강경》을 읽으면 되지. 무슨 소린지 모르겠거든 한 일주일만이라도 아침저녁으로 읽어보아라. 틀림없이 무언가 달라지는 것을 느낄 수 있을 게다."

선생님께서는 너무 쉽게 말씀하셨다. 그래도 무언가 더 말씀을 들어보아야겠다는 생각에 물음을 이어나갔다.

"그런데《금강경》은 너무 어려워서 그 뜻을 모르겠습니다. 한문으로 되어서 그렇기도 하지만 한글로 해석을 해보아도 도무지 이해하기가 어렵습니다."

"《금강경》이 모두 몇 분으로 되어 있던가?"

"네, 32분입니다."

"옳지, 그중에서 제3분 〈대승정종분〉이 경의 대의를 밝힌 말씀이고 나머지 부분이 그에 따라 제기될 만한 의문들을 풀어나간 것이다."

"부처님께서 수보리에게 이르시되, 모든 보살 마하살이 응당 이와 같이 그 마음을 항복받을지니 '있는 바 일체의 중생 무리에 알로 까는 것, 태로 나는 것, 습한 데서 나는 것, 화하여 생기는 것, 형상이 있는 것, 형상이 없는 것, 생각이 있는 것, 생각이 없는 것, 생각이 있지도 없지도 않은 것, 이러한 중생들을 내가 다 남김 없는 열반에 집어넣어서 멸해 제도하리라' 하라. 이와 같이 한량없고 수가 없고 끝이 없는 중생들을 제도하되, 실로 한 중생도 제도받은 자 없느니라. 왜냐하면 수보리야, 만약 보살이 나라는 생각이나 남이라는 생각이나 중생이라는 생각이나 경험이 있어 뭐 좀 알았다는 생각이 있다고 하면 곧 보살이 아님이니라."

《금강경》 제3분을 우리말로 풀이하신 선생님께서 해설해주셨다.

"여기서 난생卵生, 즉 알로 깐 중생이란, 배은망덕한 마음을 연습해서 된 것이야. 예를 들면 병아리라는 놈은 어미 배 속에서 영양분을 다 싸 짊어지고 뚝 떨어져 나와서 40일 동안 어미 품에 안겨 있다가 껍질을 깨고 나온 다음에는 제 어미가 누구인지 아랑곳하지 않고 쪼르르 달아나거든. 그래서 배은망덕한 마음을 연습하면 그렇게 알로 까는 짐승이 되는 거지. 태로 나는 놈은 철저히 의지하는 마음을 연습해서 그리된 것이야. 사람의 경우를 보면 열 달 동안 어미 배 속에서 젖줄을 잡고 양분을 섭취하며 자라다가 배 속에서 나오자마자 다시 어미의 젖으로 수년을 살거든. 그러니까 이놈은 철저히 의지하는 마음이 만든 보報이지."

선생님께서는 난생을 설명하실 때, 한 손으론 주먹을 쥐고 다른 한 손으론 다른 손을 감싸면서 껍질이 알을 감싸고 있는 모양을 표현하시고 난 다음, 한 손을 앞으로 내밀어 병아리가 쪼르르 달려가는 시늉을 해 보이셨다. 또 태생을 말씀하시면서 아기가 젖줄을 잡는 포즈를 취하셨다.

말씀은 계속되었다.

"습생濕生이란 물속이나 침침한 데서 사는 것들로 숨기는 마음을 연습해서 그리 된 것이야. 어미젖을 떼고 한 스무 살쯤 되면 남녀는 서로 짝을 짓지. 그게 자기 업을 만나는 것인데, 그렇게 되면 부끄러우니까 자기를 숨기게 되지. 그리고 화생化生이란 제 잘난 마음을 연습해서 된 놈으로 애벌레에서 껍질을 벗고 나와서 날아다니는 벌레 같은 것들이 그런 거지."

여기까지 말씀하시고 나서 선생님께서는 다시 고요한 모습으로 돌아가 잠잠히 계셨다.

"그럼, 그다음 형상이 있는 것이니 형상이 없는 것이니, 그리고 유상有想, 무상無想, 비유상비무상非有想非無想이니 하는 말씀은 무엇을 말하는 것입니까?" 하고 얼마 후 일행 중 한 사람이 여쭈었다.

"내가 이야기 하나 할까?"

선생님께서 말씀하셨다.

"네, 선생님."

"얼마 전 프랑스에서 한 화가가 자기가 상상할 수 있는 가장 아름다운 여인의 상을 그려놓고 그림 속의 여인을 마음껏 사모하다가 죽었다고 한다. 그 화가가 성한 사람이냐, 성치 못한 사람이냐?"

"성치 못한 사람이지요."

"그렇게 마음에 그려 넣는 것을 말하지. 공부하는 사람은 그런 짓 하지 말아야지. 그런가, 안 그런가?"

"물론 그렇죠."

"그러면 '그렇게 그려 넣지 않으려면 어떻게 해야 하겠습니까?' 하고 물어야지."

"아, 참, 그렇군요. 그렇게 그려 넣지 않으려면 어떻게 해야 하겠습니까?"

선생님께서는 싱긋 웃으셨고 우리도 함께 따라 웃었다. 선생님께서는 다시 말씀하셨다.

"무슨 생각이든지 떠오르거든 부처님께 얼른 바치지. 어떻게 바쳐? 떠오르는 생각, 거기다 대고 자꾸 '미륵존여래불' 하거든."

다시 한동안 침묵이 흐른 뒤 한 사람이 여쭈었다.

"선생님께서는《금강경》을 읽으면 무언가 달라진다고 하셨는데 과연 어떤 효과가 있습니까?"

'해보지도 않고?' 당돌한 질문이었다. 그러나 선생님께서는 별로 개의치 않고 되물으셨다.

"그럼, 내가 먼저 물어볼까? 사람들이 대개 왜 못산다고 그러든?"

"돈이 없어서 못살고, 괴로워 못살고, 병이 들어 못살기도 하고 여러 가지 원인이 있겠지요."

"기다랗게 말할 것 없이, 결국 통틀어 재앙이 생겨서 못살겠지. 그런가, 안 그런가?"

"맞는 말씀입니다만…."

"《금강경》을 읽으면 바로 그 재앙이 없어져. 보통 아침에 읽는《금강경》은 낮 동안의 재앙을 소멸하고 잠자리 들기 전에 읽으면 자는 동안의 재앙을 소멸한다고 하지."

"왜 그럴까요, 선생님?"

'설마 그럴까?' 당시에는 믿기 힘든 말씀이었지만 어쨌든 법문은 계속되었다.

"사람의 이 고깃덩어리 속에 살고 있는 컴컴한 기생충, 세균 등은 끊임없이 사람을 괴롭히고 있지. 그런데《금강경》을 읽고 바치는 공부를 하게 되면, 그런 벌레들이 살 수 없어서 신진대사를 통해 죽은 세포와 함께 밖으로 빠져나가고 밝고 건강한 세포로 바뀌어지거든. 왜냐하면《금강경》은 밝은 자리이기 때문에 컴컴한 것을 용납하지 못하는 까닭이지. 의학적으로는 사람의 살 세포가 전체가 한 번 바뀌는 데 1천 일이 걸리고 뼈세포가 바뀌는 데 3천 일 그리고 뇌세포는 가장 서서히 바뀌는 데 9천 일 정도가 걸린다고 하지. 그동안《금강경》을 읽으면 컴컴한 벌레들은 빠져나가고 건강한 세포로만 대체되니까 점점 밝아지고 재앙이 있을 수 없는 거야."

여기서부터는 수긍되는 면이 없지 않았다. 나도 어느 글에서인가 사람의 세포가 아주 조금씩 조금씩 신진대사를 통해 신비스럽게 새 세포로 대체되어간다는 것을 읽은 적이 있었다. 그래서 사람은 30세가 넘으면 부모로부터 받은 세포는 전부 바뀐다고 하지 않던가. 30세가 넘으면 자기 얼굴은 부모 탓이 아니라 자기가 책임을 져라, 그런 속담도 생각이 난다. 나는 좀 더 호기심이 솟았다.

"선생님, 그런데《금강경》은 대체 어떤 경인데 그런 공덕이 있습니까?"

"잘 물었다. 석가모니 부처님께서는 성도成道 후 49년 동안 법을 설하셨는데, 처음 열두 해 동안은 아함부阿含部•에 속하는 경들을, 그다음 여덟 해 동안에는 방등부方等部•• 경전을 그리고 스무한 해에 걸쳐서 반야부般若部••• 경전을 설하시고 나머지 여덟 해는 법화法華·열반涅槃을 설하셨다고 하지. 아함부의 요지는 고집멸도苦集滅道라고 하는 것인데, 왜 그런가 하면 인도라는 나라는 지금도 그렇지만 아열대 기후에 속해 있어. 한 해의 절반은 인도양에서 불어오는 습한 바람이 히말라야 산맥에 부딪혀 장대 같은 비를 내리 쏟고, 나머지 반년은 산천초목을 말라 붙이는 불볕더위가 계속되기 때문이야.

• 원래는 불설佛說의 총칭이었으나 후일《대승경》이 흥하면서 모든 아함의 경전을 소승이라 이름하여《소승경》의 다른 이름이 되었다.

•• 《대승경》에서《화엄경》《반야경》《법화경》《열반경》을 제외한 모든 경전을 통틀어 이르는 말.

••• 반야부 경전은 기원 전후에 성립되기 시작하여 4세기경에 지금의 체계를 갖추었는데,《금강경》은 방대한 반야부 경전들이 성립되는 초기에 반야부의 핵심을 간략하게 정리한 것으로 짐작된다.

이런 기후 속에서 사는 사람들의 생활이 어떠하겠느냐."

"한마디로 괴롭겠습니다."

"옳지, 참 잘 말했다. 그래서 그러한 고통을 해결해주시는 것이 급선무이므로 부처님께서는 먼저 12년에 걸쳐 아함부를 설하신 것이다. 아함부의 핵심은 고집멸도인데, '고苦, 즉 모든 고통을, 집集, 즉 한 군데 모아서 가져와 보라. 그러면 멸滅, 즉 실체가 없어지니 그러면 도道, 즉 바른 길에 이르게 된다'는 것이다.

다음으로 방등부 경전은 그럼 어떤 것인가? 부처님 당시 인도에는 브라만, 크샤트리아, 바이샤, 수드라의 사성四姓 계급이 있었는데 이는 브라만이란 유일신을 믿는 아리안족이 파미르 고원Pamir Plat•에서 내려와 인도 원주민을 정복하고서 만든 계급 질서였어. 아리안족들은 자기들의 지배 질서를 정당화하기 위하여 브라만의 창조 신화를 만들었지. 즉, 인류가 창조될 때, 브라만족은 신의 이마에서, 크샤트리아, 즉 왕족은 신의 입에서, 바이샤, 즉 평민 계급은 신의 배에서 그리고 노예 계급인 수드라는 신의 발바닥에서 나왔다는 것이 그것이야. 이게 무슨 뜻일까?"

"글쎄요… 선생님."

알 것도 같은데 꼬집어 설명하긴 어려웠다.

"이미 우주 창조 시에 선천적으로 그렇게 타고났으니 계속

• 중앙아시아의 남동부에 위치한 대산계大山系와 고원.

그렇게 살아라, 그 말이지."

법문은 이어졌다.

"이런 신화를 근거로 인도는 당시 고질적인 계급 질서로 고착되어 있어 사회적 활력을 잃어가고 있었는데 아함부를 열두 해 동안 설하신 후 석가여래께서는 이러한 사회문제를 해결해주시려고 방등부를 여덟 해에 걸쳐 설하신 것이지. 방등부의 요지는 인간의 지위가 선천적으로 결정된다는 신화를 부정하고 '모두가 원인 지어 결과 받는 것이며 일체가 평등하다'는 것이다. 아함부와 방등부 설법을 통해 사람들의 근기가 어느 정도 성숙해지자 부처님께서는 이제 바로 성불하는 길을 열어 보이셨으니 그다음 21년간에 걸쳐 말씀하신 반야부가 그것이야.

반야부의 핵심은 '한마음 닦아서 성불한다'는 것이다. 그러므로 부처님의 전 설법 기간을 하루에 비긴다면 반야부는 해가 가장 빛나는 정오에 해당한다고 할 것이다. 그중에서《금강경》은 반야부 경전의 내용을 체계적으로 갈무리한 가장 중심이 되는 경으로서 부처님으로 가는 확실한 방법을 담고 있는 것이지.

끝으로, 법화부·열반부는 불법의 유통을 위한 법문으로 그 이전에는 부처님을 해한 자, 부모를 죽인 자 등은 성불할 수 없다고 하셨는데 여기서는 그런 부류들도 결국 성불할 수 있다고 하여 불법의 유통 범위를 모든 중생에게 확대하신 것이다."

여기까지 말씀하시고 선생님께서는 또 한동안 잠잠히 계셨는데 일행 중 경전 공부를 많이 했다는 한 사람이 다시 여쭈었다.

"제가 듣기로는《화엄경》도 중요한 경전이라고 하던데,《화엄경》은 그중 어디에 속하는지요?"

"화엄부는 용수 보살이 부처님의 살림살이 그 자체를 그려 놓은 것인데 부처님의 생활 그 자체가 곧 화엄이라는 뜻이야."

부처님의《팔만대장경》이 한눈에 보이는, 쉽고 간결한 해설이었다. 이제 어렵게만 보이던 불교가 무언가 잡힐 듯하다는 생각이 들었다. 나는 감격스러운 마음으로 선생님께 사회 현실에 관해서도 여쭈어보아야겠다는 생각이 들어 질문을 드렸다.

"선생님의 말씀을 듣고 보니 더욱 오늘날과 같이 사악邪惡하고 어지러운 세상을 구하는 길은 불교에 의한 방법밖에 없다는 생각이 듭니다. 불교인으로서 사회를 정화하는 데 이바지하려면 어떻게 해야 하겠습니까?"

정치학을 공부하던 나로서는 당연한 질문이었으나, 선생님께서는 대뜸, "걷지도 못하는 놈이 뛰려고 하는구나" 하시는 것이 아닌가! 나는 무안해서 한동안 고개를 들지 못하고 얼굴이 빨개졌다. 다시 고개를 조금 들어 선생님의 안색을 보니 언제 무안을 주었냐는 듯이 고요하시다. 그러니 나도 평상심으로 돌아가는 것을 느꼈다. 선생님께서는 좀 여유를 두었다가 말씀하셨다.

"《원각경》에 '한 마음이 깨끗하면 여러 마음이 깨끗하고, 여러 마음이 깨끗하면 팔만사천 다라니 문이 다 깨끗하다'는 말씀이 있지. 사회 정화니 무엇이니 어려운 이야기부터 할 것이 아니라 우선 자기가 밝아져야 하지 않겠느냐? 공부하는 사람은 우선 자기 어두운 것부터 알고 이를 밝히도록 해야 한다. 자기가 밝아지면 주위가 밝아지고 주위가 밝아지면 전체가 밝아진다. 자기와 주위가 둘이 아니기 때문이지."

조금 간격을 두신 다음 선생님께서는 일행 중 한 여성을 손으로 가리키며 말씀하셨다.

"공부는 일상생활의 간단한 것부터 바로잡는 데서 시작해야 할 것이다. 저기 저 사람의 앉은 자세를 보아라. 허리가 굽고 몸체가 옆으로 기울어지지 않았느냐?"

선생님께서는 몸소 당신의 등을 구부려 보이시면서 말씀하셨다.

"어떠냐? 내가 이렇게 하고 있으면 보기가 좋은가? 어떠냐?"

"아닙니다. 보기 좋지 않습니다."

"그래, 보기에만 흉한 게 아니라 허리와 등을 구부리고 있으면 등뼈가 내장 속의 간장을 압박해서 눈도 나빠지고 여러 가지 질병의 원인이 되지."

"그러면 어떻게 앉아야 바른 자세가 되겠습니까?"

"옳지. 밑에서부터 세 번째 등뼈 마디가 있는 곳을 바로 펴고 앉으면 자연히 바른 자세가 되지."

선생님 말씀을 듣는 사이에 어느덧 날이 저물고 있었다. 서

편의 창으로 비쳐드는 석양을 받아 선생님의 얼굴은 황금빛으로 빛나 보였다.

우리는 일어날 줄 모르고 있는데 선생님께서,

"이제 해가 저 창문에 이르렀구나. 태양이 저기까지 오면 저녁때가 가까워짐을 알리는 것이다. 그대들도 갈 길이 바쁘지 않겠는가?"

하시는 말씀을 듣고 자리를 일어섰다. 물러가는 인사로 세 번 절하니 선생님께서는 앞서와 같이 발원해주셨다.

공부의 시초

그날 이후로 나는 지식을 위한 독서가 아닌 신행信行으로서 《금강경》 독송을 시작했는데, 그것이 오늘까지 계속되고 있고 앞으로도 계속될 전망이니 선생님의 법력은 크시기도 하다. 선생님께서 한동안 나를 '꾀 많은 녀석' '약은 놈' '참을성 없는 사람' '따지기 잘하는 친구'라는 등의 호칭으로 지칭하셨기 때문이다. 선생님의 감화가 아니었던들 어떻게 나 같은 박복한 중생이 바쁜 생활에 하루에 한두 시간씩을 내어 정좌하고 앉아서 경을 읽을 수 있었겠으며 하루 이틀이 아닌 오랜 세월 그 일을 계속해서 습관화할 수 있었겠는가?

물론, 처음 몇 주일은 '백 선생님같이 명망 있는 분이 말씀하시는 것이니 어디 한번 해보자' 하는 생각에 무조건 따라 했다고는 하지만 그것을 계속할 수 있었던 데는 선생님 말씀대로 '무엇인가 달라지는 것'을 점차 느꼈기 때문이다.

선생님을 뵙기 전에는 경을 읽으려면 지식으로 무언가 알아야 한다는 생각이 앞섰기 때문에 한문으로 된 경의 뜻을 해석하느라 바빠서 실제로 경을 읽기는 어려웠다. 선생님께서는 처음부터 뜻을 알려고 애쓰거나 무슨 대가를 바라고 경을 읽는 것이 아니라 무조건 읽으면 된다고 하셨다. 그래서 뜻을 헤아릴 생각을 접어두고 무조건 읽어보니 경을 손쉽게 소래 내어 읽을 수 있었다.

처음 며칠 《금강경》을 무조건 읽으니 무언가 달라지는 것을 느낄 수 있었다. 달라지는 것에는 여러 가지가 있었지만 가장 표시가 나는 것은 읽은 후 달라진 나의 얼굴 표정이었다. 거울을 보고 나 자신의 얼굴이 전에 없이 피부가 고와지는 것을 느낄 수 있었거니와 선생님 법을 따라 공부하는 분들의 모습을 보면 더욱 확실히 그러한 변화를 볼 수 있었다. 윤 선생의 인도로 선생님을 뵙게 된 후, 나는 두 사람의 친구들, 이경숙, 정정자 양과 함께 세 사람이 한 팀이 되어 소사로 선생님을 찾아뵈면서 공부를 했다. 그런 일로 그들과는 법우가 되어 자주 만나곤 했는데 가끔 서로가 상대의 얼굴이 환하게 광채를 띠고 있는 것을 보고 공부에 자극을 받았던 경험이 있다. 선생님께서는 그러한 현상을 "공기 중의 엑기스를 피부 세포가 흡수해서 그렇다"고 설명해주시는가 하면 "사람은 그 마음을 연습하는 데 따라서 피부뿐만 아니라 뼈의 형태까지도 바꿀 수 있다"고 하셨다. 인과응보라는 말도 많이 들었고 '모든 것은 마음이 만드는 것이다'라는 말씀을, 불교인이면 누구나 아는 문구이지만, 정말로 중생들이 가장 소중히 여기는 마음의 연습에 의해 육신이 변화한다는 사실을 선생님을 통해 처음 알았다.

그러고 보니 불교 공부가 정말 재미났다. 우리 세 사람은 서로 샘을 내기까지 하면서 열심히 공부했다. 다시 말하거니와 선생님의 공부법은 행하기는 어려울지 모르나 그 원리는 아주 간단하다. 아침저녁으로 《금강경》을 읽고 평소에 떠오르는 생각, 보고 듣는 것, 부딪혀오는 일들, 모든 것에 대하여 "미륵존여래불" 하고 바치는 것이 전부라고 할 수 있다. 처음 얼마간 선생님께서는 앞에 든 첫 번째 법문 내용을 약간씩 변형해서 되풀이 말씀해주시거나 어느 때는 무엇을 여쭈어보든지 아예 "거기다 대고 '미륵존여래불' 해라" 하시는 것이 보통이었고 어느 때는 그냥 "바쳐라"라고 말씀하실 뿐이었다.

그러나 그 말씀 한마디가 선생님을 뵈러 올 때까지의 모든 문제를 저절로 해결해준다는 것을 한참을 지나서 느끼기 시작했다. "절에 계신 부처님의 영검이 따로 있는 것이 아니라 그 절에 밝은 도인이 계시면 부처님이 영검하다"라고 하시더니 선생님이야말로 도인이신 줄 알게 되었다. 선생님께서는 내 마음의 거울이시라 비록 아무 말씀도 듣지 못하고 그냥 뵙기만 해도 내가 그동안 어느 점이 잘못되었는지 깨닫게 되었다. 더구나 선생님이 자리에 계시지 않을 때도 적지 않았는데 그래도 선생님 계신 곳을 향해 갔었다는 사실만으로도 공부의 소득이 있었다. 그리고 선생님께서는 필요할 때마다 수시로 법문을 해주셨다.

살아가는 방법

선생님께서는 종종 "공부는 메소딕methodic(방법)이 되어야 한다"고 하시면서 공부와 관련이 없는, 즉 살아가는 방법에 관계되지 않는 주장이나 질문에 대해서는 침묵을 하시거나 꾸짖으셨다. 간혹 "그건 질문이 안 되지"라고 말씀하셨고 "그런 거, 나는 모른다"라고 말씀하시기도 했다.

어느 때 우리와 동행했던 정재락 군이 선생님을 뵙고 다음과 같이 여쭈었다.

"선생님께서는《금강경》을 읽으면 사람이 밝아진다고 말씀하시지만 저는 꼭 그렇다고 보지 않습니다. 왜냐하면 이 세상을 좀 넓게 보면 불교도 모르고《금강경》이라는 이름도 모르면서 아주 밝고 착하게 사는 사람이 있으니까요. 그 점에 대해서는 솔직히 납득이 가지 않습니다."

'정말 그런 점도 있었구나' 하고 나는 선생님의 답변이 궁금하여 기다렸다. 그러나 선생님께서는 잠잠히 듣고 계시다가 반문하셨다.

"퀴리 부인과 아인슈타인 중에 어떤 사람이 과학자인가?"

질문한 그는 잠시 머뭇거리다가, "두 사람 모두 과학자입니다"라고 했다. 나라도 그렇게 답변해드렸을 것이다. 그러나 선생님께서는 이렇게 말씀하셨다.

"아니지. 퀴리 부인은 발견자라고는 할 수 있어도 엄밀한 의미에서의 과학자는 아니야. 퀴리 부인은 일정한 과학적 방법, 즉 메소딕으로 라듐을 발견한 것이 아니라 다른 일을 하다가 우연한 단서에 의해 그런 것을 찾아냈거든. 반면에 아인슈타인은 우연이 아닌 과학적 방법에 충실히 따른 결과 상대성 원리를 발견했지. 과학이란, 어떤 우연한 결과를 이야기하는 것이 아니라 과학적 방법 자체를 말하는 것이지."

선생님께서는 '한마음을 어떻게 다스리고 마음을 어떻게 가져야 하느냐'에 관해서 자주 말씀해주시곤 했다. 어느 때 여섯 가지 바라밀에 관한 질문을 했더니 다음과 같이 말씀해주셨다.

"육바라밀六波羅蜜의 첫째인 보시바라밀布施波羅蜜이란, 주는 마음을 연습하라는 것이다. 바라는 마음은 거지 같은 마음이요, 주는 마음은 떳떳한 마음, 넓은 마음이니, 주는 마음을 연습해야 하겠다. 그런데 여기서 주의할 것은, 준다고 하니까 물건이나 무엇을 실제로 주어야만 한다고 생각하고는 곤란하다고들 여기는데 보시의 뜻은 그것이 아니라 주는 마음을 내라는 것이다.

실제로 주고 안 주고는 법률적인 문제, 경제적인 문제가 있을 것인즉, 후에 따져보아야겠지만 사람들은 우선 누가 달라고 하면 싫은 마음이 나게 마련인데 그때 주는 마음을 낼 수 있어야 한다는 거지. 실제로 주는 것은 고사하고 주는 마음은 못 낼 것이야 없을 터인데, 그것이 그렇게 쉽지 않거든. 그리고 남에게 실제로 무엇을 줄 때도 마음으로 하는 연습이 매우 중요하지. 예를 들어 거지에게 물건을 준다면 그때 '거지에게 준다'는 마음으로 보시를 한다면 '거지'라는 마음을 찍어두었으니 결국 자기가 거지가 되는 셈이지. 그러면 이럴 때는 어떻게 한다?"

"그거 정말 곤란하군요. 좀 가르쳐주십시요."

"그럴 때는 '부처님' 하는 마음으로 줄 수 있다면 자기는 부처님을 증證했으니 마음이 밝아질 수밖에."

선생님께서는 법문을 계속하셨다.

"다음으로 지계바라밀持戒波羅蜜이란, 마음에 미안한 짓 하지 말라는 것이다. 마음에 미안한 일을 넣어두면 결국 성이 나게 되지. 예를 들어, 신체의 어느 부분이 불구가 된 사람에게 다른 이야기는 해도 다 괜찮은데 불구된 부분을 빗대서 말을 하면 성을 내는 것을 볼 수 있는데, 그것은 자기의 그 부분이 불구라는 마음을 넣어두었기 때문이야.

다음으로 인욕바라밀忍辱波羅蜜이란, 욕됨을 참는다는 것인데 그러기 위해서는 모든 사람을 부처님으로 대해야 한다는 것이야. 누가 자기에게 모욕을 준다고 해도 부처님이 나에게 무엇인가 일러주시는 것이라고 생각하면, 즉 배울 요량을 하면 문제가 없겠지."

선생님께서는 세 가지 바라밀만 말씀하시고 끝내시려는 표정이어서 다시 여쭈었다.

"그러면 정진, 선정, 지혜 바라밀은 어떤 것입니까?"

"옳지, 잘 물었다. 앞에서 말한 보시, 지계, 인욕의 세 가지 바라밀은 세상을 살아가는 방법인데, 그것이 옳다고 믿거든 부지런히 행하라. 이것이 정진바라밀精進波羅蜜이야. 그렇게 행하다 보면 마음이 고요해지니 그것이 선정바라밀禪定波羅蜜이요, 마음이 고요해지면 무언가 알아지는 게 있는데 바로 그것이 지혜바라밀智慧波羅蜜이 아닌가."

《금강경》을 어떻게 읽을까

선생님께서는 위와 같은 불교의 여러 가지 실천 덕목도《금강경》 독송을 아침저녁으로 함으로써 자연히 이루어진다고 하셨다.

어느 때 내가 "선생님, 불교란 계戒 · 정定 · 혜慧, 삼학三學을 닦는 것이라고 하는데 그것은 어떻게 하는 것입니까?" 하고 여쭈었더니, "그래, 그럼 그대는《금강경》을 읽어보니 해야 할 일과 안 해야 할 일을 구별할 수 있게 되든가? 어떻든가?" 하고 되물으셨다.

"네,《금강경》을 읽으면 해야 할 일과 안 해야 할 일이 자연히 알아지는 것 같습니다."

"옳지, 그것이 바로 계戒지. 그리고 그대는《금강경》을 읽으니까 마음이 차분해지든가? 아니면 더 헐떡거려지더냐?"

"물론 마음이 차분해질 뿐 아니라 복잡하게 생각되던 일들도《금강경》을 읽고 나면 정리되는 것을 여러 번 경험했습니다."

"그것이 바로 정定이 아니겠느냐. 그러면 다시, 그대는《금강경》을 읽으니까 마음이 밝아지던가 아니면 더 컴컴해지던가? 어떻든가?"

"그야 말씀드릴 것도 없이 밝아지지요."

"됐다. 그것이 혜慧겠지."

그러면《금강경》은 어떻게 읽을 것인가? 선생님께서는《금강경》이란 3천 년 전 석가모니 부처님께서 1,250인의 제자들을 앞에 놓고 수보리 존자와 대화하신 것을 적은 것이니, 그것을 읽을 때에는 자기 자신이 영산법회靈山法會에 1,250인의 한 사람으로 참여하고 있다는 기분으로 공경하는 마음을 내어 읽으면 된다고 하셨다. 그리고 독송용《금강경》이 한문으로 되어 있어 읽기에 힘이 든다는 말에 대해서는, 한문은 뜻글이기 때문에 애써 알려고 하지 말고 꾸준히 읽으면 자연히 그 뜻을 터득하게 된다고 말씀해주셨다. 그것은 동양의 현인들과 서양의 현인들이 자기가 터득한 바를 글로써 적어놓는 양식에 있어서 차이가 있기 때문이라고 하셨다.

서양의 현인들은 자기가 깨달은 진리를 써놓을 때는 평범한 사람들의 수준으로 다시 내려와서 그 정도에서 이해할 수 있게 설명을 하는 반면에 동양의 현인들은 자기의 수준에서 그대로 이야기해놓았기 때문에 읽는 사람도 무한히 그 수준으로 상승하려고 노력해야 그 정도만큼 터득할 수 있다는 것이다.

그런데 《금강경》을 읽을 때 정신 집중이 되지 않고 수많은 잡생각이 떠올라 건성으로 읽는 경우가 있다. 어느 때 선생님을 뵙고 이 문제에 관한 법문을 들었다. 그때 선생님께서 우리를 보시자, "그래, 그렇게 《금강경》을 읽으니까 마음이 편해지더냐, 어떻더냐?" 하시며 먼저 말씀을 꺼내셨다.

"네, 마음이 편해집니다. 선생님."

함께 간 경숙 양이 환희심에 찬 음성으로 대답했다.

"왜 그런가 하면, 《금강경》을 읽으면 부처님의 밝은 기운이 비치니까 헐떡거리는 마음이 쉬게 되지."

이때 함께 듣던 정자 양이 나섰다.

"선생님, 그런데 물론 《금강경》을 읽으면 마음이 편해지는 것은 사실이지만, 저는 연습이 아직 안 되어서 그런지 경을 읽을 때 집중이 잘 안 되고 자꾸만 여러 가지 생각들이 떠오르곤 해서 어느 때는 그저 건성으로 읽는 때가 많습니다. 이런 때는 어떻게 해야 하겠습니까?"

"그런 것 걱정할 것 없지. 그건 네가 평소 마음에 그려 넣었던 것들이 《금강경》의 밝은 기운에 비추어 쏟아져 나오는 거야. 그것들이 그대로 네 마음속에 잠자고 있으면 다 괴로움의 원인이 되는데 밝은 기운 앞에 쏟아져 나오니 네가 편하지."

그렇다면 경은 많이, 여러 번 읽을수록 좋은가? 아니면 가장 적절한 횟수가 있나? 또 어떻게 하면《금강경》을 잘 읽을 수 있을까?《금강경》독송을 계속하다 보면 이러한 문제에 부딪치게 된다. 나는 공부를 하면서 소사로 선생님을 찾아뵙다 보니 자연히 선생님 모시고 그곳에서 공부하는 제자들이나 또 우리처럼 집에서 공부하면서 간간이 선생님께 들러 법문을 듣는 재가 불자들을 알게 되었는데 그들 중에는《금강경》을 하루에 일곱 번씩 읽는 사람도 있다는 것을 알았다. 그래서 나도 그들처럼 한번 해볼 생각으로 노력을 해보았으나 별 효과가 없었을 뿐 아니라 오히려 자꾸만 핑계가 생기고 또 쏟아지는 잠을 어찌할 수 없었다. 남들은 한다는데 나는 왜 안 되나? 우리는 다시 소사로 갔다.

그런데 그때 마침 선생님께서는 출타 중이셨다. 우리는 법당에서 예를 올리고 그곳에서 선생님을 시봉하면서 공부하는 이광옥 시자에게 여러 번 간청해서 궁금한 점들을 문의했다. 시자는 자신의 의견을 말하기보다는 선생님이 가르쳐주신 대로만 이야기하려고 매우 신중한 태도였으나 여러 가지 공부하는 자세와 방법을 정성껏 일러주셨다.

잘 읽겠다는 욕심을 내어《금강경》을 읽으면 오히려 잘 안 된다.《금강경》을 잘 읽고 싶으면 그럴 때마다 "모든 중생들이《금강경》잘 읽어서 부처님 잘 모시기를 발원" 하든가, "모든 중생들이 신심 발심해서 부처님 전에 복 많이 짓기를 발원" 하면 손쉽게 읽을 수가 있다는 것이다. 그리고 졸음이 오는 문제는 식사의 조절과 읽는 자세의 변화에 의해 해결할 수 있다고 시자는 말했다.

우선, 저녁에 위에 음식이 차 있어 부담스러우면 졸음이 오고 뇌가 맑지 못하니, 저녁 식사는 하지 않거나 아주 적게 먹는 것이 좋다. 실제로 소사에서는 선생님을 비롯해서 모두 아침 식사와 오후 두세 시경에 드는 식사 이외에는 오후 불식이라 해서 저녁 식사는 하지 않았다. 저녁에 위를 가능한 한 비워놓으면 한결 졸음이 덜 오고 정신이 맑아진다는 것이다.

다음으로 《금강경》을 읽는 자세에는 반가부좌, 호궤, 장궤의 세 가지 방법이 있다고 하였다. 반가부좌는 우리가 보통 책상다리를 하고 앉는 형태로 한쪽 발을 다른 쪽 발 위에 포개놓고 바로 앉는 자세를 말한다. 그 자세에서 두 손으로 《금강경》을 받쳐 들고 읽으면 되는데 그때 팔꿈치를 몸에 붙인 자세가 좋다. 다음으로 호궤란 두 무릎을 꿇고 앉아 읽는 것이며, 장궤란 호궤의 자세에서 무릎만 수직으로 펴서 상반신만을 일으킨 자세다. 졸음이 올 때 반가부좌에서 호궤로, 호궤에서 다시 장궤로 바꾸면 잠을 쫓는 데 많은 도움이 된다는 것이다.

과연 그 시자의 말대로 행하니 훨씬 수월하게 《금강경》을 읽을 수 있었다. 그렇게 몇 주일 계속했을 때, 또 어려운 일이 생겨서 선생님을 찾아뵙고 여쭈었다.

"선생님, 저희들은 수주일 전부터 《금강경》을 하루에 일곱 번씩 읽기로 정해놓고 계속 공부를 해왔는데 며칠 전 불가피한 일로 일곱 번을 채우지 못한 뒤부터는 전보다도 더 힘이 들고 잘 안 읽힙니다."

"너무 기를 쓰고 하려고 하니까 그렇지. 그래서 내가 늘 그러지 않든? 공부를 잘하겠다, 하면 탐심이고, 왜 안 되나, 하면 진심이라고. 본래 성인에게는 다섯 번이니 일곱 번이니 하는 분별이 없는 것이다."

"보통 절에서는 1백 일 기도니 49일 기도니 하는 것이 있는데, 그렇게 정해놓고 공부해보면 어떻겠습니까?"

"그렇게 정해놓고 해보면 자기 공부의 진도 나가는 것을 측정해볼 수 있겠지. 그러나 힘에 겨운 일을 정해놓고 못한다고 하는 것보다는 그때그때 자꾸 공부하는 것이 낫지. 공부란 일정 기간에 몰아서 한꺼번에 하는 것이 아니라 일생 동안, 이번 생生에 못하면 다음 생에, 그렇게 세세생생世世生生 계속해야 하는 것이야."

"그런데 이번과 같이 《금강경》이 잘 안 읽힐 때는 어떻게 합니까?"

"《금강경》을 자기가 읽겠다고 하니까 점점 더 안 읽히지."

"그러면 어떻게 해야 하겠습니까, 선생님?"

"어떻게 하는고 하니, 《금강경》을 읽다가 읽기가 싫어지면 자기가 읽겠다는 생각을 하지 말고 '《금강경》을 읽고 싶은 사람이나 읽어라', 그래 보려무나."

"무슨 말씀이신지요?"

"무슨 말인가 하니,《금강경》이 잘 안 읽힐 때는 자기가 읽겠다고 애쓰지 말고 '모든 중생들이《금강경》잘 읽어서 부처님 잘 모시기를 발원'을 해보라는, 그런 말이지. 그러다 보면 어느 틈에 바로 자기 입에서《금강경》읽는 소리가 날 것이다."

선생님의 말씀이었다. 나는 다시 질문했다.

"그런데 경을 소리 내어 읽으니까 주위 사람들이 무어라 하는 것 같고 실제로 시끄럽다고 항의하는 경우도 있습니다. 그럴 때도 계속해야 합니까?"

선생님께서도 들은 말이라 하시며 다음과 같은 이야기를 해주셨다. 선생님을 찾아뵈면서 집에서 공부하던 한 젊은이가 경험한 일이라 한다. 그는 셋방에 살면서 새벽이면 항상《금강경》을 소리 내어 읽곤 했는데, 처음에는 안집 주인으로부터 수면 방해를 한다고 몇 번 항의를 받았다고 한다. 그래도 그는 경 읽는 것을 중단하지 않았다. 하루는 늦잠이 들어서 늘 읽던 그 시각에 경을 읽지 못하고 출근을 했다. 그런데 그날 저녁 주인댁이 찾아오더니 "오늘은 왜《금강경》을 안 읽어서 나를 낭패하게 만들었느냐" 하고 웃으면서 항의를 하더라는 것이다. 그 이유를 들어보니, 그 부인은 언제부터인지 그 젊은이의《금강경》읽는 소리를 듣고 잠을 깨어 아이들 학교 가는 시간에 맞게 밥을 짓는 등 준비를 했었는데, 그날은 독경 소리가 들리지 않아서 제 시간에 일어나지 못했다는 것이다.

바치는 공부

선생님께서는 이와 같이 《금강경》 읽기를 공부의 기본으로 하라고 항상 말씀하셨는데, "미륵존여래불"을 하라고도 하셨다. 그러니까 아침저녁으로는 《금강경》을 읽고 평상시에는 부딪치는 사물, 떠오르는 모든 생각에다 대고 "미륵존여래불" 하라는 것이다. 그리고 이 두 가지 공부, 즉 《금강경》을 독송하는 것과 "미륵존여래불"을 염불하는 것은 결국 바치는 공부에 귀착되는 것이다. 선생님의 바치는 공부란 마음을 비운다는 뜻도 되고 부처님께 드린다는 의미도 되는 것 같다. 마음속에 넣어두었던 모든 것을 꺼내어 부처님께 드리는 것이니 불공佛供으로는 이만한 것이 없다는 것이다. 싫은 것이든 좋은 것이든, 자기가 가지고 있는 모든 마음을 부처님께 바칠 수 있으면 자기는 항상 씩씩하고 밝게 된다고 하셨다. 그것은 다른 말로 부처님 마음과 자기 마음을 바꾸어나가는 과정이라고도 하셨다. 《금강경》 독송과 "미륵존여래불" 하는 것도 결국은 자기가 가지고 있는 컴컴한 마음을 바쳐서 밝게 되는 방법이라고 할 수 있다. 그래서 선생님을 뵙고 여러 가지 문제들을 여쭈어볼 때 그에 해당하는 법문을 해주실 때도 있지만, 어떤 때는 "거기다 대고 미륵존여래불 해라" 또는 그냥 "바쳐라" 하시는 경우도 많았다.

어느 때인가 선생님을 뵙고 "선생님, 요즈음 마음속에 어찌나 많은 생각이 떠오르는지 주체할 수가 없습니다" 했더니,

선생님께서는 미소를 지으시면서 "바로 그런 것들을 부처님께 바치라는 거야. 그런 것이 나오거든 '너 잘 왔다' 하고 얼른 바쳐라. 그런 걸 바치면 복이 쏟아지지"라고 말씀하셨다.

"그런데 수없이 나오는 생각들을 언제까지 바쳐야 하나요? 끝이 있습니까?"

"그런 것 걱정 말고 자꾸 바쳐라. 한 생각 바치지 않고 놓아두면 그것이 다시 올라올 때가 언제일지 알 수 없고 그만큼 네가 밝아지지 못하는 것이야. 자꾸 바치면, 마치 창고에 물건이 가득 차서 어두운데, 거기 있는 물건들을 하나하나 꺼내면 마침내 그 안이 비어서 창문으로 밝은 햇살이 들어오듯 자기 마음이 밝아질 수 있지. 그런데 그것이 엄청나게 많다고 미리 겁을 내니까 힘이 들지. 석가모니 부처님께서는 중생의 번뇌가 팔만사천 가지가 된다고 숫자까지 말씀해주시지 않았는가."

또 언젠가 "선생님, 요즈음에는 진심이 자주 나는데 왜 그런지 모르겠습니다" 했더니 선생님께서 말씀하셨다.

"바치지 않고 제 궁리만 하고 있으니까 그렇지."

"네?"

"무슨 생각이든지 떠오르면 그걸 부처님께 바쳐야 하는데, 네가 제 궁리만 하고 앉아 있다는 말이다. 내가 항상 말하지 않더냐? 궁리 끝에는 악심惡心밖에 나올 게 없어."

나는 꾸중을 들었지만, 선생님 말씀에 감격해서 머리를 숙였다. 선생님께서 잠시 조용히 계시다가 자비로운 눈길을 나에게 보내시며 물으셨다.

"그러면 바친 끝에는 무엇이 나오겠느냐?"

"잘 모르겠습니다."

"바친 끝에는 즐거운 마음, 미소가 나오지."

그 후 어느 기회에 또 공부가 잘 안 된다고 했더니 선생님께서는 말씀하셨다.

"이런 말이 있지. '네 배가 정히 고프면 불공 시간이 되었느니라' 하는 말이다."

"그런데 선생님, 아무리 바치려고 해도 잘 안 바쳐지는데 어떻게 합니까?"

"잘 안 바쳐진다는 마음, 바로 그걸 바쳐라."

선생님께서는 철저히 바치는 공부를 항상 강조하셨으며, 다른 공부는 자꾸만 자기 주위에 쌓아두니까 자기를 구속하지만 이 공부는 철저히 바치기 때문에 공부할수록 밝고 씩씩해진다고 하셨다. 《금강경》을 규칙적으로 읽으면서, 어느 때 어느 곳에서나 부처님께 바치는 연습을 하라는 선생님의 가르침이야말로 불교로 들어가는 가장 빠른 길이라 느껴졌다.

미륵존여래불

소사에 계신 백 선생님께 가르침을 구하러 가는 사람은 대개 아침저녁으로 《금강경》을 읽고 평소에 떠오르는 생각이나 부딪치는 모든 사물에 대고 '미륵존여래불'을 해서 바치라는 말씀을 듣게 된다. 그러한 공부가 습관이 되면, 마음이 답답할 때 자기도 모르게 입에서 '미륵존여래불'이 나오고 심지어 꿈속에서도 외치게 된다는 것이다. 우리도 그런 경험을 하기 시작했다. 한번은 꿈속에서 소에게 받힐 뻔했을 때 나도 모르게 '미륵존여래불'을 외쳐 위기(?)를 모면하고 깨어난 적이 있었다. 선생님께 여쭈었더니 "옳지, 잘했다"고 대견해하시면서 "그것이 한 조상의 원한을 해결한 것"이라고 지적해주셨다.

비단 꿈에서뿐만 아니라 공부를 하게 되니 현실에서 부딪치는 문제들이 좋은 방향으로 해결되는가 하면, 병이 낫는다든가, 재앙이 면해지는 현상을 경험할 수 있었다. 그 당시 나는《금강경》을 읽기 시작한 후 건강이 크게 좋아졌고 정자 양은 10년 이상 백약이 듣지 않던 위장병이 나았다. 우리는 백 선생님을 통해 어렵게만 알고 있던 부처님의 정법을 쉽고 간결하게 이해하게 되었을 뿐만 아니라 부처님의 밝은 광명을 조금씩 생활 속에서 느끼기 시작하였다. 그러나 선생님께서는 "미륵존여래불 하라('미륵존여래불'을 마음으로 읽어서 귀로 듣도록 해라)"라고만 하셨지, 그분이 어떤 분인지에 관해서는 설명을 해주시지 않았다. 우리는 경전도 찾아보고 여러 사람들의 이야기도 들어본 후 선생님께 여쭈어보았다.

"선생님, 지난번 저희 셋이서 어떤 분에게 들었는데, '미륵존여래불'은 석가모니불의 후계자로 영계를 지배하고 있으며 무슨 신장이 호위하고 있다고 하던데요…" 했더니, 선생님께서는 간단히 "그 사람이 심심했던가 보구나, 그런 일 상관하지 말고 자꾸 바쳐라" 하실 뿐이었다.

그런데 그다음 일요일에 뵈었을 때 선생님께서 느닷없이 "거기다 대고 '금강반야바라밀경' 하라" 하셨다. 나는 의아한 표정으로 "그럼, 이제 '미륵존여래불'은 안 합니까?" 하고 여쭈었더니 "글쎄, 거기다 대고 '금강반야바라밀경' 하라니까" 하시고는 그 이상 설명은 없으셨다.

선생님 앞에서 물러 나와서 우리는 여전히 전과 같이 "미륵존여래불"을 했다. 기껏 그동안 연습이 되었는데 또 바꾸라 하시다니. 법을 세우시고 또 그리 쉽게 바꿀 수가 있는가 하는 생각에서였다. 그다음 주에 뵈올 때도 선생님께서는 "금강반야바라밀경" 하라고만 하셨다. 나는 선생님의 처사가 온당치 않다는 생각이 들어 "미륵존여래불 하기가 좋고 이미 습관이 되었는데 선생님께선 왜 바꾸라고 하십니까?" 하고 항의조로 말씀드렸다. 그러나 선생님께서는 잠자코 나를 바라보시다가 우측 벽에 걸려 있는 당신 초상화에 한번 시선을 주신 후, 다음과 같은 이야기로 말머리를 돌리셨다.

"전에 중국의 어느 암자에서 혼자 공부를 하고 있는 사람이 있었는데, 암자 아래 냇가에서 빨래를 하던 여인네가 그에게 와서 물었다.

'스님은 여기서 무얼 하고 계십니까?'

그러자 그는 '마조 대사라는 분이 즉심즉불卽心卽佛(마음이 곧 부처다)하라고 해서 지금 즉심즉불하고 있네' 하고 대답했어 얼마 후 냇가에 어떤 스님이 나타나서 그 여인네에게 물었어.

'저기 암자에 있는 중이 무엇을 하고 있느냐?'

'네, 마조 대사란 분이 즉심즉불을 하라고 해서 즉심즉불을 하고 있답니다.'

'그러면 그대는 그에게 가서 마조대사가 이제는 즉심즉불하지 말고 무심무불無心無佛(마음도 없고 부처도 없다)하라 하더라고 전해라.'

그래서 그 여인은 다시 암자에 가서 말했다.

'스님, 지금도 즉심즉불하시나요?'

'그렇지. 마조 대사께서 그렇게 일러주었으니까.'

'스님, 그런데 바로 그 마조 대사께서 이제는 즉심즉불하지 말고 무심무불하라고 하던걸요.'

그 말을 듣자, 그 암자의 중은 퉁명스럽게,

'그 중이 변덕이 죽 끓듯 하는구나'

하였고 그 후 마조 스님은 다시는 그 중에게 가지 않았다고 한다.

그런데 대체 이게 무슨 말일까?"

선생님께서는 이야기를 마치시고 우리를 둘러보시면서 물으셨다.

"그 승려가 고집으로 컴컴해졌군요."

선생님 이야기에 열심히 귀를 기울이고 있던 나의 대답이었다. 그러나 그 말이 떨어지기가 무섭게 선생님께서 손을 들어 나를 가리키시며 "네가 바로 그런 짓 잘하지"라고 하셨다. 나는 그제야 나의 잘못을 깨우치게 되었고 그래서 그때부터 선생님의 말씀에 따라 "금강반야바라밀경"을 했다. 그 짧은 기간 중 경숙 양의 질문에 답하시며 우리에게 해주신 법문은 지금도 새롭다.

"선생님, 저는 무서움을 잘 탑니다. 얼마 전에도 방에서 혼자《금강경》을 읽는데 별안간 무서운 생각이 나서 견딜 수 없어 어머니 방으로 달려간 적이 있습니다."

"네가 이전에 마음에 쌓아두었던 것이 《금강경》을 읽으니까 쏟아져 나오는 거지."

"그러면, 그렇게 무서울 때는 어떻게 해야 하겠습니까?"

"그 무서운 생각을 꺼내어 앞에 내놓고 거기다 대고 '금강반야바라밀경' 해라."

"…네."

경숙 양이 못 알아들은 표정을 짓자 선생님께서 다시, "너, 이 앞에 놓여 있는 헝겊 끈을 한참 보고 있으면, 그것이 움직이는가, 안 움직이는가? 안 움직여야 하는데, 한참 보고 있으면, 그것이 꿈틀꿈틀 움직이고 드디어는 뱀과 같이 생각되어 놀라 달아나지 않느냐? 그런가, 안 그런가?" 하셨다.

"네, 그렇습니다. 그러면 그럴 때는 어떻게 해야 합니까? 선생님?"

"내가 그랬지. 거기다 대고 '금강반야바라밀경' 하라고. 무서운 생각은 대개 목덜미를 통해 들어오는데, 거기에 대고 '금강반야바라밀경' 하면 (당신 머리 뒤로 원을 그려 보이면서) 이렇게 밝아진다."

"네, 네, 선생님."

선생님의 말씀을 듣고 경숙 양은 눈물을 글썽거리며 감격한듯한 목소리로 말했다.

그리고 수개월이 지난 어느 날, 선생님께서는 다시 "미륵존여래불" 하라고 하셨다. 내가 "그럼, 이제 '금강반야바라밀경'은 안 합니까?" 했더니 "그래도 좋고… 거기다 대고 자꾸 '미륵존여래불' 해라" 하셨다. 그리고 그때부터 선생님께서는 이전에 하시던 발원문 앞에 석가모니 부처님 시봉을 넣으시곤 "제도하시는 영산교주 석가모니불 시봉 잘하겠습니다. 용화교주 미륵존여래불 공경을 이 사람들이 각각 무시겁 업보 업장을 해탈 탈겁하여 모든 재앙을 소멸하고 소원을 성취해서 부처님 전에 환희심 내어 밝은 날과 같이 복 많이 짓기를 발원" 하셨다.

우리는 새로운 마음으로 "미륵존여래불"을 하고 《금강경》 독송을 했고 얼마 후 나는 선생님으로부터 미륵존여래불에 관하여 다음과 같은 법문을 들었다.

"그이가 서양에서는 아프로디테Aphrodite(그리스신화에 나오는 미와 사랑의 여신)로 나오는데, 원래 안다만 국의 왕자로서 석가모니 부처님으로부터 수기를 받고 일곱 생을 닦아 성불하셨지.

안다만 국은 인도와 말레이반도(현재 태국과 미얀마, 말레이시아가 위치한 동남아시아의 긴 반도) 사이에 있는 네 개의 섬으로 되어 있는데, 당시 안다만 국의 왕자는 석가모니 부처님이 출현하셨음을 알고 큰 통대나무로 만든 뗏목을 타고 조류를 거슬러 벵골만(인도 북동부에 위치한 큰 만)을 건너 인도 대륙으로 가서 석가모니 부처님의 영산회상에 참여하셨다.

하루는 석가모니 부처님께서 법회에 참석한 1,250인의 대중을 관찰하시니 부처님을 향하고 있는 이들 모두가 다 환한 빛을 발하고 있는 것이 부처님과 조금도 다름없이 밝았다. 부처님은 이를 찬탄하시며 대중을 향하여 '이 사람들이 이렇게 밝은 것을 보니 결국 한마음 닦아 성불하는구나' 하셨지. 그러나 이 말씀을 듣자마자 대중의 그 밝던 모습은 곧 다시 캄캄해졌다. 그들은 각각 '옳지, 내가 내 마음 닦아 성불하겠구나' 하는 생각을 내었기 때문이다. 그런데 그중에서 한 사람만이 캄캄해지지 않고 오히려 더 밝은 빛을 발하고 있었으니 그이가 바로 안다만 국의 왕자였던 것이다. 부처님은 이를 보시고 왕자에게 수기를 주어 말씀하시되 '너는 후일 부처를 이룰 것이니, 그 이름을 미륵존여래불이라 하리라' 하고 말씀하셨다.

그분은 한마음 닦아 성불한다는 부처님 말씀을 듣고 자기가 부처님이 되겠다는 마음을 내는 대신에 '부처님이 아니시면 이런 말씀을 어떻게 얻어 들을 수 있을까' 하고 더욱 부처님께 공경하는 마음을 내었으니 밝아질 수밖에 없었던 것이다. 그분은 수기를 받은 후 절하고 물러갔는데, 물속으로 들어갔다고도 하고 혹은 고향으로 돌아갔다고도 전해진다."

공부하는 사람의 마음가짐

이 '미륵존여래불' 설화는 선생님께서 공부하는 사람의 가장 기본적인 자세로 공경심을 얼마나 강조하셨는가를 잘 보여준다. 또한 선생님께서는 제 잘난 생각에 떨어지는 일과 자기 자신만을 위해 공부하는 좁은 마음을 경계하셨다. 언젠가 우리에게 "공부하는 사람은 무엇이 닥쳐와도 마음이 흔들리지 말아야 한다"라고 하시면서 다음과 같은 이야기를 들려주셨다.

옛날 어떤 사람이 밤중에 공부를 하고 있는데 자정쯤 되어 갑자기 배 없는 귀신이 나타났다. 그러나 그 사람은 조금도 놀라지 않고 "배가 없는 녀석이니 배고픈 걱정은 아예 없겠군" 말하고는 공부를 계속했더니 그 귀신이 어디론가 사라졌다. 그런데 다시 얼마 지났을까. 이번에는 머리 없는 귀신이 앞에 다가왔다. 이번에도 그는 놀라지 않고 "아, 이 귀신은 머리가 없으니 골치가 아픈 일은 없겠구나" 하고 공부를 계속했다. 그 귀신도 슬그머니 사라졌는데 새벽이 되자 곱게 단장을 한 예쁜 소녀가 어디선가 들어와서 그에게 공손히 절을 하였다. 그런 다음, "선생님은 참으로 훌륭하십니다. 어쩌면 그토록 마음이 움직이지 않으십니까?"라고 말했다. 그러나 그는 그 여인의 칭찬에도 조금도 움직이지 않고 "사실이 원래 그렇지 않은가?"라고 대답했다고 한다.

선생님께서는 또한 "공부하다가 뭐 좀 알았다고 해서 '이것이로구나, 이만하면 되었다'고 생각하여 그것을 붙잡으려 하면 안 된다. 그럴수록 바쳐라" 하셨다. 서양 철학자 중에 깨침이 남달랐던 칸트도 자기가 깨달은 것을 바치지 못하고 열두 개의 주머니(12범주를 뜻함)에 넣었기 때문에 다시 캄캄해졌다는 것이다.

칸트가 젊었을 때 친구와 함께 산책을 하고 있었는데 어떤 사람이 갑자기 식칼을 들고 칸트에게 달려들었다. 동행자는 놀라서 피했으나 칸트는 조용히 칼 든 사람에게 "오늘은 금요일이요" 했더니 그는 갑자기 공손히 절을 하면서 "선생님 실례했습니다" 하고 물러갔다고 한다. 달아났던 친구가 돌아와 그 연유를 물은즉 칸트는 "놀라울 것 없네. 그 사람은 푸줏간 주인인데, 나를 갑자기 소로 착각해서 칼을 들고 쫓아온 거야. 그런데 내가 오늘이 금요일이라고 일러주니까 무육일 無肉日(금요일은 살생을 안 하는 날)임을 알고 제정신을 찾은 것이지" 하고 대답했다고 한다. 그렇게 밝았던 칸트도 임종 시에는 사과와 달걀을 구별하지 못할 정도로(동일한 원으로 보였기 때문에) 정신이 혼미했다고 한다.

실제 선생님께서도 금강산에 계실 때 비슷한 경험을 하셨다는 말씀을 김웅태 씨와 함께 들은 기억이 난다. 그때 선생님께서 암자에서 공부하고 계셨는데, 하루는 앞을 보니 방 윗목에 당신의 모습을 닮은 분이 앉아서 당신의 옷을 날렵하게 깁고 있더라는 것이다. 선생님께서는 대견하고 신기한 마음이 들어 '바로 저것이로구나' 했더니 그 모습이 온데간데없이 사라졌다고 했다.

또한 우리는 선생님으로부터 이기적인 공부보다 타인을 위해 마음을 쓰는 것이 중요한 것임을 배웠다. 세 사람이 팀을 이루어 선생님을 찾아뵙기 시작한 지 2년쯤 되었을 때다. 경숙 양은 결혼을 하고 득남을 했는데 한동안 몸이 불편해서 입원을 했고, 선생님을 찾아뵈올 엄두를 못 내었다. 어느 날 나머지 두 사람은 선생님을 뵈올 기회에 우선 그녀를 도와줄 방법부터 여쭈었다. 선생님께서는 "그 사람보고 《금강경》 잘 읽고 아픈 데다 자꾸 '미륵존여래불' 하라고 해라. 그 병은 그 방법밖에 없어" 하시면서 말씀을 이으셨다.

"전에 어떤 부인이 시집살이를 하는데 아이가 셋이나 되는데도 말 못 하고 참아야 할 일이 많았던 모양이지. 그 부인이 어느 날 나를 찾아와 애원을 하지 않겠나. 가슴속에 뭔가 단단히 뭉쳐 있어서 병원에 갔더니 의사가 그 덩어리를 수술해서 꺼내야 한다고 하는데 어떻게 하느냐는 거야. 내가 보니 그 부인이 만일 그 덩어리를 잘라내면 꼭 죽을 것 같거든. 부인에게 그런 말을 했더니, 부인이 '저도 수술은 무섭습니다. 그러니 선생님께서 요즈음 그 흔한 안찰 기도라도 좀 해주세요' 하고 떼를 쓰지 무어냐. 그런데 내가 안찰 기도 같은 일을 하더냐, 안 하더냐?"

"아닙니다. 선생님께서는 안찰 기도나 그와 비슷한 일을 전혀 하시지 않습니다."

"암, 그렇지. 내가 그래서 부인에게 나는 그런 일 안 한다고 하고서 스스로 《금강경》 읽고 바치는 공부를 하라고 일러주었지. 그랬더니 그 후 한참 만에 그 부인이 다시 와서는 가슴에 있던 덩어리도 풀리고 밥맛도 좋아졌다고 하더라."

선생님께서 말씀을 마치신 후 한동안 잠잠히 계시다가 나에게 시선을 돌리시고 환하게 웃으시며 말씀하셨다.

"친구, 네 얼굴이 많이 예뻐졌다."

처음으로 선생님이 개인적인 관심을 보여주시고 또 칭찬을 해주시니 어린애같이 반갑고 황송했다. 그러나 그동안 배운 바가 있는지라 나는 얼른 대답했다.

"제가 좋아졌다면 다 선생님께서 보살펴주신 덕분이겠지요."

"그거보다도… 네가 남을 구하려는 마음을 내니까 결국 네가 구원을 받는 거지."

"그런 이치가 있습니까?"

"그럼… 내가 이야기 하나 할까?"

"네, 선생님, 잘 듣겠습니다."

"세조 대왕이 온몸에 부스럼이 나서 고생할 때, 그는 다른 사람들이 흉한 자기 몸을 보지 못하도록 호위병을 세워놓고 목욕을 하곤 했지. 만일 대왕의 목욕 장소에 들어오는 자가 있으면 가차없이 처치하도록 엄명이 내려졌다.

어느 날이었다. 대왕은 그날도 호위병을 세워놓고 목욕을 하고 있는데, 어디선가 잘생긴 동자 하나가 들어와서 대왕의 부스럼 난 몸을 씻어주는 것이 아닌가. 대왕은 동자의 손길이 하도 시원해서 가만히 있다가 몸을 다 씻어주고 동자가 밖으로 나가려고 하자 그를 다치지 않게 하려고 '너, 호위병을 만나거든 대왕을 못 보았다고 해라' 하고 일렀지. 만일 대왕을 보았다고 하면 호위병들이 동자를 죽일 것이니까. 그런데 동자는 오히려 싱긋 웃으면서 '대왕께서도 문수동자를 못 보았다고 하세요' 하고는 곧 어디론가 사라졌지. 그 후 대왕의 부스럼은 깨끗이 나았다는 거야."

세조 대왕을 씻어주던 그 동자는 바로 문수보살이었다고 한다. 그 후 세조는 고마움의 표시로 오대산 상원사 법당에 문수동자상을 세웠고 오늘날에도 그 동자상을 볼 수 있다.

선생님 말씀이 끝나고 얼마 후 나는《금강경》중 의문 나는 구절이 생각나서 여쭈었다.

"선생님,《금강경》제21분에 있는 '중생 중생이라지만 여래께서 말씀하신 것은 중생이 아님으로 중생이라고 이름하는 것이니라[衆生衆生者 如來說非衆生 是名衆生]'는 말씀은 무슨 뜻인지 가르쳐주시기 바랍니다."

"중생 중생이라 하지만 그 이름이 중생이지, 부처님 회상會上에 왔는데 그게 다 보살이지, 어디 중생이겠느냐 하는 말씀이다. 무슨 말인지 알겠는가?"

"네, 선생님."

소사의 생활

우리는 기쁜 마음으로 선생님께 하직을 고하는 삼배를 드렸다. 선생님께서는 예의 "제도하시는 영산교주 석가모니불, 시봉 잘하겠습니다. 용화교주 미륵존여래불 공경을, 이 부부와 그리고 이들과 인연 있는 모든 권속들이 무시겁 업보 업장을 해탈 탈겁하여 모든 재앙을 소멸하고 소원은 성취해서 부처님 시봉, 밝은 날과 같이 복 많이 짓기를 발원" 하고 원을 세워주셨다.

사실 그동안 우리 두 사람은 결혼을 하게 되었는데, 공부하는 인연으로 만난 것을 기리는 뜻에서 신혼여행지로 이의 없이 선생님이 계시는 소사의 백성목장을 택했다. 물론 선생님께 사전 승낙을 받은 것은 아니었으나 가면 받아주실 것으로 믿었다. 서울에서 영등포와 오류동을 거쳐 경인국도를 승용차로 30~40분쯤 달리면 소사삼거리가 나오고 거기서 좌측 길로 접어들어 2킬로미터쯤 가면 오른편 산기슭에 백성목장이 보인다. 우리는 '거절하시면 어쩌나' 하는 일말의 불안감을 가지고 선생님을 뵙고 청을 드렸더니 "그래, 핑계 삼아 여기서 있어보겠다는 거지" 하시면서 허락해주셨다.

법당 본채에서 위편으로 조금 올라가면 소를 기르던 우사가 있고 우사 아래편에는 간단한 초막이 있었다. 선생님께서 이곳 소사에 오신 다음 모시고 공부하기를 원하는 사람들이 있어, 이곳에는 항상 서너 명의 공부하는 시자들이 있었다. 강대관, 강대흡, 권정애, 김동규, 김원수, 김재웅, 김강유, 김철수, 김현주, 남창우, 송완호, 신금화, 오경근, 이광옥, 이병수, 이선우, 이지수, 전덕순, 정익영, 허만권 씨 등 많은 불자들이 각각 수개월에서 수년까지 이곳 백성목장에서 선생님을 직접 모시고 낮에는 일하고 밤에는 경을 읽으며 공부에 전념했다. 또 금강산에서부터 선생님을 따라 공부해왔으며 해방 전 서울에 돌아와서 삼선교에서 법당을 운영해오신 장선재 보살과 그 따님 전경림 보살이 이끄는 불자들이 매월 스무하룻날 정기적으로 선생님께 법문을 들으러 왔고, 우리 일행과 강말원, 강신원, 김웅태, 김정호, 민백기, 박현희, 박현식, 박현길, 송재영, 윤영흠, 이건호, 최의식 씨 등 많은 사람들이 집에서 《금강경》을 공부하면서 수시로 선생님의 지도를 받으러 왔기 때문에 이곳 백성목장에는 사람들의 발길이 끊이질 않았다.

우리는 사실 그동안 소사에서 공부하는 분들이 부러웠고 그 생활이 궁금했기 때문에 선생님께서 허락하시자 신혼의 기분보다 미지의 소사 생활에 대한 기대가 더 컸다. 이병수 씨의 안내로 우사에 딸린 공부방에 여장을 풀었다. 《금강경》 독송과 정진으로 신혼 첫날밤을 거의 지새운 다음 새벽 4시

전에 일어나 도반들과 함께 법당에서 매일 열리는 새벽 법회에 참석했다. 법회에는 당시 그곳에서 공부하고 있던 강대관, 김강유, 신금화, 이병수 씨 등과 기도를 위해 와 있던 강신원 씨가 참여했다.

백 선생님께서 주재하시는 소사에서의 새벽 법회는 우리가 상상할 수 있는 어떤 부처님 회상會上을 떠올리게 했다. 방석 위에 정좌하시어 법문하시는 선생님의 모습은 그 어느 때보다도 힘차고 광채가 났다. 제자들은 차례로 공부하면서 느낀 점, 의문 나는 점을 선생님께 여쭈었고 그에 대한 법문을 들었다.

법회가 끝나면 각자 목욕하고 경 읽고 주변을 정돈한 다음, 오전 8시쯤 아침 공양을 들고 해가 질 때까지 나무 손질을 하거나 밭을 손보는 등 각자의 일을 찾아서 했다. 선생님께서는 "육체는 규칙적으로 움직이고 정신은 절대로 가만히 놓아두는 것"이 건강한 생활이라고 하셨다. 이곳은 말하자면, 그러한 건강한 생활을 실천하는 도량이었다. 아침 공양과 오후 2~3시경 점심 공양만 있을 뿐이고 저녁에는 오후 불식이라 해서 음식을 들지 않았다. 선생님께서 계시던 소사 도량은 평화롭고 밝은 기운이 가득했다. 동구 밖 동리 입구에 들어설 때부터 그 기운이 느껴질 정도였다. 법당 주위로 아까시나무 꽃과 복숭아꽃 향내가 은은하게 퍼지는 봄이면 선생님께서 종종 흰옷에 밀짚모자를 쓰시고 마당에 나오시어 풀을 고르셨는데, 그 모습을 보는 순간 우리는 말로 표현할 수 없는 깊은 감동을 받았다.

우리는 사흘간 소사에서 지냈다. 선생님께서는 소사에 이틀간 계시다가 서울 아현동 사가로 가셨다. 그때쯤 여러 가지 사정으로 아현동에 주로 계시고 소사에 자주 들르시지 않았다. 우리가 신혼여행을 왔을 때 때마침 선생님께서 이곳에 오셨다고 이병수 씨 등은 우리의 큰 복이라고 이야기해주었다. 그 후 소사에서 지낸 사흘간의 신혼여행은 우리 일생에서 항상 신선한 자극을 주는, 무엇과도 바꿀 수 없는 귀중한 것이 되었다.

선생님을 모시는 일

우리는 시간이 갈수록 선생님의 은혜를 느끼게 되었고 자연히 무언가 보답을 드려야겠다는 생각이 들었다. 그래서 어느 날 선생님께, "선생님, 저희들은 이렇게 저희들을 이끌어주시는 선생님께 늘 보답해드리지 못해 고심이 많습니다. 그래서 오는 길에 공양드릴 것이라도 마련하려고 하는데, 선생님은 무엇을 잘 드시는지요?" 하고 여쭈었다. 선생님께서 웃으시면서 "그런 것 걱정하지 마라. 나는 너희들이 좋아하는 것은 다 좋아한다"라고 하셨다.

어느 때는 또, "선생님께 다니면서, 가난하지만 저희들도 무엇인가 보시를 했으면 하는 생각이 들었는데, 어느 곳에 어떻게 할지를 몰라 망설이고 있습니다"라고 말씀드렸다.

선생님께서는 "우리 공부하는 사람들에게도 십일조라는 것이 있지" 하고 말씀하셨다.

"불교에서 십일조라는 것은 어떻게 하는 겁니까?"

"원래 모든 것을 부처님께 바쳐야 하는데, 재물은 실제로 그럴 수 없으니 우선 수입의 10분의 1이라도 떼어서 밝은 일을 위해 쓰라는 것이지. 10분의 1을 바치는 연습을 하면 나중에 자기의 전부를 부처님께 바칠 수 있다는 것이 그 취지이다."

"저희들 입장에서는 어떤 것이 밝은 일인지 아직 구분이 안 되는 걸요?"

"자기가 할 수 없으면 밝은 이에게 바치면 되지."

"그러면, 저희는 선생님께 드려도 될까요?"

"글쎄, 그래도 되고…."

선생님께서는 저절로 우리들의 존경심이 우러나오도록 하셨고, 우리가 바른 길을 벗어나지 않도록 인도해주실 뿐이었다. 또 "자기 공부가 급한데 다른 곳에 한눈팔 여유가 있느냐"고 하시면서 공부 이외의 일에 관심을 쓰거나, 주제넘게 이 사람 저 사람을 선생님께 인도해 같이 오는 것을 꾸짖으셨다. 그래서 삼선교 장선재 보살님과 그 따님 전경림 보살을 비롯한 여러 사람들은 선생님 친견을 원하는 초심자가 있으면 우선 삼칠일이나 백일쯤《금강경》독송 공부를 하게 한 다음 매우 조심스럽게 선생님께 인도하였다.

그런데 가끔 우리는 사회에서 우리 백 선생님의 밝은 가르침을 두려워해 비난의 말을 지어 하는 이야기도 들을 수 있었다. 그때는 참으로 마음의 갈등을 느끼기도 했다. 이에 대해 어느 때 경숙 양이 선생님께 여쭈어보았다.

"선생님, 얼마 전 어떤 사람이 제가 선생님을 뵙고 공부한다는 이야기를 듣고 선생님에 대한 좋지 않은 이야기를 하는데, 그 이야기를 들으니 마음이 매우 불편합니다."

선생님께서 조용히 들으신 뒤 이렇게 말씀하셨다.

"그러면 그대 생각에 어떠하냐? 선생님을 비난하는 말을 들을 때 귀를 찌르는 아픔을 느끼면서 괴로워하는 것이 좋은가. 아니면 그래도 마음이 굳건히 동요하지 않는 것이 좋으냐?"

"괴로워하는 것보다는 꿋꿋하게 움직이지 않는 것이 의젓한 태도입니다."

"그래, 그러면 이제 되었다."

그 후 나는 선생님을 뵙고 내 사정을 말씀드렸다.

"선생님을 뵙기 전에, 저는 불교가 이론은 좋으나 현실에서는 이루어질 수 없는 하나의 이상理想을 미화해놓은 것이라 생각했습니다. 선생님을 뵙고부터 불교는 이상만이 아니라 가능한 사실이라는 것을 믿을 수 있게 되었습니다. 제가 아는 한 이 세상에서 선생님보다 높고 밝으신 분은 다시없다고 믿습니다."

"잘 찾아보면 있겠지. 그러나 마음이 같은 사람은 찾기 쉽지 않을 거다."

"저는 선생님으로부터 다행히 바른 법을 듣게 되었습니다만, 선생님께서는 어느 선생님으로부터 배우셨습니까?"

나의 당돌한 질문에 선생님께서는 미소를 지으시며 우리를 가리키시며 말씀하셨다.

"이렇게 찾아와서 이것저것 일러주는 사람들이 다 선생님이지."

사회생활의 지혜

선생님께서는 공부하는 사람이 사회생활을 지혜롭게 하는 방법에 관해서도 그때그때 설해주셨다. "자기 일을 경영하는 사람은 그 일을 자기가 잘 살겠다고 하기보다는 그 일로 부처님 모시겠다는 마음으로 하라." "남의 밑에서 봉급을 받고 일하는 사람은 자기 봉급의 세 배 이상의 일을 하겠다는 자세를 가져라. 그래야 남이 시키는 일을 하는 것이 아니라 자기가 떳떳한 주인의 마음으로 일할 수 있다." "어느 곳에 가든지 그곳에서 필요한 사람이 돼라." "남의 눈치를 살피지 말고 당당한 자세를 갖되 안 되는 일 억지로 하지 말고 되는 일 안 하지 마라."

또한 중국의 순舜 임금, 우禹 임금의 고사도 들려주시며, 순 임금의 어질고 지혜로운 행동과 우 임금의 실행력을 높이 평가하셨다. 우배창언禹拜昌言*이라 하시면서 공부하는 사람은 자기를 나무라는(꾸짖는) 사람에게 절할 줄 알아야 한다고 하셨다.

한번은 내가 시골에서 자랄 때의 일을 말씀드리는 가운데, 어릴 때 황새 둥지에 올라가 보니 '깨끗하고 흰 황새가 독하고 흉한 뱀을 먹고사는 것을 알았다'고 했더니 선생님께서 반문하셨다.

"그런데 학과 닭은 어떻게 달라 보이던?"

"네, 학은 청초하고 닭은 좀 지저분해 보입니다."

"그건 왜 그럴까?"

"잘 모르겠습니다. 선생님, 좀 가르쳐주십시오."

"먹는 방식이 다르지. 닭은 늘 모이주머니를 꽉 채우기 때문에 무거워서 사람들 주위에 의지해서 살고, 학은 늘 위胃를 7할가량밖에 채우지 않기 때문에 자유롭고 깨끗해 보이는 것이다."

어느 때는 정재락 씨, 이경숙 씨 부부와 함께 선생님을 뵈었더니, "재락이는 요즈음 공부 잘하고 있니?" 하고 물으셨다.

"웬걸요, 선생님. 요즈음 저희 부부가 자주 다툽니다."

"왜? 둘이 좋아서 결혼하더니 이제는 밉던?"

"네, 선생님, 다투고 있을 때 그냥 저 사람이 밉고 답답합니다."

"그래? 그럼, 그런 밉고 답답한 마음이 경숙이 마음이든가,

• 우 임금이 훌륭한 말에 절했다는 데서 유래한 말로 도리어 합당하면 받아들인다는 의미.

재락이 네 마음이든가?"

"물론 제 마음이지요, 선생님."

"그러니까, 그 마음을 부처님께 바치면 되겠구나. 그게 '경숙이 것인가' 하고 그 애 얼굴을 들여다보니까 화가 나지, 그게 제 마음인 줄 알면 바칠 수 있으니 문제가 없겠지?"

"그러나 다투고 있을 때는 어디 그런 생각이 납니까? 미운 생각이 앞서는 걸요."

"그래서 내가 늘 무어라고 그러던가? 사람을 무엇으로 대하라고 하더냐?"

"네, 사람을 부처님같이 대하라고 하셨습니다."

"옳지, 사람을 부처님으로 대하여야 하지. 그러지 않으면 서로 싸울 수밖에 없지."

선생님께서는 이렇게 생활의 실제 문제에 대해 알기 쉽게 그리고 인상 깊게 우리가 가야 할 방향을 제시해주셨다. 그 당시 나는 다니던 직장에서 상사가 하는 일에 불평이 생겨서 직장을 그만두는 문제를 심각히 고민하고 있었다. 그 문제를 선생님께 하소연했더니, "그래서 그 이사장과 합의를 해서 사직을 했단 말이지?" 하고 반문하셨다.

"아닙니다. 아직 합의를 본 것이 아니고 그렇게 하기로 마음속으로 결심하고 있습니다."

"심심하니까, 할 일은 하지 않고 궁리만 하고 있구나. 내가 늘 말했지. 궁리 끝에는 악심이 나온다고."

"하지만, 그 사람과 함께 지내면 저도 같이 나쁜 사람이 될까 걱정입니다. 이번엔 정말 그만두어야겠습니다."

그러나 선생님께서는 조용히 듣고 계시다가 바른편 손을 들어 넌지시 나의 가슴을 가리키시곤, 옆에 함께 있던 나의 아내를 보시면서 말씀하셨다.

"공부를 하다 보면 아상我相('나'라는 생각, 제 잘난 마음)이 자꾸만 튀어나오는데, 아상이란 놈은 일을 되도록 하는 것이 아니라 자꾸만 일을 안 되도록 하지. 무슨 말인지 알겠느냐?"

이때 아내가 선생님께 동조하였다.

"네, 그렇습니다. 선생님, 제가 옆에서 보기에도 별일도 아닌 것 같은데 저 사람은 공연히 직장에서 못 견디겠다고 하고 그만둔다고 하니 무슨 영문인지 모르겠어요."

"그게 다 심심해서 그래."

선생님 말씀에 나는 무안해졌지만 다시 한번 더 여쭈어보았다.

"그러나 그런 나쁜 사람과 함께 있으면 공부하는 사람에게는 얻을 것이 없지 않겠습니까?"

"그렇지 않지. 그 사람이 그런 짓 하거든 너는 자꾸 거기다 대고 공부하고 그 사람 얼굴에 대고 '미륵존여래불' 하거든. 그러면 그 사람이 컴컴해지는 것만큼 너는 밝아지지 않겠느냐?"

공부하는 사람일수록 넓은 마음을 가져야 한다는 것을, 나는 그 후 삼선교의 전경림 보살님이 들려주는 선생님 이야기를 듣고 다시 깨우칠 수 있었다.

언젠가 백 선생님께서 길을 가다가 가정불화로 약을 먹어 위장이 상해서 음식을 넘기지 못하고 길모퉁이에서 토하고 있는 여인을 발견하셨다고 했다. 선생님께서는 '저런 행동이 바로 아귀와 같다' 하시며 승용차에 태워 전 보살님이 공부하는 거처에 데려다 놓으셨다. 삼선교 할머니 모녀분에게 귀한 독일제 약을 투여하면서 치료하라고 하신 적이 있다고 한다. 그때 전 보살님은 '왜 선생님은 아무 상관없는 아귀 같은 사람을 데려다가 공부도 못 하게 하고 귀찮은 일을 하게 하시나' 하고 불평하는 마음이 생겼다. 더욱이 그 여인은 미안한 태도나 고마워하는 표정도 없이 자기 괴로움을 못 이겨 밤새도록 소리를 지르고 했기 때문에 전 보살님은 그 여자분 앞에서 선생님의 처사에 대해 더욱 불평을 말하게 되었다. 그런데 그때 선생님께서 그러한 불평을 알고 계시던지 나타나시어 "주는 자의 마음은 받는 자의 마음이 변변치 못하다고 해서 탓하지 아니 하느니라"고 하시더란 것이다. 그 후 두 보살님은 기쁜 마음으로 그 여인을 간호하여 완쾌시킬 수 있었다고 한다.

현재심現在心을 살려라

우리는 기회 있을 때마다 선생님께 여러 가지 질문을 드리고 법문을 들었는데 그중 몇 가지를 적어본다.

“《금강경》 18분에 ‘과거의 마음 얻을 수 없고, 현재의 마음 얻을 수 없으며, 미래의 마음 얻을 수 없느니라[過去心不可得 現在心不可得 未來心不可得]’는 말씀은 무슨 뜻입니까?”

선생님께서 말씀하셨다.

“그럼 그대는 지나간 과거의 일을 되돌릴 수 있다고 생각하느냐?”

“그럴 수 없습니다, 선생님.”

“그러니까 과거심불가득이지. 그러면 다음으로 그대는 미래의 일을 지금 가져올 수 있다고 보느냐?”

“역시 불가능합니다.”

“옳지, 그게 미래심불가득이 아니겠는가? 그러니까 공부하는 사람은 지나간 일이나 장래의 일에 마음을 빼앗기지 말고 항상 현재에 충실해야 하느니라. 그래서 나는 늘 너희들에게 현재심을 연습하는 것이 공부하는 자세라고 하지 않던가?”

“네, 그렇습니다. 그런데, 왜 또 현재심도 불가득이라고 합니까?”

“옳지, 잘 질문했다. 그것은 왜 그런가 하니, 현재심을 살리는 공부를 하되, 현재심을 바치지 않고 ‘이것이로구나’ 하고 붙잡게 되면 그것은 이미 현재가 아니기 때문이다.”

“선생님, 내세來世라는 것이 있습니까? 사람이 죽은 후에는 어떻게 됩니까?”라는 질문을 처음 드렸을 때는 이렇게 답하셨다.

“그런 것은 왜 묻느냐. 나는 모른다.”

하시더니 얼마 후 다시 같은 질문을 드렸더니 말문을 여셨다.

“내가 옛이야기 하나 하지. 전에 오스트리아 빈에 주교 세 사람이 있었는데 신을 받들고 남에게 내세에 관한 설교도 하면서 잘 지내고 있었으나 죽은 후에 어떻게 될 것인가에 대해서는 그중 아무도 스스로 확신을 가질 수 없었다.

어느 날 세 주교는 함께 사후死後의 문제에 관해 오랜 토론을 벌인 끝에 그중 먼저 죽는 사람이 나머지 사람들에게 사후에 세계에 대해 알려주기로 약속했다. 얼마 후 그중 한 사람이 죽었고 나머지 두 사람은 죽은 동료가 사후 세계를 알려줄 것을 기다리고 있었다. 그러던 어느 날 드디어 약속대로 죽은 동료가 큰 벽 거울 속에 나타났다. 그런데 거울 속에는 그 주교가 살아 있을 때와 마찬가지로 다른 두 친구와 함께 사후 세계에 관해 토론하고 있을 뿐이었다. 무슨 말인지 알겠느냐?”

“네, 자기가 공부해서 터득하기 전에는 이론만으로는 죽음에 대한 의문을 풀 수 없겠군요.”

“글쎄, 자꾸 바치는 것이 바쁜데 공부하는 삶이 그런 것 따지고 있을 겨를이 있겠느냐?”

나는 또 견성見性에 대해서도 궁금하여 질문을 했는데, 처음 선생님께서는 “나는 그런 것 모른다. 그런 것은 몰라야 돼” 하셨다. 두 번째로 견성을 여쭈었을 땐 선생님께서 “옛날 내가 금강산에서 공부할 때 산길을 가는데, 길 옆 바위 위에 커다랗게 '견성암見性岩'이라고 써놓았기에 그런 게 있나 보다 했더니 오늘 네가 견성을 묻는구나"라고 말씀하실 뿐이었다.

나는 그 후 다시 기회를 보아 "선생님, 견성이란 무엇인지 궁금합니다" 했더니 "견성이란 제 성품性品을 본다는 것인데 자기 못난 모습을 본 것이 대단할 것도 없고 자랑스러울 것은 더욱 없지"라고 말씀하셨다.

선생님께서는 《금강경》 제5분의 '4구게四句偈'를 가끔 인용하셨다.

"'네가 생각할 수 있는 모든 것은 다 거짓말이다. 그리고 그게 다 거짓말인 줄 알 것 같으면, 부처님의 마음을 알 수 있을 것이다.' 이게 무슨 말인지 알겠느냐?"

"잘 모르겠습니다."

"잘 몰라? 그럼, 이건 무슨 뜻이지?" 하시곤 선생님께서 시詩 한 구절을 천천히 인용하셨다.

> 매화 가지 위에
> 밝은 달이 걸렸는데,
> 매화를 보고 나니
> 달은 이미 간 곳 없네.

"역시 무슨 뜻인지 잘 모르겠습니다."

"그래 앞의 말과 같은 뜻인데… 모른다는 게 정직하지. 억지로 알려고 하지 말고 자꾸 바쳐라."

말씀 없는 가르침

선생님의 법문은 그 자리에서 문맥을 내 나름대로 이해할 수 있는 내용이 있는가 하면 평이한 내용인데도 듣고 있을 때는 전혀 그 뜻을 알 수 없는 경우도 많았다. 그것은 선생님의 법문이 단순한 이야기가 아니라 듣는 사람의 그 당시 용심에 따라 그 마음을 닦게 해주시는 법문이기 때문이다. 그래서 어떤 법문은 선생님 앞을 물러나 집에 돌아오는 길에 터득이 될 때도 있고 때로는 몇 달 또는 몇 년 후 우연한 계기를 만나 그 뜻이 사무치는 경우도 있다. 또한 전혀 기억할 수도 이해할 수도 없는 법문이 있는가 하면 기억은 하되 이해할 수 없는 말씀도 있어 다만 듣는 사람의 정도에 따라 그 일부만을 이해할 뿐이다.

선생님께서는 어느 때는 세계의 움직임을 손안에 넣고 보듯이 국제 정세를 강의해주시는가 하면, 또 우리를 히말라야 정상에서부터 브라마푸트라강, 인더스, 벵골만, 메콩강, 티베트 등으로 안내해주셨다. 데바닷다提婆達多와 문수보살의 이야기에서부터 스탈린과 맥아더의 일화를 인용하시는 등 세계 지리와 역사에 관한 광범위하고 소상한 견문을 재료로 삼아 우리를 깨우쳐주셨다. 곤륜산崑崙山 정상에서 날아서 인도양에 내려 먹이를 찾는 큰 새의 생태와 백두산에서 날아 제주도 앞바다에서 먹을 것을 찾는 씩씩한 보라매의 이야기, 곤륜산에서 나는 보석과 약초에 관한 말씀 등 선생님 법문 세계는 바다와 같았고 그 맛은 정말 일미一味였다.

우리는 공부를 계속하면서 선생님의 가르침이 그 말씀뿐만 아니라 표정과 제스처 그리고 하시는 일에서도 나타나고 있음을 느끼게 되었다. 어느 때 선생님께서는 전혀 모르는 사람을 대하시는 듯이 무관심하신 것같이 보이는가 하면, 우리가 각각 어떤 문제를 가지고 있으며 현재 무슨 생각을 지니고 있는가를 환히 알고 계시면서 적절한 기회에 우리 스스로 바른길을 터득할 수 있도록 지도해주셨다.

소사로 신혼여행을 갈 무렵인 1974년 말경부터 선생님께서는 소사에 계신 때보다 아현동 아파트에 기거하시는 때가 많아 우리 부부는 소사를 끝까지 지키고 있던 이병수 씨에게 물어 아현동으로 선생님을 찾아뵙기 시작하였다. 내가 당시 《금강경》 7독讀을 습관화할 만큼 열심히 공부해서 그런지, 아현동에서 뵌 선생님께서는 일요일마다 찾아뵙고 법문을 청하는 나를 은근히 북돋아주시고 기운을 불어넣어주셨다. 선생님께서는 나에게 "너는 이제 급행열차를 탔다" 하시었고 나는 공부가 곧 어떤 성취점을 향해 접근하고 있다는 암시 비슷한 것을 느끼고 있어서 공부에 더욱 분발심을 내었다. 당시 선생님의 법문은 우리나라의 역사적 인물들을 많이 인용하시었고 때로는 우리 국토의 여러 곳을 눈앞에 보듯이 그려 보여주셨다. 선생님께서는 아산만을 이야기하시다가 곧 개성으로 무대를 옮기시고, 다시 평양을 거쳐 신의주로 나아가셨다가 훌쩍 압록강을 넘어 만주 길림성으로, 그러고는 봉천奉天(지금의 선양瀋陽)까지 진출하셨다. 선생님께 이끌려 우리의 마음은 이미 휴전선을 무너뜨리고 고구려와 발해의 광활한 민족의 고토故土를 수복하고 있었다.

그때 나에게 세계는 참으로 아름답고 장엄했다. 《금강경》을 읽고 아침 산책을 나설 때면 몸과 마음이 다 함께 쇄락하고 어떠한 우주의 신비라도 터득할 것 같았다. 나는 나의 공부가 상당한 정도에 도달했다고 자부하고 있었고 "공부가 좀 되었다 하면 그것이 곧 치심(어리석은 마음)"이라는 선생님의 법문을 입으로만 되뇌었지 실제로는 그것이 무엇을 의미하는지 몰랐던 셈이다. 그런데 지금 생각하면 묘하게도 선생님께서는 그런 나의 자만심을 오히려 북돋아주신 것 같다.

아현동으로 찾아뵙기 시작한 지 3개월쯤 지났을 때, 선생님께서는 법문 도중에 깔고 계시던 방석을 내어주시면서 나에게 앉기를 권하셨다. 그다음 일요일에 뵈었을 때는 더욱 잘 대해주시고 물러나올 때는 "이제 다 되었다" 하시면서 일어나시어 나에게 깍듯이 경례를 하시는 것이 아닌가. 나는 황송하게 생각하면서도 내가 선생님의 법을 전수받은 것으로 생각하게 되었고 이제 더 이상 선생님을 뵈올 필요가 없다고 은근히 자만했다.

그런데 그다음 일요일, 나는 무언가 좀 미진하다는 마음이 들었다. 좀 더 확실하게 선생님으로부터 인가를 받아야겠다고 생각했던 것이다. 그날은 유난히 햇빛이 쨍쨍한 날이었다. 나는 아내와 함께 다시 선생님을 찾았다. 선생님께서는 온돌방 아랫목에 매트리스 같은 것으로 조금 높인 침상 위 방석에 정좌하셨고, 우리는 예를 마친 다음 선생님을 향해 자리를 잡고 앉았다. 선생님께서는 몇 가지 말씀을 하시고는 나에게 질문을 하셨는데, 나는 퉁명스럽게 "모릅니다" 하고는 그 후부터 부동자세로 침묵하고 있었다. 선생님께서는 "하! 이 사람 봐라" 하시더니, 함께 간 아내에게 나가 있으라고 분부를 내리셨다.

아내가 나간 다음, 방에서 나와 선생님과 단둘이 마주 앉아 있게 되었다. 곧 선생님께서는 침상에서 성큼 내려 나에게 뚜벅뚜벅 걸어오시더니 바른편 손을 내려 나의 정수리를 가볍게 잠시 눌러주시고 방문을 열고 나가셨다. 혼자 남은 나는 곧 성큼 일어서 선생님이 앉으시던 방석 위에 선생님처럼 정좌를 하고 앉았다. 조금 후 방문이 열리더니 선생님이 들어오시어 대뜸 "이놈아, 네가 왜 거기 앉았느냐" 하시더니 나를 끌어내리려 하셨고 나는 반사적으로 선생님을 떠밀었다. 침상 아래 나의 측면으로 비켜 앉으신 선생님께서는 몇 번 원을 세워주셨고 나는 나대로 원을 세웠다. 선생님께서는 빙긋이 웃으시며 "그래 가지고 제도가 되겠니?" 하시고는 다시 방을 나가시어 한동안 있다가 이번에는 검은 보따리를 가지고 들어오셨다. 나는 무엇인가를 나에게 주시는 줄 알았다. 그러나 선생님께서는 그것을 풀어 그 속에 호로병을 꺼내어 소변을 보신 다음 나를 향해 누우셨다. 그 모습은 꼭 그림에서 본 부처님의 열반상을 닮으셨다. 그후 6년이 지난 1981년 가을, 동부이촌동 반도아파트에서 실제로 선생님이 열반하신 모습을 뵈었는데 꼭 이때와 같았다.

한 5분쯤 지난 후 선생님께서는 다시 방에서 나가시고, 다시 나 혼자 있게 되었는데, 이때 방문이 열리며 정 여사님이 들어오셨다. "정씨는 선생님이 쉬시지도 못하게 이게 무슨 짓이요?" 하는 말씀에 나는 조금 정신이 들어 어쩔 수 없이 방에서 나왔더니 선생님이 양복을 입으시고 소사로 가신다고 아파트 계단을 내려가시는 것이 보였다. 나는 그래도 선생님을 따라가야겠다 생각하여 급히 뒤를 따랐다. 아래층 수위실에 이르러 선생님께서 수위실 문을 여시더니 수위에게 나를 가리키며 "저 사람이 자기 마음이 답답하니까 나를 못 살게 굽니다"라고 하셨다. 나는 또 한 번 정신이 번쩍 들어 집으로 도망치듯 돌아왔다.

아내는 집에 먼저 와 있었다. 밖에서 기다리고 있었더니 선생님이 나오셔서 먼저 돌아가라고 하셨다는 것이다. 일어난 사건을 이야기하고 이제 다시는 선생님께 못 가게 되었다고 했더니 아내는 "어쩐지 최근 당신의 태도가 이상하더니 일을 저질렀군요. 그러나 그럴수록 공부하고 선생님을 찾아가 사죄를 드리고 용서를 받아야지 그렇지 않으면 정말 지옥에 떨어질 거예요"라고 했다. 나는 그 말을 옳게 여겨 다음 일요일이 돌아오기를 기다리며 속죄의 마음으로 정진했다.

며칠이 지난 후 어느 날 새벽《금강경》을 서너 번 읽고 잠시 깜빡 졸았던 것 같은데 나는 어린애가 되어 누워 계신 큰 모습의 선생님 가슴 위에 있었다. 그이는 갑자기 어린애인 나의 발목을 잡고 번쩍 치켜들더니 손가락을 세워 나의 엉덩이에 갖다 대었다. 그 순간 나의 온몸은 황홀한 기쁨에 오랫동안 휩싸였다. 깨어나니 온몸에서 독기가 빠진 듯 심신이 상쾌했다. 그리고 다시 얼마 후에는《금강경》을 읽고 잠시 누워 있는데 향내가 진동하는 흰 백합꽃이 만발한 곳에 내가 서 있었고 그 속에서 오랫동안 다시 황홀한 기쁨을 맛보았다.

일요일이 되자 나는 아내를 앞세우고 다시 선생님을 찾았다. 선생님께서는 거실에서 우리를 맞이하셨다. 절을 드리는 우리에게 선생님께서는 여느 때보다도 더 크신 음성으로 원願을 세워주셨다.

나는 얼굴을 들지 못하고 있는데 선생님께서는 평상시와 조금도 다름없이 온화하신 음성으로 "그래, 지난번에는 날씨가 무더웠지? 무더울 때는 진심嗔心이 나기 쉽다. 부지런히 바쳐라" 하셨다. 나는 그 말씀 속에 들어 있는 말씀 없는 가르침(불언지교不言之教)을 마음속에 새기고 다시 공부를 시작했다.

그로부터 10년이 지나 백 선생님께서 열반하신 지 네 번 해가 바뀐 1985년 1월 1일, 나는 직장의 하례식에 참석하기에 앞서 아내와 아이들을 동반하고 선생님의 사리탑이 봉안되어 있는 대승사를 찾았다. 벽제역에서 의정부로 뚫린 길을 달리다가 송추계곡으로 넘는 고개 못 미처 좌측 유원지 계곡을 끼고 4킬로미터쯤 오르면 우측으로 대승사가 나온다. 대승사 본 법당 위쪽으로 새로 축대가 조성되어 있고 그 위에 큰 신축 법당이 세워져 있는데 거기서 20여 미터 더 올라가면 산 중턱에 동국대학교 동창회에서 세운 '백성욱 박사 송덕비'가 서 있고 그 옆에 선생님의 사리탑이 봉안되어 있다. 절에 당도하니 여느 때와 같이 비구니 주지 스님이 우리를 반가이 맞아주었는데 그 옆에 낯익은 불자가 보였다. 소사에서 공부했고, 아현동에서 선생님 댁 일을 돌봐드리곤 하던 김현주 씨였다. 선생님 생각이 나서 사리탑 앞에서 1백 일 기도를 드리는 중이라고 했다.

지난 이야기를 나누다가 그녀는 느닷없이 나에게 "요즘 공부가 잘되느냐"라고 물었다. 나는 "아무래도 선생님께서 안 계시니 예전과 다르지요" 했더니, 그녀는 정색하며 "아니지요. 선생님께서는 열반하신 후 더욱 일을 많이 하고 계십니다"라고 말했다. 나는 그녀의 확신에 찬 눈빛을 보고 《금강경》의 다음과 같은 성구聖句를 되뇌며 아내와 아이들의 손을 잡고 선생님의 사리탑으로 향했다.

《금강경》 제29분의 〈위의적정분威儀寂靜分〉의 말을 전하며 이 글을 맺는다.

"만일 어떤 사람이 말하기를, 여래如來께서 오신다거나 가신다거나 앉아 계신다거나 누우신다고 말한다면, 이 사람은 나의 말한 바 뜻을 이해하지 못함이니라. 왜냐하면 여래란 어디로부터 좇아서 오신 곳도 없고 또한 가신 바도 없기에 그 이름을 여래라 하느니라."

(2019)

돌팔이 수행기

21

이선우 백성욱연구원 감사

1947년 서울특별시 서대문구 충정로에서 태어났다. 법명은 도선道宣이다. 만 19세에 백성욱 선생님을 뵙고 소사에서 첫 1백 일 수행한 뒤, 두 차례 1백 일 수행을 더 하였고, 간헐적으로 소사에서 수행 생활을 했다. 국가공무원직을 정년 퇴임한 뒤 사단법인 금강경독송회 이사로 활동했고, 현재 백성욱연구원 감사직을 맡고 있다.

매력적인 남자이자 지치지 않는 수행자

백성욱 선생님을 떠올릴 때마다 마음속 깊은 곳에서 연꽃처럼 환희심이 피어오른다. 선생님께서는 나에게 일반적 불교 교리를 초월한 깊고 큰 가르침을 주셨다. 한 인간이자 남자로서 멋지게 살 수 있다는 본보기를 몸소 보여주셨다. 나도 선생님과 같은 삶, 비슷한 삶을 살고 싶은 마음이 가득했다.

한데 나는 솔직히 아직도 선생님께서 일러주신 '마음 닦는 법'을 제대로 실천하지 못하고 있다. 내가 소사에서 선생님을 모시고 공부했던 기간은 모두 합쳐 1년 안팎이다. 1년 동안 계속 이어서 소사에서 생활하지는 않았고, 1백 일이라는 기한을 정해 총 세 차례 소사 생활을 했다. 그 외 짧게는 1주일, 길게는 한 달 정도 소사 생활을 했다. 당시에는 불교에 관한 지식이 부족하였으니 수준 낮은 체험일 수밖에 없었다. 그러나 지금도 선생님의 그때 그 말씀과 가르침을 가슴에 담아 살고 있으며, 선생님에 대한 경외심은 세월이 흐를수록 깊어지고 있다.

이 글은 내가 선생님을 처음 뵙고 수행하며 듣고 느꼈던 이야기를 주로 담았다. 백성욱연구원 정천구 이사장님의 권유로, 선생님에 대한 나의 오래된 기억을 더듬어 수필을 쓰기 시작했다. 선생님께 배운 바를 아직도 정리 중인 처지이고, 혹시 선생님께 누를 끼치는 행위가 되지 않을까 하는 생각에 여간 조심스러운 게 아니다. 나의 주관적 시각이고 일부 경색된 부분이 있을지 모르지만, 선생님이라는 광대한 퍼즐을 맞추는 데 이 글이 작은 조각이 되기를 바란다. 젊은 날 내가 보았던 가장 매력적인 남자이자 지치지 않는 수행자이셨던 선생님의 모습을 남겨놓을 때가 온 것 같다.

철부지 시절, 나는 선생님께 지나치게 당돌한 질문을 많이 했다. 그때마다 선생님께서는 간단하고 쉽게 핵심을 짚어 답을 주셨다. 선생님께서 "독서하는 것도 바람직하지 않다"라고 하셔서, 의아했던 적이 있다. 법문을 메모하는 행위도 일체 금하셨다. 어떤 형태로든 메모하면 거기에 집착하고 얽매여 마음공부에 장애가 되기에, 이를 우려한 말씀이셨다. 나를 비워내고 밝은 곳으로 향하는 수행의 본질보다 집착만 심해질까봐 그러하신 듯하다. 책을 읽지 말라고 하신 것도 같은 논리가 아닌가 싶다.

선생님께서는 생활 속에서나 법문하실 때나 어떤 잣대나 편견에 얽매이지 않으셨다. 그때그때 당시의 상황에 맞게 말씀해주셨다. 선생님은 한 분이시지만 우리가 받은 가르침은 백인백색으로 같으면서도 조금씩 차이가 있다. 당시 나는 좌충우돌하는 수준의 그릇이었으니, 선생님의 가르침을 온전히 담아내기 힘들었다. 선생님을 추억할 때 가장 먼저 떠오르는 말씀은 "남자는 사막에서라도 기와집을 지을 수 있어야 한다"라는 것과 "사람을 만날 때 선입견을 갖지 말아야 한다"라는 것이다.

백 선생님과 만나기까지

나반존자와 나의 할아버지

우리 집안에는 설화 같은 이야기가 전해 내려온다. 어릴 적의 할아버지는 해맑은 얼굴로 동네를 휘젓고 다니다가 우연히 어느 비구니 스님을 만났다. 비구니 스님은 할아버지에게 말했다. "똘똘한 아이구나. 그런데 ○○세에 물가에서 큰 변을 당할 수 있으니 조심해야 한다! 나무관세음보살." 곁에 있던 머슴이 그 스님의 말씀을 듣고 집안에 알렸다.

그 사실은 전해 들은 증조할머니께서 급히 집을 나섰다. 다행히 탁발 중인 스님을 발견하여 자초지종을 물었다. 그리고 어떻게 해서든 액운을 피할 방도가 없겠냐고 사정했다. 결국, 그 스님이 마지못해 "자기도 방법을 잘 모르겠으나 일단 '독성각'에 치성을 드려보라"라는 답을 내놓았다. 반신반의하면서도 증조할머니께서는 그때부터 독성각에 불공을 드리기 시작했다. 그 사찰이 지금 신촌에 있는 봉원사다.

어느 해 여름, 결국 일이 벌어지고 말았다. 세월이 흘러 비구니 스님이 예언했던 바로 그 나이쯤 됐을 때였다. 할아버지가 한강에 빠지셨다. 당시 마포나루는 한양에 필요한 물산을 공급하는 주요 통로였기에 꽤 번잡했다. 여름철에는 피서지로 사람들이 놀러가곤 했는데, 할아버지가 친구들과 그곳에 피서를 갔다가 불상사를 당한 것이었다. 물에 빠져 허우적대는 할아버지의 위로 커다란 상선이 세 척이나 지나갔다는 사실에 놀랐다.

물에 빠진 사람을 건져내기도 힘든 일이지만, 엎친 데 덮친 격으로 그 위에 큰 배가 연달아 세 척이나 지나갔으니, 살아 나오지 못할 것은 불 보듯 뻔한 일이었다. 그런데 어떻게 된 일인지 할아버지는 기적적으로 살아나오셨고, 구경하던 사람들은 두 눈으로 직접 보고도 믿지 못할 일이라며 놀라워했다. 그 후로 할아버지뿐만 아니라 집안 전체가 독실한 불교 신자가 되었고, 평생토록 독성 기도를 열심히 하셨다.

천둥이 치며 비가 억수로 쏟아지거나 당황스러운 일이 일어났을 때, 나는 영락없이 할아버지가 중얼중얼하시는 모습을 여러 번 보았다. 지금 내가 '미륵존여래불' 하고 불명호를 외우는 것처럼, 할아버지는 '나한존전'을 계속 중얼중얼하셨다. 소사에 들어간 뒤 선생님께서 "네 할아버지가 외우셨던 것은 '나한존전'이 아니라 '나반존자那畔尊者'•라고 일깨워주실 때까지 나는 '나한존전'으로 알고 있었다. 선생님께 '나반존자'에 관한 설명을 들은 뒤, 나는 '미륵존여래불'뿐만 아니라 '나반존자'도 함께 염송하고 있다.

나의 신비주의

나는 어릴 때 당수도(당시에는 태권도라는 용어가 없었고 당수도

• 홀로 깨달아 성인이 된 사람. 우리나라 불교에서 독성각이나 삼성각에 봉안해 신앙 대상으로 삼는 성자로, 석가모니 부처님의 10대 제자나 5백 나한에서 그 명칭을 찾아볼 수 없다.

혹은 공수도라고 칭했음)에 심취해서, 1961년 중학교 2학년 봄에 이미 1단(초단, 지금의 1품이 아님)을 획득했다. 지금과 달리 당시에는 태권도 도장에서 초등학생을 찾아보기 힘들었다. 운동을 하면서 가끔 겪은 신비한 체험 등으로 말미암아 사춘기 시절 신비주의에 빠져들었다. 급기야 최면술, 차력, 투시, 축지법, 심리조정술, 염력 같은 분야에도 깊이 몰두했다.

중학교 2~3학년 때쯤 《신념의 마력》이란 책과 《제3의 눈》이라는 책을 접하고 마음이 크게 동요하였다. 당시 《제3의 눈》이란 책은 번역본이 나오기 이전이라 영어를 잘하는 아는 형에게 부탁하여 어설픈 번역 내용으로 들었는데, 내게는 큰 반향이었다. 특히 클라우드 M. 브리스톨Claude M. Bristol이 쓴 《신념의 마력》은 성인이 되고 나서도 여러 번 탐독한 책이다. '사람의 마음속에는 알지 못하는 위대한 힘이 있고, 우리 모두는 그것의 주인이 되어 우리가 원하는 바를 이룰 수 있다는 것. 우주와 인간은 하나로 연결되어 있고, 모든 것이 결국 우리 마음의 산물'이라는 내용에 가슴이 벅차올랐던 기억이 아직도 생생하다. 그런데 결국 이 놀라운 힘은 나의 잠재의식에서 나오는 것이니, 우주와 내가 둘이 아니고 하나라는 결론에 도달한 게 아닐까 싶다. 또 불교가 그런 이치와 크게 다르지 않다는 사실을 나중에 알았다.

당시 나처럼 신비주의에 빠진 또래 친구가 뭔가 소중한 것인 듯 주머니에서 종이쪽지 한 장을 꺼내 주었다. 그러고는 "이 구절을 정성을 다해 외우면 도통을 한다"라고 말했는데, 거기엔 아주 이상한 말이 써 있었다.

그 후 조계사에 다니면서 종이쪽지에 적힌 말의 정체를 알았다. 바로 《반야심경》 말미末尾에 있는 주문 "아제아제 바라아제 바라승아제 모디 사바하"였던 것이다.

나는 내 나름의 종교를 가지고 있었다. 불교 집안에서 자랐기에 불교와 부처님이라는 외피만 걸치고, 내용적으로는 실제 불교와는 상당히 거리가 먼 종교였다. 다분히 샤머니즘 수준이었다. 그러나 당시 나는 내가 만든 종교에 흠뻑 빠져 있었고, 자만심이 하늘을 찌르는 몽상가이자 망상가였다.

신앙의 대상은 우리 집안의 원찰인 봉원사 대웅전의 불상이었다. 교리는 기독교와 많이 닮은 다분히 원시적 형태이지만, 나름대로 아주 구체적이며 세밀했고 견고한 사상을 갖추었다. 말하자면 내 취향에 맞는 종교를 만든 것과 다름없었다. 조금 차이는 있지만, 누구나 나름대로 기준이 있고, 그 기준에 따라 관념의 통제를 받고 있다. 다만 나는 그런 부분에 좀 더 깊이 빠져 있었고 보다 적극적이었다.

초등학교 4~5학년 때부터 아침에 일어나면, 봉원사 쪽을 향해 앉아 그곳의 불상을 머릿속에 그리며 기도를 했다. 늦잠을 자서 허둥대며 학교에 가야 했을 때를 제외하곤 말이다. 기도에 별스러운 내용은 없었고, 문안 인사를 드리는 정도였다. 어떤 상황을 마주해도 긍정적 방향으로 해석했다. 뜻하지 않은 난관에 봉착해도 '이건 부처님께서 나를 좀 더 강한 인격체로 다듬어주시기 위해 만든 의도적인 시련이다'라는 확신이 있었다.

절대 웃지 못할 사연이 있다. 중학교 3학년 때의 짝꿍은 친할머니와 단 둘이 서로 의지하며 살았는데, 중학교 졸업 후 자기의 고향인 충주로 내려가서 나와 편지 왕래만 했다. 그런데 어느 날 그 친구로부터 자기 할머니가 돌아가셨다는 편지가 왔다. 나는 여러 가지 말로 위로와 격려의 답장을 썼는데, 말미에 '부처님께서 너를 좀 더 큰 재목으로 성장시키기 위한 선택을 하신 것이며 이 점을 축하한다!'라고 적었다. 하늘같이 믿고 의지해 살던 할머니가 돌아가셨다는데 이런 답장을 보냈으니, 그때 나는 실성의 도가 너무 지나친 미치광이와 같았다. 이를테면 자기고양적 편향증세에 너무도 깊이 매몰돼 있었다.

안성맞춤인 곳이 있다고 하여

고등학생 시절 나는 조계사에 처음 발을 디뎠다. 내 또래들이 소속된 중고등학생회에 잠시 나갔는데 수준이 맞지 않았고, 여러 가지 궁금증에 대한 답을 좀 더 빨리 얻고 싶어 곧바로 청년회 법회에 참석했다. 당시 조계사 뒤편의 단층짜리 함석 건물 강의실에서 동국대학교 서경수 교수가 자신의 저서인 《세속의 길 열반의 길》을 교재로 매주 법회를 열었다. 그분은 체구가 작았지만, 구레나룻가 아주 인상적이었다.

나는 고등학교를 졸업한 후 사정상 대학에 곧바로 진학하지 못한 채 방황하며 지냈다. 그러던 중 조계사 청년회에서 만난 심상준(초대 서울시 시의원 역임) 선생님과 함께 인생과 삶에 관해 자주 대화를 나누며, 여러 가지 조언도 들었다. 어느 날 심 선생님께 "몸을 의탁하며 배움의 기회를 가질 수 있는 곳이 있으면 좋겠다!"라는 뜻을 토로하였다. 심 선생님은 즉석에서 "안성맞춤인 곳이 있다!"라고 하셨다. 선뜻 권유해주신 그곳이 바로 백 선생님께서 계신 소사 백성목장이었다.

심 선생님은 나에게 "백 선생님은 승려 출신으로 내무부장관을 역임했으며 동국대학교 총장을 거쳐, 현재 목장을 운영하시는 도인"이라고 귀띔해주셨다. '그런 명성과 경력을 갖춘 분이 나같이 불교에 관해서는 아무것도 모르는 사람을 받아주실까' 하는 걱정이 앞서기도 했지만, 한편으로는 백성욱 박사라는 분이 어떤 인물일까 하고 몹시 궁금했다.

집에는 이런 상황을 이야기하지 않았다. 그런데 선생님을 뵈러 가기로 한 날, 아침 식사를 하는데 아버지가 전날 밤 아주 이상한 꿈을 꾸셨다며 이야기를 꺼내셨다. 꿈에 노스님 한 분이 집으로 찾아와서는 "이제 선우를 데려가겠으니 내놓으라!"라고 하는데, 아버지는 이게 무슨 일인가 싶어 "선우는 지금 집에 없다!" 하시며 버티다가 깨셨다고 했다. 나는 속으로 뜨끔했다. 아버지가 꾸셨다는 '꿈속의 스님이 혹시 백 선생님이란 분과 관련이 있는 것인가? 그렇다면 오늘 만나게 될 분이 진짜 도인일 수도 있겠구나'라는 생각이 들었다. 또는 내가 조계사와 청담 스님이 계신 도선사를 열심히 다니는 것을 알고 계신 아버지가, 혹시나 내가 출가한다고 나서면 어쩌나 하는 마음에 꾸신 꿈일 수도 있겠다고 생각했다.

이런저런 생각으로 복잡했지만, 한번 마음먹으면 뒤돌아보는 성격이 아니었고 패기가 넘치는 나이였다. 그분이 정말 도인이라면 그 실력을 가늠해보고 싶은 욕망도 마음 한편에 도사리고 있었다. 그리하여 나는 소사로 가서 백 선생님을 만나 뵙게 되었다.

백 선생님과의 첫 만남

늦더위가 기승을 부리던 어느 날, 서울 서부역(당시 서울역의 서쪽 광장에서 인천 방향 시외버스가 출발했음)에서 심 선생님을 만나 인천행 시외버스를 타고 소사삼거리(현재의 수도권 전철 1호선 소사역 남부 인근)에서 하차 후, 복숭아 과수원이 양옆으로 펼쳐진 비포장 국도를 20분가량 걸었다. 그러다가 시골 마을길로 접어들어 가다 보니 동네 거의 끝자락쯤에 왼쪽으로 시멘트 블록으로 된 회색 담장이 길게 둘러 있는 건물이 보였다. 그 건물 쪽으로 대략 50미터쯤 되는 거리의 약간 경사진 시멘트 길이 나 있다. 길을 따라 올라가니 정면에 흰색으로 페인트칠한 목재 대문이 있었다. 석재로 만든 문패가 우측 시멘트 기둥에 박혀 고정돼 있었고, 문패에 한자가 음각되어 있었다. 문패에 음각된 한자가《금경경》의 맨 끝 구절인 '응작여시관應作如是觀'이라는 것을 후에야 알았다. 그로부터 우측 방향으로 조금 떨어진 곳에 크지만 엉성하게 보이는 목장 출입문이 산 쪽 방향으로 나 있었다.

심 선생님이 초인종을 누르자 선생님께서 나오셨다. 선생님의 상의는 회색 계통의 수수한 잠바였고, 하의는 바지통이 넓은 비슷한 색의 개량 한복 같았다. 대문 안으로 들어서니 정면으로 널따란 마당이 펼쳐졌고, 들어서자마자 우측 담장과 붙은 조그만 건물이 따로 떨어져 있었는데, 나중에 알고 보니 창고 건물이었다.

선생님께서는 아무 말씀도 하시지 않고, 건물 좌측 끝에 있는 출입문으로 들어가셨다. 심 선생님과 나는 건물 중간쯤에 있는 또 다른 출입문을 통해 법당으로 들어갔다. 법당은 기다란 직사각형이었고 가운데 장지문이 있었다. 윗방의 정중앙에서 약간 뒤쪽으로 큼직한 회색 방석 위에 선생님께서 앉아 계셨다. 아랫방 한쪽 귀퉁이에는 보통 사찰에서 일반 신도들이 사용하는 회색 방석이 쌓여 있었다. 선생님께서 앉아 계신 뒤로 선생님의 사진이 높게 걸려 있었고, 그 외엔 어떤 장식물도 없었다. 벽은 무늬가 없는 흰색으로 도배되어 있었다. 선생님께서 대문을 열어주시곤 곧바로 건물 안으로 들어가셨기에, 나는 선생님을 제대로 못 뵈었는데, 드디어 법당에서 얼굴을 뵙게 된 것이다.

첫인상은 굉장히 특이한 모습이었다. 백 선생님을 처음 만나자마자 나는 불상 앞에 앉아 있는 듯했다. 심 선생님께서 미리 귀띔해주셨지만, 실제로 백 선생님의 이마 중앙에 있는 백호를 보니 기분이 묘했다. 연이어 드는 생각은 영화배우 빰치게 잘생기셨다는 거였다.

심 선생님은 품속에서 보시금이 담긴 흰 봉투를 꺼내 백 선생님 앞에 밀어놓았고, 이후 나와 함께 삼배를 올렸다. 백 선생님께서는 방석에 자리하신 채 합장을 하셨다. 이어 우리가 절할 때마다 상체를 앞으로 약간씩 숙이고 맞절하시며 뭐라 뭐라 말씀하시는데, 나는 처음엔 그 말씀을 못 알아들었다. 그 후 소사 생활을 하면서 발원하시는 내용이라는 걸 알았다.

심 선생님은 백 선생님께 나를 소개하며 "이 젊은 청년이 선생님 밑에서 공부를 하고자 한다" 하시며 간략히 나를 소개해주셨다. '과연 이분의 실력은 어느 정도일까?' '이분이 나에게 어떤 가르침을 주실 수 있을까?' '나를 받아주시기는 할까?' 설레는 마음으로 처분을 기다리고 있는데, 선생님께서는 "먼저 와서 머물며 수행하는 도반들과 상의해보라" 하셨다.

선생님의 법문이 끝나고 물러나온 뒤, 심 선생님을 따라 법당이 있는 건물을 끼고 돌아 뒷마당을 거쳐 약간 비탈지고 구부러진 길을 1백 미터가량 올라갔다. 우측에 우사가 있고, 좌측의 축대 아래에 농가 주택처럼 보이는 아래채가 있었다.

우사는 한가운데에 통로가 있었다. 입구 왼쪽은 사료 창고, 오른쪽은 조그만 방이었다. 통로 양쪽으로 소 한 마리가 넉넉하게 들어갈 정도의 칸이 여러 개가 있었다. 굵은 쇠 파이프로 되어 있어서 견고하게 보였다. 대략 6~7칸이었으니 모두 12~14마리 정도를 수용할 수 있는 시설이었지만, 내가 있는 동안에 그 칸이 꽉 찬 경우는 없었다.

우사의 작은 방에 머물며 김재웅 씨, 김동규 씨, 남창우 씨, 이렇게 세 분이 목장에서 일과 수행을 병행하고 있었다. 그 분들은 일반 평상복 차림의 각기 다른 작업복을 입고 있었다. 심 선생님은 세 분과 이미 친숙한 사이인 듯 서로 인사를 나눈 뒤, 선생님의 말씀대로 나에 대한 이야기를 했다. 가만히 들어보니 입소 여부를 상의하는 게 아니고, 그분들에게 통보 비슷하게 대화가 흘러가는 것 같았다.

하긴 공부하러 오겠다는 사람을 반대할 수는 없었겠다. 김동규 씨는 조계사 청년회에서 나와 알고 지낸 사이로, 도선사에서 청담 스님도 함께 뵙고 그곳의 참회 도량에서 회원들과 밤을 새워가며 3천 배 정진도 동참한 적이 있으니, 그분도 나도 서로 반가웠다. 순간 내가 정말로 이곳에 머물게 되나 하는 생각과 너무 쉽게 소사 입소를 허락을 받은 것 같다는 생각이 동시에 들었다.

일단은 집에 돌아가 부모님 허락을 받고, 추후 날을 잡아 제대로 입소하기로 하였다. 며칠 후 아버지께 자초지종을 털어놓으니 예상했던 것과 달리 아버지의 반응은 무덤덤하셨다. 그럴 줄 아셨다는 듯했다. 그렇게 나의 가출 같기도 하고 출가 같기도 한 소사 생활이 시작되었다.

첫 소사 생활

첫 소사 입소

1966년 10월 15일 보따리를 들고 소사로 들어갔다. 신문도 안 보고 라디오도 없던 소사에 들어간 며칠 후 들었는데, 그날은 효봉(1888~1966) 스님이 입적하신 날이었다. 지금 생각하면 내 운명이 바뀌기 시작한 아주 역사적인 날이다! 내가 지금도 입소일을 기억할 수 있는 건, 그때까지만 해도 인체의 그림을 그려놓고 급소의 종류, 명칭, 정확한 위치 등을 연구하며 평소 메모하는 습관이 있었기 때문이다. 그림 실력이 뛰어나진 않았지만, 60여 년 전 내가 그린 인체도가 지금도 남아 있다. 그런데 선생님께서는 메모하는 습관을 달가워하시지 않아 차츰 메모하지 않게 되었다. 선생님의 만류가 아니었으면 법문뿐만 아니라 소사 생활을 세세히 기록했을 터이다. 그랬다면 지금은 누구보다 상세하고 실감나게 소사 생활을 표현할 수 있었겠다.

소사 생활은 예상보다 몹시 고되고 힘들었다. 도대체 내가 여기서 뭘 하는 것인가 어리둥절했다. 선생님을 딱 한 번 뵌 뒤, 무작정 소사 생활을 시작한 나는 내 앞에 닥친 모든 현실이 벅찼다. 우선 육체적으로 고되었다. 운동으로 제법 단련된 나였지만 감당하기가 쉽지 않았다. 말이 수행이지, 매일 새벽에 일어나자마자 작업을 시작해서 밤늦게까지 해야 할 일이 계속 이어지는 데다가, '오후불식吾後不食'이라고 하여 저녁을 안 먹으니 저녁나절부터 다음 날 아침 식사 때까지 이루 말할 수 없을 정도로 배가 고팠다. 식욕이 왕성해서 음식을 많이 먹을 때였는데, 그 배고픔은 정말 견디기 어려웠다.

고달픈 소사 생활

소사에서 나는 공양주 역할을 맡았다. 우리 집 부뚜막에 걸려 있는 가마솥보다 큰 알루미늄 밥솥이 있다는 사실에 놀랐다. 솥뚜껑은 요즘 볼 수 없는 두툼한 목재로 만든 것이었다. 일반 가정용 도마로는 감당할 수 없어 솥뚜껑을 뒤집어 도마로 사용했다. 아래채에 있는 우물에서 물지게로 물을 길어다가 큰솥에 밥을 짓고 국을 끓이는 일이 주된 업무였다.

젖소 분변을 치우는 일과 젖소 사료를 주는 일 등도 상황에 따라 닥치는 대로 해야 했다. 고참 세 분이 담당하는 일은 더 힘들고 어려웠겠지만, 나는 나대로 생전 처음 해보는 듣도 보도 못한 일이라서 힘들고 고달팠다. 쌀을 씻고 조리질한 뒤 밥을 안치고 국을 끓였다.

전임 공양주인 남창우 씨가 가르쳐주는 대로 밭에서 무청을 솎아내고 고구마를 캐다가 된장(전통 조선 된장)을 휘휘 풀어 한 솥 가득 국을 끓이고 밥을 지었다. 아기 머리만큼 큰 고구마(그렇게 큰 고구마는 그곳에서 처음 봤다)와 무청은 실했고, 맨손으로 뜯어낼 수 없을 정도로 표면에 따가운 가시가 있었다.

산을 목초지로 만들기 위해 고용한 인부들은 평균 10~15명 사이였다. 김재웅 씨는 이들의 근무 현황을 체크했고,

며칠에 한 번씩 품삯을 계산하고 지불했다. 그런데 가끔 국에서 구더기가 둥둥 떠다녔다. 된장을 조리에 넣고 숟가락으로 잘 풀면서 이물질을 확인해야 하는데, 일이 바쁘기에 그냥 된장을 한 움큼 집어 곧바로 국에 넣고 끓이다 보니 그런 현상이 벌어졌다. 요즘에는 된장과 고추장을 위생적으로 관리해서 그런 일이 없지만, 당시만 해도 된장에서 가끔 구더기가 나왔다. 어른들은 그것을 '가시가 생겼다'라든가 '쉬가 쓸었다'라고 했다. 국을 다 끓인 뒤, 국솥을 휘휘 저어서 눈에 띄는 것만 숟가락으로 대충 떠서 버리면 그만이었다. 그러다 보니 국에서 미처 걸러내지 못한 것이 있을 수밖에 없었다.

다른 반찬은 없었고 밥과 국뿐이었다. 밥그릇과 국그릇도 구별 없이 똑같이 약간 두툼한 회색의 알루미늄 제품을 사용했다. 인부들은 본인들 양껏 마음대로 직접 퍼다 먹었다. 그들은 가끔 국에서 구더기를 발견해도 언짢아하지 않았고, 오히려 자기들끼리 까르르 웃음을 터뜨리곤 했다. 인부 중 일부는 밑반찬을 조금 챙겨 와서 먹기도 했다. 당시 인부들은 우리 중 제일 키가 컸던 김재웅 씨를 '큰 김씨', 같은 김씨이지만 김재웅 씨보다 키가 작은 김동규 씨를 '작은 김씨' 그리고 남창우 씨를 '남씨'라고 불렀다. 내 딴에는 가장 나이가 많은 김동규 씨가 큰 김씨인 줄 알았고, 한동안은 좀 헷갈렸다.

밥맛은 늘 꿀맛이었다. 조계사에서 몇 달에 한 번씩 청년회 회원들이 단체로 선생님의 법문을 들으러 내방했다. 그분들은 서울 서부역에서 시외버스를 타고 한 시간 반가량 이동한 뒤, 소사삼거리에서 하차하여 비포장 국도를 20여 분 정도 걸어 백성목장에 도착했다. 선생님의 법문을 듣고 나면 점심 때가 지나기 때문이기도 했겠지만, 모든 방문객이 식사가 맛있다는 소리를 많이 했다. 고백하건대, 조계사 청년회원들처럼 외부에서 오신 손님들이 식사할 때면, 조금 더 관심을 갖고 국솥을 뒤지면서 살펴봤을 뿐이다.

직접 재배한 농산물로 즉석에서 만들어낸 음식은 그 어떤 진수성찬 못지않았다. 그 시절 그곳 그 사람들과 함께하지 않았다면 재현해낼 수 없는 맛이라는 생각이 든다.

소사에는 '짐차'라고 불리던 큰 자전거가 있었다. 김재웅 씨는 며칠에 한 번씩 그 자전거로 쌀을 한 가마니(당시엔 짚으로 짠 가마니였음)씩을 실어 왔다. 당시는 배달비를 따로 받지 않았고, 자주 쌀을 구입하는데 왜 배달을 시키지 않고, 매번 낑낑대며 힘들여 직접 싣고 왔는지 모르겠다. 나의 본가에서도 늘 미곡상에서 배달해주는 것을 봤는데, 이상하다고 생각했지만 물어보지는 않았다. 지금도 그렇지만 당시에도 가게마다 쌀값이 약간씩 차이가 있었기 때문에, 직접 가지고 가겠다는 조건으로 조금이라도 경비를 절약하려고 했던 것이 아닐까 추정할 뿐이다.

젖소 사육에서 우유 납품까지

당시 백성목장이 소유한 산에는 소나무와 아카시아나무가 널려 있었다. 나무를 베고 목초지 조성 작업이 한창이었다.

내가 소사로 들어간 며칠 후, 김재웅 씨가 백성목장이라고 세로로 쓴 간판을 목장 출입문의 왼쪽 기둥에 걸을 것인지 오른쪽 기둥에 걸을 것인지를 김동규 씨랑 남창우 씨와 함께 의논하는 소리를 들었다. 그렇다면 그전에는 간판도 없었나 싶었다.

백성목장이란 간판이 걸린 출입문이 볼품은 없었지만, 트럭이 드나들 정도로 제법 크고 견고했다. 우리는 소젖을 짜고 산 전체를 젖소 키우기 알맞게 개간하는 일을 주로 많이 했었다. 나는 새벽에 일어나 제일 먼저 소젖을 짜기 위해 쓰일 물을 끓이고(소젖을 짜기 위해서는 따뜻한 물수건으로 젖소의 유방 부분을 마사지해야 했다), 인부들이 먹을 밥을 짓고 국을 끓이고 설거지도 했다. 절에서 공양주 보살들이 하는 일을 내가 도맡아 하기 시작했다. 내가 가기 전에는 남창우 씨가 그 일을 해왔는데, 그게 자연스레 신입인 나에게 주어진 임무였다.

백성목장 사료 창고에는 커다란 사료 통(드럼 통으로 된 것도 있었고 두꺼운 종이로 만들어진 통도 있었음)들이 있었다. 젖소에게 사료를 먹일 때가 되면 자주색 큰 대야를 갖고 들어가, 4~5개쯤 되는 사료 통에서 커다란 바가지로 사료를 골고루 퍼내어 섞은 다음 큼직한 자석으로 휘휘 저으며 섞었다. 자석으로 휘젓는 이유는 사료를 만드는 과정에 들어갔을 수도 있는 이물질을 걸러내는 동시에 사료가 잘 섞이게 하기 위해서였다. 그렇게 하고 나면 심심찮게 작은 금속 물질이 자석에 달라붙었다. 그냥 젖소에게 사료를 먹이면 젖소의 소화

기관에 장애가 일어날 수 있기에 그런 과정을 거쳐야 했다. 그렇게 해서 제대로 잘 섞인 사료를 소들에게 배식하는 일도 했는데, 정작 소 젖 짜는 일은 소사에서 생활하면서 한 번도 하지 못했다.

아침에 누구라도 제시간에 먼저 일어나서 불을 켜고 침구를 개키면, 부스럭거리는 소리를 듣고 다 함께 자리에서 일어났다. 자명종 시계가 없어서인지 다 함께 늦잠을 자서 허둥댄 적도 있다. 사실 늦잠을 자면 절대로 안 된다. 젖소에서 짜낸 우유 양동이를 들고 우물로 내려가서 찬물에 어느 정도 식힌 다음, 식힌 우유를 '백성목장'이라고 페인트로 써 있는 20리터 용량의 스테인리스 통에 옮겨 담아, 그것을 리어카에 싣고 동네 한가운데를 지나 국도까지 나가 기다리면, 서울우유협동조합 트럭이 왔다. 그 수거 트럭이 오는 시간을 맞추려면 모두가 바쁘게 움직여야 했다.

보통 2~3통을 수거 트럭에 실었는데, 한번은 시간을 맞추지 못해 우유통을 실어 보내지 못했다. 다른 목장의 우유 통도 수거해야 하기 때문에, 트럭이 오래 기다리지 않고 그냥 가버렸기 때문이다. 당일 실어 보내지 못한 우유 통은 우물에 담가 보관했다가, 그다음 날 다시 실어 보낸 적도 있다. 그럴 경우 다음날 우유 통을 수거해갈 때까지 우유가 상할까봐 여간 신경이 쓰이는 것이 아니었다. 보통은 우유가 들어 있는 통을 실어 보내고 전날 보냈던 빈 통을 받아오는데, 가끔 우유가 들어 있는 채로 다시 돌려받는 경우가 있었다. 조합에서 수거해간 우유를 대상으로 각종 테스트를 하는데, 우리가 납품한 우유가 불합격 판정을 받은 것이다. 반품으로 들어온 우유 통을 갖고 올라와 뚜껑을 열어보면, 틀림없이 우유가 파란색 아니면 분홍색을 띠었다.

생산자의 재판매를 방지하기 위해 식용 색소를 넣는다고 했다. 결국 반품된 우유는 전부 쏟아버렸다. 그런 날이면 우리는 그야말로 초상집 같은 분위기에 휩싸였다. 젖소에게 사료를 주고 방목도 시키고 정성스레 보살펴 우유를 생산하여 납품했는데, 불합격이라니 참으로 딱한 노릇이었다.

우리의 불찰로 벌어진 상황이었기에 선생님께 몹시 죄송했다. 우유를 짜서 받아내는 양동이에서 납품용 스테인리스 통까지 청결하게 관리해야 했기에 항상 긴장할 수밖에 없었다. 지금 생각하면 이런 일들이 마음공부하는 과정이 아니었나 싶다. 당시 소사 근처에 '소나무 목장'이라는 제법 규모가 큰 목장이 있었는데, 두 김씨와 남씨는 가끔 그곳으로 견학을 다녀오기도 했다. 그곳에는 전문 목동들이 있었고, 백성목장은 아무래도 우유 생산만을 전문으로 하는 곳이 아닌 까닭에 실수하는 일들이 벌어진 듯했다.

소사에서 있으면서 나는 그곳에서 생산한 우유를 단 한 방울도 맛보지 못했다. 다만 언젠가 집에서 생활하던 중 선생님께 문안 인사를 드리러 갔을 때였다. 법당에서 대화 도중에 내가 아침 식사를 하지 않았다는 사실을 아신 선생님께서, 마치 큰일이라도 일어난 듯이 "어, 그러냐? 그럼 안 되지!" 하시면서 부리나케 안으로 들어가시더니 우유 한 대접과 카스텔라 한 덩이를 가져다주셨다. 그게 처음이자 마지막으로 맛본 백성목장의 우유였다.

허기진 공양주

소사에서는 저녁을 먹지 않았다. 대신에 한 끼를 먹을 때 보통 사람의 두 배는 먹었다. 내가 처음 심 선생님과 소사를 방문했을 때, 세 분과 함께 점심을 먹었는데 엄청난 식사량에 놀라 멍하니 보고 있으니, 남창우 씨가 나를 보며 한마디를 했다. "너도 이제 이렇게 돼!"

정말 소사에서 생활하다 보니 나도 그렇게 되었다. 내가 소사에 입소한 초기에는 인부들에게 저녁 식사도 제공했다. 인부 중에는 아래채에서 침식하는 사람이 몇 명 있었기 때문이다. 그런데 나는 밥을 짓되 먹지를 못했으니, 정말 견디기 어려웠다. 아래채 부엌에서 밥을 할 때가 있었는데, 어찌나 배가 고프던지 누룽지를 몰래 먹었던 기억이 난다. 언젠간 라면 스프를 맹물에 타서 마시기도 했다.

허기가 지는 건 나뿐만이 아니었다. 어디서 난 건지는 몰라도 오후에 미숫가루를 몇 번 먹었다. 한데 선배들을 보니 미숫가루를 묽은 반죽처럼 만들어 숟가락으로 떠먹었다. 나도 따라서 그렇게 만들어 먹었더니 저녁을 먹은 것처럼 든든했다.

첫 번째 1백 일은 아니었는데, 저녁 시간에 선생님께 고사

떡 공양이 들어왔다. 커다란 알루미늄 그릇에 시루를 통째로 엎어 떡만 갖고 우사로 올라왔는데, 김이 무럭무럭 피어오르는 고사 떡을 보고 군침을 삼키던 중 누군가가 "그래도 맛은 봐야겠지요"라는 말을 했다. 우리는 둘러앉아 '고맙게 잘 먹겠다'라는 뜻의 발원을 한 후 떡을 먹기 시작했다. 한데 중간에 그 누구도 "이제 그만 먹자"라는 말을 꺼내지 못해 결국 그 큰 그릇이 바닥이 날 정도로 배불리 먹고 말았다. 오후불식의 계율을 다 함께 어긴 것이다.

워낙 일이 많았기 때문에, 아침저녁에만 《금강경》을 읽었다. 아침에는 전날 점심 이후에 먹은 게 물밖에 없으므로 허기가 져서 소리 내어 읽기가 힘들었다. 저녁에는 하루의 피로가 급격히 몰려와 졸다가 《금강경》을 손에서 떨어뜨리기도 했다. 가만 보니 나만 그런 게 아니고 전부 그러했다. 그만큼 다들 힘들었다는 증거였다.

우리는 방에서 따로 식사했다. 별다른 반찬은 없었는데, 가끔 사모님이 김치 담근 것을 항아리째 주시거나 고추장이 담긴 작은 항아리를 주셨다. 아침 식사를 마치고 인부들은 산으로 작업하러 나가고, 우리 네 사람은 양치질을 하곤 곧바로 선생님께로 가서 법문을 들었다. 보통 전날 저녁에 꿨던 꿈의 내용을 말씀드리거나, 생활하며 생각났던 것들에 대해 선생님께 이런저런 질문을 하는데, 나는 그런 게 다 귀찮고 피곤하기만 했다.

선생님은 내 이름도 모르시는지 "거기, 그 쪼그마한 사람!

나한테 뭐 물을 거 없나?"라고 말씀하셨는데, 그럴 때마다 나는 기분이 언짢아 공부고 뭐고 다 때려치우고 그만두고 싶은 생각만 굴뚝 같았다. 쪼그만 사람이라니! 내가 다른 수행자들보다 키가 작지 않은데 말이다. 심 선생님 소개로 소사에 들어온 게 아니라면 진즉에 줄행랑쳤을 게 분명했다.

나는 맡은 소임도 벅찬 데다 배고픔뿐만 아니라 함께 생활하는 도반들 때문에도 힘이 들었다. 나보다 먼저 소사에 들어와서 공부하는 세 사람 말이다. 당시 나는 그들과 지내며 스트레스를 아주 많이 받았다. 지금에야 서로 엇비슷한 처지이지만 당시에는 나이 차를 극복하기 힘들었다. 우선 당시에 소사 왕고참인 김재웅 씨는 호적상 나보다 다섯 살 위였고, 원래 안면이 있던 두 번째 고참인 김동규 씨는 나와 띠동갑으로 열두 살이 많았으며, 남창우 씨는 나보다 여덟 살이 많았다. 한데 이 글을 작성하면서 김재웅 씨의 사단법인 청우불교원 사이트를 확인하니, 그분이 소사 생활을 시작한 연도가 1966년인 것을 확인했다. 그렇다면 자동적으로 김동규 씨나 남창우 씨도 소사 입소 시기가 1966년일 것이고, 결국 나와 함께 당해 연도 동기생(?)이라고 할 수가 있겠다. 솔직히 당시에는 입소 기간이 엄청 차이가 나는 선배인 줄 알았다. 그분들은 나에게 들으란 소리인지 가끔 이런 말도 했다. "사찰 승려들의 경우 출가 선후배 간 위계질서는 무서우리만치 엄하다."

그분들은 서로 간에 "김 형!" 또는 "남 형!" 이렇게 호칭하며 일상 대화에서 존대하면서도, 나에게는 그냥 "선우야!"라고 이름을 부르는 등 쉽게 말을 놓는 것이 언짢았다. 나이 차도 많이 나는 데다가, 나는 불교에 관해서는 워낙 아는 것도 없어서 뭐라 항변할 처지가 아니었다. 《금강경》을 읽더라도 앞쪽에 써 있는 한자는 아는 글자가 별로 많지 않아 뒤쪽에 한글로 수록된 부분으로만 읽는 수준이었다. 또 소사에서 감당해야 하는 일은 모두 처음 해보는 거라, 몹시 서툴렀다. 그분들은 나를 도반으로 여기는 의식이 조금 옅었던 듯싶다. 당시 그분들에게 나는 존재감 없는 그저 객꾼 정도이지 않았나 싶어 아쉬웠다. 젊은 날의 내 생각에는 그러했다.

1백 일도 못 채우는 게 남자냐?

공부하러 왔는데 이게 다 뭐란 말인가? 배는 고프고 일은 고되고 뜻도 모르면서 《금강경》 독송하는 게 어떤 의미가 있겠나 싶었다. 하지만 나를 선생님께 소개해준 심 선생님의 체면을 생각해서 도망치고 싶은 마음을 꾹꾹 참고 견뎠다. 심지어 1백 일을 채우려면 얼마나 남았는지 날짜를 세어가면서까지 가까스로 버티다가, 결국 소사에 입소한 지 30일째 되는 날 쭈뼛거리며 선생님께 말씀드렸다. "한글로 쓰인 경을 읽어도 된다고 하셨지만, 아무래도 밖에서 기본적인 불교 공부를 더 하고 와야 할 것 같습니다. 함께 공부하는 분들과 격차가 나서, 제가 그분들의 공부에도 방해가 되는 듯하고…." 얼핏 들으면 그럴듯한 하소연인 것 같지만, 실은 소사에서 탈출하려고 치밀한 작전을 꾸민 것이다. 내 딴에는 그럴듯한 핑계라고 생각했고, 사실 솔직한 심정을 털어놓은 셈이었다.

입이 삐쭉 나온 나를 보곤 선생님께선 "남자가 뭘 하려고 딱 마음을 먹었으면 일단 1백 일은 채우고 난 뒤 그만하겠다든가 어쨌다든가 해야지. 남자가 1백 일도 못 채우고 그러면 되나?"라고 덤덤하게 말씀하셨다. 정말 의외였다. 선생님께서 뭐라고 하시든 갖가지 이유를 대고 나가고자 마음먹었는데, 말문이 막혔다. 선생님은 1백 일이라는 마지노선과 나의 자존심을 건드려 요동치는 내 마음을 딱 잡아버리셨다.

그때부터 마음을 새롭게 다잡았다. '할 수 없다. 일단 1백 일은 정진해보자. 이 기간은 목숨을 걸고 해보자! 선생님 말씀처럼 남자가 이것도 못 하고, 어디 가서 뭘 한다고 할 수 있겠어?' 저녁때 졸음이 쏟아지면 머리를 벽에 찧고 혀를 깨물며, 달라진 마음과 자세로 《금강경》을 읽고 '미륵존여래불' 정진을 했다.

그런데 얼마 후 갑자기 남창우 씨가 나를 부를 때 "이 씨!"라고 불렀다. 김재웅 씨나 김동규 씨는 "어이!"라고 부르거나 그냥 "선우!"라고 호칭을 바꿔 불렀다. 평소 나를 부를 때의 호칭인 "선우야!"에서 '야' 자가 빠지고 그냥 "선우!"로 바뀐 것이었다. 그리고 반말을 하던 나에 대해 반말도 아니고 존대도 아닌 어정쩡한 어투로 돌변했다. 나는 '이 양반들이 갑자기 왜 이러나?'라고 이상하게 생각했는데, 나중에 남창우 씨의 이야기를 듣고 나서 그 의문이 해소되었다. 선생님께서 그들에게 내 이름을 함부로 막 부르며 하대하지 말라고 하셨다고 했다.

찬밥 공양과 비화

소사 생활은 육체적으로 무척 고달팠지만, 그래도 선생님 가르침대로 《금강경》 독송을 하며 '미륵존여래불' 하고 그때그때 떠오르는 생각들을 바쳤다. 처음엔 이런 생활이 몸에 익지 않아 무척이나 힘들었지만, 1백 일은 채워보자고 결심하고 난 후엔 그럭저럭 버틸 만한 힘도 생겼다. 꾸준히 하다 보니 날뛰는 마음이 쉬는 듯했다.

산을 목초지로 개간하는 인부 중 어떤 사람이 작업을 하면서, 뭐라고 중얼거렸다. '미륵존여래불' 염송을 하는 것 같기도 하고 아닌 것 같기도 하여, "지금 뭐라 하는 건가요?"라고 물었더니, 두 김씨와 남씨가 하고 있는 "'미국존여왕벌'을 따라서 하는 중"이라고 했다. 그러면서 '미국존여왕벌'의 정체가 궁금하다는 말을 듣고 배꼽을 잡았다. 인부들에게는 '미륵존여래불'이 '미국존여왕벌'로 들렸나보다. 아마 한 사람이 그렇게 들었고 그걸 인부들이 서로 공유한 듯했다. 지금 생각해도 웃기는 일이지만, '미국존여왕벌'이라고 하면 어떠랴.

김재웅 씨, 김동규 씨, 남창우 씨, 이 세 분은 평소 서로 존대를 하고 품위를 지키며 지냈다. 그러나 공동생활을 하다 보니 서로 의견 차이나 어긋나는 부분이 있는 듯했다. 해야 할 일은 끝없이 산적해 있었고, 작업 속도나 능률에 대한 시각차가 있을 수밖에 없었다.

나와 세 분은 항상 '미륵존여래불'을 큰소리로 염송하며 바치는 공부를 했다. 일례로 나는 장작불을 때며 밥을 짓고 국을 끓이면서 '미륵존여래불' 염송을 소리 내어 했고, 그분들은 그분들대로 작업을 하며 염송을 했다. 소사 생활에 익숙해질 때쯤 나는 그분들이 염송하는 목소리의 톤이나 박자를 들으면 '아, 이유는 모르겠지만 세 분의 의견이 엇갈렸구나!' 하는 것을 금세 알아챌 수 있었다.

우선 김재웅 씨는 세 사람 중에 가장 젊고 왕고참인 데다가 키가 크고 힘이 좋은 편이었다. 가령 지게에 나뭇단을 지더라도 많은 양을 짊어질 수 있는 체력이 있었고, 그 어떤 어렵고 고된 작업을 맞닥뜨려도 주저하지 않고 저돌적인 태도로 임하는 스타일이었다.

반면 김동규 씨와 남창우 씨는 아무래도 체력적으로 다소 열세이므로 조심성이 있는 편이어서, 그곳의 전체적인 작업을 거의 김재웅 씨가 이끌어가는 편이라고 볼 수 있었다. 내가 보기엔 당시 김재웅 씨가 많은 부분을 감당해내고 있었던 것 같다!

세 사람은 의견이 일치하지 않을 때 겉으로 드러내지는 않고, 한결같이 나에게 잔소리를 했다. 정확히 말하자면 어긋난 의견에 대한 직접적 표현을 자제하고, 나에게 잔소리를 함으로써 우회적으로 서로 간 의사전달을 하며 조율을 도모하는 거라고 느껴졌다.

이런 상황이 반복되다 보니 서운하고 미운 마음이 들기 시작했다. 겨울이었다. 인부들은 한 명도 없이 달랑 우리 네 명만 지낼 때였다. 평소 배식을 할 때면 밥솥과 국솥을 방 안에 가지고 들어가서, 밥그릇에 밥을 퍼 담아 고참 순으로 밥그릇을 건넸다. 김재웅 씨, 김동규 씨, 남창우 씨 순이었다.

밥이 뜸들 때쯤, 솥뚜껑을 열고 지난 식사 때 먹고 남은 찬밥을 맨 위에 얹어서 데우기 마련이다. 또 갓 지은 밥과 찬밥이 어우러지게 서로 잘 섞어서 퍼 담아야 하는 것이 원칙이다. 그러나 나는 선배들에 대한 서운하고 미운 마음에 나에게 가장 잔소리를 많이 한 사람에게는 찬밥 찐 부분만을 담아서 건넸다. 나에게 잔소리를 한 대가로 골탕을 먹인 것이다. 지금 생각해도 웃음보가 터진다. 솥뚜껑 운전사의 본때를 보였다고 해야 할까? 원래 지금도 공양간 보살들의 권위나 세력이 막강하지 않은가!

세 명의 수행자

세 사람과 관련하여 숨겨진 사연이 또 있다. 여기저기 잔설이 남아 있었고, 인부 없이 우리끼리만 소사에서 생활하고 있을 때였다. 당시 우사에는 젖소뿐만 아니라 일소인 누렁소 한 마리가 있었다. 나는 소사 선배 중 한 명과 함께 누렁소에 리어카를 연결하여, 젖소 분변을 실어다 산등성이에 쏟아놓는 작업을 했다. 목초지 조성지에 거름을 주는 일이었다.

매끄럽지 않은 산길이었지만 리어카는 다닐 만했다. 선배는 앞에서 누렁소의 코뚜레를 잡아끌었고, 나는 뒤에서 리어카를 밀고 올라갔다. 그런데 누렁소가 잘 가다가 조금 더 경사진 곳에 다다라서 꼼짝도 하지 않고 버티고 서버리고 말았다. 선배가 소를 다루는 데 서툴기 때문인 듯했다.

선배는 일소를 향하여 '미륵존여래불'을 계속 염송하더니, 엄포용으로 갖고 다니던 회초리로 때리는 시늉을 몇 차례 하기도 하고, 코뚜레를 잡아당겨 보기도 했다. 그럼에도 일소가 꼼짝을 안 하자, 결국 회초리를 나에게 건네며 소를 때리라고 시켰다.

'세상에! 마음공부한다는 사람이 자기는 소에게 회초리질을 하면 그에 대한 업보를 받을까봐 때리질 않으면서, 나에게 때리라고 하다니!' 정말 기가 막혔다. 나는 어쩔 수 없이 회초리질을 했고, 꿈쩍도 하지 않던 일소는 놀라서 움직였다.

나는 선배의 태도에 아연실색했고 무척이나 섭섭했다. '나보다 공부를 많이 했다는 사람이 어떻게 이런… 악업은 내가 짓고 자기는 선업을 짓는다?' 한편 일소에게는 이렇게 말하고 싶었다. '너는 여기서 일하려고 사는데, 네가 꾀를 부리고 마땅히 할 일을 하지 않으면 당연히 회초리를 맞아야 한다!'

이후에도 일소는 그 지점에만 가면 멈추길 반복했고, 그럴 때마다 선배는 회초리를 내게 쥐여주었다. '자기는 소에게 인심을 쓰며 너그러운 양하고, 나는 악역을 계속 맡기겠다는 건가?' 속이 부글부글 끓고 부아가 치밀어 선생님께 저간의 상황을 말씀드리며 질문을 드렸다. 사실 선생님께 억울함을 호소할 겸 일러바치기 위해서였다.

"선생님, 이런 경우에 때리라고 시킨 사람이 벌을 받나요? 아니면 때린 제가 벌을 받는 건가요? 누가 더 많이 벌을 받게 되나요?" 내 말을 듣고 선생님께서는 온몸을 흔들면서 껄껄 웃으셨다. 내가 고자질을 한다는 사실을 알아채신 듯했다.

선생님께서는 웃으실 때 천진난만한 아이가 웃는 모습 같은데, 그때는 웃어도 너무 웃으셨다. 선생님께서는 계속 웃으시며 이렇게 말씀하셨다. "그 녀석 참! 그런 거 신경 쓸 거 없다! 거기다 대고 '미륵존여래불' 해라! 그럼 된다."

사실 아직도 나는 선생님께서 해주신 "'미륵존여래불' 해라. 그럼 된다"라는 당시의 이 법문은 후련하지 않다. "너의 생각은 다 궁리이고 잘못된 생각이니, 전부 부처님께 바쳐라!"라는 말씀을 자주 하셨는데, '선생님은 말문이 막히시면 저 말씀을 하시나?' 하는 생각까지 들었다.

선생님께서 그 선배에게 뭐라고 법문하셨는지 모르겠지만, 얼마 후 내가 다시 일소를 때려야 하는 상황은 발생하지 않았다. 그 일에서 내가 제외되었던 건지는 정확히 기억나지 않는다.

백 선생님과의 독대

마음의 티끌을 태워 없앴다는 거지

우리는 면도할 때 자전거에 달린 백미러를 사용했다. 어느 날 나는 백미러를 보며 면도를 하다가, 달라진 내 얼굴을 보고 깜짝 놀랐다. "옛 도인들은 자기 얼굴을 보려면 맑은 물에다 비춰 보았다"라고 하시던 선생님의 말씀이 떠올랐다. 암튼 날카롭고 독기가 서렸던 내 눈매가 한층 부드럽고 착해짐을 보았다. 그때 생각했다. '마음먹은 대로 사람의 몸이 시시각각 변하고 바뀌는구나.'

달라진 내 모습을 본 선생님께서 맞춤 교육을 해주셨다. 가을이라 인부들은 없던 어느 날 아침, 식사 후 여느 때처럼 다 함께 선생님께 법문을 들으러 법당으로 내려갔는데, "너는 내일부터 아침 설거지를 끝내고 내려오거라"라고 나에게 말씀하셨다. 그 바람에 나는 자동적으로 그다음 날부터 첫 1백 일을 마칠 때까지 선생님과 독대를 하게 되었고, 자연스럽게 선생님께 속 깊은 말씀을 드릴 수가 있었다. 선생님과 대화를 나눈 뒤, 그 자리에서 장궤 자세로 '미륵존여래불' 정진을 했다. 선생님께서 그만하라고 하실 때까지 계속했는데, 대개 한 시간가량이었다. 힘든 정진이 거듭될수록 무언가 달라졌는데, 그중 하나가 신기한 꿈을 많이 꾸는 것이었다.

산더미처럼 쌓인 검불에 불을 붙여 태우는 꿈을 꾼 뒤, 선생님께 여쭤보았더니, "네가 그걸 불태웠으니 다행이다"라고 말씀하셨다. "그 검불이란 게 바로 《금강경》에 나오는 '미진중微塵衆'이다! 티끌이란 말이지! 네 마음의 티끌을 태워 없앴다는 거지!"라고 하셨다.

몸뚱이가 궁리하는 생각이지

언젠가 꿈속에서 나는 눈물을 펑펑 쏟으며 흐느껴 울면서 《금강경》을 읽었다. 잠에서 깨어나 '도대체 이건 뭔가?' 하는 마음이 들어 아침에 선생님께 꿈 이야기를 말씀드렸다.

선생님께서는 대수롭지 않다는 듯 이렇게 말씀하셨다. "네가 이제 《금강경》을 읽고 감동해서 눈물을 흘렸구나. 《금강경》 제14분에도 있지 않니? '수보리가 부처님 법문을 듣고 감격해서 눈물을 흘린다[爾時 須菩提 聞說是經 深解義趣 涕淚悲泣]'라는 대목이 있지 않니?" 하고 자상하게 꿈을 해석해주셨다. "그런데 저는 아직 《금강경》의 뜻을 잘 모르기 때문에 눈물을 흘릴 정도의 감동이란 말씀이 전혀 실감 나지 않는데요?" 하고 말씀드렸다. 그랬더니 "그건 지금 너라고 하는 몸뚱이가 궁리하는 생각이고, 너의 근본 마음은 이미 깨닫기 시작한 것이지!" 하며 덤덤하게 말씀하셨다.

당시 나는 한자를 제대로 알지 못해서 한글로 쓰인 《금강경》만 읽을 수밖에 없었다. 한자 뜻도 모르거니와 문장이 내포한 의미는 더욱 알 길이 없었다. 그런데 선생님 말씀을 듣고 보니 절로 고개가 끄덕여졌다. 실로 불가사의하고 신통하다는 생각이 들었다.

네가 삼존불을 뵈었구나

소사에서 수행하는 분들은 뱀이 나오는 꿈을 자주 꾼다고 했다. 선생님께서는 그럴 때마다 "그 뱀을 죽이지 그랬니"라고 하셨다. "뱀은 탐진치의 대명사로 특히 진심으로 뭉쳐 있다"라고 하셨다.

어느 날 나는 무쇠로 만들어진 커다란 용 한 마리가 나오는 꿈을 꾸었다. 그런데 그 용이 산산조각이 나서 우사로 와르르 쏟아졌다. 수행하면서 나의 탐진치가 떨어져나가는 꿈이라고 생각했다. 내 교만이 얼마나 극에 달하고 내 성격이 얼마나 고집불통이었으면, 뱀이 아닌 무쇠로 만들어진 용이 보였을까 싶었다. 어리석은 생각들, 나 잘났다는 마음에서 벗어나 홀가분해지는 듯했다.

또 어느 날에는 거인 세 명이 꿈에 나타났다. 현실에서는 볼 수 없는 어마어마하게 큰 사람이었다. 광활한 하늘과 맞닿는 정도의 키에 비단옷을 입고 있었고, 멀리 보이는 산과 산 사이에 발을 딛고 서 있었다. 거인 세 명 중 중앙에 있는 한 명이 가장 크다고 느끼며 넋을 놓고 바라보았다. 이런 신기한 꿈이 무엇을 의미하는지 선생님께 여쭙자 "네가 삼존불을 뵈었구나"라고 하셨다. 내가 아리송해하는 표정을 짓자 선생님께서 설명을 덧붙이셨다. "절에 가면 대웅전에 부처님이 세 분 계시지 않니? 가운데 계신 분이 석가모니불 그리고 좌우에 비로자나불과 노사나불이 계시지." 아! 그렇구나 하면서도 내가 어떻게 그런 분들을 뵈었는지 신기하기만 했다.

훗날 삼존불에 대해 알아보니, 조계사는 중앙에 석가모니불을 좌우에 아미타불과 약사여래불을 모시고, 불국사는 중앙에 석가모니불을 모시지만 좌우에 미륵보살과 제화갈라보살을 모신다는 사실을 알았다. 사찰마다 삼존불이 조금씩 다르지만, 중앙에 있는 본존불이 좌우 보처불보살을 거느린 형태로 모신다는 공통점이 있다는 사실도 알았다.

그래서 그때 나도 중앙에 있는 거인이 제일 크다고 느낀 듯하다. 이런 꿈을 꾸는 이유는 수행에 정진할수록 내 마음의 주파수가 좀 더 밝고 높은 곳에 맞춰지며 나타나는 것이 아닌가 싶었다. 내 마음이 탁하고 교만함으로 가득할 때는 그런 세계와 접속할 수 없는 상태가 된다. 마음이 모든 것을 만들며 결정하고 이끈다.

허깨비와 도깨비의 놀음

소사에서 수행하면서, 고질병에 빠져 있는 나의 정체를 꿰뚫어보았다. 청소년기부터 나는 신비주의에 빠져 스스로 특별한 능력이 있다고 자부했다. 이를테면 집에 앉아서 서울역에 있는 시계를 끌어와 보았다. 또 비둘기가 못 날아가게 하거나, 어항 속 금붕어를 내 맘대로 움직일 수도 있었다. 누군가는 이상하다고 코웃음을 치겠지만, 나는 이런 능력을 증명해보일 수도 있었다. 나 스스로를 대견하게 여겼고, 마음에는 교만함이 가득했다.

어느 날 이런 능력을 인정받고 싶어서 선생님께 자랑을 했다. 선생님께서도 나와 같은 능력이 있는지 궁금하기도 했다. 그러나 내 예상과 전혀 다른 답변을 하셔서 크게 놀랐다. "그건 네가 서울역 시계를 끌어온 게 아니라, 네가 거기로 나갔다 온 거야. 그런 것만 계속 연습하면 등신이 되는 거다!" 커다란 망치로 머리통을 얻어맞은 느낌이었다. 선생님께서는 "자꾸 그렇게 나갔다 오는 연습을 반복하면, 어느 순간 다시 돌아오지 못한다"라고 꾸짖으셨다. 단박에 그 말씀에 수긍하자, 선생님께서는 다시 물으셨다.

"가만히 누워서 천장을 보면, 네 모습이 보일 때가 있지 않니?" 그렇다고 대답하자, 선생님께서는 "그게 그러니까 그때도 네가 네 몸에서 빠져나갔을 때다. 그게 바로 허깨비와 도깨비의 놀음인 거지!"라고 말씀하셨다. 그 말씀을 듣는 순간 정말 오싹했다. 나는 선생님과 문답을 하면서 많은 부분을 깨달았다.

나는 나 자신이 신통한 능력과 신비한 힘을 가진 사람이라고 착각해왔고, 아상과 교만이 극치에 달한 철부지였을 뿐이었다는 사실을 깨달았다. 선생님의 말씀을 듣고 모든 것이 한꺼번에 물거품처럼 스러지는 순간이었다. 허탈함과 동시에 아이러니하게도 안도감이 느껴지기도 했다. 그때 선생님께 크나큰 경외감을 느꼈다. 나만의 특별한 능력이라고 판단했던 그 부분은, 사실은 정신집중의 깊이와 지속시간 여부에 따라 누구나 체험할 수 있는 현상이었던 것이다.

선생님께서는 이어 "숙명통, 천안통, 천이통 등 통通을 목적으로 해선 절대 안 된다. 그런 건 공부하다 보면 부수적으로 저절로 얻어지게 되는 것이니라"라고 덧붙여 설명해주셨다. 또 비둘기를 상대로 장난치는 것도 "그런 연습을 자꾸 하다 보면 네가 비둘기가 된다!"라고 하셨다.

어릴 적부터 나는 운동에 심취해 누군가를 단방에 죽이거나 방어하는 연습을 많이 했는데, 이에 대해서도 "남 죽이는 연습만 하면, 결국 어느 날 그게 잘 안 되면 네가 너를 죽이게 된다"라고 하셨다.

그래서인지는 모르겠지만, 어릴 때 나와 함께 신비주의에 빠져 의기투합하며 연습을 하던 두 친구 중 한 명은 30대 초반에 사고사를 당했고, 다른 친구는 40대 초반에 스스로 목숨을 끊어 생을 마감했다.

솔직히 나도 선생님을 뵙지 않았다면 일찍 요절했을 수도 있다. 언젠가 선생님께서 "네 녀석은 나한테 오지 않았으면 일찍 죽었을 거다"라고 하셨다. 그 후로 나는 신비주의에서 확실하게 탈피했고, 오로지 내 모든 생각과 감정을 '미륵존여래불'께 바치며 《금강경》 독송을 생활화했다. 그래서 공부하는 사람에겐 반드시 스승이 있어야 하며 가르침을 받아야 한다는 생각이다.

백 선생님의 가르침

'미륵존여래불'에게 바치는 수밖에 없다

내 친구 몇 명이 3~4회에 걸쳐서 소사로 면회를 온 적이 있었다. 나는 선생님과 친구들에 관한 대화도 많이 나눴는데, 그중 선생님께서 해주신 한마디가 지금도 귓가에 맴돈다. "네 한마음이 바로 서야 친구도 있는 것이고, 그들이 너를 좋아하며 따를 것이고, 네 한마음이 바로 서지 않으면 친구도 없어진다!" 수행을 하기보다 당장 친구들과 놀고 싶은 마음이 컸는데, 이런 마음을 알아채시곤 선생님께서는 이렇게 말씀해주셨다.

또 이런 말씀도 해주셨다. "다음 생에 뭔가를 성취하고 싶다고 바라지 않니? 한데 그런 건 재미없다. 이 생에 뭔가가 되더라도 되어야 한다. 그러기 위해선《금강경》을 읽고 '미륵존여래불' 하고 마음을 바치는 수밖에 없다."

이 말씀을 듣고 나는 "그런데요, 선생님은 마음공부를 그렇게나 많이 하셨으면서 내무부장관은 어떻게 해서 하시게 되셨나요?"라고 여쭈었다. 선생님은 세속의 감투 따위에 욕심을 부릴 분이 아닌데, 내무부장관을 하고 부통령 출마를 두 번이나 하신 점이 궁금해서 여쭈니, "그때 경무대에서 이승만 박사를 만났는데, 내무부장관을 누구에게 맡겨야 하는가에 대해 의견을 묻더라고. 마땅한 사람이 없는 데다가 누굴 시키더라도 정치권에서 말들이 많을 것을 염려하기에 '그럼

할 사람이 나밖에 없네요'라고 대뜸 자청하고 나섰지. 그래서 그렇게 됐어." 부통령 출마도 같은 맥락이라고 하셨고, 당시 각 정파와 계파별 알력이 심했다는 말씀도 덧붙이셨다.

나는 여태까지 살아오면서 순간순간 선생님 생각을 한다. '이럴 때 선생님은 어떻게 하셨을까?' 하고 자문자답을 하며 '미륵존여래불'을 염송하며 원을 세우다 보면 어느새 꽉 막힌 문제가 풀리곤 한다. 선생님처럼 매사에 공정하고 지혜롭게 대처하고, 나 하나만이 아닌 우리 모두를 위한 최선의 답을 고민하다 보면 상황의 대부분은 정리되는 게 아닐까 싶다.

이때다 싶으면 골탕을 먹이려고 하고 있지?

이런 일도 있었다. 선생님과 주거니 받거니 대화하던 중이었다. "네 녀석은 올가미를 바닥에 놓고 '선생님! 요리로 조리로' 하다가 이때다 싶으면 확 잡아당겨 골탕을 먹이려 하고 있지?"라고 하시며 웃으셨다. 선생님께서는 그 말씀을 하시면서 양팔을 이쪽저쪽으로 크게 흔드셨다. 마치 뭔가를 정말로 몰고 있는 듯한 흉내를 내셨다. 그 순간 나는 폭소를 금할 수 없었다. 선생님께서는 이런저런 질문을 하는 나를 이렇게 표현하신 것이다. 사실 그 말씀은 너무도 딱 들어맞았다. 틈만 나면 나는 별 이상한 질문을 했다. 그럴 때마다 선생님께서는 예상치 못한 대답으로 나를 놀라게 하셨고, 꽉 막혔던 가슴을 시원하게 뻥 뚫어주고, 박장대소하며 큰 깨달음을 주셨다.

그런 사람들은 관상을 보지 못한다

언젠가 물품을 구매하려고 서울에 갔다가, 인도에 조그맣게 좌판을 깔아놓고 관상이나 사주팔자를 본다며 손님을 기다리는 사람 앞을 지나쳤다. 그가 나를 보더니 손짓을 하며 불렀는데 나는 모른 체하고 지나갔다. 이 일을 선생님께 말씀드렸더니 "그런 사람들은 너의 관상이나 사주팔자 그런 걸 보지 못한다. 공부하는 사람의 것을 그런 사람들은 잘 알 수가 없으니, 보통 무조건 '그냥 좋다'라고만 할 것이니라"라고 하셨다.

그때 선생님께서 귀신 부르는 법을 지나가는 말처럼 가볍게 알려주셨다. 그 방법으로 해서 귀신을 부른 뒤, 그에게 뭘 물어보면 그가 대답한다고 하셨다. 하지만 나는 그것을 아직 한 번도 해보진 않았다. 점집이나 철학관을 운영할 생각도 없는데, 그렇게 귀신을 불러내서 논다는 것이 스스로 탐탁지 않았다. 사람들과 놀아야지 귀신들과 함께 지낼 순 없지 않은가? 귀신과 놀더라도 언젠가는 이별해야 할 텐데, 그것도 많이 피곤하고 힘들 것 같다는 생각이 들어 별로 내키지 않았다.

정의 나이가 높으니 저주하는 일은 하지 말아야 한다

선생님께서 이렇게 말씀하셨다. "너는 정의 나이가 높다." 이 말씀이 조금 어색하게 느껴져서 여쭈었다. "네? 그게 무슨 뜻인가요?" 선생님께서는 "정신이라고 할 때의 그 정精 말이다.

너는 그 정의 나이가 높으니, 누구를 원망하든가 저주하는 일은 절대로 하지 말아야 한다"라고 하셨다. 그리고 부연해서 "누구에게라도 '저 사람이 부처님 잘 모시고 복 많이 짓기를 발원!' 이렇게 원을 세워야 한다"라고 설명해주셨다.

나이는 보통 많다, 적다, 이렇게 표현한다. 그래서 높다는 단어를 사용하시는 것을 보고 의아했지만, 그 부분을 다시 여쭤보지는 않았다. 진솔한 기도는 기적을 낳는다는 말이 있다. 한데 살아오면서 어떤 상대에 대한 복을 염원하면 그것은 더디게 오는데, 나도 모르게 누군가를 저주하면 그것은 빠르게 실현되는 것 같다. 다른 사람의 복을 염원할 때보다 다른 사람을 저주할 때의 마음이 훨씬 더 강하게 작용하기 때문일까. 전자의 마음은 아무래도 헐렁하고, 후자의 마음은 나도 모르게 강해서일까. 그래서 어느 때는 이런 나 자신이 공포스러울 때도 있었다.

누구나 생이지지가 있다

선생님께서는 생이지지生而知之에 관해서도 말씀해주셨다. 나로서는 처음 듣는 단어였으니 당연히 그 뜻을 전혀 몰랐는데, 선생님께서 자상하게 일러주셨다. "전생에 공부를 많이 한 사람은 태어날 때부터 저절로 많은 것을 안다"라는 뜻인데, 나는 그것이 어느 정도인지 척도만 다를 뿐 사람은 누구나 생이지지가 일정 부분 있다고 생각했다. 혜능 대사처럼 천부적으로 상당히 많은 부분을 타고난 인물도 있지만 그렇지 않은 사람도 있다. 흔히 말하는 타고난 천성이나 성품의 다른 표현이 아닐까 하는 생각이 들었다. 이렇게 생각하는 나에게 선생님께서 긍정적인 답을 주셨고, 나는 깊은 감동의 도가니에 휩쓸렸다.

마음공부는 죽을 때 잘 죽으려고 하는 것이니라

선생님께서는 발원에 대해 말씀하셨다. "사람들은 보통 복 받기를 염원하지만, 그보단 우선 재앙이 없어야 한다!"

언젠가 이런 질문을 드린 적이 있다. "선생님과 제가 이렇게 문답을 주고받는 상황이 인연이고 업의 이치라면, 이런 똑같은 상황이 연속적으로 반복되어 이어질 거 아닌가요?" 말하자면 숙명에 관해 질문을 드린 것이었다. 선생님께서는 "그래서 그것에서 벗어나는 공부가 어렵다는 것이다"라고 말씀하셨다. 그러고 이어서 "마음공부는 죽을 때 잘 죽으려고 하는 것"이라고 하셨다.

내 마음을 볼 수 있으면 남의 마음은 저절로 알아진다

언젠가 선생님께서 치과에 다녀오셨다면서 "네 녀석은 나이를 안 먹고 안 늙을 것 같지?"라고 하셨다. 당시 내 나이는 만 열아홉 살이었으니 나이 듦을 크게 실감하지 못했다. 한데 이제 나도 연식이 있는지라 여기저기 삐걱거리게 되니 당시 선생님께서 내게 하신 그 말씀이 새삼 새롭게 다가온다.

"타심통他心通은 곧 자심통自心通이다. 내 마음을 바로 볼 수 있으면 남의 마음은 저절로 알아진다." 자신의 마음을 객관적 시각으로 볼 수 있다면, 남의 마음을 읽을 수 있는 능력은 저절로 따라오는 거라는 말씀을 이제야 수긍한다. 당시 선생님은 "현재 일어나지 않은 일과 닥치지도 않은 일을 미리 걱정하지 마라. 이 세상에서 가장 못난 사람이 바로 너 자신이라는 것을 명심하거라"라는 말씀도 덧붙이셨다.

어떤 것을 징하면 그대로 된다

어느 날 몸이 성치 않은 걸인을 보았다. 불쌍하다는 생각이 들어 주머니에 있는 돈을 주고, 소사에 돌아와 선생님께 좋은 일을 했다며 으스댔다. 그러자 선생님께서 말씀하셨다. "불쌍하다는 생각을 갖지 마라. 그럼 네가 불쌍해진다." '이게 무슨 말씀인가? 그런 사람을 보고도 측은하게 생각하지 말라는 뜻인가' 하며 고개를 갸웃하다 선생님께서 이어 하신 말씀을 듣고 이해하게 되었다.

"불쌍하다는 그 마음이 누구 마음이냐? 네 마음 아니냐? 네 마음에 불쌍하다는 것을 징하게 되면, 그 마음의 주인인 네가 불쌍하게 되는 거란다. 그러니까 도와주는 건 도와주는 것이고, 네 마음에 불쌍하다는 것을 징하면 안 된다."

법당에 냉기가 돌아서야 되겠느냐

처음 1백 일 수행을 마친 뒤, 두 번째 1백 일 수행 때는 심부름을 하기 위해 외출을 했다. 초가을 무렵, 선생님께서 서울

종로5가 광장시장에 가서 난방용 '버르너'를 알아보라고 하셨다. 뭔지 몰라 어리둥절한 표정으로 서 있으니까 웃으시며 "'버너' 말이다! 원래는 그걸 '버르너'라고 하지!"라고 말씀해주셨는데, 훗날 알고 보니 독일어 발음이었다.

우선 버너의 종류나 가격 등을 알아보려고 광장시장에 가서 시장 조사를 했다. 선생님께 경과보고를 드리며 챙겨온 팸플릿을 드리니까, 자세히 보시지도 않고 "네가 판단해서 사 갖고 오너라"라고 하셨다. 며칠 후 광장시장에서 난방용 석유 버너 세 대를 사 갖고 왔다.

그해 겨울, 선생님께서 계신 건물의 난방에 버너를 사용했다. 법당의 아궁이는 건물의 외벽 쪽에 있어, 버너 작동 소리가 비교적 크게 들리지 않았다. 그런데 선생님 방과 사모님 방의 아궁이는 건물의 내정에 있었기에, 버너 두 대를 동시에 작동시키면 건물의 공명 현상으로 요란한 소리가 났다. 마치 제트기 엔진 소리 같다고 느낄 정도였다.

한편, 법당은 보통 아침 시간에 잠시 우리만 선생님을 뵈러 들어갈 뿐 오후 시간에는 비어 있을 때가 대부분이었다. 내방객도 매일 오는 것이 아니었고, 법당에도 매일같이 오랜 시간 불을 지펴서 하루 종일 방을 덥혀놓는 게 아무래도 조금 비효율적으로 보였다. 아무도 없는 법당을 데우는 버너가 돌아가는 것이 신경 쓰여, 이런 생각을 선생님께 말씀드렸다. 선생님께서는 이렇게 말씀하셨다. "누가 언제 오더라도 법당에 냉기가 돌아서야 되겠느냐?" 이 말씀이 내 마음에 큰 울림으로 다가왔다.

살 때는 파는 사람이 손해를 보지 않게 해야 한다

선생님께서는 내가 무언가를 사러 갈 경우, 예상되는 가격의 두 배 정도 되는 돈을 건네주셨다. 돈이 많이 필요하지 않을 거라고 말하면 "그래도 혹시 모르니 헛걸음하지 않도록 일단 풍족하게 갖고 나가봐라" 하셨다. 그때만 해도 소사와 서울을 오가기가 그리 쉽지 않았고, 물품 가격이 인상되어 돈이 부족하면 헛수고가 되기에, 만일의 경우를 대비하여 그렇게 조치하셨다. 그 영향을 받아 여태까지 나도 누군가에게 심부름을 시킬 때, 예상 소요 금액보다 후한 금액을 휴대하도록 일러주고 있다.

물건을 사는 과정에서 지켜야 할 사항에 관해 선생님께서 하신 말씀이 또 있다. 당시는 으레 흥정이나 에누리 과정이 있던 시절이었다. 그것에 대해 주의를 주신 내용이었다. "판매자와 흥정하되, 물건값을 너무 많이 깎지 마라. 팔 때는 사는 사람이 잘 샀다는 생각이 들어야 하고, 살 때는 파는 사람이 손해를 보지 않게 해야 한다"라는 말씀이셨다. 다시 말해 파는 사람과 사는 사람 모두에게 골고루 이익이 가야 한다는 의미였다. 그런 마음으로 세상을 사니 우선 내 마음이 편안해질 수 있었다.

그냥 '부처님' 하면 되는 거다

내가 직접 선생님께 들은 이야기는 아니다. 직장 내 불자 모임에서 한 달에 한 번씩 법회를 가졌는데, 모임의 지도 법사인 서초구 구룡사(영축총림 통도사 서울포교당) 정우 스님의 소개로 무진장 스님을 모시고 법회를 할 때의 일이다. 장소는 구룡사 지하의 극락전이었는데, 무진장 스님께서 설법 중에 전혀 생각지도 않은, 선생님과 관련한 부분을 언급하셨다. 사연인즉 이러하다.

무진장 스님께서 학승으로 공부하고 있을 때 선생님을 뵙고 여쭈어보았다.

"박사님! 《팔만대장경》의 분량이 엄청나게 많은데 그걸 언제 다 읽습니까?"

"《팔만대장경》이 어느 분의 말씀을 기록한 것이냐?"

"그야, 당연히 부처님 말씀이지요."

"그래, 그러면 그냥 '부처님' 하면 된다!"

선생님께선 이렇게 짧고 간결하게 설법하셨다. 무진장 스님도 선생님께서 내리신 그 법문이 맘속에 깊이 새겨 있기에, 몇십 년이 흐른 뒤에도 그 법문 내용을 소개한 것이리라. 나 또한 그 뜻이 시사하는 바가 커서 그 일화 한 토막을 소개하였다.

원을 세우라

소사에서 나와 집에서 생활하던 때였다. 해병대 하사관으로 지원 입대를 한 친구를 포함해서 친구 몇 명과 함께 경복궁에 갔다. 그중 한 명이 술에 잔뜩 취해 공연히 다른 관람객과 시비가 붙었다. 극구 제지하고 만류했지만, 사태가 커져 결국 패싸움으로 이어졌다. 솔직히 만취한 우리 일행의 잘못이었다. 양심상 나는 적극적으로 싸움에 참여하지 않고 방어적인 태도로 사태를 수습했다. 그러나 공격적으로 선회하고 싶은 유혹이 있었다. 욱하고 치밀어오르는 감정을 가까스로 참으며 가라앉히느라고 몹시 힘들었다.

이 사건이 벌어진 직후 선생님을 뵈러 가서 경복궁에서 있었던 일을 말씀드렸다. 전후 상황을 들으신 선생님께서는 "원을 세우라"고 하셨다. 법당에서 '미륵존여래불'을 외면서 정진을 하라는 것이다. 우리는 그 행위를 원을 세운다고 표현한다. 정진을 하는 중에 내가 마구 날뛰는 말의 정면에서 고삐를 잡고 진정시키는 장면이 눈앞에 펼쳐졌다. 마침 그만하라는 선생님의 말씀에 정진을 마치고는, 조금 전 내가 본 장면을 말씀드렸다. 선생님께서는 "그래. 말이란 동물이 날뛸 때 옆이나 뒤에 있으면 뒷발길질에 채이기 십상이다. 그를 진정시키려면 바로 정면에서 고삐를 잡아야 진정시킬 수 있다"라고 말씀하셨다. 그러시면서 "네가 경복궁에서 친구들과 어울리다가 촉발된 상황에서 너 스스로를 잘 참고 견디어낸 것을 본 것"이라고 하셨다. 중학생 때 뚝섬경마장에서 승마를 잠깐 즐긴 적은 있었지만, 말이 그런 특성을 가졌다는 사실은 선생님께서 말씀해주시기 전까지는 전혀 몰랐다.

못다 한 소소한 이야기들

김장하는 날

김장하는 날이었다. 그날 아침 선생님께서 "김장할 때 마늘을 많이 넣으면 칼칼한 게 맛이 좋다"라고 하셨다. 불교에서 오신채 등 먹지 못하는 음식들이 있다고 들었는데 '선생님께서는 그런 걸 초월하신 분이시구나'라는 생각을 했다. 아랫동네에 사는 아주머니 몇 분이 김장을 도와주러 오셨다. 농가주택 같았던 아래채에서 김장김치를 담갔다. 김장김치를 담가 일부는 우물로 옮겼고 일부는 땅에 파묻었다.

우물은 냉장고나 다름없었다. 쉽게 상하는 음식물을 저장해놓는 데 유용했다. 선생님의 처소에서 우사로 올라오는 중간쯤에 있었고, 두 평 정도 크기의 구조물이었다. 지붕은 흙으로 덮여 있어, 길 아래 반지하 건물처럼 보이기도 했다. 물맛은 아주 좋았다.

김장하는 날은 북적거리고 잔칫집 분위기 같았다. 김장해주러 오신 아주머니들께 내가 만든 점심을 대접하니 아주머니들이 한마디씩 했다. "총각이 음식 솜씨가 이렇게 좋아서야 어느 색시가 감히 시집을 올 수 있겠나?" 이 말을 듣고는 다른 아주머니가 한마디를 했다. "아니지, 음식 솜씨 좋은 총각이 인기가 있다니까"라고 놀림을 받기도 했다.

닭 선물이 들어온 날

선생님 몸보신하시라고 누군가 살아 있는 닭을 갖고 온 모양이었다. 두세 마리였던 것 같은데, 닭들의 발은 묶여 있었다. 한데 그걸 누가 잡을 것인가? 저녁에 남창우 씨와 나는 손전등을 켜 들고, 그 닭들을 가지고 동네로 내려갔다. 그러고는 첫 번째 집인가 두 번째 집에 건네주고 소사로 올라왔다. 남창우 씨가 그 집주인에게 닭을 건네며 "우리는 살생을 안 해서 이걸 잡을 수도 없고 하여 그냥 드리는 것"이라고 했다. 그러나 처음엔 그 집 사람들이 닭을 사라는 것으로 알아듣고는 안 사겠다고 했다. 당시에 나는 남창우 씨가 여느 때 같지 않게 말을 어색하게 한다는 생각을 했다. 닭을 갖다 건네준 집에서 몇 집만 더 지나면, 때때로 우사로 올라와서 우리의 일을 도와주던 돌乭씨 영감 댁인데, 왜 잘 모르는 집에 갖다줬는지도 모르겠다. 선배들은 이 닭들이 무슨 인연으로 왔을 거라는 말을 했지만, 닭을 잡을 줄만 알았으면 내가 잡았을 것이다. 어차피 누구의 손에 잡히더라도 잡힐 터인데, 적어도 공부하는 사람의 손에 명을 다하는 것이 그 닭들에게도 더 낫지 않을까 하는 생각을 했기 때문이다.

농담하신 날

선생님께서 가끔 농담을 하셨다. 언젠가 갑자기 "도둑놈 발은 어떻더냐?"라고 하시어 말뜻을 이해하지 못한 표정을 지으니, "네 발이 크단 말이다!" 하며 웃으셨다. 나는 손발이 좀 큰 편이다. 현재 내가 신는 운동화 사이즈는 285밀리미터이고, 등산화 사이즈는 290밀리미터이다. 선생님께서 나의 큰 발을 보시곤 도둑놈에 비유해서 우스갯소리를 하신 것이다.

생나무로 불 때는 날

우리가 기거하는 방에 난방과 취사를 하려면 우사 뒤쪽에 쌓아둔 벌목한 나무들을 사용하여 아궁이에 불을 지펴야 하는데, 이건 장작이라 할 수 없는 생나무였다. 아궁이에 불을 붙이는 것만으로도 힘든데 생나무로 불을 때야 하니 더 고됐다. 나뭇더미에서 마른 가지를 골라서 불쏘시개로 썼다. 불은 잘 안 붙고, 연기는 자욱하고, 눈도 제대로 못 뜰 정도였다. 불 지피는 요령을 남창우 씨가 일러주긴 했지만, 수행 초기에는 불 지필 때 참으로 난감했다. 불 지피는 비결을 나름대로 체득한 뒤, 아궁이 앞에 앉아 훨훨 타오르는 장작불을 보며 부지깽이로 땅바닥을 두드리며 '미륵존여래불' 하고 염불하면, 잠깐이지만 공부가 많이 되는 듯했다. 요즘 말로 불멍 때린다는 것 같았다.

고사리나물 조리법을 배운 날

언젠가 선생님께서 삶은 고사리 한 덩이를 주시면서 나물을 만들라고 하셨다. 고사리나물을 먹어봤지만 만드는 법을 몰라 난감해하니, 선생님께서 조리법을 알려주셨다. 고사리를 프라이팬에 볶은 다음, 간장으로 간을 맞추고, 참기름을 두른 뒤, 파를 잘게 썰어 넣고, 다진 마늘 양념을 했더니, 집에서 먹던 바로 그 맛이 재현될 줄이야! 내가 요리사가 된 듯한 묘한 기분이 들었다. 그러고는 '이렇게 연탄불이나 석유곤로를 이용해서 취사를 하면 참 편할 것 같다'라는 생각이 들었다. 우사에서 밥을 짓고 국을 끓일 때는 아궁이 앞에서 잠시도 떠나기가 어렵고 줄곧 신경을 써야 하기에, 동시에 다른 일을 못 하기 때문이다.

첫 소사 생활을 마친 뒤

첫 1백 일 수행이 끝나고

1백 일 수행이 끝날 무렵, 선생님께서는 "옛날 도인들은 산 아랫동네를 내려다보곤 인연이 있는 애가 어느 집에 있나를 살펴본 뒤, 그 애를 데려와서 절에서 공부를 시키며 함께 생활했는데, 그 애가 집에 가겠다고 울고 보채면 미련 없이 그냥 돌려보내곤 다른 애를 물색했다"라고 하시며 내게 소사에서 생활할 것을 은근히 권유하셨다. 나는 1백 일 수행이 끝나는 날을 손꼽아 기다려왔기에, 그 말씀을 듣고 솔직히 무척 많이 황당했다.

또 선생님께서는 "이곳에서 공부를 계속하다가 군대에 갈 때가 되어도 군대에 가지 않을 수 있으면 가지 말고 공부를 계속하라"라고 하셨는데, 이때 나는 "친구들이 보고 싶어요"

라는 핑계를 댔다. 그러면서 이런 의문이 들었다. '독립운동에 참여하셨고 이승만 박사를 도와 건국에도 일조하시고 내무부장관까지 역임하신 분이 국가관이 어떻길래, 나라를 지키는 신성한 의무인 군 복무를 하지 않을 수 있으면 하지 말고 계속 공부를 하라는 것일까.' 이 의문은 몇십 년이 흐른 뒤 풀렸다. "이 세상은 골치(선생님께서는 두뇌를 이렇게 표현하셨다) 좋은 사람 몇 명이 이끌고 가는 것이다"라는 말씀이 실감이 날 때가 돼서야 선생님의 깊은 뜻을 헤아릴 수 있었다.

이튿날 선생님께서는 "군대에 갈 때까지만이라도 공부를 더 하라"고 하셨지만, 나는 그것조차 수용할 수 없었다. 그다음 날 선생님께서 "1백 일 만이라도 더 하고 나가라"고 말씀하셨지만, 나는 퇴소일을 손꼽아가며 기다리지 않았던가. 그래서 "일단 집에 갔다가 다시 들어오겠다"라고 말씀드렸다. 솔직히 이때 소사에 다시 들어오고 싶은 마음은 눈곱만치도 없었지만, 선생님께 거짓말을 할 수밖에 없었다.

사실 선생님께 무척 죄송하고 미안한 마음이었지만, 당시에는 집에 가고픈 마음을 누를 길이 없었다. 하지만 선생님께서는 아마 내 속을 꿰뚫고 계셨을 터였다. 한데 의아한 점이 있다. 나는 1966년 10월 15일부터 소사에서 1백 일을 보내기로 마음먹었는데, 실제 소사에서 퇴소한 날짜는 1967년 1월 22일이었다. 그러니까 107일 만에 소사를 떠난 것이다. 어쩐 사유로 7일간이나 더 머물렀는지는 전혀 기억이 나지 않는다.

내가 처음 퇴소하던 날, 함박눈이 펑펑 내렸다. 선생님께서 법당에서 법문을 하시다가 창밖을 가리키면서 "저기, 네 아빠가 너를 데리러 오는구나"라고 하셨다. 선생님께서 앉아 계신 자리에서는 창문을 통해 목장의 정문을 지나 우사로 가는 약간 경사진 넓은 진입로가 곧바로 보였다. 나는 고개를 돌려 뒤를 보니, 정말 아버지가 눈을 맞으며 백성목장 정문을 통해서 비탈길을 올라오는 모습이 보였다. 한데 그날 선생님께서 '네 아빠'라고 하신 게 영 어색하다고 느껴졌다. '아니, 내 나이가 몇 살인데 아빠가 뭐야?'라고 생각했다. 나는 실제로 어릴 적부터 아버지를 '아빠'라고 부른 적이 단 한 번도 없었기 때문이다. 아마 일수나 영수가 선생님을 아빠라고 부르기 때문인가 하는 생각이 들었다.

재미난 사실이 있다. 내가 조계사 청년회를 드나들다 소사로 들어간 뒤, 아버지가 조계사 청년회를 다니셨다. 거기서 만난 비슷한 연배의 친구들을 사귀신 다음, 그분들과 함께 전국 사찰 탐방 겸 등산을 다니셨다. 아버지의 등산 친구분들은 내가 먼저부터 알고 있던 청년회 사람들, 말하자면 내 동기들이라고 해야 할까. 암튼 모양새가 그렇게 되었다.

나는 가끔 지금의 마음가짐이나 정신상태를 그대로를 지닌 채, 다시 과거로 돌아가서 소사 생활을 한다면 어떠할까를 생각해본다. 내 또래들과 함께 생활한다면 해볼 법하겠지만, 예전과 같은 상황이라면 1백 일 이상은 선뜻 내키지 않는다. 고백하건대 소사 생활 이후로 웬만한 스님이나 법사의 설법은 귀에 들어오지 않는다. 또 다른 교만함이 생긴 것일지도 모른다.

첫 소사 생활을 마치고 집으로 돌아간 당일 저녁부터 그토록 원하던 저녁 식사를 했더니 이상한 현상이 나타났다. 아침에 일어나면 마치 벽돌 한 장을 머리 위에 올려놓은 듯했다. 머리가 묵직하고 띵한 증세가 하루 종일 나타났다. '이래서 저녁을 안 먹는 게 확실히 좋긴 좋은 것이로구나!' 하는 생각이 들었다.

소사에 들어갔다 나온 뒤, "이 친구는 절에 들어가더니 타락해서 나왔다"라고 친구들이 나를 놀렸다. 친구들은 나의 소사 생활을 빗대어 절(사찰)이라 표현했다. 소사 생활을 하기 전 나는 괴벽스럽다 할 정도로 술이나 여자를 멀리했다. 그러나 소사 생활을 하고 나서 여자 종업원이 있는 술집도 서슴없이 동행하는 등 내 생활에 변화가 생겼기 때문이다. 사실 술이나 여자를 의식적으로 외면해왔었는데, 선생님을 뵌 후 그것 역시 나의 본모습이 아니라는 사실을 깨달았기 때문이다.

또 한 번의 1백 일 수행

또 한 번 1백 일 수행을 시작하게 된 사연은 이러하다. 어느 날 선생님을 뵈러 소사에 갔다. 선생님께서는 나를 법당에도 들이지 않으시면서 꾸지람을 주셨다. "당장 보따리 싸 갖고 들어오든지 아니면 다시는 내게 오지도 마라!"고 하시며 문을 쾅 닫아버리셨다. 나는 그대로 쫓겨났다. 당연히 망연자실했고, 다시 보따리를 싸 갖고 소사로 들어갔다.

그러고 또 1백 일 수행을 시작하게 된 건 남창우 씨가 교통사고를 당했기 때문이었다. 선생님께 인사차 소사에 갔다가 남창우 씨가 교통사고를 당해서 소사역 인근 병원에 입원했다는 이야기를 들었다. 그는 자전거를 타고 소사역으로 가다가 버스에 치였다고 했다. 앞서 언급했지만, 당시 소사역은 지금의 부천역이고, 그곳은 그저 평범한 시골의 역이었으며 역 인근에만 주택들이 들어서 있었다. 그중 제법 규모가 큰 한옥으로 된 병원이 있었다. 갑자기 불상사를 당해 소사의 분위기가 조금 불안정했고, 일손도 부족한 상황이라 다시 입소하게 되었다. 사모님이 밑반찬 등을 만들어주시면 그걸 가지고 자전거를 타고, 입원실에 있는 남창우 씨에게 전해주었다. 나는 병원을 자주 방문했다.

꽤 오래전 일이기에, 선생님께 꾸중을 듣고 다시 입소했던 때와 남창우 씨가 교통사고를 당해 입소했던 때 중 어느 상황이 먼저였는지는 확실히 기억나지 않는다. 나는 남창우 씨가 교통사고를 당한 뒤 가족들의 강력한 권유로 소사 생활을 접은 것으로 기억한다.

마음장상馬陰藏相

소사 생활 당시 방문객 중에 정○○ 씨라는 베일에 싸인 인물이 있었다. 그는 선생님을 뵙고 나면 우사로 올라오지 않고 그냥 돌아갔다. 선생님께서 동국대학교 총장 재직 시, 학생 신분이었던 그는 그때부터 개인적으로 총장실을 드나들며 선생님의 가르침을 받은 사람이었다. 소사의 선배 세 명은 그분을 공부의 상당한 경지에 있는 사람으로 여기며 우러르는 분위기였다. 용인 갑부의 고명 아들이라는 그는 나중에 나의 대학원 과정 수업료를 부담해준 고마운 사람이다. 그는 《금강경》에 관한 한, 이를 실생활의 어떤 특정 환경에 대입시켜 설명하는 경우, 그야말로 타의 추종을 불허했다.

1970년대 말 어느 날, 그가 내게 충격적인 말을 했다. "일수와 영수는 정 여사가 다른 곳에서 낳아 데리고 온 것이고, 선생님께서는 이를 받아주신 것"이라고 했다. 그럴 리가 있겠냐고 묻는 나에게, 그는 계속해서 이렇게 말했다. "선생님께서는 남성의 주요 부위가 퇴화해서 절대로 여자가 임신을 할 수가 없어요." 그에 대한 의문을 나타내는 나에게 계속해서 "내가 봤다니까! 내가 확인했어요! 말하자면 청정 비구라니까!"라고 말한 적이 있다. 선생님께서는 부처님의 상징적 특징인 32상 80종호 중 '마음장상馬陰藏相' 또는 '음장은밀陰藏隱密'이라고 표현되는 그런 신체를 지니셨다는 것이다.

일본 대하소설 《대망》이라는 책을 읽었던 적이 있다. 소설 속 주인공인 도쿠가와 이에야스가 자기 부인과의 사이에서 낳은 아들에 대해 자기의 친아들이 아닌 것 같다고 의심하는 대목이 나온다. 그때까지 마치 내가 소설의 도쿠가와 이에야

스가 된 것처럼 손에 땀을 쥐고 책 속에 흠뻑 빠져 읽어나가다 그런 대목을 접하곤 '이런 × 같은 놈이 있나? 어찌 됐든 자기 부인이 낳았으면 자기 자식이지, 그 씨를 의심한다는 게 말이 되나? 뭘 그런 걸 따지고 있나? 설사 자기의 씨가 아니더라도 자기 아들로 여겨 훌륭히 키우면 자기 자식이 되는 것이지, 이게 어느 무슨 졸장부 같은 놈의 짓인가? 이렇게 의심이 많고 덜떨어진 놈이 어떻게 일본 천하를 통일했다는 말인가?' 하며, 그길로 푹 빠져 읽던 책을 덮어버렸다. 그러고는 더 이상 그 책들은 펼쳐보지 않고 친구에게 반납했다. 나는 같은 맥락에서 선생님을 이해했다. 정○○ 씨의 말이 사실이라 하더라도, 그런 사모님을 받아주신 선생님이라면 역시 대인이라고 생각했다. 언젠가 선생님께서 이런 말씀을 하신 적이 있다. "일수가 나를 닮지 않았든?"

원래 나는 의심이 많고 음흉한 인간이라서 호기심과 궁금증도 많았다. 선생님의 건강이 많이 쇠약해져 계실 때였다. 인사차 선생님 댁에 들렀다가 사모님과 함께 선생님의 옷을 갈아입혀 드린 적이 있다. 그때 정○○ 씨가 했던 말이 생각났다.

나는 선생님의 신체를 유심히 살폈으며, 그가 한 말이 사실이 아니었음을 알았다. 친자 여부를 따지는 건 중요하지 않다. 솔직히 선생님의 신체 일부가 퇴화됐다는 그 말이 정말 사실일까? 몹시 궁금했다. 하지만 나의 두 눈으로 절대 그렇지 않음을 똑똑히 확인했다.

청정 비구면 어떻고 아니면 어떤가. 그게 마음을 닦는 데 큰 장애가 되는가. 굳이 따지고 들자면 불조佛祖인 석가모니 부처님도 청정 비구는 아니지 않은가.

백 선생님의 가족

사모님

정형재鄭瀅載. 사모님의 성함이다. 사모님은 제자들에겐 늘 투명인간이셨다. 당시뿐만 아니라 현재까지도 사모님의 존재를 부정하거나 도외시하며 몹시 불편하게 생각하는 제자들이 있다. 인간은 자기가 보고 싶은 것만 보고 듣고 싶은 것만 들으며 자기 위주로 산다고 하지만, 사모님과 관련된 부분은 정말 아쉬운 점이 많다. 엄연히 선생님과 사실혼 관계이며 법적으로도 아무런 하자가 없으며 슬하에 두 딸을 둔 사모님임에도 불구하고 말이다. 당시 나를 홀대했던 세 명의 선배에 대한 저항감이나 반발 의식에서 비롯된 것이었는지 모르지만, 사모님에 관한 나의 생각은 처음부터 달랐다. 그때나 지금이나 그런 분들의 심정을 이해할 수가 없다.

사모님은 선생님께서 한국광업진흥주식회사 사장으로 재직하던 당시 비서로 근무하시면서 만난 인연이라고 들었다. 근래 알게 된 사실이지만, 사모님의 부친은 평양 법원의 판사로 재직하셨던 엘리트로서 명문가의 맏따님이셨다.* 선생님과 사모님 두 분 모두 돌아가신 현재까지도 부정적 사고의 울타리에서 벗어나지 못한 제자들이 있다. 마음공부를 한다는 사람들이 왜 이렇게 옹졸할까.

당시 우리는 사모님을 '정 여사'라고 불렀다. 사모님은 아주 늘씬한 미인이셨다. 요즘 말로 표현하면 8등신 미인이셨다. 어쩌다 사모님이 한복을 곱게 차려입고 외출하실 때면 눈이 부시게 멋졌다. 선생님은 여성에 관한 안목 역시 뛰어나다고 생각했다. 우사 입구 우측의 우리가 기거하는 방 외벽에 조그만 칠판이 하나 걸려 있었다. 거기에다 세 사람이 사모님의 성함을 한자로 써놓고 수군대는 모습을 몇 번 목격했다. 사모님에 관한 부정적인 뜻이 담긴 대화를 나누는 모습을 보고, 당시 나는 그들의 행위 자체가 이해가 되지 않았고 유치하다고 생각했다.

사모님이 계시지 않았다면, 그 누가 선생님의 노후를 안전하게 책임졌을까. 다시 말해 사모님처럼 선생님을 극진히 모실 수 있는 제자가 과연 존재할 수 있었을까. 단언컨대 나는 그럴 수 있는 제자는 없었을 거라고 판단한다. 그 어떤 제자가 선생님을 모셨다 해도, 사모님보다 헌신적으로 선생님을 극진하고 편안하게 모실 수는 없었을 터이다. 게다가 선생님의 위광威光을 이용하여 자신의 입지를 다지며 치부致富의 수

• 정형재 여사는 평양에서 피난 온 정태룡 판사의 장녀. 정 판사는 납북되었다.

단으로 삼으려 시도했던 몇몇 사람으로부터 사모님의 견제가 없었다면, 당시의 목장 부지가 현재까지 온존치 못했을 것이다. 사모님은 결국 선생님의 호법신장護法神將 같은 존재이셨다. 선생님을 따르고 존경하며 가르침을 펼치는 사업에 사명감을 갖고 임하는 제자들조차, 아직까지도 사모님에 대한 부정적인 인식에서 헤어나오지 못하는 부분은 참으로 안타깝다. 선생님을 존경하고 따른다면 사고의 방향이나 깊이도 선생님과 비슷해져야 하는 게 아닌가.

선생님의 가족 관계를 왜 부정하는 것인지 도대체 이해가 되지 않는다. 게다가 제자는 대부분 결혼을 했거나 결혼한 경험이 있다. 결혼은 하지 않았더라도 염문이 없던 제자는 없었다. 남녀 관계, 특히 부부 관계를 제삼자가 이러쿵저러쿵 하는 일은 지극히 몽매한 처사이다. 그럼에도 선생님의 실체를 바로 보기보다, 자신들의 취향에 맞게 덧칠하고 각색하여 어떤 틀을 만들고 그 속에 선생님을 가두고서, 편의대로 판단하고 처신하는 것은 매우 불합리하다. 《금강경》은 색色과 상相에 머물지 말라고 가르치는데, 왜 자신들의 취향에 맞는 옷을 선생님께 입혀드리느냐는 말이다. 처음 초등학교에 다니기 시작할 시기에 학교 선생님은 김치 깍두기도 먹지 않고 화장실에도 가지 않는 줄 알았던 때가 있었다. 지금 제자들은 이와 비슷한 사고로 선생님과 사모님의 관계를 생각하고 있는 것은 아닐까. 선생님을 청정 비구의 반열에 꿰맞추고 신비스럽게 조명해야만, 선생님의 위상이 더 높아지며 그로

인해 자신들의 품격과 가치도 연쇄적으로 상승한다고 판단한 것인가. 영웅과 성인은 모두 후세 사람들에 의해 만들어지는 것이라지만, 나는 그렇게까지 해서 선생님을 신격화하며 새롭게 창조하고 싶지는 않다. 자연인으로서의 선생님을 있는 그대로 받아들이고, 그 자체를 존경하며 배우는 자세를 견지할 수 있는 태도가 훨씬 더 나을 것 같다는 생각이다.

인도의 유마 거사도 부인과 딸을 두셨고, 중국의 방 거사도 부인과 남매를 두셨다. 또한 그분들은 전부 가족과 함께 득도했다고 전해오고 있지 않은가. 특히 신라의 불국사 승려였던 부설 거사는 구도행중에 만난 묘화란 여인의 죽음을 불사한 구애를 외면할 수 없어, 그와 결혼한 뒤 남매까지 두었으면서도 도의 끈을 놓지 않았고, 결국은 온 가족이 도통을 했다고 하지 않은가. 인간적 시각에서 판단했을 때, 나는 가족관계에 관한 한 원효 대사보다 선생님이 훨씬 합리적이고 올바른 처신을 하신 거라고 생각한다. 요석 공주는 예외로 치더라도 설총은 무슨 죄로 편모슬하에서 성장하게 했느냐는 말이다. 아니, 그보다도 불교 교주인 석가모니 부처님도 처자식이 존재했다는 것은 잘 알려진 사실이고, 예수님도 막달라 마리아 사이에서 딸이 있었다고 추정하는 학자들도 있지 않은가. 적어도 마음공부를 하는 사람이면 삶 그 자체를 수행의 장場으로 인정해야 한다. 수행과 삶은 분리될 수 없다. 선생님은 매력이 넘치는 분으로 심산유곡에서 홀로 생활하신 것도 아니고, 오히려 일반인들보다 적극적으로 폭넓은 사회 활동을 하셨다. 그런 상황에서 계속 독신으로 지내셨다면 오히려 그것이 비정상이라고 생각한다.

평생의 반려자로서 선생님을 그림자처럼 끝까지 모셨던 사람은, 결국 사모님이다. 남자가 할 일, 여자가 할 일 가릴 것 없이 온갖 상황을 감내해가며 참으로 힘드셨을 사모님을 생각하면 마음이 짠하고 안쓰럽다. 음지에서 어렵게 세상살이를 꾸려나가던 사모님(엄마)을 보며 자란 일수와 영수의 심정은 어떠했을까를 한 번쯤 헤아려보자. 선생님의 유일한 혈육인 일수나 영수는 왜 그늘에 있어야 하는가.

이제라도 사모님에 관한 모든 부분을 직시하고, 늦어도 많이 늦었지만 사고의 전환이 필요하다.

사모님에 관한 나의 고민

당시 나는 사모님에 대한 다른 각도의 고민이 있었다. 솔직히 그것은 선생님에 대한 고민이었다. 어느 날 나는 선생님께 여쭈었다. "저는 정 여사님이 이곳에 계신지 서울로 외출을 하셨는지, 멀리서 선생님의 뒷모습만 보아도 금세 알 수 있습니다. 그런데 이것이 선생님의 분별입니까? 저의 분별입니까?" 나는 사뭇 진지했고, 뭐라고 답해주실지 몹시 궁금했다. 선생님께서는 언제나 그랬듯이 한 치의 망설임도 없이 즉답을 해주셨다. "이제야 네가 나를 받아들이려고 하는구나!" 그러고 아무 말씀도 하지 않으셨다. 순간 나는 머리가 띵했다. '역시 존경스러운 나의 선생님이시다'라는 생각이 들었다.

나도 모르던 내 속마음을 선생님께서 짚어내신 것이다. 나는 선생님의 결점이나 모순점을 찾으려고, 눈을 계속 부릅뜨고 살펴왔던 것이다. 그 질문은 선생님에 대한 티끌만 한 의문이라도 전부 다 털어버리고 싶은 무의식의 발로였고, 그동안 내 마음속 깊은 곳에 똬리를 튼 선생님께 대한 미진한 부분들을 털어버리는 계기가 되었다.

나는 선생님께 또 한 번 깊은 감동을 받았다. 선문답 같기도 한 나의 질문에 선생님이 다르게 대답을 하셨더라면, 아마 적잖이 실망했을 것이다. 나는 깊은 감동의 도가니에 휩쓸렸다. 그 후로 선생님에 대한 어떤 의구심도 품을 수가 없었다.

일수와 영수

일수는 선생님의 첫째 딸이고, 영수는 둘째 딸이다. 처음 소사에서 1백 일을 지내고 있을 때, 그러니까 1966년도에 일수와 영수를 처음 봤다. 당시 일수는 초등학교 5학년이고 영수는 1학년이었다. 주말이면 소사에 가끔 왔고, 방학이면 좀 오래 있다가 가는 듯했다. 아마도 겨울 방학이었을까. 김동규 씨가 일수에게 과외 지도를 하는 것도 목격했다.

일수는 어린이답지 않게 매우 침착하고 어른스러웠다. 우아하고 선한 얼굴로 귀티가 났고 말 한마디도 조심스럽게 하는 수동적 타입이었다. 반면 영수는 아주 활달한 성격으로 두뇌 순발력이 뛰어나고 솔직하고 대담했다. 재잘대기를 좋아하고 적극적이며 능동적 타입이었다. 지나치게 얌전하고 조신한 스타일의 언니, 또랑또랑하고 사내아이처럼 개구쟁이 특징이 드러나는 동생, 두 자매가 성품을 절반씩 서로 교환할 수 있다면, 아주 이상적이겠다고 생각했다.

당시 어린 영수가 내 이름을 부르며 나를 놀려댔다. 나는 우리가 기거하던 우사에서 선생님의 주거 건물 사이를 하루에도 몇 차례씩 오갔다. 그러던 중 영수는 나와 마주치면 생글생글 웃었다. 아주 예쁘고 귀여웠다. 그런데 그는 기회를 봐가며 "선우야!" 하며 내 이름을 불렀다. 내가 발을 구르며 몇 발자국 쫓아가는 시늉을 하면, 까르르 웃으며 도망갔다. 그때는 참으로 난감했다. 솔직히 붙잡아 꿀밤이라도 주고 싶었다. 하지만 키가 내 허리띠 조금 위에 닿을 정도의 작은 꼬맹이라서 차마 그럴 수도 없어 속이 상했다. 그는 재미를 붙였는지 기회만 되면, 내 이름을 부르면서 짓궂게 놀렸다. 소사 생활 초기에 선배 세 사람이 나를 그렇게 부르는 것을 보고, 일부러 따라서 그렇게 부르며 장난을 쳤다. 어느 날부터인가 선배들이 나를 "이씨!" "선우"라고 불러도 그는 놀림을 멈추지 않았다. 일수가 그런 상황을 목격하고는 "영수야, 너 그러면 못 써!" 하며 아주 어른스럽게 타일렀다.

현재 일수는 할머니의 자리에 등극했고, 영수도 몇 년 후면 지하철 경로우대증을 받게 될 나이가 됐다. 나보다 아홉 살 적은 일수나 열두 살 차이가 나는 영수나 세월의 무상함을 비켜 가지 못해, 이제는 나랑 엇비슷하게 진도가 나가는 것 같다.

인생의 이정표이자 나침반인 백 선생님

큰 별이 지다

선생님께서 위독하시다는 전갈을 받고 동부이촌동 반도아파트로 찾아갔다. 안방 중앙에 누워 계신 선생님은 호흡이 일정치 못했고, 목에서 '카르릉 카르릉' 하는 소리가 났다. 가래가 끓어 호흡하기가 어려우신 듯했다. 그럴 때마다 일수는 휴대용 석션기(의료용 흡입기) 튜브인 '카테터'라고 불리는 일종의 빨대를 선생님의 목 깊숙이 집어넣어 가래를 뽑아냈다. 그러면 잠시 '카르릉 카르릉' 하는 소리가 사라졌다가 다시 같은 현상이 반복되었다. 밤늦게 귀갓길에 오르면서 만감이 교차했다.

이튿날 새벽, 선생님께서 돌아가셨다는 연락을 받고 즉시 다시 반도아파트로 갔다. 선생님은 얼굴 부분을 드러내고 계셨지만, 온몸에 흰 천을 덮고 계신 채 전날처럼 안방 중앙에서 잠드신 듯 누워 계셨다. 둥글게 돌돌 말은 큰 탈지면이 선생님의 턱밑에 고여 있었다. 당시 나는 선생님이 누워 계신 그곳에서 분명히 신비한 서기瑞氣를 느꼈다. 봤다고 해야 할까? 그것은 선생님께서 늘 말씀하시던 밝은 기운이었다. 나도 모르게 '아' 하는 감탄사가 터져나왔다. 누워 계신 선생님께 삼배를 올리는데 눈물이 하염없이 흘렀다. 당시의 기억을 떠올리는 지금 이 순간에도 가슴이 뭉클하고 눈시울이 붉어진다.

선생님께서 좌탈입망坐脫立亡이라는 좀 더 근사한 모습으로 떠나셨다면 좋지 않았을까 하는 아쉬운 생각이 잠시 들기도 했다. 그러나 선생님께서는 지극히 차분하고 평범한 자연인의 모습으로 돌아가셨다. 석가모니 부처님께서도 열반에 드시기 전, 극심한 육체적 고통에 시달렸고 이를 아난다뿐만 아니라 다른 제자들에게도 호소하다 돌아가시지 않았던가. 선생님 또한 가장 인간적인 생의 마지막 모습을 보여주셨다.

사리탑 수몰과 발굴

1990년 9월 일산, 고양, 장흥 등 일원에 집중 폭우가 내려 엄청난 피해를 입었다. 주요 매스컴에서 폭우 피해에 관한 소식을 연이어 전할 때였다. 비가 그치고 청명한 일요일 아침, 사모님에게서 전화가 왔다. 선생님의 사리탑을 모신 경기도 장흥의 대승사가 폭우 피해를 입었다는 내용이었다. 선생님의 사리탑은 경사가 매우 가파른 곳에 조성돼 있었다. 평소 참배조차 불편할 정도로 경사진 곳이었기에 불안하여 사모님의 전화를 받자마자 출발하여 구파발을 경유해서 대승사로 향했다. 대승사로 가는 길은 전쟁터를 방불할 정도였다. 도로가 끊긴 곳도 있었고, 여기저기 뒤집힌 승용차도 있었다.

이런 상황을 뚫고 가까스로 대승사에 도착했다.

대승사에 도착해보니 인적이 전혀 없었다. 요사채뿐만 아니라 모든 건물이 진흙더미와 잡목들로 뒤덮여 아수라장이었다. 급히 사리탑이 있는 곳으로 달려가 보니, 어떤 흔적도 없었다. 사리탑이 사라진 것이다. 나는 아연실색했다. 허탈한 마음을 가다듬고 정신을 차려 유실된 사리탑을 찾기 시작했다. '사막에서 바늘 찾기'라는 속담이 바로 이런 상황을 일컫는 게 아닌가 싶었다. 각종 수목들이 흙더미와 엉켜 여기저기 널려 있었고, 사리탑이 어디까지 휩쓸렸는지조차 도저히 알 수가 없었다. 개울까지 휩쓸려 내려와서 세찬 흙탕물에 떠내려갔나 하는 생각도 들었다. 대승사 입구의 차량이 통행하던 콘크리트 교량까지 흔적 없이 사라진 상황이었으니, 그렇게 생각하는 것도 무리가 아니었다. 그렇게 한참을 찾고 있는데 몇 분이 더 오셨다.

우리는 막대기를 하나씩 들고 허리를 굽혀서 여기저기를 들춰보며 찾았는데, 나는 도중에 힘이 들고 지쳐서 휩쓸려 내려온 큰 나뭇등걸에 앉아 잠시 쉬었다. 도저히 찾을 수가 없을 것 같다는 생각에 허탈한 마음이 엄습했다. '선생님의 흔적이 이렇게 사라지고 마는 것인가?' 잠시 쉬었다가 일어서려는데, 나의 오른발 바로 앞에 뭔가가 보이는 것 같았다. 흙덩이는 흙덩이인데 조금 각이 지고 생김새가 다른 흙덩이가 눈에 띄었다. 막대기로 두드려보니 매우 딱딱한 진동이 느껴졌다. 흙덩이를 헤치고 보니 돌이었고, 조금 더 헤집으니 화강암이란 걸 확실히 알 수 있었고, 문양이 보였다. 순간 나는 소리를 질렀다. "찾았다! 찾았다! 찾았어요! 여기예요! 여기!" 나도 모르게 포효하듯 정신없이 소리를 질러댔다. 어지럽고 막막한 수해 현장에서 내가 제일 먼저 사리탑을 발견해냈다는 뿌듯함과 안도감에 휩싸여, 얼마나 기쁘고 반가웠는지 몰랐다. 다른 분들이 달려와서 힘을 합쳐 조금 더 흙덩이를 파헤쳐 보니 사리탑의 중앙 부분인 탑신석이었다. 탑신석은 선생님의 사리를 봉안한 바로 가장 중요한 부분이었다. 원래 탑이 있던 자리에서 직선거리로 2백 미터가량 떨어진 위치였고 하천 바로 근처였다. 사리탑의 옥개석 등 나머지 부분은 못 찾아도 일단 안도할 수 있었다. 결국 선생님의 사리탑을 소사로 옮겨서 다시 세웠다.

반 발자국 앞서 나간 도인

처음 소사에 들어갔을 때 선생님의 연세는 만 69세였고 내 나이는 만 19세였으니 50세 차이가 났다. 지금도 선생님을 생각하면 가슴이 뭉클하고 코끝이 찡해지며 때로는 나도 모르게 웃음이 난다. 선생님께서는 어떨 때는 친구 같고 어떨 때는 할아버지 같았다. 손자를 대하듯 온화하고 자상한 표정으로 말씀하시다가도 공부를 게을리하면 몹시 엄하고 무섭게 꾸짖으셨다.

대학교에 곧바로 진학하지 못해 아쉬워하는 나에게, 선생님께서는 늘 이렇게 말씀하셨다. "이 녀석아, 넌 지금 우주대학을 다니고 있는 거야." 당시엔 이 말씀이 와닿지 않았고, 선생님께서 직접 겪지 않아서 나의 아쉬운 마음을 모르신다고 여겼다. 그러나 지금 생각해보면 정말 나는 우주대학의 재학생이었던 것이다. 이후엔 국내 일류 대학은 물론 해외 유수 대학 출신의 사람이라도 별로 부럽지 않았다.

내가 소사에서 자꾸 탈출하려고 하자 선생님께서는 나중에 일종의 특혜를 주셨다. 소사에서 공부하다가 친구를 보고 프거나 집에 가고픈 생각이 크게 일면, 집에서 며칠 생활하다가 다시 소사에 와서 생활하라고 하셨다. 사실 그 말씀을 들은 뒤, 한결 심리적 부담이 줄어들고 자유로운 기분이 들었다. 사춘기 끝에 있던 내가 행여 곁길로 빠지지 않게 선생님께서는 늘 관심을 갖고 배려해주셨다. 선생님은 내 평생의 삶을 이끌어주신 이정표이자 나침반이었다.

나는 선생님을 뵌 후 누군가를 처음 만나 수인사를 나눌 때, 상대방이 백씨 성이기만 해도 왠지 모르게 친근감과 신뢰감을 가졌다. 나이가 들어감에 따라 차츰 선생님의 가르침에 대한 공경심이 더 깊어졌다. 선생님의 건강이 악화되어 염려하던 즈음에 나의 막내딸이 태어났다. 당시 내 나이 만 34세였으며 선생님이 돌아가시기 18일 전이었다. 쇠약해지신 선생님을 향한 은혜와 공경심을 기리겠다는 의미로 막내딸의 이름을 '은경恩敬'이라고 지었다.

공부한다는 사람들 가운데 전생에 자기가 잘나갔고 대단한 인물이었다고 은근히 암시하는 분들이 있다. 솔직히 폭소를 금치 못한다. 현실에서도 자기가 왕년에 잘나가던 인물이었다든가 한자리했었다든가 하는 소싯적 상황을 떠벌리고 다니는 사람이 있다. 하물며 전생에 어떤 인물이었음을 부각한다는 사실이 나로서는 기가 찰 노릇이다.

현재 나는 전생에 대한 궁금증도 내세에 관한 의구심도 없다. 조금 전의 나는 이미 현재의 내가 아니고, 잠시 후의 나 역시 지금의 내가 아닐진대, 굳이 전생을 기억해내고 내생까지 가늠하며 어지럽게 연결해가며 살고 싶지 않다. 다만 나에겐 오늘, 지금, 이 순간만이 중요할 뿐이다.

지금 선생님께서 내 앞에 계신다면 "이 녀석이 하라는 공부는 안 하고 또 궁리만 하고 있구나" 하시며 내 뺨을 볼 터치하듯 때리는 시늉을 하시곤 나무라실 것 같다. 그런데 선생님께 걱정을 듣던 그 상황이 그립기도 하다. "도인이란 그리 대단한 것이 아니다. 그저 평범한 사람보다 반 발자국 앞서 나가는 것이다"라는 선생님의 말씀을 반추하며 이 글을 마친다.

(2021)

스승을 찾아서

22

김강유 ㈜김영사 설립자·회장

1947년 전라남도 고흥에서 태어났다. 성균관대학교 불어불문학과를 졸업했다. 동국대학교 대학원 불교학과를 수료했다. 1970년 가을, 학생 신분으로 백성욱 박사를 찾아뵙고 사사하였다. 1976년 도서출판 김영사를 설립하였다. 엮은 책으로 《행복한 공부》 《행복한 마음》이 있다. 현재 ㈜김영사 회장이다.

백성욱 선생님께 입문 전

소사에서 사람들이 나를 부르는 호칭은 '고흥 김씨'였다. 선생님의 도량인 백성목장에 처음 갔을 때, 거기에는 이미 김재웅과 김원수, 두 명의 김씨가 있었다. 선생님께서는 그들과 구분하기 위해서 나를 "그 고흥에서 온 김씨"라고 부르셨던 것 같다.

위대한 성인이 되리라

나는 전라남도 남쪽 끝 고흥 출신이다. 물이 빠지면 수십 리 갯벌이 펼쳐지는 바닷가에서 태어났다. 20여 호가 모여 사는 아주 작은 마을에서 제일가는 부잣집 3남 3녀의 다섯째였다. 부모님은 따로 교육을 받은 적 없이 겨우 한글만을 깨친 분들이셨다. 아버지는 매우 근면하고 착실한 농부셨고, 어머니는 무학이지만 지혜가 많아서 여러 방면에서 동네 해결사 역할을 하는 분이셨다. 당시 우리 집은 전답 4천 평 정도를 소유하고 있었고 머슴과 식모도 있었다.

해가 떠오르는 것을 본 어린 시절의 기억은 없다. 그러나 해 질 녘이면, 바닷물이 들어오는 먼바다 저쪽 하늘을 붉게 물들이며 지는 해를 바라보곤 했던 기억이 난다. 비교할 대상이 없어서 그랬는지 별로 부러운 것과 부족한 것이라곤 모르고 자랐던 것 같다. 다만 다섯 살쯤부터였을까. 저무는 해를 보고 있노라면 참으로 가슴이 아리고 애잔하고 힘들었다.

'언젠가는 죽겠지. 설사 다음 생이 있다 해도, 하늘의 수많은 별을 다 돌아다니며 산다 해도, 언젠가는 그 언젠가는 끝이 날 테고 불가피하게 영원한 소멸로 끝나겠지'라는 생각에 잠기다 보면 한없이 우울하고 절망적이었다. 끝없는 무서움의 나락으로 빠져들다가 깜짝 놀라서 몸서리를 치며 빠져나오곤 했다. 꼭 저녁때가 아니어도 해가 정오를 정점으로 기울기 시작하면, 기울어가는 그 햇빛이 그렇게 아리고 싫었다. (이런 감정은 40~50대까지 나를 따라다니며 괴롭혔다.) 이것은 당시 내 인생에서 해결해야 할 가장 큰 문제 중 하나였다.

어려서부터 동네에서 '군수감' '대통령감'이라는 말을 많이 듣고 자랐다. 나 자신도 장래에 대통령이 되겠다고 생각했다. 초등학교를 졸업하고 형들을 따라 중학교를 광주에서 다녔다. 시야가 좀 넓어지니 이 나라가 너무나 작다는 생각이 들었다. 이 나라 대통령을 해봤자 너무 초라할 것 같았다. '그럼 세계의 대통령이라 불리는 유엔사무총장을 해볼까?' 그때 나는 처음으로 모든 학생이 원대한 꿈을 가지고 있는 건 아니라는 걸 알게 되었고, 그 사실이 참으로 놀랍고 신기했다. 세상에 한 번 나왔다가 가는 건데 '자신에 대한 자존감이나 야망이나 애착이 이렇게나 약하다니, 어떻게 이럴 수 있나?' 굉장히 의아하게 여겨졌다.

고등학생이 되어서도 고민은 계속되었다. 그때 우리나라는 아직 유엔에 가입하기 전이었다. 언제 회원국이 될지조차 요원한 일임을 알고 나서는 유엔사무총장이 되는 것을 포기했다. (이 예상은 틀렸다. 1991년 남북한이 동시에 유엔회원국이 되었고, 후일 우리나라에서 유엔사무총장이 나왔으니까. 그렇지만 천만다행이다. 그래서 불법佛法을 만날 수 있었고, 백 선생님을 만날 수 있었으니까!) 대신 나라가 크든 작든 상관없는 '위인이나 성인이 되자. 역사상 가장 위대한 성인이 되자'라고 생각했다. 그래서 4대 성인이라고 배운 부처님, 예수님, 공자, 소크라테스를 롤 모델로 삼았고, 그들을 능가하는 위대한 성인이 되는 것을 인생의 목표로 세웠다.

그러기 위해서 소위 '고전古典'이라고 불리는 여러 가지 책을 읽기 시작했다. 시골에 살았던 나는, 초등학교 때 교과서 외에는 다른 책을 거의 읽어본 적이 없었기 때문에 '고전'을 읽어내는 일이 퍽이나 어렵고 힘들었다. 하지만 위대한 사람이 되기 위해서는 꼭 필요한 일이라고 생각했다. 을유문화사와 정음사에서 나온 세계문학전집과 세계사상전집을 독파해야 할 리스트로 삼고 읽기 시작했다. 하지만 너무나 어려웠고 참으로 지난했다. 30~40퍼센트 정도 읽었을까? 단테의 《신곡》과 플라톤의 《소크라테스의 변명》은 읽다 포기했다. 세계문학전집 중 《독일 단편선》은 이야기와 묘사가 젊은 가슴에 어찌나 달콤하고 아련하게 와닿았던지 깊이 빠져들던 기억이 난다.

예수님을 알고자 교회에도 나갔다. 《성경》도 억지로 억지로 독파했다. 좀 더 확실하게 공부하기 위해서, 가장 권위 있고 훌륭한 영역본이라는 '킹 제임스 버전The King James Version'으로 원서까지 구입해서 읽으려고 시도했다. 원서 값이 상상할 수 없을 만큼 비싸던 시절이었는데, 시골 출신 고등학생이 그 비싼 원서를 어떻게 샀는지 지금도 궁금하다.

부처님에 대해서는 별 관심이 없었다. 중학교 때 백양사로 소풍을 가서 처음으로 절이라는 곳에 가보았는데, 울긋불긋한 탱화가 굿당의 그것과 닮아서 기괴하고 싫은 느낌만 들었다.

믿음으로써 구원을 얻느니라

서울에 있는 대학교에 입학하게 되면서, 기왕이면 유명한 한경직(1902~2000) 목사님이 시무했던, 그 당시 가장 큰 교회인 영락교회에 다녔다. 한 목사님이 집전하는 본 예배가 끝나면 대학생 예배가 별도로 있었는데, 대학교 철학과·신학과 교수님들에게 매우 양질의 강의를 들을 수 있었다. 내 인생에서 굉장히 유익한 시간이었다.

어느 성현도 마찬가지겠지만, 《성경》과 목사님 말씀에 따르면 한결같이 "착하게 살아야 한다. 선행을 해야 한다"라고 한다. 굳이 《성경》이나 목사님 말씀이 아니더라도, '훌륭한 사람이 되어야 한다'라는 생각을 가지던 나는, 항상 착하게 살고 선행을 해야 한다는 강박관념에 쫓기듯 살아가고 있었다. 그런데 《성경》은 선행을 하되 "오른손이 한 일을 왼손이 모르게 하라"라고 했으니… 어찌어찌 선행을 하고 착한 일을 했다고 해도, 그 일을 다른 손이 모르게 하기란 쉽지 않았다. 뭐 좀 선행을 했을 때는 '내가 했어'라는 생각이 반드시 들지, 그것을 다른 손도 모르게 할 수는 없었다. 더구나 "왼손이 모르게" 해야 한다고 하면 할수록, 정말 꼭 그렇게 해보려고 하면 할수록, 더 의식하게 되니 '이걸 도대체 어떻게 해야 하나?' 참으로 딜레마이고 크나큰 고민이었다.

그러던 어느 날, 대학생 예배에서 어떤 교수님에게 마르틴 루터Martin Luther(1483~1546) 이야기를 들었다. 루터는 어려서부터 신앙심이 깊어서 성직자가 되려고 수도원에 들어갔다. 그는 굉장히 금욕적인 생활을 하면서 계율을 엄격히 지키는 수행을 했다. 금욕하고 계율을 잘 지키면, 자신이 깨끗해져서 하느님께 더 가까이 갈 수 있으리라 생각했다. 그런데 하느님께 가까이 가면 갈수록, 전에 먼 데 있을 때는 보이지 않던 죄와 허물이 새롭게 보였다. 하느님은 빛이기 때문이었다. 금욕하고 계율을 잘 지켜서 깨끗해졌다고 생각했는데… 그래서 다시 더 엄격하고 철저하게 금욕하고 계율을 지키며 수행하여 자신을 깨끗이 하고 하느님께 다가가면, 역시 전에는 전혀 보이지 않았던 죄와 허물들이 새롭게 보이는 것이었다. 자신에게 보이는 자기의 죄는, 하느님께 멀리 있을 때나 깨끗이 하고 다가갔을 때나 조금도 작아지지 않았고 줄지 않았다. 객관적으로 엄청 깨끗한 사람이 된 셈인데, 주관적으로 자기가 자기를 보면 조금도 나아지지 않았다.

루터는 '선행, 금욕, 엄격한 수행을 통해서는 도저히 하느님한테 못 가겠다, 갈 날이 없겠다'라고 절망했다. '이건 뭔가 잘못됐다' 하며 깊은 고민에 빠진 루터는 '하느님이 그럴 리가 없다'라고 생각하고 《성경》을 다시 읽기 시작했다. 더 철저하게 살펴보다가 "사람은 의義(착한 행위)가 아니라, 믿음으로써 구원을 얻으리라"라는 《성경》 말씀•을 발견하고 '바로 이거다!' 무릎을 쳤다.

당시(16세기)까지 기독교 《성경》은 어려운 라틴어, 그리스어, 혹은 히브리어로만 쓰여 있었다. 대부분 양피지羊皮紙••에 필사된 귀한 것이었기 때문에 일반인들은 쉽게 접할 수도, 읽을 수도 없었다. 교회와 성직자가 독점하고 있었기 때문에, 일반 신자들은 그들의 입을 통해서만 《성경》 말씀을 알 수 있

• "Knowing that a man is not justified by the works of the law, but by the faith of Jesus Christ, even we have believed in Jesus Christ, that we might be justified by the faith of Christ, and not by the works of the law: for by the works of the law shall no flesh be justified(사람이 의롭게 되는 것은 율법의 행위로 말미암음이 아니요, 오직 예수 그리스도를 믿음으로 말미암는 줄 알므로 우리도 그리스도 예수를 믿나니 이는 우리가 율법의 행위로써가 아니고 그리스도를 믿음으로써 의롭다 함을 얻으려 함이라 율법의 행위로써는 의롭다 함을 얻을 육체가 없느니라)." (개역개정 《신약성경》 〈갈라디아서〉 2:16)
"For by grace are ye saved through faith; and that not of yourselves: it is the gift of God: Not of works, lest any man should boast(너희는 그 은혜에 의하여 믿음으로 말미암아 구원을 받았으니 이것은 너희에게서 난 것이 아니요, 하나님의 선물이라. 행위에서 난 것이 아니니 이는 누구든지 자랑하지 못하게 함이라)." (개역개정 《신약성경》 〈에베소서〉 2:8~2:9)

•• 양의 생가죽을 얇게 펴서 약품 처리한 뒤 표백하여 말린 것으로, 글을 쓰는 데 사용하는 재료. 종이와 인쇄술이 보급되기 전, 고대에서 중세까지 많이 사용하였다.

었다. 가톨릭 신부들은 그들의 편의에 따라서 제멋대로 말씀을 전했고, 일반 신자들은 신부들이 얘기하면 그런 줄로 알 수밖에 없었다.

당시 로마는 성 베드로 성당을 짓느라 헌금을 매우 독려하였다. 게다가 부패한 성직자들이 개인적으로 축재蓄財를 하기 위해 '면죄부免罪符'를 팔았다. 심지어 "금화가 헌금 궤에 떨어지며 소리를 내는 순간 당신들의 영혼은 연옥에서 벗어나 하늘나라를 향해 올라가리라"라고 하거나, "누구든지 회개하고 기부금을 내면 죄를 용서받을 수 있습니다. 돈이 이 상자 속에 '짤랑!' 하고 들어가는 순간, 영혼은 지옥의 불길 속에서 튀어나오게 됩니다"라고 선동하였다.

언젠가 로마에 가서 성 베드로 성당을 본 적이 있다. 어마어마한 규모, 무시무시한 정교함, 화려함의 극치에 겁조차 나지 않았다. '이게 정말 사람이 만든 걸까'라는 생각이 들었다. 동시에 '아, 이걸 하자니 얼마나 많은 사람의 등골이 빠졌을까!'라는 생각이 딱 들었는데 소름이 끼치고 식은땀이 난 기억이 있다.

부패한 교회가 《성경》을 독점하고 있던 시절, 루터는 《성경》의 진정한 메시지가 제대로 알려지지 않고 있다는 것을 절실하게 느꼈다. 이것은 루터가 '종교개혁'의 기치를 들게 된 계기였다. 일반인도 모두 《성경》을 알아야 한다는 생각에 당시 민중의 말인 독일어로 《성경》을 번역했다. 마침 15세기 중반부터 보급되기 시작한 인쇄술 덕분에 대량으로 책을 인쇄하여 보급할 수 있었으니 시대 상황과도 잘 맞아떨어진 면이 있었다. 어디선가 언뜻 본 기억이 있는데, 그 당시 루터의 독일어《성경》은 10만 부 넘게 인쇄•되었다고 한다. 당시 일반 민중들의 진리에 대한 갈망이 얼마나 컸는지를 짐작할 수 있게 해주는 폭발적인 호응이었다.

루터의 이야기를 듣고 '그래, 믿음이야, 믿음!' 나 또한 크게 동감하였다. 그러면서 '믿음이 뭐지?' 자문해보니 퍼뜩 이런 생각이 들었다.

'믿음이란 다른 생각 없이, 다른 잡념 없이 '한마음으로 하느님!' 하는 거 아닌가? 그 '한마음' 아닌가? 그래, '한마음'이면 '일심一心'인데, 그건 불교 하는 사람들이 잘한다고 하잖아?'

그 한마음을 알기 위해 그때부터 불교 책을 읽기 시작했다. 불교를 벤치마킹해서 좋은 방법을 배워서 '하느님을 좀 더 잘 믿어보자. 멋진 기독교 신자, 하느님의 자녀가 되자'라는 생각이었다. 그런데 1960년대 중반 당시에는 불교 책이 많지 않았다. 한글로 된 불교 입문서가 거의 없었다. 기억나는 것이《우리말 팔만대장경》,•• 그 큰 책 한 권밖에 없었다. 역사적으로 불교가 중국을 통해서 들어오다 보니, 불경은 대개 한

• 루터의 독일어《신약성경》은 1523년 초판이 3천 부 번역 출간되었고, 루터가 살아 있는 동안 10만 부 이상 인쇄되었다. 1534년 펴낸《신구약 성경 완역본》은 1622년까지 85판을 찍고 50만 부 이상 판매되었다.

•• 1963년에 초간된《우리말 팔만대장경》은 당대 불교계에서 출가와 재가를 망라하여 편찬위원회가 구성돼 펴낸 책이다.

문으로 쓰여 있었다. 우리말로 번역되어 일반인이 볼만한 책이 많지 않았다. 주로 간접적으로 전하는 불교(붓다의 가르침) 책이 대다수였는데, 도서관에 가서 그나마 있는 대로 모두 찾아 읽었다.

조계사에도 나가봤다. 당시 절에는 교회처럼 정기예배 같은 것이 없었고, '참선 법회'라는 것이 하나 있었다. 일본에서 공부하고 왔다는 종달 이희익(1905~1990) 선생님이 지도하는 참선 법회가 있어서 참여했다. 한편 교회에도 나가고 있었으니, 이러다가 하느님에게 천벌 받는 거 아닌가 싶어 겁도 나고 좀 무섭기도 했다. 그래도 빨리 배워서 잘해볼 양으로 양다리를 걸친 셈이었다.

그런데 예수님 가르침의 핵심이 '믿음'이라는 것을 알고 나니까, 6~7년 남짓 교회에 다니고 《성경》을 읽고 내로라하는 여러 목사님의 설교를 듣곤 했지만, 뭐가 진짜인지 제대로 알지 못하고 속아 지냈다는 것을 절감했다. 제도화된 교회의 수많은 규범과 여기저기 덕지덕지 덧붙여진 갖가지 형식 때문에, 예수 가르침의 본질과 핵심을 모른 채 멀리서만 빙빙 돌며 방황하고 헤매었음을 절실히 깨달았다. 정작 중요한 가르침이 부수적인 제도와 형식에 가려져 저 속 깊이깊이 숨겨진 채, 중요하지 않은 껍데기가 진짜로 가장하고 있었다. 그 겉모습을 전부로 알고 속고 살았다는 사실을 뼈저리게 깨달았다. 루터의 개혁을 계기로 새로 태어난 교회는 '신교新教(개신교改新教)'이다. 그런데 오늘날 그것 또한 어느새 수많은 쓸

데없는 껍데기에 둘러싸여, 본질이 가려진 '구교舊教'가 되어 있었다.

조계사 법회에 다니기 시작하면서 경계한 것이 바로 그것이었다. '다시는 속지 않으리라. 불교엔들 그런 폐해가 없겠는가? 부수적인 것, 껍데기에 속지 않으리라'라고 단단히 결심하고 본질이 아닌 것은 철저히 무시하기로 했다. 속는 줄도 모르게 속으면서 시간이 흐르다 보면 판단력이 마비되어서, 정사正邪, 즉 본질과 형식을 가릴 수 없게 되기 때문이다. 법회에 나가면서도 신도 등록이나 교우 접촉 같은 것은 하지 않았다. 경전에 없는 것과 부처님 말씀이 아닌 것은 철저히 무시하기로 했다. 그래서 법회 시작 전후 예불도 입으로 흉내를 냈을 뿐 절차나 내용을 익히려 하지 않았다. (그 바람에 불교 신도라면 누구나 외는 《반야심경》 하나 외지 못하는 사람이 되었다. 나중에 보니 그것이 불법佛法의 핵심인 것을.)

언젠가 마음이 중요하다는 것을 알게 되면서 나 자신에게 다시 물었다. '왜 역사상 가장 위대한 사람이 되어야 하는 거지?' 그러자 '그것이 마음에 좋고 기쁘니까?'라는 답이 돌아왔다. 꿈을 이루면 마음의 모든 고뇌가 쉬고, 편안하고 자랑스럽고 기쁠 것 같았다. 그러면서 부처님이 "나는 괴로움과 괴로움을 떠나는 것에 대해서만 말한다"라고 하신 말씀을 납득했다. 결국 괴로움이 없는 것, 완전한 행복, 열반이 삶의 궁극적 목표라고 생각했다. 그러나 현실적인 부귀영화에 대한 유혹 또한 만만치 않았다.

모든 것이 무너지다

여하간 불교와 관련된 책이라면 찾아서 읽었다. 조계사에도 나가고 단식하고 캠프에도 참가하며 그렇게 공부하던 어느 날, 그야말로 홀연히 지금까지의 모든 가치관이 다 무너지는 경험을 했다. 여태껏 내가 온 심신을 바쳐 매달리고 추구했던 것들과 가치가 갑자기 일시에 다 무너지니 뭐라 형언할 수 없이 허탈하고 무섭고 두려웠다. 우주 천지 간에 붙잡을 것 하나 없이 부웅 떠버린 것과 마찬가지였다. 역사상 가장 위대한 인물이 되어야 한다는 생각에 사로잡혀, 끊임없이 자신을 의식하면서 말 한마디 행동 하나를 마음대로 못 하고 살피고 조이며 살아왔다. 그렇게 치열하게 좇아왔던 것이 다 무無로 돌아가니까, 추구할 것이 하나도 없었다. 이제 뭘 붙잡고 뭘 해야 할지 그것이 문제였다.

중요하고 이롭고 필요하다고 생각되는 것이 있어서 그것에 집착하고 그걸 추구하는 것이 삶인데, 그런 가치가 다 무너지고 말았으니 왠지 모르게 무서웠다. 재미있는 것도 없었다. 뭘 위해 왜 살아야 하는지, 당장 뭘 해야 할지 모르는 상태가 되었다. 당장 한 발자국을 어디로 떼야 할지 그것조차 문제였다. 그래서 어느 날 시청 앞에 우두커니 서서 지나가는 사람들을 바라보았다. 분주하게 오가는 수많은 사람 말이다. '저 사람들은 꼭 해야 하는 무슨 일이 있길래 저렇게 바쁘게 오가나?' 한 시간인지 두 시간인지 그저 시간 가는 줄도 모르고 가만히 서서 그렇게 바라보았다.

언젠가 '나'라는 의식이 생기고 나서부터, 낯선 사람을 만나 둘만 있으면 몹시 불편했다. 무언가 이야기하면서 시간을 보내야 하는데, 나는 완벽주의자였던 데다가 '큰사람 될 자가 아무 이야기나 해서는 안 된다'라는 생각이 잠재되어 있었기 때문이다. 어른들과 일대일로 만나거나 특히 사람을 처음 만날 때는 할 이야기가 마땅히 없었다. 그런 상황이 참으로 어색하고 불편했다. 그런 나 자신이 매우 강하게 의식되었고, 그건 지금도 마찬가지이다. 그렇게 매사에 자신을 의식하고 타인을 의식하고 주위를 의식했기 때문에, 말 한마디 행동거지 하나하나가 불편하기 그지없었다. 대학 시절 어디선가 읽은 "타인은 지옥이다"라는 사르트르Jean Paul Sartre(1905~1980)의 말이 그렇게 실감났다.

군대에 간 친구에게서 군대 생활의 어려움을 하소연하는 편지를 받고, "군대는 시키는 대로만 하면 별 탈 없잖아. 자신의 행동 하나하나를 자기가 감시하고 자기가 책임져야 하는 것만큼 불편한 일은 없는 것 같다"라는 내용의 답장을 보냈던 기억이 있다. 나중에 직접 군대에 가서 보니까 내 생각과 별반 다르지 않았다. 시키는 대로만 하면 되는 일만큼 편한 일이 없었다. 설사 잘못해서 몽둥이 몇 대 맞는 것쯤은 아무 일도 아니었다. 두고두고 자신을 짓찧고 후회하고 반성하고 나무라야 하는 것에 비하면 백배 수월한 일이었다.

변화를 위한 노력

학생 시절 나는 스스로 대범하지 못하고 심약하다고 느껴서 거기에서 벗어나기 위해 애썼던 것 같다. 싸움도 못 하고 내 몸 하나 지킬 수도 없는 약한 사람이라는 콤플렉스를 늘 안고 살았다. 사람이 유약하고 물러서 무시당한다고 생각하는 피해망상도 늘 안고 살았다. 그렇지만 실제로 크게 싸우거나 맞거나 따돌림을 당해서 힘들었던 적은 없었다. 스스로 진단컨대 노이로제 환자인 것 같았다.

대학생이 되고 나서 한번은 노이로제를 치료한다는 곳에 찾아갔다. 치료 방법의 일환으로 요가를 병행하는 곳이었다. 동국대학교의 정태혁(1922~2015)•이란 교수가 일본에서 요가를 배워 우리나라에 와서 지도한다는 이야기는 들었지만, 상업적으로 요가를 가르치는 곳은 드물었고 그곳이 당시 국내 최초 유일의 요가 강습소였던 것 같다. 그곳에서 요가와 함께 복식호흡을 배웠고 노이로제 치료법도 배웠다. 하지만 사람이 그렇게 쉽게 변하지는 않는다.

요가 책에는 단식斷食 이야기도 있었다. 사람의 심신을 획

• 1955년 동국대학교 불교학과를 졸업하고 1963년 일본 도쿄 대학교 대학원에서 인도철학 석사, 1966년 오타니 대학교 불교학 박사과정을 수료했다. 도쿄 대학교 대학원 재학 시절 인도 요가 지도자인 비타르다스 요기와 일본인 오키 마사히로에게 요가를 배워서 1960년대 한국에 현대적인 요가를 보급하기 시작했다. 동국대학교 인도철학과 교수로 있다가 1987년 정년퇴직하였으며, 동방불교대학 학장, 한국정토학회 초대 회장, 인도철학회, 요가학회, 한국요가·아유르베다학회 회장 등을 역임했다. 1987년 국민훈장 모란장을 수훈했다.

기적으로 개조하는 방법이라 소개되어 있었다. 정신이 맑아진다고도 했다. 여하간 '뭔가 특별한 경험을 할 수 있지 않을까'라는 생각이 들어 책에 나와 있는 간단한 방법에 따라 단식도 여러 번 했다. 1~2주 단식을 3~4회 했는데 별 효과를 보지 못했다. 더 길게 3주 단식을 하려니, '좀 위험하지 않을까'라는 염려도 되고 자신이 없었다. 망설이고 있는데, 마침 《불교신문》에서 종로 5가에 있는 '거사림居士林'•이라는 수행단체의 유엽(1902~1975)••이라는 저명한 스님이 "3주 단식을 함께할 사람을 모집한다"라는 기사를 낸 걸 보았다. 찾아가서 신청했는데, 나 이외의 지원자는 없었다. 유엽 스님과 나, 두 사람이 도봉산 어느 암자에 가서 단식에 들어갔다. 요즘에는 단식의 종류가 다양하다. 그러나 그때는 생수 단식뿐이었다. 3주 21일 동안 생수 단식을 하려면, 본 단식 21일 전부터 '밥→죽→미음→숭늉' 같은 차례로 식사를 조절하여

• 정식 명칭은 한국불교거사림韓國佛敎居士林. 1947년 거사居士(승려가 아닌 남자 불교 신도)들의 모임으로 창립된 불교 신행단체. 불교사상 강연회를 수시로 개최하고 불교 안내서 《불교문답》과 불교 잡지 《거사불교》 등을 발간했으며 불교해설서 등의 배포를 통해 신행정진과 널리 불법을 알리는 데 앞장섰다.

•• 전주시 완산동에서 태어났다. 일본 와세다 대학교를 다니다가 도쿄 대지진이 일어나 졸업 1년 전에 귀국했다. 만해 한용운이 발행하는 잡지 《불교》에서 일했으며, 금강산 신계사 보운암에서 석두 스님을 은사로 출가했다. 이후 장안사 지장암, 해인사 퇴설당 선원에서 교敎와 선禪을 배워 1927년 해인사 강원 강사로 후학을 지도했다. 《불교신문》《서울신문》《국제신보》 주필, 총무원 교무부장, 해인대학(현 경남대학교) 교수 등을 지냈다. 〈민족문화民族文化〉를 간행한 것은 물론 《화봉섬어華峯蟾語》《멋으로 가는 길》 등의 저서를 비롯해 다수의 시와 수필을 남겼다.

본 단식에 들어가야 했다. 생수 외에는 아무것도 먹지 않는 본 단식 기간이 21일이었고, 본 단식을 마치고 나면 반대로 21일 이상을 '숭늉→미음→죽→밥' 순서로 식단을 조절해 나가야 했다. 그 후로도 몇 달간 각별히 음식에 주의해야 하는 꽤 고통스러운 과정이었다.

그렇게 단식을 시작했다. 스님은 열흘 만에 포기했지만, 나는 이미 2주 단식도 해본 터라 이번에는 꼭 3주 기록을 세우리라 결심을 거듭하여 결국 어렵게 3주를 채웠다. 그러나 기대했던 어떤 특별한 경험이나 건강의 효험을 보지는 못했다. 나날이 체중이 빠지고 자꾸 기운만 없어질 뿐이었다. 그래도 증거는 꼭 남겨야겠다 싶어서 못 먹어 몹시 쇠잔해진 몸을 이끌고 동네 사진관에 가서 인증 사진까지 찍어 두었다. 이처럼 당시 나는 현실에서 벗어날 특별하고 획기적인 방법을 끊임없이 추구하고 있었다.

김용기(1909~1988)* 장로가 세운 가나안 농군학교**에 간 것도 비상非常의 변화를 위한 몸부림의 하나였다. 대학교 1학년 아니면 2학년 겨울 방학이었다. 당시는 캠프 같은 것이 거

* 기독교 농민운동가이자 교육자. 경기도 남양주에서 태어났다. 호는 일가一家. 22세부터 농민운동을 시작하여 1933년 봉안 이상촌, 1945년 삼각산 농원, 1950년 에덴향을 건설했다. 1954년 경기도 광주에 가나안 농장, 1962년 가나안 농군학교, 1982년 가나안 농군사관학교를 설립했다. 평생 농업을 통해 근검절약의 윤리를 실천했으며 농민운동을 정신운동으로 승화시켰다. 농촌의 자립과 성장, 사회 전반의 의식 혁신에 큰 기여를 했고, 그 공로로 막사이사이상(사회 공익 부문) 등을 수상했다. 가나안 농군학교는 1970년대 새마을운동의 요람이 되었다.

의 없던 시절이었다. 어느 날 "가나안 농군학교는 악명 높았던 군대 내무반장들도 울고 나올 정도로 인간 개조를 시킨다"라는 기사를 읽고 입교를 결심했다.

과정은 아마도 2주였을 것이다. 교회 목사나 기관장 추천이 있어야 입교 허가를 받을 수 있었다. 나는 12월 20일경 입교했다. "내무반이 흙벽돌집이라서 한겨울에도 기온이 영하로 떨어지지 않는 특별한 건축"이라는 기사를 읽은 적이 있었지만, 막상 가보니 잠자는 숙소의 실내 기온이 영상은커녕 영하 4~5도 정도였다. 천장에는 사람들의 입김이 얼어붙어 고드름이 되어 주렁주렁 매달려 있었다. 우리는 군대식으로 허름한 모포 몇 장씩을 덮고 잤다. 너무 추워서 잠도 안 오다 보니 차라리 빨리 기상 종이 울렸으면 싶었다. 새벽 4시 기상에 구보로 일과를 시작했다. 하루 종일 강의를 듣고 농사일을 하고 황무지를 개간하고 개척하는 법을 배웠다. 절약하는 삶을 사는 법, 세수하고 양치하는 법, 오줌 바로 누는 법, 김치 담그는 법, 사자死者를 염하는 법까지, 탄생에서 죽음에 이르는 인생의 전 과정에서 거쳐야 하는 통과의례와 경제생활에 대한 교육을 받았다.

•• 농민 교육과 사회지도자 양성을 목표로 김용기에 의해 1962년 경기도 광주군에 설립된 사회교육기관. 교육이념은 근로·봉사·희생이며, 교육 목적은 정신교육, 공동체 교육, 지도자 교육, 전인교육을 통해 사회지도자를 양성하는 것이다. "일하기 싫으면 먹지도 말라"라는 기치 아래 중고생부터 전 연령층을 대상으로 당일에서 일주일 정도의 다양한 교육과정이 있으며 양평, 원주, 밀양을 비롯해 세계 곳곳에 개설되어 있다.

“성공한 후가 아니라, 삶의 과정 과정에서 행복을 찾아야 한다”라는 그분의 말씀이 아직도 가슴에 남아 있다. 고행이었지만 어디에서도 받을 수 없는, 기독교 정신에 입각한 전인교육이요 인생종합교육이었다. 김용기 장로는 국내외로 널리 인정받아서 상도 훈장도 많이 받았지만, 평생 숨이 막힐 만큼 철저하고 단단하게 산 분이었다.

스승을 찾아서

유년기에서 청년기까지 젊은 시절의 나는 현실 생활이 어렵거나 환경 조건이 열악하여 힘든 일이 거의 없었다. 그렇지만 실존 그 자체의 문제로 때로는 몸서리치게 괴로웠다. 꼭 해결하고 싶은 문제가 있어서 그 방법을 찾아 꽤 많이 헤맸다. 그 시절 유행하던 키르케고르Søren Aabye Kierkegaard(1813~1855)가 말하는 “죽음에 이르는 병”이 무엇인지 자세히 몰랐지만, 불안, 실존, 절망, 권태 등의 용어 자체는 실감나게 와닿았다. 그래서 나름대로 여러 가지 처방을 찾기 위해 노력했다. 다양한 교육에도 참여하고, 요가하고, 명상하고, 단식하고, 고행까지 했다. 그렇지만 나 자신이 획기적으로 변하진 않았다.

그러던 어느 날, 그야말로 홀연히 가치관의 붕괴를 경험했다. 무슨 깨달음 같은 것을 경험하고 나니까 세상 돌아가는 이치를 다 알 것 같았다. ‘세상 이치는 다 한 가지고 뻔했다. 이제 모를 게 없다’라고 생각했다. 그렇게 꼭꼭 붙들고 매달린 모든 가치가 다 무너지고 지식 또한 별 게 아닌 것으로 느껴졌다.

그렇다면 당연히 마음도 편해야 했다. '마음의 평안, 행복이 궁극이니까… 그럼 이제 다 해결된 거야? 지금까지 나를 괴롭힌 번민과 고뇌가 다 해결되었나?'라고 자문해보면 그건 또 아니었다. 불편한 마음은 여전했고 전혀 변함이 없었다. '이건 뭐지? 뭐가 문제지? 뭘 더 해야 하는 거지? 이게 뭐지? 이게 뭐지?' 하다가 '이제는 수행해야 하나 보다. 알긴 다 알았는데 실제 효과를 얻으려면 몸에 익혀야 해. 그럼 실천해야지, 실천과 수행. 아는 것은 책을 보고 알았는데, 수행은 어떻게 하는 거지?'라는 생각까지 다다랐다.

지식을 쌓으려면 책을 보면 되지만 수행법을 알려면 어른이 있어야 한다고 생각했다. (돌이켜보면 다 안 것도 아니었다.) '실천과 수행은 선배, 어른, 스승의 지도가 있어야 하지 않나?' 혼자 그것을 할 수는 없었다. '스승이 어디 있지? 스승 삼을 만한 분이 누가 있지?' 다시 고민이 시작되었다.

그래서 스승을 찾았다. 유명한 스님들을 만나보고 명사들의 강연을 부지런히 쫓아다녔다. 탄허(1913~1983) 스님이 동국대학교에서 《금강경》 법문을 하신다고 하여 강의를 들어보았지만 그다지 와 닿는 것은 없었다. 《불교신문》에서 전강(1898~1975) 스님의 법문 기사를 보았는데, 흠잡을 데 없이 '이분이 눈 밝은 도인이겠다'라는 생각이 들었다. 하지만 '어디 가서 만나 뵙나?' 그분을 뵐 방법을 찾지 못했다.

그러던 어느 날, 도서관에서 《청춘을 불사르고》라는 책을 접했다. 일엽(1896~1971) 스님이 쓰신 이 책에 'B씨'라는 분이 나오는데, 독일에서 철학 박사학위를 인준받고 금강산에서 10년을 수행하고 신통이 자재한 학學과 행行을 겸비한 분이라고 쓰여 있었다. 더 찾을 것 없이 이분을 스승으로 모셔야겠다고 생각했다. 그런데 문제는 정작 'B씨'가 누구인지 알 수 없었다. 나는 불교 쪽에 알음이나 교우나 이런 게 전혀 없으니까 어떻게 찾고 접근해야 할지 막연했다. 그래서 참선법회에서 만난 나이 있는 분들을 붙들고, "일엽 스님 책을 읽다 보니 'B씨'라는 분이 나오던데 혹시 그런 분을 아십니까?" 라고 물었다. 그러니까 어떤 분이 "동국대학교 총장을 지내신 백성욱 박사님"일 거라고 말해주었다. 그러나 그분도 'B씨'가 어디 있는지는 몰랐다. 이제 '백성욱 박사님'이라는 것까지는 알았는데, 어떻게 뵐 수 있을까, 여전히 막막하기만 했다. 마음속으로 '뵈어야지, 뵈어야지, 어떻게 뵙나?' 뵙기를 원하면서 그렇게 시간이 흘렀다.

어느 날 당시 불교계의 유일한 소식지였던 《불교신문》을 읽던 중 1970년 5월 25일, '삼보법회'*에서 백성욱 박사님을

* 재가불자가 이끄는 대한불교 삼보회三寶會가 1960년대에 한국 최초로 도심에서 시작한 일요 법회. 삼보회는 1964년 4월 이한상의 발원으로 불교계 인재 육성을 위해 삼보장학회로 시작한 비영리 종교 공익법인이다. 이후 삼보학회, 삼보법회, 사단법인 대한불교 삼보회로 발전하였으며, 현재 법인 산하 여덟 개 부속 기구를 두고 있다. 이한상 거사는 현 《불교신문》의 전신인 《대한불교신문》사를 인수·운영하여 불교 포교와 대중화에 기여하였고, 학술연구, 국제 불교 교류, 불교단체와의 합동 법회 등을 통해 한국 현대불교의 발전에 많은 업적을 남겼다.

모시고 '《금강경》 총설' 법회를 한다는 기사를 발견했다. 당시 이한상(1917~1984)이라는 분은 불교 쪽에 사업을 크게 하는 분으로 알려져 있었다. 풍진건설을 설립해 세종로에 정부종합청사를 건설한 분이었다. 그분이 세운상가에서 유명한 스님들을 초청해서 삼보법회를 열어왔는데, 거기서 백성욱 박사님을 모시고 법회를 한다는 소식이었다. '어이쿠, 잘됐다!' 잔뜩 기대하고 찾아갔다.

드디어 'B씨', 즉 백성욱 선생님을 멀리서나마 처음 뵈었다. 여기서 선생님의 《금강경》 법문을 처음 들었다. '《금강경》이 총 32분分이니까, 법회가 끝나기 전 기회를 보아 선생님을 직접 만나 뵈어야겠다.' 이런 생각을 하고 서너 번 법회에 다녔다. 그런데 갑자기 선생님께서 경을 다 마치지도 않았는데, 법회를 그만하신다는 것이 아닌가. 선생님의 《금강경》 법회가 갑자기 예고도 없이 끝나버렸다. 나는 선생님의 행방을 알 수 없었다. 뵙기를 고대하고 있었는데, 찾아뵐 방법이 사라졌다. 그때 나는 법회 관계자를 찾아가 선생님 계신 곳이나 만나 뵐 방법을 가르쳐달라고 말할 용기나 주변머리도 없었다.

그러던 어느 날 《불교신문》에서 선생님 제자들이 서울 수유동 어딘가에 모여서 《금강경》 독송을 한다는 기사를 발견했다. 기사를 토대로 주소지를 물색해서 다행히 그 독송 모임에 참여했다. 서너 번 모임에 참석했을 때였다. 내가 선생님을 직접 뵌 적이 없다는 사실을 알고, 독송 모임을 주도하던 김동규라는 분이 넌지시 말을 꺼냈다.

"선생님 한번 뵈어야 하지 않겠어?"

마치 내 마음을 안다는 듯이 말했다. 그러면서 선생님이 계시는 곳과 찾아뵙는 방법을 일러주었다. 대학교 2학년 말쯤이었다.

백성욱 선생님께 입문 후

마음이 편해야 되지 않겠니

그로부터 며칠 뒤 선생님을 뵙기 위해 나는 삼화고속버스를 타고 선생님께서 계신 소사로 갔다. 당시 서울에서 소사까지 가는 길은 만만하지 않았다. 소사삼거리 버스 정류장에서 내리면, 약 4킬로미터 정도 비포장 길을 걸어야 소사 백성목장에 도착할 수 있었다. 주변은 온통 복숭아밭이었다. 나는 불편한 내 마음을 죄다 말씀드리고자 했다. 나의 중요한 문제 두 가지는 '어떻게 마음이 편해질 수 있는가'와 '어떻게 훌륭한 사람이 될 수 있는가'였다. 이 중에서 현실적인 것은 마음이 편해지는 것이었고, 그동안 꾸준히 여러 가지 시도를 해왔었다.

그런데 선생님께서는 나를 보시더니 내가 말을 꺼내기도 전에 대뜸 "요는 마음이 편해야 되지 않겠니?"라고 말씀하셨다. 내 마음을 훤히 꿰뚫어보고 계셨다.

그러면서 "마음이 편해지려면 네 불편한 마음을 자꾸 부처님께 바쳐라"라고 말씀하셨다. 알 만한 것은 다 알았고 더 알 것도 없는 것 같으나 여전히 마음이 편하지 않아서 이런 연유를 여쭤보려고 작정하고 선생님을 찾아뵈었는데, 여쭈기도 전에 내 속에 응어리져 맺혀 있는 문제를 콕 집어 말씀하셨다.

"네 생각 (다 허망한 것이다) 네가 가지면 괴로움이고 재앙이다. 그러나 부처님께 바치면 평안하고 복이 되느니라. 그러니 네 생각은 다 부처님께 바쳐라. 바치는 방법은, 올라오는 생각에다 대고 '미륵존여래불' 하는 것이다. 아침저녁《금강경》을 독송하거라."

더이상 여쭐 말이 없었다. 그렇게 선생님과의 첫 만남은 일단락되었다. 그 후에는 수유동 모임에 나가《금강경》을 독송하면서 주기적으로 선생님을 찾아뵈었다. 선생님을 뵈러 갈 때는 여쭈어볼 것을 되도록 많이 장만해서 갔다. 그런데 막상 가서 뵙게 되면, 여쭐 것을 그만 잊어버렸다. 문제라고 느껴져서 여쭈려고 갔는데, 여쭙기도 전에 싱거워져서 별말씀을 드리지 못하고 그냥 돌아왔던 때가 많았다. 선생님께서는 묻지 않는 것을 또 그렇게 자상하게 일러주시지도 않았다.

선생님께서는 "부처님께서 법문하시는 것은 가르침을 습득시키기 위해서가 아니고, 분별 고뇌를 쉬게 하기 위해서이다"라고 하시며, 문제 해결은 세 가지 방식으로 이루어진다고 하셨다.

"첫째, 가시적으로 문제가 풀리는 것. 둘째, 문제 자체가 해소되는 것. 셋째, 문제를 잊어버리는 것이 모두 해결이니라" 라고 하셨는데, 시간이 지날수록 더욱 실감했다.

그로부터 오랜 시간이 흐른 후 인도 여행을 갔을 때의 일이다. 부처님의 유적지에서 가이드가 해설을 시작하자, 함께 갔던 어느 절 주지 스님이 자기 신도들에게 "잘 듣고 기억했다가 돌아가서 이야기해주세요"라고 연거푸 당부했다. 그때 나는 '부처님 나시고 교화하신 부처님 나라가 궁금해서 이렇게 왔는데, 이제 보고 듣고 알았으니 더 궁금할 일 없는 것이고, 그럼 짐 다 벗었는데 무얼 또 듣고 기억해서 무겁게 짊어지고 갈 것인가?'라는 생각이 들었다. "문제를 잊어버리는 것이 모두 해결이니라"라는 선생님의 법문을 듣고 알지 못했으면 어찌 되었을까 싶다. 먼 곳까지 가서 새 짐을 잔뜩 챙기고 더 보태고 다니느라 여행을 즐기지도 못하고 힘들게 다녀야 했을 것이다.

두 가지 목표 중 '훌륭한 사람이 되어야겠다'라는 것, 그 생각이 잘못되었다는 것을 차츰 알게 되었다. 이를테면 종교 지도자가 되면 많은 사람이 따르길 바라게 된다. 그런데 그게 다 빚이고 인연 지어서 그렇다는 사실을 알고 나니까, 내가 빚을 갚고 인연을 정리하면 사람들이 자꾸 떠나간다는 것도 알게 되었다. 동시에 마음의 평온도 얻었다.

나는 별로 드릴 말씀도 없고 그다지 궁금한 것도 없었다. 아는 것을 어떻게 수행하고 실천하느냐가 문제였고, 선생님께서 방법을 알려주셨으니 그렇게 실천만 하면 되었다.

대학생 시절 처음 찾아뵈었을 당시에는 소사에 남자 수행자 세 분과 여자 수행자 세 분이 있었다. 대학을 졸업하고 3월쯤 되었을 때 선생님께 "저도 여기서 머물면서 수행을 하면 좋겠습니다"라고 말씀드렸더니 바로 허락해주셨다. 그렇게 나의 소사 생활이 본격적으로 시작되었다.

당시 선생님이 계셨던 소사 백성목장은 마치 부처님 회상會上과 같았다. 지금은 초기불교 경전도 많이 보급되어 있지만, 1960년대 당시에는 대승불교 경전이 대부분이었다. 그런 경전이나 스님들의 법문을 통해 배우게 된 불교는 부처님을 마치 신神처럼 우상화했다. 교회에 다닐 때, 예수님의 본뜻과 달리 여러 가지 형식과 제도와 절차가 덕지덕지 붙어 있어서 본질이 무엇인지 몰라 굉장히 헤맸다. 루터의 이야기를 떠올리며 정신을 차리고 보니까 '이게 뭐지?'라는 상태가 되었다. 그래서 나중에 조계사 참선법회에 다니면서도 '형식과 제도와 절차에 속지 않아야겠다'라는 생각을 많이 했고, '부처님 당시 모습이 어땠을까?'라는 생각을 자주 했다. 나름대로 '부처님이 신과 같은 모습은 아닐 거다' 하며 부처님의 인간적인 모습을 생각해보는 버릇이 생겼다. 그런데 백성목장에 와서 선생님을 뵙고 나니 비로소 '2,500년 전 부처님 당시, 인간 석가모니의 회상이 바로 이러했겠구나!'라는 생각이 저절로 들었다.

백성목장에서의 생활

소사에서 새벽 4시에 일어나서 경을 읽고 정진했다. 그다음에 법당으로 가서 선생님을 뵙고, 하루 종일 일하고 생활하면서 생기는 여러 가지 분별을 선생님께 말씀드렸다. 나는 질문이나 말씀드릴 것이 많지 않았기 때문에 선생님께서 많은 이야기를 해주시지는 않았다. 아침 먹고 일하고 다시 오후 3시쯤 점심을 먹었고, 사이사이에 바쁘고 힘들게 일했다. 저녁 9시에는 《금강경》을 독송하고 다시 '미륵존여래불' 정진을 했다. 그러고 밤 10시쯤에 잠을 잤다.

사실 백성목장에는 지켜야 할 규칙이나 작업 스케줄이 없었고, 따로 정해진 법회나 경을 공부하는 일도 없었다. 이렇게 해라, 저렇게 해라, 하는 사람도 없었다. 그런데 이상하게도 매사가 빈틈없이 이루어지는 것 같았고 하루하루가 고되고 벅찼다. 눈에 보이지 않는 계율이 엄격하게 지켜지고 실행되고 있었다. 끊임없는 작업과 아주 힘든 육체노동의 연속이었다. 아침에 일어나면 손가락이 굳어서 바로 펴지 못할 정도였다. 오른손으로 왼손을 주무르고 왼손으로 오른손을 주물러서, 뻣뻣해진 손가락을 충분히 푼 다음에야 일을 시작할 수 있었다.

소사에서 수행자들은 자급자족했다. 그곳은 산언덕에 있었다. 먼 밭에는 소 사료로 쓸 옥수수를 심었고, 가까운 텃밭에는 고추, 상추 등의 야채를 심었다. 당시에는 연탄을 때서 취사나 난방을 했기 때문에, 연탄 차가 와서 1킬로미터쯤 떨어진 현대약품 삼거리 큰길에 연탄을 내려놓고 가면, 수행자들이 손수레 앞에 소를 묶어 끌고 가서는 연탄을 손수레에 담아서 날랐다. 손수레를 끌고 가던 소가 도중에 똥을 싸는 일도 많았다. 뒤에서 소 꽁무니를 보며 손수레를 운전하던 나는 갑자기 똥 벼락을 맞는 일도 있었다. 그런 상황을 보고 다른 사람들이 웃곤 했다. 나는 어릴 적부터 소에게 밥을 먹이고 소를 다루는 일을 많이 해 이런 일에 익숙했다. 또 끊임없이 자신을 챙기고 있었기 때문에 그런 일에 싫은 내색이나 별다른 표정 변화가 없었는데, 그런 나를 보고 다른 수행자들은 재미있어 했다.

그때 소사에는 리더 격인 김재웅, 김원수, 허만권 씨가 있었다. 김재웅 씨는 아주 힘이 좋았고 공부에 대한 의욕이나 열정이 넘치는 사람이어서 그를 따라 하자니 힘이 많이 부쳤다. 김원수 씨는 농사일 외에 목장의 돈 관리나 살림을 맡아서 했다. 선생님께서는 김원수 씨를 절대 나무라는 법이 없이 유리그릇처럼 조심스럽게 다루셨다. 반면 김재웅 씨는 늘 열심히 일하고 아주 모범적이었는데도 선생님께서 크게 나무라시는 일이 종종 있었다. 허만권 씨는 성정이 두 사람의 중간쯤 되는 사람이었다.

식사 시간이 유일한 휴식 시간이었지만, 식사 후 15분도 쉬지 않고 리더를 따라 뛰쳐나가 일을 해야 했다. 시쳇말로 일이 엄청 빡셌다. 당시 나는 군 입대를 앞두고 있었는데, '이 정도 고생이면, 군대 가서는 참 쉽겠다'라고 생각할 정도였다.

나중에 군대 생활을 해보니, 실제로 목장에서보다 별 어려움 없이 지낼 수 있었다. 일을 많이 하는 데다 하루 두 끼만 먹으니 한 번에 밥 먹는 양이 엄청 많았다. 김재웅 씨는 양재기 두 그릇에 밥을 가득 담아서 위아래로 엎어서 가져왔고, 다른 사람들은 한 양재기 한 그릇에 가득 쌓아 올려서 먹었다. 그러고도 손님이 와서 빵 같은 것이 들어온 날이면 추가로 먹으면서 "빵 배는 따로 있다" 하며 웃던 일이 생각난다.

잠도 많이 부족했다. 일을 강요하는 사람은 없었지만, 때를 맞춰서 해야 할 일들이 많았다. 어미 소가 송아지를 낳기라도 하는 날이면, 잠을 자지 않고 기다렸다가 송아지를 받아서 씻기고 어미 소도 돌봐야 했다. 잘못하면 둘 다 죽을 수 있어서 정성을 다해 돌보았다. 그럴 때면 취침 시간이 싹 날아갔다. 늘 잠이 부족했고, 몇 시간밖에 못 자는 날도 많았다.

나는 본래 주의가 산만하고 기억력이 좋지 않아서 옛날 일을 거의 기억하지 못했다. 어린 시절도 몇 장면밖에 기억나는 것이 없었다. 어린 시절의 동료나 사건도 기억하고 있는 게 그다지 없었다. 그런데 소사에 들어가서 경을 읽다 보니, 잊은 줄도 모른 채 잊고 지냈던 옛날 일들이 그대로 다 솔솔 생생하게 기어나오는 것을 볼 수 있었다. 다 잊어버리고 없다는 말이야말로 거짓말 같았다. 어딘가에 하나하나 낱낱이 기록되어 있다는 것을 알게 되었다. 죽은 뒤에 염라대왕이 심판한다면, 내 기억 속의 그 기록만 봐도 다 알 수 있을 테니 아무것도 감출 수 없을 것 같았다. 그래서 '베풀고, 착하게 살아야겠다'라고 다짐했다.

선생님의 가르침

선생님께서는 항상 그 사람의 현실 문제에 대해, 부처님의 말씀을 다 녹여서 쉽게 말씀해주셨다. 살펴보면 석가모니 부처님도 그러셨다. '무슨 경전에 이렇게 적혀 있다'라는 식으로 말씀하신 게 아니라, 그냥 묻는 사람의 문제를 잘 듣고는 해결할 수 있는 말씀을 하신 것이었다. 그런 내용이 나중에 《니까야》가 되고 경전이 된 것이다. 선생님의 가르침도 그런 식이었다. 그냥 당신의 말씀으로 그 사람의 문제에 대해 바로 말씀하실 뿐이었다.

제자들이 무슨 '교敎'를 하나 만들면 좋겠다고 이야기한 적도 있었던 모양인데, 선생님께서는 종교를 만들지 않으셨다. 그건 당신 일이 아니었다. 사실 불교도 부처님이 만들지 않았고, 예수교도 예수님이 만들지 않았다. 무슨 '교'를 만든 것은 훗날 일부 사람들이었다. 그냥 사람들을 만나서 부처님과 예수님 이야기를 해주신 것뿐이었다. 선생님께서도 사람들이 그때그때 처한 문제를 해결해주시는 말씀을 하신 것이었다.

차원이 달랐다. 맛이 달랐다. 그러니까 '참 부처님이시구나, 도인이시구나! 석가모니 부처님 회상이 이러했겠구나!'라는 생각이 절로 들었다. 선생님께서는 《금강경》을 읽으라고 하셨지만, 구구절절 해석해주지는 않으셨다. 누군가 혹 "이 구절이 무슨 뜻입니까?"라고 물으면 쉽고 자세하게 풀어주실 뿐이었다. 언제나 그 사람의 상황에 맞춰 실생활의 예를 들어 법문을 들려주셨다.

내가 직접 본 적은 없지만, 누가 "도통道通하겠다"라고 하면 선생님께서는 "도를 훔치러 온 도둑놈" 하며 엄청 혼을 내셨다고 한다. 남들은 선생님을 도통하신 분이라며 신기하게 여기기도 했는데, 내가 만난 선생님은 도통한 모습 같은 특별한 건 보이지 않으셨고, 당신이 도통했다는 말씀 또한 하지 않으셨다. 그런 면에선 전혀 특별하시지 않았다. 다만 선생님께서는 위용이 있었다. 범접하기 어려웠고, 바로 쳐다보며 편하고 다정하게 대화를 주고받기가 어려운 분이셨다. 선생님의 얼굴을 바로 쳐다보는 데 반년 이상이 걸렸다는 사람도 있었다.

선가禪家에서는 '자기가 깨친 것을 인가認可받아야 비로소 끝난다'라는 이야기를 많이 들었다. 나는 평소에 '자기 일이야 자기가 가장 잘 아는 것인데, 인가는 무슨 인가를 받는단 말인가?'라는 생각을 하고 있었다. 그러다 어느 날 선생님을 뵙고 여쭈었다.

"선가에서는 자기 깨친 것을 인가받아야 비로소 끝난다고 한다는데, 자기 깨친 것은 자기가 제일 잘 아는 것 아닙니까?"

"그렇다. 네 말이 옳다"라는 정도의 대답을 기대했다. 그런데 선생님께선 "그렇지…" 하면서 음성의 톤을 낮추셨다. 이어 하신 말씀은 아쉽게도 지금 기억나지 않지만, 내 말에 동의해주시지는 않았던 것 같다. 나중에야 이것이 치기 어린 질문이었음을 깨달았다.

선생님과는 다정하게 이야기해본 적이 별로 없다. 그런데 나를 처음 만났던 때처럼 살갑게 이야기를 해주신 적이 딱 한 번 있다. 어느 날 김원수 씨를 가리켜 "저 사람은 티베트에서 260가지 계율을 칭칭 감고 온 사람이다. 너는 한 그 반쯤 되니?"라며 나에게 다정하게 말을 건네셨다. 선생님을 앞에 두고 뵙는 것처럼 그때 그 모습이 스쳐 지나갈 때가 있다.

소사에 들어가 생활한 지 3개월쯤 되었을 때, 군대에서 영장이 나와서 입대를 했다. 휴가 때 틈틈이 소사에 들어가서 아쉬움을 달랬다. 그러고 제대 후 다시 소사에 들어갔다. 그때 선생님께서는 주로 서울에 계시다가 간혹 소사에 다녀가셨고, 이병수 씨가 혼자서 목장을 지키며 공부하고 있었다. 그래서 선생님을 뵈러 경기도 부천 소사와 서울을 갔다.

"미륵존여래불" 하면서 마음을 쉬면

'도대체 불교를 무슨 학문이라고 해서 공부할 게 있단 말인가?' 아만심이 있었다. 군대를 마치고 불교 대학원 시험을 보고 입학을 했다. 대학원에 다니던 학기 중이었다. 어떤 일 때문에 마음이 너무 복잡하고 힘들고 도저히 견딜 수가 없어서 소사로 뛰어 들어갔다. 학기 중에 뒤처리도 없이 갑자기 학업을 중단하고 갔으니, 여러 가지 문제가 많을 수밖에 없었다. 소사에 들어가서도 당연히 온갖 걱정이 떠올랐다. 그렇지만 오직 "미륵존여래불" 하여 마음을 바치고 쉬니까 복잡한 문제들이 전혀 문제로 생각되지 않았다. '생각되지 않았다'기보다는 '애초부터 문제가 없었다'는 표현이 더 옳겠다. 마음이 쉬면, 마음에 없으면, 그대로 문제가 없다는 것을 구경한 것이다. 부모 형제는 얼마나 염려를 할지, 동료나 교수들은 뭐라고 할지, 학적은 유지할지 말지, 여러 가지 문제가 겹쳐 있었다. 그러나 마음이 쉬니까 희한하게도 그런 것들이 전혀 문제로 여겨지지 않았다. 처음으로 경험한 일이었다.

소사에서 처음 경험한 일이 또 있다. 때는 초여름이었다. 풀을 베다가 잘못해서 낫으로 손가락을 베었다. 손가락에서 톡 피가 터져 나오는데 '어이쿠, 이걸 어쩌?' 하는 순간 "미륵존여래불, 미륵존여래불"을 했다. 그 순간 마음이 손가락에서 뚝 떨어지면서, 평소와는 전혀 다르게 상황을 받아들이게 되었다. '매일 쉬지 않고 일을 해야 하는 소사에서 이까짓 손가락 베었다고 병원 갈 수야 없지. 약도 마땅히 없고, 시간도 여의찮고… 모든 게 빡빡하게 돌아가는데, 상처까지 입었으니 어쩐다? 날씨는 더운데, 감염되면 잘 낫지도 않을 텐데 어쩌지?' 이런저런 걱정과 염려가 한도 끝도 없이 겹쳐서, 더 걱정하고 아파할 수도 있는 상황이었다. 그런데 "미륵존여래불" 하는 순간 상처의 실체성이 무너진다고나 할까. 다른 때와는 달리 상처는 그냥 상처일 뿐이었다. 그야말로 "해탈한 도인은 육체의 고통은 느끼지만 정신적 고통은 느끼지 않는다"라는 《밀린다왕문경彌蘭陀王問經》*의 말씀이나, 닦는 사람은 "두 번째 화살을 맞지 않는다"**라는 《아함경阿含經》의 말씀을 구경해본 것이다.

공자님이 자신의 일생을 돌아보며 "나는 열다섯 살에 학문에 뜻을 두었고[志學], 서른 살에 자립했으며[而立], 마흔 살에 세상일에 대해 모른 것이 없었고[不惑], 쉰 살에 하늘의 뜻을 알았으며[知天命], 예순 살에 남의 이야기에 분노하거나 흥분하지 않고 순리대로 들을 수 있었고[耳順], 일흔 살에 마음이 하고자 하는 바에 따라 행동해도 법도에 어긋나지 않았다[從心]"라고 술회하셨다는 유명한 말씀이 있다. "나이 마흔 살이 되니까 불혹이 되었다"라는 공자님 말씀에, 사람들은 대단한 경지라며 감탄했다. 그런데 어느 날인가 "모른다는 생각도 분별이니까 바친다"라는 선생님의 말씀을 듣고 '불혹이 뭐 그리 대단한 것인가. 모른다는 생각만 바치면 그냥 불혹인데…'라는 생각을 하기도 했다.

나는 소사 있을 때 선생님께서 부인이 있는지, 자녀가 있는

• 그리스계 왕 메난드로스 1세가 당시의 인도 승려 나가세나에게 불교의 진리에 관해 문답을 나눈 내용을 후대에 팔리어로 기록한 것이 《밀린다팡하 Milinda Panha》로 남아 있다. 이를 한문으로 옮긴 것이 《나선비구경那先比丘經》이며 《밀린다왕문경Milinda王問經》 또는 《미란다왕문경彌蘭陀王問經》이라 부른다.

•• "비구들이여, 그러나 잘 배운 성스러운 제자는 육체적으로 괴로운 느낌을 겪더라도 근심하지 않고 상심하지 않고 슬퍼하지 않고 가슴을 치지 않고 울부짖지 않고 광란하지 않는다. 그는 오직 한 가지 느낌, 즉 육체적 느낌만 경험할 뿐이며 결코 정신적인 느낌은 겪지 않는다. 비구들이여, 예를 들면 어떤 사람이 화살에 맞았지만 그 첫 번째 화살에 연이은 두 번째 화살에는 맞지 않는 것과 같다. 그래서 그 사람은 하나의 화살로 인한 괴로움만 겪을 것이다." (《상윳따 니까야》〈화살경〉)

지, 담배를 피우시는지 전혀 알지 못했다. 소사에서 나와 몇 해가 지났을 때 그런 내용을 듣고 알았다. 소사에 살았으면서 어떻게 그걸 모를 수 있었느냐고 이상하게 여기는 이들도 있었다. 아마도 선생님의 주변 사정에는 아예 관심이 없었기 때문인 것 같다. 오직 당신의 가르침 외에는 어디에도 초점을 맞추지 않았으니까. 설령 여러 잡다한 일들을 보고 들었더라도, 선생님의 가르침 외에는 관심이 없었으니 기억으로 남지 않았던 것 같다.

언젠가 선생님께서 "공부하는 사람은 언제라도 선지식을 모시고 해야 하느니라. 선지식이 안 계시면 막대기라도 꽂아놓고 선지식이라 여기며 공부해야 한다"라고 하셨다. 이 말씀은 '자만하지 마라'라는 뜻이다. '이만큼 하면 공부가 다 되었다, 이런 자만하지 마라'라는 의미이다. 부처님께서는 깨달음을 얻고 나서 '세상에 나보다 높은 존재가 없다'는 것을 아셨다고 한다. 그런데 내가 모실 무엇이 없으면 안 되겠다고 생각하고, 모실 존재를 생각해보셨다고 한다. '법法, 진리가 있구나. 과거 부처님부터 세세생생世世生生 우주에 편만해 있는 진리를 모셔야겠구나'라고 당신 스스로 깨달으셨다고 한다. "막대기라도 꽂아놓고 공부해야 한다"라는 이 말씀은 법을 모신다는 의미로도 해석할 수 있겠다.

선생님의 《금강경》 법문 출간을 준비하다

1976년 초여름쯤이었다. 도반들 사이에서 선생님의 《금강경》 강의를 책으로 펴내자는 이야기가 나왔다. 선생님이 연로하시어 자연스럽게 나온 제안이었다. 마침 진진묘 보살이 선생님의 《금강경》 강의 녹음테이프를 보관하고 있었다. 다들 생업에 바빴던 터라 내가 초벌 녹취록 작업을 맡겠다고 자청했다. 녹음된 법문을 막상 글로 옮기려니 여러 번 반복해서 들어야 했다. 애초에 릴 테이프에 녹음된 것이었기 때문에 그대로 녹취록 작업을 하기가 어려웠기 때문이다. 오래전 녹음한 것이고, 당시 녹음 환경이나 장비는 요즘처럼 좋지 않았다. 게다가 선생님의 어투가 워낙 독특했기 때문에 이래저래 알아듣기가 쉽지 않았다. 릴 테이프를 재생하여 카세트테이프 녹음기로 재녹음을 할 수밖에 없었다. 그러곤 카세트테이프를 들으면서 선생님의 육성을 글로 옮겨 적었다. 매일 새벽 정진하듯이 서너 달을 녹취록 작업에 매달렸지만 95퍼센트가량밖에 받아 적을 수 없었다.

그래서 도반들과 녹음테이프를 함께 들으면서 나머지 5퍼센트 부분을 채워나가기로 했다. 당시에는 도반 누구도 제대로 기반을 잡고 사는 사람이 없었기 때문에, 변변한 모임 공간 하나도 얻을 수 없었다. 또 모두가 생업이 있었기 때문에 일과가 끝난 저녁이 되어서야 모일 수 있었다. 그해 겨울쯤 정릉에 있는 '천중사'라는 사찰 측의 배려로 대중방에 모여서 작업을 했다. 8~9명가량의 도반이 모였는데, 정작 녹취록 작업에 참여한 사람은 이광옥 법사, 김원수 법사 그리고 나, 세 사람이었다. 나머지 사람들은 그냥 이야기를 나누다가 잠을 자거나 지켜보는 응원군이나 마찬가지였다.

진도는 그다지 빠르게 나가지 않았다. 몇 차례나 반복해서 들으며 완성도를 높이기 위해서 계속 노력하던 중에 황당한 일이 일어났다. 두어 달쯤 지난 어느 날, 옮겨 적은 녹취록이 통째로 사라진 것이다. 녹취록 작업에 참여하지 않고 구경만 했던 사람들 가운데 어느 두 사람이 아무 말도 없이 원고를 가지고 사라져버렸다. 진도가 너무 지지부진해서 불만을 가졌던 걸까. 최대한 완벽하게 책을 내려던 계획은 그렇게 무산되고 말았다. 그들은 그 녹취록을 가지고 가서 빈 부분을 적당히 채우고 편집해서 《白性郁 博士 解說 金剛般若波羅密經(백성욱 박사 해설 금강반야바라밀경)》이라는 제목으로 출간을 했다. 1977년 가을이었다.

그러나 정형재 여사나 선생님의 허락도 없이 출판된 것이었기 때문에, 나중에 회수 조치를 받았다고 전해 들었다. 이것이 몇 년 후에 다시 동국대학교출판부에서 《백성욱의 금강경 강화》라는 책으로 나왔지만 채워지지 않은 부분이 많아서 아쉬웠다. 그 후 이광옥 법사가 수없이 녹음테이프를 반복하여 들으며 부족한 부분을 채워 넣었고, 99퍼센트 완성도를 가진 원고가 만들어졌다. 2021년 김영사에서 그것을 출판하여 오래전 서원이 이루진 셈이다.

*

선생님께서는 경기도 부천군 소사에서 서울 용산구 동부이촌동 반도아파트로 거처를 옮기셨다. 그러고 1977년 나는 이광옥 법사와 혜화동 법당을 맡게 되었다. 그때 주변에서 나를 ○○ 법사라고 불렀다. 지금 생각해보면 법사라는 무게를 어떻게 감당했는지 모르겠다. 출판사를 운영하면서 소사에서 함께 수행했던 이광옥 씨와 함께 법사 역할을 했다. 법당의 상주 인원은 3~5명이었고, 정기적으로 모이는 사람이 20~40명 정도였다. 법당이라는 게 거창한 것은 아니었다. 선생님께서 오시면 방석과 보료 하나 놓고 절하면 법당이 되었다.

공부하러 온 사람 가운데 서울대학교병원 전공의 박강휘와 이명순이 있었다. 이들은 선생님의 건강에 이상이 생기면 정성스럽게 돌봐드렸고, 이상이 생길 때마다 가까운 서울대학교병원으로 선생님을 모셨다. 그곳에서 1~2년 법당을 하던 중 설립자 간에 분쟁이 생겨서 거처를 옮겼고, 몇 군데를 전전하다가 선생님의 열반을 맞았다.

돌이켜보면 사법邪法과 외도外道가 난무하는 어지러운 세상에, 정법이 있는 줄조차 모르고 살아가는 사람들이 많은데, 운 좋게 눈 밝은 스승을 만나, 부처님께 마음 바치는 법을 배우고 《금강경》을 공부할 수 있었던 것은 천추千秋의 요행이었다. 불법을 만나지 못하고 선생님을 만나지 못했으면 어찌되었을지 생각하니 아찔하고 아슬아슬할 뿐이다. 부처님 말씀을 '자기 생각으로'가 아니라 '부처님 말씀대로' 전할 수 있는 사람, 그분이 밝은 선지식 아닐까 생각한다. 세세생생世世

生生 밝은 선지식 만나서 부처님 전에 복 많이 짓기를 발원.

한없이 깊고 미묘한 이 진리의 말씀은[無上甚深微妙法]
백천만겁을 지나도 만나기 어렵네[百千萬劫難遭遇]
내 지금 이 말씀 듣고 받아 가졌으니[我今聞見得受持]
부처님의 밝은 뜻 받들어 시봉 잘하기를 발원[願解如來眞實義]

선생님께서 돌아가셨다는 소식을 듣고, 기자 몇 명이 취재차 빈소에 왔다. 한 기자가 내게 물었다.

"선생님은 어떤 분이셨습니까?"

나는 조금도 망설임 없이 대답했다.

"그분은 살아 계신 부처님이셨습니다."

(2021)

백성욱 박사를 한마디로 말하면

"나의 정신세계가 인간 백성욱을 축으로 전개된 것만은 어김없는 사실이다." _정종

"참 스님이며 모든 것에 구애받지 않은 큰스님이셨다." _장한기

"오신 날과 가신 날이 한결같은 백 박사는 역시 '여시관'처럼 여래여거如來如去 비범한 생애를 살고 가셨다." _김삼룡

"역시 대인大人은 다르구나 하는 느낌을 받았다." _민영규

"백 총장님께서는 얼마나 피나는 노력을 하셨던가? 짐작하고도 남음이 있고 후학들에게 좋은 교훈이 된다." _김도경

"백 박사님은 대단히 선견지명이 있는 지도자이자 위대한 교육자였다." _임덕규

"내 평생에 백 선생님을 만났다는 것이 참으로 다행한 일이라고 생각한다." _노재철

"이 나라의 사내들 가운데 가장 매력 있는 한 사람을 고르라

면, 또 아무래도 전 동국대학교 총장이었던 승려 백성욱 박사를 택할 것 같다." _서정주

"백 박사의 예리한 판단력과 탈속한 화술은 그를 잘 아는 사람 사이에 정평이 있었다." _박병배

"백성욱 박사는 '시대의 활불活佛'로 불린 인물이다." _송재운

"백 총장은 과거 60년간 출가득도出家得度, 서정구법西征求法, 입산수도入山修道, 개권출사開卷出仕, 퇴관흥학退官興學에 선변선천善變善遷하였다." _백낙준

"진리의 내험內驗을 가진 백 박사는 독자구원獨自久遠의 묘경妙境을 체현하고 있으며 영육일치靈肉一致의 생명을 지속하고 있는 것이다." _백성욱박사송수기념사업위원회

"B씨는 성숙하고 지적인 사랑으로 정신적인 지주가 되었다." _강경애

"양미간에 솟은 혹은 여전히 백호상의 특징을 유지하고, 유난히 빛나는 눈의 광채는 1930년 금강산 수도를 상기시켜 주는 듯했다." _이동현

"제 생각을 부처님께 바치라는 수행법은 백 선생님만의 독특한 수행법이자 현대인들의 근기에 딱 맞는 불교 수행법이다." _김동규

"선생님은 시공을 초월해 아시는 분이다." _김재웅

"백 선생님의 말씀은 다른 스님이나 법사를 통해 형성된 내 불교관과 인생관을 근본적으로 뒤집어놓을 만큼 충분히 경이로웠다." _김원수

"백 선생님을 뵙고 나니 비로소 '2,500년 전 부처님 당시, 인간 석가모니의 회상이 바로 이러했겠구나!'라는 생각이 저절로 들었다." _이광옥

"네 생각은 다 거짓말이니 무슨 생각이든 그 생각에 대고 '미륵존여래불' 해라. 가지면 재앙이고, 바치면 복이 된다는 단순하고도 명쾌한 방편을 알려주셨다." _진진묘

"선생님 법문 세계는 바다와 같았고 그 맛은 정말 일미一味였다." _정천구

"선생님은 내 평생의 삶을 이끌어주신 이정표이자 나침반이었다." _이선우

"부처님 말씀을 '자기 생각으로'가 아니라 '부처님 말씀대로' 전할 수 있는 사람, 그분이 밝은 선지식 아닐까 생각한다."

_김강유

찾아보기

ㅅ

백성욱 박사 전집 5

금강산 호랑이: 내가 만난 백성욱 박사

1판 1쇄 인쇄 2021. 9. 3.
1판 1쇄 발행 2021. 9. 23.

정종 · 김재웅 · 김원수 외 19인 지음

발행인 고세규
발행처 김영사
등록 1979년 5월 17일(제406-2003-036호)
주소 경기도 파주시 문발로 197(문발동) 우편번호 10881
전화 마케팅부 031)955-3100 편집부 031)955-3200 | 팩스 031)955-3111

값은 뒤표지에 있습니다.
ISBN 978-89-349-7986-9 04080 | 978-89-349-0900-2(세트)

홈페이지 www.gimmyoung.com 블로그 blog.naver.com/gybook
인스타그램 instagram.com/gimmyoung 이메일 bestbook@gimmyoung.com

좋은 독자가 좋은 책을 만듭니다. 김영사는 독자 여러분의 의견에 항상 귀 기울이고 있습니다.